UX Research und User Research

Giovanni Vindigni

UX Research und User Research

Theorie, Methoden und Anwendungsfelder der Nutzerforschung

Springer Vieweg

Giovanni Vindigni
DIPLOMA Hochschule – University of Applied Sciences
Bad Sooden-Allendorf, Deutschland

ISBN 978-3-662-72234-3 ISBN 978-3-662-72235-0 (eBook)
https://doi.org/10.1007/978-3-662-72235-0

Die Deutsche Nationalbibliothek verzeichnet diese Publikation in der Deutschen Nationalbibliografie; detaillierte bibliografische Daten sind im Internet über https://portal.dnb.de abrufbar.

Planung/Lektorat: Leonardo Milla
Springer Vieweg ist ein Imprint der eingetragenen Gesellschaft Springer-Verlag GmbH, DE und ist ein Teil von Springer Nature.
Die Anschrift der Gesellschaft ist: Heidelberger Platz 3, 14197 Berlin, Germany

Vorwort

Als Ausgangspunkt lässt sich festhalten, dass UX Research und User Research innerhalb der gegenwärtigen Forschungsdiskurse eine zunehmende methodologische und theoretische Tiefenschärfe entwickeln, welche die transdisziplinären Herausforderungen nutzerzentrierter Entwicklungsprozesse präzise konturieren. Das vorliegende Werk „UX Research und User Research: Theorie, Methoden und Anwendungsfelder der Nutzerforschung" bietet innerhalb dieser Konstellation eine forschungspraktisch strukturierte Darstellung jener methodologischen, epistemologischen und anwendungsbezogenen Aspekte, die den mehrstufigen Entwicklungsprozess nutzerzentrierter Gestaltung durchdringen.

Im Zuge fortschreitender Digitalisierungsprozesse, der Zunahme globaler Vernetzungslogiken und der Individualisierung komplexer Lebens- und Arbeitskontexte gewinnt die Nutzerforschung als theoriebasierte Entscheidungs- und Entwicklungsgrundlage innerhalb von Produktentwicklung, Dienstleistungsgestaltung und Interaktionssystematik an methodischer Relevanz. Hierbei treten kognitive, konative und affektive Dispositionsmuster der Nutzer ebenso in den analytischen Fokus wie die strukturellen, sozialpsychologischen und technologischen Kontextbedingungen nutzerseitiger Interaktionsvollzüge.

Auch im Lichte aktueller normativer Vorgaben, darunter u. a. die DIN EN ISO 9241-11, 9241-110 und 9241-210 sowie unter Berücksichtigung der regulatorischen Implikationen des European Accessibility Act (EAA), des Barrierefreiheitsstärkungsgesetzes (BFSG), der Barrierefreie-Informationstechnik-Verordnung (BITV 2.0), der Web Content Accessibility Guidelines (WCAG 2.2) und der EN 301 549, ergeben sich demzufolge innerhalb dieser Forschungsfelder zugleich erweiterte Anforderungen an die methodische Präzision und empirische Belastbarkeit nutzerzentrierter Erhebungs- und Evaluationsprozesse.

Vor diesem Hintergrund entfaltet das vorliegende Lehrbuch eine methodologische Systematik, die klassische qualitative und quantitative Verfahren mit theoriebasierten Konzeptualisierungen der Interaktions-, Instruktions- und Nutzerforschung verbindet und zugleich die sozialwissenschaftlichen, instruktionspsychologischen und technologischen Einflussgrößen nutzerzentrierter Entwicklung in einem kohärenten Gesamtzusammenhang ausarbeitet. Im Zuge dessen wird sowohl Studierenden als auch Wissenschaftlern und Praktikern eine forschungspraktisch anschlussfähige Grundlage für die Planung, Durchführung und Evaluation nutzerzentrierter Studien bereitgestellt.

Die fortschreitende Komplexitätsverdichtung organisationaler Entwicklungsprozesse, die zunehmende Integration transdisziplinärer Co-Creation-Formationen sowie die wachsende Bedeutung nutzerbasierter Entscheidungslogiken unterstreichen die methodologische Notwendigkeit eines strukturierten, theoriebasierten und empirisch belastbaren UX Research und User Research. In diesem Bezugsrahmen liefern die dargestellten methodischen Verfahren tragfähige Grundlagen für valide Entwicklungsentscheidungen, analytisch fundierte Evaluationen und konsistente Generierung bedürfnisorientierter Produkt- und Dienstleistungskonzeptionen.

Das Werk versteht sich innerhalb dieser Konfiguration nicht als rein deskriptive Wissensakkumulation, sondern als forschungspraktisch strukturierte Auseinandersetzung mit den methodischen Herausforderungen, konzeptionellen Anforderungen und heuristischen Transferpotenzialen nutzerzentrierter Forschungsansätze im Kontext aktueller Entwicklungs- und Gestaltungsprozesse.

Abschließend sei angemerkt, dass TRREE (Training and Resources in Research Ethics Evaluation) in diesem Buch exemplarisch als strukturierender Ethikrahmen herangezogen wird: Da Nutzer- und Benutzerforschung den Menschen als Gegenstand empirischer Erhebung in den Mittelpunkt stellt, sind die dort systematisierten forschungsethischen Leitprinzipien besonders anschlussfähig. Im internationalen Forschungskontext besitzt TRREE in diesem Zusammenhang eine hohe Relevanz, weil es zentrale Ethikprinzipien bündelt und damit auch über den ursprünglich medizinethischen Bezugsrahmen hinaus anwendbar ist. Die Orientierung an der IEEE-Zitationsweise folgt zudem der fachlichen Ausrichtung des Buches, da die User-Experience-Forschung in besonderer Weise an informatiknahe, technische und anwendungsorientierte Diskurse anschließt, in denen dieses Zitationsschema weithin etabliert ist.

Giovanni Vindigni

Info zur geschlechtergerechten Schreibung

Im Kontext der fortlaufenden Diskussion um die Verwendung geschlechtergerechter Sprache positioniert sich das vorliegende Werk in Übereinstimmung mit den in der internationalen Norm DIN EN ISO 9241 niedergelegten terminologischen Standards, wie sie auch für den Bereich der Mensch-Technik-Interaktion und nutzerzentrierten Systemgestaltung verbindlich Anwendung finden [1].

Innerhalb dieser normativen Rahmensetzung erfolgt die Verwendung des generischen Maskulinums als funktionale Oberkategorie, die sämtliche Nutzende, unabhängig von ihrem biologischen oder sozialen Geschlecht, subsumiert und adressiert. In methodischer Konsequenz erweist sich dieser terminologische Zugriff als konsistenter Bestandteil der internationalen Standardisierungspraxis, die insbesondere im Bereich des UX Research und User Research breite Anwendung erfährt [1].

Unbeschadet der gesellschaftspolitischen Debatten zur sprachlichen Repräsentation geschlechtlicher Vielfalt berücksichtigt der Verfasser mit dieser Festlegung sowohl die internationalen Normierungssysteme als auch die aktuellen Vorgaben des Rats für deutsche Rechtschreibung.

Der o. g. Rat hat in seinen Sitzungen vom 14. Juli 2023 (Eupen) und 15. Dezember 2023 (Mainz) deduziert beschlossen, dass orthografische Sonderzeichen wie der Asterisk (Gender-Stern), der Unterstrich (Gender-Gap) oder der Doppelpunkt im Wortinneren derzeit nicht in das Amtliche Regelwerk der deutschen Rechtschreibung aufgenommen werden [1]. Vor diesem Hintergrund stützen sich die diesbezüglichen Entscheidungen auf die umfassenden Konsultationen mit Sprachwissenschaftlern, Lehrinstitutionen sowie gesellschaftlichen Interessengruppen und reflektieren eine differenzierte Abwägung zwischen gesellschaftspolitischer Sensibilität und normativer Rechtschreibregelung [1].

In den veröffentlichten Begründungen wird insbesondere für den Hochschulbereich darauf hingewiesen, dass eine systematische Abweichung von der amtlichen Rechtschreibung nicht ohne Weiteres als verbindlicher Standard interpretiert werden kann und insbesondere im Hinblick auf die bildungssystematische Verantwortung der Hochschulen zur Wahrung der orthografischen Konsistenz eine besondere Verantwortung besteht [1].

Vor diesem Hintergrund folgt der Verfasser im vorliegenden Werk *UX Research und User Research* einem doppelten normativen Anspruch: einerseits der Einhaltung der international gültigen Terminologie der DIN EN ISO 9241 als konstitutivem Bezugsrahmen nutzerzentrierer Forschung, andererseits der bewussten Wahrnehmung der gesellschaftlichen Diskussionen um sprachliche Inklusion, ohne jedoch von den geltenden orthografischen Konventionen des Amtlichen Regelwerks abzuweichen. Diese Entscheidung versteht sich zugleich als ein Beitrag zur Versachlichung der Debatte um geschlechtergerechte Sprache, indem eine normkonforme und zugleich praxistaugliche Form der sprachlichen Repräsentation gewählt wird, die sowohl der internationalen Forschungskommunikation als auch den spezifischen Anforderungen des deutschsprachigen Wissenschaftssystems gerecht wird [1].

Inhaltsverzeichnis

Über den Autor

Prof. Dr. Giovanni Vindigni, D.Th. (Universiteit van die Vrystaat, Südafrika)
(*1972), ist Studiendekan und ordentlicher Professor an der DIPLOMA Hochschule in Hessen. Dort leitet er die Studiengänge Medienwirtschaft und Medienmanagement, Digital Games Business sowie UX-Design. Seine Forschungsschwerpunkte reichen von Digital Games Business und digitaler Barrierefreiheit über Transmedia-Strategien bis hin zur inklusiven Bildung (SDG 4). Im April 2025 reichte er an der Universität Vechta seine Habilitationsschrift zum Thema „Zukunftsorientierte Bildungsarchitekturen" ein; im Februar 2026 wurde er zur Habilitation einstimmig zugelassen. Neben Lehraufträgen an internationalen Universitäten ist er mehrfach ausgezeichneter „Tutor des Jahres" (2023 und 2024) und engagiert sich für die ethische Integration von Informationstechnologie in Bildungskontexte. Als zertifizierter Sachverständiger und Gutachter sowie Mitglied internationaler Fachverbände ist er breit vernetzt. Zudem verfügt er über langjährige Praxis in Medienproduktion und -kommunikation, u. a. für Games, Werbung, Film und Fachpublikationen.

Akürzungsverzeichnis

Abb.	Abbildung
AHP	Analytic Hierarchy Process
API	Application Programming Interface
B2B	Business-to-Business
B2C	Business-to-Consumer
BITV 2.0	Barrierefreie-Informationstechnik-Verordnung 2.0
BFSG	Barrierefreiheitsstärkungsgesetz
CIT	Critical Incident Technique
CLV	Customer Lifetime Value
CoP	Community of Practice
CTT	Critical Thinking Test
DGS	Deutsche Gesellschaft für Soziologie
D.Th.	Doctor of Theology
EAA	European Accessibility Act
EN	Europäische Norm
FAQ	Frequently Asked Questions
FCM	Factors, Criteria, Metrics
FuE	Forschung und Entwicklung
GOMS	Goals, Operators, Methods, Selection Rules
GQM	Goal Question Metric
GUI	Graphical User Interface
GUR	Games User Research
HCI	Human-Computer Interaction
i. A.	Im Auftrag
ISO	International Organization for Standardization
ITS	Intelligent Tutoring Systems
KI	Künstliche Intelligenz
KIT	Kommunikations- und Informationstechnologien
KLM	Keystroke-Level Model
KPI	Key Performance Indicator
KUI	Keevil Usability Index
MBTI	Myers-Briggs Type Indicator
MOT-Modell	Mensch, Organisation und Technologie-Modell
MVP	Minimum Viable Product
NNG	Nielsen Norman Group
R&D	Research and Development
ROI	Return on Investment
TRREE	Training and Resources in Research Ethics Evaluation
UI	User Interface
URL	Uniform Resource Locator
UX	User Experience
UXR	User Experience Research
Usab	Usability
bspw.	beispielsweise
d. h.	das heißt
etc.	et cetera
u. a.	unter anderem
u. Ä.	und Ähnliches
vgl.	vergleiche
WCAG 2.2	Web Content Accessibility Guidelines, aktuell in Version 2.2
z. B.	zum Beispiel

Abbildungsverzeichnis

Tabellenverzeichnis

Einleitung

Inhaltsverzeichnis

G. Vindigni, *UX Research und User Research*, https://doi.org/10.1007/978-3-662-72235-0_1

1

„That's exactly what a computer does. It takes these very, very simple-minded instructions—„Go fetch a number, add it to this number, put the result there, perceive if it's greater than this other number"—but executes them at a rate of, let's say, 1,000,000 per second. At 1,000,000 per second, the results appear to be magic." (Steve Jobs in: D. Sheff, Playboy Interview, Playboy 32(2), S. 7 (Februar 1985))

Steve Jobs († Das Zitat stammt aus: Sheff, D. (1985). Playboy Interview: Steve Jobs. Playboy, 32(2), 49, 172. Abgerufen am 10. März 2026 von http://www.thecosmosphere.com/wp-content/uploads/2011/10/Playboy-Interview-With-Steve-Jobs.pdf 5. Oktober 2011), Mitbegründer Apple Inc. sowie langjähriger CEO

1.1 Lernziele

Mit diesem Lehrbuch sind Sie in der Lage,

- Grundlegende Theorien und Konzepte des *Usability Engineering* zu erfassen und deren Relevanz als theoretischen Grundstein für fortgeschrittene *UX-Research-* und *User-Research*-Methoden durch eine Optimierung der begrifflichen Schärfung und methodologischen Einordnung zu explizieren.
- Sie werden ebenso befähigt, die theoretischen Grundlagen der Prototypenentwicklung im Kontext des *Usability Engineering* zu durchdringen und deren Bedeutung für evidenzbasierte *UX-Research-* und User-Research-Prozesse profund zu interpretieren sowie dialektisch zu rechtfertigen.
- Für das Verständnis ethisch-dialektischer UX-Forschung im o. g. Zusammenhang gilt es, Operationalisierungsansätze und Evaluationsmethoden des *Usability Engineering* als methodologische Basis ebenfalls zu erschließen.
- Dies hat schließlich zur Folge, dass Sie lernzieltaxonomisch befähigt werden, methodologische Ansätze des *UX Research und User Research* kritisch zu hinterfragen und deren Anwendbarkeit in verschiedenen Kontexten differenziert zu bewerten.
- Während sich *UX-Design*-Entscheidungen primär an funktionalen und ästhetischen Anforderungen orientieren, sind Sie befähigt, deren forschungsethische Implikationen zu identifizieren und die daraus resultierenden Auswirkungen auf verschiedene Nutzergruppen kritisch zu evaluieren.
- Eine Vielzahl von forschungsethischen Grundsätzen im *UX Research sowie User Research* wird Ihnen dementsprechend zugänglich, sodass deren Anwendung sichergestellt und ihre Bedeutung für die Qualität der Forschungsergebnisse nachvollziehbar herausgearbeitet werden kann.
- Eine besondere Rolle spielen anwendungsorientierte Methoden des *UX Research und User Research*, deren Operationalisierung hinsichtlich Planung und Durchführung unter Berücksichtigung forschungsethischer Richtlinien maßgeblich vollzogen wird.
- Im Rahmen dessen erschließt sich der Zusammenhang zwischen methodologischer Rigorosität auf der einen Seite und forschungsethischer Verantwortung in der UX- und User-Forschung auf der anderen Seite, sodass deren reziproken Implikationen von Ihnen erkannt und in der Praxis berücksichtigt werden können.
- Zu guter Letzt werden Sie befähigt, diverse und inklusive *UX-Designansätze* zu entwickeln und deren Relevanz für eine forschungsethisch verantwortungsvolle UX-Gestaltung profund sowie deduziert zu begründen.

Hinweis

Die Lernziele fokussieren die methodologische Explikation von UX Research und User Research durch begriffliche Schärfung, Prototypenentwicklung sowie eine forschungsethische Dialektik.

Merke

User Research dient in diesem Werk als übergeordneter Sammelbegriff, während UX Research als digitale Spezialform mit Fokus auf interaktive Nutzererlebnisse, d. h. im HCI-Kontext, verstanden wird.

1.2 Nutzergerechtes Design

Vor dem Hintergrund der von Steve Jobs formulierten These „People think it's this veneer—that the designers are handed this box and told, 'Make it look good!' That's not what we think design is. It's not just what it looks like and feels like. Design is how it works." vollzieht sich eine Neuausrichtung des Designverständnisses, das die funktionale Nutzerzentrierung in den Vordergrund stellt [2]. (S. Jobs, zitiert in: L. Kahney, „The Guts of a New Machine", *New York Times*, 30.11.2003; via: [https://stewartmader.com/steve-jobs-design-is-how-it-works/]

Hinweis

Nutzerzentrierung beginnt mit Empathie – Design entsteht im Denken vor dem Gestalten.

Demzufolge bemisst sich die Qualität des Designs demnach primär an seiner Fähigkeit, nutzerspezifische Problemstellungen explorativ zu adressieren und Interferenzen im Nutzungsprozess zu minimieren [3]. Ein gelungenes Design zeichnet sich folglich vor allem durch seine intuitive sowie gratifizierende Nutzerführung aus, die eine zielgerichtete Aufgabenbewältigung in diesem Kontext begünstigt [4].

In dieser theoretischen Konsequenz ergibt sich jedoch im Zuge dessen wiederum die Notwendigkeit, die zunehmende Omnipräsenz von Mensch-Maschine-Schnittstellen unter Berücksichtigung der damit verbundenen Nutzungshürden und Friktionen als prägendes Merkmal der gegenwärtigen Lebens- und Arbeitswirklichkeit zu betrachten [5]. Darüber hinaus weist die Mensch-Maschine-Kommunikation diesbezüglich jedoch häufig Diskrepanzen sowie zu spezifizierende Dilemmata auf, die eine effiziente Zielerreichung der User beziehungsweise Rezipienten durchaus auch beeinträchtigen können [6], [7].

Bezeichnend zeigt sich allerdings, dass das Konzept der Usability die Optimierung der Mensch-Maschine-Schnittstelle in den Vordergrund rückt, wobei die DIN EN ISO 9241-11 [8] durch die Definition von Evaluationskriterien wie der Kongruenz zwischen Systemfunktionalität und Nutzererwartung, der Effizienz der Aufgabenbewältigung sowie der Nutzerzufriedenheit per se im Interaktionsprozess eine normierte Bewertungsgrundlage schafft [3], [6], [9].

Im Kontext dessen lässt sich demzufolge nachvollziehen, weshalb Usability-Engineering als methodologischer Ansatz zur Gewährleistung gebrauchstauglicher Systeme prädestiniert erscheint – ein Umstand, vor dessen Hintergrund das vorliegende Kompendium diese Thematik aufgreift und zentrale Aspekte der nutzerorientierten Gestaltung interaktiver Systeme sowie ihrer Mensch-Maschine-Schnittstellen im Lichte von UX Research und Designentscheidungsprozessen detailliert herausarbeitet [6], [10].

► Transferbeispiel

Bei der Gestaltung einer App zur Fahrplanauskunft zeigt sich gutes Design daran, dass Nutzer intuitiv die gewünschte Verbindung finden, ohne vorher eine Anleitung lesen zu müssen. ◄

Daraus resultierend umfasst der erste Teil des Lehrbuchs eine theoretische Fundierung der Konzepte Usability und Usability Engineering als Basis für das Verständnis von Usability als Qualitätsindikator, wobei in diesem Kontext die verbreitete Fehlannahme dekonstruiert wird, dass ein gebrauchstaugliches Produkt keine Dokumentation erfordere [4], [6], [11]. Damit ist angedeutet, dass die signifikante Interdependenz zwischen Usability und elaborierter Benutzerdokumentation eine zentrale Rolle in der nutzerzentrierten Systemgestaltung einnimmt, bevor abschließend diverse Prozessmodelle des Usability Engineering Lifecycle einer komparativen Betrachtung unterzogen werden [12], [13].

Nicht zuletzt erweist sich im Lichte der obigen Tatsachen eine differenzierte sowie praxeologische Auseinandersetzung mit dem Prototyping als unerlässlich, weshalb der zweite Teil des Lehrbuchs dieser Thematik gewidmet ist. In diesem Szenario erfolgt propädeutisch eine konzeptuelle Explikation des Prototypenbegriffs sowie der damit assoziierten Zielsetzungen im Kontext des Usability Engineering, bevor daran anschließend verschiedene Prototypenkategorien und deren methodologische Implementierungsansätze diskutiert werden.

Im Rahmen des finalen Teils des Lehrbuchs wird die Operationalisierung der identifizierten Usability-Kernfaktoren gemäß DIN EN ISO 9241-11 [8], d. h. „Effektivität, Effizienz und Zufriedenstellung", in messbare Indikatoren behandelt, wobei die Realisierung von Usability-Zielen eine gezielte Evaluation der teleologischen Kontextfaktoren voraussetzt und daher sowohl design- als auch forschungsethische Zusammenhänge expliziert werden [6], [14]. Entsprechend schließt dies eine detaillierte Explikation verschiedener Evaluationsansätze und -methoden ein, die ex ante als Konzeptkontrolle, interim als Prozesskontrolle und ex post als Ergebniskontrolle avisiert werden [12], [15].

! Merksatz

Usability bedeutet, dass ein System effektiveffizient und zufriedenstellend genutzt werden kann – einfach und ohne Umwege.

1.3 Prüfungsfragen – ▶ Kap. 1

Frage-Nr.	Frage	Antwortoptionen
1	Welche Aspekte zählen zu den Lernzielen im UsabilityEngineering?	[ ] a) Begriffliche Schärfung [ ] b) Methodologische Einordnung [ ] c) Ethische Reflexion [ ] d) Webentwicklung [ ] e) Evaluation von UX-Prozessen
2	Was bedeutet das Zitat von Steve Jobs im Kontext nutzerzentrierter Gestaltung?	[ ] a) Design ist nur eine Frage der Ästhetik [ ] b) Design muss funktionieren [ ] c) Design ist nur visuelles Styling [ ] d) Design soll Nutzerprobleme lösen
3	Welche Kriterien nennt die DIN EN ISO 9241-11 zur Bewertung von Usability?	[ ] a) Effektivität [ ] b) Eleganz [ ] c) Effizienz [ ] d) Nutzerzufriedenheit [ ] e) Fehlerfreiheit
4	Warum ist eine Dokumentation auch bei gebrauchstauglichen Produkten wichtig?	[ ] a) Weil Nutzer ohne Anleitung auskommen sollten [ ] b) Weil dokumentierte Produkte moderner wirken [ ] c) Weil Usability und Dokumentation interagieren [ ] d) Weil Normen das vorschreiben
5	Was wird im letzten Teil des Lehrbuchs thematisiert?	[ ] a) Prototypenentwicklung [ ] b) Qualitätsmanagement [ ] c) Evaluation nach DIN EN ISO 9241-11 [ ] d) Webentwicklung [ ] e) Forschungsethik

Usability Engineering: Epistemologie und Praxis

Inhaltsverzeichnis

G. Vindigni, *UX Research und User Research*, https://doi.org/10.1007/978-3-662-72235-0_2

*„Usability rules the web. Simply stated, if the customer can't find a product, then he or she will not buy it." (J. Nielsen, Designing Web Usability: The Practice of Simplicity, Indianapolis, In: New Riders, 1999; vgl. AZQuotes [https://www.azquotes.com/quote/794352]) Jakob Nielsen (*1957) ist ein dänischer Webdesign- und Usability-Experte. Er ist einer der einflussreichsten Personen im Bereich der Usability und Mensch-Computer-Interaktion.*

Lernziele

Nach dem Studium dieses Kapitels sind Sie in der Lage,

- Zum einen, die methodologischen Grundlagen und terminologischen Besonderheiten des *Usability Engineering* spezifiziert zu erfassen, zum anderen dessen Reziprozität zu angrenzenden Disziplinen klar herauszuarbeiten.
- Darüber hinaus sind Sie befähigt, die Reziprozitäten zwischen Usability und Qualitätsmetriken kritisch zu determinieren, um die epistemologische Relevanz von Qualitätsmodellen im Rahmen des *User-centered Designs* holistisch zu erfassen.
- Ebenfalls wird Ihnen eine zweckmäßige Auseinandersetzung mit der *Goal Question Metric Methode* als explorativem Instrument sowie die kritische Reflexion ihrer Anwendungsbereiche in unterschiedlichen Kontexten eröffnet.
- Im Hinblick auf die Integration von *User Documentation* als konstitutives Element der *Usability* wird Ihre Fähigkeit vertieft, deren wissenschaftliche Begründung herzuleiten und ihre Bedeutung für die Gebrauchstauglichkeit kritisch zu bewerten.
- Für die Anwendungsfrage der Implementation von Usability-Kriterien im Entwicklungsprozess wird die Kompetenz vertieft, diese anhand des *Usability Engineering Lifecycles* zu durchdringen und ihre Effektivität kritisch zu bewerten.
- Zu guter Letzt wird Ihre Befähigung gestärkt, verschiedene Prozessmodelle komparativ zu betrachten, deren spezifische Charakteristika zu identifizieren und eine theoretisch fundierte Bewertung ihrer jeweiligen Anwendungskontexte vorzunehmen.

Hinweis

Systematische Nutzerorientierung: Methodik und Evaluation sind Schlüssel zum Erfolg.

Merksatz

Usability Engineering erfordert das systematische Verständnis der Methodologie, die kritische Exploration von Qualitätsmodellen und die dialektische Anwendung von Prozessen zur nutzerorientierten Systemgestaltung.

2.1 Die Dialektik der Mensch-System-Interaktion

Unter einer über die Nutzererwartungen hinausgehenden Betrachtung wird die Interaktion zwischen Mensch und technologischen Systemen (engl. HCI-Approach) als dynamisches Zusammenspiel fassbar, das sich in divergierenden Nutzungserfahrungen ausdrückt: Einerseits treten Szenarien evidenter Frustration auf, in denen die Navigation durch systemische Funktionalitäten als komplexer Explorationsprozess ohne intuitive Orientierung wahrgenommen wird, wobei der Nutzer sich in einem labyrinthischen Konstrukt von Menüstrukturen wiederfindet und jede erfolglose Iteration der Funktionssuche die kognitive, konative und affektive Distanz zum System potenziert; andererseits können jedoch auch positive Erfahrungen entstehen, die durch eine klare, benutzerfreundliche Struktur und eine konsistente Interaktionslogik geprägt sind und eine instruktionspsychologisch amplifizierte Systemakzeptanz fördern [3], [4], [5], [16], [17].

Hinweis

Heuristische Komplexitätsreduktion – Simplifizierung als daseinsbestimmende Existenzbewältigung.

Vor diesem Hintergrund werden kontrastierende Nutzungserfahrungen sichtbar, die sich durch intuitive Zugänglichkeit kennzeichnen: Die Mensch-System-Interaktion vollzieht sich demnach in einer emergenten Kongruenz zwischen Nutzerintention und Systemfunktionalität, wobei die Bedienlogik dem Anwender in einer Form zugänglich ist, die keine bewusste kognitive Elaboration der Interaktionsprozesse gemäß der System-1-, System-2- und System-3-Theorie erforderlich macht [3], [18], [19].

Zunächst lässt sich diese bipolare Ausprägung der Nutzererfahrung, so konstatieren Stephanidis und Salvendy [20], durch das Konzept der Usability per se erfassen, das als methodologischer Rahmen zur Evaluation und Optimierung der Mensch-System-Interaktion fungiert, wobei die Divergenz zwischen frustrierender und intuitiver Nutzungserfahrung als empirischer Ausgangspunkt der Untersuchung herangezogen wird [20].

Schließlich bilden sowohl die terminologische als auch die normative Äquivalenz zwischen Usability und Gebrauchstauglichkeit ein prägendes Paradigma der Produktentwicklung, insbesondere im Bereich digitaler Systeme, wobei die Gebrauchstauglichkeit als determinierender Faktor für die Nutzerakzeptanz die funktionale Adäquanz des Produkts im intendierten Anwendungskontext sicherstellt [5], [21], [22].

So liefert die DIN EN ISO 9241 im Kontext der Software-Ergonomie eine normative Rahmung, insbesondere durch die Abschnitte Teil 11 [8] („Gebrauchstauglichkeit: Begriffe und Konzepte") und Teil 110 [23] („Interaktionsprinzipien"), welche als integrale Bestandteile der Normreihe „Ergonomie der Mensch-System-Interaktion" dienen und einen umfassenden Anforderungskatalog bereitstellen, der sowohl die physische Arbeitsumgebung als auch die hard- und softwareseitigen Aspekte der Mensch-System-Interaktion adressiert [24], [25].

Darauf aufbauend artikuliert sich die normative Zielsetzung in einer dualen Ausrichtung: einerseits in der präventiven Dimension zur Vermeidung arbeitsbedingter gesundheitlicher Beeinträchtigungen im Kontext der Bildschirmarbeit, andererseits in der unterstützenden Dimension zur Optimierung von Aufgabenbewältigungsprozessen durch den Nutzer [3], [6], [10], [11], [19], [25].

Merke

In der DIN EN ISO 9241-11 [8] wird Gebrauchstauglichkeit definiert als: „[…] das Ausmaß, in dem ein System, ein Produkt oder eine Dienstleistung durch bestimmte Benutzer genutzt werden kann, um in einem bestimmten Nutzungskontext bestimmte Ziele effektiv, effizient und zufriedenstellend zu erreichen."

Typischerweise erfordert die Explikation der Usability-Definition eine determinierte Betrachtung ihrer konstituierenden Elemente, insbesondere im Hinblick auf die kontextuelle Einbettung der Mensch-System-Interaktion, diesbezüglich die DIN EN ISO 9241-11 [8] eine Dependenz der Usability vom Nutzungskontext postuliert und die empirischen Rahmenbedingungen der Softwarenutzung als determinierende Faktoren für die Aufgabenbewältigung betrachtet werden [3], [6], [26], [27], [28].

Vor diesem Hintergrund konstituiert sich der Nutzungskontext gemäß der obigen Norm als mehraxiales Konstrukt, das durch kybernetisch interdependente Reziprozität der folgenden Komponenten geformt wird:

- Zum einen hinsichtlich des Benutzers als handelndes Subjekt.
- Zum anderen in Bezug auf die Arbeitsaufgaben als intentionale Zielsetzungen.
- Des Weiteren hinsichtlich der informationstechnologischen Infrastruktur (Hardware, Software und materielle Ressourcen).
- Schließlich aber auch in Bezug auf die physischen und sozialen Umgebungsparameter der Systemnutzung.

▶ Transferbeispiel

Ein Bankautomat mit klarer Menüführung erleichtert die Bedienung und steigert die Nutzerzufriedenheit.◀

Je nach Betrachtungsrahmen konstituiert sich die epistemologische Relevanz des kontextuell situierten Nutzers in der Interaktion mit dem System, d. h. als *conditio sine qua non* für ein adäquates Verständnis des Usability-Konzepts, wodurch die kontextuelle Einbettung eine rein technische Fokussierung übersteigt und demzufolge ein soziotechnisches Systemverständnis erforderlich macht (vgl. ◘ Abb. 2.1 und 2.2) [5], [7], [19], [29], [30], [31], [32].

In der theoretischen Konsequenz wird in diesem Zusammenhang die deduzierte Prämisse von Helander et al. [33] sinngemäß verständlich: Die Gebrauchstauglichkeit ist keine Eigenschaft des Systems allein, sondern eine Eigenschaft der System-Nutzer-Interaktion in einem spezifischen Kontext der Nutzung.

Hinweis

Gebrauchstauglichkeit verstehen – orientiert am Uses- & Gratifications-Approach.

Es lässt sich im Zuge dessen konstatieren, dass die DIN EN ISO 9241-11 [8] eine Struktur von Leitkriterien zur Evaluation der Gebrauchstauglichkeit formuliert, die sich in ihrer Gesamtheit als mehraxiales Bewertungssystem begreift, in diesem Bezugsrahmen die teleologische Dimension der **Effektivität** als die „Genauigkeit und Vollständigkeit, mit denen Benutzer bestimmte Ziele erreichen" definiert wird (vgl. ◘ Abb. 2.3).

Unter bestimmten Voraussetzungen basiert die Operationalisierung dieses Kriteriums auf der Interdependenz zweier Faktoren: nämlich der Genauigkeit, verstanden als Grad der Übereinstimmung eines tatsächlichen Ergebnisses mit einem angestrebten Ergebnis, sowie der Vollständigkeit, verstanden als Ausmaß, in dem die Benutzer des Systems, des Produkts oder der Dienstleistung alle angestrebten Ergebnisse erreichen können. .

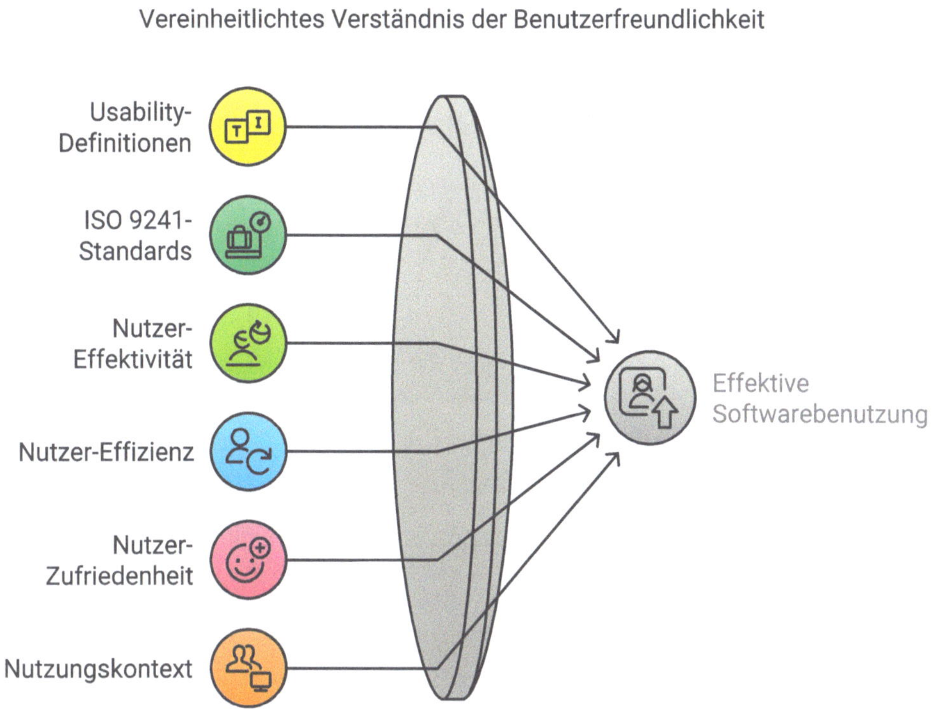

Abb. 2.1 Paradigma der Gebrauchstauglichkeit nach DIN EN ISO 9241-11 [8]. (Quelle: Eigene Darstellung, in Anlehnung Geis und Tesch [6])

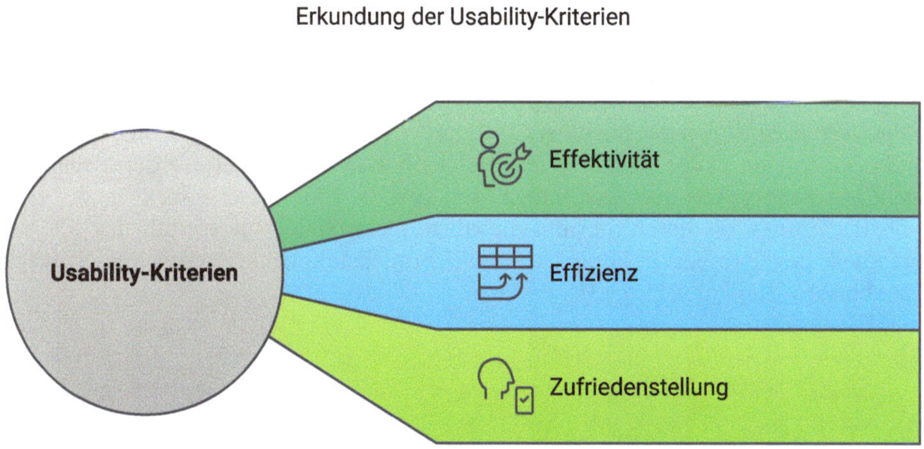

Abb. 2.2 Paradigma der Gebrauchstauglichkeit nach DIN EN ISO 9241-11 [8]. (Quelle: Eigene Darstellung, in Anlehnung Geis und Tesch [6])

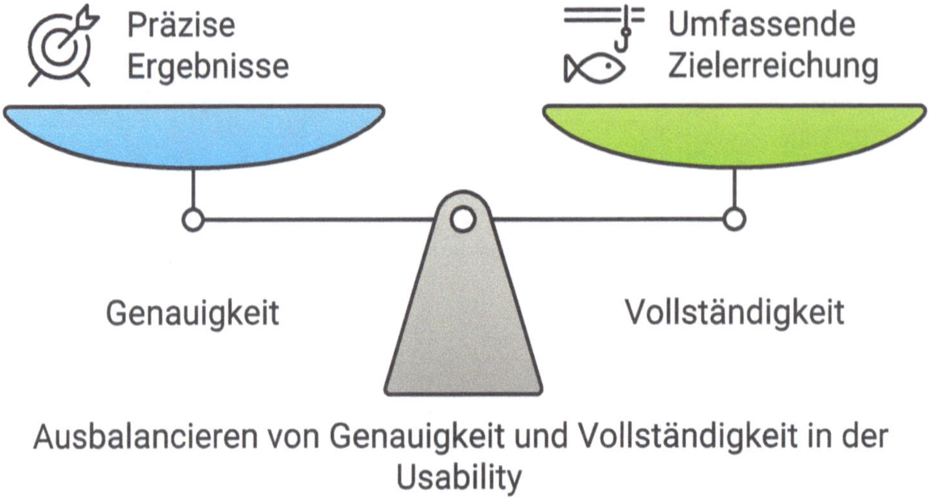

Abb. 2.3 Paradigma der Gebrauchstauglichkeit nach DIN EN ISO 9241-11 [8]. (Quelle: Eigene Darstellung, in Anlehnung Geis und Tesch [6])

Eine Explikation der latenten Repräsentationen des **Effizienzkriteriums**, so geht aus der DIN EN ISO 9241-11 [8] hervor, verdeutlicht dessen Charakter als relationaler Parameter, der im Kern den Ressourceneinsatz im Verhältnis zu den erreichten Ergebnissen quantifiziert, wobei die Ressourcendimension temporale, monetäre und materielle Aufwendungen umfasst und dementsprechend die normative Zielsetzung in der Reduktion des erforderlichen Ressourceneinsatzes bei gleichzeitiger Gewährleistung einer reliablen Aufgabenbewältigung besteht (vgl. Abb. 2.4) [3], [4], [5], [6], [19].

Daher sollte kohärent eine Heuristik angewendet werden, die die **Zufriedenstellung** als holistisches Evaluationskriterium erfasst, das gemäß der DIN EN ISO 9241-11 [8] als das Ausmaß verstanden wird, in dem die physischen, kognitiven, konativ-affektiven Reaktionen des Benutzers, die aus der Benutzung eines Systems, eines Produkts oder einer Dienstleistung resultieren, mit den Benutzererfordernissen und Benutzererwartungen übereinstimmen (vgl. Abb. 2.5). Dieser Aspekt ist insofern von Bedeutung, als das Kriterium die obige mehraxiale Nutzererfahrung als Bestandteil des Evaluationskontexts der Gebrauchstauglichkeit determiniert (vgl. Abb. 2.6) [3], [4], [5], [19], [31].

Merke

Usability konstituiert sich als Gradmesser der kontextuell determinierten Systemnutzung, die in der Trias aus Effektivität, Effizienz und Zufriedenstellung bei der Zielerreichung zutage tritt.

Mit der beschriebenen Normierung definiert die DIN ISO 9241-110 [23] für digitale Systeme dezidierte Interaktionsprinzipien als normative Paradigmen zur Steigerung der Systemeffizienz:

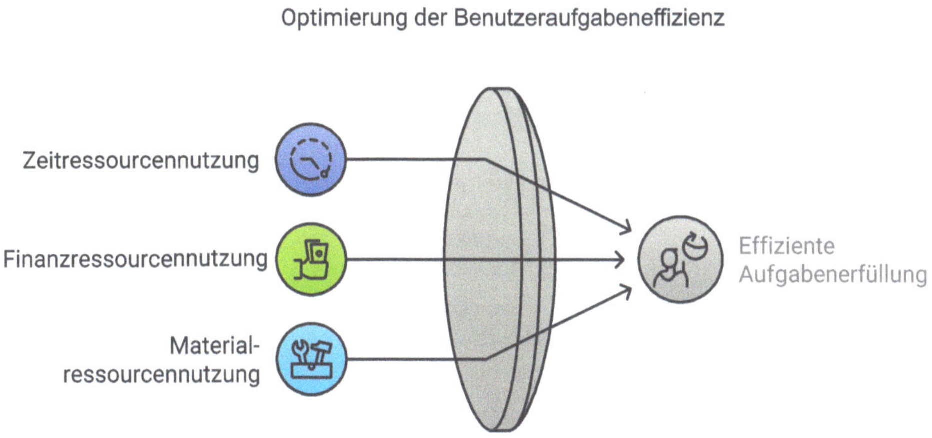

Abb. 2.4 Paradigma der Gebrauchstauglichkeit nach DIN EN ISO 9241-11 [8]. (Quelle: Eigene Darstellung, in Anlehnung Geis und Tesch [6])

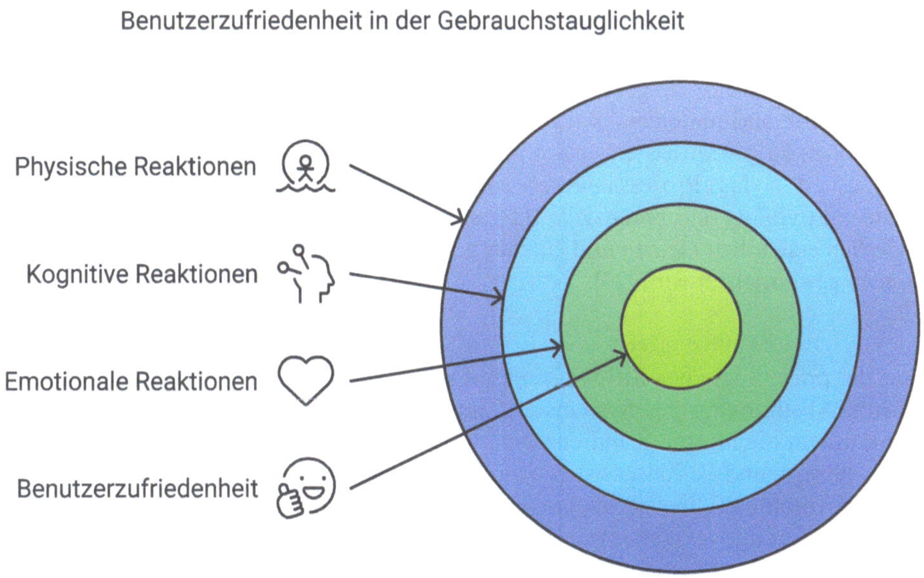

Abb. 2.5 Paradigma der Gebrauchstauglichkeit nach DIN EN ISO 9241-11 [8]. (Quelle: Eigene Darstellung, in Anlehnung Geis und Tesch [6])

- **Aufgabenangemessenheit**

Damit wird gemeint, dass die systemische Funktionalität im HCI-Szenario als katalysierende Instanz zutage tritt, indem sie die nutzerseitige Evaluation daraufhin lenkt, in welchem Maße die Aufgabenerledigung durch eine zielgerichtete Reduktion der Interaktionskomplexität auf essenzielle Prozessschritte unterstützt wird, während überflüssige Handlungen konsequent eliminiert und Default-Optionen als strukturierende Standardauswahl implementiert werden [23].

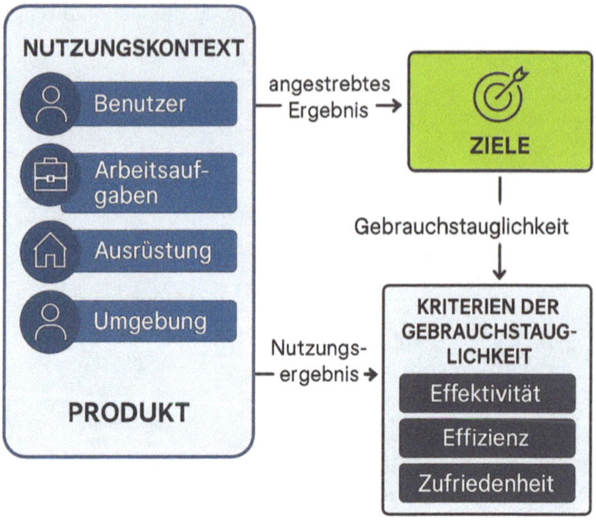

Abb. 2.6 Gebrauchstauglichkeit nach DIN EN ISO 9241-11 [8]. (Quelle: Eigene Darstellung, in Anlehnung Geis und Tesch [6])

- **Selbstbeschreibungsfähigkeit**

Kausal geht hier hervor, dass die Informationsarchitektur in diesem Kontext als strukturierendes Prinzip per se verstanden wird, welches darauf abzielt, einerseits die Transparenz und andererseits die unmittelbare Zugänglichkeit sämtlicher Systemfunktionen zu gewährleisten, indem der Systemstatus in konstanter Sichtbarkeit gehalten wird, sodass Prozessabläufe – sowohl synchron als auch diachron –, aktuelle Systemaktivitäten und potenzielle Interaktionsanforderungen für den Nutzer kontinuierlich ersichtlich bleiben und eine umgehende Einschätzung erforderlicher Handlungen gewährleistet wird [23].

- **Erwartungskonformität**

Aus der praxeologischen Sichtweise ergibt sich, dass Prädiktabilität durch die konsequente Abstimmung des Systems auf nutzerseitige Erwartungen operationalisiert wird, indem die interne Kohärenz innerhalb der System-Interfaces auf einheitliche Darstellungs- und Verhaltensweisen ausgerichtet ist, während die externe Konsistenz auf die Anschlussfähigkeit an etablierte Interaktionsmuster abzielt; ergänzend dazu fungiert die adaptive Kontextsensitivität als katalysierende Instanz, die eine dynamische Anpassung an variierende Nutzungskontexte unterstützt [23].

- **Lernförderlichkeit**

Aneignungsformativ konzipiert sich die Systemarchitektur als didaktisches Rahmenkonstrukt, das durch die gezielte Unterstützung der Funktionsentdeckung nicht nur explorative Kompetenzentwicklungen initiiert, sondern zugleich ein ressourcenschonendes Arbeiten zielgruppengerecht begünstigt, indem non-destruktive Experimentierbarkeit das risikofreie Erproben unbekannter Funktionen gewährleistet und eine mnemonisch optimierte Strukturierung sporadisch genutzter Funktionalitäten die kognitive Zugänglichkeit stabilisiert, sodass auch nach längeren Nutzungspausen eine unmittelbare Wiederaufnahme ohne erneute Einarbeitung ermöglicht wird [23].

- **Steuerbarkeit**

Auch eine zielgruppengerechte Berücksichtigung der Nutzeranforderungen an adaptive Arbeitsprozesse führt schließlich dazu, dass das System flexible Task-Interruption mit der Option zur späteren Fortsetzung sowie die temporäre Verlagerung der Arbeitsaktivität unterstützt, während multiple Interaktionspfade zur Zielerreichung die Wahlfreiheit zwischen verschiedenen Interaktionsmitteln sicherstellen. Vor diesem Hintergrund begünstigt die obige Interface-Flexibilität demnach diverse Interaktionsmodalitäten, u. a. im Sinne einer Durchlässigkeit, und erleichtert die individuellen Anforderungen entsprechende Aufgabenbewältigung [23].

- **Fehlertoleranz (Robustheit gegen Nutzungsfehler)**

Schließlich ist mit dem o. g. angedeutet, dass die Fehlerprävention und -handhabung nicht nur auf die Vermeidung antizipierbarer Nutzungsfehler per se abzielt, sondern auch adaptive Mechanismen integriert, die eine automatisierte Korrektur oder eine tolerante Verarbeitung sicherstellen, um die kontinuierliche Funktionsfähigkeit des Systems zu gewährleisten. Daraus resultierend wird der Nutzer in Fällen, in denen eine systemseitige Korrektur nicht realisierbar ist, durch effiziente Unterstützungsmechanismen bei der Fehlerbehebung assistiert [23].

- **Individualisierbarkeit (Benutzerbindung)**

Als adaptives System unterstützt die Architektur nutzerzentrierte Anpassungen der Benutzungsschnittstelle zur Optimierung individueller Arbeitsabläufe, wobei diese Anpassungsfähigkeit sämtliche relevanten Aspekte der Benutzeroberfläche umfasst, um sowohl persönliche Präferenzen als auch aneignungsformative Anforderungen in eine optimale Aufgabenbewältigung zu überführen [23].

Zu guter Letzt bilden die obigen Prinzipien integrale Bestandteile eines holistischen Usability-Frameworks und determinieren in ihrer Gesamtheit die Qualität der Mensch-System-Interaktion (vgl. ◘ Abb. 2.7 und 2.8) [3], [4], [5], [7], [9], [10].

Hinweis

Nielsens [34] Perspektive: Usability als entscheidender Faktor für Systemakzeptanz.

Unter den obigen explizierten Voraussetzungen postuliert Nielsen [34] als maßgebliche Autorität im Bereich der Usability mit spezifischem Fokus auf User Interface Design und Web Usability, eine mehraxiale Charakterisierung der Usability (vgl. ◘ Abb. 2.7 und ◘ Abb. 2.8). Er spricht sich ausdrücklich gegen eine monolithische Betrachtung des User Interface aus und führt stattdessen ein differenziertes Attributmodell ein [34]:

- **Erlernbarkeit („Learnability“):**
  Wie komplex die kognitive Zugänglichkeit des Systems ist, zeigt sich in der Geschwindigkeit der initialen Kompetenzaneignung. Demzufolge muss die Systemarchitektur kybernetisch eine rasche Progression von der grundlegenden Nutzung bis zur fortgeschrittenen Interaktion unterstützen [34].
- **Effizienz („Efficiency“):**
  Nach erfolgter Systemkompetenzentwicklung soll die Architektur eine optimale Ressourcennutzung ermöglichen, d. h., die Produktivitätsmaximierung konstituiert sich diesbezüglich als zentrales Performanzkriterium der post-adaptiven Nutzungsphase [34].

Abb. 2.7 Zusammenhang zwischen Gebrauchstauglichkeit (Abb. 2.7) gemäß DIN EN ISO 9241-11 [8] und Interaktionsprinzipien (Abb. 2.8) gemäß DIN EN ISO 9241-110 [23]. (Quelle: Eigene Darstellung, in Anlehnung Geis und Tesch [6])

- **Einprägsamkeit („Memorability"):**
  Ein gängiges Mittel zur Sicherstellung der mnemonischen Qualität der Systeminteraktion besteht darin, eine persistente kognitive Verfügbarkeit der Bedienlogik auch nach temporären Nutzungsunterbrechungen zu gewährleisten, um die Nachhaltigkeit der erworbenen Nutzungskompetenzen zu gewährleisten [34].
- **Fehleranfälligkeit („Errors"):**
  Während die Fehlerresistenz der Systemarchitektur sich in der Minimierung potenzieller Nutzungsfehler und der Implementierung effizienter Korrekturmechanismen zeigt, wird die kategorische Prävention kritischer Systemfehler als imperative Designprämisse betrachtet [34].
- **Zufriedenheit („Satisfaction"):**
  Es besteht konsenstheoretisch Einigkeit darüber, dass die hedonische Qualität der Systeminteraktion in der subjektiven Nutzungszufriedenheit zum Ausdruck kommt, wobei die affektive Dimension der Mensch-System-Interaktion als wesentlicher Faktor der Nutzerakzeptanz gilt [34].

In der Praxis resultiert aus dieser taxonomischen Dekomposition der Usability nach Nielsen [34] ein determinierter Evaluationsrahmen, der die Analyse und Optimierung von User Interfaces strukturiert. Die Interdependenz der identifizierten Attribute führt wiederum zu einem holistischen Verständnis der Usability-Charakteristika.

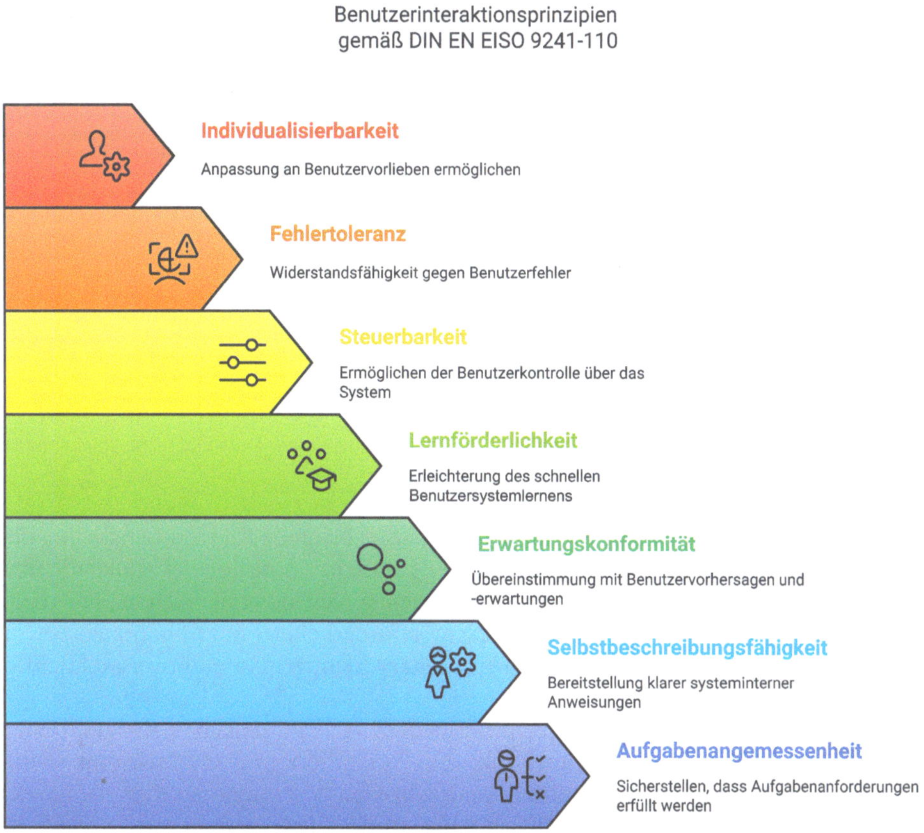

Abb. 2.8 Zusammenhang zwischen Gebrauchstauglichkeit (Abb. 2.7) gemäß DIN EN ISO 9241-11 [8] und Interaktionsprinzipien (Abb. 2.8) gemäß DIN EN ISO 9241-110 [23]. (Quelle: Eigene Darstellung, in Anlehnung Geis und Tesch [6])

Vor diesem Hintergrund entwickelt Nielsen [34] eine hierarchisch strukturierte Konzeptualisierung, in der Usability als integrale Komponente einer holistischen Systembetrachtung positioniert wird.

Eine besondere Rolle spielt in diesem Zusammenhang die ultimative Evaluationsebene in der Systemakzeptanz, die sich als Grad der Kongruenz zwischen systemischen Kapazitäten und den polyvalenten Anforderungsprofilen verschiedener Stakeholder-Entitäten darstellt [3].

Unter den obigen Vorzeichen wird Usability in dieser theoretischen Architektur als kybernetisch subordinierte, jedoch essenzielle Attributdimension des übergeordneten Akzeptanzparadigmas verstanden (vgl. Abb. 2.3).

Hierbei resultiert die Nützlichkeit eines Systems („Usefulness") aus der Synthese zweier sach- und zweckdienlicher Komponenten [4], [5], [9], [34]:

1. Typischerweise zeigt sich die funktionale Adäquanz in der Bereitstellung zielkongruenter Systemfunktionalitäten.
2. Je nach Kontext zeigt sich die nutzungsbezogene Qualität aber ebenso durch die komplexitätsreduzierte Zugänglichkeit und positive Interaktionsmerkmale.

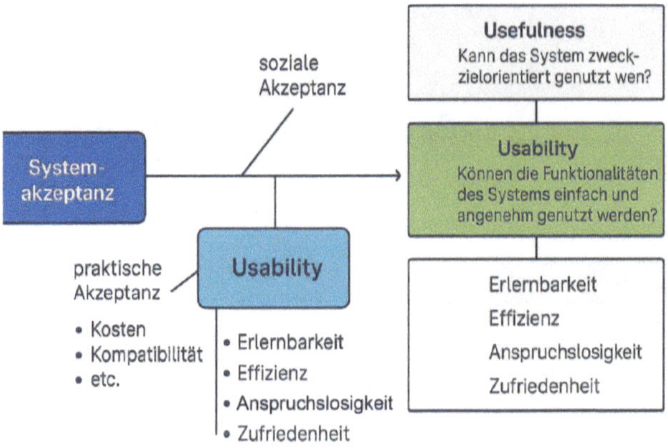

Abb. 2.9 Usability als Attribut der Systemakzeptanz. (Quelle: Eigene Darstellung, in Anlehnung an Nielsen [34] (S. 25)).

Als Schlussbetrachtung zeigt sich, dass diese bidimensionale Konzeptualisierung der Systemnützlichkeit eine dialektische Beziehung zwischen funktionaler Kapazität und operativer Zugänglichkeit impliziert [19]. Dementsprechend ergibt sich die Nützlichkeit eines Systems nicht nur aus der Präsenz erforderlicher Funktionalitäten per se, sondern erfordert deren Integration in eine nutzerorientierte Interaktionsarchitektur (vgl. Abb. 2.9).

In dieser theoretischen Konsequenz liefert die Explikation nach Nielsen [34] einen differenzierten Explorationsrahmen für die Evaluation und Optimierung soziotechnischer Systeme im Kontext ihrer beabsichtigten Nutzungsszenarien, wobei die Evaluation ex ante (konzeptionell), interim (prozessual) und ex post (ergebnisorientiert) erfolgt [3], [4], [5], [7], [9], [12], [19].

Daraus resultierend erfordert deduktiv die theoretische Differenzierung zwischen Usability und verwandten Konzepten in Nielsens [34] systemischer Perspektive auf Usability im Kontext der Systemakzeptanz eine präzise terminologische und konzeptuelle Determination.

Hinweis

Usability und User Experience – klar unterscheiden, um gezielt zu optimieren.

Folglich erweist sich von besonderer wissenschaftsdidaktischer und instruktionsdesignerischer Signifikanz das Konzept der User Experience, das in der DIN EN ISO 9241-210 [35] als Benutzererlebnis terminologisch adaptiert und wie folgt normiert definiert werden kann:

Perzeptions-, Repräsentations- und Rezeptionsprozesse sowie Reaktionen einer Person, die aus der tatsächlichen und/oder erwarteten Benutzung eines Systems, eines Produkts oder einer Dienstleistung resultieren [35].

Dementsprechend elaboriert die obige normative Explikation den Bedeutungsumfang des Terminus durch eine sowohl dezidierte als auch deduzierte Spezifikation seiner konstituierenden Elemente, d. h., das Konzept bezieht sämtliche Emotionen, Vorstellungen, Vorlieben, Wahrnehmungen, Zustände des Wohlbefindens oder Unbehagens sowie Verhaltensweisen und Leistungen ein, die sich vor, während und nach der Nutzung durchaus einstellen können [35].

Darauf aufbauend zeigt die komparative Explikation nun eine signifikante Differenz zur Usability, wie nun expliziert:

In diesem deduzierten Bezugsrahmen hebt die User Experience die intersubjektive Nutzerperspektive stärker hervor und integriert gleichzeitig eine temporale Erweiterung des Betrachtungshorizonts, da sie nicht nur die individuelle Perspektive, sondern auch eine Perzeption, Repräsentation und Rezeption umfasst, die von mehreren Nutzern geteilt wird [3], [4], [5], [6], [19].

Damit ist angedeutet, dass diese Erweiterung des Analysefokus die rein interaktionszentrierte Betrachtung der Usability übersteigt und explizit die prä- und postoperativen Phasen der Systemnutzung einbezieht [3], [36], [37], [38].

Nicht zuletzt ist es unerlässlich, so konstatieren Geis und Tesch [6], dass das User-Experience-Konzept sich als ganzheitlicher Evaluationsrahmen etabliert, der nicht nur die unmittelbaren Interaktionsprozesse erfasst, sondern auch die affektiven, konativen und kognitiven Dimensionen der Nutzererfahrung in ihrer temporalen Gesamtheit, d. h. von der antizipativen Phase über die aktuelle Systemnutzung bis hin zur retrospektiven Evaluation, integriert [3], [19].

Merke

User Experience konstituiert sich somit als ein multidimensionales Konstrukt, das die aus der tatsächlichen und/oder erwarteten Nutzung eines interaktiven Systems hervorgehenden Wahrnehmungen und Reaktionen eines Benutzers umfasst [35], wobei die temporale, affektive, konative und kognitive Totalität der einbezogen wird [3], [19].

Wegweisend zeigt sich die User Experience im Zuge dessen sowie präzisiert in einer triadischen temporalen Struktur, die durch die Interdependenz von Erwartungs-, Erfahrungs- und Evaluationsebenen geprägt ist, was bedeutet, dass die antizipierte Nutzung in diesem Kontext als präoperative Phase verstanden wird, in der nutzerseitige Vorstellungen hinsichtlich selbstkonzeptionell immanenter Konventionen und Erwartungen bezüglich der Systeminteraktion gebildet werden [19].

Hinweis

User Experience ist zeitlich – Erlebnisse entfalten sich über die Nutzung hinweg.

Daher kann in diesem Rahmen festgestellt werden, dass diese antizipativen Konstrukte subsequenziell als evaluativer Referenzrahmen während der faktischen Systemnutzung fungieren [21]. Demzufolge bestimmt die Kongruenz zwischen antizipierter und realer Nutzungserfahrung – oder aber deren positiver Transzendierung – die qualitative Ausprägung der User Experience im operativen Kontext [38]. Jedoch ist im Kontext von User Experience signifikant die emergente Triebkraft der selbstkonzeptionell bedingten Erwartungskonstrukte, die im Prozess der Systeminteraktion Modifikationen unterliegen können [12], [19], [36], [39].

Schließlich wird die postoperative Phase, konzeptualisiert als „verarbeitete Nutzung", durch die kognitive, konative und affektive Integration der Nutzungserfahrung in das subjektive Erlebniskontinuum des Users charakterisiert [6], [35]. Folglich erzeugt diese retrospektive Verarbeitung spezifische Reaktionsmuster, die als Grundlage für zukünftige Nutzungsantizipationen dienen (vgl. ◘ Abb. 2.10) [6].

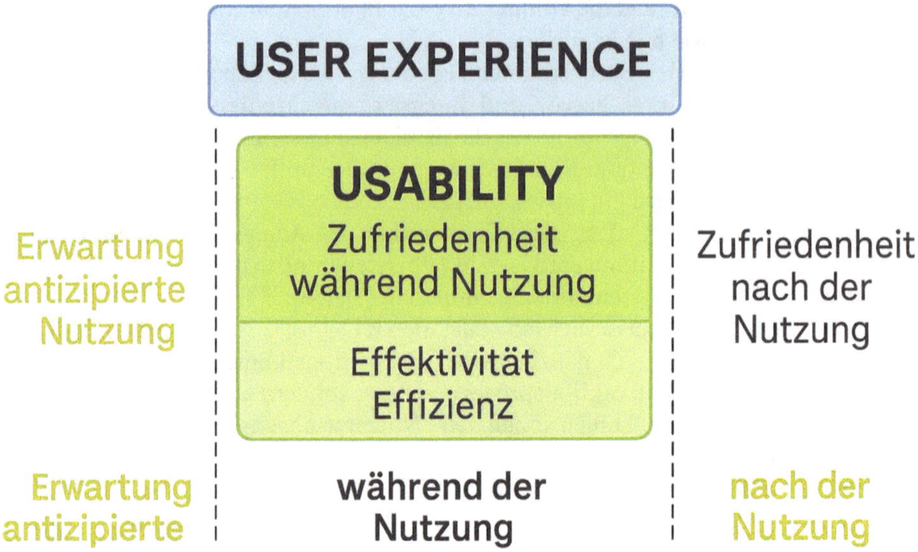

Abb. 2.10 Determination in Bezug auf Usability und User Experience. (Quelle: Eigene Darstellung, in Anlehnung an Geis und Tesch [6])

Merke

Kausal lässt sich schlussfolgern, dass die obige prozessuale Konzeptualisierung der User Experience als zeitlich strukturiertes Phänomen eine differenzierte Betrachtung der verschiedenen Erfahrungsebenen und ihrer wechselseitigen Abhängigkeiten gestattet.

Betrachtet man die einzelnen Facetten, so postuliert die theoretische Elaboration nach Hassenzahl et al. [40] die Insuffizienz einer rein usability-orientierten Produktkonzeption in Bezug auf die Generierung von Nutzerakzeptanz und -zufriedenheit.

Hinweis

Joy of Use – Die hedonistische Dimension der Mensch-System-Interaktion spürbar machen.

Vor diesem Hintergrund argumentieren die Autoren kritisch im Hinblick auf eine Expansion der Designkriterien, die explizit hedonistische Aspekte der Produktinteraktion – zutage tretend in Nutzungsfreude und experienzieller Satisfaktion – inkorporiert [19], [40].

In dieser Perspektive haben schließlich das Konzept des **Joy of Use** sowie **Joy of UX** als maßgebliches Paradigma in der Produktkonzeption und -realisation etabliert, dessen Relevanz den originären Unterhaltungssektor wiederum transzendiert [19], [41], [42]. Vor diesem Hintergrund akzentuiert Platt [41] die konzeptuelle Distinktion zur Usability. Diesbezüglich offerieren in dieser Hinsicht sowohl Lewis und Sturdee [43] als auch Hatscher [44] eine deduziertere Definition:

Joy of use eines Software-Produkts ist demnach das freudvolle, genussreiche und zugleich holistische Erleben von Qualität in Bezug auf die Interaktion und die

Möglichkeiten, die sich einem bestimmten Nutzer in einem bestimmten Kontext infolge des überwiegend unauffälligen, zugleich hervorragenden Funktionierens sowie einer den Nutzer ästhetisch ansprechenden Gestaltung durch einen motivierten, an den Zielen und Interessen des Nutzers orientierten sowie zweck- und sinnstiftenden Gebrauch der Software erschließen [44].

Die bisherigen Ausführungen lassen kaum Zweifel daran, dass Joy of Use als mehraxiales Konstrukt zu verstehen ist, das sowohl die affektive als auch die konative Qualität der Nutzerinteraktion umfasst [45]. Wie der Verfasser in diversen Explorationsstudien unter Berücksichtigung der System-1-, System-2- und System-3-Theorie expliziert, wird dieser Emotional-Value-Add in Relation zu funktionaler Exzellenz, ästhetischer Adäquanz und kontextueller Determination positioniert [3], [4], [5], [9], [10], [11], [19], [25], [46], [47], [48], [49]. Es herrscht weitgehende Einigkeit darüber, dass die Integration hedonistischer Elemente in die Systemgestaltung die rein funktionale Perspektive übersteigt und einer holistischen Nutzererfahrung zugutekommt [19], [45], [50].

Hinweis

Produktqualität dual denken – Pragmatik und Hedonik als zwei Seiten der Wahrnehmung.

Gleichermaßen liegt ebenso auf der Hand, dass Hassenzahl et al. [40] eine dichotome Taxonomie perzipierter Produktqualitäten vorschlagen, die sich in der Determination zwischen pragmatischer einerseits und hedonistischer Qualitätsdimension andererseits in der Regel zeigt.

Darüber hinaus konstituiert sich die pragmatische Qualitätsdimension durch die nutzerseitige Perzeption der instrumentellen Produktmerkmale, welche sowohl die attribuierte Nützlichkeit als auch die wahrgenommene Gebrauchstauglichkeit des interaktiven Systems umfasst [40], [51]. Unter diesen Vorzeichen steht die obige Dimension in Korrespondenz zu grundlegenden anthropologischen Sicherheitsbedürfnissen gemäß dem Modell der sozialen Motivation nach Norbert Bischof [52], [53], die sich in den folgenden Aspekten ausdrücken [19]:

- Kontrolle,
- daseinsbestimmende Verlässlichkeit bzw. Vertrauen sowie
- Sicherheit per se.

Im Kontrast hierzu adressiert die hedonistische Qualitätsdimension distinkte psychologische Bedürfniskategorien:

- Explorative Motivation (Neugier) sowie
- soziale Distinktion (z. B. auch Stolz im interpersonellen Vergleich).

Bezeichnet zeigt sich in diesem Zusammenhang, dass die hedonistische Qualität sich dabei durch die Perzeption non-instrumenteller Produktattribute charakterisiert, die sich in Eigenschaften wie u. a. [3], [19], [51], [54]:

- Innovativität
- Originalität
- Stimulationsgehalt ausdrücken.

Merke

Folgerichtig erfordert diese theoretische Differenzierung hinsichtlich der Qualitätswahrnehmung eine mehraxiale Designstrategie, die sowohl die pragmatische Funktionalität als auch die hedonistische Attraktion in der Produktkonzeption berücksichtigt.

Mit dem beschriebenen Ansatz konstituiert sich Usability Engineering somit als eigenständige Disziplin, deren epistemologischer Fokus auf der methodologischen Realisation von Usability liegt [21], [34], [38].

Hinweis

Usability Engineering – Systematisch Gebrauchstauglichkeit optimieren.

Die konzeptuelle Präzisierung basiert auf einem ingenieurwissenschaftlichen Paradigma, das die Implementierung von Gebrauchstauglichkeit in der Interface-Gestaltung durch strukturierte Methodenapplikation anstrebt [55], [56].

Konkret kommt das Paradigma des Usability Engineering in der proaktiven Integration quantifizierbarer Usability-Metriken in den frühen Phasen des Systementwicklungsprozesses zum Tragen [24], [28], [57]. Diese Zielvorgaben unterliegen einer kontinuierlichen Evaluation während des gesamten Entwicklungskontinuums, wodurch die Zielerreichung methodisch verifiziert und sichergestellt wird [3], [4], [51].

Hinweis

Eklektisches Prinzip – Konvergente Strukturen gezielt nutzen.

Bildlich gesprochen findet diese methodologische Konzeptualisierung ihre präzise Definition nach Mayhew [58] als:

„A discipline that provides structured methods for achieving usability in user interface design during product development“ [58].

In dieser theoretischen Konsequenz deduziert allerdings die obige Explikation aufgrund der Konvergenzfaktoren eklektisch drei substanzielle Prämissen:

- Die disziplinäre Eigenständigkeit des Usability Engineering.
- Die methodische Strukturierung des Entwicklungsprozesses.
- Die Integration von Usability-Kriterien in das Interface-Design während der Produktentwicklung.

Es lässt sich im Kontext dessen konstatieren, dass die oben dargestellte theorietriangulative Fundierung Usability Engineering als systematischer Ansatz zur Integration von Gebrauchstauglichkeit in den Produktentwicklungsprozess konstituiert [19], [59].

Merke

Usability Engineering ist demzufolge ein Teilgebiet von Human Computer Interaction (HCI), das sich mit der benutzergerechten Gestaltung von interaktiven Systemen und ihren Mensch-Maschine-Schnittstellen beschäftigt. Dabei stützt man sich neben Erkenntnissen der Informatik auch auf Einsichten aus der Psychologie, insbesondere der Medienpsychologie, sowie aus der Arbeitswissenschaft, der Kognitionswissenschaft, der Ergonomie, der Soziologie und dem Design [59].

Mit dem beschriebenen Ansatz wird das Usability Engineering auf das paradigmatische Fundament des User Centered Design begründet, das eine konsequente Ausrichtung sämtlicher Gestaltungsentscheidungen auf den Nutzer und dessen multidimensionales Anforderungsprofil – ausgedrückt in Aufgaben, Zielen und charakteristischen Eigenschaften – postuliert.

Hinweis
Usability Engineering – kohärent anthropozentrisch expliziert im User Centered Design.

Dementsprechend findet sich die normative Kodifizierung dieser Gestaltungsphilosophie in der DIN EN ISO 9241-210 [35], die die unabdingbaren Prinzipien und methodologischen Vorgehensweisen systematisch hervorhebt [6].

Approximativ lässt sich die Norm diesbezüglich als präzise Definition der nutzerzentrierten bzw. in einer erweiterten Perspektive als menschzentrierten Gestaltung verstehen:

„Herangehensweise bei der Gestaltung und Entwicklung von Systemen, die darauf abzielt, interaktive Systeme gebrauchstauglicher zu machen, indem sie sich auf die Verwendung des Systems konzentriert und Kenntnisse und Techniken aus den Bereichen der Arbeitswissenschaft/Ergonomie und der Gebrauchstauglichkeit anwendet" [35].

Konsenstheoretisch kann demzufolge nachgewiesen werden, dass die obige Definition dementsprechend eine spezifizierte triadische Struktur der menschzentrierten Gestaltung umfasst [35]:

- Zum einen durch die intentionale Fokussierung auf Gebrauchstauglichkeitsoptimierung,
- zum anderen durch die zentrale Bedeutung der faktischen Systemverwendung,
- des Weiteren durch die Integration interdisziplinärer Expertise aus den Bereichen der Arbeitswissenschaft und in Bezug auf die Ergonomie.

Als konzeptuelle Rahmung definiert diese per se das sogenannte ‚User Centered Design' als grundlegendes Paradigma des Usability Engineering, das die Integration der Nutzerperspektive in den Gestaltungsprozess sicherstellt [32].

Hinweis
Normative Prinzipien im User Centered Design – systematisch analysieren, gezielt anwenden.

Ausführlich eingegangen ist die DIN EN ISO 9241-210 [35] jedoch [35, S. 92] kybernetisch auf sechs grundlegende Prinzipien des User Centered Design aufgebaut, wie folgend dargestellt:

1. **Holistische Nutzerverständnis-Fundierung:**
   Für die wissenschaftliche Reproduzierbarkeit ist die Systemgestaltung auf einer umfassenden Analyse der triadischen Konstellation aus Nutzern, Aufgabenspektrum und Umgebungskontext aufgebaut. In dieser kausalen Konsequenz wird

die Gebrauchstauglichkeit als kontextabhängige Variable konzeptualisiert, deren Anforderungsdefinition ein deduziertes Verständnis der Nutzungskontextualität im Hinblick auf die Plausibilitätskontrolle ex post voraussetzt [6], [19], [35].

2. **Aktive Nutzerpartizipation:**
   Im Hinblick auf die Gestaltung des Entwicklungsprozesses stellt die Integration der Nutzer ein imperatives Prinzip dar. Grundsätzlich erfolgt die Auswahl der teilnehmenden Akteure nach repräsentativen Kriterien, wobei diese über Fertigkeiten, Merkmale und aufgrund identischer „Genre-Präferenzen", wie Hepp [60] konstatiert, Erfahrungen verfügen müssen, die das Spektrum der Benutzer widerspiegeln, für die das System entwickelt wird [35]. Demnach diversifizieren sich die Partizipationsmodalitäten in Teilhabe an der Gestaltung, als Co-Creation-Quelle für relevante Daten oder bei der Evaluierung von problemexplorativen Lösungen [35].
3. **Evaluationsbasierte Gestaltungsoptimierung:**
   Bei der Implementierung kontinuierlicher Systemoptimierung spielt die nutzerzentrierte Evaluation eine entscheidende Rolle [3], [4], [19]. Schließlich erfolgt diese wie u. g. iterativ und umfasst ex ante (konzeptionell), interim (prozessual) sowie ex post (ergebnisorientiert) Phasen, wobei die Nutzerrückmeldungen eine wesentliche Informationsquelle für die fortlaufende Verfeinerung der Gestaltungslösungen darstellen, um die Konformität mit den Nutzeranforderungen sicherzustellen [19].
4. **Iterative Prozessstruktur:**
   Aber auch, wie oben beschrieben, wird die Entwicklung interaktiver Systeme durch einen zyklischen Optimierungsprozess bis zur Zielerreichung charakterisiert [5], [6], [35]. Auf dieser Basis erlaubt die iterative Methodologie eine schrittweise Integration neuer Erkenntnisse in Beschreibungen, Spezifikationen und Prototypen, wodurch das Risiko divergierender Entwicklungen von Nutzeranforderungen signifikant minimiert wird.
5. **Holistisches User Experience Design:**
   Schließlich spielen Designentscheidungen, auch aus designethischer Sicht, eine maßgebliche Rolle, da die Systemgestaltung die heuristisch komplexitätsreduzierende Fokussierung auf Nutzerfreundlichkeit zugunsten einer mehrstufigen Gebrauchstauglichkeitskonzeption transzendiert, die wiederum organisatorische Implikationen, Dokumentationsaspekte, Support-Strukturen und Wartungsfaktoren umfasst [7], [10], [19], [51].
6. **Interdisziplinäre Teamkomposition:**
   Vor allem aber konstituieren sich die Gestaltungsteams durch multidisziplinäre Expertise, wodurch verschiedene Kompetenzspektren und Perspektiven integriert werden. Demzufolge führt diese Diversifikation zu ideativen und inventiven Synergien und begünstigt sowohl eine realistische Evaluation fachspezifischer Limitationen als auch die organisationale Überwindung des Not-invented-here-Syndroms [12], [35], [51], [60].

Die obigen Prinzipien präzisieren demzufolge einen normativen Rahmen für die sowohl anschlussfähige als auch durchlässige systematische Implementation nutzerzentrierter Gestaltungsprozesse in der Systementwicklung. Die bisherigen Ausführungen lassen vor diesem Hintergrund kaum Zweifel daran, dass die o. g. diskutierten Konzepte von Usability Engineering, User Centered Design und User Experience das methodologische Regelwerk für ethisch-dialektisch expliziertes UX-Research bilden, da sie die Einbeziehung der Nutzerperspektive und deren Bedürfnisse als wesentliche Anforderung festlegen.

► Transferbeispiel

Ein App-Entwicklungsteam bezieht regelmäßig Nutzer in den Gestaltungsprozess ein, um die Bedienbarkeit laufend zu verbessern.◄

Gleichermaßen liegt ferner auf der Hand, dass die Berücksichtigung hedonistischer Qualitäten neben pragmatischen Aspekten sowie die Betonung der holistischen Nutzererfahrung die designethische Verantwortung unterstreichen, Systeme nicht nur funktional, sondern auch im Hinblick auf das menschliche Wohlbefinden zu gestalten. Mit dieser Festlegung geht im Wesentlichen einher, dass die normativen Prinzipien des User Centered Design, insbesondere die Forderung nach umfassendem Nutzerverständnis und kontinuierlicher Nutzerbeteiligung – wie sie in Co-Creation-, Open- und User-Innovation-Prozessen umgesetzt wird – konkrete methodische Ansätze für eine ethisch verantwortliche UX-Research-Praxis bereitstellen, die zunehmend auch in Konsortialforschungsansätzen validiert werden [12], [13], [14].

! Merke

Vor dem oben genannten Hintergrund bilden diese Prinzipien einen normativen Rahmen für die Implementierung nutzerzentrierter Gestaltungsprozesse in der Systementwicklung.

Umfangreiche Transferbeispiele

Die nachfolgend beschriebenen nutzerzentrierten Implementierungen der normativen Interaktionsprinzipien gemäß DIN EN ISO 9241-110 [23] erfahren in verschiedenen Anwendungskontexten eine Operationalisierung:

Aufgabenangemessenheit

Der generelle Ansatz besteht darin, durch die Batch-Prozessierung multipler Elemente die Effizienz der Systemnutzung zu steigern: Eine paradigmatische Realisation zeigt sich in einem Content-Management-System, das die simultane Modifikation mehrerer Datensätze mittels einer singulären Operation erlaubt und somit die Prozesseffizienz erheblich optimiert.

Selbstbeschreibungsfähigkeit

Beim Beispiel der transparenten Kommunikation systemischer Limitationen zeigt sich dies in der expliziten Indikation verfügbarer Zahlungsmethoden: Ein Ticketing-System kommuniziert a priori die exklusive Akzeptanz spezifischer Zahlungsmethoden, wodurch potenzielle Transaktionsbarrieren antizipiert werden.

Erwartungskonformität

Es kann festgestellt werden, dass die terminologische Konsistenz in der einheitlichen Verwendung definierter Begrifflichkeiten zum Ausdruck kommt: Enterprise-Systeme implementieren beispielsweise eine standardisierte Nomenklatur für Authentifizierungsparameter (‚Benutzername') über sämtliche Subsysteme hinweg.

Lernförderlichkeit

Aneignungsformativ amplifizierend wird die didaktische Dimension durch integrierte Lernsysteme realisiert: Bei Erstnutzung einer Applikation wird beispielsweise ein interaktives Onboarding-Tutorial implementiert, das die Exploration der Funktionalitäten unterstützt.

Steuerbarkeit
In vielen Szenarien zeigt sich die Reversibilität von Nutzeroperationen in der Implementierung von Undo-Funktionalitäten: Textverarbeitungssysteme gestatten beispielsweise die unmittelbare Rückgängigmachung unintendierter Modifikationen durch standardisierte Wiederherstellungsmechanismen.

Fehlertoleranz (Robustheit gegen Nutzungsfehler)
Durch eine präventive Validierung von Nutzereingaben wird die Implementierung intelligenter Eingabevalidierung realisiert: Formularfelder führen exemplarisch syntaktische Verifikationen für spezifische Datentypen wie Telefonnummern oder E-Mail-Adressen durch.

Individualisierbarkeit (Benutzerbindung)
Häufig kommt die Adaptabilität der Systemumgebung in der Konfigurierbarkeit von Interface-Elementen zum Ausdruck: Produktivitätsapplikationen gestatten beispielsweise die nutzerspezifische Anpassung von Werkzeugleisten, Tastaturkürzeln und Darstellungsoptionen zur Optimierung individueller Arbeitsabläufe.

Durch eine kerndimensionale Gewichtung gemäß DIN EN ISO 9241-110 [23] wird die obige praktische Translation abstrakter Interaktionsprinzipien in konkrete Implementierungsszenarien verdeutlicht.

2.2 Usability als determinierendes Qualitätskriterium

Bezeichnet zeigt sich nun ebenfalls die signifikante Korrelation zwischen dem Usability-Niveau eines interaktiven Systems und dessen Nutzerakzeptanz sowie -präferenz, wobei Usability als qualitatives Evaluationskriterium in der Gestalt und Formation fungiert, das die Effizienz, Effektivität und Zufriedenstellung bzw. Satisfaktion der zielgerichteten sowie zielgruppengerechten Systemnutzung bestimmt [6], [8], [19].

Um eine präzise Einordnung und einen professionellen Umgang mit dem variablen Phänomen in der obigen Causa zu gewährleisten, erfordert die weiterführende Exploration des Usability-Konstrukts als Qualitätsindikator eine Dekomposition in drei Betrachtungsebenen [6], [8], [19]:

1. Aus instruktionspsychologischer Sicht sollte eine fundamentale Reflexion der Qualitätsterminologie als konzeptuelle Basis dienen.
2. Eine Analyse der funktionalen Signifikanz von Qualitätsmodellen im Kontext der Qualitätsoptimierung.
3. Eine methodologische Examination der Goal-Question-Metric-Methode als systematischer Ansatz zur Generierung spezifischer Qualitätsmodelle.

Als Ausgangspunkt bietet diese strukturierte Annäherung eine differenzierte Auseinandersetzung mit der Qualitätsdimension von Usability und ihrer praktischen Operationalisierung im Kontext der Systementwicklung [6], [19], [21].

Die Integration dieser Aspekte gewährleistet demzufolge einen explorativen Rahmen für die systematische Evaluation ex ante, interim sowie ex post und somit die Optimierung der Usability als zentrales Qualitätsmerkmal interaktiver Systeme in Bezug auf eine zielgruppengerechte strategische Anpassungsmodifikation, d. h., insbesondere stellt die Integration dieser Aspekte einen agilen Rahmen für die Evaluation und Optimierung der Usability als Qualitätsmerkmal interaktiver Systeme im HCI-Kontinuum bereit [19].

Merke
Die Usability eines Systems beeinflusst maßgeblich dessen Akzeptanz und Präferenz, indem Effizienz, Effektivität und Zufriedenstellung der zielgerichteten Nutzung bestimmt werden.

2.2.1 Qualität als polydimensionales Konstrukt

Im Hinblick auf den obigen Kontext kann nun festgestellt werden, dass die Interdependenz zwischen Usability und Qualität als evidentes Verhältnis erscheint. Demzufolge erfordert die präzise Explikation dieser Relation jedoch eine differenzierte Betrachtung des Qualitätskonstrukts [61]. Während der Terminus ‚Qualität' auf der einen Seite im alltagssprachlichen Diskurs verbreitet verwendet wird und ein intuitives Begriffsverständnis nahelegt, stellt sich auf der anderen Seite seine definitorische Präzisierung als komplexe epistemologische Herausforderung dar [62].

Die durch Harvey sowie Green [63] aufgezeigte Relativität des Qualitätsbegriffs verdeutlicht dessen interpersonelle, intrapersonelle und kontextabhängige Variabilität, was eine terminologische Fixierung erschwert [64].

Mit Blick auf die anwendungsorientierte Operationalisierung führt Garvin [65] eine taxonomische Differenzierung von fünf distinktiven Qualitätsdefinitionsansätzen im Produktkontext wie folgt aus:

- **Der transzendente Ansatz**

An diesem Punkt sollte zur Kenntnis genommen werden, dass der transzendente Ansatz von Qualität als absolute, universell wahrnehmbare ‚immanente Güte' konzipiert wird, die sich als nicht verhandelbares Standardniveau zeigt, jedoch einer präzisen Definition entzogen bleibt und deren Qualitätserkennung primär durch experienzielle Akkumulation erfolgt [65].

- **Der produktbezogene Ansatz**

Auch dieser Ansatz verdeutlicht, dass der produktbezogene Ansatz Qualität als quantifizierbare Variable konstituiert, wobei qualitative Differenzen als messbare Variationen aufgefasst werden [65].

- **Der anwenderbezogene Ansatz**

In diesem Szenario verfügt der anwenderbezogene Ansatz über eine Qualitätsdefinition, die aus der Nutzerperspektive erfolgt, wobei Qualität nicht als inhärente Produkteigenschaft, sondern als Grad der Kongruenz zwischen Produktspezifikationen und den vielfältigen Nutzeranforderungen konzipiert wird [65].

- **Der fertigungsbezogene Ansatz**

Im Lichte dieser Tatsachen fokussiert der fertigungsbezogene Ansatz im Gegensatz zur subjektiven Nutzerperspektive die Produzentenperspektive, wobei Qualität als Spezifikationskonformität definiert wird und jede Abweichung von definierten Anforderungen eine Qualitätsminderung impliziert [65].

Der wertorientierte Ansatz

Demzufolge bewegen sich der wertorientierte Ansatz und die Qualitätsbewertung auf der ökonomischen Relation zwischen Nutzen und Aufwand, wobei die Qualität durch die Bewertung der Kosten-Nutzen-Relation in Bezug auf die beabsichtigten Spezifikationen und akzeptablen Kostenstrukturen erfolgt [65].

Garvin [65] argumentiert schließlich schlussfolgernd hinsichtlich des obigen Kontexts, dass diese taxonomische Dekomposition stets eine Determination des Qualitätskonstrukts in seinen vielfältigen Ausprägungen propädeutisch bedingt.

Merke

Garvin [65] konstatiert mit Blick auf die obigen Voraussetzungen, dass die Polydimensionalität des Qualitätskonstrukts in der Determination transzendentaler, produktbezogener, anwenderbezogener, fertigungsbezogener sowie wertorientierter Ansätze zutage tritt, die im Kern die interpersonelle Variabilität der Qualitätsattribution widerspiegeln.

Vor dem Hintergrund entwickeln Harvey und Green [63] eine fünfdimensionale Kategorisierung divergierender Qualitätsverständnisse, die trotz ihrer Distinktivität in sowohl reziproker als auch hermeneutischer Relation zueinander stehen:

Hinweis

Die dargestellten Qualitätskonzeptionen orientieren sich an einem teleologischen Ansatz, indem sie die Zweckmäßigkeit, Funktionalität und Transformationspotenziale von Qualität als evaluative Parameter strukturieren und somit einen zielgerichteten Bezugsrahmen für die differenzierte Analyse qualitativer Kriterien bereitstellen.

1. **Qualität als Ausnahme:**
   Diese Konzeptualisierung basiert auf drei fundamentalen Interpretationsebenen [63]:
   - Wie o. g. dargestellt definiert die traditionelle Repräsentation und Rezeption die Qualität als distinguierte Exzeptionalität, die wiederum eine Exklusivität impliziert.
   - Unter diesen Umständen postuliert die Exzellenz-Orientierung eine Kausalität zwischen exzeptionellen Voraussetzungen und herausragenden Resultaten.
   - Hinsichtlich dieser Gegebenheiten tritt die Standardkonformität zutage, die Adhärenz an definierten Minimalstandards als Qualitätskriterium festlegt und bestimmt.
2. **Qualität als Perfektion oder Konsistenz:**
   Schließlich akzentuiert im Kontrast zur resultatsorientierten Exzeptionalität die obige Konzeption die Prozessdimension. In diesem Szenario charakterisiert sie sich durch folgende zu berücksichtigende Kontextfaktoren [63]:
   - Einerseits ist die Fokussierung auf Fehlerprävention statt Fehlerdetektion ein essenziell zu verzeichnendes Merkmal.
   - Anderseits sollte die Distribution der Qualitätsverantwortung auf sämtliche Prozessbeteiligten übertragen werden.
   - Schließlich sollte die Etablierung einer integrativen Qualitätskultur zur Sicherstellung kontinuierlicher Perfektion konstituiert werden, d. h. mit Blick auf die Anschluss-, Innovations- und Zukunftsfähigkeit [12], [13], [15], [19], [51].

3. **Qualität als Zweckmäßigkeit:**
   Im Zuge des o. g. Aspekts sollte dementsprechend zur Kenntnis genommen werden, dass die funktionale Perspektive Qualität anhand der teleologischen Zweckerfüllung interim und ex post evaluiert, wie der Verfasser [3], [4], [5], [5], [29], [46] in diversen Explorationsstudien plausibilisiert, wobei zwei zentrale Interpretationsebenen differenziert werden, wie Harvey und Green [63] diskursiv hervorheben:
   (1) Zum einen die Nutzerperspektive als die Qualität hinsichtlich des Grads der Nutzeranforderungserfüllung.
   (2) Zum anderen die Produzentenperspektive als die Qualität im Hinblick auf die Markttauglichkeit und Zielerreichung.
4. **Qualität als adäquater Gegenwert:**
   Unter der obigen Prämisse implementiert die ökonomische Konzeptualisierung eine sogenannte Value-for-Money-Perspektive, die Qualität als Optimierung der Relation zwischen Standardniveau und Kostenstruktur determiniert [63].
5. **Qualität als Transformation:**
   Daraus geht hervor, dass das transformative Qualitätsverständnis auf das Konzept des qualitativen Wandels rekurriert und sich wie folgt präzisiert [63]:
   - Einer Wertsteigerung durch Nutzerentwicklung.
   - Des Weiteren der Aneignungsformation zur selbstgesteuerten Transformation.
   - Zu guter Letzt die Quantifizierung des Transformationsgrades als deduzierter Qualitätsindikator.

▶ Transferbeispiel

Ein Weiterbildungsprogramm wird nicht nur nach Abschlussquoten bewertet, sondern danach, inwieweit es bei den Teilnehmenden nachhaltige Veränderungen in Handlungskompetenz und Selbstwirksamkeit bewirkt.◀

Unter den obigen Voraussetzungen kann somit konstatiert werden, dass die polyvalente Taxonomie nach Harvey und Green [63] einen sowohl sach- als auch zweckdienlichen Explorationsrahmen für die Evaluation von Qualitätsattributen in verschiedenen Anwendungskontexten offeriert und einem teleologischen Systemkonstrukt entspricht.

Merke

Die taxonomische Konzeptualisierung nach Harvey und Green [63] spezifiziert das Qualitätskonstrukt in fünf interdependente Dimensionen: „Qualität als Ausnahme, Perfektion oder Konsistenz, Zweckmäßigkeit, adäquater Gegenwert und Transformation" [63].

Es erschließt sich hiermit, dass die Multiplizität der Qualitätsperspektiven die Komplexität einer universellen Qualitätsdefinition verdeutlicht, wobei die DIN EN ISO 9000 [66] als normative Referenz des Qualitätsmanagements folgende Definition bietet:

„Grad, in dem ein Satz inhärenter Merkmale eines Objekts Anforderungen erfüllt" [66].

Dementsprechend können qualitativ hochwertige Systeme, die Gebrauchstauglichkeit als integrales Element inkorporieren, nur durch ein effektives Qualitätsma-

nagement realisiert werden, das schließlich auf adäquaten Qualitätsmodellen basiert und die Integration von Usability in den Entwicklungsprozess erfordert:
a) Zunächst ist die Definition spezifischer Qualitätsziele maßgeblich.
b) Demzufolge tritt die methodische Operationalisierung qualitativer Aspekte durch konkrete Metriken zutage.

Ein Qualitätsmodell konstituiert sich somit als ein strukturiertes Ordnungssystem von Merkmalen, Kriterien und Eigenschaften, das die systematische Definition, Evaluation ex ante, interim und ex post sowie die Quantifizierung von Qualität per se ermöglicht [19], [66]. Infolgedessen basiert die erfolgreiche Operationalisierung auf der gleichzeitigen Visualisierung der Interdependenzen zwischen distinktiven Qualitätsattributen, wobei die Applikationsspektren von Qualitätsmodellen in multiplen Dimensionen wie u. g. substanziiert zum Vorschein kommen [66], [67]:
1. Epistemologische Funktion:
   - Optimierung des Qualitätsverständnisses
   - Etablierung präziser Qualitätsdefinitionen als Basis analytischer Prozesse
2. Methodologische Funktion:
   - Determination spezifischer Indikatoren und Metriken zwecks deduktiver Rigorbildung
   - Facilitation der Messergebnisinterpretation
3. Strategische Funktion:
   - Teleologische Identifikation qualitätsrelevanter Einfluss-, Kontextfaktoren und Interdependenzen
   - Systematische Entwicklung von Qualitätsoptimierungsstrategien

▶ Transferbeispiel

Ein UX Team nutzt ein Qualitätsmodell, um frühzeitig im Entwicklungsprozess klare Bewertungskriterien für die Benutzerfreundlichkeit zu definieren und diese später mithilfe gezielter Usability Tests systematisch zu überprüfen.◀

Aus der obigen Klassifizierung ergibt sich dementsprechend eine forschendenzentrierten Handreichung für die Integration von Qualitätssicherungsmechanismen in den Entwicklungsprozess, wobei hermeneutische Zirkelschlussoptionen die reziproke Interpretation und Anpassung der Qualitätsmodelle an den Entwicklungsprozess unterstützen, insbesondere mit Blick auf die sich daraus erschließende induktive Relevanzrückkopplung [14], [19].

Merke

„Qualitätsmodelle stellen eine systematische Abstraktion von Qualitätsmerkmalen für Software dar“ [67].

In diesem kausalen Rahmen kann an dieser Stelle festgestellt werden, dass die abstrakte Konzeptualisierung von Qualität durch Qualitätsmodelle in einer hierarchischen Dekomposition in Merkmale, Teilmerkmale und deren metrische Operationalisierung resultiert, wobei Wallmüller [59] einen Kriterienkatalog für die Validierung metrischer Systeme empfiehlt, der von weiteren Fachexperten übernommen wurde, wie im Folgenden präzisiert [68], [69]:

Hinweis
Die hier vorgestellte Systematisierung metrischer Gütekriterien orientiert sich an der taxonomischen Dekomposition insbesondere nach Wallmüller [59] und dient hinsichtlich des UX Research als konzeptioneller Bezugsrahmen für die Evaluierung und Validierung metrischer Systeme im Kontext der Qualitätsmodellierung.

1. **Objektivität:**
   Mit Bezug auf den Theorie-Praxistransfer bedeutet dies, dass die metrische Objektivität die Eliminierung subjektiver Evaluatoreneinflüsse voraussetzt, was eine präzise Operationalisierung der Messvorschriften zur Prävention hermeneutischer Ambiguitäten erfordert [59], [70].
2. **Reliabilität/Reproduzierbarkeit:**
   Schließlich exponiert die Reliabilität einer Metrik die konsistente Replizierbarkeit der Messergebnisse unter konstanten Bedingungskonstellationen [59], [71].
3. **Validität (Messtauglichkeit):**
   Schließlich konstituiert sich die metrische Validität durch die eindeutige Korrelation zwischen Messresultaten und Merkmalsausprägungen, wobei eine signifikante Kovariation zwischen Messinstrument und Messobjekt erforderlich ist [14], [59], [71], [72].
4. **Normierung:**
   In der theoretischen Synthese im Zusammenhang mit der normativen Dimension einer Metrik realisiert sich diese in der Existenz einer standardisierten Komparationsskala zur eindeutigen Abbildung der Messergebnisse [14], [59], [73], [74].
5. **Vergleichbarkeit:**
   Wiederum wird die komparative Qualität einer Metrik prinzipiell durch ihre Kapazität zur relationalen Integration mit anderen metrischen Systemen verdeutlicht [14], [59], [75].
6. **Ökonomie bzw. Einfachheit durch heuristische Komplexitätsreduktion:**
   Grundsätzlich aber exploriert die ökonomische Effizienz einer Metrik die Minimierung der Kosten im Messungsprozess, indem sie die Ressourcennutzung optimiert [14], [59], [76].
7. **Nützlichkeit:**
   Hinsichtlich des deduktiven Rückschlusses lässt sich konstatieren, dass die pragmatische Validität einer Metrik durch ihre Kongruenz mit praktischen Anforderungsprofilen bestimmt wird [14], [59], [76]. In diesem Bezug bildet die taxonomische Systematisierung der metrischen Gütekriterien einen evaluativen Rahmen für die Qualitätssicherung von Messsystemen im Kontext der Qualitätsmodellierung [14], [19], [59].

Merke
Die Qualität von Messdaten basiert auf sieben essenziellen Gütekriterien: Sie müssen objektiv, zuverlässig und valide sein, sowie Normierung, Vergleichbarkeit, Einfachheit und Nützlichkeit aufweisen.

Im Hinblick auf den o. g. diskursiven Tatsachenvortrag tritt bezüglich der Qualitätsmodelle eine duale Formation zutage. Einerseits unterstützen sie die Operationalisierung von Qualität per se, nämlich durch die systematische Dekomposition und metrische Determination, andererseits aber klären sie die Interdependenzen zwischen distinkten Qualitätsattributen.

Hinweis

Die triadische Taxonomie nach Wallmüller [59] verdeutlicht die potenziellen Interaktionsstrukturen zwischen Qualitätseigenschaften und präzisiert diese plausibilisierend in indifferente, konkurrierende und amplifizierte Relationen, um die reziproken Effekte hinsichtlich der Qualitätsmodellierung analytisch zu präzisieren.

Im Lichte dieser Tatsachen tritt nun die von Wallmüller [59] triadische Taxonomie möglicher Eigenschaftsrelationen kategorisch zum Vorschein:

1. **Indifferente Relation:**
   Es ist zunächst sinnvoll, eine indifferente Beziehungs- bzw. Reziprozitätsstruktur als die Abwesenheit jeglicher Interaktionseffekte zwischen zwei Qualitätseigenschaften zu betrachten, wobei die Modifikation einer Eigenschaft per se keine Auswirkungen auf die wiederum korrespondierende Eigenschaft hat [59], [77].
2. **Konkurrierende Relation:**
   Fachwissenschaftlich geht man hingegen konsenstheoretisch in der Gegenwart davon aus, dass eine antagonistische Beziehungsstruktur durch gewisse inverse Korrelationen gekennzeichnet ist [59], [78], [79], [80]. Das wiederum schließt ein, dass die qualitative Optimierung einer Eigenschaft simultan eine Degradation der korrespondierenden Eigenschaft induziert [14], [59], [80].
3. **Amplifizierte Relation:**
   In der deduktiven Ableitung gilt des Weiteren dementsprechend, dass eine synergistische Beziehungs- bzw. Reziprozitätsstruktur durch positive Korrelationen de facto gekennzeichnet ist. In diesem Bezug katalysiert infolgedessen die Qualitätsoptimierung einer Eigenschaft eine analoge Verbesserung der korrespondierenden Eigenschaft [14], [59], [81], [82].

▶ Transferbeispiel

Ein UX Team entscheidet sich für ein standardisiertes Messinstrument zur Erhebung der Nutzerzufriedenheit, weil es objektive, valide und zuverlässige Ergebnisse liefert, die sich in verschiedenen Testsituationen konsistent reproduzieren lassen.◀

In diesem Kontext kann kontextuell festgestellt werden, dass die o. g. relationale Typologie nach Wallmüller [59] eine zielgruppen- bzw. nutzerzentrierte Exploration der komplexen Interaktionsmuster zwischen verschiedenen Qualitätsattributen im Rahmen der Qualitätsmodellierung integrativ zulässt, die auch heute noch im Umfeld des UX Research greift.

Merke

Die Interdependenz von Qualitätseigenschaften konkretisiert sich nach Wallmüller [59] in drei distinktiven Relationstypen: indifferent (keine Wechselwirkung), konkurrierend (negative Korrelation) oder verstärkend (positive Korrelation).

Es ist daher durchaus verständlich, dass die historische Genesis standardisierter Software-Qualitätsmodelle ihren Ursprung in der Pionierarbeit von Boehm, Brown und Lipow [83] fand, die durch McCall und Matsumoto (1980) eine signifikante Weiterentwicklung erfuhr.

Hinweis

Die u. g. triadische Strukturierung der FCM-Modelle (Factors-Criteria-Metrics) bietet einen praxisnahen Bezugsrahmen für die methodische Evaluation von Softwarequalität, der sowohl die hierarchische Dekomposition von Qualitätsmerkmalen als auch deren metrische Operationalisierung systematisch integriert.

Betrachtet man jedoch die einzelnen obigen Facetten, wird zunächst erkennbar, warum die universelle Konzeptualisierung dieser Modelle bis dato eine breite Anwendung findet und wie sie zur Integration in den ISO-Standard 9126 zur Softwareevaluation führte, der später in den aktuellen ISO-Standard 25010 aufgenommen wurde [84], [85], [86].

Mit dieser Festlegung ist bereits klar erkennbar, dass diese paradigmatischen Qualitätsmodelle sich durch eine triadische Strukturierung der Qualitätsattribute auszeichnen, die in der wissenschaftlichen Literatur als FCM-Modelle (Factors-Criteria-Metrics) bekannt sind [87], [88]:

1. **Factors (Qualitätsmerkmale):** Zum einen konstituieren Factors die oberste Hierarchieebene der Qualitätsbeschreibung.
2. **Criteria (Teilmerkmale):** Zum anderen repräsentieren Criteria die mittlere Dekompositionsebene der Qualitätsmerkmale.
3. **Metrics (Metriken):** Schließlich bilden die sogenannten Metrics die operative Basis zur quantitativen Erfassung der Qualitätsattribute.

Mittels der hierarchischen Strukturierung lässt sich demzufolge für die UX-Research-Praxis eine sachdienliche Handreichung für die methodische Evaluation von Softwarequalität übernehmen, die sich durch eine präzise Plausibilisierungsoption und eine zweckdienliche Operationalisierbarkeit auszeichnet (vgl. Abb. 2.11).

▶ Transferbeispiel

Ein UX Team bewertet die Benutzerfreundlichkeit einer App, indem es diese in Teilmerkmale zerlegt und mit Metriken überprüft. ◀

Auch diese Einsichten eröffnen wesentliche Anknüpfungspunkte für die fortlaufende Weiterentwicklung dieser Modelle, die sich von ihrer initialen Konzeption bis hin zur aktuellen ISO-Standardisierung als zentrale Instrumente der Qualitätssicherung in der Softwareentwicklung etabliert haben und im Kontext des UX Research einer differenzierten Betrachtung unterzogen werden sollten [89].

Grundsätzlich exploriert hinsichtlich des obigen Bezugs deshalb die ISO/IEC 25010 [90] eine bidimensionale Konzeptualisierung der Software-Qualität durch die Implementation zweier distinkter, jedoch interdependenter Qualitätsmodelle, wobei solche Prozesse die komplexe Interdependenz zwischen funktionalen Eignungsmerkmalen und nicht-funktionalen Qualitätsaspekten adressieren [91], [92]:

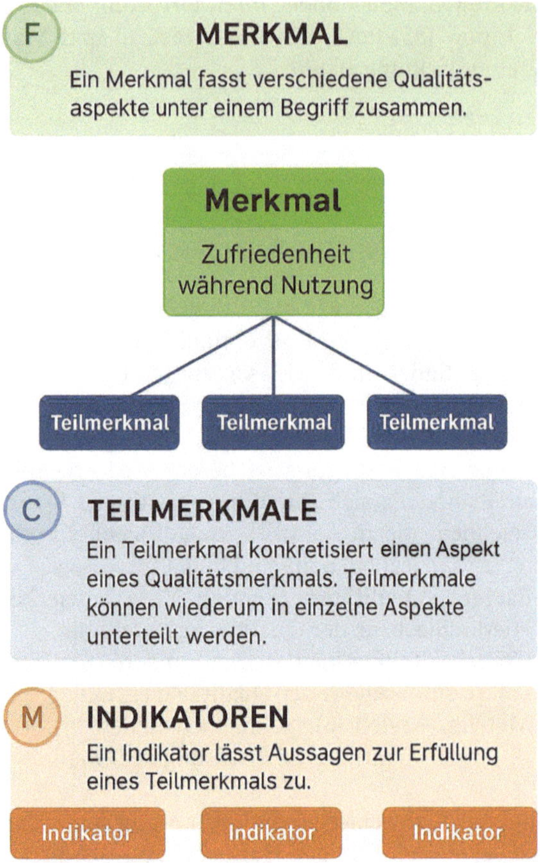

Abb. 2.11 Dreistufiges Qualitätsmodell. (Quelle: Eigene Darstellung, in Anlehnung an Frühauf et al. [89])

1. **Das Produktqualitätsmodell („product quality model"):**
   Bei dieser Kategorie konstituiert sich nun ein differenzierter Evaluationsrahmen für die inhärenten Qualitätsattribute des Softwareprodukts per se, indem dieses Modell die technisch-funktionalen Charakteristika der Software als eigenständiges Artefakt spezifiziert [90].
2. **Das Nutzungsqualitätsmodell („quality in use model"):**
   Bedeutet, dass dieses Modell eine kontextsensitive Perspektive implementiert, die die Qualitätswahrnehmung aus der Nutzerperspektive unter Berücksichtigung domänenspezifischer Anforderungen, individueller Nutzungsszenarien und adaptiver Qualitätskriterien strukturiert [90]:
   - Zum einen hinsichtlich des spezifischen Nutzungskontexts.
   - Zum anderen im Hinblick auf die definierten Aufgabenstellungen.
   - Zu guter Letzt in Bezug auf die zu evaluierenden individuellen Nutzerinteraktionen.

Angesichts dieser Prinzipien bildet die obige duale Modellstruktur einen kohärenten Evaluationsrahmen, der sowohl die objektiven Produkteigenschaften als auch die subjektive Nutzungserfahrung in ihrer kontextuellen Einbettung unter

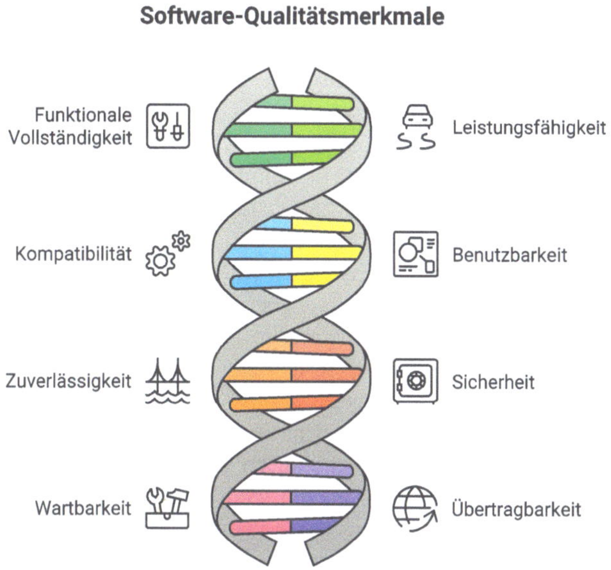

Abb. 2.12 Qualitätsmodell nach ISO/IEC 25010 [90]. (Quelle: Eigene Darstellung)

Berücksichtigung funktionaler und nicht-funktionaler Qualitätsdimensionen nuanciert präzisiert (vgl. Abb. 2.12).

Demnach umfasst die **Produktqualität** nach der obigen ISO/IEC 25010 [90] die folgenden acht Qualitätsmerkmale und Teilmerkmale:

Hinweis

Die Produktqualität gemäß ISO/IEC 25010 [90] lässt sich anhand von acht Qualitätsdimensionen spezifiziert betrachten, die jeweils spezifische Aspekte der Produktbewertung determinieren, um eine umfassende Exploration der Qualitätsstruktur gewährleisten.

1. **Funktionale Tauglichkeit:**
   Es ist vor dem o. g. kontextualisierten Hintergrund daher nicht überraschend, dass die qualitative Evaluation die vollständige Integration sämtlicher Funktionalitäten präsupponiert, die zur Erfüllung der spezifizierten Aufgaben und Nutzerziele erforderlich sind, wodurch die Generierung korrekter Resultate mit adäquater Präzision sowie die effektive Unterstützung definierter Aufgaben und Zielsetzungen durch die implementierten Funktionen adressiert wird.
2. **Leistungsfähigkeit als sogenannte Performanz:**
   Bei dieser Formation ergibt sich ferner der Grad der Konformität zwischen Antwort- und Verarbeitungszeiten sowie Durchsatzraten bei der Funktionsausführung aus der Übereinstimmung mit den spezifizierten Anforderungen, wobei sowohl die quantitative als auch die qualitative Angemessenheit der Ressourcennutzung bei der Aufgabenausführung als auch die stringente Einhaltung definierter Kapazitätsanforderungen berücksichtigt werden.
3. **Kongruenz im Sinne einer Kompatibilität:**
   In dieser Kategorie sind Systeme im HCI-Bezug darauf ausgelegt, effizient und ohne adverse Effekte im hodologischen Funktionskontext zu agieren, d. h. selbst

in Szenarien geteilter Ressourcen und Umgebungen mit anderen Systemen, da die zu berücksichtigende Aneignungsformation des Users gemäß Hepp [60] zum bidirektionalen Informationsaustausch sowie zur Verarbeitung externer Informationen im Kontext der Systeminteraktion eine essenzielle Rolle einnimmt.

4. **Usability ähnlich der Anlehnung an die DIN EN ISO 9241-11:**
   Darüber hinaus korreliert die Gebrauchstauglichkeit primär mit der Erkennbarkeit der Systemadäquanz für intendierte Nutzungszwecke, indem sie die aktive Unterstützung des Lernprozesses bei der Systemnutzung sowie eine intuitive Bedienbarkeit umfasst, während die Systemarchitektur proaktive Fehlervermeidung implementiert und eine ästhetisch ansprechende, satisfaktionale Benutzerinteraktion gewährleistet, wobei die universelle Anwendbarkeit für diverse Nutzergruppen mit heterogenen Charakteristika und Fähigkeiten im spezifischen Nutzungskontext berücksichtigt wird.
5. **Fehlerresistenzkriterien und Stabilisationsanforderungen:**
   Daneben zielen aber auch die spezifizierten Zuverlässigkeitsanforderungen der Systeme darauf ab, eine kontinuierliche Verfügbarkeit bei Bedarf sicherzustellen, indem sie eine ausgeprägte Fehlertoleranz gegenüber Hardware- und Softwaredefekten sowie die Fähigkeit zur Systemrestauration nach Störungsereignissen integrieren.
6. **Sicherheitsarchitekturen, Schutzvorkehrungen und Integritätsmechanismen:**
   Ebenfalls begünstigen in diesem Szenario schließlich strategisch festgelegte Sicherheitsmechanismen die exklusive Datenzugänglichkeit für autorisierte Entitäten, während sie simultan nicht-autorisierte Zugriffe oder Modifikationen verhindern, indem sie die Nachweisbarkeit und Nachvollziehbarkeit sämtlicher Aktionen sowie die eindeutige Identifizierbarkeit von Subjekten und Ressourcen sicherstellen.
7. **Revidierbarkeit und Modifikation der Systemkomponenten:**
   Analog zum obigen Kontext bezieht sich des Weiteren die Wartbarkeit auf die modulare Austauschbarkeit von Systemkomponenten ohne kollaterale Auswirkungen auf andere Systemelemente, indem sie die Analysefähigkeit, Modifizierbarkeit sowie die Implementierung und Verifikation von Testkriterien integriert.
8. **Transponierbarkeit:**
   Des Weiteren begünstigen präzisierte Architekturen die Adaptabilität von Systemen hinsichtlich diverser Hardware-, Software- und Umgebungskonfigurationen, indem sie die Installierbarkeit in spezifizierten Umgebungen sowie die Fähigkeit zur Substitution funktionsäquivalenter Systeme im identischen Umgebungskontext sicherstellen.

Hinweis

Fünf essenzielle Qualitätsdimensionen der Nutzungsqualität gehen aus der ISO/IEC 25010 [90] hervor.

Aus der genormten Explikation geht ebenso hervor, dass die **Nutzungsqualität** nach ISO/IEC 25010 [90] durch fünf implizierte Qualitätsmerkmale und deren zugehörige Teilmerkmale charakterisiert wird, die in direktem Bezug zur Effektivität, Effizienz, Zufriedenstellung, Freiheit von Risiken sowie Kontextabdeckung der Systeminteraktion stehen:

1. **Effektivität:** Kulturanthropologisch sowie instruktionspsychologisch basiert die Charakterisierung der Präzision und Vollständigkeit der Zielerreichung durch die Nutzer auf der unmittelbaren Erfüllung spezifizierter Anforderungen, ohne hier weitere Subdimensionen zu differenzieren.
2. **Effizienz:** In motiv-, instruktionspsychologischer sowie -designerischer Perspektive spezifiziert sich demzufolge die Relation zwischen eingesetzten Ressourcen und dem Grad der Zielerreichung hinsichtlich Präzision und Vollständigkeit, ohne in dieser Causa weitere Teilmerkmale zu determinieren.
3. **Zufriedenheit:** Im Weiteren entfaltet sich die Struktur durch die Dimensionen Nützlichkeit, Vertrauenswürdigkeit, Annehmlichkeit und Komfort, wodurch die Zufriedenheit bei der Zielerreichung, das Vertrauen in erwartungskonformes Systemverhalten sowie die hedonische und ergonomische Qualität der Aufgabenausführung determiniert werden.
4. **Risikofreiheit:** Über das Gesagte hinaus präsupponiert sich die systemische Kapazität zur Prävention ökonomischer, gesundheitlicher sowie vermögens- und umweltbezogener Risiken im definierten Nutzungskontext durch die konsistente Berücksichtigung potenzieller Gefährdungsszenarien und die Implementierung adäquater Schutzmechanismen.
5. **Kontextabdeckung:** Es ist daher verständlich, dass sich die effektive, effiziente, risikofreie und zufriedenstellende Systemnutzung sowohl in definierten als auch in initiell nicht spezifizierten Nutzungskontexten durch die Adaptabilität an variierende Rahmenbedingungen und die konsistente Erfüllung nutzerspezifischer Anforderungen konstituiert.

Im Hinblick auf die instruktionspsychologischen sowie – designerischen Prämissen strukturiert sich nun diese exhaustive taxonomische Dekomposition als comprehensiver Evaluationsrahmen zur differenzierten Qualitätsbeurteilung von Softwaresystemen unter Berücksichtigung funktionaler, ergonomischer und kontextueller Determinanten [93].

▶ Transferbeispiel

Ein Entwicklerteam nutzt die ISO 25010 Kriterien, um die Benutzerfreundlichkeit einer Lernplattform zu verbessern, indem es gezielt auf Effektivität, Effizienz und Zufriedenheit der Studierenden bei der Nutzung eingeht.◀

So wird gewährleistet, dass die ISO/IEC 25010 [90] mit ihren Qualitätsmerkmalen essenzielle ethische Prinzipien für UX-Research adressiert, indem sie unter anderem Risikofreiheit, universelle Zugänglichkeit und Nutzerzufriedenheit als maßgebliche Anforderungen spezifiziert. Zu berücksichtigen ist, dass in Bezug auf die interkulturelle Befähigung innerhalb eines wissensökonomischen Umfelds der Gegenwart dieser instruktionspsychologische Ansatz zwecks nuancierter Qualitätsevaluation als essenziell erscheint, da die Unterscheidung zwischen Produkt- und Nutzungsqualität verdeutlicht, dass ethisches Design sowohl technische Exzellenz als auch die tatsächliche Nutzererfahrung in ihren spezifischen Kontexten adressieren muss [93].

In der Praxis, so lässt sich ebenfalls Mishra und Otaiwi [94] entnehmen, erweist sich diese Systematik als eine sachdienliche Orientierungshilfe, da die definierten Qualitätsmerkmale einen strukturierten Rahmen für UX-Research-Methoden bieten, indem sie konkrete Kriterien für die deontologische Evaluation von Nutzererfahrungen und Designentscheidungen spezifizieren – von der Barrierefreiheit über Datensicherheit bis hin zur kontextsensitiven Nutzbarkeit [14].

Merke

Das ISO/IEC 25010-Qualitätsmodell [90] substanziiert spezifizierend Produktqualität mit acht Merkmalen (Funktionale Tauglichkeit, Performanz, Kompatibilität, Usability, Zuverlässigkeit, Sicherheit, Wartbarkeit, Übertragbarkeit) und Nutzungsqualität mit fünf Merkmalen (Effektivität, Effizienz, Zufriedenheit, Risikofreiheit, Kontextabdeckung).

Umfangreiches Transferbeispiel

Transzendente Qualitätsrepräsentationen: Damit die obige Implikation allerdings gelingen kann, sollte die ästhetische Qualitätsdimension in der immersiven Erfahrung digitaler Entertainmentprodukte stringent berücksichtigt werden. Dies wiederum bedingt, dass die intuitive Perzeption im Sinne des System-1, des Autopiloten, außergewöhnlicher Qualität der quantitativen Messbarkeit entzogen bleibt und sich als subjektiv-experienzielles Phänomen konstituiert.

Produktbezogene Qualitätsoperationalisierung: Im Gegensatz dazu steht die objektive Qualitätsdimension, die sich in präzise evaluierbaren Produktattributen materialisiert, exemplifiziert durch die Minimierung von Karosserietoleranzen in der Automobilfertigung oder aber die Adhärenz an normativen Produktionsstandards in der Getränkeindustrie.

Anwenderbezogene Qualitätsdifferenzierung: Schließlich gehört die Relativität der Qualitätsattribution zur Diversifikation nutzerspezifischer Anforderungsprofile, was sich im automobilen Kontext in der Heterogenität der Qualitätskriterien zwecks zielgruppengerechter Erfahrungsdimensionen exemplifiziert:

- Statusorientierte Konsumenten: Priorisierung des Designaspekts
- Familiäre Nutzergruppen: Fokussierung auf Raumökonomie
- Ökologisch orientierte Nutzer: Präferenz für Nachhaltigkeitsmetriken

Fertigungsbezogene Qualitätsevaluation: Auch die produktionstechnologische Qualitätsperspektive zeigt sich z. B. in der stringenten Adhärenz an normative und spezifikationsbezogene Parameter, d. h. während des gesamten Konstruktions- und Fertigungsprozesses.

Wertorientierte Qualitätsbeurteilung: Ihr Ziel ist es, die ökonomische Perspektive im Sinne eines betriebswirtschaftlichen Value-Added-Ansatzes in komparativen Produktevaluationen zu verankern, die die Qualitätsbeurteilung explizit an Kosten-Nutzen-Relationen koppeln.

2.2.2 Der Goal-Question-Metric-Ansatz

In analoger Weise und mit einem dezidierten Fokus auf die Optimierung qualitativer Parameter präsupponiert die Implementation systematischer Messvorgänge eine präzise Erfassung relevanter Metriken, da die Absenz metrischer Informationen das

Verständnis optimierungsrelevanter Aspekte inhibiert und somit überhaupt erst die Basis für effektive Steuerungs- und Kontrollmechanismen negiert [95], [96].

Hinweis
Das GQM-Paradigma strukturiert den Messprozess in Zieldefinition, Fragengenerierung und Metrikableitung.

Obgleich die obige theoretische Einteilung für Praktiker im Umfeld des UX-Designs eine abstrahierte Kategorisierung darstellt, verifizieren Messprozesse die Kongruenz zwischen initialen Zielsetzungen und faktischer Zielerreichung, wodurch sie das empirische Fundament für qualitätsoptimierende Interventionen konstituieren [12], [59], [96].

Die bisherigen Ausführungen lassen keinen Zweifel daran, dass die heuristischen Implikationen signifikant für die Konzeption zielgerichteter Messverfahren sind, wobei sich der von Basili und Weiss [97] entwickelte Goal-Question-Metric-Ansatz (GQM) als methodologisches Forschungsrahmenwerk für die strukturierte Implementation solcher Verfahren sachdienlich erweist, allerdings diese Top-down-Methodologie durch eine stringente Fokussierung charakterisiert ist, bei der die erforderlichen Messgrößen aus den definierten Messzielen und dem spezifizierten Informationsbedarf deduziert werden.

▶ Transferbeispiel
Ein UX-Team nutzt den GQM-Ansatz, um die Nutzerzufriedenheit bei einer App zu verbessern, indem es zuerst ein Ziel definiert, passende Fragen formuliert und daraus konkrete Metriken ableitet, die zur gezielten Qualitätsoptimierung eingesetzt werden.◀

Demzufolge eröffnet die obige theoretische Konzeptualisierung Forschenden und Praktikern einen strukturierten Zugang zur Messmethodologie, da sich das zentrale Paradigma des GQM-Ansatzes in der imperativen Zielorientierung der Messprozesse konstituiert, welche in einer triadischen Struktur realisiert bzw. operationalisiert wird (vgl. ◘ Abb. 2.13) [97]:

1. **Ziel (Goal):** Es handelt sich bei diesem teleologischen Ansatz um eine methodische Struktur, innerhalb derer die Zieldefinition auf konzeptueller Ebene für ein spezifisches Objekt erfolgt, d. h. wie Basili et al. [97] konstatieren, „for a variety of reasons, with respect to various models of quality, from various points of view, relative to a particular environment", allerdings hierbei die potenziellen Messobjekte in Produkten, Prozessen oder Ressourcen verortet werden können.
2. **Fragen (Questions):** Infolgedessen initiiert schließlich die Dekomposition der Zielebene sowohl spezifisch deduzierte als auch explorative Fragestellungen, deren Beantwortung wiederum evaluationsrelevante Informationen zur Zielerreichung liefert [97].
3. **Metriken (Metrics):** Letztlich resultiert die weitere Operationalisierung der Frageebene in der Determination sowohl spezifisch-bestimmter als auch abgegrenzter Metriken, welche die erforderlichen Informationen zur Beantwortung der Fragen bedingen, sodass die Interpretation der erhobenen Messdaten in einer Bottom-up-Struktur erfolgt [97].

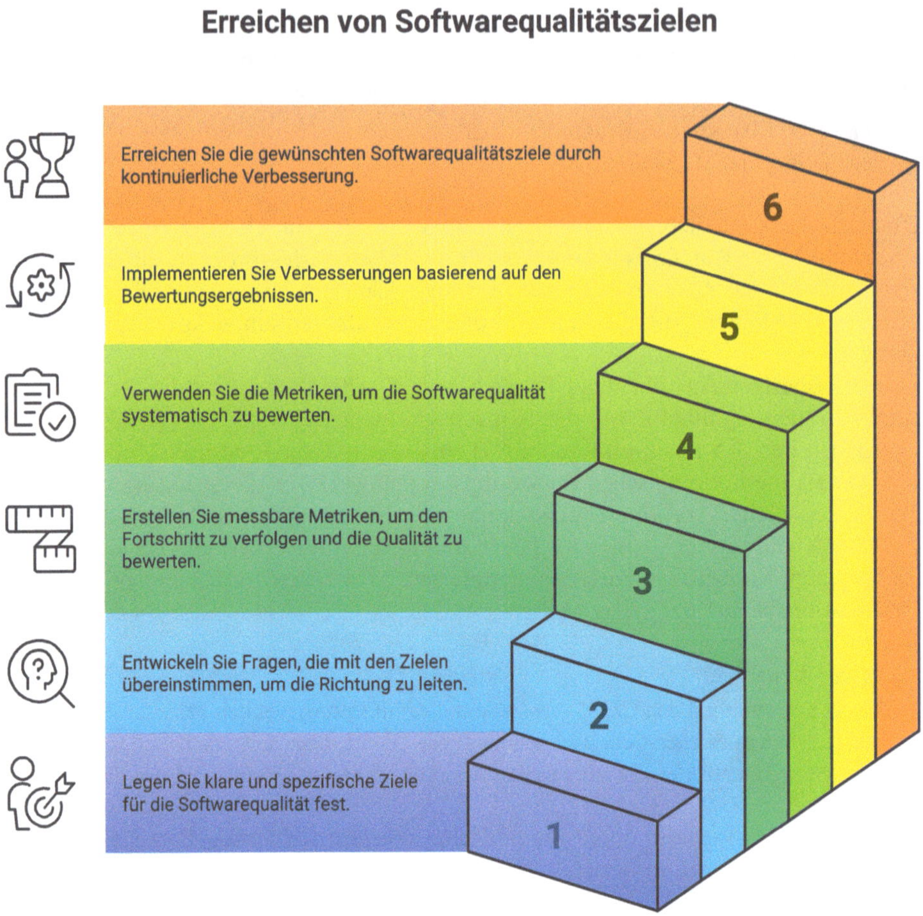

Abb. 2.13 Hierarchische Struktur des GQM-Ansatzes. (Quelle: Eigene Darstellung, in Anlehnung an Basili und Weiss [97])

Obgleich die obige theoretische Einteilung für Praktiker im Umfeld des UX-Designs häufig von sekundärer Bedeutung erscheinen mag, bietet sie dennoch eine empirisch abgesicherte Basis für die teleologisch strukturierte und zielgerichtete Erfassung qualitativer Parameter im Kontext der Systementwicklung [98], [99], [100].

Merke

Die Goal-Question-Metric-Methode (GQM) nach Basili und Weiss [97] zählt nach wie vor zu den etablierten systematischen Messansätzen, die von definierten Zielen ausgehen, diese durch spezifische Fragen operationalisieren und daraus entsprechende Metriken zur Qualitätsmessung ableiten. Insofern eignet sich dieser Ansatz im Rahmen des UX Research.

2.3 Benutzerdokumentation als konstitutives Element der Usability

Innerhalb des obigen explizierten Rahmens setzt die Taxonomie nun diese Bestandteile wiederum in Beziehung, indem sie die Benutzerdokumentation als essenzielle Komponente interaktiver Systeme klassifiziert, deren Bedeutung in der Potenzierung des Nutzwertes für den Anwender liegt, sodass sie als determinierender Faktor für Nutzerzufriedenheit und Systemakzeptanz in direkter Korrelation zur Usability-Dimension steht [101], [102]. Vor diesem Hintergrund ist die konzeptuelle Definition der Benutzerdokumentation (User documentation) gemäß Rosson und Carroll [103] verständlich, die in prägnanter Form präzisiert: „User documentation is stored information about how to use the system."

Hinweis

Die Benutzerdokumentation fungiert als essenzielles Instrument zur Optimierung von Nutzungsqualität und Systemakzeptanz im Kontext interaktiver Systeme.

Folglich gewährleistet die strukturelle Diversität der Repräsentationsformationen dieser systemischen Nutzungsinformationen eine ausgeprägte Heterogenität, wobei die medialen Ausprägungen von traditioneller Dokumentation in physischer Form als Benutzerhandbuch über digitale Formate wie Online-Hilfen und Intelligent Tutoring Systems (ITS) bis hin zu kollaborativen Plattformen wie Benutzerforen reichen [104], [105]. Durch die Berücksichtigung unterschiedlicher Nutzungsszenarien differenziert sich die strukturelle Ausgestaltung der Benutzerdokumentation, indem sie entweder als autonomes Subsystem – beispielsweise in Form interaktiver Tutorials oder Frequently Asked Questions (FAQs) – implementiert wird oder sich als integraler Bestandteil der Systemfunktionalität in Form von Eingabeaufforderungen oder kontextsensitiven Fehlermeldungen realisiert [106].

Der starre Fokus auf rein monolithische Ansätze ignoriert allerdings die funktionale Spezifizierung der Dokumentationszwecke, die sich über multiple Nutzerniveaus erstreckt und von der initialen Systemerschließung für Novizen über die Fehlerbehebungsunterstützung für erfahrene Anwender bis hin zur Vermittlung von Expertenfunktionen für fortgeschrittene Nutzer reicht, die ihr Systemwissen vertiefen und die Anwendung komplexer Funktionalitäten ausbauen möchten [9], [103].

Es ist an dieser Stelle von Bedeutung zu erkennen, dass die obige polyvalente Konzeptualisierung der Benutzerdokumentation eine essenzielle Funktion in der strategischen Usability-Optimierung interaktiver Systeme einnimmt [14], [19].

Schließlich meint Multi- bzw. Polyvalenz die bewusst im UX-Design angelegte Mehrschichtigkeit von Bedeutungen und Wertesystemen, wodurch die Konzeption und Implementation adäquater Benutzerdokumentation mit multiplen Herausforderungen konfrontiert wird, die primär aus der Heterogenität der nutzerseitigen Informationsbedarfe im Kontext interaktiver Systeme emergiert [14], [19]. Dieser Sichtweise zufolge konstituieren sich die Informationsbedürfnisse der Nutzer in einer dualen Struktur, indem einerseits Transparenz hinsichtlich des funktionalen Spektrums und der Aufgabenunterstützung des Systems erforderlich ist, während andererseits eine effektive Systemnutzung detaillierte Kenntnisse über die spezifischen Modalitäten der Aufgabenbewältigung und die entsprechenden Nutzerinteraktionen bedingt [14], [19], [103].

Die obigen Ausführungen zu den instruktionspsychologischen und -designerischen Kontextfaktoren sind von Belang, weshalb Rosson und Carroll [103] die Signifikanz eines grundlegenden Systemverständnisses als Voraussetzung für die Sinnhaftigkeit der Mensch-System-Interaktion akzentuieren, was die Notwendigkeit einer kontextsensitiven Informationsverfügbarkeit sowie einer kognitiv adäquaten Informationspräsentation impliziert [19], [101], [106].

Gleichermaßen liegt jedoch auch auf der Hand, dass diese Herangehensweise instruktionspsychologische Implikationen adressiert, da ungeachtet der evidenten Legitimation von Benutzerdokumentation zur Satisfaktion existenter Informationsbedarfe häufig eine bipolare Resistenz beobachtet wird [19]: Während Nutzer zur Vermeidung der Dokumentationskonsultation tendieren, weisen Systementwickler eine inhärente Aversion gegen die Dokumentationserstellung auf, die sich in qualitativen Defiziten materialisiert [19].

In diesem Kontext identifizieren Rosson und Carroll [103] ein limitierendes Paradoxon, d. h., in dieser Konstellation kollidiert die anthropologische Disposition zur Aufgabenerfüllung und Resultatgenerierung, die durch das Streben nach Selbstwahrnehmung als kompetente, engagierte und produktive Entität motiviert ist, mit der Erfordernis von Aktivitäten, die eine temporäre Reduktion der unmittelbaren Produktivität wiederum bedingen. Demzufolge, so schlussfolgert Ajzen [106] wird die Rezeption und Produktion von Dokumentation diesbezüglich als kontraproduktive Distraktion von der eigentlichen Aufgabenerfüllung perzipiert.

Merke

Benutzerdokumentation konfrontiert sich mit einer paradoxen Situation: Während sie einerseits als Instrument zur Steigerung der Systemnutzungseffizienz fungiert, wird ihre Konsultation von Nutzern paradoxerweise als produktivitätshemmende Aktivität wahrgenommen [101], [103].

Mit konsenstheoretischen Verweisen heben Rosson und Carroll [103] in diesem Zusammenhang einerseits die Kausalität zwischen dem diagnostizierten Dokumentationsparadoxon und andererseits vielschichtige Problemkonkretisierungen im Kontext der Benutzerdokumentation hervor, jedoch ist hier das typische Nutzerverhalten durch eine selektive Rezeptionsstrategie evident verankert [106].

Es lässt sich an dieser Stelle im Zuge des obigen Sachverhalts konstatieren, dass anstelle einer kohärenten und sequenziellen Informationsverarbeitung vornehmlich Verhaltensweisen wie oberflächliches Scanning der Dokumentation, selektives Überspringen von Textpassagen sowie eine non-lineare Navigation zwischen verschiedenen Dokumentationsressourcen prävalieren [14], [51].

Deshalb betrachten Rosson und Carroll [103] diese interdependenten Verhaltensmuster wiederum im sozialmotivationalen Kontext des produktivitätsorientierten Handlungsimpulses, indem sie die observierten Scanning- und Skipping-Strategien als Ausdruck eines experienziellen Lernansatzes (Learning by Doing) interpretieren [101]. Demnach verzeichnen in dieser theoretischen Konstellation produktive Aktivitätsstrukturen eine maßgebliche Anforderung an die Konzeption effektiver Dokumentation, da diese Interpretation die Notwendigkeit einer kohärenten Verzahnung zwischen nutzerseitigen Zielen und Strategien einerseits sowie der zielkongruenten Informationspräsentation andererseits impliziert [14], [106], [107].

Unter den obigen Umständen wird des Weiteren nun die Notwendigkeit einer stringenten Konvergenz zwischen den Nutzerintentionen und der darauf bezogenen Informationsarchitektur ebenfalls evident, wodurch effektive Dokumentation die gezielte Abstimmung von Inhalt, Struktur und Darbietung präsupponiert [103]. Betrachtet man allerdings die einzelnen Facetten, so variiert die Adhärenz an die präsupponierten Anforderungen in Abhängigkeit von der jeweiligen Dokumentationsart, wodurch sich unterschiedliche Ausprägungen in deren Effektivität und Nutzeradaptation zeigen [101].

Hinweis
Rosson und Carroll [103] thematisieren tendenziell ätiologisch das diagnostizierte Dokumentationsparadoxon, das durch selektive Rezeptionsstrategien und produktivitätsorientiertes Nutzerverhalten geprägt ist.

Im Folgenden erfolgt aus diesem Grund eine detaillierte Exploration der distinktiven Dokumentationsformationen sowie ihrer spezifischen Vor- und Nachteile [103]:

- **Klassische Handbücher und Online-Hilfe**

Die bisherigen Ausführungen heben demnach hervor, dass die o. g. Dokumentationsformationen als Modalitäten des selbstgesteuerten Lernens aneignungsformativ fungieren, die in dieser Konfiguration auf die autonome Satisfaktion individueller Informationsbedarfe ausgerichtet sind, wobei das traditionelle, papierbasierte Handbuch aufgrund seiner physischen Charakteristika häufig als unpraktisch perzipiert wird und insbesondere die zeitintensive sowie als unproduktiv empfundene manuelle Navigation durch Blättern als limitierender Faktor erscheint [9], [19], [103], [108]. Jedoch repräsentiert sich dieser Sichtweise zufolge die kulturell tradierte Vertrautheit, d. h. im Hinblick auf die Traditions-, Ursprungs-, Wirk- und Formgeschichte, mit dem Medium Buch sowie dessen ubiquitäre Verfügbarkeit als vorteilhafter Aspekt, während die papierbasierte Repräsentation zudem vielschichtige Scanning-Niveaus facilitiert. Gleichzeitig aber transzendiert in der Gegenwart die Online-Verfügbarkeit der Dokumentation wiederum diverse Limitationen des physischen Mediums durch hypermediale Navigationsmöglichkeiten und effiziente Suchmechanismen [19], [108], [109].

- **Demonstrationen und Tutorials**

In der obigen Konfiguration wird die inhärente Limitation textueller Dokumentation sichtbar und legt im Kontext dessen eine Abhängigkeit von linguistischer Explikation anstelle visueller Demonstration nahe, wodurch die Effizienz und heuristische Simplizität demonstrativer Instruktion durch animierte Präsentationen sowie gezielte Aufmerksamkeitslenkung im Sinne der System-1-, System-2- und System-3-Theorie auf relevante Interface-Elemente optimiert werden kann, um zielgruppengerecht Redundanzen medienpsychologisch zu vermeiden [103], [110]. Damit aber geht ebenso einher, dass die anwendungsbezogene Herangehensweise die potenzielle Problematik von Demonstrationen und Tutorials insofern bedingt, als sie eine forcierte Nutzerpassivität mit limitierten Navigationsmöglichkeiten und restringierter experienzieller Exploration impliziert, während interaktive Tutorials diese Limitation durch synchrones Feedback, adaptive Lernprogression und individualisierte Nutzeranpassung transzendieren [7], [9]. Es ist dementsprechend sachdienlich und sinnvoll, des Weiteren zur Kenntnis zu nehmen, dass z. B. ‚Wizards' als spezifische

Implementationsform Nutzer durch sequenzielle Aufgabenstrukturen führen, insbesondere in Kontexten sporadischer, standardisierter Prozeduren wie Installationsvorgängen [111], [112].

▪ Walk-Up-and-Use Systeme

In diesem Szenario verfügt die gemeinsame Limitation konventioneller Dokumentationsformen, d. h., die Divergenz zwischen intendierter Produktivaktivität und präparatorischer Dokumentationsrezeption, über eine potenzielle Lösung durch sogenannte ‚Walk-up-and-use-Systeme', welche kontextsensitive Informationsarchitekturen integrieren, die Hilfestellung synchron zum aktuellen Nutzungsbedarf offerieren [103], [113], [114], [115]. Schließlich tritt die unmittelbare Systemnutzung durch selbsterklärende Interfaces zutage, die durch Systemnachrichten, Eingabeaufforderungen und Statusmeldungen unterstützt werden. Zusätzlich ist zu berücksichtigen, dass die hierarchischen Detaillierungsebenen nicht nur eine strukturierte Grundlage für die Informationspräsentation bilden, sondern auch eine adaptive Wissensvermittlung gewährleisten, indem sie von basalen Instruktionen bis hin zu elaborierten konzeptuellen Hintergrundinformationen, praxisnahen Beispielen und Effizienzoptimierungen reichen [9], [15], [19]. Mit Blick auf die heuristische Implikationsebene lässt sich an dieser Stelle des Weiteren konstatieren, dass Trainingsumgebungen mit restringierten Funktionalitäten und minimiertem Konsequenzrisiko eine explorative Systemerkundung sowie eine progressive Funktionsaneignung nutzerzentriert gemäß DIN EN ISO 9241-110 begünstigen [19]. So offerieren Tooltips als interface-integrierte Dokumentationselemente kontextsensitive Kurzbeschreibungen durch Pop-up-Fenster bei Nutzerinteraktion mit spezifischen Interface-Elementen [116]. Nicht zuletzt ist es aber unerlässlich anzumerken, dass diese taxonomische Differenzierung der Dokumentationsmodalitäten die Entwicklung von passivsequenziellen hin zu aktiv-kontextsensitiven Informationsarchitekturen abbildet [15].

▪ Social Media als kollaborative Dokumentationsplattform

Aus sowohl mediendidaktischer als auch instruktionspsychologischer Sicht bietet die Einordnung der Interaktionen innerhalb sozialer Mediaplattformen eine erweiterte Dokumentationsfunktion, indem sie die traditionelle Expertenperspektive transzendiert und Interaktionsräume für Nutzergruppen schafft, in denen dokumentationsrelevante soziale Dynamiken emergieren [7], [9], [15], [19], [101], [103].

Daraus geht hervor, dass die Formation eines digitalen Informationsarchivs durch die diskursive Struktur dieser Interaktionen begünstigt wird, wobei die ubiquitäre Zugänglichkeit via Internet und die frequent mögliche Erschließung durch Volltextsuchen eine zentrale Rolle einnehmen, während die signifikante Stärke virtueller Communitys, der Communitys-of-Practice, in der Möglichkeit zur individualisierten Problemartikulation mit subsequenter nutzergenerierter Lösungsfindung liegt [12], [13], [15], [19]. Innerhalb eines größeren sozialen Konstrukts positioniert sich wiederum die diskursive Wissensgenerierung als dynamischer Prozess, dessen Qualität und Reliabilität direkt mit der Expertise der partizipierenden Nutzer korrelieren, während potenzielle thematische Digressionen sowie metadiskursive Auseinandersetzungen über Kommunikationsnormen als limitierende Faktoren wirken und die Identifikation relevanter Ressourcen eine erhebliche Herausforderung darstellen kann [3], [4], [7], [19].

- **Intelligente Tutoring-Systeme und Softwareagenten**

Der obigen Sichtweise zufolge ist hervorzuheben, dass optimale Dokumentation durch kontextsensitive Adaption an die situative Nutzerkonstellation zutage tritt, in diesem Zusammenhang Intelligent Tutoring Systems diese Anforderung durch erweiterte Kapazitäten zur Aktivitätserkennung und adaptive Nutzerunterstützung gemäß DIN EN ISO 9241-110 adressieren [3], [9], [103]. Konsenstheoretisch herrscht im Übrigen weitgehende Einigkeit, dass diese Systeme den Nutzer während der Aufgabenexekution begleiten, indem sie eine kontinuierliche Evaluation des Nutzerverständnisses durchführen sowie Problemkonstellationen und supplementären Trainingsbedarf identifizieren [4], [19], [46]. In diesem Rahmen, so hebt der Verfasser [3], [4], [5], [46] in diversen Explorationsstudien hervor, basiert die Funktionalität dieser Systeme auf einer exhaustiven Aufgabenanalyse, limitiert sich jedoch auf das definierte Aufgabenspektrum, während Softwareagenten eine erhöhte Flexibilität durch autonome Bedarfserkennung und proaktive Unterstützungsintervention bieten [9], [19]. Die bisherigen Ausführungen lassen kausal im Kontext dessen keinen Zweifel daran, dass die potenzielle Limitation in der Implementationsqualität liegt: So können insuffizient kalibrierte Agenten durch inadäquate oder nicht intendierte Interventionen sowie fehlerhafte Unterstützungsleistungen die Nutzerinteraktion beeinträchtigen.

Merke

Die Implementationsformen der Benutzerdokumentation werden in einem Kontinuum von traditionellen Modalitäten greifbar (Handbücher, Online-Hilfen) über interaktive Formate (Demonstrationen, Tutorials) und selbsterklärende Systeme (Walk-up-and-use) bis zu kollaborativen (Social Media) und intelligenten Lösungen (Tutoring Systems, Softwareagenten).

In dieser Konfiguration zeichnet sich die historische Entwicklung der Benutzerdokumentation durch eine progressive Tendenz zur Transzendierung traditioneller Handbuchkonzeptionen aus. Damit ist angedeutet, dass eine wesentliche Transformation des Designverständnisses in der zunehmenden Akzeptanz der Prämisse vorgelegen hat, dass interaktive Systeme, die eine präparatorische Handbuchkonsultation voraussetzen, inhärente Defizite in ihrer Gestaltungskonzeption aufweisen [117].

Hinweis

Die Entwicklung der Benutzerdokumentation vollzieht einen Paradigmenwechsel hin zu einer integrativen Verknüpfung von Produkt- und Dokumentationsentwicklung, wodurch die Gebrauchstauglichkeit als zentrale Anforderung an die Dokumentation selbst etabliert wird.

Anlässlich der o. g. konzeptuellen Reorientierung und der damit korrelierenden methodologischen Rekonfiguration des Dokumentationsprozesses bedingt dies infolgedessen eine Abkehr von der traditionellen sequenziellen Struktur, die durch die initiale Produktgestaltung mit subsequenter, exhaustiver Produktdokumentation geprägt war, hin zu einem integrativen Paradigma [15], [101], [103], [118]. Das wiederum lässt dahingehend Rückschlüsse zu, dass das neue Entwicklungsmodell die synchrone Integration von Produkt- und Dokumentationsentwicklung ist. Schließlich erfolgte aufgrund der obigen Voraussetzungen sowohl eine Progression als auch eine Augmentation des Usability-Konzepts, insbesondere im Hinblick auf die

Dokumentationsebene, wodurch Gebrauchstauglichkeit nicht mehr nur als Qualitätskriterium des Produkts dargestellt, sondern als grundlegende Anforderung an die Dokumentation per se definiert wird, wie Nguyen [119] konstatiert. Insofern lässt sich konstatieren, dass die vorgenommene Modifikation einen Paradigmenwechsel in der Konzeptualisierung und Implementierung von Benutzerdokumentation im Kontext der Produktentwicklung darstellt.

Hinweis
Die Konzeption von Benutzerdokumentation im UX-Kontext muss stringent forschungsethische Prinzipien der Zugänglichkeit und Verständlichkeit berücksichtigen, um als integraler Bestandteil einer nutzerzentrierten und verantwortungsbewussten Produktentwicklung zu fungieren [14].

Zusätzlich ist ferner zu berücksichtigen, dass die Thematik der Benutzerdokumentation in einem engen Zusammenhang mit UX-Research und Designethik steht, wobei in der forschungsethischen Kerndimension sowohl teleologische als auch deontologische Überlegungen eine Rolle spielen [5], [14], [19], [25]: Schließlich besteht die Verantwortung darin, Dokumentation als universell zugängliches und verständliches Medium zu konzipieren, das allen Nutzergruppen zugänglich wird, um zielgruppengerecht die Teilhabe und Durchlässigkeit zu gewährleisten [4], [19]. In der ideellen Begründung impliziert dies nicht nur die Verpflichtung zur Bereitstellung vollständiger und korrekter Informationen, sondern auch die transparente Kommunikation potenzieller Risiken und Gefahren im Umgang mit dem System [11], [13], [14].

Dieser Sichtweise zufolge erweisen sich die nutzerzentrierte Gestaltung und Evaluation verschiedener Dokumentationsformen als wesentliche Aufgabe der UX Research, d. h., die Erforschung des Nutzerverhaltens in Bezug auf die Dokumentationsnutzung, exemplarisch dargestellt durch das beschriebene Dokumentationsparadoxon, sowie die Entwicklung und Untersuchung neuer Dokumentationsformate wie Walk-up-and-use-Systeme oder Intelligent Tutoring Systems stellen sachdienliche Kontextfaktoren der Forschungsethik dar [14], [114].

Für eine sowohl nachhaltige, anschlussfähige und reziproke als auch erfolgreiche Praxeologie gemäß der Sustainable Development Goals der Agenda 2030 erfordert der beschriebene Paradigmenwechsel von der nachgelagerten zur integrierten Dokumentation ebenfalls die Berücksichtigung moderner UX-Prinzipien und verdeutlicht, dass Dokumentation als integraler Bestandteil der gesamten Nutzererfahrung zu verstehen ist [3], [19]. In diesem Bezugssystem sollten daher forschungsethische Designentscheidungen die Art der Informationsvermittlung als einen entscheidenden Aspekt hervorheben [14]. Nur so kann die beschriebene polyvalente Verflechtung eine adäquate Benutzerdokumentation als ein unverzichtbares Element für eine ethisch verantwortungsvolle und nutzerzentrierte Produktentwicklung darstellen [12], [19].

Merke
Benutzerdokumentation erfordert eine forschungsethisch profunde, zielgruppengerechte Informationsvermittlung zur Sicherstellung von Zugänglichkeit und Verständlichkeit für alle Nutzergruppen, wie u. a. in der TRREE [120] abgebildet ist [14].

Umfangreiches Transferbeispiel

Die bisherigen Ausführungen lassen erkennen, dass die selbsterklärende Charakteristik von Walk-up-and-use-Systemen durch die Integration von Informationen in die Benutzerschnittstelle geprägt ist, wobei die folgenden Beispiele in Anlehnung an Rosson und Carroll [103] verschiedene Implementationsstrategien veranschaulichen:

Unter diesem Vorzeichen verfügen Registrierungs- und Installationsszenarien über eine prozessuale Nutzerführung, die sich durch eine sequenzielle Information-on-Demand-Struktur auszeichnet und kontinuierliche Transparenz hinsichtlich des Prozessstatus sowie der erforderlichen Nutzeraktionen sicherstellt.

Gleichermaßen liegt auf der Hand, dass die Gestaltung von Fehlermeldungen eine präzise Kalibrierung des Informationsgehalts präsupponiert, da eine elaborierte Fehlermeldung wie ‚Anwendung kann aufgrund unzureichenden Speichers nicht geöffnet werden' einen signifikant höheren informativen Mehrwert bietet als die undifferenzierte Variante ‚Anwendung kann nicht geöffnet werden'.

Schließlich geht damit begünstigend ihr kompetenzorientiertes Potenzial einher, nutzergesteuerte Interaktionsmechanismen in die hierarchische Informationsarchitektur zu integrieren, beispielsweise durch Tastenkombinationen zur Aktivierung von Informationsboxen, die multiple Informationsebenen differenziert bereitstellen, des Weiteren wie folgt mittels:

- Funktionsspezifische Erläuterungen,
- hypermediale Verknüpfungen zu Demonstrationen oder Tutorials sowie
- detaillierte Explikationen von Fehlerzuständen gemäß DIN EN ISO 9241-110.

Insofern sind diese soziokulturellen Mechanismen strukturell tragend für das Konstituieren und Aufrechterhalten von Informationsökologien, deren Diversität sich in der exemplarischen Dekomposition möglicher Implementationsstrategien für kontextsensitive Informationsintegration in Benutzerschnittstellen widerspiegelt.

2.4 Der Usability Engineering Lifecycle

Auf Basis der empirischen Forschung zeigt sich im Kontext des Usability Engineering Lifecycle, dass Usability Engineering prinzipiell nicht als einmalige Intervention, sondern als iterativer, nutzerintegrativer Prozess verstanden werden sollte, der über die initiale Produktfertigstellung hinausgeht und durch die kontinuierliche Integration von Nutzerfeedback die Gewährleistung einer Evaluation ex ante (Konzeptkontrolle), interim (Prozesskontrolle) und ex post (Ergebniskontrolle) erschließt, um agil ständige Optimierungen ideativ und inventiv im Sinne von User Innovation und Open Innovation zu fördern [19], [34], [58], [121], [122].

Hinweis

Usability Engineering wird als iterativer, nutzerzentrierter Prozess verstanden, der über die Produktfertigstellung hinausgeht und eine kontinuierliche Evaluation in allen Entwicklungsphasen umfasst.

In der theoretischen Konsequenz charakterisieren sich die frühen Entwicklungsphasen durch eine erhebliche Ressourcenintensität im Kontext des Usability Engineering. Als Ausgangspunkt expliziert Nielsen [34] diese prozessuale Charakteristik wie folgt:

„Usability engineering is not a one-shot affair where the user interface is fixed up before the release of a product. Rather, usability engineering is a set of activities that ideally take place throughout the lifecycle of the product, with significant acivities happening at the early stages before the user interface has even been designed" (S. 71).

Es kann in der konsistenten Schlussfolgerung in Anlehnung an Nielsen [34] demnach festgestellt werden, dass die theoretische Triangulation multiple Prozessmodelle offeriert, die distinktive methodologische Akzentuierungen im Kontext des Usability Engineering implementieren. Unter diesen Voraussetzungen erfolgt zum vertieften Verständnis dieser verschiedenen Ansätze eine selektive Präsentation repräsentativer Modellkonzeptionen, wobei diese prozessuale Konzeptualisierung des Usability Engineering einen strukturierten Rahmen für die kontinuierliche Integration von Usability-Prinzipien in den Produktentwicklungszyklus bietet [19], [123], [124].

Merke
Usability Engineering endet nicht mit der Produktentwicklung, sondern umfasst iterative Evaluationsschleifen während des gesamten Produktlebenszyklus.

2.4.1 Prozessuale Struktur der menschzentrierten Gestaltung nach DIN EN ISO 9241-210

Weil die obigen Beschreibungen äußerst vage bleiben und das Konzept schwer fassbar ist, definiert die DIN EN ISO 9241-210 [35] auf Basis der sechs grundlegenden Prinzipien menschzentrierter Gestaltung eine prozessuale Struktur, die sich durch vier interdependente Aktivitätskomplexe auszeichnet:

Hinweis
Die DIN EN ISO 9241-210 [35] definiert anhand von vier interdependenten Aktivitätskomplexen eine prozessuale Struktur menschzentrierter Interaktionsgestaltung, die iterative Optimierungen ermöglicht.

1. **Nutzungskontextuelle Analyse und Deskription:**

Der o. g. hinweisgebenden Sichtweise zufolge konstituiert die initiale Phase zunächst einmal die Erfassung und Exploration der Nutzercharakteristika, Aufgabenstrukturen sowie des organisatorischen, technischen und physischen Umgebungskontexts. Im Zuge dessen umfasst die normative Empfehlung die komparative Analyse existierender oder analoger Systeme zur Kontextbestimmung [35].

2. **Nutzungsanforderungsspezifikation:**

Gleichermaßen liegt nun auf der Hand, dass die kontextbasierte Determination der nutzerseitigen sowie stakeholderspezifischen Erfordernisse die Grundlage für die deduzierte Ableitung der Nutzungsanforderungen bildet. Diese Phase umfasst zudem die Behebung potenzieller Anforderungskonflikte, wie sie etwa in der Divergenz zwischen Präzision und Geschwindigkeit auftreten [35].

3. **Gestaltungslösungsentwicklung:**

Darüber hinaus wird dieser Aktivitätskomplex in polyvalente Subprozesse unterteilt, d. h., die initiale Konzeption der Benutzeraufgaben, der Benutzer-System-Interaktion und der Interfacegestaltung unter Berücksichtigung der User Experience und Nutzungsanforderungen wird durch die Konkretisierung mittels Szenarien, Simulationen, Prototypen oder Modellen ergänzt [35]. Schließlich wird die iterative Anpassung auf Basis von Evaluationsergebnissen und Nutzerrückmeldungen operationalisiert und endet mit der Übergabe an die Implementationsverantwortlichen [6].

4. **Gestaltungsevaluation:**

Mit Blick auf die gegenwärtigen Debatten steht ebenso die problemexplorative Fragestellung nach den evaluativen Komponenten ex ante, interim und ex post, die bereits in frühen Projektphasen zur Optimierung des Nutzeranforderungsverständnisses konzeptionell, prozessual und ergebnisorientiert initiiert wird [6], [19], [35]. Demnach bieten sich bei limitierter Praktikabilität oder Ökonomie realer Nutzungstests alternative Evaluationsmodalitäten wie Modell- oder Prototypenevaluationen an [19]. Im Sinne eines eklektischen Ansatzes konvergieren komplementär inspektionsbasierte Evaluationen, die ohne direkte Nutzerpartizipation durch erfahrungsbasierte Einschätzungen von Entwicklern ergänzt werden können [19], [49].

Die bisherigen Ausführungen lassen keinen Zweifel daran, dass die prozessuale Struktur den non-linearen, iterativen Charakter der menschzentrierten Gestaltung evidenziert, bei dem die multiple Interdependenz der Aktivitätskomplexe kontinuierliche Optimierungen generiert (vgl. ◘ Abb. 2.14).

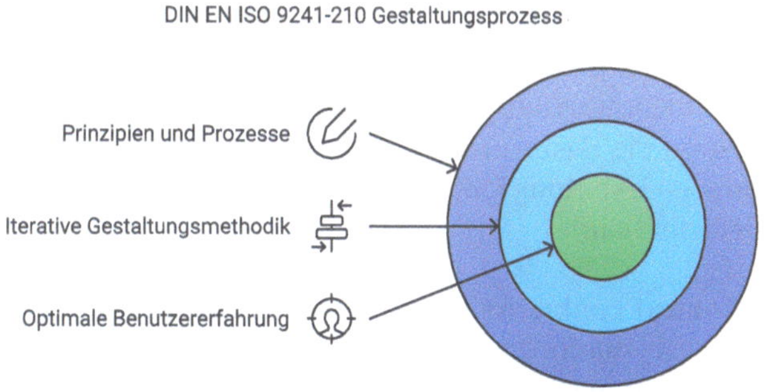

◘ **Abbi. 2.14** Prozessuale Systematik menschzentrierter Gestaltung. (Quelle: Eigene Darstellung, in Anlehnung an Deutsches Institut für Normung hinsichtlich DIN EN ISO 9241-210 [35])

Merke

Die DIN EN ISO 9241-210 [35] formiert einen iterativen, nutzerzentrierten Gestaltungsprozess, der durch progressive Anforderungspräzisierung und kontinuierliche Nutzerintegration die systematische Realisierung von Usability ermöglicht.

2.4.2 Der Usability Engineering Lifecycle nach Mayhew

In dieser begrifflichen Resultierung geht Mayhew [58] über bestehende Ansätze hinaus und bietet eine detaillierte methodologische Struktur zur Implementierung von Usability in der Interface-Gestaltung, wobei das Modell durch seine adaptive Flexibilität für verschiedene Projektkonstellationen charakterisiert ist.

Hinweis

Mayhews [58] iteratives Usability Engineering Lifecycle-Modell strukturiert die Interface-Gestaltung in drei interdependente Phasen, die von einer explorativ expliziten Anforderungsanalyse bis zur technischen Implementierung reichen.

Daher sind die obigen Ausführungen durchaus im Hinblick auf UX Research von Belang, da der konzipierte Usability Engineering Lifecycle in seiner iterativen Struktur durch drei interdependente Phasen mit spezifischen Aufgabenkomplexen charakterisiert ist [58]. Es ist vor diesem Hintergrund durchaus nachvollziehbar, dass die initial-explorative Anforderungsanalyse sich in folgende elementar-fragmentierte Einzelkomponenten wie folgt untergliedert [125]:

1. **Anforderungsanalyse:**

a) **Nutzerprofile:**

Unter wissenschaftlicher Perspektive umfassen die systematische Erfassung und Deskription nutzergruppenspezifischer, designrelevanter Charakteristika die Grundlage für nachfolgende Gestaltungsentscheidungen und die Kategorisierung distinktiver Nutzergruppen [58], [125].

b) **Kontextbezogene Aufgabenanalyse:**

Vor dem abstraktionsbezogenen Horizont konstituiert sich die analytische Erfassung und Dokumentation existierender Aufgabenstrukturen und Arbeitsabläufe als Grundlage für die Identifikation grundlegender Nutzerziele. In diesen Bezügen bildet diese Exploration die Basis für die Definition von Usability-Zielen und die konzeptionelle Interface-Gestaltung [58], [125].

c) **Usability Zieldefinition:**

Im deduktiven Kontext konkretisiert sich die Determination qualitativer und quantitativer Zielsetzungen durch die teleologische Ableitung von Anforderungen aus vorgelagerten Explorationen, setzt Minimalkriterien bezüglich Performance und Nutzerzufriedenheit und dient als Orientierungsrahmen für den Gestaltungsprozess sowie als Grundlage für iterative Usability-Assessments [58], [125].

d) **Technische Möglichkeiten und Restriktionen:**

Aus methodologischer Perspektive stellt die Evaluation ex ante (konzeptionell), interim (prozessual) sowie ex post (ergebnisorientiert) informationstechnologischer Potenziale und Limitationen den realisierbaren Gestaltungsrahmen dar [58], [125].

Folglich umfasst die methodologische Operationalisierung der initialen Phase stets eine theorietriangulative Meta-Analyse mittels Literaturrecherche zur Identifikation relevanter Gestaltungsprinzipien und -richtlinien, welche im Gestaltungsprozess mit projektspezifischen Anforderungen synthetisiert werden [14], [19], [58], [125].

Anlässlich des o. g. ist jedoch zu beachten, dass ebenfalls dazu die systematische Dekomposition der Anforderungsanalysephase und die Bedeutung einer gründlichen initialen Analyse für den nachfolgenden Gestaltungsprozess gehören [14], [19], [125].

2. **Design, Test und Entwicklung**

Schließlich induzieren die initialen Explorations- bzw. Analyseergebnisse der ersten vier Aufgabenkomplexe eine Konvergenz im Style Guide als maßgeblichem Dokumentationsartefakt.

Hinweis

Die zweite Lebenszyklusphase des Usability Engineering nach Mayhew [58] umfasst eine triadische Ebenenstruktur mit den Aufgabenkomplexen Prozess-Reengineering, Design des konzeptuellen Modells und Mockup-Entwicklung.

In diesem Szenario unterliegt die zweite Lebenszyklusphase, d. h. Design, Test und Entwicklung, einer triadischen Ebenenstruktur mit distinkten Aufgabenkomplexen, im Kontext dessen die erste Ebene die Determination grundlegender Designparameter spezifiziert [58], [125]:

a) **Prozess-Reengineering:**

Unter instruktionsdesignerischer Perspektive basiert die Prozessoptimierung auf den determinierten Anforderungen und Zielsetzungen der initialen Phase [58], [125].

b) **Design des konzeptuellen Modells:**

Vor dem deduktiven Rückschluss basiert der Prozess auf der Entwicklung grundlegender Designalternativen, die die Konzeption von Navigationspfaden sowie die Definition von Konsistenzrichtlinien für die Präsentation von Arbeitsergebnissen, Prozessen und Aktionen umfassen.

c) **Mockups:**

Aus instruktions- und UX-designerischer Sicht zeigt sich aber nun, dass die Resultate der konzeptuellen Modellierung durch die Entwicklung von Mockups visualisiert werden, die zur Veranschaulichung grundlegender Designkonzepte dienen [58], [125], [126], [127].

d) **Iterative Evaluierung:**

Zu guter Letzt unterliegen die inventiven Mockups einem iterativen Evaluations- und Adaptionsprozess [58], [125].

Die obigen Befunde bilden dementsprechend eine sehr wichtige Wissensverankerung für die systematische Weiterentwicklung des Prozesses, d. h., nach Stabilisierung des konzeptuellen Modells wird die zweite Ebene mit dem Fokus auf Standardisierung, wie nachfolgend dargestellt, in der Regel initiiert [58], [127], [128], [129], [130]:

Hinweis
Die Ideation, Invention und Implementierung produktspezifischer Standards bilden eine zentrale Grundlage zur Sicherstellung von Kohärenz und Konsistenz im Interface-Design [13], [14], [15].

a) **Screen Design Standards:**

Unter instruktionsdesignerischen Gesichtspunkten erfordert diese Ebene die Entwicklung produktspezifischer Standards und Konventionen für sämtliche Gestaltungsaspekte, um die Kohärenz und Konsistenz des Interfaces zu gewährleisten [58], [131], [132], [133]. Insbesondere in der Gegenwart bedingt dies ebenso die normative Einhaltung des Barrierefreiheitsstärkungsgesetzes (BFSG), unter Berücksichtigung der Barrierefreie Informationstechnik-Verordnung (BITV 2.0) sowie den Web Content Accessibility Guidelines (WCAG 2.2), wie der der Verfasser [3], [4], [5], [46], [46] in einigen Explorationsstudien expliziert.

b) **Screen Design Standards Prototyping:**

Im wissenschaftshistorischen Kontext finden die verankerten Standards Anwendung in der Interface-Gestaltung selektierter Funktionalitäten und zeigen sich demzufolge in einer prototypischen Implementierung [58], [134], [135], [136].

c) **Iterative Screen Design Standards Evaluierung:**

Aus diversen aktuellen Forschungen lassen sich ferner Handlungsdirektive ableiten, dass der generierte Prototyp als Evaluationsobjekt im iterativen Prozess als implizite Standardstabilisierung wirkt, wobei die Iterationen stringent fortgeführt werden, bis kritische Defizite eliminiert und die definierten Usability-Ziele annähernd erreicht sind [17], [58], [132].

3. **Finalisierungsphase**

Wiederum konstituiert sich im Anschluss an das Obige die dritte Ebene der Design-, Test- und Entwicklungsphase als sogenannte Finalisierungsphase, die im Kontext dessen auf den Resultaten der präzedenten Ebenen basiert:

Hinweis
Die Finalisierungsphase im Usability Engineering Lifecycle nach Mayhew [58] richtet die detaillierte Interface-Gestaltung und die iterative Validierung nicht getesteter Funktionalitäten als letzte Instanz vor der Implementierung aus.

a) **Detailliertes User Interface Design:**

Eine notwendige, aber keine hinreichende Bedingung für die exhaustive Elaboration sämtlicher Interface-Komponenten liegt nach Mayhem [58] in einer detaillierten Gestaltungskonzeption [137].

b) **Iterative Evaluierung des detaillierten User Interface Designs:**

Dieser Sichtweise zufolge wird ebenfalls in aktuellen Studien aufgezeigt, dass der evaluative Prozess auf bisher nicht getestete Funktionalitäten und Nutzerkategorien ausgedehnt wird, wodurch eine umfassende Validierung sichergestellt wird [58], [137], [138], [139], [140].

c) **Installation:**

Schließlich konstituiert sich die dritte und somit die finale Phase des Lebenszyklus hinsichtlich der Installation, die sich durch eine kontinuierliche Optimierung, im Sinne einer „strategischen Anpassungsmodifikation", wie der Verfasser [12] in einer Studie im Zusammenhang mit Games-Entwicklungen empfiehlt, auf Basis systematisch erfasster Nutzerrückmeldungen, charakterisiert [58], [127]. Das bedeutet wiederum, dass diese Phase damit das Prinzip der perpetuellen Qualitätsverbesserung durch nutzerzentrierte Feedbackintegration implementiert [140].

▶ Transferbeispiel

Die Implementierung von Chatbots im Kundenservice zeigt exemplarisch, wie Mayhews [58] iterativer Usability Engineering Lifecycle durch die fortlaufende Nutzerintegration und die iterative Evaluierung der Interaktionsschnittstelle zur Verbesserung der Benutzerfreundlichkeit beitragen kann. ◀

Die bisherigen Ausführungen geben demnach sehr deutlich zu erkennen, dass die beschriebene triadische Struktur des Usability Engineering Lifecycle nach Mayhew [58] einen präzisierten Rahmen für die fortlaufende Entwicklung und kontinuierliche Optimierung gebrauchstauglicher Interfaces bietet (vgl. ◘ Abb. 2.15).

Merke

Der Usability Engineering Lifecycle nach Mayhew strukturiert den Entwicklungsprozess durch präzise Vorgaben so, dass Usability von Beginn an systematisch in das Systemdesign integriert wird.

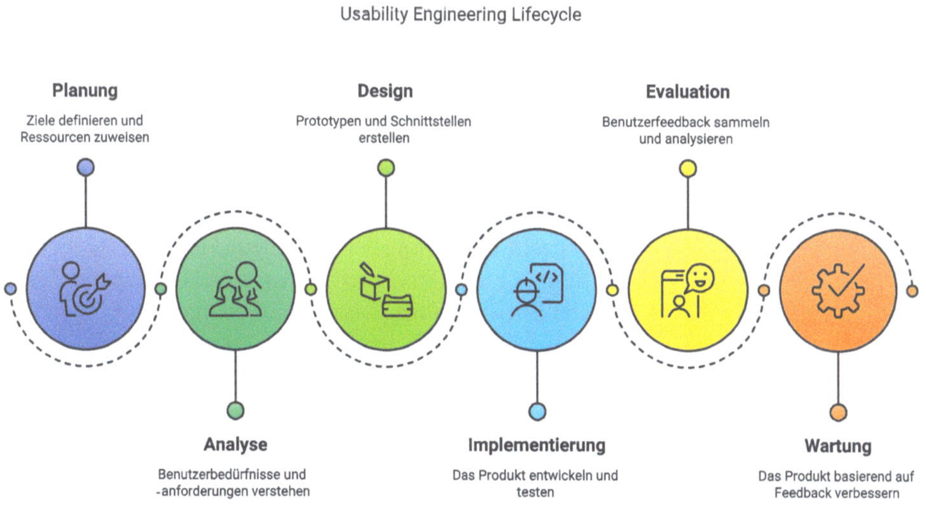

◘ **Abb. 2.15** Usability Engineering Lifecycle nach Mayhew. (Quelle: Eigene Darstellung, in Anlehnung an Mayhew [58])

2.4.3 Szenariobasiertes Usability Engineering nach Rosson und Carroll

Es erschließt sich unter den obigen Gegebenheiten, warum Rosson und Carroll [103] im Gegensatz zu konventionellen Prozessmodellen, die formale Anforderungsanalysen und die Notwendigkeit einer abstrakten Modellierung betonen, demzufolge einen szenariobasierten Designansatz im Sinne eines Agenda-Settings entwickeln, der die narrative Komponente als methodologisches Kernelement positioniert [19].

Hinweis

Rosson und Carroll [103] betonen im szenariobasierten Designansatz die narrative Struktur als methodologisches Kernelement zur Integration von Nutzeranforderungen in den Designprozess [101].

Vor dem sowohl instruktionspsychologischen als auch -designerischen Hintergrund definieren Rosson und Carroll [103] konsenstheoretisch ein Szenario als „a story about people and their activities" (S. 16). In der theoretischen Konsequenz setzt sich dies aus mehreren strukturellen Komponenten zusammen [103]:

- Grundsätzlich umfasst die detaillierte Situationsdeskription die motivationalen Faktoren, intentionalen Zielsetzungen und aktionalen Sequenzen eines Akteurs sowie die reaktiven Muster weiterer involvierter Akteure.
- In diesem Zusammenhang bezieht sich die Charakterisierung der Akteure auf die Spezifikation relevanter Attribute und Eigenschaften.
- Daraus geht schließlich hervor, dass die teleologische Dimension in der Explikation aufgabenspezifischer Zielsetzungen und deren intendierter situativer Implikationen liegt.
- Wie dargestellt, versteht sich die kognitive Komponente als die Deskription mentaler Prozesse, die die Transformation von Zielen in konkrete Handlungssequenzen sowie die situativen Evaluationsprozesse bestimmen.
- Zu guter Letzt beschreibt die behaviorale Dimension sowohl das observable Nutzerverhalten als auch systeminduzierte Aktionen oder Reaktionen, die sich der unmittelbaren Nutzerwahrnehmung entziehen können, jedoch signifikante Relevanz für das Szenario aufweisen.

Unter den obigen Voraussetzungen stellt diese komplexe Szenarienstruktur demzufolge einen narrativen Rahmen für die Integration von Nutzeranforderungen in den Designprozess per se dar.

Dementsprechend können spezifische Szenarien als methodologisches Instrument zur narrativen Explikation der Systemnutzung aus der Nutzerperspektive verstanden werden, das sämtliche Entwicklungsphasen durchdringt.

Hinweis

Die iterative sowie phasenorientierte Szenarienstruktur nach Rosson und Carroll [103] durchdringt sämtliche Entwicklungsphasen und unterstützt die narrative oder aber auch transmediale Explikation von Nutzeranforderungen, wie der Verfasser [19] in seiner Game Studies und Ludologie in Bezug auf die Nutzerzentrierung in Games aufzeigt, als methodologisches Instrument im Designprozess per se.

Es herrscht fachwissenschaftlich weitgehende Einigkeit darüber, dass das Prozessmodell sich durch distinkte, sowohl individuell als auch holistisch iterative Phasen auszeichnet, die jeweils spezifische Szenarientypen mit differenzierten Zielsetzungen teleologisch integrieren, wie folgt präzisiert [12], [13], [141]:

1. **Analysephase:**

Insofern umfasst wiederum die hier dargestellte initiale Phase die Anforderungsevaluation durch die Generierung von Problemszenarien („Problem Scenarios"), die die gegenwärtigen Aktivitätssequenzen mit Blick auf die Ätiologie prozessual dokumentieren, während die narrative Situationsbeschreibung durch eine Claims Analysis ergänzt wird, die szenariospezifische Faktoren mit Implikationen für die User Experience identifiziert [103].

Die bisherigen Ausführungen zu den obigen Schemata verdeutlichen jedoch, dass die Claims, die den Szenarien zugeordnet sind, szenariospezifische Faktoren mit Implikationen für die User Experience eindeutig identifizieren sowie determinieren [12], [13], [15], [49], [141]. Demzufolge dienen sie innerhalb dieses Rahmens affirmativ und zugleich kommunikations- sowie informationstechnologisch amplifizierend als Aggregationsinstrument signifikanter Designcharakteristika und konstituieren zugleich Optimierungsansätze für die nachfolgende Designphase [12], [13], [14], [19].

2. **Designphase:**

Zunächst einmal lässt sich verzeichnen, dass sich die zweite Phase, in drei sequenzielle Subphasen unterteilend, abgrenzen und bestimmen lässt, die im Kern jeweils korrespondierende Szenarientypen beinhalten [103]:

a) Aktivitätsszenarien („Activity Scenarios"): Grundsätzlich umfasst die narrative Explikation der Nutzeraktivitäten einen exklusiven Fokus auf Funktionalität, bei gleichzeitiger temporärer Abstraktion von Interaktions- und Präsentationsaspekten [101], [103].
b) Informationsszenarien („Information Scenarios"): In diesem Zusammenhang bezieht sich die narrative bzw. transmediale Explikation der häufig kundenintegrierenden Nutzeraktivitäten auf einen exklusiven Fokus auf Funktionalität, allerdings bei gleichzeitiger temporärer Abstraktion von Interaktions- und Präsentationsaspekten [12], [13], [49], [101], [103].
c) Interaktionsszenarien („Interaction Scenarios"): Hierbei erfolgt eine detaillierte Spezifikation der Nutzeraktionen und der korrespondierenden Systemreaktionen [101], [103].

3. **Prototyping- und Evaluationsphase:**

Wie bereits dargestellt, erschließt sich im Sinne einer induktiven Relevanzrückkopplung, dass die im Folgenden dargestellte finale Phase eine Evaluation ex post der Gestaltungsentwürfe hinsichtlich der Zielerreichung implementiert [12], [19], [101], [103]. Damit geht jedoch ebenfalls als Implikation einher, dass diese triadische Phasenstruktur einen eindeutigen Rahmen für die narrative bzw. transmediale Integration von Nutzeranforderungen in den Entwicklungsprozess bieten muss (vgl. ◘ Abb. 2.16 und 2.17).

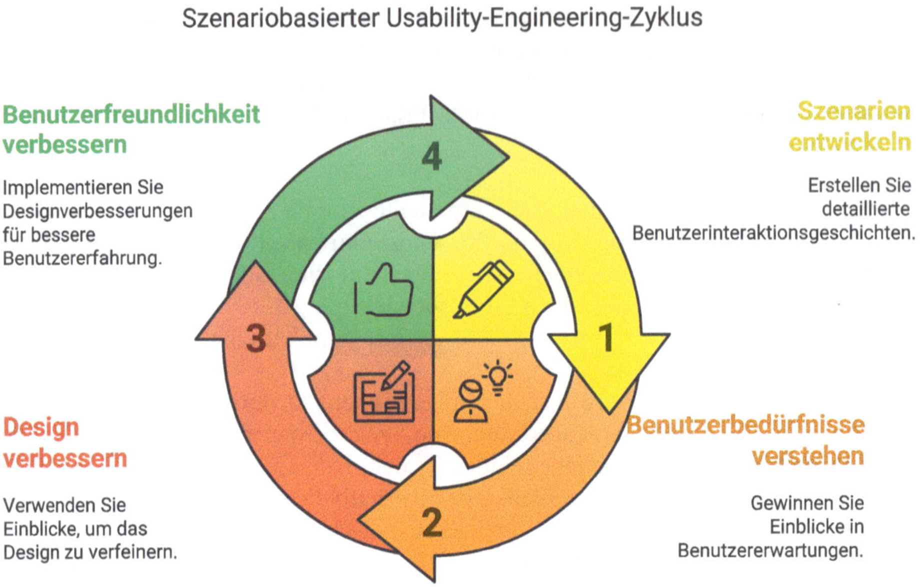

Abb. 2.16 Scenario-based Usability Engineering. (Quelle: Eigene Darstellung, in Anlehnung an Rosson und Carroll [103])

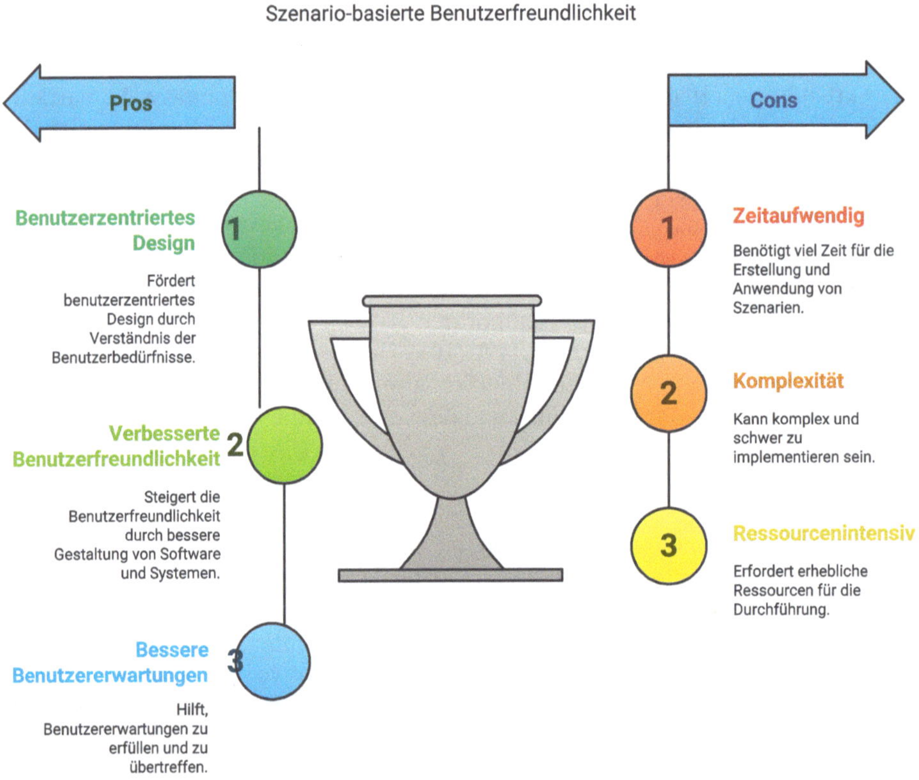

Abb. 2.17 Scenario-based Usability Engineering, Pros und Cons. (Quelle: Eigene Darstellung, in Anlehnung an Rosson und Carroll [103])

▶ **Transferbeispiel**
Die Anwendung des szenariobasierten Usability Engineering nach Rosson und Carroll [103] zeigt sich aktuell in der Entwicklung von interaktiven Lernplattformen oder aber Games, bei denen typische Nutzerinteraktionen als narrative Szenarien abgebildet werden, um potenzielle Nutzungskonflikte frühzeitig zu identifizieren [19].◀

Merke
Das szenariobasierte Usability Engineering nach Rosson und Carroll [103] implementiert Szenarien als zentrale narrative Methodik, die durch situative Nutzungsbeschreibungen die Systemanforderungen transparent und nachvollziehbar expliziert.

2.4.4 Der Usability Engineering Lifecycle nach Nielsen

Aufgrund der obigen Konfiguration konzeptualisiert Nielsen [34] Usability Engineering aus einer eher erweiterten organisationalen Sichtweise, die bis dato in Fachkreisen weiterhin breite Anerkennung findet [142], [143], [144]. Demzufolge transzendiert die Integration von Usability-Aspekten isolierte Entwicklungsaktivitäten und präsupponiert die Berücksichtigung kompletter Produktportfolios [12], [19]. Nielsen [34] hebt die Bedeutung der frühzeitigen Integration von Usability-Überlegungen in den Entwicklungsprozess hervor, bevor die eigentliche Designphase beginnt [13].

Hinweis
Nielsens [34] erweiterter Usability-Ansatz integriert Usability-Aspekte frühzeitig in den Entwicklungsprozess und strukturiert diesen in die Phasen ex ante, interim und ex post, wodurch die iterative Fokussierung auf Nutzeranalyse, Wettbewerbsanalyse und Usability-Zieldefinition ermöglicht wird.

In diesem Rahmen gliedert sich das triadische Modell nach Nielsen [34] prozessual in die Phasen ex ante, interim und ex post der Produktgestaltung und -implementierung [12], [14], [19], [51], [85]. Es lässt sich mit Blick auf diese Gegebenheit feststellen, dass sich die Prozesssequenz zunächst nicht durch eine strikte Linearität per se auszeichnet, sondern sich im Wesentlichen als iterativer Prozess darstellt. Das wiederum bedeutet, dass die initiale Predesign-Phase sich auf die Entwicklung eines umfassenden Verständnisses der Zielgruppe und ihres Aufgabenspektrums konzentriert [145]. Allerdings sollte ebenfalls berücksichtigt werden, dass die präzipitierte Initiation von Designaktivitäten kostenintensive Revisionen erforderlich machen kann [146], [147].

Es lässt sich des Weiteren feststellen, dass die Predesign-Phase sich in Anlehnung an Nielsen [34] in drei maßgebliche Aktivitätskomplexe dekomponiert:
1. **Nutzeranalyse:**

Die Nutzeranalyse beinhaltet im Kern die systematische Exploration der Systemnutzung durch diverse Nutzergruppen, d. h. Kohorten, beginnend mit der Erfassung nutzerspezifischer Charakteristika (Expertise, Bildungsniveau, Alter, Arbeitskontext) [148], [149]. Zu konstatieren ist jedoch, dass die anschließende Aufgabenanalyse Zielsetzungen, aktuelle Zielerreichungsstrategien, Informationsbedarfe und das fachlich bezeichnete ‚Exceptionhandling', also die Fehlerbehandlung, untersucht [144]. Dieser Auffassung zufolge berücksichtigt die Funktionsanalyse mehr als nur suboptimale Prozesse, indem sie grundlegende Nutzerintentionen identifiziert. Konsenstheoretisch wird jedoch vorausgesetzt, dass die temporale Entwicklung der Nutzercharakteristika durch Systeminteraktion und Nutzungsmuster flexible Designstrukturen erfordert [19], [34], [150].

2. **Wettbewerbsanalyse:**

In diesem Zusammenhang erscheint es, wie Seidler [151] im Umfeld von Big Data und HCI herausarbeitet, ebenso plausibel, dass existierende Marktlösungen empirische Evaluationen mit erhöhter ökologischer Validität im Vergleich zu prototypischen Tests zulassen, während komparative Analysen multipler Produkte sowohl Designkonzepte generieren als auch problematische Gestaltungsansätze identifizieren.

3. **Usability-Zieldefinition:**

Denkbar lässt sich die Fokussierung des Designprozesses zu guter Letzt deshalb als notwendig erachten, da die Definition spezifischer Usability-Ziele im Einklang mit den wesentlichen Usability-Parametern erfolgt: Erlernbarkeit, Effizienz, Einprägsamkeit, Fehlerresistenz und Zufriedenheit [19], [21], [32], [34].

Auf Basis empirischer Forschungen sind methodologisch insbesondere die partizipative Zieldefinition und die Einbindung aller Teammitglieder von Bedeutung, da sie die Teammotivation optimieren [12], [13], [19], [51]. Die Zielniveaus differenzieren sich in Minimal-, Plan-, Ist- und Optimalniveau [152].

Hinweis

Die Designphase im Usability Engineering zielt auf die Implementierung eines funktional adäquaten Systems und gliedert sich in sechs zentrale Prozesskomponenten.

Vor dem dargelegten Hintergrund lässt sich die Designphase durch ihre primäre sowie teleologisch ausgerichtete Zielsetzung der Implementierung eines funktional adäquaten Systems beschreiben [34], [153]. In Anbetracht dessen unterteilt sich die zu operationalisierende Phase in sechs wesentliche Prozesskomponenten [34], [153], [154], [155]:

1. **Partizipatives Design:**

Ziel der Entwicklungsaufgaben muss es folglich sein, die initiale Nutzeranalyse durch kontinuierliche Nutzerintegration zu ergänzen, wobei die Involvierung der späteren Systemnutzer als notwendig erachtet wird, um nutzerspezifische Anforderungen valide abzubilden [34], [153], [154], [155].

2. **Koordiniertes Interface-Design:**

Daraus geht das Erfordernis für solche Adaptionen hervor, resultierend aus der Signifikanz der Konsistenz als Usability-Determinante, die umfangreiche Koordinationsaktivitäten voraussetzt, wobei die Implementierung einer dedizierten Koordinationsinstanz sowie die Schaffung einer kohärenten Designkultur die Realisierung konsistenter Interfaces begünstigen [34], [153], [154], [155]:.

3. **Richtlinien und heuristische Analyse:**

Sich ebenso der Tatsache bewusst zu sein, dass die Kompilation etablierter Interface-Design-Prinzipien in Form von Richtlinien die Basis für projektspezifische Implementationen bildet, ist praxeologisch entscheidend, da diese Richtlinien heuristische Evaluationen zur Verifikation der Designkonformität per se ermöglichen [34], [153], [154], [155].

4. **Prototyping:**

In dieser Phase werden prototypische Systeme stets frühzeitig implementiert, zunächst jedoch in vereinfachten Formaten (z. B. Papier-Mockups) mit fortschreitender Annäherung an das Zielsystem, was eine kosteneffiziente Fehlerdetektion begünstigt; das bedeutet, dass die Präferenz auf mehreren, frühen Prototypen im Vergleich zu einzelnen, elaborierten, jedoch zeitlich verzögerten Prototypen liegt [34], [153], [154], [155].

5. **Empirisches Testen:**

Kennzeichen der Userevaluation sind in der Regel repräsentative Testszenarien, die im Kern die intendierte Systemnutzung abbilden, insbesondere, da die resultierenden sowie ätiologisch-plausibilisierbaren Problemidentifikationen eine priorisierte Lösungsimplementierung erfordern [34], [153], [154], [155].

6. **Iteratives Design:**

Im Hinblick auf diese konfigurierte Perspektive ergibt sich die Notwendigkeit, die Evaluationsergebnisse ex post in iterative Interface-Modifikationen zu integrieren. Währenddessen werden integrativ potenzielle Sekundäreffekte der Änderungen berücksichtigt, wodurch der iterative Prozess kontinuierliche Evaluationen interim sowie sukzessive Optimierungen umfasst und eine dementsprechende Agilität erforderlich macht [34], [153], [154], [155].

Hinweis

Die Postdesignphase im Usability Engineering Lifecycle nach Nielsen [34] kennzeichnet sich durch eine kontinuierliche Systemevolution, die iterative Optimierungen auf Basis systematisch erfasster Nutzerdaten umfasst.

Es geht aus dem obigen hexagonalen Prozessmodell hervor, dass sich ein Framework für die Implementierung gebrauchstauglicher Systeme ableiten lässt, da die der Systemimplementation nachgelagerte Postdesignphase primär auf die kontinuierliche Systemoptimierung ausgerichtet ist.

Sofern die Implementation eines neuen Systems als prototypische Basis für subsequente Systementwicklungen konzipiert wird, transzendiert der Usability Engineering Prozess die initiale Implementation [12], [19], [21], [34], [38], [155]. Ganz grundlegend ist im Kontext der kontinuierlichen Systemevolution die systematische Erfassung und Integration sowohl positiver als auch negativer Nutzerrückmeldungen als wesentlicher Mechanismus zu betrachten – insbesondere auch unter Berücksichtigung ko-kreativer Open-Innovation- und User-Innovation-Ansätze, wie der Verfasser [3], [4], [12], [13], [19], [49], [51] in seinen Explorationsstudien substanziiert. Hierbei sind die konzeptionelle Extension des Usability Engineering über die Implementationsphase hinaus, aber auch das Verständnis von Systemgestaltung als kontinuierlichem, nutzergetriebenem Optimierungsprozess im Sinne einer Kunden-

2

und Nutzerintegration mit Bezug auf Open Innovation und User Innovation von Bedeutung [12].

Auf der Ebene der o. g. triadischen Struktur des Nielsen'schen [34] Lifecycles – von der Predesign- über die Design- zur Postdesignphase – stellt sich dieser dementsprechend als ganzheitlicher Rahmen für die nachhaltige Implementation und Evolution gebrauchstauglicher Systeme dar.

Hinweis

Nutzerfeedback-Integration ist Pflicht: In der Postdesignphase nach Nielsen [34] erfolgt die fortlaufende Verbesserung interaktiver Systeme durch gezielte Erfassung und Berücksichtigung von Nutzerrückmeldungen.

Für das UX Research und aus designethischer Sicht besitzen die vorgestellten Usability Engineering Lifecycles eine signifikante Relevanz, da sie die ethisch verantwortungsvolle Berücksichtigung von Nutzerbelangen im Entwicklungsprozess betonen [14], [120]. Kausal geht daraus hervor, dass auf dieser Basis die frühe und kohärente Integration von Nutzern, wie sie in allen vorgestellten Modellen gefordert und methodologisch z. B. durch den Konsortialforschungsansatz operationalisiert wird, von Bedeutung ist, so konstatiert Mandran [156], da sie design- sowie forschungsethische Prinzipien der partizipativen Gestaltung und des respektvollen Umgangs mit Nutzerbedürfnissen berücksichtigt [12], [14], [157], [158]. Insbesondere aber zeigen diverse randomisierte Explorationsstudien, dass die verschiedenen Evaluationsphasen und iterativen Prozesse strukturierte Ansatzpunkte für UX-Research-Methoden offerieren, d. h. von der initialen Nutzeranalyse über Prototypentests bis hin zur kontinuierlichen Erfassung von Nutzerfeedback [156], [159], [160].

▶ Transferbeispiel

Ein Beispiel für die Anwendung von Nielsens [34] Usability Engineering Lifecycle in der Praxis zeigt sich in der Entwicklung einer nutzerzentrierten Banking-App, bei der die iterative Integration von Nutzerfeedback in der Postdesignphase gezielt zur Optimierung von Effizienz, Effektivität und Zufriedenstellung gemäß DIN EN ISO 9241-11 [8] genutzt wurde.◀

In kaum einem Lebensbereich sind in der gegenwärtigen Lebens- und Arbeitswirklichkeit nicht deutliche Spuren der expliziten Berücksichtigung von Nutzerzielen, -bedürfnissen und -kontexten in den Modellen erkennbar, die eine design- sowie forschungsethisch dialektische Designpraxis unterstützen und dabei nicht nur funktionale, sondern auch soziale und emotionale Aspekte der Mensch-System-Interaktion einbeziehen (vgl. ◘ Abb. 2.18 und 2.19) [14], [120].

Merke

Der Usability Engineering Lifecycle nach Nielsen [34] verankert im Lichte der o. g. expliziten Gegebenheiten einen iterativen Entwicklungsansatz, der durch systematische Integration von empirischen Tests und Prototyping in einem dreiphasigen Modell die Gebrauchstauglichkeit interaktiver Systeme methodologisch untermauert.

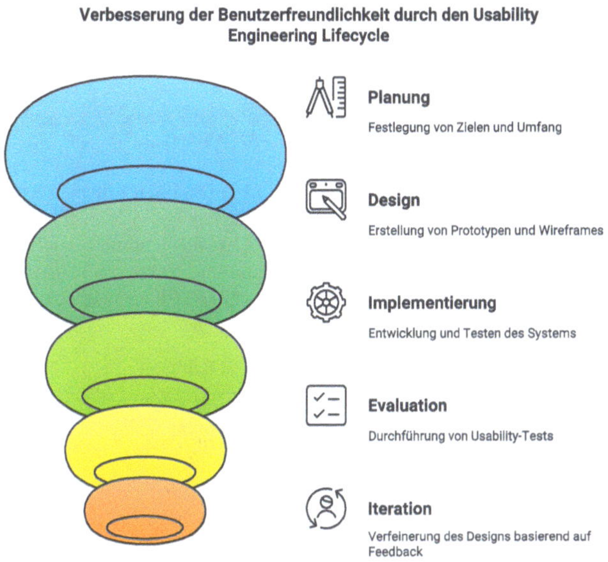

Abb. 2.18 Der Usability Engineering Lifecycle in Abriss nach Nielsen [34]. (Quelle: Eigene Darstellung)

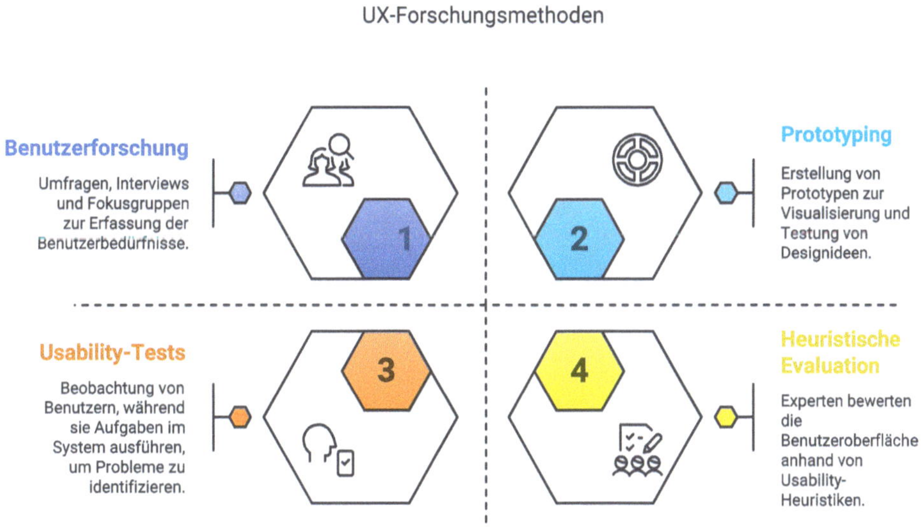

Abb. 2.19 UX-Forschungsmethoden in Anlehnung an Nielsen [34]. (Quelle: Eigene Darstellung)

2.5 Prüfungsfragen – ▶ Kap. 2

2

Frage Nr.	Frage	Antwortmöglichkeiten
1	Was beschreibt der Begriff ‚Usability' im Kontext interaktiverSysteme?	[ ] a) Die Fähigkeit eines Systems zur Unterhaltung [ ] b) Die Gebrauchstauglichkeit für bestimmte Nutzer im Nutzungskontext [ ] c) Die Effizienz des Codes [ ] d) Die Innovationskraft des Designs
2	Welche Faktoren gehören gemäß DIN EN ISO 9241-11 zum Nutzungskontext?	[ ] a) Benutzer [ ] b) Arbeitsaufgaben [ ] c) Programmcode [ ] d) Physische Umgebung
3	Was sind zentrale Leitkriterien der Gebrauchstauglichkeit gemäß DIN EN ISO 9241-11?	[ ] a) Effizienz [ ] b) Zufriedenheit [ ] c) Ästhetik [ ] d) Effektivität
4	Was zählt zu den Prinzipien des User Centered Design gemäß DIN EN ISO 9241-210?	[ ] a) Nutzerpartizipation [ ] b) Iterative Entwicklung [ ] c) Automatisiertes Testing [ ] d) Interdisziplinarität
5	Was versteht man unter ‚Effizienz' gemäß DIN EN ISO 9241-11?	[ ] a) Ressourceneinsatz im Verhältnis zum Ergebnis [ ] b) Visuelle Attraktivität [ ] c) Kognitive Komplexität [ ] d) Zeitaufwand
6	Welche Aussagen zu ‚Joy of Use' treffen zu?	[ ] a) Sie beschreibt die pragmatische Dimension [ ] b) Sie berücksichtigt emotionale Aspekte [ ] c) Sie ist irrelevant für professionelle Software [ ] d) Sie unterstützt Nutzerbindung
7	Welche Merkmale beschreibt Nielsen im Kontext von Usability?	[ ] a) Learnability [ ] b) Efficiency [ ] c) Entertainment [ ] d) Errors
8	Welche Aussagen zur Interaktionsgestaltung sind korrekt?	[ ] a) Erwartungskonformität [ ] b) Selbstbeschreibungsfähigkeit [ ] c) Gestiksteuerung [ ] d) Fehlertoleranz
9	Welche Aufgaben hat UsabilityEngineering im Entwicklungsprozess?	[ ] a) Dokumentation [ ] b) Evaluation [ ] c) Zielgruppenanalyse [ ] d) Programmierung

Frage Nr.	Frage	Antwortmöglichkeiten
10	Was differenziert User Experience von Usability?	[ ] a) User Experience umfasst auch Emotionen [ ] b) UX endet mit der letzten Interaktion [ ] c) UX berücksichtigt antizipierte Nutzung [ ] d) UX ist mit Usability identisch

Frage-Nr.	Frage	Antwortoptionen
11	Was versteht Rosson und Carroll unter ‚User Documentation'?	□ a) Gespeicherte Informationen zur Systemnutzung □ b) Die vollständige Quellcode-Dokumentation □ c) Kontextfreie technische Referenzdaten □ d) Feedbackformulare nach Usability-Tests
12	Welche Medienform gehört NICHT zu den typischen Ausprägungen der Benutzerdokumentation?	□ a) Online-Hilfen □ b) Benutzerhandbücher □ c) Virtuelle Realitätsumgebungen □ d) Benutzerforen
13	Was beschreibt das ‚Dokumentationsparadoxon' im Kern?	□ a) Nutzer meiden Dokumentation trotz Bedarfs □ b) Entwickler lieben das Schreiben von Dokumentation □ c) Dokumentation ist immer überflüssig □ d) Nur Experten lesen die Dokumentation vollständig
14	Welche Faktoren beeinflussen laut Rosson und Carroll die Effektivität von Benutzerdokumentation?	□ a) Inhaltliche Tiefe □ b) Zielgruppenspezifik □ c) Kontextsensitivität □ d) Designästhetik
15	Welche der folgenden Aussagen zu Walk-Up-and-Use-Systemen ist korrekt?	□ a) Sie benötigen immer ein Benutzerhandbuch □ b) Sie sind vollständig selbsterklärend □ c) Sie enthalten ausschließlich visuelle Hinweise □ d) Sie ersetzen klassische Tutorials nicht vollständig
16	Was ist ein typischer Vorteil von Intelligent Tutoring Systems?	□ a) Reduktion aller Systemfunktionen □ b) Adaptive Lernprogression □ c) Fixes Interaktionsmodell □ d) Integration in soziale Netzwerke
17	Welche Aussage beschreibt die Transformation der Dokumentationsentwicklung korrekt?	□ a) Von sequenziell zu integrativ □ b) Von proaktiv zu reaktiv □ c) Von visuell zu sprachlich □ d) Von kollaborativ zu individuell

Frage-Nr.	Frage	Antwortoptionen
18	Welche Anforderungen stellt die DIN EN ISO 9241-110 an Tooltips?	□ a) Kontextfreie Platzierung □ b) Zielgruppengerechte Kürze □ c) Lange Definitionen □ d) Farbliche Irrelevanz
19	Was sind typische Herausforderungen bei Social Media als Dokumentationsplattform?	□ a) Diskursive Qualität hängt von Nutzerexpertise ab □ b) Social Media ersetzt alle anderen Formate □ c) Es gibt keine metadiskursiven Auseinandersetzungen □ d) Themenverfehlung ist ausgeschlossen
20	Warum wird traditionelle papierbasierte Dokumentation häufig als unpraktisch empfunden?	□ a) Sie sind immer aktuell □ b) Sie sind kulturhistorisch vertraut □ c) Sie sind besonders günstig □ d) Sie enthalten meist grafische Interfaces

Frage-Nr.	Frage	Antwortoptionen
21	Welche Phase im UsabilityEngineeringLifecycle nach Nielsen bezieht sich auf die initiale Analyse von Nutzergruppen und Aufgaben?	□ a) Postdesign-Phase □ b) Designphase □ c) Predesign-Phase □ d) Usability-Zieldefinition
22	Was beschreibt die Designphase im Nielsen-Modell primär?	□ a) Die Evaluation realer Systeme □ b) Die Implementierung eines funktional adäquaten Systems □ c) Die Erstellung klassischer Dokumentation □ d) Die Finalisierung von Projektteams
23	Was ist das Hauptziel der Nutzeranalyse in der Predesign-Phase nach Nielsen?	□ a) Erhebung von Markttrends □ b) Ermittlung der Systemarchitektur □ c) Systematische Analyse der Nutzerbedürfnisse □ d) Erstellung technischer Spezifikationen
24	Welche Komponente gehört **nicht** zur Designphase nach Nielsen?	□ a) Koordiniertes Interface-Design □ b) Partizipatives Design □ c) Zielgruppenkalibrierung □ d) Empirisches Testen
25	Warum sind Richtlinien in der Designphase wichtig?	□ a) Sie ersetzen die Nutzertests □ b) Sie definieren Systemarchitekturen □ c) Sie ermöglichen heuristische Evaluierungen □ d) Sie visualisieren Marktanteile
26	Was wird in der Phase des iterativen Designs nach Nielsen hauptsächlich durchgeführt?	□ a) Nutzungskontext-Analyse □ b) Feedbackintegration in Designprozesse □ c) Initiale Nutzerbefragungen □ d) Marktstrategie

Frage-Nr.	Frage	Antwortoptionen
27	Wie werden laut Nielsen potenzielle Designprobleme identifiziert?	□ a) Durch systematische Analyse der Programmarchitektur □ b) Durch repräsentative Testszenarien □ c) Durch Marketing-Interviews □ d) Durch SWOT-Analysen
28	Was zeichnet die Postdesignphase nach Nielsen besonders aus?	□ a) Einmalige Systemabnahme □ b) Zielgruppendefinition vor Produktstart □ c) Fortlaufende Optimierung durch Nutzerfeedback □ d) Erstellung der Softwarelizenz
29	Welche Maßnahme entspricht einem Aspekt der empirischen Usability-Zieldefinition?	□ a) Partizipative Zieldefinition mit dem Entwicklerteam □ b) Festlegung des Produktpreises □ c) Prüfung technischer Standards □ d) Definition von Serverarchitekturen
30	Welche Aussage zur Wettbewerbsanalyse im Nielsen-Modell trifft zu?	□ a) Fokus auf visuelles Design □ b) Vergleich bestehender Systeme zur Ideen- und Problemfindung □ c) Analyse von Werbekampagnen □ d) Durchführung qualitativerInterviews

Methodologische Grundlagen des UX-Prototyping

Inhaltsverzeichnis

G. Vindigni, *UX Research und User Research*, https://doi.org/10.1007/978-3-662-72235-0_3

„A good motto for designing interactions is to evaluate early, often, and as late as possible." (B. Moggridge, Designing Interactions, Chapter „Process", MIT Press, 2006, S. 735)
Bill Moggridge, B. (2006). Designing Interactions – Process Chapter. [Moggridge-on-Process.pdf, S. 735] Link: https://community.mis.temple.edu/mis3506digitaldesignfall2018/files/2016/12/Moggridge-on-Process.pdf († 8. September 2012), Mitbegründer von IDEO und Pionier des menschzentrierten Designs

3

In der gegenwärtigen Arbeitswirklichkeit stellt die Umsetzung der anwendungsorientierten Prinzipien einer frühzeitigen Integration von Prototyping in den Entwicklungsprozess ein dialektisches Element design- und forschungsethisch verantwortungsvollen UX Research dar. Das bedeutet im Konkreten, dass sie die Evaluation von UX-Designentscheidungen aus der Nutzerperspektive erfordern und potenzielle negative Auswirkungen auf Nutzer bereits in frühen Entwicklungsphasen, also ex ante, identifizieren.

Hinweis
Die Entwicklung dialektischer, methodologischer und praxeologischer Kompetenzen bildet einen integralen Bestandteil des wissenschaftlichen Arbeitens.

Lernziele

Nach der Bearbeitung dieses Kapitels sind Sie wie folgt beschrieben befähigt:

- Sie sind in der Lage, den Kontext zwischen der konzeptuellen und methodologischen Explikation des UX-Prototyping sowie dessen Interdependenzen mit strategisch-teleologischen Zielsetzungen im Kontext der Systementwicklung zu explorieren und zu evaluieren.
- Des Weiteren sind Sie im Zuge der lernzieltaxonomischen Ausrichtung dieses Kapitels profund befähigt, Determinanten, Indikatoren und Prämissen verschiedener UX-Prototypen-Kategorien zu bilden und deren Charakteristika sowie Distinktionsmerkmale kritisch-dialektisch zu reflektieren.
- Zu guter Letzt schließt dies ebenso Ihre praxeologisch notwendige Befähigung im Hinblick auf den Theorie-Praxis-Transfer ein, normierte methodologische Implementationsansätze des UX-Prototyping zu identifizieren und deren praxeologische Operationalisierung in verschiedenen Entwicklungskontexten komparativ zu plausibilisieren.

Merke
Frühzeitiges Prototyping ermöglicht eine ex-ante Evaluation von UX-Designentscheidungen aus der Nutzerperspektive und unterstützt eine ethisch reflektierte Systementwicklung.

3.1 Prototyping als Kernmethodik nutzerzentrierter Gestaltung

In pragmatischer Weise zeigt sich Prototyping im Kontext nutzerzentrierter Gestaltungsprozesse als methodologischer Imperativ, da die historisch etablierte Signifikanz dieser Aktivität auf der Erkenntnis basiert, dass die rein deskriptive Explikation von Gestaltungsideen unzureichend ist und das Verständnis der Mensch-System-Interaktion deren experienzielle Darstellung voraussetzt [161].

Vor diesem Hintergrund definieren Butz et al. [1] einen Prototyp als selektive Implementierung spezifizierter Funktionalitäten eines projektierten Systems, die eine explorative Interaktion ermöglicht: „Ein Prototyp setzt bestimmte Teile der Funktionalität eines geplanten Produktes oder Systems so um, dass diese Teile ausprobiert werden können" (S. 140) [161]. Demzufolge konstituieren sich im Usability Engineering Prototypen primär als Instrumente zur Generierung von Usability-Testdaten [103], [161], [162].

Demgegenüber akzentuieren Jacko und Sears [163] die materielle Konkretheit von Prototypen in Distinktion zu abstrakten, interpretationsbedürftigen Deskriptionen. Als gemeinsame Schnittmenge aufgrund der fachterminologischen Polysemie bietet die tangible Darstellung des Prototyps sowohl UX-Designern als auch Nutzern die Möglichkeit, die intendierte Systemnutzung reflexiv zu antizipieren. Das wiederum erklärt, warum Beaudouin-Lafon und Mackay [164] einen Interface-Design-Prototypen als konkrete Repräsentation – sei es partiell oder ganz – eines interaktiven Systems definieren. Demnach lässt sich konstatieren, dass eine solche Begriffsauffassung schließlich die konzeptionelle Rahmung des Prototyping bedingt, die dessen wesentliche Konnotation für die Implementation nutzerzentrierter Gestaltungsprozesse unterstreicht (vgl. Abb. 3.1).

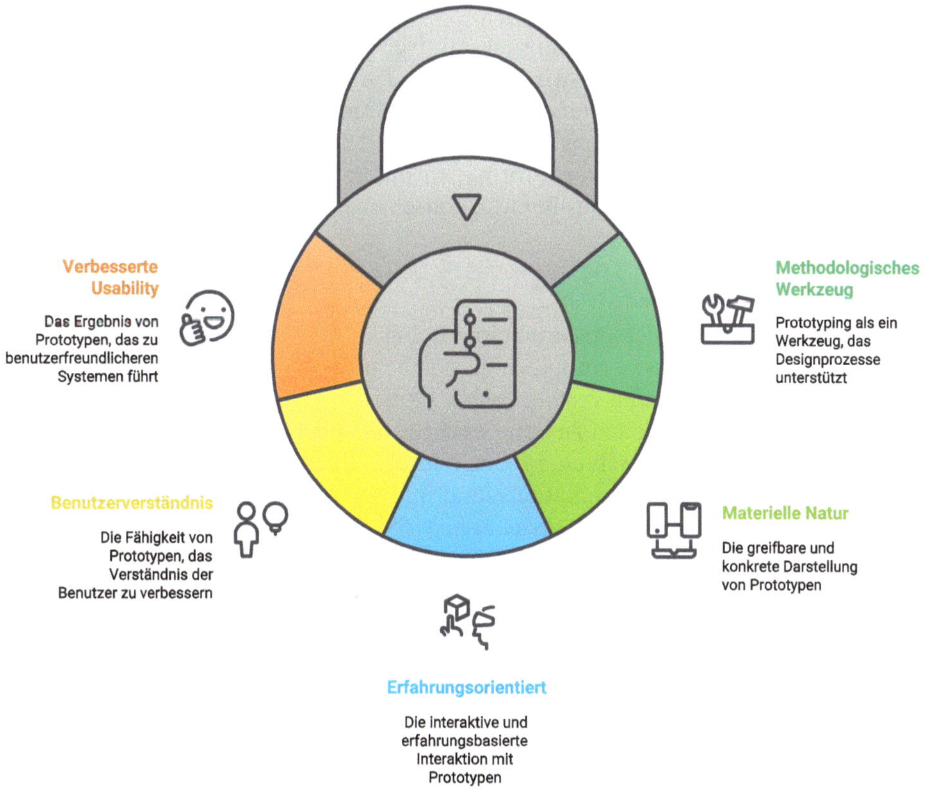

Abb. 3.1 Die Rolle des Prototypings in der Usability. (Quelle: Eigene Darstellung)

3

Merke

UX-Prototypen konstituieren sich als konkrete Systemrepräsentationen, die durch ihre materielle sowie artikulierte Konkretisierung sowohl die Visualisierung und Evaluation von Gestaltungsideen als auch die frühzeitige Durchführung von Nutzertests zur Verifizierung der Implementierbarkeit ermöglichen.

Historisch und instruktionsdesignerisch gesehen zeigt sich die qualitative Differenzierung von Prototypen in zwei wesentlichen Kerndimensionen, die deren evaluative Signifikanz bestimmen [165], [166], [167], [168].

Hinweis

Die qualitative Differenzierung von Prototypen in Low- und High-Fidelity-Varianten bietet wertvolle Einsichten für die zielgerichtete Nutzung in verschiedenen Entwicklungsphasen.

- Zum einen stellt sich die ‚Resolution' (Auflösung) in Bezug auf Merkmalsausprägungen und -träger als Indikator für den Detaillierungsgrad dar und quantifiziert die Implementierung systemischer Komponenten im Prototypen [168].
- Zum anderen determiniert die ‚Fidelity' (Realitätsnähe) den Approximationsgrad des Prototypen an das intendierte Finalsystem [169].

Mit der zunehmenden Entwicklung interaktiver Medien in unserer Lebens-, Freizeit- und Arbeitswirklichkeit wird bezogen auf diese Zustände die Fidelity-Dimension zu einem persistierenden wissenschaftlichen Diskurs, der die optimale Balance zwischen der Vollständigkeit einerseits und der Realitätsnähe sowie Wiederverwendbarkeit andererseits von Prototypen untersucht [169]. Diesbezüglich präsentiert die aktuelle Forschungsliteratur konsenstheoretisch eine dichotome Typologie [170], [171], [172]:

- **Low-Fidelity Prototypen**

Eine weit verbreitete Systematisierung im Hinblick auf eine Low-Fidelity-Prototyp-Kategorie beschreibt diese Prototypen als solche mit begrenzter Funktionalität, die vor allem der Visualisierung gestalterischer Optionen dienen, anstatt die Modellierung von Nutzerinteraktionen zu berücksichtigen [168], [169], [170], [171], [172]. Sie zeichnen sich einerseits durch eine reduzierte Detailtiefe aus und sind andererseits insbesondere für den Kommunikations- und Informationsaustausch geeignet, jedoch weniger für Training oder Testing-Szenarien [168], [169], [170], [171], [172].

Es ist in diesem Zusammenhang nicht gänzlich überraschend, dass die funktionale Detailtiefe bei dieser Prototypenart restriktiert ist, wodurch sie sich vor allem für amplifizierbare Kommunikations- und Informationszwecke eignet, jedoch weniger für Training oder Testing [170], [171], [172]. Demzufolge setzt die Nutzerinteraktion eine menschliche Facilitation zur Funktionssimulation und Explikation voraus [173].

Darüber hinaus sind Low-Fidelity-Prototypen besonders signifikant in frühen Entwicklungsphasen zur Anforderungserhebung und -analyse, da sie als kommunikationspositionierendes Medium affirmativ zur Artikulation von Nutzeranforderungen und zur heuristischen Komplexitätsreduktion des Designer-Nutzer-

Diskurses dienen. Daneben zielt diese Prototyp-Kategorie darauf ab, durch ihre einfache Implementation – häufig als Papier-Prototyp – Zeit- und Kosteneffizienz zu erzielen, d. h., sie gestattet die parallele Evaluation multipler Gestaltungsansätze und unterstützt iterative Optimierungsprozesse, die als Grundlage für subsequente High-Fidelity-Prototypen dienen [173], [174].

In der instruktionspsychologischen und -designerischen Betrachtung stellt die inhärente Begrenzung auf approximative Designrepräsentationen die Durchführung von Machbarkeitsanalysen als nicht realisierbar dar [175]. Das bedeutet, dass die fehlende Fähigkeit zur Fehlererkennung das Risiko unerkannter Designmängel birgt. Des Weiteren limitiert die vorwiegende Nutzung für Demonstrationszwecke anstelle aktiver Nutzerinteraktion die Identifizierung von Inkonsistenzen und Designfehlern [176].

► Transferbeispiel

Ein UX-Designteam entwickelt für eine mobile Banking-App einen Low-Fidelity-Prototyp in Form eines Papier-Mockups, um die grundlegenden Navigationsstrukturen zu visualisieren und frühes Nutzerfeedback zur Informationsarchitektur und Screen-Abfolge ideativ sowie inventiv zu sammeln, bevor komplexere Funktionen implementiert werden. ◄

- **High-Fidelity Prototypen**

In der theoretischen Konsequenz in Bezug auf die o. g. Kategorie der High-Fidelity-Prototypen präzisiert der Verfasser [5], [11], [46] in mehreren seiner Explorationsstudien, dass diese Typen die vollständige Zielsystemfunktionalität mit holistischer Interaktivität integrieren, um eine realitätsnahe Systemnutzung zu repräsentieren. Praxeologisch erweist sich diese Systematik dementsprechend darin, dass sie die Kernfunktionalitäten des Zielsystems inkorporiert, Präzision über Entwicklungsgeschwindigkeit priorisiert und eine intendierte Realitätsnähe anstrebt, um die Differenzierung zum Finalsystem zu minimieren, während sie im Gegensatz zur erscheinungsorientierten Low-Fidelity-Prototypen den Fokus auf Nutzungsaspekte wie exemplarisch die Navigation legt [168], [169], [170], [171], [172]. In analoger Weise prädisponiert die vollständige Interaktivität und systemanaloge Nutzung High-Fidelity-Prototypen für explorative und evaluative Zwecke. Der erfolgreiche Einsatz dieser Prototypen basiert auf der authentischen Systemreaktion, die die Beobachtung von Fehlern und unerwartetem Nutzerverhalten zulässt, während die experienzielle Nutzung substanziierte Nutzerfeedbacks und Optimierungsvorschläge liefert, die schnell in den Prototypen integriert werden können [168], [169], [170], [171], [172]. Es handelt sich bei dieser Gattung in dieser Hinsicht um Prototypen, deren signifikante Vorteile jedoch durch erhebliche Limitationen kontrastiert werden [167], [168], [169], [170], [171]: So ist die Implementierung auf der einen Seite sowohl zeitlich als auch ökonomisch aufwendig. Auf der anderen Seite erfordert die Funktionsimplementierung jedoch einen umfangreichen Entwicklungsprozess, wodurch die parallele Evaluation multipler Gestaltungsansätze eingeschränkt wird. Obgleich die obige theoretische Einteilung für Praktiker im Umfeld des UX- und Instruktionsdesigns von Bedeutung ist, verdeutlicht diese differenzierte Typologie im Sinne eines eklektizistischen Ansatzes auch die komplementäre Reziprozität der beiden Prototypenvarianten im Kontext der Systementwicklung [175], [176] (◘ Tab. 3.1).

3

Tab. 3.1 Vergleich Low- vs. High-Fidelity-Prototypen. (Quelle: Eigene Darstellung)

Kriterium	Low-Fidelity Prototypen	High-Fidelity Prototypen
Entwicklungskosten	Gering	Hoch
Bewertung verschiedener Designkonzepte	Geeignet	Begrenzt
Kommunikation & Anforderungserhebung	Sehr gut geeignet	Nicht geeignet zur Anforderungserhebung
Fehlerüberprüfung	Eingeschränkt	Sehr gut
Interaktivität & Nutzung	Begrenzt	Vollständig interaktiv
Ressourcenaufwand	Niedrig	Hoch (im Sinne des Mensch-Organisation-Technik-Modells)
Verwendbarkeit nach Anforderungsfestlegung	Eingeschränkt	Gut geeignet
Eignung für Usability-Tests	Begrenzt	Sehr gut
Look & Feel	Nicht repräsentativ	Repräsentativ für Finalsystem
Marketing-/Sales-Eignung	Nicht geeignet	Sehr gut geeignet

► **Transferbeispiel**

Ein Entwicklerteam erstellt einen High-Fidelity-Prototyp für ein E-Learning-Portal, der sämtliche Interaktionsmöglichkeiten, Benutzerabläufe und Systemreaktionen abbildet, um potenzielle Usability-Probleme vor der Implementierung zu identifizieren und Nutzungsfeedback zu sammeln, das unmittelbar in iterative Optimierungszyklen einfließt. ◄

Merke

Low-Fidelity- und High-Fidelity-Prototypen unterscheiden sich in ihrer praxeologisch-strategischen Zielsetzung: Erstere fokussieren sowohl die rapide als auch kostengünstige Visualisierung des Systemdesigns, während Letztere durch Implementation der Kernfunktionalitäten eine realitätsnahe Systemevaluation ermöglichen (vgl. ◘ Abb. 3.2).

Die bisherigen Ausführungen lassen hinsichtlich des diskutierten Bezugsrahmens keinen Zweifel daran, dass die heuristisch notwendigen Implikationen signifikant für die Konzeption zielgruppengerechter und nutzerzentrierter UX- und Instruktionsdesigns sind, weshalb Nielsen [34] die im Folgenden dargestellte Dichotomie der methodologischen Herangehensweisen an UX-Prototyping präzisiert, die sich in der Komplexitätsreduktion des intendierten Finalsystems wie expliziert widerspiegelt:

1. **Vertikales Prototyping:**

Es herrscht in diesem Bezug konsenstheoretische Einigkeit darüber, dass sich diese Methodik vor allem durch eine quantitative Reduktion der Funktionalitäten auszeichnet [177]. Vor diesem Hintergrund konstituiert sich der resultierende Prototyp

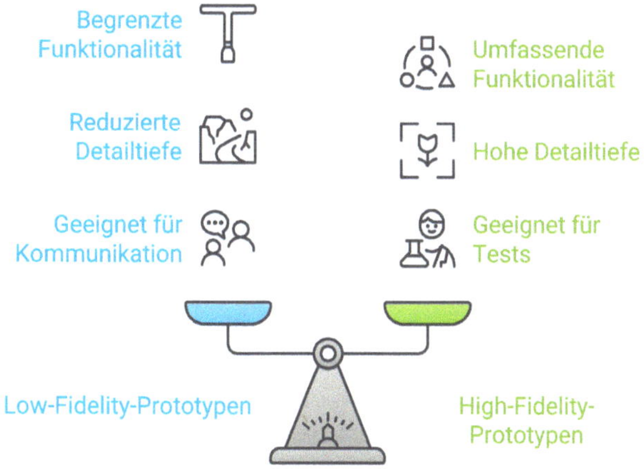

Abb. 3.2 Vergleich von Low- und High-Fidelity-Prototypen. (Quelle: Eigene Darstellung)

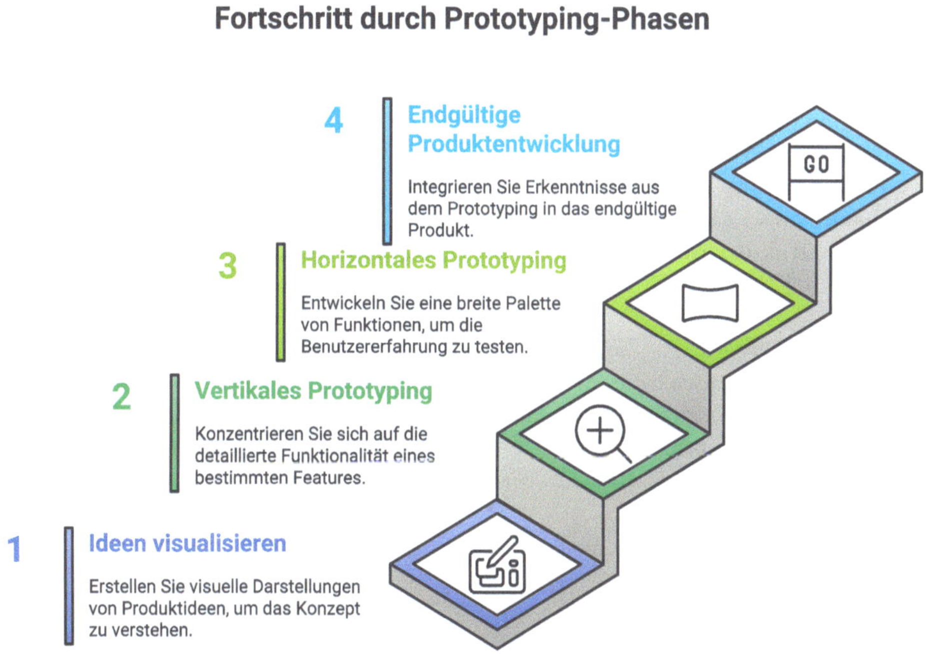

Abb. 3.3 Vertikales und horizontales Prototyping. (Quelle: Eigene Darstellung, in Anlehnung an Nielsen [34])

insbesondere als kompaktes System mit detailliert ausgearbeiteter Funktionalität für selektierte Features [178]. Des Weiteren begünstigt die vorgenommene determinative Limitierung auf Partialfunktionalitäten zudem eine präzise und realitätsnahe Evaluation ex ante, interim und ex post, vor allem unter authentischen und relevanzrückgekoppelten Nutzungsbedingungen, wie Schäuffele und Zurawka [179] hervorheben, die zwecks einer Plausibilitätskontrolle in der Praxis wichtig ist (vgl. Abb.3.3) [34], [144].

► **Transferbeispiel**

Ein UX-Team entwickelt einen funktionsreduzierten Prototyp einer Banking-App, der ausschließlich die Überweisungsfunktion umfasst, um diese gezielt unter realitätsnahen Bedingungen mit Endnutzern zu testen, bevor weitere Module integriert werden. ◄

3

2. **Horizontales Prototyping**:

Es handelt sich bei dieser Gattung um einen Ansatz, der eine qualitative Reduktion des Funktionalitätsniveaus implementiert, wobei der generierte Prototyp die holistische Benutzerschnittstelle in simulierter Form ohne reale Funktionsimplementierung darstellt [180]. Demzufolge äußern sich jene gattungstypischen Ausprägungen in einer Methodik, die zwar eine umfassende Interface-Evaluation gestattet, jedoch durch die fehlende Taskexekution den Realitätsgrad der Nutzungstests limitiert [181], [182].

Darüber hinaus wird im Sinne eines eklektizistischen Ansatzes aufgrund der Konvergenzfaktoren die methodische Synthese beider Ansätze im sogenannten ‚Szenario-Prototyping' realisiert, das sowohl eine quantitative als auch qualitative Funktionalitätsreduktion implementiert und eine präzise determinierte Interface-Simulation entlang definierter Interaktionspfade erlaubt (vgl. ◘ Abb. 3.3) [13], [15], [19], [34], [49], [51], [183].

Dadurch wird es in der Praxis erst möglich, die vielschichtigen Wirkungsmechanismen von UX-Prototyping durch die oben genannte methodologische Trias in einem strukturierten Rahmen für die strategische Implementierung zu erfassen [184], [185], [186], [187].

► **Transferbeispiel**

Ein Designteam erstellt für eine E-Learning-Plattform ein klickbares Interface-Modell, das sämtliche Navigationspfade simuliert, jedoch keine echten Inhalte oder Funktionen ausführt. So kann frühzeitig die Nutzerführung getestet werden, ohne aufwendig Backend-Funktionalitäten entwickeln zu müssen. ◄

Merke

Das horizontale Prototyping implementiert eine oberflächenorientierte Systemrepräsentation ohne funktionale Tiefenstruktur, während das vertikale Prototyping einen vollständig funktionsfähigen, aber im Umfang limitierten Systemausschnitt realisiert.

Im Rahmen einer Auseinandersetzung mit dem Gestaltungsprozess interaktiver Systeme konstatieren Beaudouin-Lafon und Mackay [164] die Notwendigkeit, eine triadische Funktionsstruktur von Prototypen zur Kenntnis zu nehmen, wie im Folgenden expliziert.

Hinweis

Die von Beaudouin-Lafon und Mackay [164] konzipierte Tiefenstruktur bietet einen dezidierten Explorationsrahmen, um Prototypen hinsichtlich ihrer Funktionen und Ausprägungen systematisch im Kontext ethisch verantwortungsvoller UX-Gestaltung zu erfassen.

Kreativitätsfunktion: Durch den Prozess der Prototypenerstellung werden die ideationalen Abläufe der Entwickler unterstützt, die Exploration des Gestaltungsraums angestoßen und ein Instrument zur Erfassung nutzerspezifischer Anforderungen und Verhaltensmuster bereitgestellt [164].

Kommunikationsfunktion: Konsenstheoretisch herrscht weitgehende Einigkeit, dass die materielle Form des Prototyps den interdisziplinären Diskurs anregt und eine Plattform für die kollaborative Evaluation von Gestaltungsoptionen bietet [164].

Evaluationsfunktion: Schließlich verdeutlichen die bisherigen Ausführungen in diesem Lehrbuch, dass Prototypen die frühzeitige und diversifizierte Testung in unterschiedlichen Entwicklungsstadien begünstigen [164].

Unter den obigen explizierten Voraussetzungen haben Beaudouin-Lafon und Mackay [164] eine zweckdienliche Taxonomie zur kategorischen Exploration und Beschreibung der heterogenen Repräsentationsformationen von Prototypen konzipiert:

1. **Repräsentationsdimension:**

Gleichermaßen liegt es ferner auf der Hand, dass die hier beschriebene funktionale Diversität verschiedene Repräsentationsformen presupponiert, die von simplen Papierskizzen bis zu komplexen Computersimulationen reichen, deren Adäquanz sich aus dem spezifischen Anwendungskontext determiniert [164].

2. **Präzisionsdimension:**

Demzufolge zeichnet sich das Charakteristikum des Prototyps in diesem Fall durch den Detaillierungsgrad per se aus, der von der intendierten Funktion determiniert wird, wobei die Präzision sich in der Balance zwischen den inkludierten relevanten Details als Evaluationsbasis einerseits und den exkludierten irrelevanten Details als Stimulus für weitere Exploration und Diskussion andererseits äußert [164].

3. **Interaktivitätsdimension:**

Schließlich verdeutlichen die bisherigen Ausführungen ebenso, dass die zentrale Funktion von Prototypen interaktiver Systeme in der Illustration der Mensch-System-Interaktion liegt, da sich die Interaktivität in verschiedenen Modalitäten ausdrücken lässt und die experienzielle Qualität der Interaktion von wesentlicher Bedeutung ist.

4. **Evolutionsdimension:**

Unter diesem Vorzeichen verfügen Prototypen über eine temporale Dimension, die mit ihrer Position im Produktlebenszyklus korreliert, wobei das Spektrum vom zweckspezifischen Rapid Prototyping über iteratives Prototyping mit kontinuierlicher Optimierung bis hin zum evolutionären Prototyping reicht, das in die direkte Transformation zum Finalsystem übergeht [164].

Es lässt sich im Zuge dessen somit konstatieren, dass im Zusammenhang mit der o. g. tiefenstrukturellen sowie kategorischen Konzeptualisierung sich ein Explorationsrahmen für die verschiedenen Repräsentationsformationen und Funktionen von UX-Prototypen ergibt [21], [164], [168], [173].

► Transferbeispiel

Ein interdisziplinäres UX-Team nutzt in der frühen Entwicklungsphase einfache Papierskizzen (Repräsentationsdimension), um im Design-Workshop grundlegende Ideationen zu visualisieren (Kreativitätsfunktion), den Austausch zwischen Design, Entwicklung und Forschung zu fördern (Kommunikationsfunktion) und erste Nutzerreaktionen auf Navigationskonzepte zu evaluieren (Evaluationsfunktion). ◄

Dieser Sichtweise zufolge fördern UX-Prototypen die propädeutische Einbindung und aktive Partizipation von Nutzern, bevor irreversible oder kostenintensive Designentscheidungen getroffen werden, wie der Verfasser [4], [9], [12], [49] in seinen Explorationsstudien mit Blick auf Kundenintegration, Co-Creation, Open Innovation und User Innovation deduziert. Insofern sind die o. g. verschiedenen Prototyping-Ansätze hilfreich, um potenzielle negative Auswirkungen von Designentscheidungen auf Nutzer zu evaluieren und designethische Implikationen bereits in frühen Entwicklungsphasen, d. h. ex ante, zu berücksichtigen. Aus sowohl instruktionsdesignerischer als auch instruktionspsychologischer Sicht bietet die tiefenstrukturelle Natur von Prototypen in Form von Kreativität, Kommunikation und Evaluation wertvolle Unterstützung für einen inklusiven Designprozess. Dieser in der Fachwissenschaft bezeichnete ‚Emotional Value Added', der unterschiedliche Perspektiven und Bedürfnisse berücksichtigt und ethische Designprinzipien wie Zugänglichkeit, Transparenz und Nutzerautonomie in die Praxis operationalisiert, ist daher elementar [19].

Merke

Prototypen sind mehr als Entwürfe. Sie strukturieren Kreativität, Kommunikation und Evaluation in einem integrativen UX-Prozess.

3.2 Kontextuelle Determination und Trade-offs im UX-Prototyping

Praxeologisch betrachtet zeigt sich die Diversität der Projektziele und -rahmenbedingungen ferner als anwendungsfreundliche Grundlage für verschiedene Herangehensweisen an Prototyping [188], [189], [190]. So wird die Wahl spezifischer Prototyping-Techniken deduktiv in Folge der Determinanten, Indikatoren und Prämissensbildungen durch die gebildete Rigor determiniert, wobei primär die Zielsetzungen und Ressourcenallokation des Projektteams als entscheidende Faktoren fungieren [191].

Hinweis

Die Gestaltung und Auswahl geeigneter Prototyping-Strategien im UX-Design ist maßgeblich von Zielsetzung, Ressourcenrahmen und Adressatenspezifik abhängig. Das wiederum bedeutet, dass ihre methodologische Explikation daher einer sorgfältigen Abwägung relevanter Trade-offs im Entwicklungsprozess bedingt und bedarf.

Dennoch bieten die Adressatenspezifikation und die Präsentationsmodalität signifikante Relevanz: Zum einen stellen die Evaluation der Adressatenkompetenz hinsichtlich handgezeichneter Skizzen im Vergleich zu professioneller Gestaltung und zum anderen der erforderliche Elaborationsgrad ergänzender Informationen sowie die Notwendigkeit einer narrativen Einbettung entscheidende Parameter für die Gestaltung dar [192].

Schließlich bedarf der Präsentationskontext besonderer Aufmerksamkeit hinsichtlich der Autarkie des Prototyps gegenüber der Notwendigkeit kontextueller Orientierung, zumal Adressaten bei präsupponierter Prototypenautonomie auf ihr experientielles und kognitives Fundament rekurrieren. Für die Implementierung in praxisbezogenen instruktions- und ux-designerischen Kontexten ist demzufolge eine präzisierte sowie plausibilisierte Explikation der Prototypenrepräsentation und -intention zur Prävention inadäquater Erwartungen und Fehlinterpretationen gemäß DIN EN ISO 9241-110 [23] essenziell [103], [164], [168], [175]. Vor diesem kausalen Hintergrund identifizieren Rosson und Carroll [103] allzweckfähige Trade-offs im Prototyping-Prozess, welche primär auf der Interdependenz von Zielsetzungen und Ressourcenlimitationen basieren.

- **Trade-off 1: Visionäre versus iterative Prototypen**

Aneignungsformativ kann in Anbetracht des Dargestellten die Repräsentation futuristischer Visionen durch elaborate Prototypen zwar intensive Diskurse u. a. organisational initiieren, jedoch auch das Risiko prämaturer Detailfixierung bergen, welche schließlich iterative Modifikationen inhibiert [103], [172]. In dieser Rubrik finden sich potenzielle Restriktionen, wenn aus der initialen Intention einer überzeugenden Visualisierung eines ‚großen Wurfs' ein ideatives Korsett entsteht, das die weitere Invention unnötig einschränkt. Seit dem Einzug agiler Entwicklungsprozesse in Bezug auf Projektierungen besteht die teleologische Erfordernis bewusst unvollständiger und gering detaillierter Prototypen in frühen Entwicklungsphasen [167], [192]. Auch wenn eine handgezeichnete Skizze initial adäquater sein kann als ein elaborierter, funktionaler Prototyp, akzentuiert sich die Signifikanz der Präsentationsmodalität insofern, als frühe, imperfekte Prototypen zur Prävention von Fehlinterpretationen narrativer Einbettung bedürfen [103], [175]. Soweit die tatsächliche Initiierung einer konstruktiven Diskussion angestrebt wird, muss der Prototyp den Adressaten auf geeignete Weise nahegebracht werden, um wertvolle Erkenntnisse für die Entwickler zu generieren [164].

► Transferbeispiel

Ein UX-Team skizziert zu Beginn eines Smart-Home-Projekts lediglich grobe, handgezeichnete Interface-Entwürfe auf Papier, um frühe Diskussionen über Nutzungskontexte und Designvisionen anzustoßen – ohne durch ein zu detailliertes High-Fidelity-Prototyping voreilige Festlegungen im Systemkonzept zu riskieren. ◄

- **Trade-off 2: Spezifische Testprototypen**

Des Weiteren kann es sein, dass die Evaluation spezifischer Fragestellungen realistische Testszenarien sowie dedizierte Prototypen für distinkte Evaluationsaspekte erfordert [18], [76], [103], [127].

Zunächst ist zur Kenntnis zu nehmen, dass in der Regel die resultierenden Ressourcenanforderungen mit anderen Projektaktivitäten konkurrieren. In diesem Bezug können sämtliche Handlungsoptionen szenariobasierter Methoden die Determination adäquater Prototypen und Detaillierungsgrade unterstützen, indem Nutzer sowie deren Aktivitäten umschrieben werden, um Hinweise auf sinnvolle Testbedingungen zu generieren [19], [172].

► **Transferbeispiel**

Ein Entwicklerteam eines medizinischen Informationssystems erstellt gezielt einen interaktiven Prototyp nur für die Notfalldokumentation, um diese unter realistischen Stressbedingungen mit medizinischem Fachpersonal zu evaluieren – losgelöst vom restlichen Systemumfang, da begrenzte Ressourcen eine Vollumsetzung aller Funktionen im Test nicht zulassen. ◄

▪ Trade-off 3: Funktionale Systeme versus frühe Evaluation

Hersteller von interaktiven Systemen verfolgen in der Regel das Ziel, den idealen Testprototyp bereits in einer frühen Version des funktionsfähigen Systems zur Maximierung der Testqualität bereitzustellen [103], [164], [168]. Dies bedingt schließlich die oben beschriebene Elaboriertheit dahingehend, dass Usability Testing in spätere Entwicklungsphasen verschoben werden kann [175]. Demzufolge sollte die Verfolgung der strategischen Zielsetzung stringent sorgsam abgewogen werden, da elaborate Prototypen das Usability Testing durchaus in späte Entwicklungsphasen verschieben und somit der frühen Evaluation, d. h. konzeptionell ex ante, entgegenstehen [12], [19]. Im Zuge dessen gehört die Berücksichtigung alternativer Ansätze wie Simulationen mittels Rapid Prototyping zur Adressierung der temporalen Problematik [12].

► **Transferbeispiel**

Ein UX-Team entwickelt für eine neue Banking-App zunächst einen funktionsreichen Prototyp, um das finale System möglichst realitätsnah zu testen. Aufgrund der hohen Komplexität verzögert sich jedoch das Usability Testing, sodass kritische Designmängel erst spät erkannt werden. In einer anschließenden Projektiteration wird stattdessen Rapid Prototyping eingesetzt, um frühzeitig einfache Testversionen zu evaluieren und Nutzerfeedback iterativ zu integrieren. ◄

▪ Trade-off 4: Reaktive versus explorative Prototypen

Die Bewertung spezifischer Risiken einer unmittelbaren prototypischen Realisierung impliziert, dass zwar frühzeitig intensive Diskurse zur Visualisierung angeregt werden können, gleichzeitig jedoch das Risiko einer prämaturen Fokussierung auf Details entsteht, welche suboptimale Lösungswege begünstigt [19], [103], [181]. Dieser Grundsatz ist der Hinweis darauf, dass eine rasche Akzeptanz initialer Prototypen zwar kurzfristig explorative Diskurse unterstützt, zugleich jedoch das Risiko birgt, iterative Entwicklungsprozesse und tiefgreifende Veränderungsoptionen einzuschränken [19], [51], [103]. Schließlich bedingt der menschzentrierte Gestaltungsprozess komplexe Trade-offs, welche die polyvalenten Entscheidungsprozesse im UX-Prototyping illustrieren und in dieser Konstellation eine sorgfältige Abwägung spezifischer Zielsetzungen und Rahmenbedingungen teleologisch voraussetzen [164].

► **Transferbeispiel**

Ein Entwicklerteam entscheidet sich, ein erstes interaktives Dashboard frühzeitig Stakeholdern zu präsentieren. Die visuelle Überzeugungskraft führt zu vorschneller Zustimmung – spätere Änderungswünsche stoßen jedoch auf Widerstand, da das Design bereits als ‚gesetzt' wahrgenommen wird. Dies schränkt die Flexibilität im weiteren Entwicklungsverlauf erheblich ein. ◄

Schließlich bedingt der im Folgenden explizierte theorietriangulative Ansatz eine triadische Kategorisierung von Prototyping-Operationalisierungen, die sich durch ihre distinktiven Zielsetzungen differenzieren [180], [193], [194]. Ghosh [180] sowie Marcus und Wang [38] unterscheiden sowohl in Anlehnung an Rosson und Carroll [103] als auch Budee et al. [194] wie folgt:

1. **Exploratives Prototyping**:

Es hat einen Grund, warum man strategisch Prototypen als Instrumente zur prozessualen Anforderungsklärung und Eigenschaftsspezifikation des Zielsystems einsetzt, während sie zugleich der Evaluation alternativer Lösungsansätze dienen [12], [103], [164], [196]. Insofern unterstreicht dieser Ansatz die praxeologische Relevanz explorativer Prototypen, nämlich zur Adressierung der kommunikativen Divergenz zwischen Entwicklern und Nutzern, die unter diesen Umständen aus der Diskrepanz zwischen limitiertem Domänenwissen der Entwickler und restringiertem technischen Systemverständnis der Nutzer resultiert [12], [19], [51]. Um vorhersehbar sowohl ein zielgruppengerechtes als auch gebrauchstaugliches interaktives System in Bezug auf eine positive User Experience mit dem bereits dargestellten ‚Emotional Value Added' zu entwickeln, fungiert der Prototyp in diesem Kontext als Funktionsdemonstration und dient als kunden- bzw. nutzerintegrierende Plattform für kollaborative Kreativität, wie u. a. Co-Creation, User Innovation und Open Innovation innerhalb der Community of Practice [7], [12], [49].

► Transferbeispiel

Ein UX-Team nutzt einen klickbaren Prototyp in einem Co-Creation-Workshop mit Pflegekräften, um ein digitales Dokumentationssystem zu entwickeln. Durch das interaktive Feedback der Nutzer werden unklare Anforderungen präzisiert und Missverständnisse zwischen IT-Entwicklung und Alltagspraxis frühzeitig identifiziert und ausgeräumt. ◄

2. **Experimentelles Prototyping**:

Ohne das obige Verständnis ist es nicht möglich, die experimentelle Dimension des Prototyping adäquat zu erfassen, da sie die Evaluation potenzieller Lösungsansätze vor umfangreichen Implementationsinvestitionen in den Vordergrund stellt [178], [197].

Dementsprechend gebietet es sich, den primären Fokus auf die Verifikation der technischen Realisierbarkeit selektierter Systemcharakteristika zu legen, wobei die Determination des Elaborations- und Vollständigkeitsgrades die Berücksichtigung situationsspezifischer Informationsbedarfe sowie verfügbarer Ressourcen präsupponiert [198]. Diese Grundsätze sind das Ergebnis intensiver Explikation, zumal die projektphasenabhängige Funktion experimenteller Prototypen zwischen komplementärer oder elaborierter Systemspezifikation und einer intermediären Position zwischen Spezifikation und Implementation variiert [199].

► Transferbeispiel

Ein Entwicklungsteam testet vor der vollständigen Umsetzung eines Sprachassistenzsystems für den Kundenservice einen experimentellen Prototyp mit begrenztem Funktionsumfang. Ziel ist es, herauszufinden, ob die Spracherkennung in lauten Umgebungen überhaupt technisch zuverlässig realisierbar ist – bevor Ressourcen in die umfassende Entwicklung investiert werden. ◄

3

3. **Evolutionäres Prototyping**:

Je nach Bedarf und bestehenden organisationalen Ressourcen, d. h., im Sinne des Mensch-Organisation-Technik-Modells, kann es sachdienlich sein, eine evolutionäre Strategie zu verfolgen, die die progressive Systemadaptation an dynamische Kontextbedingungen akzentuiert und durch evolutionäre Prototypen die duale Problematik emergenter Anforderungen adressiert [12], [13], [49]. Dies bedeutet im hier vorliegenden Zusammenhang, dass zum einen veränderte Rahmenbedingungen während der Entwicklung und zum anderen nutzungsinduzierte Systemtransformation die teleologische Sinnhaftigkeit statischer Anforderungsdefinitionen konterkarieren [12], [200]. Um menschzentrierte Gestaltungsaktivitäten anschluss-, innovations- und zukunftsfähig nachhaltig zu operationalisieren, konzipiert evolutionäres Prototyping das System als Sequenz evaluierbarer Versionen, wobei jede Version simultan als Prototyp ihrer Nachfolgeversion fungiert [101], [103], [164], [173], [200]. Abhängig von der inventiven organisationalen Projektsituation kann es jedoch sachdienlich sein, eine taxonomische Differenzierung heranzuziehen, die als Rahmen für die strategische Implementation von Prototyping in Bezug auf spezifische Entwicklungsziele dient (vgl. ◘ Abb. 3.4) [12], [200] (◘ Tab. 3.2).

► Transferbeispiel

Ein Softwareunternehmen entwickelt ein internes Wissensmanagementsystem iterativ weiter: Basierend auf Nutzerfeedback aus dem Echtbetrieb wird das System schrittweise angepasst, etwa durch neue Suchfunktionen oder automatisierte Dokumentenvorschläge. Jeder Ausbauschritt fungiert dabei gleichzeitig als Prototyp für die nächste Systemversion. ◄

Merke

Die Taxonomie nach Ghosh [180] trianguliert in Anlehnung an Budde et al. [195] drei Prototyping-Ansätze, indem sie exploratives Prototyping zur Anforderungsexploration und Alternativenevaluation, experimentelles Prototyping zur Verifikation von Lösungsansätzen sowie evolutionäres Prototyping zur iterativen Systemadaptation an dynamische Kontextbedingungen unterscheidet.

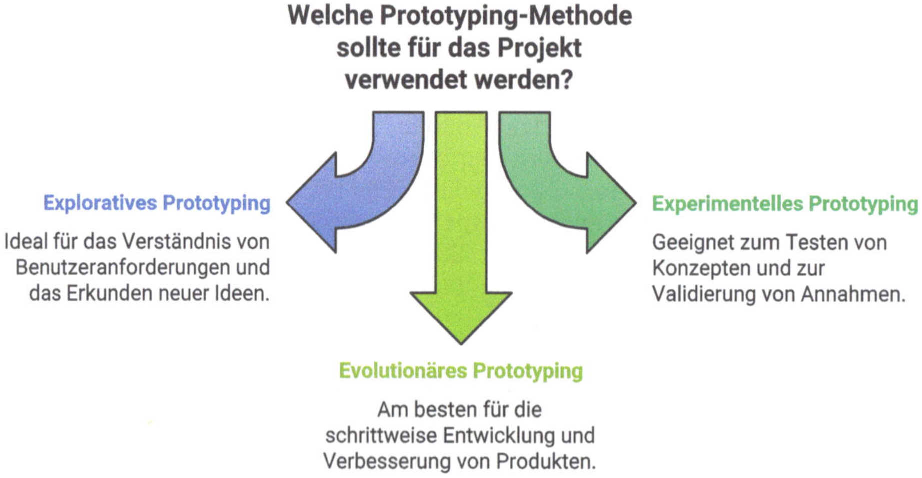

◘ **Abb. 3.4** Prototyping-Methoden im Überblick. (Quelle: Eigene Darstellung)

Tab. 3.2 Vergleich der Prototyping-Herangehensweisen. (Quelle: Eigene Darstellung, in Anlehnung an Nacheva [201])

Rubrik	Ziel	Forschungsgegenstand	Phase des Entwicklungsprozesses	Fidelity	Horizontal vs. Vertikal	Ergebnis
Exploration	Erforschung und Klärung von Systemanforderungen sowie Diskussion verschiedener Umsetzungsmöglichkeiten	Systemanforderungen	Anfangsphase des Entwicklungsprozesses	Low	Horizontal	Rapid Prototyp (Präsentation)
Experimentell	Evaluation und Durchführung von Nutzer-Tests zur Beurteilung, ob die technische Lösung die Systemanforderungen erfüllt	Teilweise realisierte Lösungen	In jeder Phase nach Erhalt der Anforderungen	Medium	Horizontal oder Vertikal	Rapid Prototyp (Präsentation oder Komponenten mit funktionaler Ausrichtung)
Evolutionär	Kontinuierliche Anpassung des Systems an eine sich dynamisch wandelnde Umwelt	Detaillierte Systemanforderungen	Während des gesamten Entwicklungsprozesses	High	Vertikal	Pilotsystem oder finales System

Als Ausgangspunkt differenzieren Budde et al. [195] eine modifizierte Phasenstruktur des Prototyping-Prozesses mit distinkten Aktivitätskomplexen, wie folgt spezifiziert:

Hinweis
Die durch die o. g. Autoren von Budde et al. [195] modifizierte Phasenstruktur bietet sachverhaltlich einen systematisierten Orientierungsrahmen zur Analyse prototypischer Entwicklungsprozesse, indem sie differenzierte Aktivitätskomplexe von der Funktionsselektion bis zur strategisch motivierten Weiterverwendung umfasst.

1. **Funktionsselektion:**

Auf Basis dieser strukturellen Formation präsupponiert die initiale Phase die gezielte Determination der zu implementierenden Funktionalitäten. Ghosh [180] und Budde et al. [195] weisen darauf hin, dass aufgrund der inhärenten Unvollständigkeit des Prototyps eine maßgeblich sachdienliche Strategieentscheidung zwischen vertikalem Prototyping, d. h. der exzessiven Implementation selektierter Funktionen, und horizontalem Prototyping, der partiellen Implementation des Funktionsspektrums, erforderlich wird.

2. **Konstruktion:**

In Anbetracht des obigen Sachverhalts erfolgt die faktische Prototypenrealisation subsequent zur Funktionsdetermination, wobei sich die Konstruktionsphase durch ihre evaluationszentrierte Fokussierung auszeichnet, die eine Relativierung finalsystemspezifischer Qualitätsanforderungen wie Reliabilität, Maintainability (fachterminologisch Wartbarkeit) und Robustheit bedingt. Hierbei zielt die Implementation adäquater Konstruktionstechniken auf die modifikative Optimierung der Ressourceneffizienz [180], [195].

3. **Bewertung:**

Wichtig ist ebenso, während der Plausibilisierung hinsichtlich der Nutzungskontextfaktoren zu berücksichtigen, dass die evaluative Phase als kritisches Faktum des Prototyping-Prozesses durch ihre Funktion der Feedbackgenerierung für den subsequenten Entwicklungsprozess wirkt. Hierbei werden die adäquate Ressourcenallokation sowie die Integration relevanter Nutzergruppen präsupponiert [180], [195].

4. **Weiterverwendung:**

In der einerseits theoretischen als auch andererseits praxeologischen Konsequenz ist insofern zu berücksichtigen, dass die finale Utilisation des Prototypen in direktem Zusammenhang mit seiner organisational-strategischen Ausrichtung steht, wobei zwischen explorativer, experimenteller und evolutionärer Orientierung differenziert wird [180], [195].

► Transferbeispiel
Ein UX-Team entscheidet sich im Zusammenhang mit der Funktionsselektion für ein horizontales Prototyping, um in der frühen Entwicklungsphase eines Lernsystems die Menüstruktur und Navigation zu demonstrieren. In der Konstruktion wird der Prototyp mithilfe eines Wireframing-Tools ressourcenschonend umgesetzt. Während der Bewertung führen Nutzerinterviews und Usability-Tests zur Identifikation von Navigationsproblemen.

In der Phase der Weiterverwendung wird der Prototyp evolutionär weiterentwickelt und bildet die Grundlage für die nächste Produktversion. ◄

Insofern besteht die Aufgabe im Hinblick auf das Prototyping schließlich darin, eine progressive Evolution, d. h. planmäßige Optimierung bzw. strategische Anpassungsmodifikation von Low-Fidelity- zu High-Fidelity-Implementationen, zu steuern, hier jedoch die frühen Inventionsphasen durch Prototypen mit limitierter Präzision, Detailtiefe und Vollständigkeit geprägt sind, exemplifiziert durch manuelle Skizzen oder aber Papier-Prototypen. Daraus resultierend gilt es strukturgebend zu konstatieren, dass im weiteren Projektverlauf eine sukzessive Elaboration zu komplexeren Repräsentations- sowie Perzeptionsformationen wie Mockups oder funktional limitierten Systemen erfolgt, wodurch eine prozessuale Struktur geschaffen wird, die den Rahmen für die subsequente Examination spezifischer Prototyping-Techniken definiert, wie im Folgenden substanziiert:

Hinweis

Die nachfolgend dargestellten Prototyping-Techniken bilden aufeinander aufbauende Stufen innerhalb eines iterativen Entwicklungsprozesses, wobei sie eine schrittweise Steigerung von Präzision, Realitätsnähe und Funktionstiefe ermöglichen und somit verschiedene Zielsetzungen und Einsatzkontexte in frühen bis fortgeschrittenen Entwicklungsphasen abbilden (vgl. Abb. 24).

▪ Papier-Prototypen

Um den Nutzungskontext zutreffend zu plausibilisieren, kann im Rahmen dialektischer und heuristisch-komplexitätsreduzierender Überlegungen anwendungsorientiert erwogen werden, dass Papier-Prototypen aufgrund ihrer simplizistischen Implementation und der daraus resultierenden frequenten Utilisation insbesondere in initialen Entwicklungsphasen vorteilhaft sind, wobei die Methodik auf der manuellen Visualisierung intendierter Bildschirminhalte in variablem Detaillierungsgrad basiert [202].

Es ist in der Regel sachdienlich, die reziproke Interaktionssimulation durch sequenzielle Präsentation korrespondierender Bildschirmdarstellungen in Dependenz von Nutzereingaben zu operationalisieren, zeitgleich aber auch alternative Implementationen auf isolierte Interface-Elemente wie Menüstrukturen, Dialogfelder oder Eingabemasken zu fokussieren [203]. Damit ist angedeutet, dass die Methode insbesondere in der Evaluation von Bedienabläufen, Navigation, Workflow und Funktionalitäten überzeugt, während grafische und layoutspezifische Aspekte simultan abstrahiert werden (vgl. ▫ Abb. 3.5). Es lässt sich des Weiteren feststellen, dass die Vorteile in der ökonomischen und temporalen Effizienz sowie in der rapiden Adaptabilität durch spontane Supplementierung zusätzlicher Elemente liegen [204].

► Transferbeispiel

Ein UX-Team verwendet in der Regel in einem frühen Projektstadium Papier-Prototypen, um in diesem Szenario verschiedene Navigationsabläufe einer App mit Testnutzern im Team durchzuspielen. Die Tester tippen im Zuge dessen auf gezeichnete Buttons, woraufhin das Team manuell die nächste Bildschirmzeichnung einblendet. So lassen sich im Übrigen Bedienlogik und Nutzerreaktionen schnell und kostengünstig prüfen. ◄

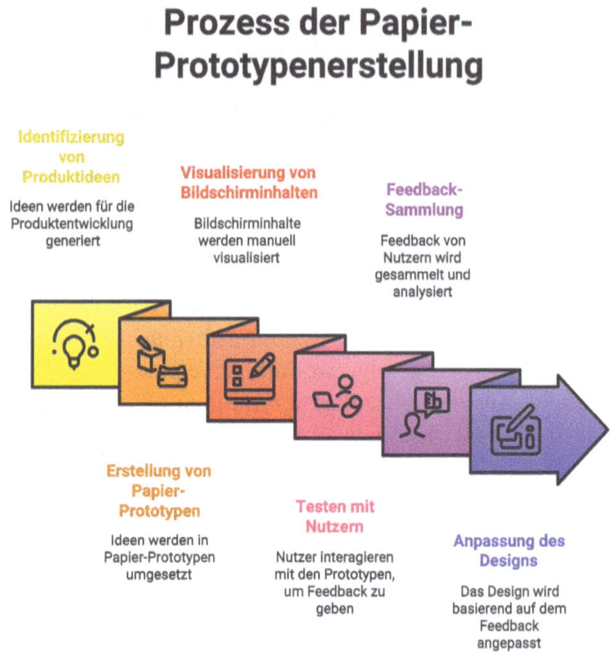

Abb. 3.5 Papier-Prototypen in der Produktentwicklung. (Quelle: Eigene Darstellung)

Abb. 3.6 Wireframes: Eine visuelle Grundlage für interaktive Systeme. (Quelle: Eigene Darstellung)

Wireframes

Die obige theoretische Grundlage wird zugleich durch Wireframes erweitert, die zur simultanen Visualisierung systemischer Elemente und Strukturen beitragen und ein strukturelles Modell des interaktiven Systems generieren, das durch schematische Entwürfe Elementtypologie, Positionierung und Navigationspfade expliziert [205]. Bezeichnend zeigt sich, dass der Fokus auf der Systemarchitektur unter Abstraktion von konkreten Inhalten liegt, wobei die Methodik zwischen folgenden Ansätzen differenziert (vgl. Abb. 3.6) [206], [207]:

- Zum einen mittels Low-Fidelity-Wireframes: Gemeint sind simplizistische sowie essenzielle Visualisierungen der Elementauswahl und -anordnung
- Zum anderen High-Fidelity-Wireframes: Hierbei werden elaborate Darstellungen mit präziser Dimensionierung und explizitem Interaktionsverhalten transferiert.

► Transferbeispiel

In einem webbasierten Projekt erstellt das UX-Developer-Team ‚Mittelpunkt' aus Köln mit Blick auf eine konkrete Kundenanfrage zunächst Low-Fidelity-Wireframes, u. a. in Form diverser grober Graustufen-Skizzen. In diesem Szenario wird im Übrigen ebenfalls die grundsätzliche Anordnung von Navigation und Inhaltsbereichen, wie vom Kunden im Übrigen erwünscht, in Bezug auf die Machbarkeit geplant, konzept- und prozessbezogen evaluiert und im Team hinsichtlich weiterer Interdependenzen, wie u. a. auch hodologischer, zwecks Nutzerzentrierung, Durchlässigkeit und Barrierefreiheit ferner optimiert. Nach der Freigabe durch den Kunden erfolgt schließlich die zu erbringende Transferleistung, d. h. in Bezug auf High-Fidelity-Wireframes, hier insbesondere mit detaillierter Gestaltung, um Interaktionen wie z. B. Dropdown-Menüs oder aber modale Dialoge realitätsnah, durchaus ganz im Sinne des Kunden, zu simulieren. ◄

▪ Mockups

Eine weitere Darlegungsform ergibt sich aus der elaborierten Extension von Wireframes, in denen sich Mockups als digitale Systementwürfe mit integrierter Navigationsstruktur und Systemelementen definieren, während die Integration chromatischer, typografischer und grafischer Elemente die finale Systemgestaltung approximiert [206], [208]. Wegweisend für die Implementation ist die Bandbreite zwischen statischen Bildbearbeitungsentwürfen und funktional limitierten Mockup-Tool-Realisierungen (vgl. ▫ Abb. 3.7) [209].

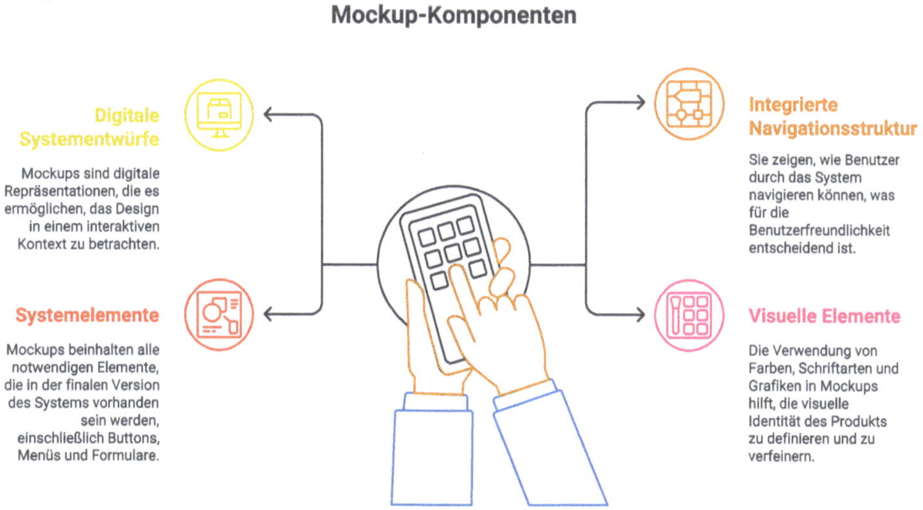

▫ **Abb. 3.7** Merkmale von Mockups. (Quelle: Eigene Darstellung)

3

► Transferbeispiel

Das Kölner UX-Team nutzt sehr gerne Figma, um auf Basis vorheriger Wireframes ein farblich und typografisch ausgestaltetes Mockup für eine i. A. gegebene Gesundheits-App zu erstellen. So ist die Navigation klickbar, jedoch ohne hinterlegte Funktionen. Außerdem kann das visuelle und strukturelle Design realitätsnah präsentiert und mit Stakeholdern iterativ abgestimmt werden. ◄

▪ Storyboards

Es herrscht konsensuell weitgehende Einigkeit, dass die Limitation von Papier-Prototypen hinsichtlich der Darstellung komplexer, situationsübergreifender Handlungsabläufe, insbesondere aber im Kontext mobiler sowie multimodaler Nutzungsszenarien, durch Storyboards transzendiert wird, da diese die externe Narrativierung systemischer Interaktionen in diversen Kontexten und Lokationen signifikant begünstigen [19], [210]. Allerdings sollte an dieser Stelle konstatiert werden, dass diese Technik, analog zu Papier-Prototypen, keine Systemimplementation präsupponiert, sondern auf einer comic-artigen Visualisierung relevanter Handlungssequenzen basiert [211]. Gleichermaßen liegt auf der Hand, dass sich die methodische Struktur an cinematografischen Prinzipien orientiert, indem ausgehend von einer textuellen Handlungsdeskription die visuelle Repräsentation signifikanter Handlungsschritte durch die Illustration der Akteure in spezifischen Situationen und Aktivitäten erfolgt (vgl. ◘ Abb. 3.8) [212].

► Transferbeispiel

Das Kölner Designteam entwickelt für eine i. A. gegebene mobile Banking-App ein Storyboard, das den Weg einer Nutzerin vom Login bis zur Durchführung einer Überweisung zeigt – inklusive Kontexten wie Nutzung unterwegs oder bei schlechter Netzverbindung. Durch comicartige Illustrationen wird im Zuge dessen die narrative Systemnutzung in verschiedenen Alltagssituationen verständlich gemacht. So dient sie vor diesem Hintergrund der Diskussion im Stakeholder-Workshop und schafft eine positive Streit- und Diskurskultur. ◄

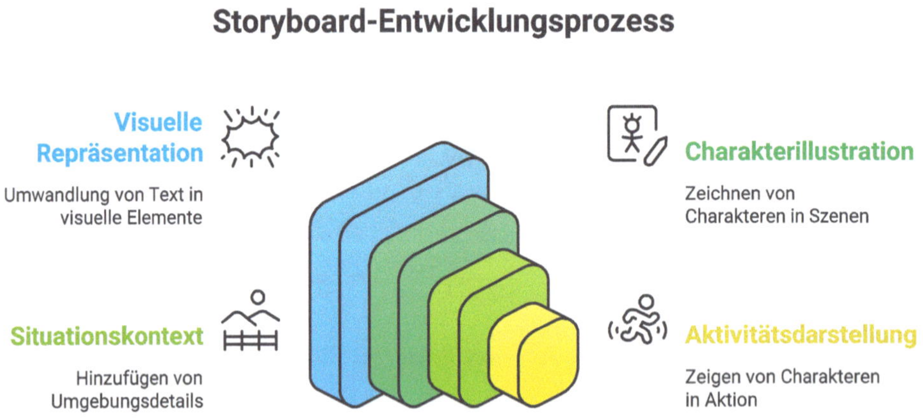

◘ **Abb. 3.8** Storyboards in der Systementwicklung. (Quelle: Eigene Darstellung)

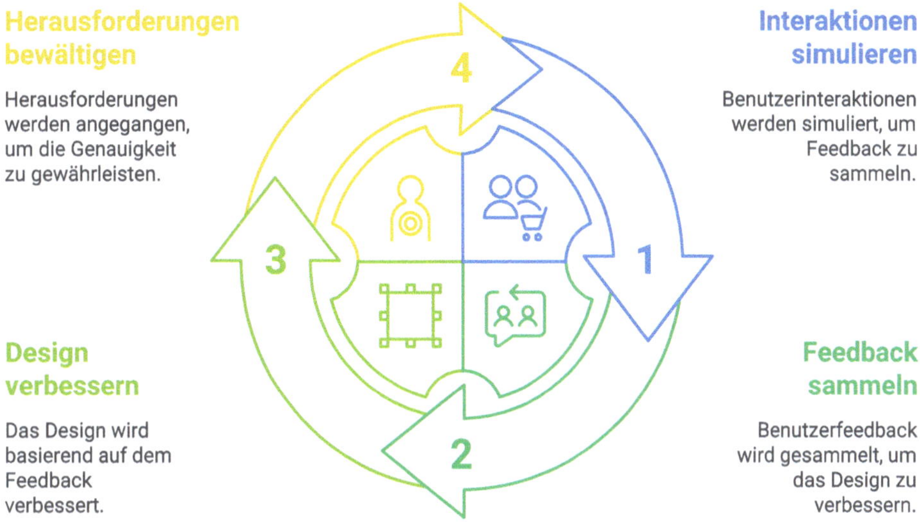

Abb. 3.9 Zyklus der Wizard-of-Oz-Prototypen. (Quelle: Eigene Darstellung)

Wizard-of-Oz-Prototypen

Im Zentrum gegenwärtiger Debatten um Wizard-of-Oz-Prototypen steht ihre Funktion als Alternative für Szenarien, in denen die Implementierung faktischer Systemfunktionalität impraktikabel oder ressourcenintensiv erscheint, da die Funktionalität durch humane Operatoren simuliert wird und so für den Nutzer die Illusion authentischer Systeminteraktion entsteht [213], [214]. Im letzteren Bezug rekurriert die Nomenklatur auf Baums [215] *The Wonderful Wizard of Oz*, in dem sich der vermeintliche Zauberer als Illusionist entpuppt, wobei in Analogie dazu inkomplette Systeme mit simulierten Reaktionen durch einen humanen „Wizard" operieren (vgl. Abb. 3.9).

► Transferbeispiel

Ein Hamburger UX-Research-Team testet ein Sprachassistenzsystem, das noch nicht über eine echte Spracherkennung per se verfügt, d. h., sich noch im ideativen und zum Teil inventiven Stadium befindet. Stattdessen reagiert im Hintergrund ein Entwickler manuell auf spezifische Nutzereingaben, während die Testpersonen allerdings glauben, mit einem funktionierenden System zu interagieren. Das stellt im Übrigen ein klassisches Wizard-of-Oz-Szenario zur frühen Evaluation der Benutzererwartungen dar. ◄

Video-Prototypen

Darüber hinaus ist zu berücksichtigen, dass in der Regel Video-Prototypen durch die cinematografische Darstellung der Systemnutzung im intendierten Kontext geprägt sind, wobei der primäre Fokus auf Handlungsabläufen die Relevanz der physischen Systemrepräsentation – wie etwa die Smartphone-Simulation durch Pappelemente – in den Hintergrund rückt [216]. Mit der diesbezüglichen Integration wird in Betracht gezogen, Papier-Prototypen zur veranschaulichenden Visualisierung von Interface-Inhalten zu nutzen, wobei die distinktiven Vorteile dieser Methodik insbesondere in der temporalen Kerndimension liegen [217]. Zu guter Letzt erlauben die Darstellung

3

Abb. 3.10 Darstellung von Interaktionssequenzen mit Blick auf Video-Prototypen. (Quelle: Eigene Darstellung)

von Interaktionssequenzen in Echtzeit sowie die Manipulation der Zeitskala durch Zeitraffer, Zeitlupe oder cinematografische Techniken wie Schnitte und Überblendungen eine Kompression extensiver Zeiträume, während die Methodik simultan die Visualisierung technisch nicht realisierbarer Funktionalitäten durch cinematografische Effekte unterstützt (vgl. Abb. 3.10) [218].

► Transferbeispiel

Ein UX-Developer-Team produziert ein kurzes Video-Reel, das zeigt, wie eine geplante Mobilitäts-App im Alltag vom User genutzt wird – inklusive realitätsnaher Szenen, die mit Papier-Smartphones und Zeitraffer bereits animiert wurden. In diesem schaverhaltlichen Szenario können so Designideen anschaulich und heuristisch komplexitätsreduziert kommuniziert und frühes Feedback zur Nutzerakzeptanz eingeholt werden, d. h., noch bevor ein funktionierender Prototyp vorliegt. ◄

Die bisherigen Ausführungen lassen kaum Zweifel daran, dass diese taxonomische Dekomposition der Prototyping-Techniken die methodische Diversität und kontextspezifische Adäquanz verschiedener Ansätze in der Systementwicklung verdeutlicht.

Umfangreiches Transferbeispiel

Dieser Sichtweise zufolge lässt sich das Starfire-Projekt von Sun Microsystems aus dem Jahr 1994 als exemplarisches Beispiel für Video-Prototyping im Kontext visionärer Interface-Entwicklung betrachten. In diesem Zusammenhang wird auf die methodische Implementation des Video-Prototyping, das unter der Ägide von Tognazzini (1994) durch ein interdisziplinäres Konsortium aus Ingenieuren, Designern, Zukunftsforschern und Filmemachern realisiert wurde, um die Computing-Evolution des 21. Jahrhunderts cinematografisch zu antizipieren, verwiesen. Demzufolge bestand die Zielsetzung in der realistischen Prognose der technologischen und interfacespezifischen Progression innerhalb einer

Dekade, visualisiert durch die narrative Exposition eines prototypischen Nutzungsszenarios im Jahr 2004. Es lässt sich konstatieren, dass dieser paradigmatische Anwendungsbezug des Video-Prototyping das Potenzial der Methodik zur Exploration und Kommunikation futuristischer Interface-Konzeptionen verdeutlicht.

Es wird exemplarisch dargelegt, dass Googles „Project Starline" (2021) eine paradigmatische Implementation moderner Video-Prototyping-Methodik im Kontext telepräsenzbasierter Interaktion darstellt, wobei die cinematografische Präsentation die Transzendenz konventioneller Videokonferenzsysteme durch fotorealistische, dreidimensionale Hologramm-Technologie visualisiert. Darauf aufbauend begünstigt der Video-Prototyp mehrere Zielsetzungen:

- Einerseits begünstigt die Demonstration der technologischen Vision präzedent zur faktischen Implementation die frühzeitige Auseinandersetzung mit potenziellen Nutzungsszenarien.
- Andererseits unterstützt sie die Exploration potenzieller Nutzungsszenarien und Interaktionsmuster.
- Infolgedessen erleichtert sie komplexitätsreduzierend die Kommunikation komplexer technologischer Konzepte an diverse Stakeholder.
- Zu guter Letzt dient sie der Evaluation initialer Nutzerreaktionen und gesellschaftlicher Resonanz.

Die methodische Signifikanz tritt besonders in der Visualisierung einer Technologie zutage, die traditionelle Dokumentationsformen nicht adäquat vermitteln könnten. Der Video-Prototyp transzendiert dabei die reine Technologiedemonstration und fokussiert auf die experienzielle Dimension der Mensch-System-Interaktion durch:

- Darstellung authentischer Nutzungsszenarien
- Integration emotionaler und sozialer Interaktionsaspekte
- Visualisierung des Transformationspotenzials interpersoneller Kommunikation

Die o. g. zeitgenössische Anwendung des Video-Prototyping demonstriert demzufolge die persistente Relevanz der Methodik für die Kommunikation und Evaluation zeitgemäßer Interface-Konzeptionen im Zusammenhang des digitalen sowie wissensökonomischen Zeitalters.

Merke

Die obigen Ausführungen lassen kaum Zweifel daran, dass diese zeitgenössische Anwendung des Video-Prototyping die persistente Relevanz der Methodik für die Kommunikation und Evaluation neuartiger Interface-Konzeptionen im digitalen Zeitalter zielgruppengerecht und heuristisch komplexitätsreduziert veranschaulicht.

Rapid Prototyping

Hinsichtlich der sowohl deduktiven Prämissen auf Grundlage der obigen explizierten Facetten als auch aus einer holistischen Perspektive liegt es schließlich auf der Hand, dass sich ebenso das Rapid Prototyping als methodologischer Ansatz zur Optimierung der temporalen Effizienz in der Prototypenentwicklung demzufolge eignet, da

3

Abb. 3.11 Methodologischer Ansatz des Rapid Prototypingprozesses. (Quelle: Eigene Darstellung)

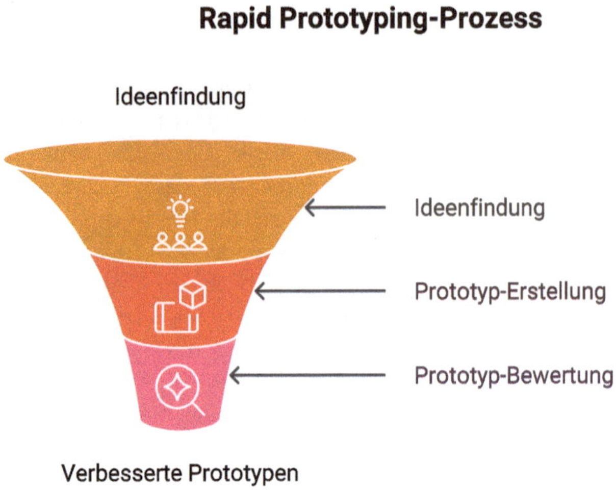

die Komprimierung des Prototyping-Zyklus, bestehend aus Invention und Evaluation, die komparative Analyse einer erhöhten Anzahl von Designalternativen sowie polyvalente iterative Designmodifikationen begünstigt (vgl. Abb. 3.11) [219], [220], [221], [222].

Hinweis

Rapid Prototyping dient als methodologisches Verfahren zur zeitoptimierten Entwicklung und Evaluation von Designalternativen und ermöglicht durch beschleunigte Zyklen eine effiziente Iteration unter Berücksichtigung kontextspezifischer Anforderungen.

Dabei ist fachwissenschaftlich nicht zu übersehen, dass diese Akzeleration des Entwicklungsprozesses die Probabilität einer satisfaktionalen Resultatgenerierung potenziert, wobei das Akzelerationspotenzial signifikant mit folgenden Faktoren korreliert [164], [222], [223]:

1. Einerseits im Hinblick auf die temporale Position im Entwicklungsprojekt.
2. Andererseits hinsichtlich der spezifischen Anforderungsprofile der kontextualisierten Prototypen.

Was zunächst wie ein Widerspruch klingt, lässt sich durch die methodische Heterogenität erklären, die sich in divergenten Implementationsgeschwindigkeiten ausdrückt: Demnach steht vor allem die expeditive Realisierung eines Papier-Prototyps in einem deutlichen Kontrast zur extensiveren Produktionszeit eines Video-Prototyps [164], [222], [223].

Demnach ist dieser Aspekt insofern von großer Bedeutung, als diese methodologische Konzeption des Rapid Prototyping einen strukturierten Rahmen für die temporal optimierte Implementation von Prototyping-Prozessen unter Berücksichtigung projektspezifischer Determinanten bereitstellt [224].

Merke

Die Selektion spezifischer Prototyping-Techniken – von Papier-Prototypen über Wireframes bis zu Video-Prototypen – präsupponiert eine multifaktorielle Evaluation ex ante, interim und ex post projektspezifischer Parameter wie Inventionsphase, Ressourcenverfügbarkeit und intendierter Zielsetzung, die eine kontextuelle Determination der optimalen Methodenwahl eröffnet.

Auf der Ebene entwicklungsbezogener Prozessgestaltung zeigt sich die essenzielle Signifikanz von Prototypen in ihrer Facilitation iterativer und feedback-basierter Prozesse, die die Evolution initialer Konzeptionen zu finalen Systemen unter kontinuierlicher Adaption an Nutzeranforderungen begünstigen.

Hinweis

Das nun dargestellte triadische Modell von Houde und Hill [225] verschiebt den Fokus des Prototypings von technischen Details hin zur Zielorientierung und ermöglicht dadurch eine systematische Klassifikation und Auswahl geeigneter Prototypentypen in Abhängigkeit von Funktion, Nutzererlebnis und technischer Umsetzung.

Auf Basis empirischer Forschungen initiieren Houde und Hill [225] einen paradigmatischen Perspektivenwechsel durch ihre zentrale Interrogation: *„What Do Prototypes Prototype?"* Es lässt sich feststellen, dass die Wissenschaftler die frequente Fokussierung auf prototypenimmanente Charakteristika wie Detaillierungsgrad, Tools und Techniken akzentuieren, während sie stattdessen eine teleologische Reorientierung auf den intendierten Prototypenzweck postulieren, wodurch das zu repräsentierende System in den analytischen Fokus im Zusammenhang mit folgenden explorativen Fragestellungen rückt.
- Welche Rolle erfüllt das System im Leben des Nutzers?
- Welche sensorischen und experientiellen Qualitäten soll es aufweisen?
- Welche Utilisationsmodi sind de facto per se intendiert?

Darauf aufbauend lässt sich demzufolge hinsichtlich des anwendungsbezogenen Umfelds konstatieren, dass diese zielorientierte Perspektive die Entscheidungsfindung im Prototyping-Prozess präzisiert und eine deduzierte Ausrichtung auf den intendierten Verwendungszweck zwecks avisierender Plausibilitätskontrolle begünstigt.

Merke

Prototypen zeigen Funktion, Erfahrung und technische Realisierung – Role, Look & Feel, Implementation.

In dieser theoretischen Konsequenz formulieren Houde und Hill [225] ein triadisches Dimensionsmodell, das mit spezifischen Aspekten der Interface-Gestaltung korreliert, wie in der u. g. Betrachtung präzisiert:

1. **‚Role' (Funktion, Nutzen):** Die eigentliche Konsolidierung dieser Dimension liegt in der Fokussierung auf die funktionale Rolle des interaktiven Systems für spezifische Nutzergruppen, wobei der Gestaltungsprozess die Determination systemischer Funktionalitäten und deren Nutzenvalidierung im spezifischen Anwendungskontext notwendig macht [225].

2. **‚Look and feel' (Form, Erscheinungsbild):** Auf der Ebene der zweiten kategorischen Dimension aggregieren sich sämtliche Aspekte der sensorischen Nutzererfahrung in der Systeminteraktion, wobei der Schwerpunkt auf der konkreten experienziellen Qualität während der Systemnutzung liegt, einschließlich visueller, haptischer und auditiver Perzeptionen [225].
3. **‚Implementation' (informationstechnologische Funktionsweise und Komponenten):** Nicht zuletzt adressiert diese Dimension kategorisch die informationstechnologischen Komponenten und Prozesse mit hodologischem Bezug, die die Systemfunktionalität realisieren, wobei die zugrunde liegenden Verfahren und Bestandteile des Systems untersucht werden, die zur intendierten Funktionalität beitragen [225].

Obgleich es herausfordernd sein mag, die Vielschichtigkeit des Gestaltungsproblems adäquat zu erfassen, dient das Modell als Klassifikationsrahmen für die diversen Aspekte, da distinkte Dimensionen typischerweise spezifische Prototyping-Ansätze bedingen. Im letzteren Fall bedingt die ‚Implementation'-Dimension beispielsweise ein funktionsfähiges System, während ‚Look and Feel' die Simulation oder Nachbildung konkreter Nutzungserfahrungen propädeutisch voraussetzt. Für die ‚Role'-Dimension ist primär die Kontextverständnis-Entwicklung essenziell. Zum Teil ist diese Anforderung unmittelbar an die spezifischen Designfragen gekoppelt, welche die adäquate Prototypen-Typologie determinieren, wobei einzelne Prototypen eine, zwei oder alle drei Dimensionen adressieren können [225].

Hinweis

Die von Houde und Hill [225] entwickelte tetradische Kategorisierung bietet einen sowohl strukturierten als auch teleologisch ausgerichteten Bezugsrahmen zur ziel-, zweck-, sinn- und wertgerichteten Differenzierung von Prototypen entlang der Dimensionen ‚Role', ‚Look' und ‚Feel' sowie ‚Implementation' und unterstützt damit eine systematische Ausrichtung prototypischer Aktivitäten auf den jeweiligen Gestaltungszweck.

Wie in der folgenden Abbildung (◘ Abb. 3.12) dargestellt, formulieren Houde und Hill [225] basierend auf den identifizierten Dimensionen eine tetradische Prototypen-Kategorisierung:

1. **Role-Prototyp:** Wesentlich ist in diesem Bezug die Intention dieser Kategorie zur gezielten Evaluation der systemischen Nutzerfunktion, wobei die zentrale obige Interrogation auf die potenzielle Funktionserfüllung des Systems ausgerichtet ist. Zudem scheint es naheliegend, dass der Prototyp die intendierten Utilisationsmodalitäten demonstriert und die systemische Nützlichkeit unter bewusster Abstraktion von Form und Erscheinungsbild validiert, während simultan eine Reduktion technischer Implementationsaspekte erfolgt und diese Prototypen-Kategorie die Exploration alternativer Systemfunktionalitäten begünstigt [225].
2. **Look and feel-Prototyp:** Neben ihrer Funktion zur Generierung rapiden Feedbacks bezüglich der ästhetischen und experientiellen Systemqualitäten fokussiert diese Kategorie ebenfalls die Evaluation des Erscheinungsbildes, der nutzerseitigen Perzeption sowie des unmittelbaren Eindrucks. Zusätzlich kann in dieser Situation die Exploration alternativer Implementationsansätze der konkreten

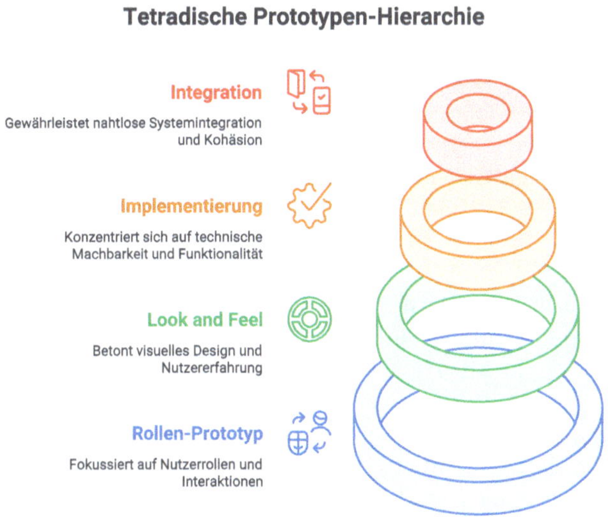

Abb. 3.12 Kategorien von Prototypen nach Houde und Hill [225]. (Quelle: Eigene Darstellung, in Anlehnung an Houde und Hill [225])

Systemerfahrung durch Prototypen erfolgen, die die intendierte Systemästhetik visualisieren und die Nutzerinteraktion simulieren, während sie bewusst von der systemischen Rolle im Nutzerkontext sowie technischen Machbarkeitsaspekten abstrahieren [225].

3. **Implementation-Prototyp:** Diese Kategorie fokussiert primär die Evaluation technischer Machbarkeitsaspekte. Die zentrale Zielsetzung kommt in der Exploration technischer Funktionsmechanismen zur Geltung. Unter Abstraktion von Rolle und „Look and feel" erfolgt die Entwicklung technischer Systemspezifikationen [225]. Diese Prototypen demonstrieren die technische Realisierbarkeit des interaktiven Systems und generieren Nutzerfeedback bezüglich performancerelevanter Aspekte [225].
4. **Integration-Prototyp** In diesem Sinne definiert diese komplexeste Kategorie eine Synthese der Erkenntnisse der drei spezialisierten Prototypen-Kategorien, wobei sie schließlich auf die Exploration einer balancierten Selektion von Fragestellungen aus allen drei Dimensionen abzielt. Zusätzlich ist zu berücksichtigen, dass integrative Prototypen die holistische User Experience durch die Synthese der Designkonzeptionen hinsichtlich ‚Role', ‚Look and Feel' sowie informationstechnologischer Funktionsweise repräsentieren, wobei ihre besondere Signifikanz in folgenden Aspekten zum Ausdruck kommt [225]:

- Zum einen in der Überwindung dimensionsspezifischer Limitationen.
- Zum anderen in der Verifikation von Designvollständigkeit und -kohärenz.
- Zu guter Letzt in der Identifikation synergetischer Effekte.

► Transferbeispiel

Ein UX-Team entwickelt im Rahmen eines Auftrags für eine Klinikkonzerngruppe eine medizinische Tablet-App, einen ‚Look-and-Feel'-Prototyp, um in diesem Szenario das Farbschema, die Schriftgröße und die Navigation für ältere Nutzer in Bezug auf das Barrierefreiheitsstärkungsgesetz (BFSG) zu testen. Parallel dazu entsteht ferner ein ‚Role'-

3

Prototyp, der wiederum simuliert, wie das Pflegepersonal de facto über die App Patientendaten im Stationsalltag dokumentiert. Im Zuge dessen wird ein ‚Implementation'-Prototyp konzipiert, um u. a. die Performance einer Offline-Synchronisierungsfunktion rückgekoppelt plausibilisieren zu können. Zu guter Letzt komplettiert das UX-Team sämtliche zu berücksichtigenden Aspekte schließlich im sogenannten ‚Integration'-Prototyp, um die Gesamtnutzererfahrung gemäß DIN EN ISO 9241-11 realitätsgetreu sowohl konzeptionell und prozessual als auch wirkungsrelevant zu evaluieren, um diese zielgruppen- sowie nutzergerecht mit Erfolgsaussicht anbieten zu können. ◄

Mit dieser Determination ist infolgedessen angesprochen, dass diese elaborierteste Prototypenform eine weitgehende Annäherung an das Finalsystem erreicht, jedoch gleichzeitig den höchsten Ressourceneinsatz in Bezug auf Komplexität und Aufwand erfordert. Insofern verfolgen Houde und Hill [225] stoßrichtungsweisend einen Ansatz, der durch eine systematische Konzeptualisierung einen differenzierten Rahmen für die zielorientierte Implementation von Prototyping-Prozessen unter Berücksichtigung multipler Designdimensionen bereitstellt (vgl. Abb. 31).

Im Sinne einer Theorietriangulation sind die drei Dimensionen des Modells so angelegt, dass sie jeweils unterschiedliche Perspektiven auf das zu entwickelnde interaktive System eröffnen. Im Kern bedeutet dies, dass die methodologische Konsequenz in der Option einer simultanen statt sequenziellen Prototypenentwicklung liegt, da das zentrale Paradigma des Modells auf der Prämisse der Nicht-Substituierbarkeit einzelner Prototypen durch einen singulären Prototypen basiert, weil jeder spezifische Designinterrogationen und -aspekte adressiert.

Analog dazu konvergieren die durch die separaten Prototypen generierten Erkenntnisse sukzessive in einem integrativen Design. Damit wiederum geht einher, wie Houde und Hill [225] explizieren, dass die erhöhte methodologische Effizienz dieser unabhängigkeitsbasierten Vorgehensweise im Vergleich zur Entwicklung eines monolithischen, alle Aspekte inkorporierenden Prototypen akzentuiert wird [225]. In der anwendungsbezogenen und instruktionsdesignerischen Konsequenz bildet demnach die Aggregation der aus den separaten Prototypen derivierten Erkenntnisse die Grundlage für die Entwicklung eines integrierten Prototyps, der umfassendere Nutzerevaluationen zulässt [19]. Damit ist ebenso angedeutet, dass diese prozessuale Konzeptualisierung die methodologischen Vorteile einer polyvalenten, parallelen Prototyping-Strategie im Vergleich zu monolithischen Ansätzen verdeutlicht.

Merke

In diesem Rahmen kann nun festgestellt werden, dass die triadische Prototyping-Konzeption nach Houde und Hill [225] die traditionelle Fokussierung auf Prototypencharakteristika transzendiert und stattdessen eine teleologische Perspektive trianguliert, die sich in drei primären Dimensionen ausdrückt: der funktionalen Rolle des Systems, der experientiellen Qualität der Nutzung sowie der technischen Implementierbarkeit.

3.3 Prüfungsfragen – ▶ Kap. 3

Frage-Nr.	Frage	Antwortmöglichkeiten
1	Welche Aspekte charakterisieren Low-Fidelity-Prototypen?	[ ] a) Geringe Entwicklungskosten [ ] b) Vollständige Interaktivität [ ] c) Geeignet für frühe Anforderungserhebung [ ] d) Hoher Ressourcenaufwand [ ] e) Papierbasierte Darstellung
2	Welche Merkmale beschreiben High-Fidelity-Prototypen korrekt?	[ ] a) Repräsentieren das Finalsystem weitgehend [ ] b) Bevorzugt in frühen Entwicklungsphasen [ ] c) Ermöglichen realitätsnahe Usability-Tests [ ] d) Reduzierte Interaktivität [ ] e) Höherer Zeit- und Kostenaufwand
3	Welche der folgenden Aussagen über vertikales Prototyping treffen zu?	[ ] a) Reduktion auf holistische Interface-Simulation [ ] b) Fokussiert auf detaillierte Teilfunktionen [ ] c) Ermöglicht realitätsnahe Tests einzelner Features [ ] d) Bezieht sich auf horizontale Breite [ ] e) Ist typischerweise textbasiert
4	Was ist typisch für horizontales Prototyping?	[ ] a) Simulation vollständiger Systemfunktionen [ ] b) Oberflächenorientierte Systemrepräsentation [ ] c) Umfassende Interface-Darstellung ohne Funktion [ ] d) Task-Exekution in realen Szenarien [ ] e) Nutzung für Navigationstests
5	Welche der folgenden Funktionen zählen laut Beaudouin-Lafon und Mackay zu den Hauptfunktionen von Prototypen?	[ ] a) Kreativitätsfunktion [ ] b) Verkaufsförderungsfunktion [ ] c) Kommunikationsfunktion [ ] d) Verwaltungsfunktion [ ] e) Evaluationsfunktion
6	Welche Vorteile bieten Low-Fidelity-Prototypen?	[ ] a) Hohe Realitätsnähe [ ] b) Einfache und schnelle Umsetzung [ ] c) Unterstützung früher Nutzerintegration [ ] d) Eignung für detaillierte Systemtests [ ] e) Kosteneffizienz
7	Welche Kriterien gelten laut Tabelle für High-Fidelity-Prototypen?	[ ] a) Geringe Interaktivität [ ] b) Geeignet für Usability-Tests [ ] c) Hoher Ressourcenaufwand [ ] d) Reduzierte Evaluationstiefe [ ] e) Look & Feel des Finalsystems

Frage-Nr.	Frage	Antwortmöglichkeiten
8	Welche Aussagen treffen auf die Interaktivitätsdimension von Prototypen zu?	[ ] a) Sie ist bedeutungslos für Usability-Tests [ ] b) Sie beeinflusst die Qualität der Mensch-System-Interaktion [ ] c) Sie wird durch Modalitäten der Nutzung geprägt [ ] d) Sie beschreibt die Detaillierung der grafischen Elemente [ ] e) Sie ist abhängig vom Anwendungskontext
9	Was charakterisiert die Evolutionsdimension eines Prototyps?	[ ] a) Bezieht sich auf seine zeitliche Entwicklung [ ] b) Repräsentiert nur frühe Ideen [ ] c) Umfasst iteratives und evolutionäres Prototyping [ ] d) Lässt sich nicht verändern [ ] e) Geht in das Finalsystem über
10	Welche Aussagen zum Szenario-Prototyping sind korrekt?	[ ] a) Verbindet horizontales und vertikales Prototyping [ ] b) Reduziert Funktionalität auf mehreren Ebenen [ ] c) Nutzt vollständige Systemimplementierungen [ ] d) Erlaubt realistische Navigation durch Pfade [ ] e) Ist nur in der Endphase der Entwicklung relevant

Frage-Nr.	Frage	Antwortoptionen
11	Welche Eigenschaft beschreibt ein exploratives Prototyping am besten?	[ ] a) Klärung von Anforderungen durch Nutzerintegration [ ] b) Technische Machbarkeitsprüfung [ ] c) Realitätsnahe Systemsimulation [ ] d) Kommerzielle Testnutzung
12	Was ist ein zentrales Ziel des experimentellen Prototypings?	[ ] a) Erprobung sozialer Auswirkungen [ ] b) Analyse technischer Machbarkeit [ ] c) Prüfung der Barrierefreiheit [ ] d) Gestaltung von Workflows
13	Welche Aussage trifft auf evolutionäres Prototyping zu?	[ ] a) Es basiert auf einer einzigen Systemversion [ ] b) Es fokussiert auf Designästhetik [ ] c) Es erlaubt fortlaufende Anpassungen [ ] d) Es verzichtet auf Nutzerfeedback
14	Was beschreibt das Ziel der Bewertungsphase im Prototyping-Prozess?	[ ] a) Erstellung finaler UI-Elemente [ ] b) Analyse organisatorischer Prozesse [ ] c) Generierung von Nutzerfeedback [ ] d) Schulung der Entwicklerteams

Frage-Nr.	Frage	Antwortoptionen
15	Was ist ein Vorteil von Papier-Prototypen?	[ ] a) Hohe technische Präzision [ ] b) Geringe Adaptierbarkeit [ ] c) Kosten- und Zeiteffizienz [ ] d) Realitätsnahe Benutzerinteraktion
16	Welche Technik eignet sich besonders zur Visualisierung von Nutzungsszenarien in Alltagssituationen?	[ ] a) Papier-Prototypen [ ] b) Video-Prototypen [ ] c) Mockups [ ] d) Wizard-of-Oz-Prototypen
17	Was ist typisch für Wizard-of-Oz-Prototypen?	[ ] a) Der Nutzer bedient ein echtes System [ ] b) Funktionen werden vom System simuliert [ ] c) Ein Mensch steuert die Systemreaktion [ ] d) Nur das Design wird dargestellt
18	Welche der folgenden Methoden bietet sich zur schnellen Iteration von Designideen an?	[ ] a) Evolutionäres Prototyping [ ] b) Rapid Prototyping [ ] c) Implementation Prototyping [ ] d) Funktionales Prototyping
19	Was fokussiert die ‚Role'-Dimension im Modell von Houde & Hill?	[ ] a) Technische Realisierbarkeit [ ] b) Sinnliche Nutzererfahrung [ ] c) Systemfunktion im Nutzungskontext [ ] d) Visualisierung des Designs
20	Welche Aussage beschreibt ein integratives Prototyping korrekt?	[ ] a) Es zeigt nur die Ästhetik des Produkts [ ] b) Es simuliert reale Nutzung vollständig [ ] c) Es kombiniert verschiedene Perspektiven [ ] d) Es ersetzt alle anderen Prototypen

Operationalisierung der Usability-Evaluation

Inhaltsverzeichnis

G. Vindigni, *UX Research und User Research*, https://doi.org/10.1007/978-3-662-72235-0_4

„These principles are: early and continual focus on users; empirical measurement of usage; and iterative design whereby the system [...] is modified, tested, modified again, tested again, and the cycle is repeated again and again." (J. D. Gould und C. Lewis, „Designing for usability: Key principles and what designers think", Communications of the ACM, Bd. 28, Nr. 3, S. 300–311, März 1985) Gould, J. D., & Lewis, C. (1985), aus ihrer wegweisenden Arbeit zur nutzerzentrierten Systemgestaltung, Pioniere der Usability-Forschung

Als Ausgangspunkt dient die frühzeitige und gezielte Evaluation von Usability-Aspekten als essenzielles Element designethisch verantwortungsvoller Systementwicklung, da sie die Kongruenz zwischen Nutzeranforderungen und Systemimplementation sichert.

Lernziele

Vor dem lernzieltaxonomischen Hintergrund sind Sie nach Absolvierung dieses Kapitels befähigt,

- sowohl eine taxonomische Differenzierung verschiedener Usability Evaluationsmethoden vorzunehmen als auch deren spezifische Charakteristika profund zu explizieren,
- zum einen explorative, zum anderen empirische Evaluationsmethoden hinsichtlich ihrer methodologischen Fundierung zu diskutieren und deren Anwendungsadäquanz kontextspezifisch zu evaluieren.

Auf dieser Basis präsupponiert die initiale Konzeptualisierung des Usability Engineering als optimale Harmonisierung interaktiver Systeme mit Nutzeranforderungen eine komplexe Herausforderung: die Synchronisation divergenter konzeptueller Modelle von Entwicklern und Anwendern. Es ist nur verständlich, warum Norman [226] in diesem Kontext das Konzept der konzeptuellen Modelle als mentale Repräsentationen der Produktfunktionalität und deren Interface-Determination formuliert. Demzufolge treten diese mentalen Modelle in dualer Formation auf [227]:

1. Einerseits als entwicklerseitiges Modell im Hinblick auf die Gestaltungsgrundlage,
2. zum anderen als nutzerseitiges Modell, das sich [...]:
   - sowohl durch experienzielle Systeminteraktion als auch
   - durch System-Image (Interface-Design, Dokumentation, Instruktionen, Beschriftungen) generiert.

Dies schließt, wie unter anderem der Verfasser [3], [5], [46] in Explorationsstudien elaboriert, ein, dass die idealtypische Kongruenz dieser mentalen Modelle in der praktischen Implementation häufig nicht realisiert wird, wobei Divergenzen zu Utilisationsschwierigkeiten führen, die primär aus der indirekten Kommunikation zwischen Entwicklern und Nutzern über das System-Image resultieren.

Hinweis

Die frühe und gezielte Usability-Evaluation stellt somit ein integratives Element ethisch reflektierter Systementwicklung dar, indem sie die Passung zwischen nutzerseitigen Anforderungen und technischer Implementierung absichert.

Hinsichtlich dieser kausalen Zusammenhänge lässt sich an dieser Stelle konstatieren, dass eine inadäquate oder inkonsistente Präsenz des entwicklerseitigen Modells im System-Image defizitäre nutzerseitige konzeptuelle Modelle generiert, welche die Systemutilisation signifikant inhibieren; ein Befund, der demnach den theoretischen Bezugsrahmen für die gezielte Evaluation von Usability-Aspekten im Entwicklungsprozess bildet (vgl. Abb. 4.1).

Unter Berücksichtigung der obigen Voraussetzungen, so konstatiert Norman [226], tritt in dieser Konfiguration nun die Kernaufgabe des Usability Engineering in der Harmonisierung entwicklungs- und anwendungsseitiger konzeptueller Modelle zutage [227]. Allerdings impliziert dies wiederum praxeologisch, dass eine Synchronisation im Hinblick auf die gezielte Definition, Quantifizierung, Evaluation und Optimierung der Usability interaktiver Systeme unter Einbezug nutzergenerierter Daten und Feedbacks notwendig wird [227].

Hinweis

Die Usability Evaluation fungiert dabei als methodisches Kerninstrument zur evidenzbasierten Harmonisierung konzeptueller Modelle und zur kontinuierlichen Optimierung interaktiver Systeme im Entwicklungsprozess.

Im Hinblick auf das Ursache-Wirkungs-Prinzip spiegelt sich in diesem Kontext die Usability Evaluation als gezielte und objektiv intendierte Bewertung des Systems in verschiedenen Entwicklungsstadien wider [76], [226], [227]. Die methodologische Implementation spezifischer Evaluationsinstrumente intendiert die objektive Quantifizierung des realisierten Usability-Niveaus [228]. In Anbetracht dieser Tatsachen impliziert die Evaluation die Definition metrischer Strukturen zur Usability-Erfassung, wobei der Operationalisierungsprozess folgende Aspekte inkorporiert [76], [226], [227]:

1. Einerseits die Selektion observabler Variablen (Indikatoren) zur Determination des Usability-Niveaus,
2. andererseits aber auch die Definition spezifischer Erhebungsinstrumente zur:
   - Transformation von Indikatorausprägungen in numerische Messwerte
   - und zur Aggregation dieser Werte in Bezug auf den holistischen Usability-Index [228].

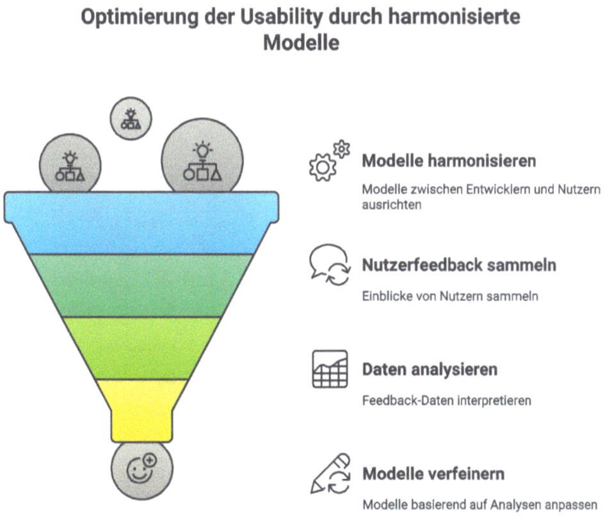

Abb. 4.1 Konzeptuelle Modelle auf der Entwicklungs- und Anwendungsseite. (Eigene Darstellung, in Anlehnung an Norman [226])

In diesem Rahmen kann demnach festgestellt werden, dass diese Befunde weiterhin dazu genutzt werden können, die teleologische Ausrichtung der Usability Evaluation per se auf die Generierung implementationsrelevanten Feedbacks für den iterativen Entwicklungsprozess zu stützen, wodurch eine kontinuierliche Systemoptimierung durchaus gefördert wird [228].

Hinsichtlich dieser Gegebenheiten lässt sich ferner konstatieren, dass die obige methodologische Herangehensweise folgende Aspekte hinsichtlich Ihrer Befähigung lernzieltaxonomisch unterstützt [76], [85], [226], [227], [228]:

- Zunächst in Bezug auf die Identifikation von Defiziten und Problemkonstellationen.
- Infolgedessen hinsichtlich der Explorationsfähigkeit und der dialektischen Analysekompetenz bezüglich kausaler Zusammenhänge.
- Zu guter Letzt die begünstigte systematische Planungskompetenz im Hinblick auf notwendige adaptive Interventionen.

Obgleich es zunächst herausfordernd sein mag, konzeptionelle Komplexität und methodische Stringenz heuristisch komplexitätsreduziert zu vereinen, skizziert diese methodologische Konzeptualisierung sach- und zweckdienlich einen strukturierten Rahmen für die evidenzbasierte Optimierung interaktiver Systeme.

Merke

Im Zentrum gegenwärtiger Debatten rund um Usability Evaluation im Rahmen des UX Research steht die Auffassung, dass sich Usability Evaluation als analytisch oder empirisch orientierte Untersuchung der Gebrauchstauglichkeit von Prototypen oder finalen Systemen konstituiert, mit dem Ziel, feedbackbasierte Erkenntnisse für den iterativen Entwicklungsprozess zu generieren.

Darüber hinaus spielt eine Rolle, dass die subsequente Explorationsfähigkeit in einer dualen Struktur erfolgen sollte: Auf der einen Seite entwickeln Sie eine grundlegende Taxonomie der Evaluationsarten, auf der anderen Seite können Sie eine detaillierte Examination ausgewählter explorativer und empirischer Evaluationsmethoden vornehmen.

Im Wesentlichen werden Sie befähigt, diese schrittweise Dekomposition auf die Herausbildung eines umfassenden Verständnisses der methodologischen Diversität in der Usability Evaluation anzuwenden.

4.1 Taxonomie der Evaluationsarten mittels Entscheidungsmatrix

Theorien, welche davon ausgehen, dass differenzierte Evaluationsmethoden spezifische methodologische Zielsetzungen adressieren, stützen die Annahme, dass eine derartige Dekomposition zur Generierung eines kontextangemessenen Verständnisses der Diversität in der Usability Evaluation beiträgt.

Auch wenn die Usability Evaluation wie o. g. durch eine substanzielle methodologische Diversität gekennzeichnet ist, konstituiert sich die Kenntnis dieser methodischen Pluralität und ihrer distinkten Charakteristika als Imperativ für eine effiziente und zielgerichtete Methodenselektion. Eine erweiterte deduzierte Implikation besteht in der Annahme, dass die spezifische Eignung verschiedener Evaluationsmethoden für distinkte Anwendungskontexte – in Kombination mit der methodenspezifischen Adressierung differenzierter Informationsbedarfe – frequent die methodologische Triangulation als Mittel der holistischen Usability-Evaluation interaktiver Systeme nahelegt.

Hinweis
Die differenzielle Eignung spezifischer Evaluationsmethoden für variierende Anwendungskontexte unterstreicht die Notwendigkeit einer theoretisch präzisierten und adaptiv strukturierten Methodenselektion.

Vor diesem Hintergrund formuliert Karat [229] eine pentadische Entscheidungsmatrix zur Methodenselektion, die unterschiedliche Einflussfaktoren in den Selektionsprozess integriert, wie im Folgenden dargestellt (vgl. Abb. 4.2):

Hinweis
Die pentadische Entscheidungsmatrix bezeichnet ein Entscheidungsmodell, das auf fünf zentralen Einflussfaktoren basiert (vgl. Abb. 33) [229]:
- Evaluationszweck
- Evaluationsakteure
- Informationsbedarf
- Ergebnisadressaten
- Ressourcenverfügbarkeit

1. **Evaluationszweck:**
   Unter teleologischen Gesichtspunkten erweist sich die initiale Determination der intendierten Evaluationsziele primär als konstitutiv, zumal die Divergenz zwischen beispielsweise benchmarking-orientierter Datenerhebung und entwicklungsbezogenem Nutzerfeedback deduziert distinkte Evaluationsanforderungen hervorbringt.

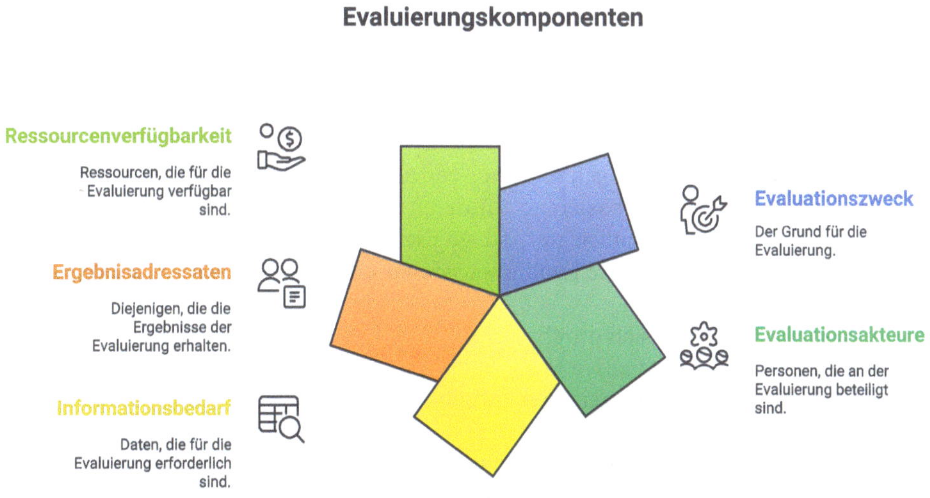

Abb. 4.2 Einflussfaktoren der pentadischen Entscheidungsmatrix. (Eigene Darstellung)

2. **Evaluationsakteure:**
   Sekundärpositionierend erfordert allerdings die strategische Entscheidung zwischen expertenzentrierter Systemevaluation und nutzerzentrierter Evaluation, z. B. im Rahmen einer Konsortialforschung, eine kontextspezifische Adäquanzanalyse.
3. **Informationsbedarf:**
   Gleichermaßen liegt aber auch auf der Hand, dass die obigen primären und sekundären Implikationen untrennbar mit der Spezifikation der intendierten Informationsgewinnung konvergieren, da diese schließlich die Determination adäquater Indikatoren und Metriken sowie die Entscheidung zwischen Performance-Evaluation und Defizitidentifikation bedingt.
4. **Ergebnisadressaten:**
   Insofern erschließt sich ferner, dass die intendierte Utilisation der Evaluationsresultate – etwa in Form von Entwicklerfeedback oder für marketingbezogene Zwecke – als signifikanter Determinationsfaktor in die Methodenselektion einfließt.
5. **Ressourcenverfügbarkeit:**
   Zu guter Letzt aber, neben den obigen kontextualisierten Funktionsspektren, wird die Methodenselektion maßgeblich durch die verfügbaren temporalen und ökonomischen Ressourcen determiniert, da verschiedene Evaluationsmethoden distinkte Ressourcenanforderungen präsupponieren.

Daraus lässt sich wiederum schließen, dass diese anwendungssensitive Auswahlstruktur in Form einer Entscheidungsmatrix einen adaptiven Rahmen für die kontextspezifische Selektion adäquater Evaluationsmethoden bietet (vgl. Abb. 33).

▶ Transferbeispiel

Im Rahmen der Evaluation einer webbasierten Lernplattform wählte das Entwicklungsteam eine forschungsmethodologische Konvergenz aus Expertenreview und Nutzerbefragung, da der Evaluationszweck sowohl die Identifikation funktionaler Usability-Defizite gemäß DIN EN ISO 9241-11 als auch die Erfassung subjektiver Nutzerzufriedenheit bedingte. Allerdings fiel im Rahmen dessen die diesbezügliche Entscheidung unter Berücksichtigung limitierter Projektressourcen, d. h. im Sinne des Mensch–Organisation-Technik-Modells sowie der Tatsache, dass die Ergebnisse primär für die iterative Weiterentwicklung und nicht für externe Stakeholder per se bestimmt waren. ◀

Unter den o. g. Voraussetzungen ist es nur verständlich, warum Cook et al. [230] eine Dichotomie der Evaluation basierend auf deren intendiertem Verwendungszweck formulieren, da diese ursprünglich im pädagogischen Kontext entwickelte Taxonomie ihre Transferabilität auf diverse Evaluationsszenarien eindrücklich unter Beweis stellt.

1. **Formative Evaluation:**
   Allgemein verdichtet sich durchaus hinsichtlich des o. g. Kontexts die Annahme, dass sich die obige evaluative Modalität durch ihre prozessuale Integration in den Entwicklungszyklus auszeichnet, wobei an definierten Entwicklungsmeilensteinen die Evaluation von Prototypen oder Systemversionen erfolgt und sich die teleologische Ausrichtung der formativen Evaluation in dieser kontinuierlichen Rückkopplung operationalisiert, wie nachfolgend dargestellt [228], [230]:

   - Unter den obigen Voraussetzungen hinsichtlich der Identifikation optimierungsbedürftiger Systemaspekte.
   - Des Weiteren im Hinblick auf die Etablierung von Optimierungsprioritäten.
   - Schließlich ebenfalls in Bezug auf die Generierung systemischer Modifikationsimpulse.
2. **Summative Evaluation:**
   Generell lässt sich konstatieren, dass die summative Evaluation auf die qualitative Beurteilung finaler Gestaltungsresultate durch gezielte Messung abzielt, wobei die zentrale Interrogation auf die Zielerreichung des Systems gerichtet ist und sich die Evaluationsformation – im Kontrast zur formativen – typischerweise als abschließender Entwicklungsschritt zur Verifikation der Usability-Zielerreichung darstellt, zugleich jedoch auch an kritischen Prozessstationen integriert werden kann zur [228], [230]:
   - Einerseits Determination des aktuellen Zielerreichungsgrades und
   - Andererseits durch die Unterstützung ressourcenbezogener Entscheidungsprozesse.

In dieser theoretischen Konsequenz lässt sich deduzieren, dass die duale Evaluationskonzeption nach Cook et al. [230] einen strukturierten Rahmen für die prozessintegrierte sowie finale Evaluation interaktiver Systeme bereitstellt (vgl. Abb. 4.3).

► Transferbeispiel

Im Zusammenhang mit der Neuentwicklung eines mobilen Gesundheitstrackers im Kontext der Einführung der elektronischen Patientenakte wurde im Auftrag des Bundesministeriums für Gesundheit gemeinsam mit den Gesetzlichen Krankenkassen (GKVs) vor der Einführung zunächst eine formative Evaluation durch iterative Usability-Tests an Low-Fidelity-Prototypen durchgeführt, um so Bedienprobleme propädeutisch zu identifizieren und priorisierte API-Optimierungen zwecks der zu berücksichtigenden Nutzerzentrierung zu determinieren. Nach Fertigstellung der finalen App-Version wurde durch das Entwicklerteam dennoch die Notwendigkeit erachtet, ergänzend noch eine summative Evaluation mittels standardisierter Fragebögen und Nutzungsmetriken zur Überprüfung der bestimmten Zielerreichung im Hinblick auf Nutzerzufriedenheit und Funktionserfüllung gemäß DIN EN ISO 9241-11 [8] und DIN EN ISO 9241-110 [23] durchzuführen. ◄

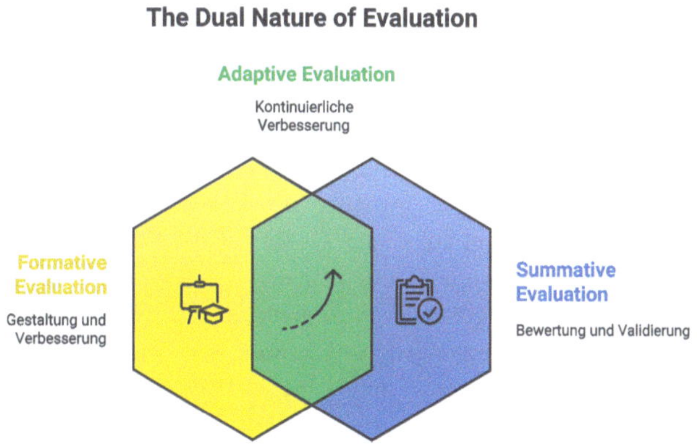

Abb. 4.3 Formative und summative Evaluation. (Quelle: Eigene Darstellung, in Anlehnung an Rosson und Carroll [103])

Umfangreichere Beispiele

Bezeichnend zeigt sich hinsichtlich der obigen Explikation, dass sich die Differenzierung zwischen formativer und summativer Evaluation nicht nur in ihrer Zielsetzung per se, sondern ebenso in der methodischen Implementation zum Ausdruck kommt. In diesem Rahmen kann nunmehr festgestellt werden, dass sich die formative Evaluation im UX-Design typischerweise durch eine qualitative Nutzerintegration auszeichnet, z. B. im Rahmen einer Konsortialforschung, bei der Anwender im Kontext spezifischer Aufgabendurchführungen sowohl mit einem Prototypen befragt oder während der Aufgabenexekution gezielt observiert werden als auch im organisationalen Co-Creation-Zusammenhang zwecks User Innovation und Open Innovation eingebunden werden [12], [49].

Aus den kausalen Konstellationen lässt sich des Weiteren schlussfolgern, dass sich die summative Evaluation im Gegensatz zur formativen insbesondere durch die quantitative Erfassung vordefinierter sowie determinierter Parameter finaler Systeme auszeichnet, etwa durch die Messung von Fehlerraten etc. im Hinblick auf standardisierte Aufgaben.

Vor diesem Hintergrund ist ebenso nachvollziehbar, dass Albert und Tullis [231] die daraus hervorgehenden Distinktionen durch eine illustrative gastronomische Analogie elaborieren: Zum einen die Unterscheidung zwischen Koch und Restaurantkritiker, die zwar beide eine gustatorische Evaluation vornehmen, jedoch in kontextuell divergenten Situationen agieren, jedoch im Zuge dessen der Koch eine kontinuierliche Geschmacksevaluation während des Zubereitungsprozesses vornimmt, modifizierend iterativ eine Gewürzadjustierung erwägt, um sich schrittweise der intendierten Geschmackskonzeption anzunähern. Auf der anderen Seite spielt nun ebenso strukturformend die formative Evaluation mit der summativen Evaluation des Restaurantkritikers eine Rolle, der das finale Produkt bewertet, dessen Qualität einschätzt und eine komparative Analyse anhand vordefinierter Qualitätskriterien sowie Referenzprodukten durchführt.

Exemplarisch lässt sich ebenso die Entwicklung einer Smartphone- bzw. Mobile-App für Online-Banking sachdienlich im Sinne eines Theorie-Praxis-Transfers in Bezug auf das UX-Design transferieren:

Formative Evaluation: In diesem Szenario werden zwecks Evaluation der Fragestellung nach der heuristischen Komplexitätsreduktion Prototypen der entwickelten App in regelmäßigen Abständen in Bezug auf verschiedene Nutzergruppen untersucht sowie vorgestellt. Das Entwicklerteam beobachtet und dokumentiert im Zuge dessen, an welchen Stellen während der Durchführung einer fiktiven Überweisung seitens der Nutzer überhaupt Unsicherheiten im Kontext von Aufgabenangemessenheit, Selbstbeschreibungsfähigkeit, Steuerbarkeit etc. sich konkretisieren, d. h., entgegen der avisierten Durchlässigkeit in Anbetracht der einzuhaltenden DIN EN ISO 9241-110 auftreten. Aber auch, welche Interface-Elemente möglicherweise übersehen werden oder an welchen Punkten Unterstützungsbedarf besteht, um eine Bounce-Rate des Nutzers zu vermeiden. Folglich sollte in Betracht gezogen werden, dass nach jeder Testiteration gezielte Anpassungsmodifikationen vorgenommen werden, z. B. durch die Repositionierung des Überweisen-Buttons oder die Integration ergänzender Erklärungen in Anlehnung an die Selbstbeschreibungsfähigkeit gemäß

DIN EN ISO 9241-110, wobei sich dieser Prozess zyklisch über mehrere Entwicklungsphasen hinweg vollziehen kann.

Summative Evaluation: Folgerichtig bedarf es aber auch nach Fertigstellung der Applikation einer strukturierten Erhebung quantitativer Nutzungsdaten, etwa zur durchschnittlichen Dauer einer Standardüberweisung, zur Häufigkeit fehlerhafter Eingaben oder zur Anzahl eingehender Support-Anfragen, um die Implikationen hinsichtlich der DIN EN ISO 9241-110 inhaltlich rückzukoppeln. Damit ist schließlich angedeutet, dass die ermittelten Werte sowohl mit den initial definierten Zielvorgaben – etwa der Anforderung, eine Überweisung innerhalb von 30 Sekunden durchzuführen – als auch im Rahmen eines Benchmarks mit Konkurrenzprodukten verglichen werden, wodurch sich die prozessuale Orientierung der formativen Evaluation deutlich vom ergebnisbezogenen Charakter der summativen Evaluation abhebt.

In Anbetracht der iterativen Natur des Usability Engineering, geprägt durch einen kontinuierlichen Zyklus aus Konzeption mit ex-ante-Evaluation, prozessualer Implementation mit Evaluation interim sowie ergebnisorientierter ex-post-Evaluation, erfordert die praktische Applikation stringent eine methodologische Verzahnung formativer und summativer Evaluationskomponenten [14], [226], [227], [228], [231].

Hinweis

Die methodologische Verzahnung beider Evaluationsformen eröffnet im iterativen Entwicklungsprozess ein synergetisches Potenzial für kontinuierliche Optimierung und abschließende Ergebnisvalidierung.

Aufgrund des nun dargestellten Sachverhalts kann es in Anbetracht der Operationalisierung sowohl zu einer prozessualen als auch zu einer funktionalen Komplementarität kommen, insofern die formative Evaluation durch ihre proaktive Bereitstellung entwicklungsrelevanter Informationen und Erkenntnisse entscheidungsleitend zu Gestaltungsentscheidungen organisational wirkt, während sich die summative Evaluation als konklusives Assessment der Entwicklungsresultate konstituiert und eine finale Bewertung singulärer oder polyvalenter Designentscheidungen eröffnet. Das wiederum bedingt, dass in dieser Konfiguration eine methodologische Konvergenz, die Flick [232] im Sinne einer „gestaltungsorientierten Triangulation" empfiehlt, wirksam werden kann, die sich exemplarisch in der Prototypenevaluation konkretisiert, welche sowohl summative Bewertungen als auch formative Erkenntnisse für nachgelagerte Entwicklungsiterationen generiert, wie Butz [161] ebenfalls konstatiert.

Dieser Aspekt ist insofern von Bedeutung, als diese konzeptuelle Integration die komplementäre Natur formativer und summativer Evaluationsansätze im Kontext iterativer Systementwicklung abbildet.

Merke

Vor dem Hintergrund des UX Research sollte stringent erwogen werden, dass sich die formative und die summative Evaluation in Konvergenz als komplementäre methodologische Ansätze konfigurieren bzw. operationalisieren lassen: Während die formative Evaluation durch prozessbegleitende Informationsgenerierung zur inkrementellen Systemoptimierung beiträgt, fokussiert die summative Evaluation im Wesentlichen auf das strukturierte Assessment hinsichtlich der Systemperformanz und zielt im Kern somit auf Antworten einer holistischen Nutzererfahrung, bezogen auf den finalen Produktzustand gemäß DIN EN ISO 9241-11.

In analoger Weise differenzieren Butz et al. [161] eine basale Kategorisierung von Evaluationsarten anhand der methodologischen Unterscheidung zwischen quantitativer und qualitativer Ergebnisgenerierung:

Hinweis

Die kategoriale Differenzierung nach Butz et al. [161] verdeutlicht die konvergente methodologische Komplementarität zwischen numerischer Ergebnisquantifizierung und narrativer Ergebnisdeskription.

▪ Quantitative Evaluation

Zwecks Operationalisierung lässt sich diese Evaluationsform durch die Generierung numerisch exprimierbarer, d. h. darstellbarer Resultate kennzeichnen, wobei die methodische Implementation typischerweise auf eine begrenzte Auswahl explizit quantifizierbarer und formal definierter Kriterien fokussiert; die daraus resultierenden metrischen Daten bilden schließlich die Grundlage für mathematisch-statistische Analysen (vgl. Abb. 4.4) [161], [232].

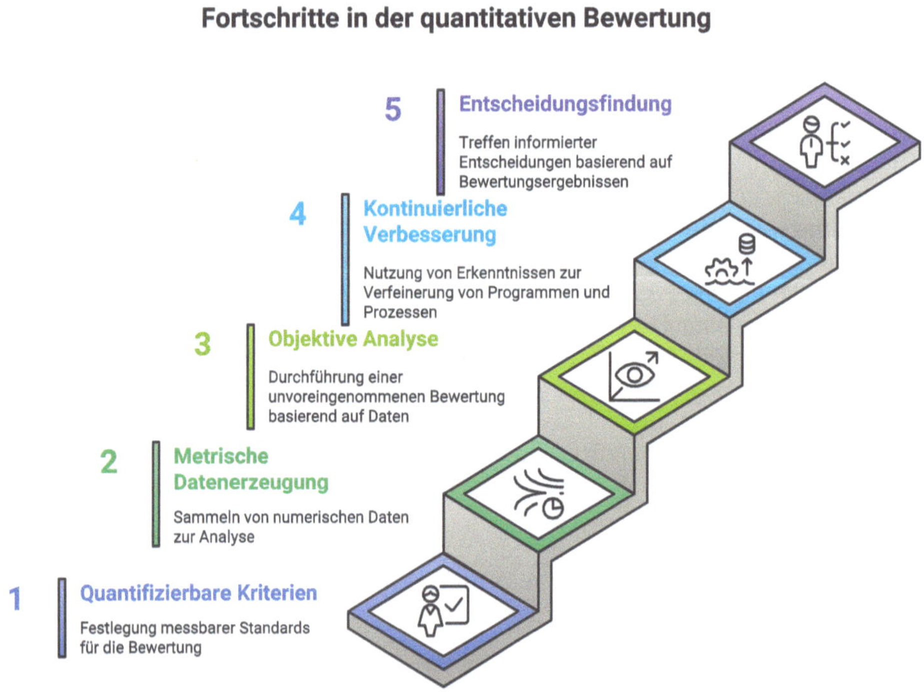

Abb. 4.4 Fortschritte in der quantitativen Evaluation. (Quelle: Eigene Darstellung)

■ Qualitative Evaluation

Die bisherigen Ausführungen machen hier durchaus deutlich, dass qualitative Evaluationsinformationen quantitative Verfahren dort ergänzen oder übersteigen, wo es nicht primär um Zahlenwerte per se, sondern um differenzierte, kontextbezogene Deutungen im Kontext von Perzeption, Repräsentation und Rezeption geht. Im Fokus steht daher die Generierung narrativer Beschreibungen, die eine reichhaltige Analyse ermöglichen und verborgene, durchaus teleologische Sinn- und Verständlichkeitsstrukturen offenlegen können, die in standardisierten Messungen oft unberücksichtigt bleiben. (vgl. ◘ Abb. 4.5) [161], [232].

Dieser Sichtweise zufolge impliziert die obige methodologische Dichotomie einerseits distinkte, andererseits jedoch komplementäre Zugänge zur strukturierten Erfassung und Auswertung evaluativer Resultate (vgl. Abb. 36) [161], [232].

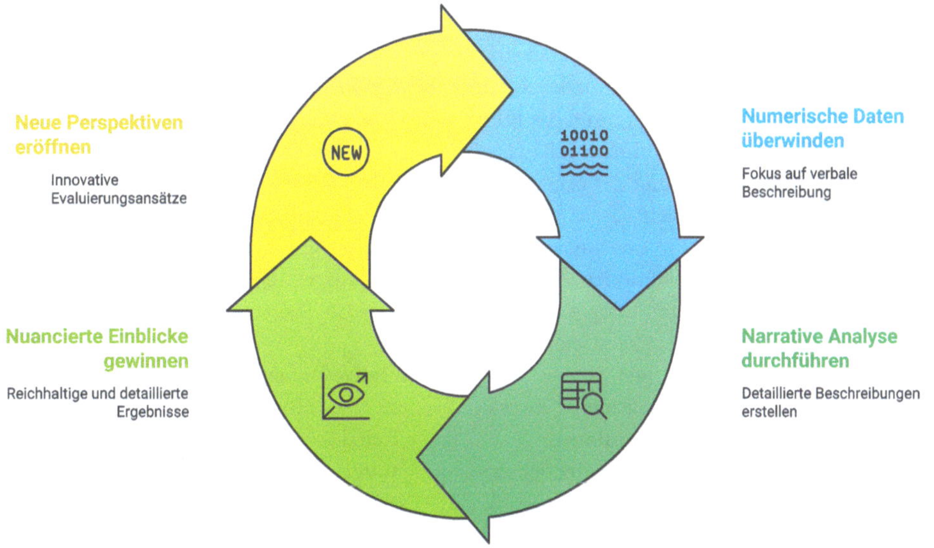

◘ **Abb. 4.5** Zyklus der qualitativen Evaluationsmethodologie. (Quelle: Eigene Darstellung)

Umfangreichere Transferbeispiele

Damit geht nun eine dementsprechend distinkte Resultatstruktur quantitativer und qualitativer Evaluationen hervor: Erstere generieren in der Regel numerisch erfassbare Daten, exemplifiziert durch die Messung von Ausführungszeiten oder die spezifizierte Erhebung von Fehlerraten in der Systeminteraktion. Analog dazu generieren qualitative Evaluationen non-numerische Resultate, die sich typischerweise aus detaillierten Nutzerbefragungen oder strukturierten Verhaltensbeobachtungen ableiten.

Weil die o. g. Beschreibungen möglicherweise vage sind und das Konzept schwer erfassbar ist, lässt sich die methodologische Distinktion exemplarisch anhand der nachfolgenden Evaluation einer E-

Learning-Plattform veranschaulichen: Zunächst einmal artikuliert sich die quantitative Dimension in der metrischen Erfassung durchschnittlicher Aufgabenbearbeitungszeiten, der statistischen Auswertung von Erfolgsraten bei Übungsaufgaben sowie der numerischen Quantifizierung individueller Supportanfragen.

Hingegen fokussiert die qualitative Dimension auf die narrative Beschreibung individueller Lernstrategien, die detaillierte Dokumentation emotionaler Reaktionen auf Lernerfolge oder -misserfolge sowie die exhaustive Analyse persönlicher Lernpfade durch das System, z. B. in Bezug auf die DIN EN ISO 9241-110 (‚Lernförderlichkeit').

Vor dem Hintergrund der obigen Definitionen und Beispiele lassen sich die komplementären Funktionslogiken beider Evaluationsformationen herausarbeiten, deren methodologische Synthese ein holistisches Verständnis der Systemqualität begünstigt.

Quantitative Evaluation: Zwecks Operationalisierung quantitativer Evaluation lässt sich die Generierung numerischer Resultate beispielhaft fassen in:

- einerseits der metrischen Erfassung temporaler Aufgabenexekution,
- andererseits der quantitativen Bestimmung von Fehlerfrequenzen und
- schließlich der systematischen Messung von Klickraten und Navigationspfaden.

Qualitative Evaluation: Wiederum exemplifiziert sich die non-numerische Resultatgenerierung in:

- sowohl detaillierten Nutzerinterviews zur Interface-Usability gemäß DIN EN ISO 9241-11
- als auch in systematischen Observationen des Nutzerverhaltens sowie
- zu guter Letzt in verbalen Protokollen der Nutzerinteraktion, die in der Regel anhand eines Kriterienkatalogs en- bzw. dekodiert werden.

Darüber hinaus lässt sich die methodologische Dichotomie an der Evaluation einer E-Learning-Plattform exemplarisch veranschaulichen:

Quantitative Dimension:

- die Messung der durchschnittlichen Bearbeitungszeit von Aufgaben in Relation zu den Aspekten ‚Fehlertoleranz' und ‚Lernförderlichkeit' gemäß DIN EN ISO 9241-110,
- die Erfassung der Erfolgsrate bei Übungsaufgaben unter Bezug auf die ‚Aufgabenangemessenheit' gemäß DIN EN ISO 9241-110 sowie
- die Quantifizierung nutzerseitiger Supportanfragen im Hinblick auf die ‚Selbstbeschreibungsfähigkeit' gemäß DIN EN ISO 9241-110.

Qualitative Dimension:

- die narrative Beschreibung der ‚Individualisierbarkeit' von Lernstrategien gemäß DIN EN ISO 9241-110,
- die Dokumentation sowohl konativ-dispositionaler als auch emotionaler Reaktionen auf Lernerfolge und -misserfolge im Hinblick auf die ‚Erwartungskonformität' gemäß DIN EN ISO 9241-110
- sowie die detaillierte Analyse der ‚Steuerbarkeit' und ‚Aufgabenangemessenheit' spezifischer Lernpfade gemäß DIN EN ISO 9241-110.

Damit ist angedeutet, dass die obige exemplarische Dekomposition die komplementäre Verfasstheit quantitativer und qualitativer Evaluationsresultate akzentuiert.

Dementsprechend sollte die methodologische Differenzierung nach Resultattypen in der praktischen Implementation frequent eine Integration multipler Evaluationsansätze indizieren. Die daraus resultierende Notwendigkeit methodologischer Triangulation wird von Butz et al. [161] explizit inhaltlich in diesem Zusammenhang wie folgt angesprochen:

> Während quantitative Verfahren statistisch auswertbare und damit wissenschaftlich belastbare Aussagen ermöglichen, ergänzen qualitative Methoden das Gesamtbild einer Studie um interessante Details und Aspekte, die sich aus rein numerischen Daten nicht ableiten lassen.

Hinweis
Die Korrelation von Evaluationstyp und Resultatform unterstreicht die Relevanz triangulativer Ansätze in komplexen Evaluationsszenarien.

Unter den obigen Voraussetzungen tritt eine weitere methodologische Betrachtungsebene zutage, die sich insbesondere in der Korrelation zwischen Evaluationstyp einerseits und Resultatformation andererseits niederschlägt [161]. Gleichermaßen liegt auf der Hand, dass sich auf der Basis empirischer Forschung im Kontext dessen nun konstatieren lässt, dass sowohl formative als auch summative Evaluationen prinzipiell in quantitativer oder qualitativer Form implementiert werden können, wobei Butz et al. [161] diesbezüglich auf eine signifikant erhöhte Adäquanz quantitativer Methoden für summative Assessments verweisen, während qualitative Ansätze eine besondere Eignung für formative Evaluationen aufweisen.

Als Schlussbetrachtung lässt sich demnach die methodologische Interdependenz als Indikator für die inhärente Komplexität evaluativer Methodenselektion durchaus interpretieren [14], [120], [161], [228].

Merke
Mit dem oben Gesagten ist angedeutet, dass quantitative Ansätze numerische Daten generieren, wohingegen qualitative Methoden auf die Gewinnung verbaler, kontextsensibler Erkenntnisse ausgerichtet sind – Ausdruck einer grundlegenden methodologischen Dichotomie.

Daraus resultierend entfaltet sich eine methodologische Zweiteilung in analytische und empirische Evaluationsansätze, wie neben Butz et al. [161] ebenso Sarodnick und Braun [233] hervorheben:

Hinweis
Explorativ-analytische und empirische Evaluation bilden komplementäre Verfahren zur Begründung und Validierung evaluativer Befunde.

Explorativ-analytische Evaluation

Jedenfalls aber besteht das konstitutive Merkmal dieser Methodologie in einer durch Experten durchgeführten, strukturierten Evaluation folgender Systemaspekte:
- zum einen der operativen Systemcharakteristika,
- zum anderen der strukturellen Komponenten und
- zu guter Letzt der funktionalen Eigenschaften.

Es ist nach Ansicht des Verfassers daher nicht gänzlich überraschend, dass die Grundlage der obigen Evaluation auf normativen Vorgaben und modelltheoretischen Konzepten beruht [14], [19].

▶ Transferbeispiel

Im Rahmen eines Heuristik-Reviews bewerteten UX-Experten eine medizinische Dokumentationssoftware hinsichtlich ihrer Navigationslogik gemäß der DIN EN ISO 9241-110 [23], der strukturellen Informationsarchitektur sowie der Konsistenz funktionaler Rückmeldungen auf Basis etablierter Usability-Guidelines. ◀

Empirische Evaluation

Darüber hinaus spielt die empirische Methodik insofern eine tragende Rolle, als die Evaluation durch gezielte Nutzerintegration mittels beobachtbarer Systemnutzung und standardisierter Rückmeldung realisiert wird – typischerweise in folgender Ausgestaltung:

- sowohl in Form strukturierter Befragungen als auch
- im Rahmen systematischer Verhaltensbeobachtungen.

▶ Transferbeispiel

Zur Evaluation eines Online-Buchungssystems wurden Nutzer bei der Durchführung typischer Aufgaben beobachtet und anschließend mithilfe eines standardisierten Usability-Fragebogens zu ihrer Nutzererfahrung befragt. ◀

Im Zentrum gegenwärtiger Debatten, wie exemplarisch bei Butz et al. [161] ausgeführt, steht demzufolge stets die methodologische Komplementarität analytischer und empirischer Evaluationsansätze. Daraus lässt sich wie folgt ableiten:

> » Empirische Untersuchungen ermöglichen wissenschaftlich belastbare Aussagen über Unterschiede in der Leistungsfähigkeit von Systemen, während analytische Verfahren zu deren Erklärung beitragen. Beide Zugänge bleiben jedoch aufeinander angewiesen: Messdaten besitzen ohne plausible Interpretation nur begrenzten Wert, ebenso wie analytische Befunde nur dann tragfähig sind, wenn sie mit dem real beobachtbaren Verhalten übereinstimmen.

Umfangreichere Transferbeispiele

Im Hinblick auf die obige Darstellung sollte dementsprechend konstatiert werden, wie ebenfalls exemplarisch Rosson und Carroll [103] unter Rekurs auf House und Howe [234] sowie Scriven [235] veranschaulichen, dass die Determination zwischen explorativ-analytischen und empirischen Verfahren paradigmatisch anhand der Metapher einer Axt in diesem Zusammenhang illustriert werden kann: Dieser Sichtweise zufolge fokussiert die explorativ-analytische Evaluation folglich die strukturierte Exploration werkzeugspezifischer Charakteristika wie Schneidegeometrie, Griffgestaltung und Massenverteilung einerseits, während andererseits die empirische Evaluation auf der Beobachtung der tatsächlichen Nutzung durch den Handwerker basiert. In dieser Konfiguration demonstriert diese duale Perspektive die methodologische Komplementarität analytischer und empirischer Evaluationsverfahren im Hinblick auf die differenzierte Erfassung sowohl struktureller Systemmerkmale als auch nutzungsinduzierter Performanzindikatoren im Zusammenhang mit der DIN EN ISO 9241-110 [23]. Gleichermaßen liegt diesbezüglich nun auf der Hand, dass die empirische Evaluation zwar evidente Effektivitätsbefunde generiert, deren isolierte Interpretation jedoch in der Regel limitiert bleibt, da beispielsweise die Observation einer ineffektiven Holzspaltung keine kausale Attribution spezifischer Defizite hinsichtlich Schneide oder Griff zulässt. Die obigen Ausführungen lassen demzufolge erkennen, dass erst die explorativ-analytische Evaluation der Konstruktionsprinzipien und Funktionsmechanismen die kausale Determination der Nutzungsproblematik de facto gewährleistet.

Schließlich lässt sich ein analoges Beispiel in der Evaluation einer digitalen Bildbearbeitungssoftware verorten: Die analytische Evaluation umfasst die strukturierte Examination von Interface-Architektur, Werkzeugplatzierung und Funktionshierarchien, während die empirische Evaluation die faktische Softwarenutzung durch professionelle Designer observiert Daraus geht schließlich hervor, dass zwar die empirische Beobachtung per se potenziell auf ineffiziente Workflow-Gestaltungen hinweist, jedoch erst die analytische Examination der Menüstruktur und Funktionsorganisation die Identifikation ursächlicher Usability-Probleme sowie deren gezielte Optimierung erheblich begünstigt.

Es herrscht im Übrigen fachwissenschaftlich weitgehende Einigkeit, dass die obige Evaluationsformation die komplementäre Verzahnung analytischer und empirischer Evaluationsmethoden als konstitutiv für ein umfassendes Systemverständnis betrachtet.

Merke

Vor dem Hintergrund obiger Definition lassen sich explorativ-analytische Evaluationsmethoden als expertenbasierte Verfahren fassen, die sich an etablierten Richtlinien oder heuristischen Modellen orientieren, während empirische Methoden Erkenntnisse durch Befragung oder Beobachtung tatsächlicher oder potenzieller Anwender generieren. Beide Verfahren stehen nicht in Opposition, sondern ergänzen einander synergetisch, wie Butz et al. [161] deduzieren: Mit empirischen Methoden lässt sich feststellen, ob ein bestimmter Sachverhalt vorliegt, während analytische Methoden darauf ausgerichtet sind, die zugrunde liegenden Ursachen oder Zusammenhänge zu erklären. Der Verfasser verweist darauf, dass explorativ-analytische Evaluationsmethoden, insofern sie auf strukturierter Experteneinschätzung beruhen, eine theoriebasierte und zugleich problemoffene Diagnose systemischer Schwächen in frühen Entwicklungsphasen ermöglichen.

4.2 Explorativ-analytische Evaluationsmethoden

Bezeichnet zeigt sich bei explorativ-analytischen Evaluationsmethoden deren Unabhängigkeit von direkter Nutzerpartizipation sowie ihre Verankerung in normativen Richtlinien und theoretischen Modellen; ein prägnanter strategischer Vorzug liegt somit teleologisch in der temporalen Flexibilität ihrer Implementation [236]. Wegweisend prädestiniert sich demnach diese Methodik für Evaluationsvorhaben insbesondere in initialen Entwicklungsphasen, d. h. konzeptionell ex ante, in denen weder prototypische Artefakte noch potenzielle Nutzer für empirische Assessments zugänglich sind [237].

Hinweis

Explorativ-analytische Evaluationsmethoden entfalten ihren strategischen Mehrwert insbesondere unter teleologischen Gesichtspunkten in frühen Entwicklungsphasen, da sie nutzerunabhängig, ressourcenschonend und hypothesengenerierend eine konzeptuelle Grundlage für nachgelagerte empirische Verfahren bereitstellen.

Grundstrukturierend tritt in dieser Causa die ökonomische Dimension dahingehend in Erscheinung, da sich die expertenbasierte Evaluation frequent als ressourcenschonendere Alternative gegenüber der Implementation empirischer Testverfahren präsentiert. Damit ist angedeutet, dass sich ein zusätzlicher methodologischer Benefit in der heuristischen Funktion analytischer Verfahren für nachgelagerte empirische Evaluationen konkretisiert, insofern als die strukturierte Examination kontroverse oder emergente Gestaltungsaspekte identifiziert und dadurch … [103], [236], [237]:

- Fokuspunkte bzw. Kontextfaktoren sowie Indikatoren für empirische Evaluationen bestehen,
- potenzielle Messdimensionen zu verzeichnen sind,
- sich testbare Hypothesen operationalisieren lassen.

► **Transferbeispiel**

Im Rahmen der konzeptionellen Frühphase einer Mobilitäts-App erfolgte eine explorativ-analytische Evaluation durch Experten anhand etablierter Interaktionsrichtlinien, um potenzielle Navigationsprobleme und Informationshierarchien vor der Entwicklung erster Prototypen strukturiert zu identifizieren und hypothesengenerierende Impulse für nachgelagerte Nutzerstudien abzuleiten. ◄

In diesem Zusammenhang kann festgestellt werden, dass die nachgelagerte Analyse eine selektive Examination inspektions- und modellbasierter Verfahren der analytischen Evaluation fokussiert, wodurch eine strukturierende Grundlage für die detaillierte Methodenanalyse überhaupt erst geschaffen wird [236].

4.2.1 Cognitive Walkthrough

Erst durch die praktische Anwendung erweist sich die explorative Evaluationsmethode des **Cognitive Walkthrough** als vorteilhafte sowie strukturierte Vorgehensweise zur Exploration mentaler Nutzerprozesse im prozessualen Verlauf konkreter Interaktionssequenzen [45], [238]. Hierbei impliziert, so konstatieren Baxter et al. [239], die methodologische Implementation die gezielte Auswahl spezifischer Aufgaben aus dem systemischen Funktionsspektrum durch den evaluierenden Experten. In diesem Rahmen richtet sich schließlich die subsequente Analyse auf die Prüfung präskripter Handlungssequenzen hinsichtlich ihrer Übereinstimmung mit antizipierten Nutzeraktionen, wobei erkannte Abweichungen als kausale Erklärungsmuster dokumentiert werden [239], [240].

Hinweis

Als nutzerzentrierte, jedoch nicht partizipativ angelegte Inspektionsmethode zielt der Cognitive Walkthrough auf die frühzeitige Identifikation potenzieller Verständnishürden im Aufgabenfluss ab.

Demzufolge lassen sich innerhalb der o. g. methodologischen Struktur fünf distinkte Charakteristika schließlich identifizieren [43], [174], [239], [240], [241]:

1. **Expertenbasierte Evaluation:** Maßgeblich ist hier, dass sich diese Formation methodischer Implementation durch qualifizierte Prüfpersonen in evaluatorspezifischen Assessments niederschlägt.
2. **Aufgabenspezifische Fokussierung:** Das bedeutet, dass so aufgabenspezifische Betrachtungen nicht in eine übergreifende Evaluation des Gesamtsystems integriert werden.
3. **Analyse korrekter Handlungssequenzen:** Neben den o. g. Aspekten nutzt diese methodische Investigation die potenzielle Nutzeradhärenz mit Bezug auf definierte sowie determinierte Handlungspfade gegenüber etwaigen Deviationen, ohne jedoch weitergehende Verhaltensprädiktionen zu intendieren.
4. **Kausale Problemanalyse:** In der sowohl perzeptiven als auch repräsentativen Perspektive inkorporiert die Methodik neben der Problemidentifikation die sequenzielle Problemexploration kausaler Problemfaktoren.
5. **Mentale Prozessfokussierung:** Daran wiederum anknüpfend fokussiert die evaluative Perzeption mentale Prozesse hypothetischer Nutzer anstelle systemischer Charakteristika, wobei sich die Integration extrasystemischer Variablen – etwa individueller Nutzermerkmale und Nutzungskontexte – aus der kognitions- sowie instruktionspsychologisch fundierten Trias von Perzeption, Repräsentation und Rezeption ableitet, welche ihrerseits die Konstitution nutzerseitiger Konventionen und damit die evaluative Prozessfokussierung maßgeblich präfiguriert.

► Transferbeispiel

Im Hinblick auf den obigen Sachzusammenhang analysierten nun Usability-Experten exemplarisch bezüglich der Evaluation eines digitalen Self-Service-Terminals mithilfe des Cognitive-Walkthrough-Ansatzes ausgewählte Aufgaben wie u. a. das Ausdrucken eines Dokuments. Im Zuge dessen wurden dementsprechend hypothetische Nutzerhandlungen entlang definierter Interaktionsschritte geprüft, Abweichungen sowohl kausal als auch explorativ analysiert und mögliche kognitive Barrieren im Zusammenhang mit einer teilhabenden Durchlässigkeit identifiziert, jedoch ohne auf reale Nutzerdaten zurückzugreifen oder das Gesamtsystem vollständig zu evaluieren. ◄

Auch hier lässt sich nunmehr feststellen, dass diese systematische Dekomposition ein dezidiertes Rahmenwerk für die operationalisierende Implementation des Cognitive Walkthrough konstituiert [242].

Das wiederum bedingt zu berücksichtigen, dass einerseits die methodologische Intention des Cognitive Walkthrough auf die frühe Evaluation von Designkonzepten abzielt, andererseits die methodische Implementation weder einer faktischen Systemrealisation noch einer prototypischen Ausgestaltung bedarf. In instruktionspsychologischer Sicht konstituiert sich die ex-ante erforderliche Bedingung in einem hinreichenden Designmaturitätsgrad, der es dem Analysten gestattet, korrekte Handlungssequenzen für spezifische Aufgaben zu determinieren und simultan die systeminternen Unterstützungsstrukturen für die Nutzerexekution antizipativ zu erfassen [43], [240], [243]. Hinzu kommt, dass sich der Cognitive Walkthrough im Kontext inspektionsbasierter Evaluationsmethoden durch eine spezifische teleologische, d. h. nutzungszielbezogene Ausrichtung differenziert, insofern der methodologische Fokus auf der Examination der Interface-Verständlichkeit aus Anwendersicht liegt, während andere Usability-Aspekte – etwa systeminterne Konsistenz – bewusst unberücksichtigt bleiben. Dies schließt zugleich ein, dass die methodologische Fundierung auf der Prämisse eines explorativen Systemerlernens durch den Nutzer – im Gegensatz zur Nutzung dokumentierter Instruktionen – basiert, wodurch Cognitive Walkthrough auf die formale Verifikation der informationalen Suffizienz der Benutzerschnittstelle im Kontext der Aufgabenexekution abzielt, wie Sudaryanto et al. [244] explizieren.

Damit erschließt sich, warum Lewis und Sturdee [43] eine triadische Phasenstruktur zur Implementation des Cognitive Walkthrough formulieren, die jeweils distinkte Aktivitätssequenzen voraussetzt.

► Transferbeispiel

Mit Blick auf die Evaluation eines interaktiven Orientierungssystems in einem Hochschulgebäude nutzten UX-Experten gerne den Cognitive-Walkthrough-Ansatz als ein expertenbasiertes Modell, um in diesem spezifischen Szenario ohne prototypische Operationalisierung die Interface-Selbstbeschreibungsfähigkeit gemäß DIN EN ISO 9241-110 [23] für die Aufgabe ‚Raum finden und Wegbeschreibung anzeigen' hinsichtlich der barrierefreien Zielgruppengerechtigkeit eruieren zu können. Im Zuge dessen sowie aber auch auf der Basis eines hinreichend ausgereiften Designkonzepts werden kohärent antizipierte Nutzeraktionen schrittweise evaluiert, um dementsprechend potenzielle Verständnisbarrieren in der Aufgabenexekution identifizieren und plausibilisieren zu können. ◄

Es lässt sich somit konstatieren, dass dieser Referenzrahmen eine prozedurale Strukturierung darstellt, die den methodologischen Rahmen für die praktische Implementation des Cognitive Walkthrough absteckt, wie der u. g. Abbildung (◘ Abb. 4.6) zu entnehmen ist [43], [139], [240], [244].

Ausführlich behandelt wird in der initialen Phase des Cognitive Walkthrough die strukturierte Durchführung vier distinkter Aufgabenkomplexe, die den methodischen Auftakt der Evaluationssequenz bilden und im Folgenden präzisiert werden [20], [34], [43], [217], [245]:

Hinweis

Die Vorbereitungsphase des Cognitive Walkthrough konkretisiert sich in einer systematischen Dekomposition nutzerrelevanter Aufgaben als Grundlage für die anschließende kognitive Prozessanalyse.

1. **Definition der nutzerspezifischen Prämissen:**
   Doch offenbart sich zunächst, dass die Evaluation die Berücksichtigung nutzerspezifischer Wissensvoraussetzungen verlangt, da die erfolgreiche Interaktion in signifikanter Abhängigkeit von individuellen kognitiven Strukturen steht. Die evaluative Relevanz konkretisiert sich in [20], [34], [43], [217], [245]:
   - Unter diesen Vorzeichen der Aufgabenfamiliarität des Nutzers.

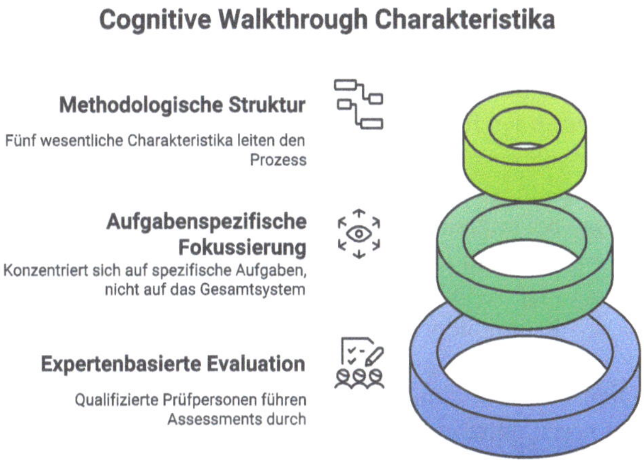

Abb. 4.6 Charakteristika des Cognitive Walkthrough Approach. (Quelle: Eigene Darstellung)

- Gleichermaßen unter Berücksichtigung kontextspezifischer Nutzungsbedingungen, führen diese Ausgangsbedingungen die Notwendigkeit präevaluativer Dokumentation herbei, da sie eine determinierende Wirkung auf die zu erwartenden Assessment-Resultate entfalten. Signifikante Differenzierungen zeigen sich exemplarisch in:
  a) einerseits hinsichtlich der Zielgruppendifferenzierung im Hinblick auf die Segmentierungskriterien (exemplarisch Computerexperten versus Allgemeinbevölkerung im Kontext von demografischen, psychografischen und verhaltensbezogenen Implikationen mit Fokus auf die Trias Segmenting, Targeting und Positioning) [14], [19],
  b) anderseits dem aufgabenspezifischen Vorwissensowie dem Utilisationskontext (stationäre versus mobile Anwendungsszenarien).

2. **Aufgabenselektion**
   Daraus wiederum ergibt sich wiederum, dass die exhaustive Evaluation sämtlicher Handlungssequenzen lediglich bei simplifizierten Systemen eine ökonomische Effizienz aufweist, wohingegen in der regulären Implementation eine selektive Aufgabenauswahl erforderlich ist, deren evaluative Relevanz sich schließlich aus der fokussierten Betrachtung partieller Systembereiche ableitet. Es ist nur verständlich, warum unter diesen Voraussetzungen Salvendi [245] eine duale Kriteriologie in diesem Zusammenhang im Sinne einer praxeologischen Handreichung UX-Designern offeriert [20], [34], [43], [217], [245]:
   - Aufgabenrelevanz: Diese sollte in kohärenter Weise die Korrelation zur systemimmanenten Kernfunktionalität berücksichtigen.
   - Aufgabenrealismus: Damit ist angedeutet, dass die authentische Spiegelung realer Nutzerarbeitsweisen essenziell ist, um reziproke Bezüge zwischen Systemverhalten und Nutzerinteraktion adäquat abzubilden.
3. **Determination korrekter Handlungssequenzen:**
   Obgleich es herausfordernd sein mag, stellt die aufgabenspezifische Definition korrekter Exekutionspfade durch den Designer ein zentrales Element dar, da die methodologische Fokussierung nicht auf der Prädiktion potenzieller Nutzerpfade, sondern auf der Evaluation der vom Designer intendierten Lösungsschritte liegt [20], [34], [43], [217], [245]. Es ist vor diesem Hintergrund nicht überraschend, dass sich diese Designer-Responsibilität in der Determination korrekter Handlungsabläufe als methodologischer Imperativ abzeichnet.

4. **Interface-Deskription:**
   Konsenstheoretisch herrscht weitgehende Einigkeit, dass sich die finale Komponente der Vorbereitungsphase in der exhaustiven Deskription nutzerseitiger Perzeptionen für jeden singulären Handlungsschritt erschließt, wobei die Komplexität dieser Aufgabe in signifikanter Korrelation zum jeweiligen Entwicklungsstadium steht. Das wiederum bedeutet, dass [20], [34], [43], [217], [245] …
   - bei implementierten Systemen eine triviale Dokumentation genügt,
   - während in frühen Entwicklungsphasen ein Rekurs auf Skizzen oder dokumentierte Dialogstrukturen zur detaillierten Deskription interfacerelevanter Komponenten erforderlich ist.

Demzufolge zeichnet sich ein instruktionsdesignerisches Merkmal dadurch aus, dass die systematische Dekomposition der Vorbereitungsphase die konzeptionelle Basis für die subsequente Implementation des Cognitive Walkthrough wie o. g. absteckt und die Qualität der resultierenden Evaluation maßgeblich präfiguriert [20], [34], [43], [217], [245].

► **Transferbeispiel**

Zur Vorbereitung eines Cognitive Walkthroughs für eine mobile Banking-App definierte das Designteam zunächst die Zielgruppe „technikaffine Gelegenheitsnutzer“, wählte authentische Kernaufgaben wie „Überweisung tätigen“ aus und dokumentierte die vorgesehenen Handlungsschritte samt zugehöriger Interface-Reaktionen anhand von Wireframes. ◄

In gewissem Sinne kondensiert sich die substanzielle Kernphase des Cognitive Walkthrough unter den o. g. Voraussetzungen in der fokussierten Examination intendierter Handlungssequenzen im Hinblick auf deren Nutzeradhärenzwahrscheinlichkeit, wobei die Analysephase in eine strukturierte Evaluation entlang vier distinkter Interrogationen im obigen Zusammenhang überführt wird, wie im Folgenden nun präzisiert [245], [246], [247]:

Hinweis

Im Zentrum der Analysephase steht die sequenzielle Evaluation intendierter Nutzerhandlungen anhand vier methodologisch definierter Leitfragen zur Einschätzung potenzieller Interaktionsbarrieren.

1. **Intentionale Effektkongruenz:**

Wird der Nutzer versuchen, den richtigen Effekt zu erzielen?

Aufgrund dieser Interrogation stellt sich explizit die Frage, ob der Nutzer intendieren wird, den korrekten Effekt zu initiieren; dies erfordert eine differenzierte Evaluation jeder singulären Nutzeraktion im Hinblick auf die Wahrscheinlichkeit einer adäquaten Handlungsausführung. Allerdings wird dies etwa dann problematisch, falls die Notwendigkeit einer vorherigen Textfeld-Löschung vor einer Neueingabe nicht antizipiert wird [245], [246], [247].

2. **Aktionsverfügbarkeitsperzeption:**

Wird der Nutzer erkennen, dass die korrekte Aktion zur Verfügung steht?

Dadurch, dass die methodologische Investigation auf die Identifikation potenziell non-evidenter Aktionsoptionen ausgerichtet ist, rücken insbesondere nichtkonventionelle Interaktionsmuster wie versteckte Doppelklick-Funktionalitäten in den Fokus, während standardisierte Interface-Elemente – etwa Menüs oder Buttons – in der Regel nur geringe evaluative Relevanz aufweisen [245], [246], [247].

3. **Aktions-Effekt-Korrelation:**

Wird der Benutzer eine Verbindung herstellen zwischen der korrekten Aktion und dem gewünschten Effekt?

Grundlegend für diese Kerndimension und methodologische Formation ist die Evaluation der nutzerseitigen sogenannten *Recognition der Aktion-Ziel-Relation,* insbesondere in Kontexten multipler plausibler Handlungsoptionen, wobei spezifische Problematiken frequent aus ambiguer Menüterminologie emergieren [245], [246], [247].

4. **Progressionsrecognition:**

Wird der Benutzer den Fortschritt erkennen?

Im Gegensatz zu den obigen Interrogationen fokussiert die finale Interrogation potenzielle Post-Aktions-Problematiken, die aus defizitärer Progressionsperzeption resultieren und sich in prämaturer Aktionsabortion oder inadäquaten Korrekturhandlungen niederschlagen können; evaluiert wird dabei primär die Adäquanz der systemischen Feedbackmechanismen [245], [246], [247].

Somit steht fest, dass die hier dargestellte strukturierte Dekomposition der Analyse- bzw. Explorationsphase einen differenzierten Rahmen für die methodologische wie auch methodische Evaluation der Nutzer-System-Interaktion skizziert [20], [245].

► Transferbeispiel

Bei der Evaluation eines Self-Checkout-Systems analysierten Experten die Aufgabe *Artikel stornieren* entlang der vier Interrogationen und identifizierten eine geringe Aktionsverfügbarkeitsperzeption aufgrund eines unbeschrifteten Icons ohne visuelles Feedback. ◄

Schließlich wiederum bedingt die methodische, in ihrer Struktur jedoch methodologisch konsistente Protokollierung ebenso eine duale Fokussierung:

Hinweis

Die finalen Prozesskomponenten des Cognitive Walkthrough umfassen die strukturierte Dokumentation der Befunde, die Ableitung gestalterischer Implikationen sowie die Initiierung geeigneter Follow-up-Maßnahmen.

1. Zum einen zwecks Erfassung des nutzerseitigen Wissensrequisits für die Aufgabenexekution,
2. Zum anderen zwecks Dokumentation potenzieller Fehlerquellen, inklusive:
   - probabilistische Fehlbedienungen
   - kausale Problemattribution
   - Identifikation kritischer Sequenzpunkte
   - Exploration alternativer Korrekturpfade.

An dieser Stelle stellt sich die Frage, inwieweit der Cognitive-Walkthrough-Ansatz überhaupt zur Plausibilitätskontrolle beiträgt. Diesbezüglich lassen sich im Wesentlichen zwei Implikationen verzeichnen, die den Grad seiner Eignung zur Validierung systeminterner Plausibilität determinieren.

a) **Designalternativenentwicklung:**
   Am deutlichsten wird dieser Sachverhalt durch die Beobachtung, dass die Identifikation systemischer Defizite im Rahmen des Cognitive Walkthrough die methodisch konsistente Konzeption sowie dokumentierte Ausarbeitung plausibler Designalternativen bedingt, um potenzielle Lösungspfade im Sinne einer strukturierten Plausibilitätskontrolle evaluativ zugänglich zu machen.
b) **Follow-up Implementation:**
   In diesem weiteren Kontext erweist sich der Cognitive Walkthrough als methodologische Instanz plausibilitätsorientierter Evaluation, insofern als die generierten Befunde spezifische Indikatoren potenzieller Problemloki im Systemdesign liefern, die adaptive Modifikationen – von mikroskaligen Labelinganpassungen bis hin zu makroskaligen Prozessrestrukturierungen – initiieren [240], [244], [248].

4

► Transferbeispiel

Bei der Evaluation einer Lernplattform identifizierte der Cognitive Walkthrough unklare Navigationsschritte im Aufgabenmodul. Die dokumentierten Befunde führten zur Entwicklung alternativer Button-Layouts und initiierten ein Follow-up mit Fokus auf Labeling und Sequenzstruktur. ◄

Prinzipiell böte sich an, so konstatieren Polson et al. [248], Cognitive Walkthrough als methodologische Frühevaluationsoption zu begreifen, die eine simultane Identifikation von Problemen und deren Kausalstrukturen erlaubt. Die konzeptuelle Basis liegt in der Annahme intuitiver Systemnutzung ohne vorausgehende formale Instruktion. Vergleichbar argumentieren Stephanidis und Salvendy [20] ebenfalls, da sie die Kernmethodik in der simulativen Prüfung jener kognitiven Prozesse verorten, die eine erfolgreiche Sequenzexekution bedingen, und damit die Integration finaler Prozesskomponenten in den methodologischen Rahmen des Cognitive Walkthrough komplementieren.

Merke

Auffallend dabei ist, dass sich Cognitive Walkthrough als sequenzielle Usability-Inspektionsmethode strukturiert, in deren Rahmen Experten durch die Exploration aufgabenspezifischer Handlungssequenzen kognitive Prozesse hypothetischer Nutzer antizipieren, um potenziell interfaceinduzierte Usability-Probleme zu detektieren.

4.2.2 Die Heuristische Evaluation nach Nielsen

Zu dem klassischen instruktionspsychologischen und -designerischen Bedingungszusammenhang lässt sich die von Jakob Nielsen [34] entwickelte heuristische Evaluation als formative Methode der Gebrauchstauglichkeitsprüfung interaktiver Systeme verorten, wobei ihre methodologische Implementation auf der strukturierten Identifikation potenzieller Nutzungsprobleme durch Evaluatoren auf Basis definier-

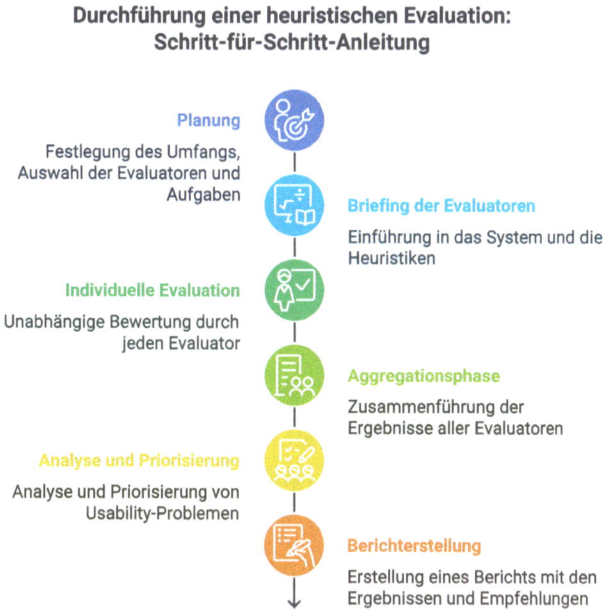

Abb. 4.7 Durchführung einer heuristischen Evaluation in Anlehnung an Nielsen [34]. (Quelle: Eigene Darstellung)

ter Heuristiken basiert. Ebenso liegt es auf der Hand, dass die zugrunde liegende Prämisse auf der Annahme einer weitreichenden Systemselbsterklärung zurückgeht und erkannte Barrieren im iterativen Gestaltungsprozess gezielt adressiert werden (vgl. Abb. 4.7) [34], [142].

Hinweis

Heuristische Komplexitätsreduktion fungiert sowohl als kognitives als auch konatives Mittel zur Strukturierung daseinsbestimmender Existenzbewältigung [19].

An dieser Stelle ist zu erwähnen, dass Nielsen [34] einen Katalog von zehn heuristischen Prinzipien formuliert (vgl. Abb. 4.8), die einen strukturierten Evaluationsrahmen abstecken. Demzufolge adressiert die erste Heuristik das Instruktionsdesign komplexitätsreduzierter und natürlicher Dialogstrukturen, d. h., Benutzerschnittstellen im HCI-Kontext sollen durch maximale Simplizität sowohl Missverständnisse als auch überflüssigen Suchaufwand minimieren [34], [142], [144]. In der Instruktionspsychologie und Mediendidaktik gilt als konsenstheoretisch anerkannt, dass jedes zusätzliche Interface-Element kognitive Ressourcen beansprucht und somit die Perzeption relevanter Inhalte durch visuelle Konkurrenz erschwert [19]. Es handelt sich demnach um eine gestaltungsrelevante Prämisse, der zufolge die Interface-Konzeption eine maximale Aufgabenkongruenz aufweisen sollte, um – in der Terminologie Normans [226] – System-Image und konzeptuelles Nutzermodell in größtmögliche Übereinstimmung instruktionsdesignerisch zu bringen [19].

Es wird verständlich, warum die optimale Umsetzung sich durch kontextsensitive Informationspräsentation unter Beachtung etablierter Gestaltungsprinzipien grafischer sowie multimodaler Kommunikation realisiert, wie im Folgenden in Anlehnung an Nielsen [34] expliziert:

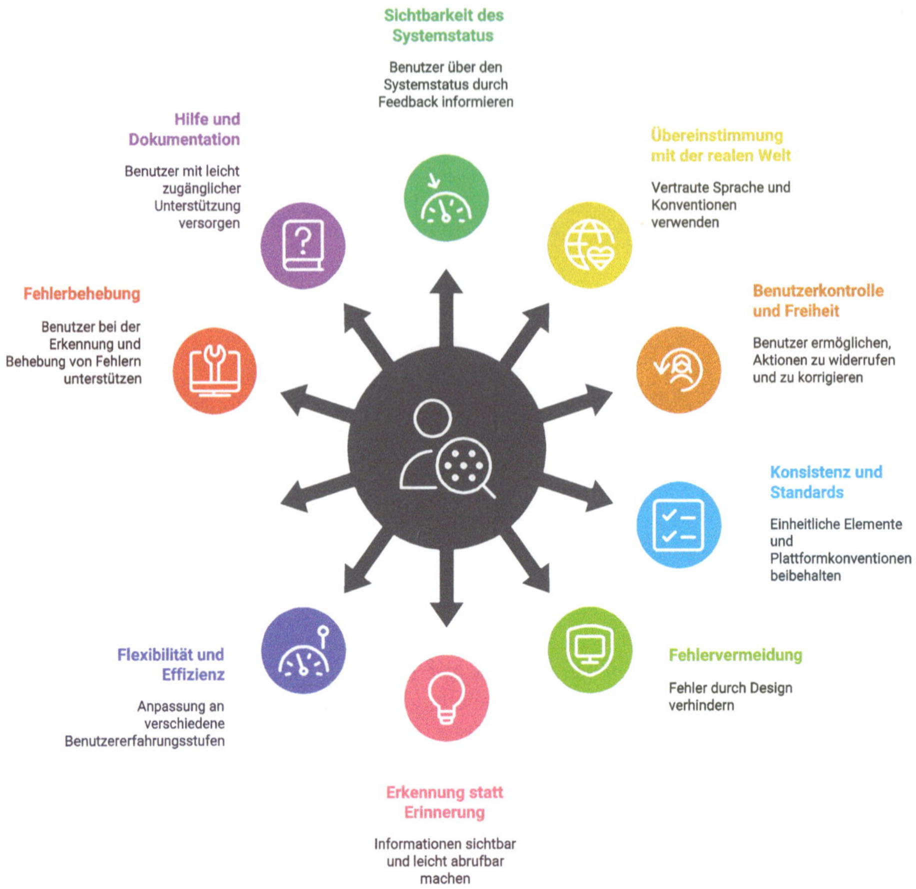

Abb. 4.8 Die zehn Usability-Heuristiken nach Nielsen [34]. (Quelle: Eigene Darstellung)

Hinweis
Die nachfolgende Explikation zeigt in Anlehnung an Nielsen [34], wie sich kontextsensitive Informationsgestaltung auf Basis etablierter Heuristiken realisieren lässt [142], [144].

1. **Design natürlicher sowie heuristisch komplexitätsreduzierter Dialoge:**
   Hierbei handelt es sich um eine sach- sowie zweckdienliche, gestaltungstriangulative Anforderung, die eine ausbalancierte Interface-Konzeption zwischen funktionaler Dichte und struktureller Simplizität präsupponiert und im Wesentlichen erst möglich macht. Im Zentrum steht in diesem Zusammenhang die Reduktion kognitiver Belastung durch minimierten Suchaufwand, da jedes supplementäre Interface-Element potenziell die Visibilität und Zugänglichkeit relevanter Systemkomponenten instruktionspsychologisch gemäß System-1-, System-2- und System-3-Theorie beeinträchtigt. Mit Blick auf die Synchronisation von System-Image einerseits und konzeptuellem Nutzermodell andererseits, ebenfalls im

Sinne Normans [226], konkretisiert sich im Zuge dessen die Interface-Gestaltung in einer kontextsensitiven Informationsdarstellung unter Berücksichtigung der o. g. etablierter komplexitätsreduzierter Prinzipien visueller Ordnung.[19], [34], [142], [144], [217].

2. **Implementation nutzerorientierter Terminologie:**
   Es handelt sich in diesem Bezugsrahmen hinsichtlich der semiotischen und semantischen Strukturprinzipien um die linguistische Systemdimension, deren Struktur sich an der aus Nutzersicht verständlichen domänenspezifischen Terminologie orientiert. Darüber hinaus erleichtert die Verwendung vertrauter Begriffe, Phrasen und metaphorischer Elemente – wie etwa der Papierkorb-Metapher für Löschvorgänge – die intuitive Erschließung des Systems und unterstützt eine kohärente Informationsordnung [34], [142], [144], [217].
3. **Minimierung kognitiver Belastung:**
   Mit dieser heuristischen Implikation richtet sich die kognitive Dimension der Systeminteraktion auf die Reduktion aktiver Memorierungsanforderungen aus, da – gestützt auf die psychologische Präferenz für Wiedererkennung gegenüber Reproduktion – Handlungsoptionen idealerweise visuell präsentiert und etwa über Menüstrukturen unmittelbar zugänglich gemacht werden sollten. Es lässt sich instruktionspsychologisch feststellen, dass die Navigationshilfen und Systemanleitungen maximale Accessibility zur Reduktion gedächtnisbasierter Operationen präsupponieren [34], [142], [144], [217].
4. **Systemische Konsistenz:**
   Wiederum in diesem Bezugsrahmen impliziert die Interface-Gestaltung die semantisch-strukturelle und funktionale Uniformität sämtlicher Systemelemente. Das wiederum bedeutet ebenso, dass die konsistente Verwendung und Anwendungsformation im Sinne einer digitalen und transmedialen Literalität von Wörtern, Icons und Symbolen Interpretationsunsicherheiten minimiert [19], [34], [142], [144], [217]. Schließlich konkretisiert sich das Prinzip der Vorhersagbarkeit in der reliablen Korrespondenz zwischen identischen Kommandos und deren Effekten [34], [142], [144], [217].
5. **Kontinuierliches Systemfeedback:**
   Aneignungsformativ notwendig ist eine prozessuale Transparenz, die sich durch kontinuierliche Statusindikation und unmittelbare Handlungsrückmeldung konstituiert; die Integration multimodaler Feedbackmechanismen – optoakustisch, psychoakustisch, visuell oder haptisch – gewährleistet dabei hodologisch (Anm.: pfadbezogen im Sinne der Nutzerbewegung durch das System) eine persistente Nutzerorientierung, insbesondere bei prolongierten Systemresponsezeiten [34], [142], [144], [217].
6. **Kontrolle und Autonomie:**
   Im Kontext dessen lässt sich ebenso konsenstheoretisch gestützt ferner konstatieren, dass sich Nutzerautonomie per se in der spezifizierten Verfügbarkeit explizit definierter Ausstiegsmöglichkeiten aus sämtlichen Systemzuständen in Bezug auf die HCI-Konfiguration artikuliert, wobei die Integration von Cancel-, Escape- und Rückkehrfunktionen die Reversion unintendierter Aktionen nutzerzentriert erlaubt und deren Effektivität durch maximale Visibilität sowie durchgängige Zugänglichkeit zur Sicherstellung kontinuierlicher Handlungsautonomie signifikant gestützt wird [34], [142], [144], [217].

7. **Effizienzoptimierung durch Abkürzungen:**
   Gleichermaßen liegt schließlich ebenso auf der Hand, dass die Integration von Acceleratoren zur nutzerzentrierten Effizienzsteigerung signifikant beiträgt, indem sie insbesondere versierten Rezipienten, sogenannten Experten, eine Rapid-Access-Funktionalität offeriert, während die Implementation von Tastenkombinationen, Funktionstasten, Hypertext-Links etc. eine beschleunigte HCI sowie eine fluide Navigation im Sinne eines nutzerzentrierten Flow-Erlebens innerhalb komplexer Dokumentstrukturen begünstigt und somit die Bounce-Rate minimiert [34], [142], [144], [217].
8. **Qualitative Fehlerindikation:**
   Hierzu wird schließlich konzeptuell gemeint, dass sich die Signifikanz von Fehlersituationen in doppelter Hinsicht artikuliert: einerseits als potenzielle Obstruktion der Aufgabenerfüllung, andererseits als Lernopportunität zur Erweiterung systembezogener Kompetenz. Allerdings impliziert dies wiederum die Integration präziser, konstruktiv formulierter und noninkulpierender Fehlermeldungen, die de facto konkrete Problemlösungsstrategien indizieren [34], [142], [144], [217].
9. **Proaktive Fehlerprävention:**
   Kybernetisch gerahmt, auch in Anlehnung an die Arbeiten von Stone et al. [246], impliziert die Systemarchitektur nun die Integration präventiver Mechanismen zur Fehlervermeidung [249]: Das wiederum bedeutet, dass die Substitution freier Eingaben durch strukturierte Auswahloptionen sowie die Implementation von Konfirmationsanforderungen bei kritischen Operationen das potenzielle Fehlerrisiko minimieren. Daraus erschließt sich, dass insbesondere bei irreversiblen Aktionen Warnsignale und Bestätigungsmechanismen als unverzichtbare Elemente kybernetischer Kontrolllogik erscheinen [34], [142], [144], [217].
10. **Supportive Dokumentation:**
   Instruktionspsychologisch im Hinblick auf die aneignungsformative Informationsverarbeitung lässt sich ebenso konstatieren, dass ungeachtet des Primats der Selbsterklärung komplexe Systemfunktionalitäten eine supplementäre Dokumentation erfordern, welche sich durch klare Strukturierung, domänenspezifische Terminologie und adaptive Zugänglichkeit auszeichnet, insbesondere in Bezug auf [19], [29], [34], [142], [144], [217]:
   - Linguistische Zugänglichkeit
   - Aufgabenorientierte Strukturierung
   - Konkrete Handlungsanweisungen
   - Fokussierung auf essenzielle Informationen
   - Maximale Accessibility

► Transferbeispiel

Im Rahmen der Neugestaltung eines Buchungsdialogs für die Lufthansa wurden die Zahl sichtbarer Optionen in der App mit Blick auf das BFSG signifikant reduziert und im Zuge dessen die Navigation linearisiert, um die kognitive Belastung der User zu minimieren und die Nutzerführung intuitiv entlang klarer Handlungsschritte barrierefreier und durchlässiger zu optimieren. ◄

Tab. 4.1 Heuristische Evaluation nach Nielsen. (Quelle: Eigene Darstellung)

Heuristik	Didaktisch reduzierte Erklärung
Natürliche Dialoge gestalten	Informationen sollen klar, einfach und sinnvoll strukturiert sein
Nutzerorientierte Terminologie	Verwende Sprache, die den Nutzern vertraut ist
Kognitive Belastung minimieren	Nutzer sollen möglichst wenig aus dem Gedächtnis abrufen müssen
Systemische Konsistenz	Symbole und Abläufe sollten einheitlich sein
Kontinuierliches Feedback	Systeme sollen direkt und verständlich Rückmeldung geben
Kontrolle und Autonomie	Nutzer brauchen klare Optionen zur Korrektur von Aktionen
Effizienz durch Abkürzungen	Erfahrene Nutzer profitieren von Tastenkombinationen
Qualitative Fehlerindikation	Fehlermeldungen müssen verständlich und lösungsorientiert sein
Proaktive Fehlerprävention	Systeme sollten Fehler möglichst von vornherein vermeiden
Supportive Dokumentation	Gute Hilfen erklären Aufgaben klar und leicht verständlich

Es lässt sich in Bezug auf das Obige in theoretischer sowie praxeologischer Konsequenz feststellen, dass die dekadische Heuristik nach Nielsen [34] einen strukturierten Rahmen für die sowohl formative Evaluation ex ante (konzeptionell), interim (prozessual) und ex post (ergebnisbezogen) als auch inkrementelle Verbesserung interaktiver Systeme zwecks heuristischer Komplexitätsreduktion konzeptionell determiniert [3], [4], [19] (Tab. 4.1).

Hinweis

Die nachfolgende Betrachtung fokussiert auf die kritische Reflexion der Limitationen und Einsatzpotenziale heuristischer Evaluationsverfahren im Kontext nutzerzentrierter Systementwicklung.

Nicht zuletzt konvergiert eine methodische Limitation der heuristischen Evaluation, wie von Butz et al. [161] ausgeführt, in der Restriktion auf Nielsens dekadisches Heuristikkonzept, das keine exhaustive Abbildung sämtlicher potenzieller Anwendungskontexte sicherstellt. Damit ist in der theoretischen Konsequenz angedeutet, dass die universelle Applikabilität der Heuristiken durch kulturelle und situative Diversität relativiert wird, was sich exemplarisch in der heterogenen Ausprägung kulturspezifischer Designanforderungen konkretisiert. Geht man hier von den entsprechenden Untersuchungen aus, dann zeigt sich des Weiteren, dass die Heuristik der kognitiven Lastminimierung lediglich eine kontextabhängige Validität aufweist: Während sie in effizienzorientierten Anwendungsszenarien hohe Relevanz entfaltet, können in spezifischen Kontexten – etwa bei ludischen Systemkomponenten mit intentional induzierter kognitiver Herausforderung – gegenteilige Effekte auftreten.

► **Transferbeispiel**

Bei der Evaluation einer edukativen Spiele-App erwies sich die Heuristik der kognitiven Lastminimierung als nur bedingt anwendbar, da die gezielte kognitive Herausforderung integraler Bestandteil des Spielerlebnisses war und eine vereinfachte Interface-Gestaltung den intendierten Lerneffekt konterkariert hätte. ◄

Aus instruktionspsychologischer und -designerischer Sicht, so hat der Verfasser [3], [4], [5], [9], [46] in diversen Explorationsstudien aufgezeigt, lassen sich demzufolge die methodologischen Vorzüge der heuristischen Evaluation primär in ihrer temporalen Flexibilität verorten, da sie u. a. eine Implementierung bereits auf der Ebene initialer Prototypen erlaubt und zugleich durch geringen Ressourceneinsatz im Sinne des Mensch-Organisation-Technik-Modells einen signifikanten Effizienzgewinn realisiert [12], [13], [14], [15], [19]. Des Weiteren zeigt sich im Kontext heuristischer Evaluationsverfahren die methodische Limitation per se durch die expertenseitige Abstraktion nutzerspezifischen Domänenwissens, was allerdings die Notwendigkeit ergänzender Usability-Tests impliziert, ohne jedoch eine methodische Substitution zu legitimieren [18], [34], [76], [142], [246]. Demzufolge positioniert sich die heuristische Evaluation als valide, jedoch nicht erschöpfende Methodik innerhalb formativer Usability-Evaluation – insbesondere im Lichte ihrer spezifischen Stärken und Limitationen.

Merke

Strukturgenetisch lässt sich die heuristische Evaluation nach Nielsen als expertenbasierte Inspektionsmethode beschreiben, die interaktive Systeme anhand definierter Heuristiken prüft und dabei potenzielle interfacebezogene Usability-Probleme identifiziert.

4.2.3 Modellbasierte Analyseverfahren: Das GOMS-Modell

Auch die im Kontext der Instruktionspsychologie rezipierten Theorien zur heuristischen Komplexitätsreduktion sowie zum Flow-Erleben, wie vom Verfasser [3], [4], [19] in diversen Explorationsstudien dezidiert herausgearbeitet, unterstreichen die Notwendigkeit des Einsatzes modellbasierter Explorationsverfahren, die zumal auf der theoriebasierten Rekonstruktion nutzerseitiger Verhaltensmuster beruhen, um eine strukturierte Dekomposition kognitiver, konativer, affektiver sowie physischer Handlungsabläufe bei der Aufgabenexekution zu offerieren, wodurch valide Gebrauchstauglichkeitsprädiktionen für interaktive Systeme abgeleitet werden können [4], [19].

Zum einen fokussieren die Modelle die Prädiktion spezifischer Mikrointeraktionen – etwa durch die temporale Bestimmung motorischer Handlungssequenzen gemäß Fitts' Law –, zum anderen adressieren sie umfassendere Strukturen kognitiver Prozesse bis hin zur holistischen Modellierung instruktionsbasierter Lernverläufe [250], [251], [252].

Nicht zuletzt ist es unerlässlich, zur Kenntnis zu nehmen, dass das von Card et al. [253] entwickelte **GOMS-Modell** (Goals, Operators, Methods, Selection Rules) einen kybernetisch-systemischen Referenzrahmen zur Analyse der Mensch-Maschine-Interaktion entwirft, dessen kognitive Struktur sich in vier konstitutive Komponenten gliedert (vgl. ◘ Abb. 4.9) [254], [255], [256], [257]:

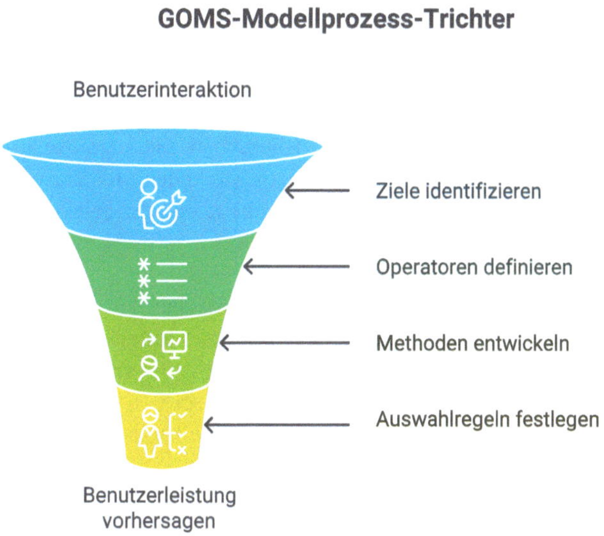

Abb. 4.9 Der GOMS-Modellprozess-Trichter. (Quelle: Eigene Darstellung)

Hinweis
Modelle wie GOMS zeigen exemplarisch, wie theoriebasierte Dekompositionen kognitiver und physischer Handlungsabläufe eine valide Grundlage für die Analyse und Optimierung nutzerzentrierter Interaktionen schaffen.

- **Ziele (Goals)**

In Anbetracht des o. G. repräsentieren diese Goals zunächst einmal die intendierten Nutzerresultate und zeichnen sich durch ihre hierarchische Dekomponierbarkeit in subordinierte Teilziele aus.

- **Operatoren (Operators)**

Darauf aufbauend konstituieren die Operatoren jene elementaren Prozesseinheiten, die sich in physischen wie kognitiven Operationen artikulieren lassen, wobei Letztere etwa das mentale Informationsretrieval oder die antizipative Präparation nachfolgender Handlungsschritte umfassen und in direkter Dependenz zu den systemimmanenten Funktionalitäten stehen.

- **Methoden (Methods)**

In dieser theoretischen Konsequenz lassen sich Methoden schließlich als kognitiv konsolidierte Sequenzen aus Operatoren und Subzielen fassen, die teleologisch auf die strukturierte Zielerreichung per se ausgerichtet sind.

- **Auswahlregeln (Selection Rules)**

Mit den Selektionsregeln zeigt sich wiederum ein modellinterner Mechanismus, der im Wesentlichen nutzerseitige Entscheidungsprozesse zur kontextspezifischen Methodenselektion abbildet.

► **Transferbeispiel**

Aus der Nutzerperspektive betrachtet zerfällt beim Kopieren und Formatieren eines Absatzes in einer Textverarbeitung das Hauptziel ‚Text anpassen' in Subziele wie ‚Text markieren' und/oder ‚Format auswählen'. Daher umfassen in dem obigen Szenario die Operatoren Mausbewegungen, Klicks und das kognitive Erkennen der passenden Funktion. Dementsprechend kommen als Methoden Menüauswahl oder Shortcuts zum Einsatz. Im Zuge dessen erfolgt die Auswahl gemäß der Selektionsregel: Bei Routine – Shortcut, bei Unsicherheit – Menüführung. ◄

Auf der strukturformenden Ebene der Aufgabenevaluation konkretisiert sich die praktische Anwendung des **GOMS-Modells** besonders in der Exploration routinisierter Handlungsvollzüge innerhalb büroorganisatorischer Anwendungsszenarien, exemplarisch demonstriert an der sequenziellen Untersuchung typischer Textverarbeitungsprozesse wie folgt dargestellt [254], [255], [256], [257]:

Hinweis

Anhand standardisierter Textverarbeitungsprozesse lässt sich zeigen, wie das GOMS-Modell komplexe Interaktionen in zielgerichtete Sequenzen aus Zielen, Operatoren, Methoden und Selektionsregeln überführt.

Anhand des obigen Hintergrunds lässt sich exemplarisch rekonstruieren, wie etwa die intendierte Formatierung eines Textabschnitts durch den Nutzer innerhalb der **GOMS-Analyse** in distinkte Ziel-Operatoren-Sequenzen dekomponiert wird [254], [255], [256], [257]:

- **Ziel-Hierarchie**
- Primärziel: Textformatierung
- Sekundärzielziele: Textauswahl, Formatierungsmenü aktivieren, Parameter adjustieren

- **Operatoren**
- Physische: Mausbewegung, Klickoperationen, Tastatureingaben
- Kognitive: Menüstruktur erfassen, Formatierungsoptionen evaluieren

- **Methoden**
- Formatierung via Menüsystem
- Formatierung via Tastenkombinationen
- Formatierung via Kontextmenü

- **Selektionsregeln**
- Bei häufiger Wiederholung: Tastenkombinationen
- Bei explorativer Suche: Menüsystem
- Bei kontextueller Nähe: Kontextmenü

Es ist daher nicht überraschend, dass sich durch die Konvergenz systematischer Analyse und explorativer Problemerschließung die notwendige Plausibilitätskontrolle temporaler Differenzen zwischen den o. g. Implementationsvarianten methodologisch operationalisieren lässt.

Umfangreicheres Transferbeispiel

Unter diesen Vorzeichen lässt sich exemplarisch die abstrakte Struktur des GOMS-Modells durch eine strukturierte Analyse der Absatzlöschung in einem Textverarbeitungssystem konkretisieren, wobei das primäre Ziel – die Deletion eines spezifischen Absatzes – die sequenzielle Implementation multipler Operatoren präsupponiert, die sich in physische wie kognitive Dimensionen differenzieren:

Physische Operatoren:
- Präzise Mauspositionierung
- Tastaturmanipulation
- Kontinuierliche Cursorbewegung

Kognitive Operatoren:
- Fachterminologisch in Bezug auf das Informationsretrieval (Informationswiedergewinnung) aus dem Gedächtnisspeicher
- Antizipation subsequenter Handlungssequenzen
- Evaluation der Textstruktur

Darüber hinaus spielt eine Rolle, dass sich die methodische Implementation in alternativen Handlungssequenzen artikuliert, deren Auswahl durch aufgabenspezifische Anforderungen und nutzerseitige Prädispositionen bedingt ist:

Methode 1 (Selektionsbasiert):
- Initiale Cursorpositionierung am Absatzbeginn
- Kontinuierliche Selektionsbewegung bis Absatzende
- Terminale Deletion via Einzeltastendruck

Methode 2 (Sequenziell):
- Finale Cursorpositionierung
- Iterative Einzelzeichendeletion

Jedenfalls aber besteht instruktionspsychologisch und -designerisch konsenstheoretische Einigkeit darüber, dass die Wahl der adäquaten Methode propädeutisch durch nutzerindividuelle Selektionsregeln determiniert werden sollte, welche sich exemplarisch über quantitative Textlängenschwellen operationalisieren lassen – etwa durch die Anwendung der selektionsbasierten Methode bei Passagen mit mehr als drei Zeichen und der iterativen Deletion bei kürzeren Sequenzen.

Im Zentrum gegenwärtiger Debatten wird nach wie vor diskutiert, inwieweit sich die GOMS-Analyse als prädiktives Instrument zur quantitativen und qualitativen Antizipation nutzerseitiger Interaktionsmuster ausdifferenziert, wobei ihre methodologische Relevanz in der Option präprototypischer Designevaluation interaktiver Systeme liegen soll. Es ist jedoch sinnvoll, in diesem Zusammenhang anzumerken, dass GOMS simultan die fokussierte Allokation von Designressourcen auf kritische Systemkomponenten mit erhöhtem Problempotenzial begünstigt, wie John [258] feststellt, wobei sich die quantitative Dimension primär in der methodischen Erfassung von Ausführungszeiten konkretisiert.

Hinweis

Mit dem Keystroke-Level-Model liegt eine reduzierte GOMS-Variante vor, die sich durch ihre Fokussierung auf physische Interaktionen als zeiteffizient, jedoch in ihrer analytischen Reichweite limitiert charakterisiert.

Damit geht schließlich ebenso einher, dass die evolutionäre Entwicklung des GOMS-Modells zur Herausbildung multipler Variationen führte, unter denen das von Card et al. [257] konzipierte **Keystroke-Level-Modell** (KLM) als maximal reduzierte Ausprägung hervorsticht. Aus Baumeister et al. [259] Perspektive charakterisiert sich diese reduktionistische Adaption des originären GOMS-Modells demzufolge durch die Elimination der Ziel-, Methoden- und Selektionsregelkomponenten, wobei die evaluative Implementation auf die protokollarische Erfassung physischer Interaktionen – konkret Tastatureingaben und Mausbewegungen – während der Aufgabenexekution ausgerichtet ist. Eine Metaanalyse mittels PRISMA-Flow-Diagrams des Verfassers [3] zeigt, dass diese methodologische Simplifikation eine effiziente, wenngleich in ihrer analytischen Reichweite reduzierte Evaluation der Mensch-System-Interaktion nahelegt.

Merke

Die durch die Verbreitung geprägte Parallelität von GOMS und KLM resultiert schließlich sowohl in konvergenten als auch in komplementären Analyseansätzen der Mensch-System-Interaktion: Während GOMS durch die Integration von Zielen, Operatoren, Methoden und Selektionsregeln eine top-down-orientierte Dekomposition realisiert, akzentuiert KLM die temporale Erfassung elementarer Interaktionen aus einer Bottom-up-Perspektive [161].

Analog zu den o. g. Modellen stellt ein im Kontext der Usability Evaluation besonders signifikanter Ansatz das auf Fitts [260] zurückgehende **Fitts'sche Gesetz** dar, das als Vorhersagemodell die prädiktive Ableitung temporaler Parameter menschlicher Zeigebewegungen gestattet. Fitts [260] verfolgt eine etwas andere Stoßrichtung, indem sein Postulat, das Fitts'sche Gesetz, einen grundlegenden Zusammenhang spezifiziert [254], [261], [262]: Je höher die erforderliche Präzision einer zielgerichteten Bewegung, desto ausgeprägter die benötigte Reaktions- und Bewegungszeit – exemplarisch veranschaulicht durch die erhöhte Zeitanforderung bei der Ansteuerung miniaturisierter Zielbereiche im Vergleich zu großflächigen Interaktionszonen. Vor diesem Hintergrund wird nun die temporale Dimension komplementär über die Zieldistanz determiniert: Die Bewegungsexekution präsupponiert eine mit der Entfernung korrelierende Zeitextension.

Hinweis

Im Sinne nutzerzentrierter Gestaltung verweist das Hick'sche Gesetz auf die Notwendigkeit, Auswahlkomplexität zu begrenzen, um Entscheidungszeiten systematisch zu minimieren [263], [264], [265].

Obgleich die originären Untersuchungen des Psychologen Paul Fitts [260] nicht im Kontext von Benutzerschnittstellen durchgeführt worden sind, demonstrieren seine Erkenntnisse signifikante Implikationen für die instruktionsdesignerische Gestaltung interaktiver Systeme [19]. Dabei kann die Operationalisierung des Fitts'schen Gesetzes in der Interface-Navigation als Grundlage für designbezogene Ableitungen dienen: Bedienelemente sollten vor der o. g. Konstellation in ihrer Dimensionierung eine optimale Erkennbarkeit und präzise Ansteuerung gewährleisten, da sie die kognitiven, konativen und affektiven Konventionen der Rezipienten berücksichtigen [4], [19]. In strategischer Hinsicht gewinnt die Implementierung adäquater Interelementdistanzen an signifikanter Relevanz im UX-Design; ergänzend präsupponiert die optimale Zielplatzierung eine Verortung in Bildschirmarealen mit erhöhter perzeptueller wie motorischer Zugänglichkeit, welche im Übrigen dem Gedanken des Barrierefreiheitsstärkungsgesetzes entspricht [46], [266].

Merke

Mit dieser Festlegung ist bereits die signifikante Relevanz von Fitts' Gesetz für die optimale Positionierung interaktiver Interface-Elemente angesprochen, insbesondere im Kontext mobiler Displays, wo die ergonomische Platzierung die Nutzbarkeit maßgeblich determiniert [22].

An diesem Punkt setzt verständlicherweise das **Hick'sche Gesetz** an, das sich als instruktionspsychologisches Prinzip mit signifikanter Relevanz für das Usability Engineering ausweist, insofern es hodologisch die strukturierte Entwicklung intuitiv bedienbarer, nutzerorientierter Systeme plausibilisierbar macht, wie Carroll [265] konstatiert [263]. Auch die Tatsache, dass die experimentellen Untersuchungen von Hick (1952) die systematische Determination der Korrelation zwischen Reaktionszeit und der Quantität verfügbarer Optionen intendiert haben, so hebt Carroll [265] hervor, verweist auf die psychometrische Relevanz dieser Relation für nutzeradaptive Interface-Gestaltung gemäß DIN EN ISO 9241-110 [23]. Zusätzlich lässt sich in dieser Konfiguration erkennen, dass die im Hick'schen Gesetz konsolidierten empirischen Befunde eine direkte Proportionalität zwischen Anzahl und Komplexität der Auswahloptionen sowie der Dauer des Entscheidungsprozesses nahelegen [264].

In analoger Weise resultiert aus der obigen Implementation dieser Erkenntnisse im Usability Engineering eine essenzielle Instruktionsdesignimplikation [267]: Zum einen impliziert die Beschleunigung nutzerseitiger Entscheidungsprozesse eine Reduktion der Stimulusquantität, zum anderen ergibt sich daraus die gestalterische Priorisierung von Simplizität und die konsequente Ausblendung redundanter Interface-Elemente [268].

Umfangreiches Transferbeispiel

In diesem Sinne lässt sich zwecks des Theorie-Praxis-Transfers auf praxisnahe Designbeispiele die Interface-Gestaltung der Google-Suchmaschine als exemplarische Ausprägung der Prinzipien des Hick'schen Gesetzes fassen, deren vielfach akklamierte Klarheit und Übersichtlichkeit sich durch die konsequente Reduktion auf das essenzielle Element – das Sucheingabefeld – realisiert. Jedoch ist zu beachten, dass diese Formation durch die deliberate Reduktion der Interface-Komplexität potenzielle Distraktoren eliminiert und sowohl die bedürfniszentrierte als auch teleologisch die zielgerichtete Ausführung der primären Nutzerintention – der Internetsuche – unterstützt. Dieser Aspekt ist insofern von großer Bedeutung, als die sequenzielle Präsentation von Filteroptionen (Bilder, Videos, Shopping etc.) ex post betrachtet zur Suchanfrage eine sophistizierte Implementation temporaler Entscheidungssegmentierung hierbei exemplifiziert. Zusätzlich ist zu berücksichtigen, dass diese strategische Postponierung sekundärer Entscheidungsoptionen zu guter Letzt die ungestörte Fokussierung des Nutzers auf die primäre Aufgabenexekution unterstützt und einer initialen kognitiven Überlastung durch simultane Entscheidungsanforderungen präventiv entgegenwirkt [22]. Auch der Umstand, dass die Interface-Komplexität gezielt reduziert und Entscheidungsanforderungen sequenziell angeordnet werden, exemplifiziert die praktische Realisation des Hick'schen Gesetzes in der Interface-Gestaltung [263], [264], [267].

Dieser Sichtweise zufolge ist die evaluative Dimension auf die Effizienz und Direktheit der Zielerreichung ausgerichtet; Interface-Komponenten ohne unmittelbaren Beitrag dazu sollten konsequent entfernt werden [22]. Gleichermaßen liegt aber ebenso auf der Hand, dass die leitende Intention in der Reduktion kognitiver Belastung besteht – verstanden als jene ‚mentalen Ressourcen, die zum Verständnis und zur Interaktion mit einer Benutzeroberfläche benötigt werden', so Yablonski [22] –, deren Inanspruchnahme einer gezielten Begrenzung unterliegen sollte, wie der Verfasser ebenfalls in Explorationsstudien in Bezug auf die System-1-,- System-2- und System-3-Theorie aufgezeigt hat [4], [19].

Merke

Es lässt sich feststellen, dass die Verankerung von Hick's Gesetz in der Usability-Methodologie die direkte Korrelation zwischen der Komplexität von Entscheidungsoptionen und der temporalen Extension des Entscheidungsprozesses demonstriert, woraus sich für das Usability Engineering der methodologische Imperativ einer maximal reduzierten Interface-Gestaltung ableitet, um im Kern die daseinsbestimmende Existenzbewältigung der Nutzer simplifiziert gemäß DIN EN ISO 9241-11 [8] zu begünstigen [261], [262], [263], [265].

4.3 Empirische Evaluationsmethoden

Auch die im Kontext empirischer Evaluationsansätze relevante methodologische Klassifikation konkretisiert sich nun in der Definition von Butz et al. [161] als Verfahren, „die durch Messung oder anderweitige Sammlung in Experimenten, Beobachtungen oder Befragungen Daten erheben, auf deren Basis sich wissenschaftliche Aussagen machen lassen".

In instruktions- sowie UX-designerischer Hinsicht attribuieren Rosson und Carroll [103] der empirischen Datengenerierung im Kontext der Usability Evaluation den Status eines Goldstandards, da ausschließlich die authentische Systemnutzung durch reale Anwender in realitätsnahen Anwendungsszenarien valide Erkenntnisse generiert.

Hinweis

Die empirische Evaluation konstituiert sich als methodologischer Goldstandard nutzerzentrierer Forschung, deren Qualität sich maßgeblich an den Gütekriterien Objektivität, Reliabilität, Validität und Relevanz bemisst.

Es ist daher angebracht, so konstatieren Rosson und Carroll [103], auf multiple methodische Limitationen hinzuweisen: Die empirische Evaluation präsupponiert ein hinreichend elaboriertes Systemstadium, dessen späte Verfügbarkeit im Fall gravierender Defizitidentifikation signifikante temporal-ökonomische Implikationen nach sich zieht [265]. Figurativ und operativ intendiert die formative Evaluation die Antizipation entsprechender Problemlagen durch entwicklungssynchrone Evaluationsprozesse, wobei die daraus resultierenden methodischen Arrangements – etwa Labor- oder Instruktionsexperimente mit nicht finalisierten Prototypen – potenzielle Validitätsrestriktionen wie obig dargestellt implizieren [228]. In der Tradition des UX- und Instruktionsdesigns zeigt sich eine zusätzliche Limitation in der interpretativen Ambiguität empirischer Resultate, die sich nur selten monokausal attribuieren lassen [14].

Vor diesem Hintergrund heben u. a. Butz et al. [161] vier sowohl maßgebliche als auch sachdienliche Qualitätskriterien, sogenannte Gütekriterien, empirischer Methoden hervor:

Objektivität: Forschungsethisch voraussetzend ist die objektivitätskonforme Datenerhebung, welche sowohl methodische als auch experimentatorische Unabhängigkeit gewährleistet und sich jeglicher Beeinflussung durch Messmethoden oder antizipierte Hypothesen entzieht [161].

Reliabilität: Mit Reliabilität ist gemeint, dass die methodische Implementation eine Ergebnisreproduzierbarkeit garantieren muss, wobei dies eine exhaustive methodische Dokumentation schließlich präsupponiert, um replikative Nachvollziehbarkeit zu gewährleisten [161].

Validität: In forschungsethischer und -operativer Hinsicht müssen die Resultate sowohl eine präzise Messintention (interne Validität) als auch Generalisierbarkeit (externe Validität) aufweisen [161].

Relevanz: Zu guter Letzt sind die generierten Erkenntnisse an ihrer praktischen Utilität und dem heuristischen Erkenntnisgewinn zu bemessen, weshalb das induktive Forschungsergebnis stets einer Relevanzrückkopplung bedarf [161].

► Transferbeispiel

Im Rahmen eines Usability-Tests einer E-Learning-Plattform wurden reale Studierende in einem Laborumfeld beobachtet und mittels standardisierter Fragebögen befragt – die methodische Dokumentation ermöglichte im Rahmen dessen eine objektive, reliabel und valide Bewertung der Nutzererfahrung, die eine induktive Relevanzrückkopplung eröffnete. ◄

In Bezug auf die methodische Konstitution qualitativer Forschung zeigt sich im Kontrast zur quantitativen Methodologie im Wesentlichen die Absenz standardisierter Gütekriterien; die Validierung erschließt sich stattdessen über drei konstitutive Dimensionen: Transparenz, Intersubjektivität und Reichweite [78], [232], [269], [270].

Transparenz: Verstanden wird hier die prozessuale Transparenz als ein forschungsethisch zentrales Validierungskriterium, das sich durch die exhaustive Dokumentation sämtlicher Forschungsschritte konstituiert; diese methodologische Explikation präsupponiert eine maximale Nachvollziehbarkeit durch externe Rezipienten und weist strukturelle Analogien zum quantitativen Validitätsverständnis auf [78], [232], [269], [270].

Intersubjektivität: Im Hinblick auf das Repräsentations-, Perzeptions- und Rezeptionsverständnis, insbesondere in Anlehnung an ein abduktives Erkenntnismodell nach Karl R. Popper [271], erschließt sich die intersubjektive Dimension in der methodischen Diskussion sowie der reflektierenden Auseinandersetzung mit subjektiv generierten Daten, was die bewusste Offenlegung pluraler Interpretationsansätze anstelle monokausaler Deutungen einschließt und strukturelle Parallelen zum Objektivitätskriterium quantitativer Forschung erkennen lässt [78], [232], [269], [270], [272].

Reichweite: Mit der Reichweitendimension gerät die potenzielle Generalisierbarkeit der Forschungsresultate in den analytischen Fokus, deren methodologische Absicherung – trotz limitierter Stichprobengrößen gegenüber quantitativen Designs – die differenzierte Explikation möglicher Übertragbarkeiten impliziert und so strukturelle Parallelen zum quantitativen Reliabilitätskriterium erkennen lässt [78], [232], [269], [270].

► Transferbeispiel

In einer Interviewstudie zur Barrierefreiheit mobiler Apps wurden der Forschungsprozess vollständig dokumentiert (Transparenz), die Auswertung im Forscherteam diskutiert (Intersubjektivität) und die Ergebnisse mit Blick auf ähnliche Nutzungskontexte reflektiert (Reichweite). ◄

In dieser theoretischen, d. h. ux- und instruktionsforschungspragmatischen Konsequenz tritt die methodologische Distinktion zur quantitativen Forschung primär in der Funktion hypothesengenerierender gegenüber hypothesenprüfender Verfahren hervor; die erhöhte Subjektgebundenheit, exemplifiziert durch die unmittelbare Forscherbeteiligung etwa in Experteninterviews oder Gruppendiskursen, bedingt im Übrigen die Implementation spezifischer Gütekriterien [78], [232].

Umfangreiches Transferbeispiel

Hinsichtlich des o. g. Hintergrunds aufbauend lässt sich die anwendungsbezogene Operationalisierung der o. g. empirischen Gütekriterien, wie in Anlehnung an Butz et al. [161] expliziert, exemplarisch anhand der Evaluation eines E-Learning-Systems illustrieren. Es erhärtet sich forschungsethisch betrachtet zunächst ein erkenntnisgeleitetes Interesse dahingehend, dass dies zwingend eine notwendige methodische Struktur bedingt, in der Objektivität deontologisch gedacht durch die Anwendung identischer Testszenarien gesichert wird: Hier erhalten sämtliche Testpersonen die gleichlautende Aufgabenstellung ‚Erstellen Sie einen Online-Kurs zum Thema Projektmanagement', wobei die Durchführung durch multiple Evaluatoren erfolgt und die Zeitmessung automatisiert vorgenommen wird, um individuelle Einflussfaktoren zu neutralisieren. Infolge dessen basiert die Reliabilität auf der exhaustiven Dokumentation der Testkonfiguration, d. h., die präzise Erfassung relevanter Systemparameter – etwa Browserversion, Internetgeschwindigkeit und Bildschirmauflösung – in Kombination mit standardisierten Instruktionen gewährleistet die Reproduzierbarkeit in nachfolgenden Evaluationen. Durchaus konstruktivistisch gedacht lässt sich diesbezüglich die Validität durch kontrollierte Testbedingungen absichern, insofern sich die interne Validität über die präzise Erhebung der Aufgabenerfüllungszeit rekonstruieren lässt, während die externe Validität in der gezielten Einbeziehung heterogener Nutzergruppen – von Dozierenden über Tutorierende bis hin zu Studierenden – begründet liegt. Darüber hinaus spielt eine Rolle, dass sich die Relevanz der Evaluation in der unmittelbaren Applikabilität der generierten Erkenntnisse für die Systemoptimierung niederschlägt: Die identifizierten Verbesserungspotenziale – etwa im Bereich der Kursstrukturierung oder Medienverwaltung – indizieren konkrete, ohne Interimsverluste umsetzbare Optimierungen der ‚Systemusability' und stiften damit spürbaren Nutzen für sämtliche Nutzergruppen.

Anm.: Der Verfasser führt den Begriff ‚Systemusability' an dieser Stelle ein, um explizit auf die systembezogene Usability zu referieren, da in der HCI- und UX-Forschung – etwa gemäß ISO 9241-11 [8] – üblicherweise von ‚Usability' gesprochen wird, wobei das ‚System' entweder implizit mitgedacht oder in Kontexten wie der ‚System Usability Scale' (SUS) explizit benannt wird.

Bezogen auf die praxeologische Operationalisierung des Usability Engineerings liegt in diesem Szenario das spezifisch und kohärent zu berücksichtigende Charakteristikum qualitativer Forschung, in methodologischer Konvergenz mit dem UX Research, vor allem in der Fokussierung auf subjektiv konstruierte Sinnstrukturen, rekonstruktive Verfahren und kontextsensitive Interpretation, die insbesondere bei der Evaluation komplexer Interaktionsdynamiken im digitalen Raum zentrale Relevanz entfalten, wie u. a. Butz et al. [161] fundieren.

Hinweis

Ausgehend von der zentralen Relevanz subjektiv konstruierter Sinnstrukturen konkretisieren sich im Folgenden drei maßgebliche Validierungsdimensionen qualitativer Forschung im Usability Engineering: Transparenz, Intersubjektivität und Reichweite.

- **Transparente Prozessdokumentation**

Nimmt man die forschungsethischen Prinzipien ernst, wie sie z. B. die TRREE [120] abbilden, erschließt sich die Notwendigkeit der Implementation transparenter Dokumentationsstrukturen im Usability Engineering, das im Zusammenhang von UX Research nicht isoliert, sondern als integrativer Bestandteil ideativer wie investiver Entwicklungsprozesse zu verstehen ist, und das präzise Auskunft über Zielstellung, Methodenauswahl, Datenverwendung sowie Evaluationskontexte geben muss, wie im Folgenden dargestellt [14]:

- Exhaustive Dokumentation der Evaluationsmethodik
- Systematische Explikation von Entscheidungsprozessen
- Detaillierte Beschreibung der Nutzerinteraktionen

Die o. g. Kontextfaktoren sind insofern für das UX-Research von großer Bedeutung, als sich durch die prozessuale Transparenz die Validierung der gewonnenen Usability-Erkenntnisse dem Grund nach erst erschließt [14].

► Transferbeispiel

Im Rahmen eines qualitativen Usability-Tests einer Mobilitäts-App wurden sämtliche Interviewleitfäden, Protokolle und Entscheidungsschritte dokumentiert, um die Nachvollziehbarkeit der Methodik und Dateninterpretation für externe Evaluierende sicherzustellen. ◄

- **Intersubjektive Ergebnisvalidierung**

Nimmt man z. B. in Anlehnung an Karl R. Popper [271] ein abduktives Erkenntnisverständnis als erkenntnistheoretischen Bezugsrahmen, so konkretisiert sich die intersubjektive Dimension in der systematischen Offenlegung alternativer Interpretationsansätze, damit einhergehend ebenso in der expliziten Nachvollziehbarkeit und Falsifizierbarkeit der generierten Befunde [273]. Das wiederum bedingt schließlich folgende Sachverhalte [14]:

- Einerseits eine systematische Diskussion subjektiver Nutzererfahrungen,
- andererseits auch die Integration polyvalenter Evaluatorenperspektiven und
- zu guter Letzt aber auch die reflexive Analyse der Forscherrolle im Evaluationsprozess per se.

Im Zentrum gegenwärtiger forschungsethischer Debatten mit Blick auf das UX-Research steht die Anforderung, methodische Verzerrungen durch subjektive Einflussgrößen zu minimieren; in diesem Kontext trägt die obige methodische Triangulation zur Validierung der Ergebnisse und zur Minimierung evaluatorischer Bias bei [14].

► Transferbeispiel

Bei der Analyse von Interviewdaten zu einer Navigations-App diskutierte das Forschungsteam differierende Nutzerdeutungen in einem interdisziplinären Panel und dokumentierte bewusst divergierende Interpretationsansätze, um eine transparente, reflexive Ergebnisvalidierung zu gewährleisten. ◄

Reichweite der Evaluationsergebnisse

Im Zuge der zielgruppengerechten Reichweitenoptimierung hinsichtlich der Evaluationsergebnisse *ex post* muss allerdings inkludiert werden, dass die Determination der Generalisierbarkeit primär die Kontexttransferspezifik, die funktionale Äquivalenz vergleichbarer Anwendungsszenarien sowie differenzierte Segmentierungskriterien – etwa soziodemografische, psychografische, nutzungsverhaltensbezogene und kontextuelle Variablen – fokussiert, wie der Verfasser [4], [9], [12] in mehreren Explorationsstudien im Rahmen nutzerzentrierter Segmentierungs-, Targeting- und Positionierungsstrategien herausgearbeitet hat. Das schließt demzufolge wie folgt ein [14]:

- Eine systematische Analyse der Übertragbarkeit auf diverse Nutzerkontexte.
- Des Weiteren die Explikation kontextspezifischer Limitationen.
- Außerdem die Notwendigkeit, die Evaluation der Reproduzierbarkeit in verschiedenen Anwendungsszenarien vornehmen zu können.

► Transferbeispiel

Die Ergebnisse einer Usability-Evaluation für eine E-Government-Plattform wurden zusätzlich mit Blick auf jüngere Zielgruppen, mobile Nutzungsszenarien und abweichende Nutzungsmotive analysiert, um die Übertragbarkeit auf andere demografische und kontextuelle Segmente systematisch abzusichern. ◄

In Anbetracht des Zustandekommens des oben skizzierten Evaluationsprozesses ex post gründet dieser demzufolge auf einer qualitativen Methodologie, deren spezifizierte Relevanz für das Usability Engineering sich sowohl sach- als auch zweckdienlich insbesondere in der explorativen Tiefenerschließung nutzerseitiger Interaktionsmuster, der kontextsensitiven Dateninterpretation sowie der Identifikation latenter Usability-Hemmnisse unter realweltlichen Anwendungsbedingungen im Rahmen des UX-Research konkretisiert. Im Wesentlichen bestehen folgende Vorteile innerhalb des UX Research:

1. Zum einen das Erlangen eines Tiefenverständnisses der Nutzerinteraktion,
2. zum anderen einer formativen Identifikation latenter Usability-Probleme hinsichtlich der zu avisierenden Zielgruppengerechtigkeit,
3. schließlich ist eine Exploration ideativer sowie inventiver Lösungsansätze gegeben, die
4. zu guter Letzt eine agile Adaptation an emergente Nutzungsszenarien gemäß DIN EN ISO 9241-110 [23] sicherstellt.

Es ist in der theoretischen Konsequenz nicht überraschend, dass die forschungsethische Berücksichtigung qualitativer Gütekriterien im Usability Engineering einen konsistenten Rahmen für nachvollziehbare und belastbare Usability-Evaluationen formiert.

Merke

Qualitative Evaluation erschließt Nutzerverhalten in der Tiefe – und macht Usability iterativ anpassbar, kontextsensitiv und belastbar.

Demnach vollzieht sich sowohl prozesshaft als auch nachvollziehbar die Implementation qualitativer Gütekriterien im Usability Engineering in spezifischen methodischen Verfahren, wie exemplarisch im Folgenden transferiert [14], [58], [120]:

Hinweis

Qualitative Gütekriterien entfalten ihre Relevanz im Usability Engineering vor allem durch konkrete Verfahren, die Validität, Nachvollziehbarkeit und Übertragbarkeit systematisch sichern.

- **Transparenz in der praktischen Evaluation**
- Systematische Protokollierung von Nutzertests mit:
  - Detaillierter Dokumentation des Nutzerverhaltens
  - Audiovisuelle Aufzeichnung der Interaktionssequenzen
  - Strukturierte Erfassung verbaler Nutzerkommentare
- Präzise Beschreibung der Testumgebung und -bedingungen
- Exhaustive Dokumentation der Auswahlkriterien für Testnutzer

- **Intersubjektive Validierung**
- Implementation von Multi-Evaluator-Assessments:
  - Parallele Evaluation durch multiple Usability-Experten
  - Systematischer Vergleich der Evaluationsergebnisse
  - Konsensuale Validierung kritischer Findings
- Integration verschiedener Stakeholder-Perspektiven:
  - Entwickler
  - Designer
  - Endnutzer
  - Domänenexperten

- **Sicherstellung der Reichweite zwecks forschungsethischer Notwendigkeit einer Plausibilitätskontrolle**
- Systematische Variation der Testszenarien:
  - Diverse Nutzergruppen
  - Unterschiedliche Nutzungskontexte
  - Variable Aufgabenstellungen
- Dokumentation kontextueller Einflussfaktoren
- Entwicklung generalisierbarer Design-Guidelines

► Transferbeispiel

Im Rahmen der Evaluation eines medizinischen Patientenportals wurden Nutzertests audiovisuell dokumentiert (Transparenz), parallel durch mehrere UX-Experten ausgewertet (Intersubjektivität) und unter Variation von Nutzergruppen und Anwendungsszenarien durchgeführt, um die Generalisierbarkeit der Erkenntnisse abzusichern (Reichweite). ◄

Es lässt sich innerhalb dieses Rahmens feststellen, dass die methodologisch explizierte Integration qualitativer Gütekriterien in das Usability Engineering, in Konvergenz des UX Research innerhalb ideativer sowie investiver Entwicklungsphasen folgende wesentliche Funktionen erfüllt [14]: die strukturierte Erschließung nutzerseitiger Interaktionsdynamiken, die kontextadäquate Auswertung subjektiver Erlebensdimensionen sowie die belastbare Generierung praxisrelevanter Optimierungsimpulse. Heuristisch komplexitätsreduziert begünstigt dies mit Blick auf die forschungsethischen Implikationen, wie z. B. gemäß TRREE [120] abgebildet, folgende Aspekte:

- Validere Evaluationsergebnisse
- Tieferes Verständnis der Nutzerinteraktion
- Nachhaltigere Designentscheidungen
- Systematischere Qualitätssicherung im Sinne einer Evaluation ex ante, interim und ex post

Umfangreiches Transferbeispiel

Prozessual lässt sich die Implementierung qualitativer Gütekriterien exemplarisch an der Usability-Evaluation einer Banking-App an dieser Stelle demonstrieren. Im Kontext dessen konkretisiert sich wegweisend die Transparenz in der videobasierten Erfassung des Überweisungsprozesses per se, ergänzt durch die sogenannten Think-aloud-Protokolle zur Dokumentation metakognitiver Nutzerreaktionen. Daraus resultierend begünstigt eine präzise Beschreibung der Testumgebung, einschließlich eingesetzter Geräte und Umgebungsbedingungen, im Wesentlichen die Reproduzierbarkeit der Ergebnisse. Damit geht die intersubjektive Validierung durch ein multidisziplinäres Evaluationsteam einher: So analysieren exemplarisch UX-Researcher zum einen spezifizierte Interaktionsmuster, zum anderen prüfen aber auch Security-Spezialisten sicherheitsrelevante Aspekte und zu guter Letzt evaluieren dann Banking-Fachkräfte die fachliche Korrektheit der Funktionen. In der nun praxeologischen Ableitung lässt sich feststellen, dass zum einen die Integration heterogener Nutzergruppen, zum anderen iterativ-strukturierte Evaluationen erforderlich sind, um divergente Perspektiven systematisch sowie hermeneutisch überhaupt verdichten zu können. Zwecks Absicherung der Reichweite werden darüber hinaus unterschiedliche Nutzungskontexte, etwa mobile, häusliche oder berufliche Szenarien, sowie verschiedene Überweisungsarten gezielt variiert. Darauf aufbauend erfolgt abschließend die deliberate Integration potenzieller Störfaktoren, wie z. B. suboptimaler Lichtverhältnisse oder zu berücksichtigender zeitlicher Restriktionen, um die Usability-Robustheit unter realweltlichen Bedingungen zu evaluieren.

Merke
Qualitative Gütekriterien sichern im UX-Researchprozess Transparenz, Intersubjektivität und Reichweite. Des Weiteren fördern sie die belastbare Evaluation nutzerseitiger Interaktionsrealität.

4.3.1 Feldstudie und Critical Incident Technique

Wie o. g. dargestellt, ist in Anlehnung an Karl R. Popper [271] gerade die Falsifikation eines Konstrukts – dies auch im Umfeld des UX-Designs – als der signifikante Kern des Erkenntnisgewinns zu betrachten, wobei insbesondere abduktive Schlussfolgerungsprozesse im Sinne einer erkenntnislogischen Triangulation aus Deduktion, Induktion und Abduktion als erkenntnistheoretischer Ausgangspunkt qualitativer Explorationen zu verorten sind, weshalb die Feldstudie als relativ niederschwellige Form empirischer Evaluation zu gelten hat [14], [273], [274]. Vor diesem Hintergrund lässt sich diese observatorische Methodik durch eine non-interventionistische Erfassung prozessualer Abläufe kennzeichnen, bei der der Evaluator weder in den Ablauf aktiv eingreift noch eine Kontrolle unabhängiger Variablen implementiert [161]. Im Zentrum gegenwärtiger Debatten rund um UX-Research und Designethik steht die methodische Essenz in der Observation authentischer Nutzerinteraktionen in naturalistischen Settings, womit Feldstudien als präferierte Methodologie zur Longitudinaluntersuchung implementierter interaktiver Systeme herangezogen werden, insbesondere zur Evaluation systembezogener Effekte über extensive temporale Perioden [275], [276].

Es ist durchaus an dieser Stelle nachvollziehbar, warum Rosson und Carroll [103] ein methodologisches Dilemma herausarbeiten: Die hohe Validität von Feldstudien, bedingt durch die Generierung umfassender Informationen, geht mit einer signifikanten Herausforderung hinsichtlich der Strukturierung und Interpretation der komplexen Daten einher. Zudem scheint es, dass methodische Lösungsansätze zweigleisig angelegt sind, d. h. im Sinne komplementärer Kategorisierungsstrategien zur Strukturierung differenzierter Datenprofile (vgl. Abb. 4.10):

1. Zum einen durch die inhaltliche Kategorisierung (beispielsweise Navigations- oder aber Lesbarkeitsprobleme).
2. Zum anderen durch die graduelle Kategorisierung per se (u. a. erfolgreiche, problembehaftete ‚Execution' oder Systemabsturz). Anm.: Der im UX-Design häufig verwendete Fachterminus ‚Execution' wird im interaktionspsychologischen Sinne verwendet und bezeichnet die konkrete Ausführung einer nutzerseitigen Handlung im Rahmen sequenzieller Interaktionen mit einem interaktiven System.

Hinweis
In Anlehnung an Popper [271] positioniert sich die Feldstudie als qualitatives Evaluationsinstrument zur empirischen Falsifikation nutzerbezogener Hypothesen in natürlichen Nutzungskontexten [273], [274].

Abb. 4.10 Merkmale der Critical Incident Technique (CIT). (Quelle: Eigene Darstellung)

So repräsentiert die obige Explikation eine heuristische Strukturierungsgrundlage, welche die gezielte Priorisierung sowie die sequenzielle Abarbeitung identifizierter Problemlagen innerhalb der Evaluationslogik unterstützt [101], [103].

So beruht des Weiteren die Präferenz für retrospektive Befragungen auf der signifikanten Ressourcenintensität feldstudienbasierter Erhebungen, wobei die von Flanagan (1954) entwickelte ***Critical Incident Technique*** (CIT) sich als semi-strukturierte Befragungsmethodik in oraler oder schriftlicher Ausprägung repräsentiert [277]. In diesem Zusammenhang lässt sich hervorheben, dass die ursprünglich zur Eignungsdiagnostik von Kampfpiloten entwickelte Methode auf die Gewinnung von Informationen über situationsspezifische Handlungsdispositionen ausgerichtet war und seither sukzessive an verschiedenartige Anwendungskontexte im Umfeld des UX-Designs adaptiert wurde [278], [279], [280].

Auf dieser Grundstruktur basierend, präsupponieren die durch CIT erfassten kritischen Ereignisse weder Repräsentativität noch Typizität, sondern dienen der gezielten Herausarbeitung signifikanter Aspekte. Obwohl die retrospektive Befragung eine hohe Effizienz in der Erhebung systembezogener Designproblematiken demonstriert, ergeben sich zugleich methodische Einschränkungen im Hinblick auf die Validität selbstberichteter Daten [281], [282]. Die bekannte Tendenz zur mnemonischen Rekonstruktion, also zur retrospektiven Modifikation erinnerter Abläufe, verlangt eine möglichst geringe temporale Distanz zwischen dem kritischen Ereignis und dessen Dokumentation [101], [103], [283]. Damit ist aber ebenfalls angedeutet, dass die generierten Aussagen in jedem Fall eine sorgfältige interpretative Analyse präsupponieren, da ihre erkenntnisgenerierende Tragweite erst durch differenzierte hermeneutische Dekodierung erschlossen werden kann – insbesondere im Sinne qualitativer Analyseverfahren wie der Grounded Theory oder thematisch strukturierter Inhaltsanalysen wie z. B. nach Mayring [284].

► **Transferbeispiel**

Bei der Evaluation einer Buchungs-App wurden reale Nutzungssituationen im Feld beobachtet und ergänzend mit der Critical Incident Technique retrospektiv kritische Interaktionsprobleme erhoben. ◄

Da die o. g. Konzepte insbesondere im Umfeld des UX Research einen Anwendungsbezug haben, lässt sich festhalten, dass diese methodologische Exploration die komplementäre Natur von Feldstudien und CIT in der empirischen Usability-Evaluation illustriert, wobei beide Verfahren distinkte Stärken und Limitationen gleichermaßen inkorporieren [285].

Merke

CIT und Feldstudie stehen im UX-Research für zwei methodische Zugänge zur Identifikation kritischer Nutzungsmomente – prozessorientiert und retrospektiv komplementär.

4.3.2 Kontrollierte Experimente in der Usability-Evaluation

Fachwissenschaftlich betrachtet werden unter dem Schlagwort **kontrollierte Experimente** methodische Vereinbarungen verstanden, die teleologisch sowohl zweckgerichtet als auch systematisch auf die Untersuchung spezifischer Forschungsinterrogationen ausgerichtet sind und dabei durch die Kontrolle relevanter Variablen eine hohe interne Validität generieren [78], [161], [232], [284]. Folglich beginnt in dieser Forschungskonfiguration die experimentelle Operationalisierung mit der präzisen Abgrenzung und Definition jener Variablen, die als mess- oder modifizierbare Parameter den empirischen Untersuchungsfokus strukturieren. Darüber hinaus, so konstatieren Butz et al. [161], resultiert aus der taxonomischen Differenzierung dieser Variablen eine dichotome Klassifikation in abhängige und unabhängige Parameter, wobei Letztere gezielt modifiziert und Erstere hinsichtlich ihrer Reaktion erfasst werden:

a) Einerseits zeichnen sich **unabhängige Variablen** durch ihre prozessuale Autonomie aus und sind als präskribierte oder durch den Versuchsleiter kontrollierte Parameter spezifizierbar, deren Setzung exogen zum beobachteten Interaktionsverlauf erfolgt.
b) Andererseits lassen sich wiederum **abhängige Variablen** als prozessuale Resultanten begreifen, deren Ausprägung sich funktional aus dem beobachteten Verlauf ergibt und im Rahmen der experimentellen Evaluation empirisch erfasst wird.

Hinweis

Kontrollierte Experimente im UX-Kontext beruhen auf der gezielten Manipulation unabhängiger Variablen und der präzisen Erfassung ihrer Effekte auf abhängige Messgrößen.

Die o. g. Aspekte gewinnen insofern an Bedeutung, als sich erst auf Basis theoretisch definierter Determinanten und ihrer empirischen Operationalisierung in abhängige und unabhängige Variablen jene Prämissen konstruieren lassen, aus denen sich überprüfbare **Hypothesen** ableiten lassen [78], [161], [228], [232], [284]. Auf dieser deduktiven Basis, die im Ergebnis den methodologischen Rigor darstellt, erfolgt die Hypothesenprüfung durch kontrollierte Experimente, welche sich durch die isolierte Modifikation singulärer Variablen bei gleichzeitiger Konstanthaltung aller weiteren Parameter auszeichnen [14]. In dieser theoretischen Konsequenz realisiert sich die methodische Implementation in der komparativen Analyse von Experimental- und Kontrollgruppe, wodurch sich kausale Effekte gezielt herausarbeiten lassen [101], [103].

► Transferbeispiel

Zur Evaluation eines neuen Checkout-Designs wurde in einem kontrollierten Laborexperiment die Platzierung des Kaufbuttons (oben vs. unten) als unabhängige Variable manipuliert, während die Erfolgsrate der Bestellabschlüsse als abhängige Variable erfasst wurde. ◄

Es lässt sich feststellen, dass kontrollierte Experimente methodische Limitationen insbesondere durch ihre ausgeprägte Ressourcenbindung aufweisen, was sich aus der Komplexität der vollständigen Variablenkontrolle ergibt und dementsprechend forschungs- wie designethisch Berücksichtigung finden sollte [14]. Präzisiert bedeutet dies, dass im spezifischen Kontext der Usability-Evaluation zusätzlich die Problematik der ökologischen Validität emergiert, insofern die artifizielle Kontrolle experimenteller Bedingungen Interrogationen hinsichtlich der Transferabilität der Resultate auf naturalistische Nutzungsszenarien evoziert [14].

Merke

Kausale UX-Effekte erfordern kontrollierte Variablenmanipulation.

4.3.3 Laborbasierte Usability-Evaluation

Die Herausforderungen sind ebenfalls praxeologischer Natur, da die Implementierung der Usability-Evaluation in Laborumgebungen durch die strukturierte Observation von Testsubjekten während der Aufgabenexekution durch eine Versuchsleitung erfolgt, wodurch ein differenziertes Assessment der systembezogenen Gebrauchstauglichkeit überhaupt erst generiert werden kann. Der Sachverhalt verweist auf ein methodisches Instrumentarium, das verschiedene Evaluationsverfahren integriert, wie u. a. das Think-Aloud-Protokoll, dass zu den am häufigsten genutzten Techniken zur Exploration nutzerseitiger Interaktionsverläufe zählt, während Eye-Tracking zunehmend als ergänzende Methodik im Usability Testing Anwendung findet [286].

Hinweis

Usability Testing lässt sich phasenspezifisch über eine vierteilige Testtypologie systematisieren.

In zahlreichen randomisierten Untersuchungen im Hinblick auf das UX-Design konnte der positive prozessuale sowie organisationale Effekt der frühzeitigen und kontinuierlichen Integration von Usability Testing nachgewiesen werden: Demzufolge erweist sich diese Integration sowohl als phasenübergreifend als auch als anschlussfähig im gesamten Entwicklungsverlauf. Vor diesem Hintergrund differenzie-

Abb. 4.11 Usability-Teststypen nach Rubin und Chisnell [287]. (Quelle: Eigene Darstellung)

ren Rubin und Chisnell [287] hierzu eine vierteilige Typologie des Usability Testings (vgl. Abb. 4.11):

a) **Explorative Tests:** Bei dieser Kategorie handelt es sich um Verfahren, die in frühen Entwicklungsphasen angesiedelt sind und der Überprüfung der Konzepteffektivität in ihrer initialen Ausprägung dienen.
b) **Bewertungstests:** Hierbei erfolgt die Implementation bei Vorliegen initialer Designentwürfe zur gezielten Ausdifferenzierung explorativer Testresultate durch vertiefende Usability-Überprüfung.
c) **Verifikationstests:** Im Hinblick auf diese Kategorie zeichnen sich die Verfahren durch ihre späte Implementation aus, die der Validierung bereits behandelter Problemstellungen sowie der Identifikation potenzieller Sekundärprobleme dient.
d) **Vergleichstests:** In diesem kategorischen Bezug demonstrieren sich diese durch phasenunabhängige Applicabilität – von der komparativen Screendesign-Evaluation in frühen Entwicklungsstadien bis hin zum strukturierten Systemvergleich in fortgeschrittenen Projektphasen – und lassen sich mit den übrigen Testmodalitäten kombinieren.

► Transferbeispiel

Ein explorativer Test wurde frühzeitig zur Bewertung der Konzepteffektivität einer Gesundheits-App durchgeführt, während ein späterer Verifikationstest zur Validierung der Navigation nach einem Redesign diente. ◄

Unter diesen Voraussetzungen erhärtet sich, warum Riihiaho [288] sowie Norman und Kirakowski [289] eine eigene Prozessstruktur für die Implementation von Usability Tests konzipieren, die eine differenzierte Integration evaluativer Maß-

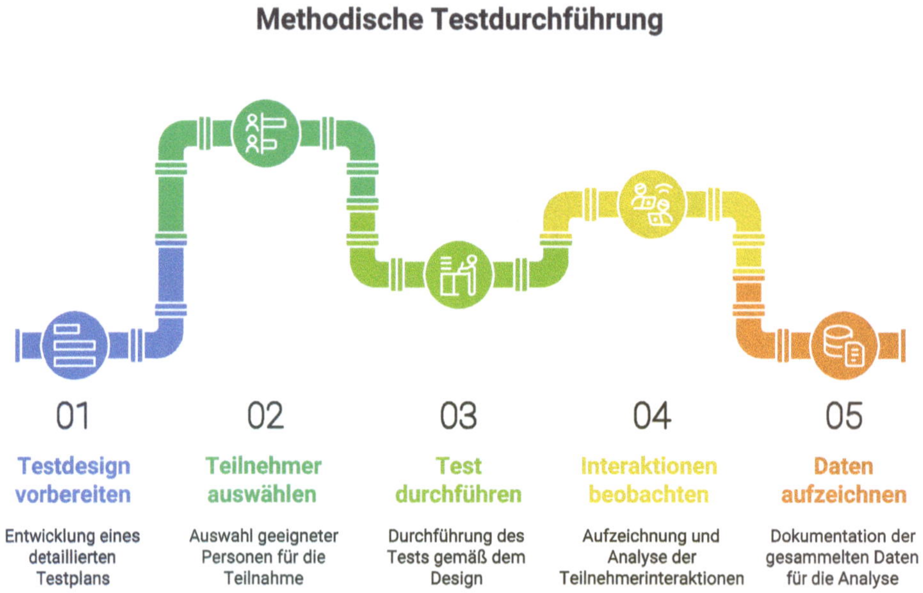

Abb. 4.12 Ablauf eines Usability Tests. (Quelle: Eigene Darstellung)

nahmen entlang des Entwicklungsverlaufs intendiert, wie im Folgenden gelistet (vgl. Abb. 4.12) [19]:

- Systematisches Testdesign und -preparation, u. a. Teilnehmerauswahl – ex ante
- Methodische Testdurchführung – interim
- Analytische Resultatsevaluation – ex post
- Strukturierte Ergebniskommunikation – ex post

Folgerichtig resultiert aus dieser systematischen Dekomposition ein methodologisch profunder Rahmen zur strukturierten Durchführung laborbasierter Usability-Evaluationen [289] (Tab. 4.2).

Als Ausgangspunkt präsupponiert die initiale Phase des Usability Testings die präzise Ableitung relevanter Parameter aus zuvor konzipierten Determinanten, Indikatoren und prämissenlogischen Setzungen. Teleologisch im Sinne des UX Research folgt die Zieldefinition dabei nach Norman und Kirakowski [289] einer dualen Struktur:

Hinweis

Die initiale Phase des Usability Testings umfasst die präzise Zieldefinition, die Selektion relevanter Messgrößen sowie die strategische Vorbereitung von Testsubjekten, Aufgaben und Kontexten – als methodologische Grundlage für valide, systematische Evaluationen gemäß UX Research.

Der o. g. Sichtweise zufolge steht zunächst einmal die Explikation der übergeordneten Zielsetzung und der daraus ableitenden Testmotivation im Fokus, d. h., in dieser Konfiguration inkludieren die essenziellen Forschungsziele unter anderem die Definition angestrebter Usability-Niveaus, die schließlich die Identifikation potenzieller Systemdefizite sowie die Generierung nutzerseitigen Feedbacks bedingen [289]. Die

Tab. 4.2 Usability-Testtypen nach Rubin und Chisnell. (Quelle: Eigene Darstellung)

Testtyp	Zielsetzung	Zeitpunkt der Durchführung	Besonderheiten
Explorativer Test	Erste Bewertung von Konzepten und Ideen	Frühe Entwicklungsphase	Dient der Anforderungsklärung und Ideenvalidierung
Bewertungstest	Vertiefende Usability-Analyse vorhandener Entwürfe	Mittlere Entwicklungsphase	Differenziert und evaluiert frühe Ergebnisse im Detail
Verifikationstest	Endgültige Überprüfung gefundener Lösungen und Identifikation letzter Probleme	Späte Entwicklungsphase	Validiert das Gesamtsystem vor Produktivsetzung
Vergleichstest	Gegenüberstellung verschiedener Designlösungen	Phasenübergreifend einsetzbar	Hilft bei der Auswahl zwischen Varianten und kann mit anderen Testtypen kombiniert werden

nachgeschaltete Verankerung erfolgt innerhalb dieses übergeordneten Bezugsrahmens durch die Definition spezifischer Evaluationsziele, die eine präzise Beurteilung fokussierter Systemaspekte erlauben. Zusätzlich kann in dieser Situation konstatiert werden, dass diese spezifischen Ziele einen hinreichenden Präzisionsgrad teleologisch mit Blick auf das UX Research präsupponieren, um eine adäquate Selektion von Evaluationsmethoden, Testsubjekten und Aufgabenstellungen überhaupt zu gewährleisten [289].

In analoger Weise inkludiert die Evaluationsplanung simultan die Determination des Teststimulus – verstanden als Spezifikation des Entwicklungsstadiums des zu evaluierenden Systems sowie seiner intendierten Funktionalitäten, alternativ auch der potenziellen Implementation eines **Prototyps** [289]. Im Vordergrund steht hierbei die Tatsache, dass diese Determinationen signifikante Implikationen für die Testexekution generieren. Das bedeutet, dass die Evaluation rudimentärer Prototypen oder partiell funktionaler Systeme typischerweise extensivere Unterstützung durch den Testleiter präsupponiert als dies bei der Evaluation finaler Systemversionen erforderlich ist [288], [289].

► Transferbeispiel

Bei der Evaluation eines E-Learning-Prototyps wurde als Ziel die Identifikation von Navigationsproblemen definiert; der begrenzte Funktionsumfang erforderte dabei unterstützende Anleitung durch die Testleitung. ◄

Auf der anderen Seite präsupponiert die Evaluation der Usability zudem die Definition adäquater **Messgrößen** zur Determination des realisierten Usability-Niveaus. Damit geht einher, dass die Effektivitätsevaluation über Metriken wie Aufgabenbewältigungsrate, Fehlerfrequenz sowie Interaktionspräzision abgebildet wird.

Schließlich, im Zusammenhang mit der Effizienzevaluation, so präzisiert Hornbæk [290], erfolgt die Bestimmung über Parameter wie Bearbeitungszeit, kognitive, konative sowie affektive Beanspruchung und Interaktionsfrequenz mit Interface-Komponenten. In diesem Sinne definiert sich die Erfassung der Nutzerzufriedenheit über Metriken wie perzipierte Bedienungssimplizität oder subjektive Interaktions- und Resultatsevaluation.

Neben ihrer Funktion im Evaluationskontext erlauben quantitative Messgrößen – etwa Effektivitäts-, Effizienz- oder Zufriedenheitsmetriken gemäß DIN EN ISO 9241-11 [8] – durch ihre komparative Kapazität systematische Vergleiche mit vorausgehenden Evaluationen oder alternativen Systemen. Jedoch ist zu beachten, dass die methodische Implementation die Integration objektiver und subjektiver Metriken voraussetzt, wobei Hornbæk [290] die Differenzierungsproblematik kausal mit Nachdruck hervorhebt: Während auf der einen Seite objektive Parameter – etwa Aufgabenexekutionszeiten – nur geringe interpersonelle Varianz aufweisen, treten in der subjektiven zeitlichen Wahrnehmung andererseits sehr erhebliche individuelle Divergenzen auf, die als Hinweise auf potenzielle Usability-Defizite interpretiert werden können und so nicht der Gebrauchstauglichkeit gemäß DIN EN ISO 9241-11 [8] entsprechen. Gleichermaßen liegt auf der Hand, dass die systematische Integration heterogener Messgrößen zwecks Komplementarität eine umfassende Grundlage für die reliabel ausgerichtete Bewertung der oben genannten ‚Systemusability' schafft, wie sie der Verfasser terminologisch in diesem Fachwerk einführte.

► Transferbeispiel

Bei der Evaluation einer Navigations-App wurden Effektivität (Aufgabenbewältigung), Effizienz (Bearbeitungszeit) und Zufriedenheit (perzipierte Bedienbarkeit) kombiniert gemessen, um divergente Nutzungserfahrungen objektiv und subjektiv erfassen zu können. ◄

Mit der obigen Festlegung ist notwendigerweise ebenfalls Bezug zu nehmen auf **präparative Dimensionen** des Usability Testings, insbesondere hinsichtlich der Auswahl der Testsubjekte, der Aufgabenkonfiguration sowie der Kontextualisierung der Evaluationsumgebung [289].

In strategischer Hinsicht umfasst die präparative Phase des Usability Testings im Zuge dessen initiale Determinationsbildungen zur Zusammensetzung der **Testsubjektgruppe**, wobei deren Selektion in funktionaler Relation zur Evaluationsintention und zum intendierten Anwendungskontext steht [232], [288], [289]. Das wiederum bedingt die Orientierung an einer möglichst hohen Repräsentativität der Testpersonen im Hinblick auf die intendierte Nutzergruppe [78], [228], [232], [289]. Das wiederum verlangt des Weiteren die Zusammensetzung geeigneter Testkohorten unter differenzierter Berücksichtigung demografischer wie erfahrungsbasierter Variablen, darunter Altersstruktur, geschlechtsspezifische Verteilung und Ausprägungsgrad nutzungsbezogener Expertise [228], [232], [289]. Norman und Kirakowski [289] diskutieren in diesem Kausalzusammenhang die Notwendigkeit, im Rahmen der Testplanung die optimale Stichprobengröße zu determinieren, um valide und belastbare Usability-Ergebnisse zu generieren [14].

Norman und Kirakowski [289] verfolgen diesbezüglich eine ganz bewusste Stoßrichtung dahingehend, dass die Definition der **Testaufgaben** durch eine präliminare Usability-Inspektion zur Identifikation und Eliminierung gravierender Probleme propädeutisch präzediert werden sollte; die Aufgabenkonzeption präsupponiert dabei:
- Zum einen die authentische Repräsentation realer Anwendungsszenarien.
- Zum anderen die umfassende Abdeckung zentraler Systembereiche.

- Zu guter Letzt aber auch die Reflexion selektierter Evaluationsattribute, wobei die Aufgabenkonstellation eine holistische Systemexploration gewährleisten sollte, wobei die Aufgabenformulierung die diesbezügliche Exklusion potenzieller Lösungshinweise präsupponiert.

► Transferbeispiel

Im Rahmen der Evaluation eines Online-Shops wurden Testsubjekte gezielt nach Alter, Geschlecht und Online-Erfahrung ausgewählt. Die Aufgaben umfassten demzufolge realistische Szenarien wie Produktsuche und Kaufabschluss, wobei auf eine möglichst hohe Repräsentativität sowie die Abdeckung zentraler Funktionen geachtet wurde. ◄

Hinsichtlich des Zusammenhangs mit der methodischen Integration von **Fragebögen** lässt sich eine duale temporale Struktur feststellen: Während einerseits Pretest-Fragebögen auf die Erhebung demografischer und attitudinaler Merkmale sowie antizipierter Systemerwartungen per se fokussieren, zielen Posttest-Fragebögen andererseits auf die Evaluation des Interaktionserlebens und der Zufriedenheitsdimensionen [232], [289]. Darüber hinaus intendieren z. B. die Posttest-Fragebögen die differenzierte Erfassung der experienziellen Dimension der Systeminteraktion [289].

Die erfolgreiche Operationalisierung im Hinblick auf das UX-Research bedingt ferner die Berücksichtigung der **Testortwahl**, die sich nach Norman und Kirakowski [289] als weitere relevante Planungsdimension erweist. Im letzteren Fall kontrastiert die lokative Flexibilität des Usability Testings mit den spezifischen Vorteilen laborbasierter Evaluation, die im Übrigen die maximale Variablenkontrolle und Messpräzision begünstigt [71], [78], [228]. Jedenfalls aber besteht fachwissenschaftlich Konsens darüber, dass die Testrealisation – unabhängig von der lokativen Selektion – die Integration essenzieller Komponenten des authentischen Nutzungskontexts präsupponiert, d. h. hinsichtlich der [...]:

- Implementation realistischer Testdaten,
- Verfügbarkeit regulärer Arbeitsutensilien,
- Simulation authentischer Prozessunterbrechungen,
- Integration realistischer Zeitrestriktionen,
- Berücksichtigung kooperativer Nutzungsszenarien sowie der
- Reflexion organisationaler Nutzerrollen.

► Transferbeispiel

Im Rahmen der Evaluation einer Projektmanagement-Software wurden propädeutisch demografische Angaben und Erwartungen mittels eines Pretest-Fragebogens erfasst. Infolgedessen füllten die Teilnehmenden einen Posttest-Fragebogen zwecks subjektiver Nutzererfahrung aus. Des Weiteren fanden die Tests im Büro der Testpersonen statt. In diesem Szenario achtete man auf authentische Zeitlimits sowie reale Arbeitsdaten, um eine Zielgruppengerechtigkeit zu gewährleisten. ◄

Die Beachtung der obigen Prinzipien konditioniert nicht unerheblich eine kontextsensitive Integration nutzungsrelevanter Rahmenbedingungen, die ihrerseits ebenfalls die Grundlage für ökologisch valide Usability-Evaluationen bildet.

Merke

Usability-Tests sind dann besonders wirkungsvoll, wenn Zieldefinition, Messgrößen, Testplanung und Kontextfaktoren systematisch aufeinander abgestimmt und nutzerzentriert operationalisiert werden.

Zusätzlich kann in dieser Konfiguration nach Norman und Kirakowski [289] im Rahmen der präparativen Phase des Usability Testings die Entscheidung über die **Einbindung eines Moderators** antizipiert werden. Wie auch immer solche Überlegungen ausgestaltet sein mögen: Es gilt, dass diese Determination eine sorgfältige Evaluation potenzieller Implikationen moderierter Testdurchführung präsupponiert – sowohl im Hinblick auf positive als auch potenziell interferierende Effekte –, wobei zu differenzieren ist, ob die Testnutzer vorzugsweise autonom agieren oder in welcher spezifischen Modalität eine Moderatorpräsenz integriert werden sollte [291], [292], [293], [294].

Hinweis

Bereits in der Testvorbereitung zeigen sich, dass die Entscheidung über eine Moderatorpräsenz, der Einsatz des Think-Aloud-Protokolls und forschungsethische Maßnahmen wie die Einholung der Einwilligungserklärung entscheidend für die Validität und Akzeptanz des Usability Testings sind.

Auch die Tatsache, so konstatiert Reinhardt [295], dass die methodologische Entscheidungsfindung einen integralen Bestandteil der Vorbereitungsphase bildet, ist nicht zu vernachlässigen, weshalb Norman und Kirakowski [289] insbesondere die Frage nach der Implementation des **Think-Aloud-Protokolls** als prävalenter Methodik im Usability Testing akzentuieren [296].

Im Zusammenhang mit der zweiten prozessualen Phase steht die eigentliche Testdurchführung. Diesbezüglich empfehlen Berg [297], Tullis und Albert [231] sowie Tham et al. [296] in dieser Konfiguration die Durchführung mindestens eines präliminaren Testlaufs vor der eigentlichen Evaluation, um die Adäquanz der Aufgabenstellungen überhaupt überprüfen zu können, ferner die Verständlichkeit der Instruktionen sicherzustellen und die Funktionalität der technischen Infrastruktur zu validieren [289]. Betrachtet man des Weiteren die einzelnen Facetten von Usability-Evaluationen, so wird schließlich evident, dass die Qualität der Testergebnisse in signifikanter Weise mit dem adäquaten Umgang mit den Testsubjekten korreliert, weshalb Nielsen [34] eine Reihe forschungsethisch relevanter Aspekte benennt, die in den unterschiedlichen Testphasen Berücksichtigung finden sollten.

► Transferbeispiel

Vor dem eigentlichen Usability-Test einer Gesundheits-App wurde ein kurzer Probelauf durchgeführt, um sicherzustellen, dass die Instruktionen verständlich sind, die Aufgabenlösung technisch möglich ist und das Think-Aloud-Protokoll praktikabel eingesetzt werden kann. ◄

Daraus geht hervor, dass sich im Kontext der Prätest-Phase komplementäre forschungsethische Anforderungen erschließen, diesbezüglich die vollständige Vorbereitung sämtlicher Testkomponenten vor Eintreffen der Testsubjekte als basale Prämisse zu gelten hat [14], [120], [231], [296]. Die erfolgreiche Operationalisierung im Hinblick auf das UX Research hängt deshalb auch davon ab, dass den Testsubjekten mit unmissverständlicher Deutlichkeit vermittelt wird, dass nicht ihre individuelle Performanz, sondern das zu evaluierende System mit Blick u. a. auf die DIN EN ISO 9241-210 [14], [35], [120] im Fokus steht. Aus der Perspektive diverser Explorationsstudien des Verfassers [3], [4], [5], [46], [266] in Bezug auf UX Research lässt sich diesbezüglich rückschließen, dass ein expliziter Verweis auf den experimentellen Charakter des Systems durchaus indiziert ist, um potenzielle Irritationen vorzubeugen und technische Irregularitäten antizipatorisch zu kontextualisieren.

Indessen besteht die Obligation, die Testsubjekte umfassend über die angewandten Observationsmethoden sowie die spezifischen Aufzeichnungsmodalitäten zu informieren und zugleich explizit auf die Möglichkeit eines jederzeitigen Testabbruchs hinzuweisen [231], [289], [296]. Die obigen Ausführungen sind durchaus von Belang, da die Zusicherung strikter Vertraulichkeit hinsichtlich der Testergebnisse durch die Vergewisserung zu ergänzen ist, dass sämtliche Anfragen der Testpersonen vor Testbeginn hinreichend geklärt wurden [14], [120].

Darauf aufbauend zeigt sich, dass forschungsethische Anforderungen während der faktischen Testdurchführung vielfältige Dimensionen adressieren – etwa die gezielte Herbeiführung initialer Erfolgsmomente, was wesentlich zur motivationalen Stabilisierung der Testpersonen beiträgt [14]. Vor dem dargelegten Hintergrund sollte des Weiteren zur Vermeidung kognitiver Überlastung im Sinne heuristischer Komplexitätsreduktion eine sequenzielle Distribution der Aufgaben erfolgen. Daraus resultiert, dass die Schaffung einer entspannten Atmosphäre durch z. B. bereitgestellte Getränke sowie eine angemessene Pausenfrequenz zur Optimierung der Testbedingungen beiträgt [4], [14], [19], [120].

In dieser analytisch-methodischen Verkettung resultiert daraus kausal für das UX Research die Notwendigkeit, externe Störfaktoren konsequent zu minimieren und die Zahl der Beobachtenden auf ein funktionales Minimum zu limitieren; zugleich ist vonseiten der Versuchsleitung jegliche verbale oder nonverbale Kommunikation strikt zu unterlassen, die bei Testpersonen den Eindruck einer fehlerhaften Ausführung oder inadäquaten Performanz evozieren könnte [14], [120]. Dieser Auffassung zufolge sollte demnach berücksichtigt werden, dass bei signifikanter Verschlechterung der Testsituation durch unantizipierte Ereignisse keinerlei ‚Hesitation', d. h. zögerliches Abwarten trotz offenkundiger Indikation aufgrund jeglicher Verschlechterungen der Testsituation, hinsichtlich eines präemptiven Testabbruchs seitens des Versuchsleiters bestehen sollte [14], [120], [232], [289], [296].

Es erschließt sich, dass nach Abschluss der Testsequenz den Testpersonen ein expliziter Dank für ihre Mitwirkung bei der Herausarbeitung potenzieller Optimierungsbedarfe zu artikulieren ist [14], [120]. Unter den abgeleiteten Darstellungen und Prämissen ist daher bei der Kommunikation der Testergebnisse mit höchster Sorgfalt auf die Gewährleistung vollständiger – insbesondere auch datenschutzrechtlich konformer – Anonymisierung zu achten, sodass jegliche Rückführbarkeit auf individuelle Testpersonen ausgeschlossen bleibt, zumal dies den Anforderungen der Datenschutz-Grundverordnung (Art. 5 Abs. 1 lit. b, c und e DSGVO) sowie forschungsethischer Standards wie z. B. gemäß TRREE [120] zur Wahrung informationeller Selbstbestimmung entspricht [14]. Aus forschungsmethodologischer Sicht bedingt die Präsentation audiovisueller Testdokumentationen die vorherige, explizite Einholung einer entsprechenden Einverständniserklärung der beteiligten Testpersonen – unter Berücksichtigung forschungsethischer Standards, wie etwa der TRREE [120], sowie datenschutzrechtlicher Bestimmungen gemäß Art. 6 DSGVO.

► Transferbeispiel

Vor dem Usability-Test eines Buchungssystems erhielten die Teilnehmenden eine klare Einweisung zum Testzweck, wurden über Videoaufzeichnungen informiert und auf ihr jederzeitiges Abbruchrecht hingewiesen; sämtliche Testkomponenten waren vorab vorbereitet und datenschutzkonform anonymisiert. ◄

Folglich umfasst nun die dritte Phase des Usability Testing die methodisch strukturierte Analyse der generierten Resultate, wobei die interpretative Durchdringung des Testgeschehens auf die Herausarbeitung systembezogener Schwachstellen und qualitätsbestimmender Stärken abzielt.

In dieser prämissenbasierten Implikation lässt sich konstatieren, wie Dumas und Redish [298], aber ebenso Yitmen [299] ausführen, dass die strukturierte Kategorisierung identifizierter Usability-Probleme durch eine bidimensionale Klassifikation entlang der Dimensionen Relevanz und Dringlichkeit erfolgen sollte, wie im Folgenden präzisiert:

Im Zuge der problemfokussierten Differenzierung zeigt sich zunächst die erste Dimension im Umfang des identifizierten Problems, weshalb zwischen lokal begrenzten Störungen mit begrenzter Relevanz und systemisch wirksamen Problemlagen mit weitreichender Auswirkung differenziert werden sollte.

Demzufolge liegt in diesem Szenario die zweite Dimension im Schweregrad der identifizierten Probleme, da deren bloßer Umfang keine valide Priorisierungsgrundlage darstellt. Aus diesem Grund schlagen Dumas und Redish [298] zur strukturierten Festlegung der Bearbeitungsreihenfolge eine Klassifikation in vier Schweregrade vor:

a) Stufe 1: Zunächst einmal zeichnen sich kerninhärente Problemlagen dadurch aus, dass sie die Aufgabenexekution vollständig unterbinden und eine erfolgreiche Interaktion mit dem System in der intendierten Form verhindern [298].
b) Stufe 2: Darauf aufbauend kann wiederum resultieren, dass bestimmte Problemlagen signifikante temporale Verzögerungen verursachen und gleichzeitig affektive Frustration bei den Nutzenden induzieren, was wiederum eine stressinduzierte Ausschüttung von Cortisol begünstigt – ein Aspekt, der sich nachteilig auf die kognitive Performanz und affektive Nutzererfahrung auswirken kann, wie z. B. kognitive Belastung, Aufmerksamkeitsverengung oder aber eine limitierte Entscheidungsqualität [298].
c) Stufe 3: Schließlich kann aus instruktionspsychologischer und sozialmotivationaler Perspektive auf dieser Stufe konstatiert werden, dass Probleme mit moderaten Usability-Implikationen primär die Aufgabenexekution verzögern oder kognitive Zusatzlast generieren, jedoch keine unmittelbare Disruption der Zielerreichung induzieren [298].
d) Stufe 4: Zu guter Letzt subsumiert diese Stufe jene Problemlagen, deren Auswirkungen auf die ‚Systemusability' als marginal zu bewerten sind und die weder die funktionale Integrität noch die Interaktionskohärenz substanziell tangieren [298].

► Transferbeispiel

Bei der Analyse eines Tests zu einer Buchungsplattform wurde ein systemkritischer Fehler (Stufe 1) identifiziert, der die Ticketreservierung vollständig verhinderte, während kleinere UI-Probleme (Stufe 4) lediglich das Nutzererlebnis beeinträchtigten. ◄

Tab. 4.3 Schweregrade in Bezug auf Usability-Probleme nach Dumas und Redish. (Quelle: Eigene Darstellung)

Stufe	Beschreibung
1	Probleme, die die Aufgabenexekution vollständig unterbinden und eine erfolgreiche Interaktion mit dem System verhindern
2	Probleme, die signifikante Verzögerungen verursachen und affektive Frustration auslösen, was sich negativ auf die kognitive Performanz und Nutzererfahrung auswirkt
3	Probleme mit moderaten Usability-Implikationen, die vorwiegend die Aufgabenexekution verzögern oder kognitive Zusatzlast erzeugen
4	Probleme mit marginalen Auswirkungen auf die Usability, ohne substanzielle Beeinträchtigung der funktionalen Integrität oder Interaktionskohärenz

Es lässt sich in dieser Konstellation deduzieren, dass auf Grundlage instruktionspsychologischer und user-researchbasierter Prämissen die Berücksichtigung der o. g. Kontextfaktoren eine spezifizierte Gewichtung identifizierter Problemlagen impliziert. Dabei empfiehlt es sich, neben dem funktionalen Schweregrad auch affektive, motivationale und handlungsregulative Implikationen in die Bewertung einzubeziehen [19] (Tab. 4.3).

Daraus resultiert, gemäß den praxistransferbezogenen Überlegungen von Mayring [284] und Flick [232], dass die effektive Translation der Testergebnisse in konkrete Systemoptimierungen eine präzise Planung und gezielte Implementation kommunikativer Maßnahmen voraussetzt. Grundstrukturierend ergibt sich, dass die intendierten Rezipienten – primär die Systemgestaltenden – durch adressatengerechte Kommunikation zur proaktiven Problemresolution angeregt werden sollten, wobei die entwickelten Lösungskonzeptionen auf eine nachhaltige systemische Optimierung abzielen, wie der Verfasser [4], [7], [9], [12], [49] in diversen explorativen Studien mit Blick auf Co-Creation-, Open-Innovation- und User-Innovation-Ansätze empirisch rekonstruierte [13], [14], [15], [19], [51].

Die von Böcker et al. [300] sowie Endres-Niggemeyer [301] spezifizierte kriterien- und konventionsbasierte Repräsentation und Mensch-Computer-Interaktion korrespondiert mit den instruktionspsychologischen Gestaltungsprinzipien der DIN EN ISO 9241-110 [23], wobei sich aus motivationspsychologischer Sicht die simultane Kommunikation sowohl positiver als auch problemindizierender Befunde als funktional erweisen kann [6], [19].

Hinweis

Bereits in der Testvorbereitung zeigen sich, dass die Entscheidung über eine Moderatorpräsenz, der Einsatz des Think-Aloud-Protokolls und forschungsethische Maßnahmen wie die Einholung der Einwilligungserklärung entscheidend für die Validität und Akzeptanz des Usability Testings sind.

Die obigen dargelegten theoretischen Ansätze begründen an dieser Stelle eine systematische Synthese: In der fachtheoretischen Konsequenz stellt demnach das **Remote Usability Testing** eine distinkte Variante des Usability Testing dar, gekennzeichnet durch die räumliche Trennung zwischen Testleitung und Testsubjekt. In Anlehnung an Bleecker und Okoroji [302] lässt sich diese Methodik praxeologisch betrachtet in eine binäre Struktur überführen:

a) Betrachtet man die einzelnen Facetten forschungsmethodologischer Befunde, ergibt sich für das **moderierte Remote Usability Testing** eine Konfiguration, die sich durch räumliche Distanz bei gleichzeitiger temporaler Synchronität auszeichnet. In diesem Szenario erfolgt die Testexekution in Echtzeit unter kontinuierlicher Kommunikationsverbindung zwischen den Testbeteiligten – exemplarisch implementiert etwa durch telefonische oder aber digitale Mediation [302].

b) Im Hinblick auf die obigen Ausführungen nimmt das **unmoderierte Remote Usability Testing** eine Sonderstellung ein, insofern als es eine vollständige spatio-temporale Separation realisiert: Im Kontext dessen führt die Abwesenheit jeglicher Echtzeitkommunikation zwischen Testleitung und Testsubjekt zu einer autonomen Systeminteraktion, deren Verlauf mittels automatisierter Erfassungsmechanismen zur nachgelagerten Auswertung dokumentiert wird [302].

▶ Transferbeispiel

Bei der Evaluation einer Buchungs-App erfolgte der Test teils moderiert via Videocall, teils unmoderiert mit automatisierter Aufzeichnung. ◀

Insofern lässt sich feststellen, dass diverse Kontextbedingungen die Durchführung von Remote Usability Tests begünstigen oder aber sogar erforderlich machen können [302], [303]. In diesem Zusammenhang stellen hierbei Restriktionen ökonomischer Natur, wie etwa begrenzte Verfügbarkeit physischer Laborressourcen in Kombination mit einer geografisch dispergierten Verteilung der Testsubjekte und der damit verbundenen Notwendigkeit kostenintensiver Anreisen, einen relevanten Anreiz- sowie Kontextfaktor dar [302], [303], [304].

In diskursgeleiteter Perspektive lässt sich in dieser Angelegenheit ergänzen, dass die Divergenz zwischen artifiziellen Laborbedingungen und realweltlichen Nutzungssituationen potenziell zu einer Beeinträchtigung der Validität konventioneller Usability-Tests führen kann [305]. Aus diesem Grunde heben Bleecker und Okoroji [302] hervor, dass zeitkritische Evaluationsszenarien – in denen spezifische, im Labor nicht reproduzierbare Ereignisse von evaluativer Relevanz sind – die Erfassung des Nutzerverhaltens exakt zum Zeitpunkt der Ereignisgenese präsupponieren [306].

Darüber hinaus umfasst die obige Betrachtung, dass Remote-Usability-Tests, dies über ihre potenziell kontextspezifische Anwendbarkeit hinaus, vielfältige methodologische Vorzüge aufweisen, etwa hinsichtlich erhöhter Zugänglichkeit, reduzierter organisationaler Aufwände oder der Möglichkeit zur Erhebung nutzerseitigen Verhaltens in authentischen Nutzungsszenarien [307]. Dementsprechend lässt sich konstatieren, dass die Implementierung bzw. Operationalisierung distanzierter Evaluationen die prozessuale Testexekution durch die Aufhebung geografischer Restriktionen und – im Kontext unmoderierter Tests – durch die Neutralisierung temporaler Limitationen erleichtert [302], [307]. Darüber hinaus umfasst die methodologische Relevanz distanzierter Testverfahren auch die Optimierung der Testsubjektrekrutierung durch digitale Kommunikationskanäle [308]. Die Abwesenheit eines Moderators im Rahmen unmoderierter Tests eliminiert potenzielle Biaseffekte, die durch Interaktion induziert sein könnten, und gewährleistet zugleich eine konsistente Standardisierung der Testbedingungen [302], [309].

Die bisherigen Ausführungen lassen daher erkennen, dass in der fachtheoretischen Konsequenz den methodischen Vorteilen des Remote Usability Testing spezifische Limitationen gegenüberstehen: So stellt die eingeschränkte Interventionsmöglichkeit bei Testdeviationen – etwa thematischen Digressionen oder nonkonformer Aufgabenexekution – eine signifikante Restriktion dar [302], [304], [305], [306].

► Transferbeispiel

Zur Evaluation eines E-Government-Portals wurden Testpersonen aus verschiedenen Bundesländern unmoderiert im Homeoffice getestet, um Reiseaufwand zu vermeiden und realistische Nutzungskontexte zu erfassen. ◄

Im Kontext dessen erschwert die Unmöglichkeit, nonverbale Kommunikationssignale zu beobachten, zudem die Detektion unantizipierter Nutzerreaktionen.

Merke

Es lässt sich anwendungsorientiert konstatieren, dass das Thinking-Aloud-Protokoll im Usability Testing eine zentrale Rolle einnimmt, indem es die kontinuierliche oder retrospektive Artikulation innerer Vorgänge – wie Denkprozesse, Wahrnehmungen und subjektive Bewertungen – seitens der Testpersonen während der Aufgabenbearbeitung intendiert.

Des Weiteren sollte in Betracht gezogen werden, dass trotz des theoretischen Potenzials zur Rekrutierung hochgradig repräsentativer Testsubjekte keine verlässliche Möglichkeit zur Verifikation der tatsächlichen Identität der Testpersonen sowie der Authentizität der realen Nutzungskontexte besteht. Vor diesem Hintergrund ist ebenso die von Bleecker und Okoroji [302] beschriebene *Postprocessing-Phase* in den Blick zu nehmen, da sich diese aufgrund der umfassenden Auswertungsanforderungen der generierten Dokumentationen als ausgesprochen ressourcenintensiv erweist.

Dieser Sichtweise zufolge bietet sich das Think-Aloud-Protokoll als vorrangige Evaluationsmethodik an, da es die kontinuierliche oder retrospektive Verbalisierung kognitiver, perzeptiver und motivationaler Prozesse durch die Testsubjekte während der Systeminteraktion adressiert und dadurch vertiefte Einblicke in nutzerseitige Interaktionsmuster generiert.

Die geeigneten Maßnahmen zu ergreifen, setzt Nielsen [34] zufolge jedoch voraus, dass die analytische Exploration sowie Explikation der Mensch-System-Interaktion durch den gezielten Einsatz adäquater methodischer Instrumentarien erfolgt, weshalb sich das Think-Aloud-Protokoll als verbreitetste Erhebungsform bis dato herausgebildet hat, da es die unmittelbare Verbalisierung interner kognitiver sowie konativer Prozesse während der Aufgabenbearbeitung durch die Testpersonen initiiert [34]: „Thinking aloud may be the single most valuable usability engineering method" (S. 195).

Gleichermaßen liegt aber auch auf der Hand, dass die methodologische Essenz in der simultanen Verbalisierung kognitiver, konativer und affektiver Prozesse während der Aufgabenexekution durch die Testperson liegt [296], [302], [304], [306]. So erschließt die kontinuierliche Artikulation von Gedanken, Perzeptionen, Erwartungen, Suchstrategien, evaluativen Urteilen, intendierten Handlungen, Verständnisstrukturen sowie kognitiven Dissonanzen die subjektive Dimension der Systeminteraktion in ihrer Nachvollziehbarkeit [19].

Des Weiteren unterstützt die Transparenz, die sich aus dem oben Dargelegten ergibt, die Identifikation konzeptueller Inkongruenzen zwischen designerintendierter und nutzerrealisierter Systemkonzeption [19], [296]. Als Ausgangspunkt für die systematische Explikation gelten jene forschungsmethodologischen Prozesse, z. B. Think-Aloud, Protokollanalyse etc., die die Detektion interpretativer Variationen spezifischer Designelemente sowie subjektiver Evaluationen systemischer Komponenten begünstigen.

Allerdings sollte an dieser Stelle, wie Nielsen [34] diskutiert, berücksichtigt werden, dass die verbalisierte Kognition, Konation und Affektion valide Einblicke in die mentalen Strukturen der Nutzenden gewährt und die präzise Lokalisierung problematischer Dialogsegmente erleichtert [19].

▶ Transferbeispiel

Bei der Evaluation eines E-Banking-Prototyps half das Think-Aloud-Protokoll, Diskrepanzen zwischen Nutzererwartung und Interface-Logik unmittelbar zu erkennen. ◀

Auf der Basis empirischer Forschung zeigen die von Camerer et al. [310] untersuchten Anwendungsbezüge im Zusammenhang von UX Research, dass die nonkonventionelle Natur der obigen Methode eine exhaustive präevaluative Explikation verlangt. Das wiederum bedingt, so konstatiert Hendrickson [311], während der Testdurchführung den Einsatz „repetitiver Reminderstrukturen" zur Unterstützung der kontinuierlichen kognitiven, konativen und affektiven Verbalisierung.

Auf der Basis zahlreicher sowie verifizierter empirischer Forschungen zu UX Research lässt sich hinsichtlich des o. g. Sachverhalts im Zuge dessen ebenso konstatieren, dass die artifizielle Charakteristik der Methode simultan ihre gravierendste Limitation konstituiert, da sie Testresultateffekte induzieren kann [311]. Demzufolge kann die Verbalisierungsanforderung zu temporalen Extensionen der Aufgabenexekution einerseits führen, wodurch andererseits quantitative Metriken beeinträchtigt werden [311], [312]. Vor diesem Hintergrund wird die sowohl von Nielsen [34] als auch von Greever [312] dokumentierte Beobachtung nachvollziehbar, dass die Implementation des Think-Aloud-Verfahrens in bestimmten Fällen instruktionspsychologisch bezeichnete ‚akzelerierte' (Anm. beschleunigte) Problemresolutionen sowie eine reduzierte Fehlerfrequenz induzieren kann, was auf potenzielle Modifikationen kognitiver Prozessierungsmodi und damit einhergehende Verhaltens- bzw. Verhältnisveränderungen im Aufgabenlösungsprozess verweist [19], [312], [313].

Im Hinblick auf eine finale Einschätzung sollte daher zur Kenntnis genommen werden, dass der methodologische Vorteil in der Generierung qualitativ hochwertiger Daten und signifikanter verbaler Evidenz liegt [160], [314]. Dies setzt allerdings voraus, dass die adäquate Interpretation der Daten ein Höchstmaß an Sorgfalt und kontextueller Perspektivierung verlangt, da Nutzende zur Ausbildung eigentheoretischer Konstrukte neigen [34], [314].

▶ Transferbeispiel

Bei der Evaluation eines Navigationssystems unterstützten wiederholte Erinnerungshinweise die kontinuierliche Verbalisierung, wobei beobachtet wurde, dass einige Testpersonen Aufgaben schneller lösten – vermutlich infolge veränderter Problemlösestrategien. ◀

In analoger Weise offeriert sich ferner als methodische Alternative zur Adressierung der identifizierten Problematiken das **retrospektive Think-Aloud-Protokoll** (vgl.

Abb. 4.13 Methodischer Ablauf des retrospektiven Think-Aloud-Protkolls. (Quelle: Eigene Darstellung)

Abb 4.13): Neben seiner Funktion als Evaluationsinstrument zeichnet sich strukturgebend diese Variation durch die temporale Separation von Aufgabenexekution und Verbalisierung aus; allerdings die kognitive Artikulation nachgelagert, d. h. ex post stattfindet [19], [315], [316]. In diesem Sinne lässt sich die retrospektive Verbalisierung entweder in nicht mediierter Form oder unter Einbindung aufgezeichneter Handlungssequenzen als strukturierende Erinnerungsstütze realisieren [317], [318], [319].

Merke

In Bezug auf etablierte Verfahren der Nutzerforschung gilt das Think-Aloud-Protokoll als prävalente Evaluationsmethodik im Usability Testing, da es die kontinuierliche oder retrospektive Verbalisierung kognitiver Prozesse, perzeptueller Wahrnehmungen und subjektiver Impressionen während der Aufgabenexekution durch das Testsubjekt voraussetzt.

In der theoretischen Anschlussfolgerung strukturiert sich das **Eye-Tracking-Verfahren** (Blickbewegungsmessung) als alternative Evaluationsmethodik, jedoch deren nonverbale Ausrichtung die Limitationen verbalisierungsbasierter Verfahren überschreitet [320], [321], [322]. Auf der nutzerforschungsbasierten Grundlage der obigen Ausführungen lässt sich indessen feststellen, dass sich die methodologische Fokussierung in der kontinuierlichen Erfassung der visuellen Aufmerksamkeitsallokation über dokumentierte Blickverläufe konkretisiert [323], [324]. Das wiederum setzt allerdings voraus, dass mittels spezialisierter technischer Apparaturen die temporalen sowie spatiotemporalen Parameter okularer Aktivität erfasst werden – einschließlich momentaner Blickfixationen, Verweildauern auf spezifischen Interfacesegmenten und sequenzieller Augenbewegungstrajektorien [325], [326]. Zusätzlich ist zu berücksichtigen, dass sich die Applikabilität des Eye Trackings in diversen Anwendungsdomänen, insbesondere im Sinne einer methodologisch erforderlichen Plausibilitätskontrolle der empirischen Probandeninteraktion, holistisch nachvollziehen lässt; im Kontext des Usability Testings intendiert schließlich die Methodik eine umfassende Erfassung der User Experience, einschließlich jener experienziellen Dimensionen, die de facto der expliziten Nutzerverbalisierung entzogen bleiben [327], [328], [329].

Obgleich es herausfordernd sein mag, das Blickverhalten in seiner vollständigen Komplexität zu erfassen, basiert dessen methodische Operationalisierung auf einer triadischen Attributstruktur, wie Bergstrom und Schall [327] präzisieren:

Hinweis
Eye Tracking ermöglicht im Usability Testing eine gezielte Analyse visueller Aufmerksamkeitsmuster.

- **Lokation**

Im Zentrum steht die sogenannte spatiotemporale Koordinate der okularen Fixation zu einem definierten Zeitpunkt als grundlegende Determinante visueller Aufmerksamkeit, d. h., es wird exakt erfasst, auf welches Interfaceelement sich der Blick des Nutzers in einem bestimmten Moment richtet und wie sich diese Blickverortung im zeitlichen Verlauf innerhalb des Nutzungskontexts darstellt [330], [331]. Auch die Tatsache, dass diese hochfrequenten und temporär limitierten Fixationen eine technische Aufzeichnung bedingen, um die nutzerseitig realisierten Screenscanning-Strategien differenziert nachvollziehen zu können, verdeutlicht die methodische Relevanz einer präzisen Blickverlaufsanalyse [332]. Im Hinblick auf die obigen Ausführungen lassen sich spezifische Implikationen für die interpretative Validität ableiten, insofern sich die zentrale hermeneutische Herausforderung in der potenziellen Diskrepanz zwischen registrierter Fixation und faktischer kognitiver Prozessierung zeigt [333], [334], [335], [336]:

In diesem Zusammenhang indiziert die physische Blickausrichtung auf einen definierten Screen-Bereich keineswegs zwingend dessen mentale Rezeption, da die attentionale Fokussierung simultan auf periphere oder konkurrierende Stimuli gerichtet sein kann [333], [334], [335], [336]. Demzufolge reduziert sich in solchen Dissoziationskonstellationen die analytische Aussagekraft des Eye Trackings erheblich [333], [334], [335], [336]. Einfach ausgedrückt bedeutet dies, dass nicht jeder fixierte Interfacebereich zwangsläufig auch kognitiv verarbeitet wird – visuelle Präsenz allein garantiert keine inhaltliche Rezeption [333], [334], [335], [336].

In dieser theoretischen Konsequenz erscheint eine methodische Fokussierung auf Fixationsaggregate in Form regionaler Cluster angezeigt, da multifixationale Konglomerate die Wahrscheinlichkeit gezielter Aufmerksamkeitszuweisung und kognitiver Informationsverarbeitung signifikant erhöhen [330], [331]. Simplifiziert bedeutet das, dass sich erst durch eine Häufung von Blickfixationen auf bestimmte Interfacebereiche belastbare Rückschlüsse auf tatsächliche Nutzeraufmerksamkeit ziehen lassen [327].

Vor diesem Hintergrund erweitern die von Bergstrom und Schall [327] explizierten methodologischen Begrenzungen die Grundlage einer kritischen Auseinandersetzung, insofern „eye trackers are not mind-reading devices, and they can only tell us what the person looked at but not why" (S. 7), womit die epistemische Distanz zwischen visueller Erfassung und kognitiver Interpretation akzentuiert wird.

▶ Transferbeispiel

Beim Test einer Banking-App zeigte das Eye Tracking, dass Nutzer mehrfach auf das Menüsymbol fixierten, es jedoch nicht auswählten – ein Hinweis darauf, dass visuelle Aufmerksamkeit gemäß DIN EN ISO 9241-110 [23] nicht automatisch kognitive Verarbeitung bedeutet. ◀

▪ Dauer

Mit Dauer ist instruktionspsychologisch angedeutet, dass die temporale Extension der Fixation einen valideren Indikator attentionaler Allokation darstellt, wenngleich sich die Interpretationsproblematik der Fixationsdauer als multifaktoriell herausstellt [327]. Profan ausgedrückt bedeutet das, dass längeres Hinschauen nicht zwangsläufig tieferes Verstehen signalisiert, d. h., auch Unsicherheit oder Ablenkung können dafür verantwortlich sein [327], [336], [337]. In der Regel lässt sich die oben genannte Extension oder Limitation der Blickverweildauer auf unterschiedliche neurologische Faktoren zurückführen – von kognitiver Konfusion bis hin zu ästhetischer Attraktion –, weshalb ihre valide Interpretation zwingend eine supplementäre Datentriangulation gemäß Flick (2022) und Mayring (2022) präsupponiert [327], [336], [337].

▶ Transferbeispiel

Bei der Analyse eines Reiseportals zeigte sich eine lange Fixation auf der Hotelübersicht – die Triangulation mit Denkprotokollen ergab jedoch, dass dies auf Entscheidungsunsicherheit und nicht auf gesteigertes Interesse zurückzuführen war. ◀

▪ Bewegung

Mit Bewegung wird im Kontext des obigen Zusammenhangs gemeint, dass die Sequenz okularer Fixationen plausibilisierbare Rückschlüsse auf die subjektive Relevanzstruktur und die kognitive Gewichtung einzelner Interface-Elemente zulässt [327], [338], [339], [340]. Bergstrom und Schall [327] weisen zudem darauf hin, dass sich aus dem sequenziellen Blickverlauf im Übrigen spezifische visuelle Muster rekonstruieren lassen, anhand derer inferiert werden kann, welche strukturellen Elemente im Interface überhaupt eine implizite Priorisierung erfahren.

In dieser theoretischen Konsequenz evidenziert sich demzufolge die explorative Analyse der Eye-Tracking-Daten über unterschiedliche Visualisierungsformate, die spezifische Aufmerksamkeitsmuster rekonstruierbar machen [327], [340], [341], [342].

▶ Transferbeispiel

Beim Test eines Ticketbuchungssystems zeigte der Blickverlauf, dass Nutzer zuerst Preise, dann Reisedauer scannten – was auf eine implizite Priorisierung der Kostendimension schließen lässt. ◀

▪ Heatmap

Ein weiterer in diesem Rahmen zu berücksichtigender Kontextfaktor ist schließlich, dass Heatmaps ein chromatisches Kodierungssystem integrieren, das im Kern zur Repräsentation der Dichte oder Dauer visueller Fixationen in der Regel herangezogen wird [327], [342], [343], [344]. Von besonderem Interesse für die instruktionspsychologische und nutzerbasierte Forschung ist vor diesem Hintergrund insbesondere die typisch-praxeologische Implementierungslogik, bei der auf der einen Seite maximale Fixationsfrequenz oder -dauer mit roter Chromatik assoziiert wird, während auf der anderen Seite geringere Fixationsparameter durch grüne Farbcodierung repräsentiert sind; zwischen diesen Polen erstreckt sich im Übrigen ein graduelles chromatisches Kontinuum [345].

► Transferbeispiel

Bei der Analyse einer E-Commerce-Startseite zeigte die Heatmap, dass sich die Nutzeraufmerksamkeit stark auf den roten Bereich um den *Kaufen* -Button konzentrierte, während grün markierte Randbereiche kaum Beachtung fanden. ◄

▪ Opacity Map

Des Weiteren besteht konsenstheoretisch Einsicht, dass hinsichtlich der Opacity Map eine inverse Visualisierungslogik vorliegt, die die Exklusion visueller Aufmerksamkeit fokussiert und sich als Negativdarstellung der Heatmap konstituiert [327], [346]. Zum Teil lässt sich diese Anforderung unmittelbar durch eine methodische Operationalisierung erfüllen, welche durch chromatische Verdunkelung non-fixierter Regionen jene Areale mit erhöhter Luminanz akzentuiert, die attentional erfasst wurden [347]. Das bedeutet in vereinfachter Ausführung: Alles, worauf die Nutzer in dem Untersuchungsszenario nicht geblickt haben, wird abgedunkelt – und nur jene Bildbereiche, denen visuelle Aufmerksamkeit tatsächlich zugewiesen wurde, erscheinen hervorgehoben [327], [347].

► Transferbeispiel

Bei der Evaluation eines Dashboard-Prototyps zeigte die Opacity Map, dass zentrale Navigationsleisten kaum beachtet wurden, da sie im abgedunkelten Bereich lagen, während einzig der hervorgehobene Content-Bereich Aufmerksamkeit generierte. ◄

▪ Gazeplot

Auch Shi et al. [348] heben schließlich hervor, dass sich die o. g. Visualisierungsformation sowohl durch die Integration der sequenziellen als auch temporalen Kerndimension individueller Fixationen innerhalb definierter temporaler Segmente per se auszeichnet [349]. Infolgedessen konkretisiert sich die methodische Kodierung durch numerische Sequenzierung sowie durch die proportionale Repräsentation der Fixationsdauer mittels Kreisdiameter [350].

► Transferbeispiel

In einem Usability-Test eines Informationsportals offenbarte die sequenzielle Visualisierung, dass die Suchfunktion erst spät ins Blickfeld der Nutzer rückte – erkennbar an hoher Positionsnummer und ausgeprägtem Fixationskreis. ◄

! Merke

Aus der obigen sachverhaltlichen Darstellung resultiert die analytische Nutzbarkeit des Eye-Tracking-Verfahrens zur präzisen Erfassung visueller Aufmerksamkeitsprozesse während der Systeminteraktion von Testpersonen.

Unter diesen Voraussetzungen bieten die in diesem Kapitel elaborierten Evaluationsmethoden bedeutsame Instrumente der UX-Research und markieren zugleich eine unverzichtbare Dimension verantwortungsorientierter Designpraxis. Insofern korrespondiert diese wissenschaftliche Basis mit der Anforderung, die Integration analytischer und empirischer Verfahren – von Cognitive Walkthrough über Think-Aloud-Protokolle bis hin zu Eye Tracking und Remote Usability Testing – nicht allein als Ausdruck methodologischer Präzision zu begreifen, sondern zugleich als Reaktion auf ethische Verpflichtungen innerhalb nutzerzentrierter Designprozesse [4], [19].

Ergebniszusammenführend zeigt sich jedoch, dass die anwendungsorientierte Implementation sowohl die Berücksichtigung divergierender Nutzerperspektiven als auch die Reduktion exkludierender Designentscheidungen sowie die kontinuierliche Evaluation potenzieller negativer Implikationen in Bezug auf unterschiedliche Nutzergruppen erfordert. Die dargelegten Inhalte gewinnen im Kontext des UX-Research Relevanz, da die transparente wie standardisierte Erhebung qualitativer und quantitativer Usability-Daten evidenzbasierte Designentscheidungen unterstützt, die Autonomie, Integrität und Nutzerwohl wahren und damit design- sowie forschungsethisch tragfähige Gestaltungspraktiken wie etwa gemäß TRREE [120] explizieren, d. h. in deontologischer Hinsicht präzisieren [14].

4.4 Prüfungsfragen – ▶ Kap. 4

Frage-Nr.	Frage	Antwortoptionen
1	Welche zentrale Aufgabe verfolgt die Usability Evaluation im Rahmen einer designethisch verantwortungsvollen Systementwicklung?	□ a) Die Maximierung des Funktionsumfangs □ b) Die Sicherstellung der Kongruenz zwischen Nutzeranforderungen und Systemimplementation □ c) Die Reduktion der Entwicklungskosten □ d) Die vollständige Automatisierung aller Systemprozesse
2	Was beschreibt die ‚pentadische Entscheidungsmatrix' nach Karat zur Methodenselektion?	□ a) Ein Modell zur Entwicklung von Prototypen □ b) Ein Modell zur Reduktion kognitiver Last □ c) Ein Modell zur Auswahl geeigneter Evaluationsmethoden auf Basis von fünf Einflussfaktoren □ d) Ein Bewertungssystem für das visuelle Design interaktiver Systeme
3	Was ist ein zentrales Ziel der formativen Evaluation?	□ a) Die Endkontrolle des Systems □ b) Die Messung von Supportkosten □ c) Die kontinuierliche Rückkopplung zur Optimierung im Entwicklungsprozess □ d) Die Analyse wirtschaftlicher Rahmenbedingungen
4	Welche Aussage trifft auf die summative Evaluation zu?	□ a) Sie erfolgt zu Beginn des Entwicklungsprozesses □ b) Sie wird zur Definition der Zielgruppe genutzt □ c) Sie überprüft final die Zielerreichung des Systems □ d) Sie ersetzt vollständig die formative Evaluation

Frage-Nr.	Frage	Antwortoptionen
5	Wodurch zeichnen sich qualitative Evaluationsmethoden aus?	□ a) Durch statistische Hypothesentests □ b) Durch numerische Messwerte □ c) Durch narrative Ergebnisdeskriptionen □ d) Durch die exklusive Nutzung von Zeitmessungen
6	Welche Methode zählt zu den explorativ-analytischen Evaluationsverfahren?	□ a) Usability-Fragebogen □ b) Nutzerinterview □ c) Heuristische Evaluation durch Experten □ d) Messung der durchschnittlichen Klickrate
7	Welche Aussage charakterisiert empirische Evaluationsverfahren?	□ a) Sie beruhen auf systemtheoretischen Modellen □ b) Sie erheben Daten durch Nutzerintegration und Beobachtung □ c) Sie benötigen keine standardisierten Erhebungsinstrumente □ d) Sie ignorieren subjektive Nutzereindrücke
8	Was beschreibt ein Beispiel für quantitative Evaluation?	□ a) Beobachtung emotionaler Reaktionen □ b) Interview zu Interface-Erfahrungen □ c) Erfassung von Fehlerraten □ d) Detaillierte Nutzungsbeschreibungen
9	Welche Kombination wird im Sinne der triangulativen Methodenintegration als besonders effektiv betrachtet?	□ a) Qualitative Interviews und Design-Prototyping □ b) Explorativ-analytische und empirische Verfahren □ c) Persönliche Gespräche und Online-Fragebögen □ d) Benchmarking und Visual Design
10	Welches Ziel verfolgt die Operationalisierung der Usability Evaluation?	□ a) Die Generierung wissenschaftlich nicht belastbarer Daten □ b) Die Durchführung kreativer Design-Workshops □ c) Die Quantifizierung von Indikatoren zur Evaluation der Systemnutzung □ d) Die Reduktion explorativer Analyseverfahren

Frage-Nr	Fragetext	Antwortoptionen
11	Welche Aussagen beschreiben zentrale Merkmale explorativ-analytischer Evaluationsmethoden?	[ ] a) Sie basieren auf direkter Nutzerpartizipation. [ ] b) Sie sind besonders geeignet für frühe Entwicklungsphasen. [ ] c) Sie erfordern umfangreiche Prototypen. [ ] d) Sie ermöglichen hypothesengenerierende Impulse.
12	Was ist kein Bestandteil der Analysephase im Cognitive Walkthrough?	[ ] a) Intentionale Effektkongruenz [ ] b) Aktionsverfügbarkeitsperzeption [ ] c) Interface-Prototyping [ ] d) Progressionsrecognition

Frage-Nr	Fragetext	Antwortoptionen
13	Welche Prinzipien gehören zu Nielsens heuristischer Evaluation?	[ ] a) Nutzerorientierte Terminologie [ ] b) Maximierung der Aufgabenkomplexität [ ] c) Systemische Konsistenz [ ] d) Fehlermeldungen ignorieren
14	Was ist ein Ziel des GOMS-Modells?	[ ] a) Subjektive Nutzerzufriedenheit messen [ ] b) Kognitive Prozesse rekonstruieren [ ] c) Lernmotivation fördern [ ] d) Operatoren zeitlich analysieren
15	Welche Vorteile bietet die heuristische Evaluation gegenüber empirischen Verfahren?	[ ] a) Geringer Ressourcenbedarf [ ] b) Breite Nutzerbeteiligung [ ] c) Frühe Anwendung im Designprozess [ ] d) Höhere Validität als alle anderen Methoden
16	Was beschreibt das Hick'sche Gesetz?	[ ] a) Je mehr Optionen, desto schneller trifft der Nutzer Entscheidungen. [ ] b) Weniger Auswahl führt zu kürzerer Entscheidungszeit. [ ] c) Das Gesetz beschreibt Mausbewegungsgeschwindigkeit. [ ] d) Es steht im Widerspruch zum Fitts'schen Gesetz.
17	Welche Interaktionen analysiert das Keystroke-Level-Model (KLM)?	[ ] a) Mentale Planungsschritte [ ] b) Mausbewegungen und Tastenanschläge [ ] c) Emotionale Reaktionen [ ] d) Lernfortschritt im Interface
18	Was ist typisch für Cognitive Walkthrough?	[ ] a) Reale Nutzerführung [ ] b) Fokus auf mentale Prozesse hypothetischer Nutzer [ ] c) Analyse ganzer Systeme ohne Aufgabenbezug [ ] d) Sequenzielle Bewertung geplanter Nutzerhandlungen
19	Welche Voraussetzungen braucht Cognitive Walkthrough?	[ ] a) Fertiges Interface-Design [ ] b) Designmaturitätsgrad [ ] c) Reale Nutzerdaten [ ] d) Ausformulierte Handlungssequenzen
20	Was ist ein Ziel von modellbasierten Analyseverfahren?	[ ] a) Usability-Probleme durch Experimente identifizieren [ ] b) Kognitive und physische Abläufe modellieren [ ] c) Reale Nutzungsszenarien dokumentieren [ ] d) Voraussage von Interaktionszeiten

Frage-Nr.	Prüfungsfrage	Antwortoptionen
Frage 21	Was versteht man unter dem Begriff ‚Objektivität' im Kontext empirischer Evaluation?	☐ a) Eine objektive Meinung der Forschenden ☐ b) Unabhängigkeit der Ergebnisse von der Person des Untersuchenden ☐ c) Zufällige Datenerhebung ☐ d) Maximale Transparenz
Frage 22	Welche vier Gütekriterien beschreiben die Qualität empirischer Evaluationsmethoden laut Butz et al.?	☐ a) Validität, Einfachheit, Objektivität, Reichweite ☐ b) Objektivität, Reliabilität, Validität, Relevanz ☐ c) Objektivität, Flexibilität, Konsistenz, Relevanz ☐ d) Relevanz, Subjektivität, Validität, Transparenz
Frage 23	Was ist ein zentrales Validierungskriterium qualitativer Forschung?	☐ a) Intersubjektivität ☐ b) Objektivität ☐ c) Transparenz ☐ d) Reliabilität
Frage 24	Welches Kriterium ist für die Übertragbarkeit qualitativer Ergebnisse besonders relevant?	☐ a) Reliabilität ☐ b) Validität ☐ c) Reichweite ☐ d) Intersubjektivität
Frage 25	Welche Methode erhebt Daten retrospektiv durch die Befragung zu besonders einprägsamen Erlebnissen?	☐ a) Critical Incident Technique (CIT) ☐ b) Kontextanalyse ☐ c) Grounded Theory ☐ d) Interviewmethode
Frage 26	Was beschreibt die ‚Intersubjektivität' als Gütekriterium qualitativer Forschung?	☐ a) Diskurs mit allen Beteiligten ☐ b) Reflexion des Forschungsverlaufs ☐ c) Systematische Offenlegung von Interpretationen ☐ d) Intuition bei der Datenauswertung
Frage 27	Worin besteht der Hauptunterschied zwischen qualitativer und quantitativer Forschung?	☐ a) Hypothesengenerierung vs. Hypothesenprüfung ☐ b) Fragebogengestaltung ☐ c) Anzahl der Teilnehmenden ☐ d) Design der Software
Frage 28	Was ist eine zentrale Limitation von Feldstudien?	☐ a) Hohe Kosten ☐ b) Komplexität der Datenstruktur ☐ c) Schwierigkeit bei der Gruppenbildung ☐ d) Technische Probleme
Frage 29	Was wird bei kontrollierten Experimenten gezielt manipuliert?	☐ a) Unabhängige Variablen ☐ b) Abhängige Variablen ☐ c) Testergebnisse ☐ d) Nutzerprofile
Frage 30	Was ist das Ziel kontrollierter Experimente in der Usability-Evaluation?	☐ a) Analyse offener Fragen ☐ b) Kausale Zusammenhänge ☐ c) Auswahl passender Tools ☐ d) Exploration subjektiver Meinungen

Frage-Nr.	Frage	Antwortoptionen
31	Was ist das primäre Ziel eines explorativen Usability-Tests?	☐ a) Validierung von finalen Systemlösungen ☐ b) Erste Bewertung von Konzepten ☐ c) Vergleich konkurrierender Produkte ☐ d) Erhebung von Nutzerzufriedenheit
32	Wann wird ein Bewertungstest typischerweise eingesetzt?	☐ a) In der finalen Testphase ☐ b) Während der Implementierung ☐ c) Bei ersten Konzeptentwürfen ☐ d) In der mittleren Entwicklungsphase
33	Was charakterisiert einen Verifikationstest?	☐ a) Er dient zur Ideensammlung ☐ b) Wird nach dem Rollout durchgeführt ☐ c) Validiert Lösungen in später Phase ☐ d) Untersucht frühe Prototypen
34	Welche Eigenschaft trifft auf Vergleichstests zu?	☐ a) Wird nur in der letzten Phase durchgeführt ☐ b) Kann phasenunabhängig eingesetzt werden ☐ c) Dient ausschließlich der Systemvalidierung ☐ d) Ist nicht kombinierbar mit anderen Testformen
35	Was ist die erste Phase eines Usability-Tests nach Norman und Kirakowski?	☐ a) Strukturierte Ergebniskommunikation ☐ b) Testdurchführung ☐ c) Testdesign und Vorbereitung ☐ d) Datenanalyse
36	Welche Aussage über das Think-Aloud-Protokoll ist korrekt?	☐ a) Findet ausschließlich retrospektiv statt ☐ b) Soll kognitive Prozesse sichtbar machen ☐ c) Wird nur bei Remote-Tests verwendet ☐ d) Eignet sich nicht für qualitative Analysen
37	Wozu dient die Opacity Map im Eye Tracking?	☐ a) Zeigt stark beachtete Areale durch grüne Markierung ☐ b) Zeigt ignorierte Bereiche durch Transparenz ☐ c) Misst die Bearbeitungszeit ☐ d) Dokumentiert verbale Nutzerkommentare
38	Was ist eine typische Schwäche retrospektiver Think-Aloud-Protokolle?	☐ a) Höhere Messgenauigkeit ☐ b) Reduzierte Erinnerungsleistung ☐ c) Bessere Validität der Aussagen ☐ d) Objektive Interaktionsdaten
39	Welche Metrik wird typischerweise zur Bewertung der Effizienz herangezogen?	☐ a) Zufriedenheitsranking ☐ b) Fehlerfrequenz ☐ c) Interaktionspräzision ☐ d) Bearbeitungszeit
40	Welches Ziel verfolgt ein Heatmap-Visualisierungstool?	☐ a) Darstellung akustischer Daten ☐ b) Vergleich von Testpersonen ☐ c) Visualisierung von Fixationshäufung ☐ d) Aufzeichnung der Sprachäußerungen

User Research – Anwendungskontexte

Inhaltsverzeichnis

G. Vindigni, *UX Research und User Research*, https://doi.org/10.1007/978-3-662-72235-0_5

„You've got to start with the customer experience and work back toward the technology – not the other way around." (S. Jobs, Apple WWDC 1997 Keynote [Video], Apple Worldwide Developers Conference, 7. Mai 1997; Abruf 10.03.2026: https://www.youtube.com/watch?v=QGIUa2sSYFI (Orig.); https://www.youtube.com/watch?v=EZll3dJ2AjY (Übers.))
Jobs, S. († 5. Oktober 2011), Mitbegründer Apple Inc. sowie langjähriger CEO (1997): Worldwide Developers Conference – Q&A Session. Apple Inc. [Videoaufzeichnung].
Jobs, S. (1997, 7. Mai). Apple WWDC 1997 Keynote [Videodatei]. Apple Worldwide Developers Conference. Abgerufen am 10. März 2026 von https://www.youtube.com/watch?v=QGIUa2sSYFI und (Übersetzung) https://www.youtube.com/watch?v=EZll3dJ2AjY

Mit diesem Kapitel erwerben Sie die Fähigkeit, ein profundes Verständnis für die Konzepte und Anwendungsfelder des User Research zu entwickeln sowie dessen Einbettung und Abgrenzung im Kontext der Marktforschung theoriegeleitet zu bewerten.

Lernziele

Konkretisiert bedeutet das, dass Sie nach der Bearbeitung dieses Kapitels lernzieltaxonomisch differenziert und kompetenzorientiert dazu befähigt sind:

- Sowohl das triadische Evaluationsmodell des User Research (ex ante, interim, ex post) theoriegeleitet zu rekonstruieren als auch praxisbezogen anzuwenden.
- Darauf aufbauend erwerben Sie die Fähigkeit, die theoretisch-methodologischen Grundlagen des User Research zu rekonstruieren und dessen funktionale Relevanz im Kontext nutzerzentrierter Gestaltungsprozesse erkenntnisbezogen zu determinieren.
- Zudem befähigt Sie dieses Kapitel dazu, nutzerzentrierte Transformationsprozesse auf strategisch-organisationaler Ebene, hier exemplarisch am Fallbeispiel LEGO® [351], einzuordnen und theoriegeleitet zu plausibilisieren.
- Darüber hinaus befähigt Sie dieses Kapitel dazu, einschlägige Normvorgaben (DIN EN ISO 9241-11 [8], 9241-110 [23], 9241–210 [35]) fachgerecht zu interpretieren und auf anwendungsspezifische Designprozesse theoriegeleitet zu transferieren.
- Obgleich es herausfordernd sein mag, die methodische Heterogenität empirischer Evaluationsverfahren vollständig zu durchdringen, befähigt Sie dieses Kapitel lernzieltaxonomisch dazu, die methodischen Zugänge von Games User Research (GUR) und Game Analytics (GA) abgegrenzt zu bestimmen und transferorientiert auf anwendungsbezogene Kontexte anzuwenden.
- Zu guter Letzt befähigt Sie dieses Kapitel dazu, explorative, analytische und synthetische Verfahren nutzerbezogener Forschung kontextsensitiv einzuordnen und interdisziplinär anschlussfähig zu machen.

Merke

User Research erschließt sich als theoriegeleitetes Fundament nutzerzentrierter Gestaltung – methodisch differenziert, normativ verankert und praxisbezogen anwendbar.

5.1 User Research im Spannungsfeld von Theorie und Praxis

Das in diesem Fachbuch entwickelte Konzept des User Research basiert auf einem strukturgebundenen Forschungsansatz, der teleologisch darauf abzielt, nutzerbezogene Anforderungsprofile gemäß DIN EN ISO 9241-11 [8] sowie korrespondierende Bedürfnismuster im Rahmen der Produkt- oder Serviceinteraktion zu identifizieren und kritisch zu evaluieren – dies erfolgt in einem triadischen Evaluationsmodell: ex ante zur Konzeptkontrolle, interim zur Prozesskontrolle und ex post zur Ergebniskontrolle [19].

Hinweis

Das triadische Evaluationsmodell im User Research stellt sicher, dass Nutzerbedürfnisse systematisch über alle Entwicklungsphasen hinweg erfasst und in produktrelevante Entscheidungen überführt werden.

Von besonderer Bedeutung erscheint jene methodische Herangehensweise, da sie die empirisch gestützte Erfassung nutzerseitiger Belange innerhalb des ideativen sowie inventiven Prozesses gestattet und dadurch sicherstellt, dass Produkte und Services adäquat an die Anforderungen der intendierten Nutzergruppen angepasst werden [12], [13], [19], [49].

Im Hinblick auf den in diesem Lehrbuch explizierten theoretischen Sachzusammenhang zeigt sich schließlich, dass die operative Kerndimension des User Research sowohl die iterative Evaluation produktbezogener Merkmale als auch die Validierung konzeptioneller Entwürfe und potenzieller Neuerungsimpulse durch nutzerzentrierte Studien sehr erheblich bedingt [353]. Auf dieser Ebene gewährleistet der empirische Prozess demzufolge einerseits eine präzise Adaption an die identifizierten Nutzeranforderungen, andererseits aber unterstützt er die kontinuierliche Optimierung von Produkten und Dienstleistungen an sich [354].

Hinweis

Die operative Dimension des User Research konkretisiert sich in der systematischen Umsetzung empirischer Verfahren zur nutzerzentrierten Produktvalidierung und kontinuierlichen Optimierung.

► Transferbeispiel

Bei der Weiterentwicklung einer Banking-App wurden durch wiederholte Nutzertests konkrete Interface-Anpassungen vorgenommen, um Usability-Hürden frühzeitig zu beheben. ◄

Die bisherigen Ausführungen lassen keinen Zweifel daran, dass die notwendige iterativ und methodisch geleitete, so in Anlehnung an Wiedenhöfer [355], in diesem Rahmen eine mehrphasige Überprüfung und kontinuierliche Weiterentwicklung zentraler Produktattribute wie Benutzerfreundlichkeit, Funktionalität und ästhetischer Kohärenz intendiert. Dies ermöglicht es, so substanziieren ebenfalls Czarnecki et al. [356], frühzeitig Feedback von Nutzern einzuholen und dieses in die Weiterentwicklung des Produkts, quasi im Sinne des User-Innovation-Ansatzes, zu integrieren [12], [13], [14], [15], [19].

Hinweis

Die iterativ strukturierte Evaluation zielt darauf ab, Nutzerfeedback fortlaufend in den Gestaltungsprozess einzuspeisen und zentrale Produktmerkmale systematisch zu optimieren.

► Transferbeispiel

Bei der Entwicklung einer Banking-App wurden nach jeder Designiteration Nutzertests durchgeführt, um Funktionen und Interface kontinuierlich zu verbessern. ◄

Darüber hinaus fungiert als methodologisch anwendungsbezogene Struktur die Validierung konzeptioneller Entwürfe, die im Rahmen ideativer, inventiver und iterativer Gestaltungsprozesse entstanden sind, durch empirisch kontrollierte Nutzerstudien, die sowohl die Bedarfsgerechtigkeit als auch die funktionale Operationalisierbarkeit bzw. Anwendbarkeit, so heben ebenso Owen et al. [357] hervor, im realen Nutzungskontext überprüfen.

Gleichermaßen wird prämissensbezogen deutlich, dass die digitale Transformation – katalysiert durch die Ausdifferenzierung mobiler Technologien, die fortschreitende API-Ökonomie sowie paradigmatische Entwicklungen im Kontext von Web 3.0 – seit etwa 2008 eine signifikante Relevanzverschiebung zugunsten nutzerbezogener Erhebungsverfahren im Rahmen anwendungsnaher Gestaltungsprozesse überhaupt erst initiiert hat, wobei insbesondere die Java-basierte Modularisierung bzw. Modifikation sozialer Plattformen eine neue Interaktionsdynamik generiert hat [12].

Hinweis

Die empirische Validierung ideenbasierter Konzepte sichert ihre reale Nutzbarkeit und Bedarfsadäquanz – insbesondere vor dem Hintergrund digitaler Transformationsprozesse seit 2008.

► Transferbeispiel

Ein Prototyp für eine mobile Gesundheits-App wurde durch Nutzertests im Alltagseinsatz validiert, um dessen Funktionalität und Alltagsrelevanz sicherzustellen. ◄

Schließlich sind auf Basis der konvergierenden Dynamiken technologischer Transformation, der Wissensökonomisierung von Lebens- und Arbeitswirklichkeit sowie sozio-interaktiver Emergenz markante Verschiebungen rekonstruierbar, die sich insbesondere in verschiedenen Anwendungsfeldern digitaler Produktentwicklung artikulieren, wie im Folgenden dargestellt [12]:

Hinweis

Die folgenden Beispiele zeigen, wie User Research durch technologische und gesellschaftliche Entwicklungen in zentrale Bereiche digitaler Produktentwicklung eingebunden ist.

1. **Softwareentwicklung (mobile Applikationen, digitale Spiele):**
   In diesem Bezugsrahmen ist es nun wichtig, zur Kenntnis zu nehmen, dass User Research an sich hinsichtlich der ergonomischen Softwareentwicklung als ein integraler Bestandteil gilt, um gemäß etablierten Normen überhaupt nutzeradaptive sowie kognitiv zugängliche Applikationen zu konzipieren; insbesondere im Kontext mobiler Anwendungen und digitaler Spielumgebungen, wie der Verfasser [19] in einem Lehrbuch umfangreich darstellt, in denen die Qualität der Nutzererfahrung gemäß DIN EN ISO 9241-11 [8] als essenzielle Designprämisse figuriert [12].

► Transferbeispiel

Bei der Entwicklung einer mobilen Lern-App wurden mithilfe von User Research Nutzerbedürfnisse analysiert und gemäß DIN EN ISO 9241-11 [8] in das Interfacedesign integriert. ◄

2. **Medizintechnische Interfaces:**
   Auch im Umfeld medizintechnologischer Anwendungskontexte lässt sich rekonstruieren, dass die Gebrauchstauglichkeit von Interfaces unmittelbare Implikationen für die operationale Sicherheit sowie die funktionale Wirksamkeit der Versorgung generiert [10], [11], [358]. Demzufolge trägt die methodische Integration nutzerbezogener Erhebungsverfahren in diesem Rahmen dazu bei, applikative Systeme derart zu gestalten, dass sowohl medizinisches Fachpersonal als auch Patienten eine intuitive und somit heuristisch komplexitätsreduzierte Interaktion gemäß DIN EN ISO 9241-110 [23] vollziehen können. Vor dem Hintergrund der DIN EN ISO 9241-210 [35] – hier in Verbindung mit der speziell auf Medizinprodukte ausgerichteten DIN EN ISO 62366-1 – konstituiert sich des Weiteren eine normative Erwartungsstruktur per se, in der Gebrauchstauglichkeit nicht als additive Optimierung, sondern als integraler Bestandteil des ideativen und inventiven Prozesses zu realisieren ist [10], [11], [358], [359]. Zu guter Letzt konstituiert die Konvergenz von Designpraxis, nutzerzentrierter Einbindung – etwa im Sinne von Open- und User-Innovation – sowie regulatorischen Anforderungen die Grundlage für eine sicherheitsadäquate und kontextsensitive Systemgestaltung [10], [11], [358].

► Transferbeispiel

Bei der Entwicklung eines digitalen Insulin-Pens wurden User-Research-Methoden eingesetzt, um eine intuitive Bedienung für Patienten sicherzustellen und sicherheitsrelevante Anforderungen gemäß DIN EN ISO 62366-1 zu erfüllen [358], [359]. ◄

3. **Automotive User Interfaces:**
   Mit Blick auf den automobiltechnologischen Kontext gewinnen benutzeradaptive Interfacekonfigurationen zunehmend an Bedeutung – insbesondere im Bereich fahrerassistierender Systeme und integrierter Infotainmentlösungen –, da User Research gezielt zur Gestaltung beiträgt, die sowohl sicherheitsrelevante Anforderungen als auch nutzungsbezogene Komfortaspekte adressiert [51], [360], [361], [362], [363].

► Transferbeispiel

Zur Optimierung eines Fahrassistenzsystems wurden Nutzerstudien durchgeführt, um Warnhinweise visuell verständlich und gleichzeitig nicht ablenkend zu gestalten. ◄

4. **Webbasierte Plattformen und Portale:**
   Den obigen Sichtweisen zufolge bieten ebenfalls webbasierte Plattformen und Portale ein signifikantes Anwendungsfeld für User Research, zumal deren multifunktionale Struktur eine nutzergerechte Informationsarchitektur und intuitive Zugänglichkeit erfordert, auch in Bezug auf das Barrierefreiheitsstärkungsgesetz [46], [266], [364], [365], [366]. Darüber hinaus bildet die kontinuierlich-prozessuale Evaluation (interim) interaktionsbezogener Bedürfnisse diesbezüglich die sach- sowie zweckdienliche Grundlage für sukzessive Optimierungsschritte im Sinne erhöhter Gebrauchstauglichkeit [364], [365], [366] (▫ Tab. 5.1).

5

Tab. 5.1 User Research – Anwendungsfelder. (Quelle: Eigene Darstellung)

Anwendungsfeld	Kernfokus	Transferbeispiel
Softwareentwicklung (mobile Apps, Games)	Ergonomische, kognitiv zugängliche Applikationen gemäß DIN EN ISO 9241-11	Mobile Lern-App: Integration von User-Needs ins Interfacedesign
MedizintechnischeInterfaces	Sicherheitsadäquate, intuitive Bedienbarkeit nach DIN EN ISO 62366-1 und 9241-210	Digitaler Insulin-Pen: Usability für Patienten und medizinisches Personal
Automotive UserInterfaces	Nutzeradaptive Gestaltung sicherheitsrelevanter Fahrassistenzsysteme	Fahrassistenzsystem: Optimierung visuell verständlicher Warnhinweise
Webbasierte Plattformen und Portale	Barrierefreie, intuitiv navigierbare Informationsarchitekturen	Städtisches Bürgerportal: Iterative Befragung zur Barrierefreiheit

► Transferbeispiel

Zur Verbesserung der Barrierefreiheit eines städtischen Bürgerportals wurde eine laufende Nutzerbefragung integriert, um Navigationshürden frühzeitig zu identifizieren und iterativ zu optimieren. ◄

Damit ist aber ebenso angedeutet, warum innerhalb produktionsbezogener Entwicklungszyklen User Research als integraler Bestandteil überhaupt verankert ist, nämlich um relevanzrückgekoppelt sicherzustellen, dass nutzerbezogene Bedarfs- und Anforderungskonstellationen konsequent im Zentrum der Gestaltungsprozesse verortet bleiben. In der Endbetrachtung wird nun ersichtlich, dass durch die strukturierte Erfassung und explorative Analyse nutzerseitiger Anforderungen Artefakte generiert werden können, die über die reine funktionale Performanz hinaus auch in ihrer Gebrauchstauglichkeit und gestalterischen Responsivität überzeugen. Des Weiteren lässt sich deduziert feststellen, dass die digitale Transformation – wie der Verfasser [12], [49] in zahlreichen Explorationsstudien dargelegt hat – in eklektischer Konvergenz mit der Wissensökonomisierung als Trias aus Informatisierung, Individualisierung und Internationalisierung auftritt, wodurch neuartige Interaktionsmodalitäten zwischen Mensch und Technik schließlich generiert und konventionelle Gestaltungsmuster kontinuierlich infrage gestellt werden.

Merke

Zielgruppen sollten grundsätzlich nicht voneinander unabhängig betrachtet werden. Im oberen Beispiel hinsichtlich der Zielgruppe ‚Kleinkinder' stellt die Kohorte der Eltern eine besondere *Stakeholder*-Rolle dar, da diese effektiv das Geld verdient und ebenfalls einen bestimmenden und prägenden Einfluss auf die eigentliche Zielgruppe per se hat.

Umfangreiches Transferbeispiel

Betrachtet man nun die einzelnen o. g. Kontextfaktoren, zeigt sich exemplarisch, dass bei der Konzeption applikationsbasierter Interfaces für Kleinkinder entwicklungspsychologische, kognitive, konative, affektive sowie motorische Spezifika dieser Nutzerkohorte gezielt empirisch erhoben und in die Gestaltung einbezogen werden sollten. In der methodologischen Operationalisierung beinhaltet dies etwa die differenzierte Analyse der aufmerksamkeitsbezogenen Kapazitäten, feinmotorischen Koordinationsfähigkeiten sowie entwicklungsadäquater kognitiver Strukturen, um eine applikationsspezifische Anpassung an die Bedürfnisse, d. h. gemäß DIN EN ISO 9241-11, dieser Alterskohorte zu gewährleisten. Auf der Basis der von Jaegermann und Klein [352] beschriebenen „sensorischen Integration" kann beispielsweise gewährleistet werden, dass applikative Gestaltungsprinzipien nicht nur eine intuitive Nutzbarkeit generieren, sondern zugleich entwicklungsadäquate Stimuli bereitstellen, welche die kognitive, konative und affektive sowie motorische und in der Folge die perzeptive Entwicklung von Kindern unterstützen [19].

5.2 Interaktion von Marktforschung und User Research

In Anbetracht des oben Genannten zeigt sich demzufolge, dass Marktforschung und User Research zwei komplementäre, jedoch distinkte Forschungsparadigmen repräsentieren, deren Differenz primär in ihrer epistemologischen Ausrichtung sowie in der methodischen Herangehensweise liegt [366], [367], [368], [369], [370], [371].

Angesichts der unterschiedlichen, sowohl strategischen als auch funktionalen Schwerpunktsetzung lässt sich deduzieren, dass die Marktforschung primär als initiale Exploration im Produktentwicklungsprozess verstanden wird, wohingegen der User Research darauf abzielt, Nutzerbedarfe und -erfahrungen in ihrer Ganzheit zu erfassen, um diese Erkenntnisse gezielt in den Gestaltungsprozess einzubringen [366, [367, [368], [369], [370], [371], [372], [373]. Daraus ergibt sich im Hinblick auf den Theorie-Praxis-Transfer, dass beide Ansätze zum einen komplementär zueinander stehen und zum anderen eine methodologische Konvergenz bilden können, indem sie zwar unterschiedliche, gleichzeitig aber auch gleichwertige Erkenntniszugänge zur Produktentwicklung bereitstellen.

In diesem Rahmen kann festgestellt werden, dass die Marktforschung primär der strukturierten Erhebung und Auswertung marktrelevanter Daten dient, um auf dieser Basis empirisch gestützte Orientierungen für Produktentwicklungs- und Vermarktungsprozesse zu formulieren [372], [373].

Im Wesentlichen liegt ihre funktionale Zielsetzung darin, makroökonomische, wettbewerbsbezogene sowie segmentierungsspezifische Daten – einschließlich demografischer, psychografischer und verhaltensbezogener Kontextfaktoren – zu erfassen und auszuwerten, um potenzielle Marktpotenziale sowie risikogene Einflussgrößen zu identifizieren [372], [373]. In der theoretischen sowie anwendungsbezogenen Konsequenz lassen sich die charakteristischen Untersuchungsdimensionen der Marktforschung wie folgt systematisieren [372], [373]:

Hinweis
Marktforschung und User Research verfolgen unterschiedliche Erkenntnisinteressen, lassen sich aber praxisorientiert sinnvoll kombinieren, um Produktentwicklung daten- und nutzerzentriert zugleich auszurichten.

1. **Makroökonomische Umfeldanalyse:**
   Hierbei dient die Betrachtung des Zielmarktumfelds unter Einbezug politischer, ökonomischer, soziokultureller, technologischer, ökologischer sowie rechtlicher Einflussgrößen – orientiert an den Heuristiken der PESTEL- und ARENA-Analyse [1], [2], [3]. Auf dieser Ebene hilft diese Umweltanalyse, externe Einflussfaktoren propädeutisch zu identifizieren, die die Marktentwicklung beeinflussen können [1], [2].

Grundlage des sogenannten *Market-based View* ist das von Mason und Bain entwickelte Structure-Conduct-Performance-Paradigma, das von einer Outside-in-Perspektive ausgeht. In Anbetracht dessen werden Erfolgsfaktoren primär aus den Marktanforderungen bzw. der Umwelt abgeleitet [374]. Es ergibt sich im Zuge dessen folgende Dreigliederung [375], [376], [377]:
- **Structure**: Marktstruktur,
- **Conduct**: Marktverhalten,
- **Performance**: Marktergebnis.

Diese Perspektive gilt als reaktiv und defensiv, da sie Innovationen tendenziell vernachlässigt [12], [13]. Ein prominenter Vertreter dieses Ansatzes ist Michael Porter [378].

Demgegenüber steht der ressourcenorientierte „Resource-based View“, der einen Perspektivwechsel markiert. Hier liegt die Quelle des Unternehmenserfolgs in der Qualität der verfügbaren Ressourcen [379], [380], [381]. Dieser Ansatz folgt einem „Inside-out“-Prinzip, in dem die Strategieentwicklung auf den unternehmensinternen Potenzialen basiert.

Erfolgslogik:
- **Potenzial** (= Ressourcen)
- **Strategie**
- **Performance** (= Gewinn).

Ressourcen werden diesbezüglich als Stärken verstanden, die eine erfolgreiche Positionierung in einer dynamischen Umwelt ermöglichen und damit langfristigen Unternehmenserfolg sichern. Man unterscheidet im Sinne des Mensch-Organisation-Technik-Modells [12], [15]:
a) **Tangible Ressourcen** (z. B. Fertigungsanlagen, Gebäude),
b) **Intangible Ressourcen** (z. B. Image, Lizenzen),
c) **Human Resources** (Know-how, Fähigkeiten, Erfahrungen und Motivation der Mitarbeitenden).

► Transferbeispiel

Ein MedTech-Start-up kombiniert PESTEL-Analyse und Ressourcenbewertung, um sich strategisch im regulierten Gesundheitsmarkt zu positionieren. ◄

2. **Demografische Zielgruppenspezifikation:**
Basierend auf der obigen Explikation ist die Marktforschung demzufolge auf die Determination des Zielmarktes ausgerichtet. Damit geht indessen in diesem Zusammenhang einher, dass segmentierende Kriterien nicht nur demografische Merkmale per se – etwa Alter, Geschlecht, Einkommen, Bildungsstand oder geografische Lage – umfassen, sondern ebenso psychografische, verhaltensbezogene und soziokulturelle Einflussfaktoren berücksichtigen, um anwendungsbezogen so eine präzise, d. h. teleologisch determinierte Zielgruppenidentifikation zu gewährleisten [51], [372], [373].

► Transferbeispiel

Ein Anbieter für Lernplattformen segmentiert seine Zielgruppe nicht nur nach Alter, sondern auch nach Lernmotivation und digitalem Nutzungsverhalten. ◄

3. **Volks- und betriebswirtschaftliche Evaluationen:**
Bei der weiterführenden Auseinandersetzung mit marktrelevanten Strukturdynamiken erfolgt eine Analyse volkswirtschaftlicher Trends – etwa Konjunkturverläufe oder Beschäftigungsquoten – sowie betriebswirtschaftlicher Kennzahlen wie Umsatzvolumina und Marktanteilsverteilungen, um die ökonomische Attraktivität und strategische Relevanz des Zielmarktes zu evaluieren [51], [372], [373].

► Transferbeispiel

Ein Start-up prüft anhand aktueller Konjunkturindikatoren und Marktanteilsanalysen, ob sich der Einstieg in den E-Mobility-Sektor wirtschaftlich lohnt. ◄

4. **Kompetitive Marktanalyse:**
In dieser Hinsicht kommt nun die kompetitive Marktanalyse in der strukturierenden Erfassung der Wettbewerbslandschaft zu Tage, wobei im Rahmen einer SWOT-basierten Gegenüberstellung die unternehmensinternen Potenziale (Stärken und Schwächen) gemäß der Resource-Based View und die unternehmensexternen Einflussfaktoren (Chancen und Risiken) im Sinne der Market-Based View determiniert identifiziert und strategisch eingeordnet werden [51], [372], [373].

► Transferbeispiel

Ein Unternehmen im Bereich Smart Home analysiert mithilfe einer SWOT-Matrix seine Innovationsstärke (interne Stärke) und den wachsenden Markt für energieeffiziente Technologien (externe Chance), um seine Wettbewerbsstrategie anzupassen. ◄

5. **Interdependente Untersuchung von Preis-, Distributions- und Kommunikationsstrategien:**
Aus diesem Blickwinkel lässt sich im Wesentlichen eine analytische Fokussierung auf die Interdependenzen von Preisstrukturierung, Distributionskanälen und Kommunikationsstrategie erkennen, mit dem Ziel, tragfähige Vorgehensweisen für Markteintrittsszenarien oder bestehende Marktbearbeitung zu konzipieren [51], [372], [373] (▫ Tab. 5.2).

5

Tab. 5.2 Implikationen in Bezug auf die Marktforschung simplifiziert. (Quelle: Eigene Darstellung)

Nr	Titel	Beschreibung
1	Makroökonomische Umfeldanalyse	Analyse politischer, wirtschaftlicher und technologischer Rahmenbedingungen mithilfe von PESTEL oder ARENA
2	Zielgruppenspezifikation	Segmentierung von Nutzergruppen nach demografischen und psychografischen Merkmalen
3	Wirtschaftliche Evaluation	Analyse volks- und betriebswirtschaftlicher Kennzahlen zur Bewertung des Marktpotenzials
4	Wettbewerbsanalyse	Erfassung interner und externer Faktoren mittels SWOT zur strategischen Einordnung im Wettbewerb
5	Marketingstrategien	Untersuchung von Preisgestaltung, Vertriebskanälen und Kommunikationsmaßnahmen

► **Transferbeispiel**

Ein Start-up für nachhaltige Mode entwickelt, basierend auf Preis-Leistungs-Analysen, Direktvertrieb via Webshop und gezieltem Social-Media-Marketing, ein Markteintrittskonzept für den deutschsprachigen Raum. ◄

Schließlich erfahren nutzerzentrierte Erhebungsprozesse im Rahmen des User Research eine methodologische Ausrichtung, insofern sie zielgerichtet auf die Analyse sozioökonomischer Kontexte, emotionaler sowie konativer Dispositionen und psychografischer Konstituenten ausgelegt sind [366], [367], [368], [369], [370], [371]. Insoweit intendiert der User Research im Wesentlichen die problemexplorative Erfassung der individuellen Lebenswirklichkeit – insbesondere im Sinne der subjektiven Alltagsbewältigung jenseits der Produktnutzung –, um Bedürfnislagen, Motivstrukturen und interaktive Verhaltensmuster profund rekonstruieren zu können. Vor diesem Hintergrund beinhalten die typischen Untersuchungsachsen im User Research unter anderem [366], [367], [368], [369], [370], [371]:

Hinweis

Im Unterschied zur klassisch aggregierten Marktperspektive fokussiert der User Research auf die tiefgreifende Kontextualisierung individueller Lebenswirklichkeit, um Nutzerbedarfe und Nutzungsmuster ganzheitlich zu erschließen.

1. **Analyse des sozioökonomischen und emotionalen Nutzerkontexts:**
   In diesem Szenario rückt die Analyse alltagspraktischer Handlungsroutinen in den Fokus, wobei besonderes Augenmerk auf jene emotionalen und sozialen Einflussgrößen gelegt wird, die die Nutzerentscheidungen maßgeblich prägen.

► **Transferbeispiel**

Im Kontext einer App zur Budgetplanung zeigt sich etwa, dass finanzielle Entscheidungen häufig nicht rein rational, sondern stark durch emotionale Belastungen und soziale Verpflichtungen beeinflusst sind. ◄

2. **Systematische Erfassung psychografischer Faktoren:**
   In dieser Konfiguration richtet sich der analytische Fokus auf die Rekonstruktion nutzerbezogener Bedürfnislagen, Motivkomplexe und sozialer Interaktionsstrukturen, um ein konsistentes Verständnis habitueller Verhaltensmuster zu generieren.

► Transferbeispiel

Bei der Entwicklung einer Fitness-App wird deutlich, dass Nutzende nicht primär wegen Gesundheitszielen, sondern oft aus sozialen Vergleichsmotiven und dem Wunsch nach Selbstoptimierung interagieren. ◄

3. **Identifikation von Resistenzfaktoren und kritischen Akzeptanzparametern:**
   Aus sozialwissenschaftlicher und instruktionspsychologischer Hinterfragung kommt die Notwendigkeit hervor, potenzielle Barrieren der Produktakzeptanz sowie begünstigende Bedingungen für die Nutzerzufriedenheit differenziert zu identifizieren.

► Transferbeispiel

Beim Redesign einer Steuer-App zeigte sich, dass mangelndes Vertrauen in die Datensicherheit und unklare Sprachformulierungen zentrale Akzeptanzbarrieren darstellten. ◄

4. **Empirische Use-Case-Analysen zur Kontextualisierung der Produktnutzung:**
   Die in diesem Kontext ablaufenden sozialisatorischen Prozesse bedingen ebenfalls die Notwendigkeit einer kontextualisierten Rekonstruktion realer Anwendungsfälle, um Nutzungsszenarien, alltagspraktische Integrationen sowie potenzielle Problemlagen im Interaktionsvollzug fundiert nachzeichnen zu können.

► Transferbeispiel

Die Analyse eines Use Cases im Smart-Home-Bereich offenbarte, dass Sprachsteuerung im Familienalltag oft durch Hintergrundgeräusche beeinträchtigt wird. ◄

So kann hinsichtlich des obigen Zusammenhangs des Weiteren auch Arne de Booijs [382] Stellungnahme im Handelsblatt (2018) exemplarisch herangezogen werden, in der der Google-UX-Forscher die Relevanz kontinuierlich rückgekoppelter Nutzerforschung im Gestaltungsprozess digitaler Produkte hervorhebt:

> » „Die Nutzerforschung spielt eine wichtige Rolle im Entwicklungsprozess. Das war zum Beispiel auch so, als wir am Kontoinaktivität-Manager gearbeitet haben, der heute Teil von Google-Konto ist: Damit können Nutzer entscheiden, was etwa mit ihren Daten nach ihrem Tod geschehen soll. Wir haben das Produkt komplett neu entwickelt, selbst bei Mitbewerbern gab es so eine Anwendung noch nicht. Wir haben also einen Prototyp erstellt, getestet, dann im Anschluss einen zweiten Prototyp gebaut. Es gab mehrere solcher Schleifen. Und am Schluss hatten wir ein Produkt, das bei unseren Nutzern sehr gut ankam."

Inhaltlich erschließt sich aufgrund der o. g. konsenstheoretischen Prämissen, dass diese insbesondere für die Arbeit und Weiterentwicklung des UX-Designs insofern bedeutsam sind, als sie den iterativen Charakter des User Research unterstreichen, innerhalb dessen durch fortlaufende Prototypengenerierung und anschließende Evaluationsschleifen eine sukzessive Optimierung der Nutzererfahrung angestrebt wird. Das wiederum bedingt, dass der rekursive Entwicklungsprozess die frühzeitige Einbindung nutzerseitigen Feedbacks einschließen sollte, wodurch sowohl agile als auch kontinuierliche Anpassungen erfolgen können, die auf eine gesteigerte Gebrauchstauglichkeit und Nutzerakzeptanz abzielen.

Merke

Iteratives UX-Design lebt von kontinuierlichem Nutzerfeedback – Prototyp testen, verbessern, erneut testen: So wird aus einer Ideation infolge einer Invention ein gebrauchstaugliches Produkt, was den o. g. User-Research-Ansatz erhärtet.

Die bisherigen Ausführungen lassen vor dem obigen Hintergrund dementsprechend keinen Zweifel daran, dass Marktforschung und User Research de facto divergente erkenntnistheoretische Ausrichtungen und methodologische Zugänge aufweisen, jedoch im Kontext anwendungsbezogener Produktentwicklung komplementär wirksam werden. Es lässt sich daher feststellen, dass sich die Marktforschung primär auf makroökonomische Marktstrukturen konzentriert, während der User Research den mikrodimensionalen Erfahrungs- und Bedürfnisraum der Nutzer stringent adressiert; beide Zugänge konvergieren in der Zielsetzung, marktrelevante wie nutzeradäquate Produktlösungen zu generieren.

Merke

Demzufolge adressiert die Marktforschung primär externe Marktstrukturen, also ökonomische Konstellationen jenseits der unternehmensinternen Sphäre, wohingegen der Terminus Marketingforschung auf organisationsinterne Fragestellungen rekurriert.

5.3 Games User Research

Zu den wegweisenden praxisbezogenen Modellen im Kontext des Digital Games Business zählen des Weiteren nutzerzentrierte Forschungsansätze wie das Games User Research (GUR), das sich als interdisziplinäres Forschungs- und Anwendungsfeld mit der konzeptionellen, prozessualen und ergebnisorientierten Evaluation von Usability- und User-Experience-Parametern in der Videospielentwicklung befasst – unter Rückgriff auf die normativen Leitlinien der DIN EN ISO 9241 [19], [51]. Unter diesen Voraussetzungen umfasst GUR die analytische Erfassung sämtlicher Interaktionsschnittstellen zwischen Spieler und Spielsystem, jedoch inklusive unmittelbarer Interface-Komponenten wie z. B. Steuerungskonzepte, Menüarchitekturen oder aber psychoakustischer bzw. auditiver Feedbacksysteme sowie hodologischer Parameter im Kontext sensomotorischer Koordinationsprozesse [19], [51].

In dieser Konstellation wird über die unmittelbare Spielmechanik hinausgehend auch die Evaluation infrastruktureller Komponenten sowie peripherer Serviceaspekte – etwa Branding oder Customer Support – in den analytischen Fokus gerückt [19], [51].

Im Zentrum gegenwärtiger Fachdiskurse, so konstatiert Bromley [383], steht die strukturformende Verankerung von GUR im Entwicklungsprozess digitaler Spiele.

Dementsprechend dient GUR als evaluatives Instrumentarium, generiert Validierungsgrundlagen und liefert dementsprechend empirisch plausibilisierbare Entwicklungsimpulse. Darüber hinaus rücken im Zuge dessen ebenso die Evaluation infrastruktureller Komponenten sowie peripherer Serviceaspekte – etwa Branding oder Customer Support – in den analytischen Fokus, wie im Folgenden expliziert [383], [384], [385]:

Hinweis

Optimierung digitaler Spielerlebnisse im Entwicklungsprozess.

1. **Systematische Verhaltensbeobachtung:**
   Unter den o. g. Vorzeichen ist die Beobachtung spielinduzierter Verhaltensmuster hinsichtlich der Rezipienten in realen oder simulierten Interaktionsszenarien ein valides Mittel zur Erfassung nutzungsbezogener Irritationsmomente sowie zur Ableitung präferenzbezogener Orientierungstendenzen [383], [384], [385].

► Transferbeispiel

Während einer GUR-Studie zu einem Adventure-Game zeigten Spielende wiederholt Verunsicherung beim Öffnen des Inventars – ein Hinweis auf potenzielle Usability-Schwächen im Interface-Design. ◄

2. **Standardisierte Befragungsinstrumente:**
   Durch den Einsatz standardisierter Erhebungsinstrumente wie Fragebögen und Surveys lassen sich quantifizierbare Rückmeldestrukturen zur subjektiven Spielerzufriedenheit und zur wahrgenommenen Interaktionsqualität generieren [383], [384], [385].

► Transferbeispiel

Nach Abschluss einer Testsession bewerteten die Spielenden per standardisiertem Fragebogen das Menüdesign hinsichtlich Übersichtlichkeit und Bedienkomfort auf einer 5-stufigen Likert-Skala. ◄

3. **Qualitative Interviewstudien:**
   Auch vor dem obigen forschungsmethodologischen Hintergrund erweisen sich qualitative Tiefeninterviews als adäquates Instrument zur Gewinnung differenzierter Einsichten in sozialmotivationale Dispositionen in Bezug auf Konventionen und Bedürfnisse, nutzungsbezogene Erwartungshaltungen und erfahrungsbasierte Bewertungskategorien der Spielenden [383], [384], [385].

► Transferbeispiel

In leitfadengestützten Tiefeninterviews äußerten Spielende ihre Frustration über das fehlende Belohnungssystem und beschrieben dessen Einfluss auf ihre langfristige Spielmotivation. ◄

Gleichermaßen liegt aber auch auf der Hand, dass die Integration von Telemetriedaten eine signifikante Erweiterung des methodischen Instrumentariums der GUR darstellt, wobei algorithmisch generierte Rohdaten durch implementierte Code-Se-

5

Abb. 5.1 Games User Research-Metriken, hier mit Blick auf temporale Nutzungsmuster und Progressionsmetriken. (Quelle: Eigene Darstellung)

quenzen extrahiert werden und eine hochgranulare Analyse spielbezogener Verhaltensmuster auf Serverebene ermöglichen [383], [384], [385].

In der fachtheoretischen Schlussfolgerung betont Drachen et al. [384], dass zu den primären telemetrischen Erhebungsparametern innerhalb der Games User Research unter anderem Nutzungsfrequenzen, Abbruchpunkte, Interaktionspfade, Erfolgsraten sowie Verweildauern in spezifischen Spielabschnitten zählen, jedoch in Zusammenhang mit dem Ingame-Play die folgenden Erhebungen von Wichtigkeit sind (vgl. Abb. 5.1):

- **Temporale Nutzungsmuster:**

Das bedeutet, dass die Gesamtspielzeit, Sessiondauer und mit Blick auf die instruktionspsychologischen Implikationen die zircadiane Aktivitätsmuster evaluiert werden [19], [384].

- **Progressionsmetriken:**

Levelentwicklung und Fortschrittsraten [384].

- **Spieleridentifikation:**

Selbsterklärend findet eine Evaluation der demografischen und verhaltensbezogenen Merkmale der Spieler statt [384].

- **Räumliche Bewegungsmuster:**

Evaluiert werden in diesem Rahmen die Bewegungen und Interaktionen der Rezipienten innerhalb der Spielwelt [384].

- **Interaktionsfrequenz mit Spielelementen:**

Hierbei werden die Häufigkeit und Art der Interaktionen mit spezifischen Spielelementen gemeint [384], [386].

► **Transferbeispiel**

Die Analyse von Telemetriedaten im Spiel „Apex Legends“ zeigte, dass viele Spielabbrüche in frühen Leveln mit einem schwer zugänglichen Tutorialbereich korrelierten – was zu einer gezielten Überarbeitung der Einstiegshürde führte. ◄

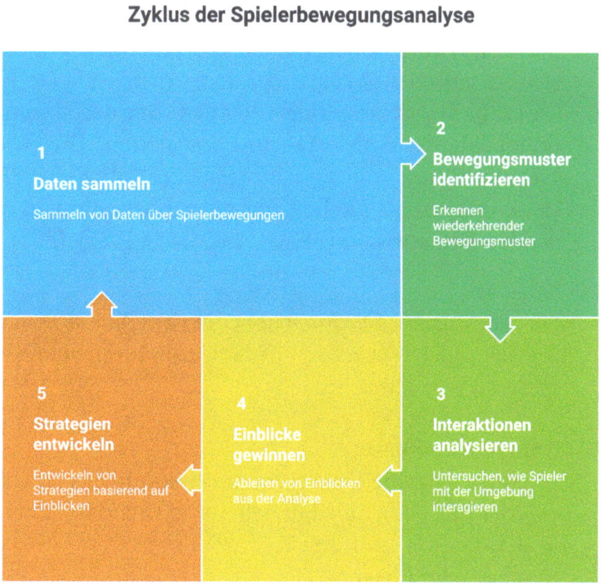

Abb. 5.2 Zyklus der Spielerbewegungsanalyse. (Quelle: Eigene Darstellung)

Die diversifizierte Datenerhebung eröffnet so im Kontext der GUR eine holistische Spielerfahrungsevaluation, die als empirisch legitimierter Ausgangspunkt für iterativ anschlussfähige Optimierungsprozesse im Game Development (vgl. Abb. 5.2) [383], [384], [385], [386].

Merke
Telemetriedaten liefern objektive Einblicke ins Spielverhalten und bilden die Grundlage für gezielte Optimierungen im Game Design.

In der deduktiven Ableitung steht die obige methodische Architektur der GUR in einer dichotomen Struktur, die einerseits zwischen analytisch-deskriptiven und andererseits synthetisch-generativen Verfahrensmodi differenziert – eine Differenzierung, die eine strukturierte Annäherung an die komplexen Untersuchungsgegenstände innerhalb der Spieleentwicklung begünstigt [383], [384], [385], [386], [387].

Hinweis
Die dichotome Struktur von GUR unterstützt durch analytische Zerlegung und synthetische Rekonstruktion eine gezielte Optimierung der Spielerfahrung.

1. **Analytische Dimension:**
   Damit ist angedeutet, dass sich die analytische Dimension durch einen heuristisch-reduktionistischen Zugriff auszeichnet, bei dem komplexe Spielelemente in konstituierende Komponenten dekomponiert werden, um eine präzise Examination spezifischer Funktionseinheiten und deren Eigenschaftsprofile zu [383], [384], [385], [386], [387].

► Transferbeispiel
Im Rahmen der Analyse eines digitalen Kartenspiels wurden dessen zentrale Spielmechaniken – wie Deckbuilding, Ziehlogik und Aktionsregeln – isoliert untersucht, um Schwächen in der Balance und Verständlichkeit einzelner Komponenten gezielt zu identifizieren. ◄

2. **Synthetische Dimension:**
   Mit der synthetischen Dimension verfolgt die GUR im Wesentlichen einen konstruktivistischen Ansatz, bei dem zuvor isolierte Elemente in ihrer funktionalen Verknüpfung rekonstruiert werden, um de facto anschlussfähige Optimierungspotenziale der Spielerfahrung abzuleiten. Das wiederum impliziert ebenso die Notwendigkeit, die forschungsmethodologische Operationalisierung sowohl in strukturierter als auch in iterativer Formation zu operationalisieren, wie im Folgenden kategorisiert [383], [384], [385], [386], [387]:

Hinweis
Die synthetische Dimension der GUR zielt darauf ab, analysierte Einzelkomponenten funktional zu verknüpfen, um daraus konkrete Optimierungsansätze für die Gesamtspielerfahrung abzuleiten.

a) **Analytische Phase:**
   - Systematische Dekonstruktion komplexer Spielmechaniken.
   - Identifikation substanzieller und sachdienlicher Funktionseinheiten.
   - Evaluation isolierter Komponenten.

b) **Synthetische Phase:**
   - Rekonstruktion funktionaler Zusammenhänge.
   - Integration optimierter Einzelkomponenten.
   - Validierung der Gesamtsystemfunktionalität.

► Transferbeispiel
Nach der Analyse einzelner Steuerungselemente eines Jump'n'Run-Spiels wurden diese in der synthetischen Phase funktional kombiniert, um flüssigere Bewegungsabläufe und eine intuitivere Spielersteuerung zu realisieren. ◄

Insoweit kann in diesem Zusammenhang festgestellt werden, dass die obige methodische Dichotomie teleologisch sowohl eine strukturierte als auch eine iterative Evaluationsformation der Spielerfahrung konsenstheoretisch als bewährte Praxis gilt, welche mikrostrukturelle Detailaspekte ebenso wie makrosystemische Zusammenhänge adäquat berücksichtigt [383], [384], [385], [386], [387].

Merke
Folglich empfiehlt sich eine methodologische Triagierung, d. h. das Sichten, Einteilen und Priorisieren nach Dringlichkeit, in deren Verlauf die Analyse durch die Dekomposition spielbezogener Interaktionsmetriken – etwa der Anzahl an Tasteneingaben oder der Verweildauer pro Checkpoint – erfolgt, während die Synthese in der aggregierten Rekonstruktion alltäglicher Spieleraktivitäten innerhalb des Gesamtsystems, etwa über konsolidierende Dashboards, realisiert wird.

In dieser Hinsicht kommt in dieser Konfiguration ein explorativer Forschungsansatz als besonders geeignet zum Tragen, da konventionelle Auswertungsverfahren bei hochkomplexen oder inhaltlich expansiven Spielszenarien in der Regel an ihre Grenzen stoßen [384], [388], [389], [390]. Im Kontext dessen unterstützen in dieser Forschungssituation die sukzessive Fragmentierung sowie die inferenzbasierte Exploration der erhobenen Daten – exemplarisch operationalisiert durch die **Drill-Down-Analyse** – eine differenzierte Erschließung versteckter Muster und Zusammenhänge. Methodologisch stellt sich die Drill-Down-Analyse wie folgt dar [384], [388], [389], [390]:

Hinweis
Explorative Verfahren wie die Drill-Down-Analyse helfen, verborgene Muster in komplexen Spieldaten sichtbar zu machen.

1. **Initiale Strukturierung:**
   - Klassifikation nach sach- sowie zweckdienlichen demografischen Parametern hinsichtlich der Segmentierungskriterien.
   - Segmentierung nach geografischen Determinanten.
2. **Progressive Datendifferenzierung:**
   - Sukzessive Verfeinerung der Kategorisierung.
   - Systematische Dekomposition in Subkategorien.
3. **Granulare Einzelfallanalyse:**
   - Examination individueller Datensätze.
   - Mikroanalytische Betrachtung spezifischer Fallkonstellationen.

► Transferbeispiel
Bei der Analyse eines Multiplayer-Games wurden mithilfe der Drill-Down-Analyse auffällige Abbruchraten bei weiblichen Spielern zwischen 18–24 identifiziert, was zur gezielten Optimierung des Tutorial-Designs führte. ◄

Es lässt sich an dieser Stelle konstatieren, dass die obige methodologische Systematisierung ferner auf dem Prinzip einer mehrstufigen Datendekomposition beruht, innerhalb derer auf jeder Analyseebene quantitative Auswertungsinstrumente – etwa statistische Kennzahlen oder Visualisierungen wie Histogramme – zur gezielten Unterstützung der datenbasierten Interpretation implementiert werden können [384], [388], [389], [390].

Merke
In dieser Beziehung repräsentiert die methodische Stratifikation eine strukturierte Form der Komplexitätsreduktion bei gleichzeitiger Wahrung analytischer Tiefenschärfe; der explorative Charakter dieses Vorgehens erleichtert zudem die Detektion emergenter Muster sowie die Herausarbeitung latenter Korrelationen innerhalb der erhobenen Datensätze.

Umfangreiches Transferbeispiel: Drill-Down-Analyse im Kontext von Google-Suchanfragen

Frage: Warum gibt es freitags mehr Suchanfragen nach Kneipen als an anderen Tagen?

1. **Drill-Down-Analyse Step 1:** Unterscheidung nach den populärsten Suchbegriffen an Freitagen in Zusammenhang mit dem Wort „Kneipen".
2. **Drill-Down-Analyse Step 2:** Unterscheidung der Nutzer nach Geschlecht, Ortszugehörigkeit und Alter.
3. **Drill-Down-Analyse Step 3:** Erstellung eines Dashboards mit Übersichten zu den populärsten Suchbegriffen in Zusammenhang mit dem Wort „Kneipe", basierend auf Alter, Geschlecht etc.
4. **Drill-Down-Analyse Step 4:** Weitere Unterteilung der Nutzer nach der Uhrzeit der Suche.

5.4 Game Analytics

El-Nasar [390] konstatiert vor dem o. g. Hintergrund der extrahierten Interaktionsdaten, dass Game Analytics (GA) als evidenzbasierter, methodisch zweckgerichteter Forschungsansatz im Digital Games Business fungiert – ausgerichtet auf die algorithmische wie auch nachvollziehbare Identifikation signifikanter Nutzungsmuster und deren induktive Rückführung in gestaltungsrelevante Entscheidungen [384], [388], [389], [390]. Daraus resultierend lässt sich rückschließen, dass Game Analytics in ihrer funktionalen Ausrichtung per se als methodisches Äquivalent der Business Intelligence innerhalb ludologischer Entwicklungsprozesse zu betrachten ist, wie der Verfasser [19] ebenfalls in einem Lehrbuch präzisiert [384], [390].

In dieser Konstellation bieten Game Analytics durch die Integration diversifizierter technologischer Paradigmen eine empirisch informierte wie deduktiv abgeleitete Steuerungsgrundlage für strategische Entwicklungsprozesse [384], [388], [389], [390]. Folgerichtig lässt sich konstatieren, dass diese Konvergenz das methodische Instrumentarium der Nutzerforschung erweitert und simultan die Limitationen konventioneller Forschungsansätze kompensiert – ohne die methodologische Kompatibilität mit der Games User Research (GUR) zu tangieren [384], [388], [389], [390]. Auch die Tatsache, dass das methodische Rahmenwerk der Game Analytics (GA) eine Vielzahl technologischer und heuristischer Zugänge integriert, trägt dazu bei, eine multiperspektivische Datenanalyse operativ zu realisieren [384], [388], [389], [390]:

Hinweis
GA erweitert das Instrumentarium der Nutzerforschung um technologische Präzision und strategische Prognosefähigkeit.

1. **Machine Learning:**
   Mittels maschineller Lernalgorithmen (ML) werden im Digital Games Business komplexe Datenstrukturen dekodiert, um prognostische Modelle zu generieren, welche potenziell zur gezielten Modulation spielbezogener Verhaltensweisen und zur Optimierung der individuellen Spielerfahrung gemäß DIN EN ISO 9241-110 [23] beitragen [51], [384], [390].

► Transferbeispiel
Ein ML-Modell erkennt wiederkehrende Abbruchpunkte im Spielverlauf und passt daraufhin Schwierigkeitsgrade dynamisch an, um Frustration zu vermeiden und die Nutzererfahrung gemäß DIN EN ISO 9241-110 zu verbessern. ◄

2. **Data Mining:**
   Auf der Basis datenminingbasierter Verfahren erfolgt im Zuge dessen die explorative Durchdringung umfangreicher Datensätze mit dem Ziel, latente Muster, verlaufsrelevante Trends sowie kausale Zusammenhänge zu extrahieren, die für die kontextuelle Weiterentwicklung ludologischer Systeme relevant sind [51], [384], [390].

► **Transferbeispiel**

Ein Entwicklerteam analysiert mithilfe von Data Mining wiederkehrende Navigationsmuster in Open-World-Spielen, um daraus optimierte Questplatzierungen und Wegführungen für künftige Leveldesigns abzuleiten. ◄

3. **Algorithmische Programmierung:**
   Schließlich werden auf der Ebene anwendungsbezogener Implementierung algorithmische Strukturen konzipiert, die der Beantwortung zielgerichteter Fragestellungen dienen – exemplarisch im Hinblick auf Spielerbindung, Monetarisierungsmechanismen oder aber gar ludologisch durch die Game- sowie UX- Designer zu begründende Balancekonfigurationen [51], [384], [390].

► **Transferbeispiel**

Ein Game-Studio entwickelt ein Algorithmus-basiertes Balancing-System, das Spielerschwierigkeit dynamisch anpasst, um Drop-out-Raten zu reduzieren und gleichzeitig die Monetarisierung durch In-Game-Käufe zu fördern. ◄

4. **Datenvisualisierung:**
   Zu guter Letzt erfolgt in der Regel eine visuell strukturierte Aufbereitung der Analyseergebnisse, um die semantische Erschließung sowie die zielgruppengerechte Dissemination der gewonnenen Befunde heuristisch komplexitätsreduziert im Team zu vermitteln [51], [384], [390].

► **Transferbeispiel**

Ein Entwicklerteam nutzt interaktive Dashboards, um komplexe Nutzeranalysen visuell aufzubereiten und so UX-relevante Optimierungspotenziale effizient im Sprint-Meeting zu kommunizieren. ◄

Unter diesen Vorzeichen im Zentrum des obigen Erklärungsansatzes steht die integrative Ausrichtung der Game Analytics, die durch ihre induktive methodologische Konvergenz u. a. mit komplementären Verfahren wie **Play Testing** und **User Testing** eine holistische Betrachtung des Game-Development-Prozesses realisiert [51], [384], [390].

Im Hinblick auf das Play Testing wird das Spiel in authentischen Spielkontexten empirisch ex post evaluiert, um dementsprechend Feedback zur Spielmechanik, -balance und -erfahrung zu sammeln (vgl. ▫ Abb. 5.3) [51], [384], [390].

Im Rahmen des User Testings wird die Gebrauchstauglichkeit gemäß DIN EN ISO 9241-11 [8] an konkreten Interfaceelementen ex ante sowie interim überprüft, mit dem Ziel, eine intuitiv verständliche und interaktionsökonomisch konsistente Nutzeroberfläche zu gewährleisten [51], [384], [390].

Die o. g. Aspekte sind insofern von großer Bedeutung, als die substanziierten konvergenten Schnittmengen zwischen Game Analytics, Marketing und Games User Research eine diversifizierte Rekonstruktion spielerbezogener Sozialmotivlagen und Typologisierungen begünstigen, wodurch Bindungstendenzen zwischen Game Developer intensiviert, nutzerseitige Wertschöpfungspotenziale im Sinne des Open-Innovation- und Unser-Innovation-Ansatzes optimiert und erfahrungsbezogene Qualitätsmerkmale iterativ angepasst werden können [12], [13], [19], [49], [390].

Abb. 5.3 Priorisierung von Spielanalytik-Metriken. (Quelle: Eigene Darstellung)

Praxeologisch lässt sich der Game-Analytics-Prozess demzufolge als strukturierte Abfolge rekonstruieren, die sich in acht aufeinander bezogene Schritte gliedert, wie im Folgenden kausal dargestellt (vgl. Abb. 5.4) [12], [13], [19], [49], [51], [390]:

Hinweis

Die integrative Ausrichtung der Game Analytics ermöglicht durch ihre methodische Verschränkung mit Play Testing und User Testing eine ganzheitliche Optimierung spielbezogener Entwicklungsprozesse.

1. **Zieldefinition:**
   - Spezifikation analytischer Parameter und Zielparameter.
   - Präliminare Datenselektion.
   - Etablierung von Kontrollwerten.
2. **Datenakquisition:**
   - Erfassung verhaltensbezogener Telemetriedaten.
   - Kontinuierliche Qualitätsevaluation.
3. **Datenaufbereitung:**
   - Fallspezifische Selektion.
   - Datenkonsolidierung für Modellierungsprozesse.
4. **Modellierung:**
   - Implementation statistischer Verfahren.
   - Integration maschineller Lernalgorithmen.
   - Resultatgenerierung.
5. **Ergebnisevaluation (ex post):**
   - Validierung anhand definierter sowie determinierter Zielparameter.

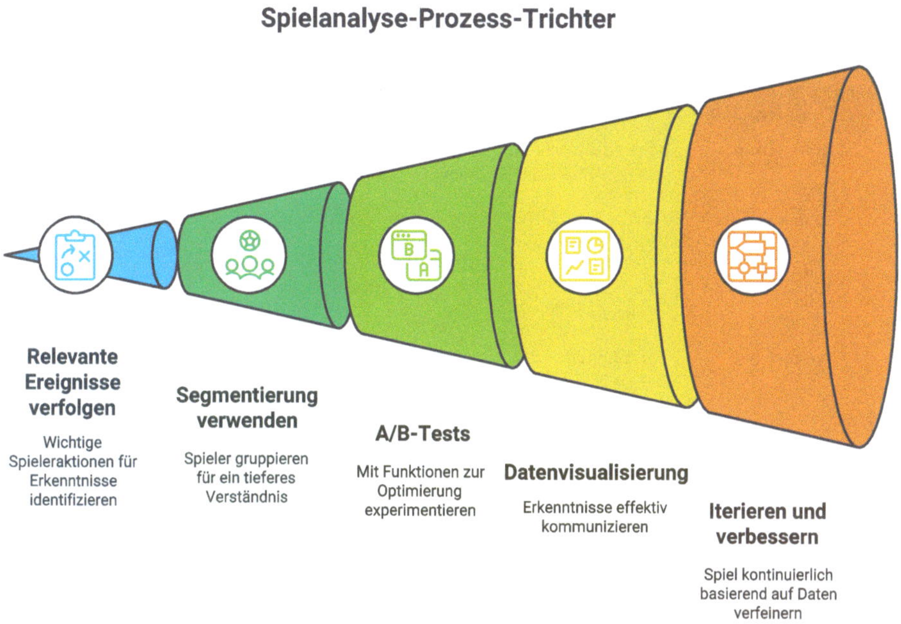

Abb. 5.4 Game Analytics-Prozess-Trichter. (Quelle: Eigene Darstellung)

6. **Visualisierung:**
   - Grafische Aufbereitung der Analyseergebnisse.
   - Optimierung der visuellen Perzeption.
7. **Ergebniskommunikation:**
   - Stakeholder-spezifische Präsentation im Hinblick auf das UX- und Game Design, Marketing, Management etc.
8. **Implementierung:**
   - Integration der Erkenntnisse in laufende Entwicklungsprozesse.
   - Iterative Optimierung systemischer Strukturelemente im Hinblick auf Game-Mechanik und In-Game-Erfahrung.

► Transferbeispiel

Bei der Entwicklung eines Multiplayer-Games wurden Game Analytics zur Auswertung von Nutzungsdaten eingesetzt, Play Testing zur Analyse von Spielfluss und Balance durchgeführt und User Testing gemäß DIN EN ISO 9241-11 genutzt, um die Interface-Gebrauchstauglichkeit iterativ zu verbessern. ◄

Vor dem Hintergrund der obigen Ausführungen zeigt sich in der sowohl theoretischen als auch praxeologischen Rückkopplung hierin eine dateninduzierte, d. h. evidenzbasierte Prozesslogik, die eine fortlaufende Anpassung und Feinkalibrierung entwicklungsbezogener Designentscheidungen auf empirischer Grundlage erlaubt [19], [51]. Daraus resultiert jedoch ebenso eine sequenzielle Verfahrenslogik, in der jeder Schritt des GA-Prozesses zur sukzessiven Optimierung der Spielerfahrung per se beiträgt und entwicklungsspezifische Entscheidungen auf eine empirisch legitimierte Basis rückbindet [19], [51]. Im Kontext dessen lässt sich kerninhärent

5

Tab. 5.3 Game AnalyticsProzess. (Quelle: Eigene Darstellung)

Schritt	Beschreibung
1. Zieldefinition	Spezifikation analytischer Parameter und Zielparameter; Präliminare Datenselektion; Etablierung von Kontrollwerten
2. Datenakquisition	Erfassung verhaltensbezogener Telemetriedaten; Kontinuierliche Qualitätsevaluation
3. Datenaufbereitung	Fallspezifische Selektion; Datenkonsolidierung für Modellierungsprozesse
4. Modellierung	Implementation statistischer Verfahren; Integration maschineller Lernalgorithmen; Resultatgenerierung
5. Ergebnisevaluation (ex post)	Validierung anhand definierter sowie determinierter Zielparameter
6. Visualisierung	Grafische Aufbereitung der Analyseergebnisse; Optimierung der visuellen Perzeption
7. Ergebniskommunikation	Stakeholder-spezifische Präsentation im Hinblick auf UX- und Game Design, Marketing, Management etc
8. Implementierung	Integration der Erkenntnisse in laufende Entwicklungsprozesse; Iterative Optimierung systemischer Strukturelemente

rekonstruieren, dass die iterative Struktur des Entwicklungsprozesses eine kontinuierliche Rückkopplung nutzergenerierter Daten schließlich auch notwendig macht, wodurch produktseitige Adaptionen präferenzieller sowie bedürfnisorientierter Natur in unmittelbare Entwicklungszyklen agil integriert werden können [19], [51] (Tab. 5.3).

In diesem kausalen Sinne konkretisiert sich bezogen auf diese Sachverhalte Game Analytics als ein methodologisch verankertes Explorationsinstrument, das durch die strukturiert-kybernetische Auswertung spielbezogener Nutzerdaten tiefgreifende Erkenntnisse hinsichtlich der Zielgruppengerechtigkeit, Durchlässigkeit und digitaler Teilhabe zutage treten lässt, um so adaptive Entwicklungsprozesse im Game Design nutzerzentriert auszurichten [390]. Im Zentrum gegenwärtiger Debatten über methodologische Erweiterungen im Game Development steht im Übrigen gegenwärtig die Integration von Verfahren wie z. B. Machine Learning, Data Mining und datenbasierter Visualisierung, durch die Game Analytics eine vertiefte Exploration spielbezogener Verhaltensmuster und Nutzererfahrungen erlaubt [12], [19], [51], [390]. Infolgedessen ergibt sich in Kombination mit Play Testing und User Testing ein integrativer Zugriff auf den Entwicklungsprozess, der informationstechnologische und nutzerzentrierte Aspekte gemäß DIN EN ISO 9241 gleichermaßen integriert und deren Interdependenzen wie auch reziproken Wirkmechanismen kohärent zusammenführt [19], [51]. Die dargelegten Sachverhalte indizieren zugleich, dass die obige strukturierte Formation des GA-Prozesses teleologisch die zielgerichtete Integration der gewonnenen Befunde in die Entwicklungslogik unterstützt, wodurch eine fortlaufende Adaptation ludologischer Systeme überhaupt erst realisierbar wird [19], [51], [384], [387], [390].

Merke
Game Analytics (GA) koppelt datenbasierte Mustererkennung mit nutzerzentrierter Steuerung im Game Development.

5.5 Prüfungsfragen – ▶ Kap.5

Frage-Nr.	Prüfungsfragen	Antwortoptionen
1	Welche Phase ist im triadischen Evaluationsmodell des User Research für die Konzeptkontrolle verantwortlich?	☐ a) Interim-Phase ☐ b) Ex post-Phase ☐ c) Ex ante-Phase ☐ d) Validierungsphase
2	Was beschreibt die interim-Phase im User Research?	☐ a) Ergebnisanalyse ☐ b) Prozesskontrolle ☐ c) Designprüfung ☐ d) Feedbackauswertung
3	Welche Norm definiert Anforderungen an die GebrauchstauglichkeitinteraktiverSysteme?	☐ a) DIN EN ISO 14001 ☐ b) DIN EN ISO 9001 ☐ c) DIN EN ISO 9241-11 ☐ d) DIN EN ISO 50001
4	Welches Ziel verfolgt die Analyse psychografischer Faktoren im User Research?	☐ a) Verständnis über wirtschaftliche Entwicklung ☐ b) Erfassen von Nutzerintentionen und Verhalten ☐ c) Statistische Korrelationen mit Preisniveaus ☐ d) Einfluss von Serverarchitektur
5	Welche Methode eignet sich zur Untersuchung spielinduzierter Verhaltensmuster in GUR?	☐ a) Standardisierter Fragebogen ☐ b) Beobachtungsstudien ☐ c) Fokusgruppeninterviews ☐ d) Usability Benchmark
6	Welche zentrale Aufgabe erfüllt die Drill-Down-Analyse?	☐ a) Erstellung allgemeiner Marktbewertungen ☐ b) Automatisierte Systemtests ☐ c) Granulare Analyse komplexer Datensätze ☐ d) Generierung von Preismodellen
7	Wie wird User Research im Kontext der Softwareentwicklung eingesetzt?	☐ a) Zur Untersuchung volkswirtschaftlicher Trends ☐ b) Als Zusatzmodul für Feedbackformulare ☐ c) Zur Ermittlung psychischer Krankheiten ☐ d) Für die Gestaltung nutzerzentrierter Applikationen
8	Welche Norm ist speziell für medizintechnische Usability-Anforderungen relevant?	☐ a) DIN EN ISO 9241-110 ☐ b) DIN EN ISO 9241-11 ☐ c) DIN EN ISO 62366-1 ☐ d) DIN EN ISO 27001

Frage-Nr.	Prüfungsfragen	Antwortoptionen
9	Was ist ein Ziel der synthetischen Phase im GUR-Prozess?	☐ a) Validierung gesetzlicher Grundlagen ☐ b) Kategorisierung von Marktpotenzialen ☐ c) Integration optimierter Komponenten ☐ d) Sammlung von Preisstrukturen
10	Was unterscheidet User Research grundlegend von Marktforschung?	☐ a) User Research ignoriert emotionale Faktoren ☐ b) Marktforschung fokussiert stärker auf Individualverhalten ☐ c) User Research ist produkt- und nutzerzentriert ☐ d) Marktforschung nutzt keine Normen

Frage-Nr.	Prüfungsfragen	Antwortoptionen
Frage-Nr	Frage	Antwortoptionen
11	Welche technologischen Ansätze sind integrale Bestandteile von Game Analytics?	☐ a) Machine Learning ☐ b) Data Mining ☐ c) Content Creation ☐ d) Algorithmische Programmierung
12	Welche Zielsetzungen verfolgt Game Analytics im Game Development?	☐ a) Dekoration von Spielelementen ☐ b) Identifikation signifikanter Nutzungsmuster ☐ c) Ableitung gestaltungsrelevanter Entscheidungen ☐ d) Monetäre Optimierung von Spieleverkäufen
13	Welche Merkmale kennzeichnen das Play Testing?	☐ a) Analyse der Spielmechanik ☐ b) Ex post Evaluation im Realnutzungskontext ☐ c) Fokus auf Benutzeroberflächen ☐ d) Überprüfung der Normkonformität nach DIN EN ISO 9241-11
14	Welche Phasen umfasst der strukturierte Game-Analytics-Prozess?	☐ a) Datenvisualisierung ☐ b) Implementierung ☐ c) Kreativworkshop ☐ d) Zieldefinition
15	Was ist das Ziel der Modellierungsphase in Game Analytics?	☐ a) Design von Spielcharakteren ☐ b) Anwendung statistischer Verfahren ☐ c) Integration von Lernalgorithmen ☐ d) Resultatgenerierung
16	Welche Vorteile bietet die Datenvisualisierung im Kontext von Game Analytics?	☐ a) Erleichterung der semantischen Erschließung ☐ b) Gestaltung von Tutorials ☐ c) Heuristische Komplexitätsreduktion ☐ d) Dekorative Interfaceoptimierung

Frage-Nr.	Prüfungsfragen	Antwortoptionen
17	Welche Elemente sind Bestandteil der Datenakquisition im Game-Analytics-Prozess?	☐ a) Erfassung von Telemetriedaten ☐ b) Qualitative Interviews ☐ c) Qualitätsevaluation ☐ d) Marktforschung
18	Welche Rolle spielt User Testing in Kombination mit Game Analytics?	☐ a) Visualisierung von Gegnerverhalten ☐ b) Bewertung der Gebrauchstauglichkeit ☐ c) Analyse der Zielgruppenrelevanz ☐ d) Ex-ante-Überprüfung von Interfaceelementen
19	Welche Erkenntnisse können aus Machine Learning in Game Analytics abgeleitet werden?	☐ a) Spielerpräferenzen ☐ b) Emotionale Reaktionen ☐ c) Vorhersage von Abbruchpunkten ☐ d) Dynamische Anpassung von Schwierigkeitsgraden
20	Welche Aspekte unterstützt die Implementierung im Game-Analytics-Prozess?	☐ a) Integration in laufende Entwicklungsprozesse ☐ b) Design der Hauptfigur ☐ c) Iterative Optimierung der Spielmechanik ☐ d) Validierung von Audioelementen

Von der Theorie zur Praxis

Inhaltsverzeichnis

G. Vindigni, *UX Research und User Research*, https://doi.org/10.1007/978-3-662-72235-0_6

„One of the things I've always found is that you've got to start with the customer experience and work backwards to the technology. You can't start with the technology and try to figure out where you're going to try and sell it." (S. Jobs, Apple WWDC 1997 Keynote [Video], Apple Worldwide Developers Conference, 7. Mai 1997; Abruf 10.03.2026: https://www.youtube.com/watch?v=QGIUa2sSYFI (Orig.); https://www.youtube.com/watch?v=EZll3dJ2AjY (Übers.))

Jobs, S. († 5. Oktober 2011), Mitbegründer Apple Inc. sowie langjähriger CEO (1997): Worldwide Developers Conference – Q&A Session. Apple Inc. [Videoaufzeichnung].

Unter den kausalen Vorzeichen der letzten Kapitel lässt sich an dieser Stelle kontextualisieren, dass das Feld des User Research durchaus ein breites Methodeninventar zur strukturierten Erfassung nutzerseitiger Wahrnehmungs-, Bewertungs- und Interaktionserfahrungen im Umgang mit Produkten und Dienstleistungen umfasst.

6

▪ Lernziele

Nach der Bearbeitung dieses Kapitels sind Sie lernzieltaxonomisch differenziert und kompetenzorientiert wie folgt befähigt:

- Zum einen komplexe Zusammenhänge zwischen User Research, Games User Research (GUR) und Game Analytics (GA) theoriegeleitet zu rekonstruieren und zum anderen differenziert sowohl zu systematisieren als auch zu kategorisieren.
- Schließlich sind Sie imstande, methodologische Verfahren der Nutzerforschung im Kontext interaktiver Systementwicklung zu identifizieren und hinsichtlich ihrer Anwendungskontexte kritisch zu bewerten.
- In diesem Zusammenhang dienen Ihnen paradigmatische Fallstudien, wie u. a. LEGO® [351], als heuristisches Werkzeug, um nutzerzentrierte Transformationsprozesse auf strategisch-organisationaler Ebene theoriegeleitet zu analysieren und praxisbezogen zu verorten.
- Darauf aufbauend sind Sie befähigt, einschlägige Normvorgaben, hier insbesondere die DIN EN ISO 9241-11 [8], 9241-110 [23] und 9241-210 [35] im Kontext von Usability und User Experience fachgerecht zu interpretieren und auf konkrete Gestaltungsszenarien anwendungsorientiert zu übertragen.
- Demzufolge schließt dies Ihre Befähigung ein, die Bedeutung sozio-interaktiver, entwicklungs- und instruktionspsychologischer psychologischer sowie kontextspezifischer Einflussgrößen für nutzerzentrierte Gestaltungsentscheidungen im Bereich der User Experience nachvollziehbar zu eruieren und selbstständig argumentativ profund zu vertreten.
- Zu guter Letzt zeichnet sich bei Ihnen die Kompetenz aus, die praxeologischen, epistemologischen und gestaltungstheoretischen Dimensionen nutzerzentrierter Forschung interdisziplinär einzuordnen und im Sinne eines Theorie-Praxis-Transfers auf konkrete Entwicklungsprozesse zu übertragen.

! Merke

UX Research vereint ein vielfältiges Methodeninventar zur nutzerzentrierten Analyse und verbindet Theorie, Normen und Praxis für fundierte Gestaltungsentscheidungen interaktiver Systeme.

6.1 Historische Evolution und normative Fundierung der Usability und User Experience

Ursprungs-, traditions-, form- und wirkgeschichtlich lässt sich entsprechend des hier eruierten Ausgangspunkts konstatieren, dass die Invention der Mensch-System-Interaktion (Human-System Interaction, HSI) durch eine Abfolge signifikanter Entwicklungsetappen konturiert ist, welche den paradigmatischen Übergang von technikorientierten Prämissen hin zu nutzerbezogenen Ausrichtungen exemplarisch nachvollziehbar macht [20], [391], [392], [393]. Diese theoretischen Grundlagen erweitern das Verständnis nutzerbezogener Interaktion insofern, als sie auf interdisziplinären Erkenntnissen aus Ergonomie, Psychologie und Informatik fußen und sukzessive zur Etablierung eines eigenständigen Forschungsfeldes beigetragen haben [19], [394], [395].

Im Hinblick auf die fachlich-kausale Einbeziehung menschlicher Einflussgrößen sowie Interdependenzen in technologischen Systemdesigns lässt sich auf die initiale Konzeptualisierung des Human Factor durch das US-amerikanische Militär in den 1940er-Jahren historisch zurückführen, die durch sicherheitsrelevante Vorfälle im Kontext der Cockpitergonomie und daraus resultierende Fehlhandlungen induziert war [20], [391], [392], [393], [396], [397]. Bezogen auf diese Umstände wird diese forschungsgerichtliche Sichtweise ferner durch die Einsicht gestützt, dass die systemadäquate sowie kybernetische Anpassung an kognitive, physische sowie konativ-affektive Nutzerdispositionen den problemexplorativen Ausgangspunkt einer methodologisch geleiteten Auseinandersetzung mit der Mensch-System-Interaktion markiert hat [19], [398], [399].

Folglich markiert die Gründung der Human Engineering Society im Jahr 1957 – der heutigen Human Factors and Ergonomics Society – einen signifikanten Schritt in der fachlichen Konsolidierung des Human-Factors-Diskurses [400], [401], [402], [403]. Dementsprechend hat sie eine anthropozentrische Ausrichtung in der Gestaltung arbeitsbezogener Umgebungen verankert, die sich des Weiteren explizit an den konativen, d. h. dispositionsbezogenen Anforderungen und Handlungskapazitäten der Nutzer orientiert [12], [19], [51]. Vor diesem Hintergrund lässt sich die damalige Entwicklung bis dato als maßgeblicher Impuls zur Etablierung der Ergonomie als fachwissenschaftliche Disziplin verstehen, verbunden mit dem Anspruch, deren Gestaltungsprinzipien konsenstheoretisch normativ in praxisnahe Anwendungskontexte zu überführen [404].

In der sachverhaltlichen Kausalfolge markieren im Licht dieser Tatsachen die 1970er- und 1980er-Jahre die Genese der Human-Computer-Interaction (HCI), d. h. als transdisziplinäres Forschungsfeld im fachübergreifenden Schnittbereich von Psychologie und Informatik, wobei die Publikation „The Psychology of Human-Computer Interaction“ von Card et al. [405] sicherlich als impulsgebendes Referenzwerk bis dato gilt. Dementsprechend basiert die sukzessive Herausbildung der Software-Ergonomie auf den in jener Arbeit angelegten Forschungsgrundlagen, welche eine deduzierte Auseinandersetzung mit der Optimierung des in diesem Lehrbuch durch den Verfasser eingeführten Begriffs der ‚Systemusability‘ sowie der nutzungsbezogenen Interaktionsqualität digitaler Systeme initiierten [405].

Systemtheoretisch betrachtet stellt die digitale Revolution demzufolge einen paradigmatischen Umschwung in der Mensch-Technik-Interaktion dar, welcher in der Essenz durch die Initialisierung normativer Gestaltungsprinzipien – etwa in der DIN EN ISO 9241 – institutionelle Verankerung fand [6]. Demzufolge wurden die dort formulierten Grundsätze der Dialoggestaltung später in der DIN EN ISO 9241-110 [23] weitergeführt, während parallele Entwicklungen – wie die DIN EN ISO 9241-11 [8] – ergänzend die Gebrauchstauglichkeit im Nutzungskontext fokussierten. Im Kontext dessen kodifizierte jene Norm schließlich die Gebrauchstauglichkeitsprinzipien unter den Prämissen von Effektivität, Effizienz und Nutzerzufriedenheit; in den Folgejahren wurde sie durch normativ anschlussfähige Ergänzungen erweitert, die sich unter anderem auf farbmetrische Anforderungen sowie weitere interfaziale Aspekte der Mensch-Computer-Interaktion beziehen [6].

Hinweis
Die Entwicklung der Mensch-System-Interaktion ist historisch wie systematisch von einem Wandel technikzentrierter zu nutzerzentrierten Paradigmen geprägt.

Die geeigneten Maßnahmen zu ergreifen, setzt Richter et al. [406] zufolge voraus, sowohl gelingende als auch rezeptionsgeschichtlich tradierte Interaktionsgestaltung als kontinuierliche Struktur menschlicher Medienaneignung zu rekonstruieren, da diese in spezifischer Weise durch En-, In- und Akkulturationsprozesse kulturell konventionalisiert ist, wie Müller [407] in seiner Elenktik substanziiert:

1. **Nützlichkeit:** Sachverhaltlich bedeutet dies, dass das Produkt oder aber das System eine funktionale Relevanz im Handlungszusammenhang des Nutzers aufweisen muss, sodass dessen Gebrauchskontext durch eine konkrete Nutzendimension pragmatisch validiert wird [406], [408], [409].

► Transferbeispiel
Ein Navigationssystem im Auto bietet dem Nutzer einen unmittelbaren funktionalen Mehrwert, indem es zuverlässig Routen berechnet, Echtzeit-Verkehrsdaten integriert und so den Fahrtverlauf effizient unterstützt – damit wird der Gebrauchskontext klar durch die Nützlichkeit validiert. ◄

2. **Nutzbarkeit:** Damit ist mit Blick auf die Notwendigkeit einer heuristischen Komplexitätsreduktion angedeutet, dass das System durch eine intuitive Bedienlogik und reduzierte Interaktionskomplexität anschlussfähig an die kognitiven Routinen der Nutzenden gestaltet sein sollte [406], [408], [409].

► Transferbeispiel
Eine Smartphone-App zur Terminplanung, die Drag-and-Drop-Funktionen, visuelle Kalenderübersichten und klare Navigation nutzt, ermöglicht eine intuitive Nutzung – die reduzierte Komplexität entspricht dabei den kognitiven Routinen der Anwender. ◄

3. **Erschwinglichkeit:** Zugleich impliziert dies ferner die ökonomische Erreichbarkeit des Produkts für die intendierte Nutzerkohorte als konstitutive Bedingung partizipativer Inanspruchnahme [406], [408], [409].

► Transferbeispiel

Ein Bildungs-Tablet, das zu einem subventionierten Preis für Schüler:innen einkommensschwächerer Haushalte angeboten wird, erfüllt die Anforderung der Erschwinglichkeit als Grundlage nutzerseitiger Teilhabe. ◄

4. **Ansprechend im Design und Gebrauch:** In Anbetracht nutzungsbezogener Kohärenzerfordernisse ist die konvergente Verschränkung ästhetischer Gestaltung und benutzerorientierter Funktionalität als gestaltungslogische Prämisse im Hinblick auf die Zielgruppengerechtigkeit zu [406], [408], [409].

► Transferbeispiel

Die Benutzeroberfläche einer Meditations-App kombiniert ein minimalistisches, beruhigendes Design mit klar strukturierter Navigation, um sowohl ästhetisch als auch funktional die Erwartungen der gesundheitsbewussten Zielgruppe zu erfüllen. ◄

5. **Anpassbar an die jeweiligen Bedürfnisse:** Im Kern umfasst nutzerzentrierte Gestaltung die grundstrukturierende Einbindung adaptiver Variabilität produktbezogener Funktionsparameter im Hinblick auf die Berücksichtigung individueller Nutzungskonstellationen [406], [408], [409].

► Transferbeispiel

Eine Lernplattform passt Inhalte, Schwierigkeitsgrad und Darstellung automatisch an den Lernfortschritt und die bevorzugte Lernweise der einzelnen Nutzerin bzw. des einzelnen Nutzers an. ◄

6. **Kompatibilität mit Benutzern hinsichtlich des Verwendungszwecks:** Aus sozialwissenschaftlicher sowie instruktionspsychologischer Hinterfragung resultiert die Notwendigkeit, kontextuelle Bedingtheiten sowie nutzerspezifische Bedürfnisstrukturen in den Gestaltungsprozess produktbezogen zu integrieren [406], [408], [409].

► Transferbeispiel

Ein medizinisches Assistenzsystem für Pflegekräfte wird speziell für den Einsatz im stressintensiven Stationsalltag konzipiert – mit Fokus auf einfachen Abläufen, situationsgerechten Informationseinblendungen und sprachlich klarer Menüführung. ◄

Anmerkung: In dieser hypothesengetriebenen Konsequenz verweist schließlich die DIN EN ISO 9241 auf standardisierte Qualitätsrichtlinien zur ergonomischen Gestaltung interaktiver Systeme. Das bedeutet, dass sie ursprünglich unter dem Titel ‚Ergonomische Anforderungen für Bürotätigkeiten mit Bildschirmgeräten' von der International Standards Organization (ISO) konzipiert wurde. Zu guter Letzt wurde die Norm im Jahr 2006 in ‚Ergonomie der Mensch-System-Interaktion' umbenannt, um den erweiterten Geltungsrahmen interaktiver Nutzungsszenarien adäquat zu repräsentieren (◘ Tab. 6.1).

Unter Zugrundelegung des wissenschaftlichen Diskurses lässt sich die technologische Evolution der Mensch-System-Interaktion exemplarisch an der sukzessiven Transition von komplexen Rechenanlagen hin zu nutzeradaptierten Interaktions-

Tab. 6.1 Usability Evolution. (Quelle: Eigene Darstellung)

Nr.	Gestaltungsprinzip	Beschreibung	Transferbeispiel
1	Nützlichkeit	Funktionale Relevanz im Nutzungskontext	Navigationssystem mit Echtzeit-Verkehrsdaten
2	Nutzbarkeit	Intuitive Bedienlogik und geringe Komplexität	Terminplanungs-App mit Drag-and-Drop
3	Erschwinglichkeit	Ökonomische Erreichbarkeit für die Zielgruppe	Subventioniertes Bildungs-Tablet
4	Ansprechendes Design und Gebrauch	Kohärenz von Ästhetik und Funktion	Minimalistische Meditations-App
5	Anpassbarkeit an Bedürfnisse	Adaptive Anpassung an individuelle Anforderungen	Adaptive Lernplattform
6	Kompatibilität mit Benutzern	Berücksichtigung kontextueller und nutzerspezifischer Bedingungen	Pflege-Assistenzsystem für stressige Arbeitsumgebungen

systemen rekonstruieren. Besondere Relevanz hatte in Anbetracht dieser Tatsachen das Command Line Interface (CLI) der 1960er-Jahre, das als initiale Ausprägung benutzerorientierter Systemgestaltung gilt und – wenngleich transformiert – bis in die Gegenwart fortbesteht [410], [411]. Kurz gesagt zeigt sich die paradigmatische Entwicklung exemplarisch an der Computermaus: vom funktionalen Eingabemedium der 1960er-Jahre hin zu einem multikriteriell ausdifferenzierten Interface-Element, das Variablen wie Ergonomie, Formästhetik, taktile Rückmeldung, Präzision und funktionale Effizienz integriert [410], [411].

Eine konnektive Episteme stellt die von Apple forcierte nutzerzentrierte Interaktionsgestaltung dar, die sich paradigmatisch im Interface-Design und der ganzheitlich gedachten User Experience materialisiert – ein Ansatz, den Steve Jobs 1997 auf der Worldwide Developers Conference im Rahmen der Kritik an Java und OpenDoc explizit akzentuierte [412]:

> „One of the hardest things, when you're trying to affect change that people like this gentleman [Fragensteller] are right, in some areas. I'm sure there are some things OpenDoc does […] that nothing else out there does. And I'm sure that you can make some demos […] that demonstrate those things. The hardest thing is how does that fit into a cohesive larger vision, that's going to allow you to sell 8 Billion Dollars – 10 Billion Dollars of Product a year. One of the things I've always found is that you've got to start with the customer experience and work back towards the technology. You can't start with the technology and try to figure out where you're going to try and sell it. […] as we have tried to come up with a strategy and a vision for Apple it started with what incredible benefits can we give to the customer, where can we take the customer, not starting with ‚let's sit down with the engineers and figure out what awesome technology we have and then how are we going to market that" [412].

Alles in allem wird auch in dieser Hinsicht deutlich, dass die Nutzererfahrung als initialer Referenzrahmen für gestalterische Entscheidungsprozesse fungiert und technologische Entwicklungsimpulse an nutzerbezogene Bedürfnislagen rückgebunden werden müssen.

Hinweis
Die historische Entwicklung verdeutlicht, dass technologische Innovationen dann besonders wirksam sind, wenn sie konsequent aus der Nutzerperspektive gedacht und gestaltet werden.

Es lässt sich feststellen, dass die gegenwärtige Konzeptualisierung der Mensch-System-Interaktion nach wie vor eine Differenzierung zweier konstitutiver Konzepte vornimmt: der Interaktion als funktionale Schnittstellenrelation sowie der Interaktion als sozio-kulturell geprägtem Bedeutungsprozess:

1. **User Experience (UX):**
   Bezeichnet zeigt sich, dass die User Experience jene Gesamtheit subjektiver Wahrnehmungen, Reaktionen und Bewertungen konstituiert, die sich aus der Interaktion eines Nutzenden mit einem Produkt, einem Dienst, einer Umgebung oder Einrichtung ergeben (vgl. DIN EN ISO 9241-210 [35] im Hinblick auf die menschenzentrierten Gestaltungsprämissen interaktiver Systeme).

► **Transferbeispiel**
Beim Design einer Fitness-App umfasst die User Experience etwa, wie intuitiv sich Trainingspläne erstellen lassen, wie motivierend das visuelle Feedback wirkt und ob sich die Nutzer beim Erreichen ihrer Ziele emotional positiv angesprochen fühlen. ◄

2. **Usability:**
   Mit Usability gemäß DIN EN ISO 9241-11 [8] jenes Maß spezifiziert, in dem ein Produkt, System oder Dienst durch spezifische Nutzergruppen in einem definierten Anwendungskontext zur zielgerichteten Zielerreichung in effektiver, effizienter und zufriedenstellender Weise genutzt werden kann.

► **Transferbeispiel**
Die Usability eines Online-Banking-Portals zeigt sich daran, dass Nutzer problemlos Überweisungen tätigen können, ohne auf Hilfefunktionen zurückzugreifen, wodurch Aufgaben schnell, fehlerfrei und zufriedenstellend erledigt werden. ◄

3. **Mensch-System-Interaktion:**
   Vor diesem deduktiven Hintergrund legt die DIN EN ISO 9241-110 [23] spezifische Interaktionsprinzipien für digitale Systeme als normativ-funktionale Paradigmen zur Optimierung der Gebrauchstauglichkeit und Effizienz systemgestützter Mensch-Technik-Interaktion fest [6].

► **Transferbeispiel**
Die Gestaltung eines medizinischen Touchscreen-Displays nach den Interaktionsprinzipien der DIN EN ISO 9241-110 – etwa durch Konsistenz, Fehlertoleranz und Aufgabenangemessenheit – ermöglicht Ärzt:innen eine schnelle, sichere und intuitive Bedienung im klinischen Alltag. ◄

Darauf aufbauend beanspruchen die normativen Interaktionsprinzipien in der praktischen Anwendung konkrete Umsetzungselemente, die darauf ausgerichtet sind, nutzungsbezogene Effizienz, intuitive Erfassbarkeit und interaktionsökonomische Prozessgestaltung gezielt zu stärken [6], [22], [413]:

- **Schriftart und Textgröße:**

Zwecks heuristischer Komplexitätsreduktion in Anlehnung an die DIN EN ISO 9241-110 [23] sollte darauf geachtet werden, dass typografische Gestaltungsparameter – wie etwa die Wahl einer serifenbasierten Schriftart (z. B. Times New Roman) in Kombination mit einer textfunktionalen Standardgröße (z. B. 11 pt) – einen leseflussorientierten Zugriff auf inhaltlich akademisierte Textstrukturen begünstigen [6], [22], [413].

► **Transferbeispiel**

In wissenschaftlichen E-Learning-Modulen wird beispielsweise häufig Times New Roman in 11 pt verwendet, um Studierenden eine leseflussfreundliche Rezeption umfangreicher Theorieinhalte gemäß den Prinzipien der DIN EN ISO 9241-110 zu ermöglichen. ◄

- **Hierarchische Gliederung:**

Instruktionspsychologisch lässt sich praxeologisch des Weiteren evidenzieren, dass der typografisch strukturierende Einsatz von Überschriftenebenen, semantisch markierten Hervorhebungen wie z. B. Fettdruck sowie absatzbezogenen Layoutvorlagen de facto zweckdienlich und im Sinne einer durchlässigen und zielgruppengerechten Nutzerzentrierung ist, da er sowohl die kognitive Hierarchisierung von Informationsclustern als auch die funktionale Zuordnung semantischer Relevanzfacetten begünstigt [6], [22], [413].

► **Transferbeispiel**

In einem digitalen Lernmodul für Studierende erleichtert die konsequente Anwendung von Zwischenüberschriften, fettgedruckten Schlüsselbegriffen und visuell abgegrenzten Zitaten das schnelle Erfassen zentraler Inhalte und fördert das strukturierte Verarbeiten komplexer Informationen. ◄

- **Seitengestaltung:**

Im Hinblick auf diesen Sachverhalt lässt sich konstatieren, dass das Dokument durch konsistent unbedruckte Randzonen (oben, unten, links, rechts) sowie einen zentrierten Satzspiegel strukturiert ist, dessen Proportionierung sich an gestalterischen Ordnungsprinzipien – etwa dem goldenen Schnitt – orientiert und somit die typografische Leseführung visuell entlastet [6], [22], [413].

► **Transferbeispiel**

Bei der Gestaltung eines wissenschaftlichen Posters sorgt ein zentriert proportionierter Satzspiegel mit ausreichend Weißraum an allen Rändern für eine klare visuelle Struktur und erleichtert Betrachtern die Orientierung innerhalb der Text- und Grafikelemente. ◄

- **Textausrichtung:**

Evidenziert sollte mit Blick auf die Designforschung zu guter Letzt ebenfalls diskursiv aufgegriffen werden, dass die linksbündige Textausrichtung im Blocksatz der konventionalisierten Leserichtung westlicher Schriftsysteme entspricht und dadurch die perzeptive Kohärenz sowie den kontinuierlichen Lesefluss bei längeren Textabschnitten instruktionspsychologisch signifikant begünstigt, wohingegen rechtsbündige oder zentrierte Anordnungen tendenziell als kognitiv dissonant en- und dekodiert sowie rezipiert werden [6], [22], [413].

► **Transferbeispiel**

So zeigt sich etwa in nutzerzentrierten Dokumentationen oder Lernsystemen, dass eine linksbündige Textausrichtung im Blocksatz den Lesefluss verbessert und insbesondere bei längeren Abschnitten zur kognitiven Entlastung beiträgt. ◄

Merke

User Experience ist das Resultat historischer Erkenntnisintegration – zwischen Human Factors, digitaler Normierung und gestaltungspraktischer Anwendung.

6.2 User Research: Eine Fallstudie der LEGO®-Gruppe

Ebenfalls lassen sich die obigen Einsichten exemplarisch an der LEGO®-Gruppe [351] nachvollziehen, die in den 1980er bis 1990er-Jahren eine Phase ausgeprägter Diversifikation organisational durchlief, wobei das Produktportfolio in Richtung digitaler Unterhaltungsformate, actionorientierter Figurensysteme sowie transmedialer TV-Adaptionen, d. h. im Sinne einer strategischen Anpassungsmodifikation im Hinblick auf einen wettbewerbsorientierten Transaktionsmarketingansatz, unternehmerisch ausgeweitet wurde [414], [415], [416]. So verdeutlicht die in diesem Zusammenhang markenstrategisch gesteuerte Produktdiversifikation der LEGO®-Gruppe [351] die Relevanz konsistenter Nutzerbindung über heterogene Distributionskanäle hinweg und illustriert zugleich die Notwendigkeit adaptiver Reaktionsmechanismen auf sich wandelnde soziokulturelle Erwartungshorizonte – als Indikator organisationaler Anschluss- und Innovationsfähigkeit im Kontext dynamischer Marktstrukturen. Unter den obigen Voraussetzungen hat sich produktpolitisch die unternehmerische Rekonzeptualisierung besonders eindrücklich in der futuristischen Neugestaltung der LEGO®-City-Produktlinie [351] akzentuiert, die durch neuartige Spielkontexte und eine gesteigerte strukturelle Komplexität einzelner Komponenten konturiert war [417].

Unternehmenshistorisch lässt sich rekonstruieren, dass die LEGO®-Gruppe Anfang der 2000er-Jahre in eine ökonomische Krisenkonstellation geriet, die durch die Koinzidenz einer globalen Konjunkturabschwächung sowie des sukzessiven Auslaufens zentraler Patentschutzrechte akzentuiert wurde [417], [418], [419]. Problematisch wirkte sich zudem die in der primären Zielgruppe nur begrenzt akzeptierte Neugestaltung der Designkonzepte aus. Infolgedessen verzeichnete die LEGO®-City-Produktlinie [351] einen signifikanten Umsatzrückgang – von etwa 13 % im Jahr

1999 auf lediglich 3 % in den Folgejahren, was die unternehmensstrategische Dringlichkeit einer tiefgreifenden Neuausrichtung akzentuierte [420], [421].

Hinweis
Die folgende Fallanalyse der LEGO®-Gruppe illustriert exemplarisch, wie nutzerzentrierte Forschung strategisch zur Reorganisation von Produktentwicklung und Markenidentität beiträgt.

Das führte schließlich zur unternehmerischen Entscheidung, mit der Ernennung Jørgen Vig Knudstorps zum CEO im Jahr 2004 einen paradigmatischen Kurswechsel einzuleiten, der auf zwei tragende Zielrichtungen fokussiert war [421], [422], [423]:

1. **Rezentrierung auf das originäre Kerngeschäft:**
   In dieser Hinsicht vollzog sich organisational zunächst eine Reorientierung auf das originäre Kompetenzfeld modular strukturierter Spielsteinsysteme, das den markenspezifischen Erfolg der LEGO®-Gruppe in früheren Entwicklungsphasen in Bezug auf das Geschäftsmodell konstituiert hatte.
2. **Rekonstruktion der korporativen Identität:**
   Auch die strategische Neupositionierung der Unternehmensidentität zielte ferner auf eine Reaktivierung jener wertebasierten Handlungsprinzipien, die den unternehmerischen Aufstieg der LEGO®-Gruppe [351] in früheren Entwicklungsphasen konturiert hatten.

Auch diese Einsichten liefern nun kerntechnische Anknüpfungspunkte hinsichtlich einer nutzerzentrierten Rekonfiguration strategischer Produktentwicklung: Demnach stellte bei LEGO® [351] ein konstitutives Element dieser Umstrukturierung die Implementation methodisch fundierter User-Research-Prozesse dar. Im Rahmen dessen wurden unter der Leitung von Knudstorp umfangreiche empirische Feldstudien initiiert, die durch fachlich qualifiziertes Personal realisiert wurden. Ziel dieser Erhebungen war die Evaluierung folgender Nutzungs- und Kontextdimensionen [421], [422], [423]:

Hinweis
Die strategische Neuausrichtung der LEGO®-Gruppe unter Knudstorp zeigt exemplarisch, wie nutzerzentrierte Forschung als Leitprinzip zur Reaktivierung von Markenkern und Unternehmensidentität operationalisiert werden kann.

1. **Kindliche Spielbedürfnisse:**
   Zunächst galt es zu eruieren, welche entwicklungspsychologisch differenzierten Bedürfnislagen Kinder unterschiedlicher Alterskohorten aufweisen und inwiefern diese durch spielzeugbasierte Stimuli adäquat funktionalisiert werden können [19], [421], [422], [423].

► Transferbeispiel

LEGO® [351] entwickelte auf Basis entwicklungspsychologischer Erkenntnisse ein Baukastensystem für Vorschulkinder, das farbliche Codierung und einfache Steckverbindungen nutzt, um altersgerechte Spielbedürfnisse gezielt zu adressieren [19]. ◄

2. **Altersspezifische Präferenzstrukturen:**
   Anschließend ergaben sich aus den empirischen Erhebungen differenzierte Einsichten hinsichtlich altersabhängiger Präferenzstrukturen, die eine adaptive Justierung der LEGO®-Produktgestaltung im Sinne entwicklungsadäquater Nutzerorientierung nahelegten [421], [422], [423].

► Transferbeispiel

So zeigte sich etwa, dass ältere Kinder verstärkt komplexe Bau- und Rollenspielwelten bevorzugen, woraufhin LEGO® [351] gezielt Themenreihen wie „LEGO® Technic" oder „LEGO® Ninjago" entwickelte, die auf diese altersabhängigen Präferenzen zugeschnitten sind [19], [421], [422], [423]. ◄

3. **Familienspezifische Kontextfaktoren:**
   Zu guter Letzt wurde ebenfalls untersucht, inwiefern familiäre Konstellationen sowie soziokulturelle Dispositionen das spielbezogene Verhalten und die ausgebildeten Präferenzmuster beeinflussen [421], [422], [423].

► Transferbeispiel

Beispielsweise ergaben die Studien, dass in Mehrkindhaushalten gemeinschaftsfördernde Bauprojekte besonders geschätzt wurden, woraufhin LEGO® [351] verstärkt kooperative Spielsets mit geteilten Bauaufgaben und Familienbezug entwickelte [19], [421], [422], [423]. ◄

Mit Blick auf die strategische Anpassungsmodifikation der LEGO®-Gruppe [351] orientierte sich wettbewerbsorientiert im Bezug auf das organisationale Transaktionsmarketing die geografische Fokussierung der Datenakquisition an den primären Absatzmärkten, um eine nutzerkohortenspezifisch anschlussfähige Relevanz der empirisch generierten Erkenntnisse für die priorisierten Zielsegmente sicherzustellen [421], [422], [423].

Das wiederum bedingte organisational gleichermaßen, eine holistisch orientierte Erhebung ludischer Handlungsmuster sowie differenzierter Bedürfnis- und Präferenzstrukturen der adressierten Nutzerkohorten vorzunehmen, wodurch LEGO® [351] den kognitiven Bezugsrahmen unternehmensseitiger Gestaltungsentscheidungen substanziieren sowie plausibilisieren und ein tiefgreifendes Verständnis nutzerbezogener Anforderungsprofile herausarbeiten konnte [421], [422], [423].

Auf der Basis ihrer Untersuchungen ergab sich die Evidenz kulturspezifischer Divergenzen im japanischen Markt, die eine maßgebliche differenzierte Anpassung produktbezogener Gestaltungskonzepte nahelegten [421], [422], [423]:

Die Gründe liegen in einer kulturimmanenten Dichotomie zwischen Spiel- und Lernaktivitäten im japanischen Kontext, welche eine gestaltungssensible Modifikation edukativer Produktlinien erforderte. Dementsprechend reagierte LEGO® [351] darauf mit der Entwicklung hybrid konzipierter Module, die ludische und lernorientierte Komponenten integrierten, ohne die normativen Erwartungsstrukturen des Zielmarktes zu tangieren [421], [422], [423].

Merke

Die strategische Nutzerforschung bei LEGO® [351] zeigt exemplarisch, wie kulturspezifisch differenzierte Bedürfnisse durch geografisch fokussierte Datenerhebung in gestaltungsrelevante Produktentscheidungen überführt werden können. Es gilt, stets die Kontextfaktoren Segmenting, Targeting und Positioning mit Blick auf die Segmentierungskriterien iterativ zu evaluieren, d. h. ex ante, interim und ex post.

Auf Basis des o. g. Sachverhalts lässt sich auf Basis der Indikatoren rückschließen, dass die strukturierte Einbindung nutzerforschungsbasierter Erkenntnisse in den Entwicklungsprozess es der LEGO®-Gruppe [351] erleichterte, bedürfnisadäquat konfigurierte Produkte zu generieren, die in höherem Maße mit den Präferenz- und Erwartungsstrukturen der adressierten Zielkohorten korrespondierten [421], [422], [423]. Im Hinblick auf die dargelegte strategisch-organisationale Anpassungsmodifikation, auch in Bezug auf einen agilen Markt, resultierte eine markenbezogene Revitalisierung, die sich in einer signifikanten Umsatzprogression niederschlug und zugleich die Relevanz nutzerforschungsbasierter Verfahren als dynamische Steuerungsgröße unternehmensseitiger Transformationsprozesse sowie als stabilisierende Komponente langfristiger Wettbewerbsfähigkeit hervorhebt [421], [422], [423].

Als Schlussbetrachtung zeigt sich, dass die unternehmensstrategische Neuausrichtung der LEGO®-Gruppe [351] unter Jørgen Vig Knudstorp paradigmatisch für die funktionale Relevanz nutzerzentrierter Forschungsansätze im Kontext betrieblicher Transformationsprozesse steht [421], [422], [423].

Es lässt sich feststellen und lernzieltaxonomisch im Sinne eines Theorie-Praxistransfers deduzieren, dass die strukturierte Erhebung nutzerbezogener Bedürfnis- und Präferenzkonstellationen es der LEGO®-Gruppe [351] gewährleistete, ihre Marktposition resilient zu stabilisieren und zugleich produktstrategische Neuentwicklungen zu realisieren, die über konventionelle Nutzererwartungen hinausgingen [421], [422], [423]. Vor diesem Hintergrund zeigt sich nun fachtheoretisch sowie anwendungsbezogen, dass User Research nicht lediglich der produktbezogenen Optimierung dient, sondern als strategisch wirksames Vehikel unternehmensinterner Transformationsprozesse zu begreifen ist [421], [422], [423].

Merke

User Research wirkt im unternehmerischen Transformationskontext nicht bloß produktbegleitend, sondern strukturbildend – als datenbasierte Entscheidungsinstanz zwischen Marktdynamik und Gestaltungsstrategie.

6.3 Prüfungsfragen – ▶ Kap. 6

Frage-Nr.	Frage	Antwortoptionen
1	Welche Aussage beschreibt die historische Entwicklung der Mensch-System-Interaktion korrekt?	☐ a) Sie war von Anfang an nutzerzentriert. ☐ b) Sie entwickelte sich aus technikzentrierten Ansätzen. ☐ c) Nutzerbedürfnisse waren historisch irrelevant. ☐ d) Die Ergonomie hatte keine Relevanz.

Frage-Nr.	Frage	Antwortoptionen
2	Welche Norm definiert Usability im Hinblick auf Effektivität, Effizienz und Zufriedenheit?	☐ a) DIN EN ISO 9241-11 ☐ b) DIN EN ISO 9241-210 ☐ c) DIN EN ISO 9001 ☐ d) DIN EN ISO 9241-110
3	Welche Prinzipien zählen zur benutzerzentrierten Gestaltung nach DIN EN ISO 9241-110?	☐ a) Aufgabenangemessenheit ☐ b) Fehlertoleranz ☐ c) Wirtschaftlichkeit ☐ d) Konsistenz
4	Was beschreibt den Begriff User Experience (UX) gemäß DIN EN ISO 9241-210 korrekt?	☐ a) Die technische Funktion eines Produkts ☐ b) Die subjektiven Wahrnehmungen und Reaktionen der Nutzer ☐ c) Die reine Gebrauchstauglichkeit ☐ d) Die visuelle Attraktivität der Benutzeroberfläche
5	Welche Faktoren beeinflussen laut Richter et al. die Qualität der Interaktion?	☐ a) Nützlichkeit ☐ b) Nutzbarkeit ☐ c) Erschwinglichkeit ☐ d) Komplexität
6	Welche Gestaltungselemente verbessern nach DIN EN ISO 9241-110 den Lesefluss?	☐ a) Links- und rechtsbündiger Textwechsel ☐ b) Serifenbasierte Schriftarten und angemessene Schriftgröße ☐ c) Schriftfarbe statt Strukturierung ☐ d) Zentrierte Textausrichtung bei langen Abschnitten
7	Welche Rolle spielt hierarchische Gliederung in nutzerzentriertem Design?	☐ a) Sie reduziert kognitive Belastung. ☐ b) Sie erschwert Informationsaufnahme. ☐ c) Sie schafft Redundanz. ☐ d) Sie erhöht Komplexität.
8	Was beschreibt das Konzept der Erschwinglichkeit in der Nutzerzentrierung?	☐ a) Die intuitive Nutzung durch Experten ☐ b) Die wirtschaftliche Zugänglichkeit für Zielgruppen ☐ c) Die hohe Qualität des Produkts ☐ d) Die technische Komplexität
9	Welche Interaktionsprinzipien enthält die DIN EN ISO 9241-110?	☐ a) Aufgabenangemessenheit ☐ b) Fehlertoleranz ☐ c) Kompatibilität mit Zielgruppe ☐ d) Wirtschaftlichkeit
10	Was ist ein Transferbeispiel für gelungene Usability gemäß DIN EN ISO 9241-11?	☐ a) Ein Banking-Portal mit intuitiver Navigation ☐ b) Eine App mit ausschließlich Textbefehlen ☐ c) Ein Spiel mit versteckten Menüs ☐ d) Ein Texteditor mit nicht beschrifteten Icons

Frage-Nr.	Frage	Antwortoptionen
11	Welches Ziel verfolgte die LEGO®-Gruppe mit der Rezentrierung auf das originäre Kerngeschäft unter Knudstorp?	[ ] a) Einführung neuer Lizenzprodukte [ ] b) Rückbesinnung auf modulare Spielsteinsysteme [ ] c) Fokussierung auf digitale Entertainmentformate [ ] d) Einstellung internationaler Aktivitäten
12	Welche zwei zentralen Zielrichtungen verfolgte die LEGO®-Gruppe bei der strategischen Neuausrichtung?	[ ] a) Optimierung der Verpackungsdesigns [ ] b) Rezentrierung auf das Kerngeschäft [ ] c) Einführung von Abo-Modellen [ ] d) Rekonstruktion der Unternehmensidentität
13	Was war ein Auslöser für die ökonomische Krisenkonstellation bei LEGO® Anfang der 2000er-Jahre?	[ ] a) Managementwechsel [ ] b) Verlust zentraler Patentschutzrechte [ ] c) Erfolgreiche neue Serien [ ] d) Rückgang der Marktforschung
14	Welche empirische Methode setzte LEGO® ein, um Nutzerpräferenzen zu analysieren?	[ ] a) Open Source Coding [ ] b) Zufallsbasierte Sampling-Verfahren [ ] c) Qualifizierte Feldstudien [ ] d) Sekundäranalysen von Literatur
15	Welche Nutzerbedürfnisse standen im Fokus der empirischen Erhebungen bei LEGO®?	[ ] a) Preisvergleiche [ ] b) Kindliche Spielbedürfnisse [ ] c) Altersspezifische Präferenzen [ ] d) Familienspezifische Kontexte
16	Wie reagierte LEGO® auf die Erkenntnisse im japanischen Markt?	[ ] a) Einführung reiner Lernprodukte [ ] b) Rückzug aus dem Markt [ ] c) Entwicklung hybrider Spiel-Lern-Module [ ] d) Einführung neuer Farben
17	Was war ein konkreter Effekt der User-Research-Ergebnisse für LEGO®?	[ ] a) Preissenkungen im Einzelhandel [ ] b) Einführung kooperativer Spielsets [ ] c) Wegfall der Marketingabteilung [ ] d) Zentralisierung der Produktion
18	Welche Maßnahme diente der LEGO®-Gruppe zur Stabilisierung ihrer Marktposition?	[ ] a) Reduktion der Produktvielfalt [ ] b) Implementierung von User Research [ ] c) Erhöhung der Patentschutzrechte [ ] d) Investition in Logistik
19	Was war das Ziel der geografischen Fokussierung der Datenerhebung bei LEGO®?	[ ] a) Einsparung von Ressourcen [ ] b) Erfassung primärer Absatzmärkte [ ] c) Erhöhung der Datensicherheit [ ] d) Vergleich mit der Konkurrenz
20	Inwiefern kann User Research laut Fallstudie LEGO® als strategisches Vehikel betrachtet werden?	[ ] a) Als kreatives Brainstorming-Tool [ ] b) Als strukturgebende Entscheidungsinstanz [ ] c) Als externes Marketing-Instrument [ ] d) Als Finanzierungshilfe für Start-ups

User Research und Methodologie

Inhaltsverzeichnis

G. Vindigni, *UX Research und User Research*, https://doi.org/10.1007/978-3-662-72235-0_7

„Designers often think of themselves as typical users. After all, they are people too, and they are often users of their own designs. Why don't they notice, why don't they have the same problems as the rest of us?“

Don Norman (2002), Mitbegründer der Nielsen Norman Group (vgl. The Design of Everyday Things https://vpb.smallyu.net/%5BType%5D%20books/The%20Design%20of%20Everyday%20Things%20-%20Don%20Norman.pdf (Norman, 2002, p. 155).) (D. A. Norman, The Design of Everyday Things, 2002, S. 155 [PDF: vpb.smallyu.net])

Das Gelingen von User Research hängt in erheblichem Maße von der Kenntnis methodologischer Distinktionsmerkmale und deren kontextadäquater Anwendung ab, weshalb in diesem Kapitel die methodische Grundarchitektur des User Research unter besonderer Berücksichtigung quantitativer und qualitativer Zugriffsmodi lernzieltaxonomisch konturiert wird.

Lernziele

Nach der Bearbeitung dieses Kapitels sind Sie wie folgt in der Lage:

- Auf der Basis der methodologischen Differenzierungsmerkmale quantitativer und qualitativer Verfahren sind Sie imstande, User Research theoriegeleitet zu erfassen und die jeweilige Anwendungslogik praxisbezogen zuzuordnen.
- Zudem sind Sie befähigt, den gesamten Forschungsprozess – von der Operationalisierung über die Datenerhebung bis zur empirisch fundierten Auswertung – in Bezug auf spezifische Nutzungskontexte zu strukturieren und sowohl kritisch als auch diskursiv zu bewerten.
- Zu guter Letzt bedingt dies ebenfalls Ihre Aneignungsformation dahingehend, nutzerzentrierte Forschung als handlungsleitendes Instrument in der Gestaltung interaktiver Systeme strategisch einzusetzen.

Merke

User Research wirkt im unternehmerischen Transformationskontext nicht bloß produktbegleitend, sondern strukturbildend – als datenbasierte Entscheidungsinstanz zwischen Marktdynamik und Gestaltungsstrategie.

7.1 Methodologische Differenzierung quantitativer und qualitativer Forschungsansätze

In forschungsstrategischer Hinsicht lässt sich die methodologische Operationalisierung im Kontext des User Research demzufolge in distinkte quantitative und qualitative Zugriffsmodi determinieren, deren jeweilige Spezifika divergenten Erkenntnisinteressen und Erhebungslogiken zum Ausdruck kommen [71], [78], [228], [232], [239], [369], [370].

Die in diesem Rahmen avisierte Einbeziehung quantitativer Verfahren vollzieht sich forschungslogisch innerhalb eines top-down-orientierten Vorgehens, das initial auf theoretisch deduzierten Prämissen, Determinanten und Indikatoren basiert, welche im weiteren Verlauf induktiv operationalisiert und in standardisierte Erhebungsformate überführt werden. Insofern gliedert sich der typische anwendungsbezogene Ablaufquantitativer Forschung in aufeinanderfolgende Phasen [71], [78], [228], [232], [239], [369], [370]:

Im Kern geht es darum, theoriebasierte Grundannahmen hinsichtlich eines definierten Wirkzusammenhangs innerhalb eines abgegrenzten Systemkontextes sowie einer spezifischen Zielkohorte durch die Formulierung präziser Hypothesen zu konkretisieren, um daraus deduktiv ableitbare Forschungsfragen zu extrahieren und den empirischen Untersuchungsrahmen methodologisch substanziell zu konturieren [71], [78], [228], [232], [239], [369], [370]. Dementsprechend konstituiert sich als Resultat des deduktiven Vorgehens der methodische Rigor aus den theoriebasiert abgeleiteten Determinanten und zugehörigen Indikatoren – verstanden als spezifische Merkmalsausprägungen und -träger –, die zugleich als empirische Prämissen fungieren, während umgekehrt das im induktiven Vollzug antizipierte Resultat in einer Relevanzrückkopplung besteht, welche die theoriegenerierten Annahmen auf ihre Anwendungsvalenz hin überhaupt erst überprüfbar macht [71], [78], [228], [232], [239], [369], [370]. Infolgedessen schließt sich eine strukturierte Datenerhebung an – etwa durch standardisierte Fragebögen oder die Auswertung einschlägiger Datenbestände –, an deren Ende eine hypothesengeleitete Validierungsinstanz steht, die die theoretisch vorgängige Annahme auf ihre empirische Tragfähigkeit hin überprüft [71], [78], [228], [232], [239], [369], [370].

In diesem Zuge zeigt sich für quantitative Forschungsmethoden die Notwendigkeit einer breiten Stichprobenbasis als konstitutives Merkmal, da sie primär in analytisch konzipierten Untersuchungsdesigns und standardisierten Erhebungsinstrumenten wie Umfragen sowie in kontrollierten experimentellen Settings Anwendung finden – mit dem Ziel, vorliegende Hypothesen anhand bestehender Informationsstrukturen empirisch zu prüfen [71], [78], [228], [232], [239], [369], [370]. Fokus, die auf numerische Erfassungen und frequenzielle Verteilungen abzielen – etwa in Form von Wie viele?, Wo?, Wann? und Wie oft? [71], [78], [228], [232], [239], [369], [370]. Analog zur qualitativen Forschungsmethodologie mit Blick auf UX-Research werden nach der o. g. deduktiven Architektur zunächst kontextspezifische Einzelfallkonstellationen rekonstruiert, aus denen sich induktiv generalisierbare Deutungsmuster, Bedeutungszusammenhänge und theoriebildende Strukturen extrahieren lassen – etwa durch die Durchführung fallbasierter Tiefeninterviews, netno- oder aber ethnografischer Beobachtungen bei geringer Stichprobengröße [71], [78], [228], [232], [239], [369], [370], [424]. Der erfolgreiche Umfang hinsichtlich der Operationalisierung basiert auf einer kybernetisch codierten Erhebungsstruktur, die audiovisuelle Dokumentationen, schriftlich fixierte Beobachtungsdaten sowie kontextuelle Untersuchungseinheiten – etwa standardisierte Befragungen oder explorativ angelegte Nutzertests – integrativ koordiniert [425], [426].

Hinweis

Die Aufgaben eines UX Researchers erfordern die Verbindung methodischer Fachkompetenz mit der Fähigkeit zur kontextsensiblen Auswertung und praxisnahen Integration der Erkenntnisse in Entwicklungsprozesse.

Vor dem Hintergrund obiger Definition lassen sich qualitative Erhebungsverfahren primär dadurch auszeichnen, dass sie, so konstatiert Savarit [426], vertiefte Einblicke in den Alltag ermöglichen und damit praktisch eingeübte Handlungsmuster sowie nutzerspezifische Präferenzen und Entscheidungslogiken sichtbar machen (S. 11), sodass kausal-interpretative Rückschlüsse im Sinne des ‚Warum‘ und ‚Wofür‘ rekonstruiert werden können.

► **Transferbeispiel**

Bei der Entwicklung einer Fitness-App wurden Umfragedaten zur Nutzungshäufigkeit mit Tiefeninterviews zur Trainingsmotivation kombiniert. ◄

Die bisherigen Ausführungen sind für das User Research wie auch für das UX Research in diesem Zusammenhang von Belang, insofern als sich quantitative und qualitative Verfahren komplementär zueinander verhalten: Erstere liefern metrisch abgesicherte Überblicksdaten, während Letztere kontextnahe Einsichten in habituelle Motivlagen und bedürfnisbezogene Handlungsmuster generieren. Zu guter Letzt trägt des Weiteren auch eine konvergente Umsetzung quantitativer und qualitativer Zugänge dazu bei, ein holistisches Verständnis nutzerseitiger Anforderungsgefüge zu erschließen, und bildet somit eine tragfähige Grundlage für kontextadäquate Gestaltungsentscheidungen in der Produktentwicklung.

Merke

Quantitative und qualitative Verfahren bilden sowohl im User Research als auch im UX Research kein methodologisches Gegensatzpaar, sondern ein komplementäres Erkenntnisensemble – zwischen theoriebasierter Messlogik und kontextsensibler Deutungsarbeit.

7.2 Die Rolle des User Researchers

Betrachtet man die einzelnen o. g. methodologischen Facetten, so wird deutlich, dass die Rolle eines **User Researchers** auf der Verschränkung methodenbezogener Fachkompetenz mit der Fähigkeit zur kontextsensiblen Dateninterpretation basiert – inklusive deren prüfbarer Rückbindung an den Entwicklungsprozess [239], [369], [370], [426].

In Anbetracht dessen, so konkretisiert Savarit [426], zeigt sich die Beachtung forschungslogisch anschlussfähiger Prinzipien auch in der Anforderung, den Produktlebenszyklus in seiner sequenziellen Struktur zu erfassen und die forschungsmethodischen Zugänge phasenspezifisch zu konzipieren sowie adaptiv anzupassen.

In dieser Konfiguration werden – u. a. theoriegeleitet nach Savarit [426] sowie weiteren Quellen – die typischen Aufgaben eines User Researchers wie folgt diskutiert:

Hinweis

Die Aufgaben eines UX Researchers erfordern die Verbindung methodischer Fachkompetenz mit der Fähigkeit zur kontextsensiblen Auswertung und praxisnahen Integration der Erkenntnisse in Entwicklungsprozesse.

a) **Durchführung von Sekundärforschung und Vorbereitung von Interviewfragen**: Die geeigneten Maßnahmen zu ergreifen, setzt Savarit [426] zufolge voraus, bereits verfügbare Quellen – wie empirische Studien, Marktanalysen oder themenspezifische Fachpublikationen – gezielt auszuwerten sowie Interviewleitfäden mit klar umrissenen, erkenntnisorientierten Fragestellungen vorzubereiten, die Rückschlüsse auf nutzerbezogene Handlungs- und Deutungsmuster erlauben.

b) **Sammeln und Analysieren von Daten**: Es bedarf ferner der Erhebung primärer Daten sowie deren strukturierter Auswertung unter Rückgriff auf methodisch anschlussfähige Verfahren, um belastbare Rückschlüsse auf nutzerbezogene Zusammenhänge zu ziehen [426].
c) **Führen von genauen Aufzeichnungen über die Interviews**: Forschungsethisch u. a. gemäß TRREE [120] sollte stets gewährleistet sein, dass personenbezogene Angaben mit der gebotenen Sorgfalt behandelt und die geltenden datenschutzrechtlichen wie auch disziplinären Vorgaben strikt eingehalten werden, d. h. auch mit Blick auf die in zahlreichen Ländern propädeutisch notwendige Higher Research Ethics Clearance [426].
d) **Beaufsichtigung von wissenschaftlichen Hilfskräften**: Ebenso bedingt das o. g. wiederum eine sorgfältige Einweisung und kontinuierliche Begleitung unterstützender Mitarbeitender, deren Tätigkeiten in enger Abstimmung mit den forschungsleitenden Zielsetzungen stehen müssen [426].
e) **Teilnahme an Projektbesprechungen**: Daraus geht schließlich kausal hervor, dass die kontinuierliche Zusammenarbeit mit fachübergreifenden Teams sowie die nachvollziehbare Aufbereitung und Weitergabe vorläufiger Befunde unerlässlich für den Erhalt eines konsistenten Projektverlaufs sind [426].
f) **Zusammenfassung der Projektergebnisse**: Überdies lässt sich in diesem Kontext hinsichtlich der Notwendigkeit einer zu verteidigenden und transparenten Positionierung präzisieren, dass die pointierte Aufbereitung empirisch gewonnener Befunde eine wesentliche Grundlage für die adressatengerechte Kommunikation gegenüber projektrelevanten Anspruchsgruppen darstellt [426].
g) **Reisen zu Feldstandorten**: Überhaupt ist es auch ein prinzipielles Merkmal angewandter Forschungspraxis, dass kontextgebundene Erhebungen unter Einbezug direkter Beobachtungen sowie standortbezogener Dokumentation erforderlich werden können, sofern dies aus der jeweiligen Zielstellung hervorgeht [426].
h) **Vorbereitung von Berichten, Artikeln und Präsentationen**: Daher ist diesbezüglich nicht zu übergehen, dass die strukturierte Aufbereitung und adressatenspezifische Vermittlung der Forschungsergebnisse einen unerlässlichen Bestandteil des Gesamtprozesses darstellen [426].
i) **Ausarbeitung oder Unterstützung bei der Ausarbeitung von Interviewplänen**: Damit geht aber ebenfalls die gezielte Konzeption von Interviewabläufen einher, durch die sichergestellt werden kann, dass thematisch einschlägige Inhalte in ihrer ganzen Breite und Tiefe zur Sprache de facto kommen [426].
j) **Durchführung und Aufzeichnung von persönlichen und telefonischen Interviews sowie von Benutzertestsitzungen**: Nicht zuletzt ist es unerlässlich zu erwähnen, dass sowohl die unmittelbare Interaktion mit den Beteiligten als auch die methodenkonforme Erfassung der erhobenen Inhalte zu den kontinuierlich wahrzunehmenden Aufgaben zählen [426].
k) **Vorbereiten der Ergebnisse für die Veröffentlichung oder den Abschlussbericht**: In Ergänzung zu den methodischen Erhebungsprozessen ist die verständliche Aufbereitung der Daten in einem zielgruppenangemessenen Format, d. h. mit Blick auf eine zielgruppengerechte Durchlässigkeit, ein maßgeblicher Schritt für deren anschließende Verwendbarkeit [426].

l) **Beratung von Projektmanagern bei der Entscheidung, ob Nutzerforschung benötigt wird**: In dieser fachlichen Relevanz erscheinen sowohl die tragfähige Einschätzung des Forschungsbedarfs als auch die methodenbezogene Beratung als konstitutive Bestandteile einer forschungsethisch verantwortbaren Begleitung gestalterischer Entscheidungsprozesse [426].
m) **Planung der Nutzerforschung auf der Grundlage der Stakeholder und der Geschäftsanforderungen des Kunden**: In diesem Zusammenhang kommt der Abstimmung der Forschungsziele mit den Erwartungshaltungen und Rahmenbedingungen der Stakeholder eine besondere Rolle zu, da hiervon wesentliche Weichenstellungen innerhalb des Projektverlaufs abhängen können [426].
n) **Auswahl der relevanten Forschungsmethoden (quantitativ und qualitativ)**: In Bezug auf die angestrebte Aussagekraft der Untersuchung ist die Auswahl methodischer Zugänge maßgeblich für die anschließende Verwertbarkeit der erhobenen Daten [426].
o) **Identifizierung der Teilnehmer**: Gemäß etwa der TRREE [120] setzt eine verantwortbare Durchführung empirischer Erhebungen voraus, dass sowohl die Zielgruppe klar umrissen wird als auch die Auswahl der teilnehmenden Personen nachvollziehbaren Kriterien folgt [426].
p) **Rekrutierung der Teilnehmer oder Verwaltung des Rekrutierungsprozesses**: In dem o. g. Sinne bedingt die Durchführung nutzerorientierter Forschung ferner eine Rekrutierungspraxis, die sich durch Sorgfalt und forschungsethische Verantwortlichkeit auszeichnet und sowohl die gezielte Ansprache geeigneter Teilnehmender als auch die Koordination der Auswahlprozesse im Hinblick auf die geforderte Intersubjektivität umfasst [426].
q) **Vorbereitung von Forschungsinstrumenten und unterstützenden Dokumenten**: Auch die methodologisch sachdienliche Tatsache, dass standardisierte Instrumente wie Fragebögen, Diskussionsleitfäden oder Screener zur strukturierten Datenerhebung herangezogen werden, ist im Rahmen der Vorbereitung empirischer Zugänge nicht zu vernachlässigen [426].
r) **Extrahieren der Ergebnisse**: Zusätzlich ist zu berücksichtigen, dass die strukturierte Auswertung des Datenmaterials sowie die Herausarbeitung wiederkehrender Zusammenhänge und Beobachtungen maßgeblich zur Ableitung belastbarer Schlussfolgerungen beitragen [426].
s) **Empfehlungen aussprechen und den Beteiligten helfen, bessere Entscheidungen auf der Grundlage von Forschungsergebnissen zu treffen**: In analoger Weise, so konkretisiert Savarit [426], zählt die interpretative Einordnung des erhobenen Materials ebenso wie die darauf aufbauende Entwicklung praxisbezogener Empfehlungen zu den forschungsleitenden Aufgaben im Übergang zur anwendungsorientierten Umsetzung.

► Transferbeispiel

Ein User Researcher konzipiert je nach Entwicklungsphase gezielt Interviews, Tests oder Umfragen, um nutzerbezogene Daten stufenspezifisch zu erfassen und gezielt in die Produktoptimierung einzuspeisen. ◄

Es lässt sich feststellen, dass die Rolle eines User Researchers durch ein komplexes Anforderungsgefüge geprägt ist und somit im Vordergrund steht, das neben methodo-

Tab. 7.1 Aufgaben in Bezug auf User Research. (Quelle: Eigene Darstellung)

Buchstabe	Aufgabe
a	Durchführung von Sekundärforschung und Vorbereitung von Interviewfragen
b	Sammeln und Analysieren von Daten
c	Führen von genauen Aufzeichnungen über die Interviews
d	Beaufsichtigung von wissenschaftlichen Hilfskräften
e	Teilnahme an Projektbesprechungen
f	Zusammenfassung der Projektergebnisse
g	Reisen zu Feldstandorten
h	Vorbereitung von Berichten, Artikeln und Präsentationen
i	Ausarbeitung oder Unterstützung bei der Ausarbeitung von Interviewplänen
j	Durchführung und Aufzeichnung von persönlichen und telefonischen Interviews sowie von Benutzertestsitzungen
k	Vorbereiten der Ergebnisse für die Veröffentlichung oder den Abschlussbericht
l	Beratung von Projektmanagern bei der Entscheidung, ob Nutzerforschung benötigt wird
m	Planung der Nutzerforschung auf der Grundlage der Stakeholder und der Geschäftsanforderungen des Kunden
n	Auswahl der relevanten Forschungsmethoden (quantitativ und qualitativ)
o	Identifizierung der Teilnehmer
p	Rekrutierung der Teilnehmer oder Verwaltung des Rekrutierungsprozesses
q	Vorbereitung von Forschungsinstrumenten und unterstützenden Dokumenten
r	Extrahieren der Ergebnisse
s	Empfehlungen aussprechen und den Beteiligten helfen, bessere Entscheidungen auf der Grundlage von Forschungsergebnissen zu treffen

logischer Fachkenntnis auch vorausschauendes Denken sowie ausgeprägte kommunikative Kompetenzen umfasst, um Forschungsvorhaben mit praxisbezogenen Zielsetzungen zu verknüpfen – insbesondere unter Berücksichtigung qualitativer Verfahren, die im Rahmen des hermeneutischen Zirkelschlusses eine induktive Plausibilitätskontrolle notwendig machen [14] (Tab. 7.1).

Merke

User Research erfordert die koordinierte Verbindung methodologischer Expertise, kommunikativer Souveränität und interpretativer Urteilskraft – eingebettet in ein komplexes Anforderungsgefüge, das qualitative Verfahren ebenso wie hermeneutisch fundierte sowie profunde Plausibilitätslogik umfasst.

7.3 Normungsroadmap für Dienstleistungen im Bereich der Forschung und Entwicklung

Als Ausgangspunkt zeigt sich ein maßgeblich koordinierter Ansatz des Deutschen Instituts für Normung (DIN) [427], [428], hier in Kollaboration mit dem Bundesministerium für Wirtschaft und Energie (BMWi) [429], der auf eine sowohl strukturierte als auch kategorisiert-systematisierte Erfassung und themenspezifische Einordnung bestehender Regelwerke in unterschiedlichen Wirtschaftsbereichen abzielt. Dieser Aspekt ist insofern von Bedeutung im Zusammenhang mit UX Research, als sich unter den relevanten Normungsthemen unter anderem Fragestellungen zur Kundenzufriedenheit, qualitätsbezogene Maßstäbe sowie die Ausrichtung von Dienstleistungsprozessen auf konsistente Abläufe wiederfinden [427], [428], [430], [431]. Im Zuge dessen werden im Rahmen der allgemeinen Dienstleistungsnormung seitens des DIN spezifische Empfehlungen für den Bereich Forschung und Entwicklung (FuE) formuliert, die sich gezielt auf die Anforderungen und Rahmenbedingungen von Unternehmen in einem sich fortlaufend verändernden und konkurrenzgeprägten Umfeld beziehen [427], [428], [430], [431], [432].

Daraus kausal resultierend verweist das DIN auf die zunehmende Bedeutung externer Wissensressourcen und spezialisierter FuE-Dienstleistungen, die vor dem Hintergrund verkürzter Entwicklungszyklen, steigender inhaltlicher Komplexität sowie arbeitsteiliger Wertschöpfungsprozesse für viele Unternehmen unverzichtbar geworden sind [427], [428], [433].

Vor dem strukturformenden Hintergrund sich verdichtender Marktanforderungen und beschleunigter Entwicklungsdynamiken lässt sich diese Entwicklung als Reaktion darauf einordnen, dass Unternehmen zunehmend gezwungen sind, ihre Ressourcen auf kernbezogene Tätigkeitsfelder zu fokussieren und ergänzend auf externe Fachkompetenz zurückzugreifen, um ihre Position im Wettbewerb zu sichern [428], [434].

Damit jedoch geht ebenfalls einher, dass im Rahmen kooperativer Vorhaben mit externen Unternehmen und Organisationen – insbesondere im Kontext forschungsbezogener Dienstleistungen – auf Seiten der Nachfragenden teils erhebliche Unsicherheiten hinsichtlich Transparenz, Verlässlichkeit und Ergebnisqualität bestehen [428].

Dementsprechend spezifiziert das DIN [428] in obiger Causa konkrete Herausforderungen, wie z. B. „in Bezug auf den Abfluss von kritischem Wissen, die Vergleichbarkeit verschiedener Leistungsangebote oder die Problemlösungsfähigkeit der Anbieterseite" (S. 54).

Insofern zählen somit zu den zentralen Problemen innerhalb der gegenwärtigen Arbeitswirklichkeit wie folgt konkretisiert [427], [428], [429]:

Hinweis

Die vom DIN koordinierten Normungsansätze zielen darauf ab, Unsicherheiten im Umgang mit externen FuE-Dienstleistungen zu reduzieren – ein Aspekt, der auch für UX Researcher im Kontext transparenter Qualitätsmaßstäbe und kooperationsbezogener Standards relevant ist.

1. **Abfluss von kritischem Wissen**: Die Tatsache, dass die Befürchtung eines unkontrollierten Wissenstransfers sowie potenzieller Verluste strategisch relevanter

Informationen auf Seiten der Unternehmen besteht, stellt eine nicht zu unterschätzende Barriere für die Zusammenarbeit mit externen FuE-Dienstleistern dar [428].

► **Transferbeispiel**

Ein Unternehmen verzichtet auf die Zusammenarbeit mit einem UX-Forschungsdienstleister, da es befürchtet, dass vertrauliche Produktideen an Wettbewerber weitergegeben werden könnten. ◄

2. **Vergleichbarkeit von Leistungsangeboten**: Zusätzlich kann im Hinblick auf die o. g. Dilemmata bzw. Herausforderungen zwecks volkswirtschaftlicher Anschluss-, Innovations- und Zukunftsfähigkeit, wie der Verfasser in zahlreichen Explorationsstudien aufzeigt, darauf hingewiesen werden, dass die Ausprägung heterogener Angebotsstrukturen sowie fehlende Vergleichbarkeit hinsichtlich Leistungsumfang und Qualitätsmaßstäben die Identifikation geeigneter Kooperationspartner erheblich erschweren [12], [428].

► **Transferbeispiel**

Ein mittelständisches Unternehmen steht vor der Herausforderung, aus mehreren UX-Agenturen auszuwählen, kann jedoch aufgrund uneinheitlicher Leistungsbeschreibungen und fehlender Qualitätskennzahlen keine fundierte Entscheidung treffen. ◄

3. **Problemlösungsfähigkeit der Anbieterseite**: Schließlich lässt sich konstatieren, dass bestehende Zweifel an der Problemlösungskompetenz externer Dienstleister bei komplexen und kontextspezifischen Aufgabenstellungen das Vertrauen in entsprechende Kooperationsformate nachhaltig beeinträchtigen können [428].

► **Transferbeispiel**

Ein Start-up bricht die Zusammenarbeit mit einem externen UX-Team ab, da dieses trotz Briefing keine praktikable Lösung für die komplexen Anforderungen einer barrierefreien App-Navigation liefern konnte. ◄

Das hier Dargelegte ist durchaus in der Gegenwart von Belang für UX Researcher, da das DIN [428] vor diesem Hintergrund betont, dass das Ziel von Normung und Standardisierung es demnach sein sollte, nachfrageseitige Unsicherheiten zu verringern und die Leistungs- und Wettbewerbsfähigkeit deutscher Unternehmen durch die erleichterte Inanspruchnahme spezialisierter FuE-Dienstleistungen zu stärken.

Wie auch immer solche Dilemmata im institutionellen, organisationalen oder volkswirtschaftlichen Kontext eingeordnet werden, erscheint die Schaffung einheitlicher Standards und Normen als ein Instrument zur strukturellen Entlastung, insofern sie zu erhöhter Transparenz, nachvollziehbarer Vergleichbarkeit und vertrauensbasierter Kooperationsbereitschaft im Umgang mit spezialisierten FuE-Dienstleistungen beitragen kann – etwa durch die Entwicklung von Qualitätsmaßgaben, Zertifizierungsmodellen oder aber gar kooperationsbezogenen Handlungsrahmen [427], [428], [433].

Vor diesem kerninhärenten Hintergrund hebt das DIN [428] hervor, dass eine entsprechende Normungsinitiative nicht allein auf die Bedarfe nachfrageseitiger Akteure zugeschnitten ist, sondern gleichermaßen Anbietern zugutekommt, da sie deren Leistungsprofil schärft und zur Verbesserung marktbezogener Übersichtlichkeit beiträgt. Des Weiteren geht damit einher, dass durch normgebundene Rahmensetzungen kooperative Prozesse auf eine stabilere Grundlage gestellt werden, was laut DIN [428] einen positiven Effekt auf die gesamtwirtschaftliche Innovationsdynamik, wie obig dargestellt, entfalten kann. Obgleich die Komplexität der modernen, durchaus zunehmend wissensökonomischen Innovationslandschaft vielfältige Herangehensweisen erfordert, verdeutlichen diese Ausführungen per se, dass eine strukturformende Herangehensweise an Normung und Standardisierung im Bereich der FuE-Dienstleistungen als ein geeignetes Mittel betrachtet werden kann, um längerfristige Wettbewerbsfähigkeit abzusichern [12], [13], [427], [428], [433]. Folgerichtig tragen die unmittelbar eingebundenen Zitate zur Schärfung der inhaltlichen Ausführung bei, indem sie sowohl die Herkunft als auch die Verlässlichkeit der dargestellten Aussagen nachvollziehbar kennzeichnen [427], [428], [433].

Merke

User Research und UX Research stehen in mehrfacher Hinsicht in Reziprozität mit normativen Strukturen, die – durch Standardisierung von Leistungsanforderungen und Kooperationspraktiken – Vertrauen, Vergleichbarkeit und wirtschaftliche Anschlussfähigkeit gleichermaßen absichern helfen.

7.4 Datenschutz

Allerdings ist im Kontext nutzerzentrierter Erhebungsverfahren – insbesondere bei qualitativen Zugängen – zu berücksichtigen, dass personenbezogene Angaben erfasst werden können, deren Schutz unter den Geltungsbereich der Datenschutz-Grundverordnung (DS-GVO) fällt, welche in Art. 4 wie folgt definiert [435]: Nach Art. 4 Nr. 1 DSGVO sind personenbezogene Daten alle Informationen, die sich auf eine identifizierte oder identifizierbare natürliche Person beziehen; als identifizierbar gilt eine Person, wenn sie direkt oder indirekt – etwa über Kennungen wie Name, Kennnummer, Standortdaten oder Online-Kennung sowie über Merkmale ihrer Identität – bestimmbar ist (vgl. Art. 4 Nr. 1 DSGVO). [435].

Hinweis

Im Kontext qualitativer UX-Erhebungen ist der datenschutzkonforme Umgang mit personenbezogenen Informationen essenziell, da diese unter die Schutzvorgaben der DS-GVO fallen.

Vor diesem Hintergrund ist es nur verständlich, dass die Verarbeitung personenbezogener Daten im Rahmen nutzerzentrierter Forschung an die in Art. 5 DS-GVO definierten Anforderungen gebunden ist, welche unter anderem die rechtmäßige Erhebung, die Nachvollziehbarkeit für betroffene Personen, die zweckgebundene Nutzung, die sachliche Richtigkeit sowie die zeitlich begrenzte Speicherung umfassen; während Forschungsvorhaben mit anonymisierten Daten oder auf Einwilligung beruhenden Verfahren in der Regel als unbedenklich gelten, bestehen in bestimmten Konstellationen gesetzlich vorgesehene Erlaubnistatbestände – etwa gemäß § 24

HLDIG, § 17 BlnDSG oder § 33 HDSG a. F. –, die eine Verarbeitung auch ohne individuelle Zustimmung für klar umrissene Forschungszwecke zulassen [435].

▶ Transferbeispiel

Bei der Durchführung von Tiefeninterviews im UX-Research müssen Forschende sicherstellen, dass alle erhobenen personenbezogenen Daten DSGVO-konform verarbeitet und z. B. zweckgebunden sowie nachweisbar auf Einwilligung gestützt sind. ◀

Ergänzend ist im Zusammenhang mit obiger Causa zu berücksichtigen, dass bei telefonischen Erhebungsverfahren besondere Anforderungen an die Nachweisbarkeit der Einwilligung bestehen, da nach Auffassung des OVG des Saarlandes sowie des BGH eine bloße Double-Opt-in-Bestätigung über eine E-Mail-Adresse nicht als hinreichender Beleg für die Authentizität einer angegebenen Telefonnummer gilt (vgl. OVG Saarland, Beschl. v. 13.06.2019, Az. 2 A 355/19; BGH, Urt. v. 10.02.2011, Az. I ZR 166/09).

Merke

UX Research ohne datenschutzgerechte Einbettung ist methodisch angreifbar und forschungsethisch wie etwa gemäß TRREE [120] unhaltbar.

7.5 Prüfungsfragen – ▶ Kap. 7

Frage-Nr.	Frage	Antwortoptionen
1	Welche Aussage beschreibt ein zentrales Merkmal quantitativer Forschung im User Research?	[ ] a) Sie basiert auf induktiven Theorien und subjektiven Fallinterpretationen [ ] b) Sie erhebt numerische Daten zur Hypothesenprüfung [ ] c) Sie ist nur im Marketing-Kontext zulässig [ ] d) Sie verwendet ausschließlich ethnografische Methoden
2	Was ist ein typisches Merkmal qualitativer Forschungsansätze im UX-Research?	[ ] a) Breite, repräsentative Stichproben [ ] b) Hypothesenprüfung durch standardisierte Fragebögen [ ] c) Tiefeninterviews zur Erfassung individueller Bedeutungen [ ] d) Fokus auf numerische Vergleichbarkeit
3	Wofür steht der Begriff der Relevanzrückkopplung in der quantitativen Forschung?	[ ] a) Rückführung der Nutzer an das Unternehmen [ ] b) Empirische Überprüfung theoriegenerierter Annahmen [ ] c) Induktives Vorgehen bei der Fallauswahl [ ] d) Rückgabe der Ergebnisse an die Teilnehmenden

Frage-Nr.	Frage	Antwortoptionen
4	Welche Aufgabe zählt nicht zu den typischen Aufgaben eines User Researchers?	[ ] a) Durchführung von Benutzertests [ ] b) Gestaltung von UI-Elementen [ ] c) Aufzeichnung von Interviews [ ] d) Planung von Nutzerforschung
5	Was charakterisiert die Rolle eines User Researchers im Kontext interaktiver Systeme?	[ ] a) Entwicklung von Hardware-Komponenten [ ] b) Strategische Anwendung empirischer Erkenntnisse [ ] c) Erstellung juristischer Gutachten [ ] d) Herstellung von Prototypen
6	Wie verhält sich qualitative Forschung typischerweise zur Stichprobengröße?	[ ] a) Große Stichproben zur Repräsentativität [ ] b) Zufallsstichproben zur Validität [ ] c) Geringe Fallzahlen zur Tiefenanalyse [ ] d) Vollerhebung zur Standardisierung
7	Welche Phase ist typisch für den quantitativen Forschungsablauf?	[ ] a) Ableitung qualitativer Deutungsmuster [ ] b) Durchführung von Fokusgruppen [ ] c) Hypothesenformulierung auf Basis von Theorien [ ] d) Theoriegenerierung durch narrative Interviews
8	Welche Aufgabe umfasst die Sekundärforschung im User Research?	[ ] a) Durchführung von A/B-Tests [ ] b) Auswertung vorhandener Studien und Quellen [ ] c) Beobachtung im Feld [ ] d) Erstellung von Personas
9	Was ist Ziel der Kombination quantitativer und qualitativer Verfahren im UX-Research?	[ ] a) Vergleich von Umsatzstatistiken [ ] b) Repräsentative Erhebung von Meinungen [ ] c) Ganzheitliches Verständnis nutzerseitiger Anforderungen [ ] d) Programmierung effizienter Algorithmen
10	Was bedeutet kontextsensible Auswertung im User Research?	[ ] a) Analyse ohne Bezug zur Nutzungssituation [ ] b) Betrachtung der Daten unabhängig vom Umfeld [ ] c) Interpretation in Bezug auf den spezifischen Anwendungskontext [ ] d) Messung technischer Systemparameter

Frage-Nr.	Frage	Antwortoptionen
11	Was ist ein Ziel der DIN-Normungsansätze im Bereich der FuE-Dienstleistungen?	□ a) Erhöhung der internen Kommunikation □ b) Reduktion nachfrageseitiger Unsicherheiten □ c) Förderung des Outsourcings □ d) Automatisierung aller Entwicklungsprozesse
12	Welche Herausforderung wird im Kontext externer FuE-Dienstleistungen durch das DIN explizit genannt?	□ a) Geringer Innovationsdruck □ b) Überqualifikation der Anbieter □ c) Abfluss kritischen Wissens □ d) Langsame Digitalisierung

7

Frage-Nr.	Frage	Antwortoptionen
13	Wodurch wird die Vergleichbarkeit von FuE-Dienstleistungen laut DIN erschwert?	☐ a) Standardisierte Vertragsformulare ☐ b) Heterogene Angebotsstrukturen ☐ c) Zu viele Zertifikate ☐ d) Überschuss an Dienstleistern
14	Worin liegt laut DIN ein Risiko bei der Zusammenarbeit mit externen Dienstleistern?	☐ a) Mangel an technologischer Ausstattung ☐ b) Verlust der Unternehmenskultur ☐ c) Fehlende Problemlösungskompetenz ☐ d) Zu hohe Dienstleisterkosten
15	Warum werden laut DIN Normen für FuE-Dienstleistungen als notwendig angesehen?	☐ a) Um interne Verfahren zu vereinfachen ☐ b) Um Datenschutz zu umgehen ☐ c) Um Transparenz und Vergleichbarkeit zu erhöhen ☐ d) Um Marktdominanz zu sichern
16	Was ist ein Vorteil normierter FuE-Dienstleistungen für Anbieter laut DIN?	☐ a) Reduzierung der Mitarbeiteranzahl ☐ b) Verbesserung der Marktübersichtlichkeit ☐ c) Automatische Vertragsabschlüsse ☐ d) Vollständiger Schutz geistigen Eigentums
17	Worauf zielt die Datenschutz-Grundverordnung (DS-GVO) im Kontext von User Research ab?	☐ a) Um qualitative Forschung zu fördern ☐ b) Um personenbezogene Daten zu schützen ☐ c) Um UX-Design zu vereinheitlichen ☐ d) Um Interviews zu standardisieren
18	Was zählt laut DS-GVO zu personenbezogenen Daten?	☐ a) Nur Name und Geburtsdatum ☐ b) Nur Telefonnummer ☐ c) Alle Informationen zu identifizierbaren Personen ☐ d) Nur berufliche Informationen
19	Welche Anforderung stellt die DS-GVO an die Verarbeitung personenbezogener Daten?	☐ a) Vertraulichkeit und Offenlegung ☐ b) Rechtmäßigkeit, Zweckbindung und Nachvollziehbarkeit ☐ c) Freiwilligkeit und Beliebigkeit ☐ d) Vollständige Anonymisierung
20	Wann ist laut DS-GVO eine Verarbeitung personenbezogener Daten auch ohne Einwilligung zulässig?	☐ a) Immer wenn es der Forschung dient ☐ b) Bei gesetzlich vorgesehenen Erlaubnistatbeständen ☐ c) Bei Einwilligung durch Dritte ☐ d) Nie, außer bei Notfällen

Operationalisierung von Usability-Modellen

Inhaltsverzeichnis

G. Vindigni, *UX Research und User Research*, https://doi.org/10.1007/978-3-662-72235-0_8

„These principles are: early and continual focus on users; empirical measurement of usage; and iterative design whereby the system (simulated, prototype, and real) is modified, tested, modified again, tested again, and the cycle is repeated again and again. " (J. D. Gould und C. Lewis, „Designing for usability: Key principles and what designers think", Communications of the ACM, 28(3), 300–311, März 1985. DOI: https://doi.org/10.1145/3166.3170)"

John D. Gould & Clayton Lewis Zitat nach: Gould, J. D., & Lewis, C. (1985). Designing for usability: Key principles and what designers think. Communications of the ACM, 28(3), 300–311. https://doi.org/10.1145/3166.3170 (1985), aus ihrer wegweisenden Arbeit zur nutzerzentrierten Systemgestaltung, Pioniere der Usability-Forschung

In Anbetracht des in diesem Lehrbuch vermittelten Sachverhalts basiert User Research auf einer Vielzahl verschiedener Methoden, die sowohl quantitative als auch qualitative Daten zur weiteren Verarbeitung generieren können. Daraus geht folglich hervor, dass das Ziel beim Einsatz der Methoden die Schaffung eines größtmöglichen qualitativen Mehrwerts durch die stetige Erfassung von Nutzerfeedback ist, um beispielsweise Akzeptanzhürden oder Probleme bei der Zugänglichkeit so früh und effektiv wie möglich zu beseitigen.

In der folgenden Lerneinheit lernen Sie wichtige Usability-Methoden zur Informationsauffassung kennen.

Lernziele

Nach der Bearbeitung dieser Lerneinheit sind Sie befähigt, […]

- verschiedene Usability-Methoden einordnen zu können sowie
- die Durchführung in der Theorie und Praxis zu transferieren.

Merke

User Research zielt darauf ab, durch passende Methoden kontinuierlich nutzerzentriertes Feedback zu gewinnen – als Grundlage für fundierte Gestaltungsentscheidungen und frühzeitige Problemidentifikation.

8.1 Die Bedeutung von Protokollen und Dokumentation im UX Research und User Research

Im Zentrum der Responsivität der Interaktion, so heben Hüsson und Behr [436] mit ihrem Ansatz hervor, steht die symbolisch vermittelte Vergegenwärtigung individueller Bedeutungszuschreibungen, wodurch ein Protokoll als strukturbildende Bezugsgröße begriffen werden kann, die kontextgebundene Informationsstände fixiert und zugleich eine retrospektive Rekonstruktion forschungsleitender Entscheidungsprozesse gestattet. Demzufolge lässt sich erschließen, dass sie als kontextbezogene Referenzdokumente zur Vereinheitlichung kommunikativer Schnittstellen beitragen und die Nachvollziehbarkeit forschungsbezogener Abläufe wie u. a. gemäß TRREE [120] sichern.

Insofern kommt den Protokollen, wie Savarit [426] betont, eine konsolidierende Funktion im Forschungsprozess zu, da sie die methodenkonforme Rückverfolgbarkeit erhobener Daten unabhängig von Untersuchungsgegenstand oder Stichprobenkonstellation sichern. In diesem Zusammenhang gewinnen die erstellten Dokumente an Relevanz, insofern sie als konsensbildende Bezugsgröße innerhalb kollaborativer Konstellationen – wie etwa in interdisziplinären Teams oder aber im Rahmen konsortialer

Forschung, einem Ansatz, der insbesondere im KIT-Umfeld institutionalisiert ist – fungieren, um konsistente Abläufe sicherzustellen und intersubjektive Nachvollziehbarkeit innerhalb disziplinübergreifender Schnittstellenkommunikation zu gewährleisten [14].

Hinweis

Der vielzitierte Grundsatz „Wer schreibt, der bleibt" (Sprichwort) unterstreicht im Kontext des User Research die Bedeutung systematischer Dokumentation. Fest steht, dass nur, was nachvollziehbar festgehalten wird, sich nachhaltig bewerten, teilen und weiterentwickeln lässt.

Auf dieser Ebene zeigt sich, dass planerische Dokumente, etwa in Form überschaubarer Zeit- oder Methodenübersichten, eine auf das Vorhaben zugeschnittene Strukturierung bereitstellen, die auch bei geringem Umfang eine funktionale Orientierung im Forschungsprozess gewährleistet [437], [438], [439].

Allerdings bedingt dies innerhalb dieses Rahmens einerseits eine hinreichende und andererseits eine präzise Strukturierung der Inhalte, durch welche Zielsetzung, methodisches Vorgehen und prozedurale Abläufe für alle Beteiligten transparent und konsensfähig überhaupt erst erschlossen werden können [14], [120], [440].

Über das Dargelegte hinaus lässt sich ferner schlussfolgern, dass die konsistente Dokumentation forschungsbezogener Prozessverläufe eine Struktur entlastende Funktion übernimmt, indem sie Orientierungsrahmen schafft, die Transparenz sichern und koordinative Effizienz begünstigen [440], [441], [442]:

Hinweis

Schon einfache Dokumentationsformen – wie übersichtliche Zeit- oder Methodenpläne – schaffen frühzeitig Klarheit und begünstigen die koordinierte Abstimmung im Forschungsprozess.

1. **Rückverfolgung von Informationen**: Grundstrukturierend wirkt sich die lückenlose Protokollführung insofern aus, als sie eine rückverfolgbare Dokumentation entscheidungsrelevanter Prozessverläufe bereitstellt, die insbesondere in evaluativen Kontexten oder gegenüber rückfragenden Stakeholdern eine nachvollziehbare Argumentationsgrundlage gewährleistet.

► Transferbeispiel

Bei der Auswertung eines Nutzerfeedbacks zu einem App Prototyp konnte durch die vollständige Dokumentation der Interviewverläufe exakt nachvollzogen werden, warum bestimmte Designentscheidungen überhaupt getroffen wurden; eine Grundlage, die später auch gegenüber dem Projektauftraggeber argumentativ genutzt wurde. ◄

2. **Prävention von Duplikaten**: Folglich lässt sich durch die sukzessive Fixierung vorangegangener Forschungsschritte und erhobener Resultate zudem eine redundante Replikation methodischer Vollzüge vermeiden, wodurch ressourcenbezogene Effizienzreserven aktiviert werden können.

► Transferbeispiel

Im Rahmen eines Usability Tests zur Navigation eines E-Learning-Portals verhinderte die protokollierte Dokumentation der bereits getesteten Elemente, dass identische Szenarien versehentlich doppelt erhoben wurden und sparte so Zeit sowie personelle Ressourcen. ◄

3. **Aufzeichnung des Forschungsstandes**: Jedoch ist des Weiteren zu beachten, dass die kontinuierliche Protokollführung als projektinternes Referenzgedächtnis hier dient, das insbesondere bei temporal ausgedehnten Vorhaben oder personellen Dislokationen kohärenzstabilisierend wirkt.

► Transferbeispiel

Bei einem langfristigen UX-Projekt zur Optimierung einer Mobilitäts-App ermöglichte die lückenlose Protokollführung neuen Teammitgliedern den schnellen Einstieg, da alle bisherigen Forschungsentscheidungen, Nutzerfeedbacks und Methodenschritte systematisch dokumentiert waren. ◄

4. **Diskussionsgrundlage innerhalb und außerhalb des Forschungsteams**: Dokumentierte Informationen bieten eine solide Basis für Diskussionen und Entscheidungen, sowohl innerhalb des Teams als auch in der Kommunikation mit externen Partnern oder Stakeholdern.

► Transferbeispiel

Während eines Sprint-Reviews gewährleistete ein zuvor erstelltes Interviewprotokoll die gezielte Diskussion zentraler Nutzerbedürfnisse, d. h. sowohl im interdisziplinären Team als auch im Austausch mit dem Auftraggeber. ◄

5. **Übergabedokumente bei externen Partnern**: Allerdings sollte ebenfalls berücksichtigt werden, dass im Rahmen kollaborativer Schnittstellen mit externen Akteurinnen und Akteuren eine konsistente Protokollstruktur als verbindliche Transfergrundlage fungiert, um divergente Informationsstände im Vorfeld interaktiver Anschlussprozesse zu vermeiden.

► Transferbeispiel

Bei der Übergabe eines UX-Projekts an eine externe Agentur diente das fortlaufend gepflegte Protokoll als zentrale Referenz, um Rückfragen zu minimieren und den Projektstand transparent zu vermitteln. ◄

6. **Präsentationsgrundlage**: Schließlich unterstützen strukturgebend geführte Protokolle die anschlussfähige Verdichtung forschungsprozessualer Inhalte, die in Präsentationskontexten zur kommunikativen Vermittlung projektbezogener Zwischenstände oder Ergebnislagen herangezogen werden können. Das bedeutet in Anlehnung an Mayring [284], dass eine Kodierung erst dadurch möglich ist, dass die strukturgebundene Protokollführung die Entwicklung eines theoriegeleiteten Kriterienkatalogs sowie eines kontextsensiblen Kodierleitfadens gestattet, wodurch die inhaltliche Strukturierung und kategoriale Zuordnung empirischer Daten methodologisch abgesichert erfolgen kann.

► Transferbeispiel

Im Rahmen einer Teampräsentation ermöglichte das fortlaufend dokumentierte Protokoll die nachvollziehbare Darstellung der bisherigen Forschungsschritte und diente zugleich als Grundlage zur Ableitung eines ersten Kodierrasters. ◄

7. **Planung spezifischer Forschungsschritte**: Damit ist schließlich theoriegeleitet angedeutet, dass Protokolle als strukturführende Instanzen agieren, die durch die dokumentarische Fixierung von Zielstellungen, methodischen Zugängen und temporalen Rahmensetzungen eine konsistente Planung und prozessorientierte Abstimmung innerhalb forschungspraktischer Abläufe begünstigen.

▶ Transferbeispiel

Durch die frühzeitige Protokollierung der Zielsetzungen und Methoden konnte der Forschungsplan in enger Abstimmung mit allen Beteiligten effizient aufeinander abgestimmt werden. ◀

Die dargelegten Kontextfaktoren verweisen insofern darauf, dass Protokolle im Rahmen forschungspraktischer Qualitätssicherung als nachvollziehbare Bezugspunkte fungieren, anhand derer prozessuale Abweichungen, methodische Irritationen oder kontingenzbedingte Befundlagen dokumentarisch erfasst und in ihrer Relevanz eingeordnet werden können. Nicht zuletzt ist es aber unerlässlich, im Kontext iterativer Forschungsprozesse dokumentarisch jene Modifikationen festzuhalten, die sich aus fortlaufenden Erkenntniszuwächsen oder situativ bedingten Kurskorrekturen ergeben, um die Anschlussfähigkeit und Validierbarkeit der erhobenen Ergebnisse kerninhärent konsistent zu sichern (◘ Tab. 8.1).

Auch Flick [232] verfolgt daher mit seiner Stoßrichtung eine klare Forschungsposition, indem er aufzeigt, wie die präzise Dokumentation methodischer Vollzüge und forschungsimmanenter Entscheidungen eine tragfähige Grundlage für die Reproduzierbarkeit qualitativer Untersuchungsdesigns schafft. Im Übrigen lässt sich hierin ein konstitutiver Bestandteil wissenschaftlicher Praxis erkennen, der glaubwürdig, auf die Konsistenz und Nachvollziehbarkeit forschungsbezogener Aussagen zielt.

◘ **Tab. 8.1** Bedeutung von Protokollen und Dokumentation. (Quelle: Eigene Darstellung)

Nr.	Funktion	Transferbeispiel
1	Rückverfolgung von Informationen	Nachvollziehbarkeit von Designentscheidungen durch vollständige Interviewdokumentation
2	Prävention von Duplikaten	Vermeidung redundanter Testszenarien im E-Learning-Projekt
3	Aufzeichnung des Forschungsstandes	Ermöglichung eines schnellen Projekteinstiegs für neue Teammitglieder
4	Diskussionsgrundlage innerhalb und außerhalb des Teams	Gezielte Diskussion zentraler Nutzerbedürfnisse durch Interviewprotokoll
5	Übergabedokumente bei externen Partnern	Minimierung von Rückfragen bei Projektübergabe an Agentur
6	Präsentationsgrundlage	Darstellung der Forschungsschritte und Ableitung eines Kodierrasters
7	Planung spezifischer Forschungsschritte	Effiziente Abstimmung und Planung des Forschungsprozesses durch frühzeitige Dokumentation

Des Weiteren kann mit Blick auf die o. g. forschungsmethodologische Systematisierung hierin ferner expliziert werden, dass die kontinuierliche Dokumentation forschungsleitender Schritte als integrative Bezugsgröße zur Sicherung prozeduraler Nachvollziehbarkeit, intersubjektiver Verständigung und argumentativer Fundierung innerhalb nutzerzentrierter Forschungssettings zu betrachten ist. In dieser theoretischen Konsequenz lässt sich demzufolge hervorheben, dass eine klare und präzise Dokumentation forschungsprozessualer Inhalte nicht nur der Rekonstruktion des Erkenntnisverlaufs per se dient, sondern zugleich den methodischen Grundstock für belastbare Resultate im User Research bildet.

Merke

Protokolle sichern im User Research die rekonstruierbare Rückbindung forschungsleitender Entscheidungen und fördern die intersubjektive Nachvollziehbarkeit.

8.2 Usability-Methode: Interviews

Im Hinblick auf die UX-Research-Theoriebildung lassen sich interviewbasierte Verfahren als qualitative Zugänge bestimmen, durch die zielkohortenspezifische Deutungsmuster und habitualisierte Erwartungshaltungen rekonstruktiv zugänglich gemacht werden [68], [282], [440]. Allerdings sollte an dieser Stelle konstatiert werden, dass interviewgestützte Erhebungen nicht nur an sequenziell strukturierte Leitfäden gebunden sind, sondern stets in relationale Bezugnahmen zum thematischen Erkenntnisinteresse des Forschungsteams eingebettet werden müssen. Diesbezüglich ist zu berücksichtigen, dass der Umfang und die inhaltliche Tiefenschärfe interviewbasierter Erhebungen in Abhängigkeit vom methodischen Zielhorizont variieren, wobei einfache Skalenbewertungen in Usability-Sessions ebenso Anwendung finden können wie theoriebasiert konzipierte Fragenkataloge für vertiefende qualitative Interviews [68], [282], [440].

Auf der konsenstheoretischen Basis erläutert Arne de Booij [382] im Gespräch mit dem Handelsblatt (2018), dass qualitative Interviews innerhalb nutzerzentrierter Forschung als iterativ anschlussfähige Rückkopplungsschleifen zum Tragen kommen, durch die gestalterische Entscheidungen im Entwicklungsprozess empirisch rückverbindbar strukturiert werden können:

> „Online-Umfragen eignen sich, um zu analysieren, wie sich Menschen in einer Anwendung wie dem Google-Konto bewegen. Wenn es um Meinungen und Gefühle geht, sind Interviews mit Einzelpersonen ergiebiger. Um kulturelle Unterschiede zu erfassen, führen wir sie weltweit durch – auf der Straße, in einem Marktforschungsstudio oder auch bei Nutzern zuhause. Letzteres ist besonders interessant, weil sie dort ihre eigenen Geräte mit ihren Daten verwenden und die Nutzungssituation viel natürlicher ist" [382].

Es lässt sich feststellen, dass Interviews – insbesondere im naturräumlich eingebetteten Anwendungskontext – ein empirisches Instrumentarium darstellen, das kontextspezifisch situierte Erfahrungsdimensionen dem UX Researcher erschließt und nutzerspezifische Sinnzuschreibungen innerhalb alltagspraktischer Handlungsmuster simplifiziert zugänglich macht [68], [282], [440].

Demnach lässt sich rekonstruieren, dass Interviews in divergenten Modalitäten realisiert werden können, wobei sich je nach Format distinkte Anforderungen an Konzeption, Durchführung und Evaluationslogik ableiten lassen [68], [282], [440]:

Hinweis

Interviews entfalten ihren Mehrwert im User Research und UX Research vor allem dann, wenn sie kontextsensibel konzipiert und zielgerichtet in den Entwicklungsprozess rückgekoppelt werden.

1. **Traditionelle Interviewbögen (analog oder digital)**:
   In diesem Rahmen ist zu gewährleisten, dass die Dokumentationsbögen in einer nutzungsadäquaten Form vorliegen, welche sowohl leserliche Strukturierung als auch hinreichende Bearbeitbarkeit – insbesondere im Hinblick auf handschriftliche wie digitale Notation – funktional einschließt.
2. **Audio- und Videointerviews**:
   In Bezug auf audio- und videoproduzierte Interviews gilt es, technische Stabilität und mediale Sicherung als grundlegend handlungsleitende Voraussetzungen zu berücksichtigen, um einerseits Übertragungsunterbrechungen zu minimieren und andererseits die vollständige Rekonstruktion des Gesprächsverlaufs über redundante Aufzeichnungsmodi sicherzustellen.
3. **Dauer und Konzentration der Teilnehmer**:
   Darüber hinaus sollte konsistent berücksichtigt werden, dass längere Gesprächsdauern zu kognitiven Ermüdungseffekten und Redundanzen führen können, weshalb eine zeitlich fokussierte Gesprächsstruktur – orientiert an etwa 30 min – zur Aufrechterhaltung inhaltlicher Dichte und responsiver Kohärenz beiträgt.
4. **Datenschutz und personenbezogene Daten**:
   Auch die Tatsache, dass personenbezogene Daten erhoben werden, impliziert stringent eine datenschutzkonforme Verfahrensweise, welche die informierte Einwilligung, eine datensichere Speicherung sowie – je nach Untersuchungskonstellation – die nachträgliche Anonymisierung als forschungsethisch gebotene Mindeststandards einschließt, wie ebenfalls die TRREE [120] aufzeigt.
5. **Klarheit über den Interviewumfang**:
   Auch steht im Mittelpunkt des Geschehens die antizipative Informationsweitergabe hinsichtlich thematischer und temporaler Rahmensetzungen, da sie innerhalb der Operationalisierung zur Herstellung kommunikativer Klarheit beiträgt und die inhaltliche Substanz sowie Kohärenz der Rückmeldungen positiv beeinflussen kann.

► Transferbeispiel

Bei der Durchführung eines videobasierten Interviews zu einer Mobil-App wurde mit Blick auf die Auswertung der Interaktionsprinzipien gemäß DIN EN ISO 9241-110 vorab sichergestellt, dass sowohl die Aufnahmefunktion als auch die Backup-Speicherung einwandfrei funktionierten, um technische Störungen zu vermeiden und die Auswertung des Gesprächs vollständig abzusichern. ◄

8

Hier zeigt sich nun die erkenntnisleitende Relevanz von Interviews als interaktivem Kommunikationsinstrument, das eine vertiefte Annäherung an nutzerseitige Sinnzuschreibungen und Erfahrungshorizonte gestattet. Hinsichtlich der forschungsmethodologischen Perspektivierung lässt sich des Weiteren in dem o. g. Zusammenhang anmerken, dass der dialogische Zugriff im Interviewformat nicht per se offenbarte Bedarfsäußerungen, sondern ebenso latente Affektlagen und handlungsleitende Dispositionen erschließt, die einer rein quantitativen Erhebung oftmals im Übrigen entzogen bleiben [68], [282], [440]. Insofern sind die möglichen Indikatoren in Bezug auf Sozialmotivation, Bedürfnisse, Bedarfe und Problemexploration im Sinne der Nutzer von Wichtigkeit. Aus diesem Grunde zeigt sich in analoger Weise darin die funktionale Relevanz des Interviewverfahrens als heuristische Zugriffsform, um nutzungsbezogene Konstellationen zu rekonstruieren und gestaltungsbezogene Ableitungen in Bezug auf nutzerorientierte Lösungsszenarien, eben im Sinne des induktiven Ergebnisses, zu substanziieren [68], [282], [440]. Es offenbart sich in diesem Szenario die heuristische Bedeutsamkeit interviewbasierter Erhebungsformate, insofern sie kulturgebundene Differenzierungen und kontextspezifische Bedeutungszuschreibungen rekonstruierbar machen, was – wie de Booij [382] betont – insbesondere bei transkulturell ausgerichteten Forschungsdesigns zur Generierung „tiefgreifender Nutzerinsights" in Bezug auf nutzerzentrierte Konventionen beiträgt. Damit ist gleichfalls kontextuell gemeint, dass interviewgestützte Erhebungsformate innerhalb global diversifizierter Unternehmensstrukturen eben aufgrund möglicher Heterogenität eine forschungslogisch anschlussfähige Grundlage bereitstellen, um divergente Nutzerbedarfe kohortenspezifisch zu rekonstruieren und interkulturell anschlussfähige Gestaltungskonfigurationen zu generieren [68], [232], [282], [440] (◘ Tab. 8.2).

◘ **Tab. 8.2** Interviews: Methodologische Kontextfaktoren hinsichtlich UX Research und User Research. (Quelle: Eigene Darstellung)

Nr.	Aspekt	Beschreibung
1	Traditionelle Interviewbögen (analog oder digital)	Dokumentationsbögen müssen nutzungsadäquat strukturiert und bearbeitbar sein, für handschriftliche und digitale Notation geeignet
2	Audio- und Videointerviews	Technische Stabilität und mediale Sicherung sind entscheidend für vollständige Rekonstruktion des Gesprächsverlaufs
3	Dauer und Konzentration der Teilnehmer	Gesprächsdauer sollte ca. 30 min nicht überschreiten, um kognitive Ermüdung und Redundanz zu vermeiden
4	Datenschutz und personenbezogene Daten	Erhebung personenbezogener Daten erfordert informierte Einwilligung, sichere Speicherung und ggf. Anonymisierung
5	Klarheit über den Interviewumfang	Transparente Information zu Thema und Dauer verbessert kommunikative Klarheit und Qualität der Rückmeldungen

Die sowohl theoriegeleitete als auch anwendungsorientierte Forschung greift auf interviewbasierte Formate zurück, um kontextgebundene Tiefenstrukturen nutzerseitiger Wahrnehmungen, Motivlagen und Interaktionsdispositionen innerhalb qualitativer Erhebungsdesigns zu rekonstruieren – vor allem, wie der Verfasser [3], [4], [5], [7], [9], [12], [46] in zahlreichen seiner Explorationsstudien hervorhebt, im Rahmen gestaltungsorientierter Triangulation, häufig durch Kombination von Theorientriangulation, Investigatortriangulation sowie Methodentriangulation in konvergenter Ausrichtung mit verständnisgeleiteter Forschung [78], [232]. Sie ermöglichen es, tiefgehende Einblicke in die Bedürfnisse, Meinungen und Emotionen der Nutzer zu gewinnen, und sind in verschiedenen Kontexten und Phasen der Forschung einsetzbar. Die obigen Ausführungen lassen erkennen, dass durch eine sorgfältig konzipierte Vorbereitung sowie eine adressatengerechte Durchführung interviewbasierter Erhebungen nicht nur die Güte der empirisch gewonnenen Daten gesichert, sondern zugleich eine nutzerzentrierte Orientierung innerhalb gestaltungsbezogener Entwicklungsprozesse konsistenter verankert werden kann.

8

► Transferbeispiel

In einem länderübergreifenden UX-Projekt zu digitalen Lernplattformen wurde durch leitfadengestützte Interviews deutlich, dass Schüler in Südkorea andere motivationsbezogene Nutzungserwartungen äußerten als ihre Alterskohorten in Deutschland – was eine kulturell sensible Anpassung der Benutzeroberfläche ermöglichte, d. h. unter der Berücksichtigung der En-, In- und Akkulturationsprozesse [407]. ◄

Unter diesen Voraussetzungen gewinnt die Beachtung datenschutzrechtlicher Rahmenbedingungen ebenso an Relevanz wie die präzise antizipative Kommunikation hinsichtlich des inhaltlichen und zeitlichen Umfangs, um eine vertrauensbasierte Gesprächssituation sowie konsensuelle Teilnahmebedingungen sicherzustellen.

Merke

Interviewbasierte Verfahren unterstützen innerhalb des User Research als kontextsensibles Erhebungsinstrument, das nutzerspezifische Deutungsmuster, latente Motivlagen und kulturspezifische Sinnzuschreibungen, d. h. Konventionen innerhalb qualitativer Zugriffsmodi, rekonstruktiv erschließbar macht.

8.3 Usability-Methode: Adjektiv-Assoziationen

Nach eingehender Explikation lässt sich hinsichtlich des Kontexts UX Research schließlich zur Kenntnis nehmen, dass die Adjektiv-Assoziationen-Methode im Sinne eines qualitativen Zugriffsmodus geeignet ist, durch den sowohl konativ-dispositionale als auch affektive Resonanzen, implizite Zuschreibungen sowie semantisch nicht vorstrukturierte Eindrucksmuster in Bezug auf Kunden, Nutzer, Produkte, Dienstleistungen oder aber visuelle Stimuli rekonstruktiv erschlossen werden können [443], [444], [445], [446], [447].

Weiterführend kann in diesem Zusammenhang festgestellt werden, dass im Rahmen der Adjektiv-Assoziationen-Methode die Teilnehmenden aufgefordert sind, spontane Attributzuschreibungen in Form von Adjektiven zu visuell präsentierten

Stimuli vorzunehmen, wodurch individuelle Wahrnehmungskontexte und semantisch-kognitive Resonanzräume sichtbar werden [447], [448]. Daraus resultiert anwendungsorientiert für das UX Research ein heuristisches Zugriffsformat, durch das sowohl affektiv als auch konativ konnotierte Wahrnehmungsdimensionen rekonstruktiv erschlossen werden können, die sich einer ausschließlich metrikbasierten Erhebungslogik entziehen [449], [450].

Es herrscht jedoch weitgehende Einigkeit darüber, dass die Adjektiv-Assoziationen-Methode primär auf die rekursive Erfassung affektiv codierter Eindrucksmuster abzielt, durch die sich nutzerseitige Resonanzlagen in Bezug auf Wahrnehmung, Akzeptanz und markenspezifische Zuschreibungen erfahrungsgesättigt erschließen lassen. Darüber hinaus lässt sich in frühen Entwicklungsstadien aufzeigen, dass die Adjektiv-Assoziationen-Methode als heuristische Zugriffsform genutzt werden kann, um latente Nutzerbedürfnisse und implizite Erwartungshaltungen initial zu erfassen, ein Aspekt, der im Hinblick auf die DIN EN ISO 9241-11 von Wichtigkeit ist [451].

Demzufolge offenbart sich in der methodenspezifischen Instruktion eine intentional reduzierte Impulsstruktur, deren offene Formulierung auf eine ungefilterte Erhebung subjektiv-konativ-affektiver Resonanzen, wie exemplarisch im Folgenden dargestellt, abzielt (vgl. ◘ Abb. 8.1):

◘ **Abb. 8.1** Die Adjektiv-Assoziationsmethode. (Quelle: Eigene Darstellung)

> „Bitte notieren Sie spontan nur Adjektive, die Ihnen im Zusammenhang mit dem Produkt einfallen.“

In der deduktiven Ableitung kann diese offene und unvoreingenommene Fragestellung als methodenlogisch motivierte Zugriffsgestalt verstanden werden, durch welche die spontane Externalisierung impliziter, nicht vorstrukturierter Eindrucksdimensionen angeregt bzw. instruktionspsychologisch ‚getriggert‘ wird, um auf diese Weise auch unbewusste Assoziationen zugänglich zu machen, die – fernab rationalisierter Bewertungsmuster – insbesondere für nutzerzentrierte Gestaltungskonfigurationen innerhalb früher Entwicklungsphasen als heuristische Bezugsgrößen nutzbar gemacht werden können (vgl. ◘ Abb. 8.2 und 8.3) [452], [453].

Hinweis

Die Adjektiv-Assoziationen-Methode ermöglicht es UX Researchern, unbewusste Wahrnehmungsmuster und emotionale Reaktionen auf Produkte frühzeitig und ohne vorgegebene Bewertungskategorien sichtbar zu machen.

Im Zuge dessen wird durch die instruktionspsychologisch intendierte Integration visuell-komparativer Stimuli – etwa in Form konkurrierender Produktabbildungen – eine assoziative Aktivierung intendiert, welche nutzerseitige Wahrnehmungsdispositionen konturiert und auf diese Weise latente Präferenzstrukturen sowie differenzielle Markenwahrnehmungen rekonstruierbar und im Sinne medienwirkungsforschungsbasierter Wirkungsanalysen systematisch auswertbar macht [19], [107], [454]. Jedoch ist zu konstatieren, dass die selektive Auswahl bildgebender Stimuli einer forschungsleitenden Differenzierung bedarf, so präzisieren Taron et al. [454], insofern sie thematisch einschlägige Merkmalsdimensionen adressieren und zugleich die intendierte konativ-affektive Resonanz innerhalb nutzerseitiger Wahrnehmungsrahmungen stimulieren sollen – unabhängig davon, ob es sich um reale Produktabbildungen oder konzeptuelle Visualisierungen handelt.

◘ **Abb. 8.2** Vorteile der Adjektiv-Assoziationsmethode. (Quelle: Eigene Darstellung)

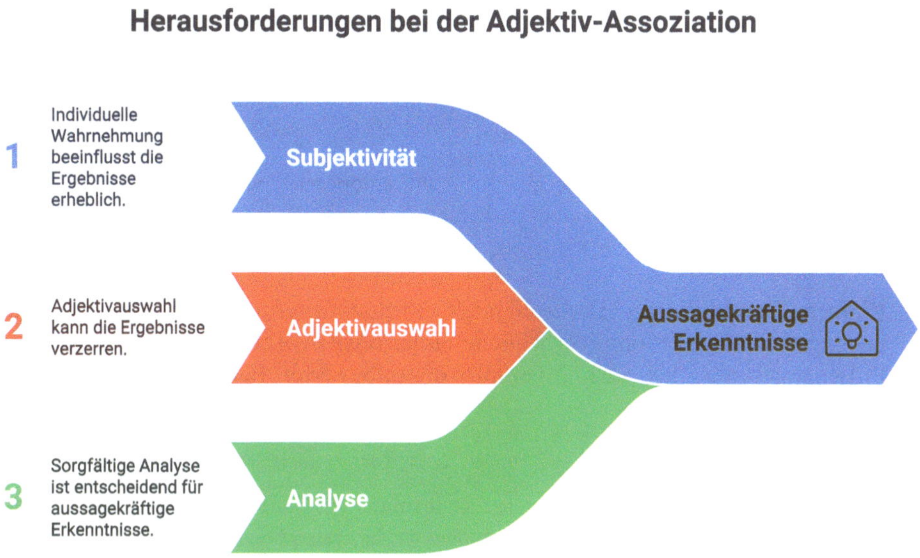

Abb. 8.3 Herausforderungen bei der Adjektiv-Assoziationsmethode. (Quelle: Eigene Darstellung)

Folglich lässt sich im Anschluss an die Datenerhebung durch eine semantisch konnotative der notierten Adjektive entlang valenzbezogener Dimensionen Kategorisierung – positiv, negativ, neutral – eine strukturierte Rekonstruktion affektiver Resonanzmuster vornehmen, welche aufschlussreiche Indikatoren habitualisierter Wahrnehmungskonstellationen innerhalb nutzerseitiger Evaluationsprozesse freilegt [16], [454].

In dieser kontextuellen Implikation wird durch die gruppenbezogene Aggregation semantisch verwandter Adjektive eine strukturierende Verdichtung vorgenommen, die mit der methodologisch-strategischen Zielsetzung eine komparative Ergebnisdarstellung im Sinne interpretativ anschlussfähiger Bedeutungscluster begünstigt [454].

Vor diesem Hintergrund lassen sich praxisbezogene Vorteilsperspektiven der Adjektiv-Assoziationen-Methode im Sinne eines heuristischen Zugangsmodells explizieren, insofern sie als rekonstruktiv nutzbarer Resonanzraum konativ-affektiver Zuschreibungen nutzerseitige Wahrnehmungskonstellationen verdichtet plausibilisierbar macht und dadurch gestaltungsrelevante Orientierungsmuster überhaupt erst in der Tiefe erschließbar werden. Folgende Prämissen ergeben sich in Anlehnung an Taron et al. [454]:

Hinweis

Die gezielte Auswahl und semantische Auswertung visuell-komparativer Stimuli erlaubt eine differenzierte Erschließung nutzerseitiger Wahrnehmungs- und Bewertungshorizonte.

1. **Erfassung sowohl dispositionaler als auch affektiver Reaktionen**: In dieser Hinsicht lässt sich rekonstruieren, dass diese Technik – im Kontrast zu rein analytisch-deskriptiven Verfahren – konativ-affektive Resonanzlagen und emotionale

Zuschreibungen nutzerseitiger Wahrnehmung erschließt, die maßgeblich zur Beurteilungsgenese hinsichtlich Produktakzeptanz und Nutzungssatisfaktion beitragen.

► Transferbeispiel

Ein UX-Team nutzt Adjektivassoziationen, um emotionale Nutzerreaktionen auf verschiedene Verpackungsdesigns zu erfassen und so Rückschlüsse auf Akzeptanz und Wirkung zu ziehen. ◄

2. **Einfache Durchführung**: Hierbei handelt es sich um ein ressourcenschonendes Erhebungsformat, das ohne erhebliche apparative Vorbedingungen sowohl in Präsenzinterviews als auch innerhalb digitalbasierter Befragungsumgebungen implementierbar ist.

► Transferbeispiel

Im Rahmen eines Onlineprojekts setzte das Team die Methode ein, indem Teilnehmende spontan Adjektive zu Produktbildern in einem webbasierten Formular notierten. ◄

3. **Flexibilität**: Schließlich lässt sich die Adjektiv-Assoziationen-Methode als adaptiv-strukturierbares Instrument begreifen, das innerhalb diverser Entwicklungsstadien – von konzeptuellen Initialphasen bis hin zur rückbezüglichen Evaluation bestehender Produktkonfigurationen – anschlussfähig eingebunden werden kann.

► Transferbeispiel

Bei der Überarbeitung eines App-Prototyps nutzte das Designteam die Methode erneut, um spontane Nutzerassoziationen vor und nach dem Redesign vergleichend auszuwerten. ◄

4. **Identifikation von Verbesserungspotenzialen**: In analoger Weise lässt sich durch die Auswertung adjektivbasierter Assoziationsmuster auf latente Irritationsmomente oder gestaltungsbezogene Disparitäten schließen, deren Einbezug im weiteren Entwicklungsverlauf nutzerbezogene Kohärenzgewinne begünstigen kann.

► Transferbeispiel

Bei der Testung eines neuen Verpackungsdesigns deuteten häufige Assoziationen wie ‚verwirrend‘ oder ‚überladen‘ auf Verbesserungsbedarf hin, was zu einem klareren Layout führte. ◄

5. **Kulturelle Unterschiede berücksichtigen**: Zu guter Letzt in Bezug auf In-, En- und Akkulturationsprozesse, so präzisiert Müller [407] in seiner Elenktik, lässt sich konstatieren, dass die Methode kulturspezifische Konativ- sowie Affektlagen erschließt, insofern dispositionale und emotionale Resonanzmuster nicht selten durch sozialhistorisch gerahmte Wahrnehmungshorizonte im Kontext habitualisierter Konventionen geprägt sind.

■ **Tab. 8.3** Adjektiv-Assoziationen-Methode. (Quelle: Eigene Darstellung)

Nr.	Kernaussage	Transferbeispiel
1	Erfassung konativ-affektiver Reaktionen auf Produkte und Designs	Adjektivassoziationen bei Verpackungsdesigns zeigen Akzeptanz
2	Einfache, ressourcenschonende Durchführung online oder in Präsenz	Teilnehmende notieren Adjektive in webbasiertem Formular
3	Flexible Anwendung in verschiedenen Phasen der Produktentwicklung	Vergleichende Auswertung vor und nach Redesign einer App
4	Aufdeckung von Irritationsmomenten oder gestalterischen Schwächen	‚Verwirrend' und ‚überladen' führten zu klarerem Layout
5	Berücksichtigung kultureller Unterschiede in Wahrnehmungsmustern	Unterschiedliche Adjektive von US- und japanischen Nutzern weisen auf kulturelle Prägung hin

► **Transferbeispiel**

In einer internationalen Studie zeigten sich bei der Assoziation desselben Produkts durch US-amerikanische und japanische Testpersonen deutlich unterschiedliche Adjektive, was auf kulturspezifische Wahrnehmungsprägungen hinwies. ◄

Bei der weiterführenden Auseinandersetzung mit konativ-affektiv geprägten Dispositionslagen zeigt sich, dass sich die Adjektiv-Assoziationen-Methode als heuristisch anschlussfähiges Verfahren bestimmen lässt, das nutzerseitige Resonanzmuster in ihrer eher nicht reflektierten Ausdrucksform zum einen erfasst und zum anderen daraus gestaltungsbezogene Ableitungen im Sinne bedürfnisorientierter Produktkonzeptionen gemäß DIN EN ISO 92451-11 [8] generiert. Daraus resultierend lässt sich feststellen, dass die strukturierte Analyse adjektivbasierter Assoziationen nutzerseitige Resonanzfelder erschließt, aus denen sich kontextspezifische Bewertungstendenzen extrahieren lassen, die wiederum als heuristische Grundlage für iterativ anschlussfähige Optimierungsschritte innerhalb nutzerzentrierter Entwicklungsprozesse herangezogen werden können (■ Tab. 8.3).

Merke

Die o. g. Adjektiv-Assoziationen-Methode erschließt nutzerseitige Resonanzlagen als verdichtete Ausdrucksformen konativ-affektiver Dispositionen und ermöglicht die heuristische Rekonstruktion nicht-reflektierter Wahrnehmungsmuster im Kontext nutzerzentrierter Gestaltungskonfigurationen.

8.4 Usability-Methode: Cultural Probes

Unter diesen Voraussetzungen induziert die Cultural-Probes-Methode einen qualitativen Erhebungszugriff, der darauf abzielt, kognitive Deutungsstrukturen, konative Handlungsdispositionen sowie affektive Resonanzmuster innerhalb der habituellen

Lebenswelt einer definierten Zielkohorte zu rekonstruieren, um diese zugleich im Kontext sozialhistorisch gerahmter Konventionen hermeneutisch zirkulär zu erschließen [455].

In dieser Konfiguration spiegelt die Cultural-Probes-Methode einen induktiven Operationalisierungsrahmen wider, indem sie im Gegensatz zu kontrollierten Usability-Verfahren einen alltagsweltlich situierten Zugriff auf erfahrungsbasierte Sinnzuschreibungen erschließt, wobei die Teilnehmer ihre Wahrnehmungen in Form visueller, auditiver oder schriftlicher Selbstzeugnisse dokumentieren [27], [425], [456].

Insofern intendiert die Cultural-Probes-Methode, lokale Lebenszusammenhänge als primäre Erfahrungsräume zu erschließen, innerhalb derer perzeptive, repräsentationale und rezeptive Prozesse zugleich konativ-affektive und kognitive Strukturen alltagsweltlicher Sinnkonstruktionen kontextualisieren. Nach Goschnick [457] lässt sich demzufolge rekonstruieren, dass sich die Erhebung nicht allein auf die zutage tretende Nutzung eines Produkts oder einer Dienstleistung bezieht, sondern zugleich die emotional-affektiven sowie kontextuell eingebetteten Dispositionen umfasst, welche das nutzerseitige Verhalten konturieren und rahmen, wobei hierin eine Aussagekraft im Hinblick auf kulturelle Identitätskonstruktionen angelegt ist, die weniger als immanente Konstanten, sondern vielmehr als temporäre und subjektbezogene Stabilisierungsmuster emergenter Prägung zu verstehen sind [458]. Auch diese hypothesengetriebenen Konzeptionen eröffnen spezifische diskursive Settings, deren Konnotationen und Sinnzuschreibungen die emergente Sinnstruktur instruktionspsychologischer, mediendidaktischer und ux-designerischer Entwicklungsprozesse subjektorientiert explizieren und zugleich einen heuristischen Zugriff auf implizite Bedürfnisse sowie unbewusste Verhaltensdispositionen gestatten, die sich innerhalb standardisierter Testsituationen nur eingeschränkt in ihrer En- und Rekonstruktion erfassen lassen [459].

8

Hinweis

Die Cultural-Probes-Methode erschließt alltagsnahe Sinnkonstruktionen und macht implizite Bedürfnisse jenseits standardisierter Testformate zugänglich.

In dieser Konfiguration erhalten die Teilnehmenden eine auf ihre alltagspraktische Erfahrungswelt bezogene Aufgabenstellung, deren Umsetzung situativ eingebettet erfolgt und exemplarisch etwa lauten könnte:

> „Nehmen Sie das Produkt XY bei Ihrer Fahrt in der Bahn mit und dokumentieren Sie, wie sich die Nutzung am Sitzplatz anfühlt."

Demzufolge erhalten die Teilnehmer in dem gegenwärtigen Prozess der Kontextualisierung verschiedene Hilfsmittel wie etwa Wegwerfkameras, Diktiergeräte oder Notizbücher, um ihre Eindrücke und Gedanken auf eine Weise festzuhalten, die ihrer habitualisierten Ausdrucksform entspricht und als konventioneller Verbund unterschiedlich akkumulierter sozial erworbener sowie kulturell tradierter Elemente beziehungsweise Formationen verstanden werden kann. Im Kontext dessen, so heben Krueger et al. [460] mit seinem Ansatz hervor, bedarf es klarer und konkreter Handlungsanweisungen an die Teilnehmer, um deren produkt- oder dienstleistungsbezogene Nutzungserfahrungen in spezifischen Anwendungssituationen so zu fokussieren, sodass die daraus resultierenden Daten eine kontextgebundene Relevanz sowie eine nutzungsnahe Aussagekraft entfalten.

In der dialektischen Beziehung zwischen individueller Erfahrungsdokumentation und forschungsleitender Kontextualisierung wird in der Regel ein qualitatives Interview angesetzt, in dessen Rahmen die Teilnehmer ihre aufgezeichneten Erfahrungen und Eindrücke detailliert erläutern, wodurch die erhobenen Daten vertiefend ausdifferenziert und kontextual konvergiert werden [461], [462]. Analog dazu lässt sich konstatieren, dass Forschende vertiefende Rückfragen einbringen, um latente Unschärfen zu klären, die sich aus den eigenständig dokumentierten Materialien nicht vollständig plausibilisieren lassen, sodass die hybride Kombination aus selbst erhobenen Nutzerdaten und qualitativer Interviewauswertung eine tragfähige Grundlage für die differenzierte Explorationsanalyse und kontextgebundene Eruierung nutzerseitiger Erfahrungshorizonte bereitstellt [457], [458], [463].

Insofern lässt sich in diesem Zusammenhang hervorheben, dass die Cultural Probes-Methode mehrere forschungspraktische Vorteile generiert, welche sie als heuristisches Instrumentarium innerhalb nutzerzentrierter Erhebungssettings im User Research wie folgt positionieren [457]:

Hinweis

Durch die Konvergenz individueller Nutzungssituationen mit qualitativer Auswertung entsteht ein tiefgehender Einblick in erfahrungsbasierte Repräsentations-, Perzeptions- und Rezeptionsprozesse.

1. **Natürliche Umgebung**: Zunächst einmal lässt sich verzeichnen, dass die o. g. Methode Nutzer innerhalb ihres habitualisierten Alltagskontextes erfasst, wodurch sowohl authentische als auch reziprok realitätsnahe Erfahrungsmuster zugänglich gemacht werden.

► Transferbeispiel

Ein Nutzer dokumentiert mit einem Notizbuch seine Eindrücke beim morgendlichen Kaffeekauf, wodurch reale Nutzungserfahrungen in vertrauter Umgebung erfasst werden. ◄

2. **Emotionale und kontextuelle Einblicke**: Darauf aufbauend lässt sich erkennen, dass durch die Dokumentation von Gedanken und Gefühlen emotionale Resonanzmuster sowie kontextuelle Einflussgrößen erschlossen werden, welche handlungsleitend auf das Nutzerverhalten einwirken.

► Transferbeispiel

Eine Teilnehmerin beschreibt schriftlich ihre Frustration beim Bedienen eines Automaten in der Mittagspause, wodurch emotionale und kontextuelle Einflussfaktoren deutlich werden. ◄

3. **Flexibilität**: Zwecks Zielgruppengerechtigkeit lässt sich schließlich herausarbeiten, dass die Methode zumal flexibel adaptierbar ist und sowohl in divergente als auch in disparate Zielgruppen- und Forschungskontexte überführt werden kann, wobei sie insbesondere in schwer zugänglichen Alltagsmilieus der Nutzer eine heuristisch anschlussfähige Erhebungsgrundlage bereitstellt.

► Transferbeispiel

In einer Studie mit Jugendlichen aus bildungsbenachteiligten Milieus wurde die Methode flexibel angepasst, indem die Teilnehmenden ihre Eindrücke per Sprachnachricht festhielten. ◄

4. **Partizipation der Nutzer**: Vor dem Hintergrund u. a. von Open-Innovation- und User-Innovation-Ansätzen hinsichtlich nutzerintegrierender Co-Creation, wie der Verfasser [4], [9], [12] in diversen Studien aufgezeigt hat, lässt sich feststellen, dass die proaktive Einbindung der Teilnehmer bzw. Prosumer in den Forschungsprozess nicht nur die empirische Datenqualität konsistenter akzentuiert, sondern zugleich signifikant das partizipative Engagement sowie die subjektive Zufriedenheit der Nutzerkohorten steigert. Daraus geht hervor, dass dies insbesondere im Rahmen konsortial strukturierter Forschungsansätze in Erscheinung tritt, die im Kontext der Kommunikations- und Informationstechnologie auf interdisziplinäre und institutionenübergreifende Synergieeffekte abzielen und deren methodologische Grundlagen im Bereich der Konsortialforschung häufig verankert sind.

► Transferbeispiel

In einer internationalen Studie zeigten sich bei der Assoziation desselben Produkts durch US-amerikanische und japanische Testpersonen deutlich unterschiedliche Adjektive, was auf kulturspezifische Wahrnehmungsprägungen hinwies. ◄

5. **Identifikation von impliziten Bedürfnissen**: Zu guter Letzt lässt sich feststellen, dass die Cultural-Probes-Methode insbesondere geeignet ist, implizite Bedürfnisse sowie unbewusste Verhaltensdispositionen zu eruieren, die sich innerhalb standardisierter Testsituationen nur eingeschränkt erschließen lassen.

► Transferbeispiel

In einem Forschungsprojekt zu Smart-Home-Geräten zeigte sich durch Cultural Probes, dass Nutzer oft unbewusst Sicherheitsbedenken hegten, die sie in klassischen Interviews nicht geäußert hatten. ◄

Über das Dargelegte hinaus bietet die Cultural-Probes-Methode forschungspraxeologisch zumal einen komplexitätsreduzierenden heuristischen Zugang, um tiefgreifende Einblicke in die kognitiven, konativen und affektiven Dispositionen von Nutzern innerhalb ihrer habituellen Lebenskontexte zu eruieren [456], [457], [460] (▫ Tab. 8.4). Vor dem Hintergrund der zielgruppengerechten Subjektpositionierung beziehungsweise der Identifikation mit bestimmten Subjektpositionen im Akt der Rezeption zwecks einer Plausibilitätskontrolle lässt sich hervorheben, dass die Cultural-Probes-Methode emotionale sowie kontextuelle Interdependenzen bzw. Kontextfaktoren simplifiziert erschließt, welche das Nutzerverhalten konturieren, und damit eine tragfähige Grundlage zur Gestaltung nutzerzentrierter Produkte und Dienstleistungen bereitstellt. Aus diesem Grund verorten Hassling et al. [462] sowie

Tab. 8.4 Cultural Probes im Rahmen des UX Research und User Research. (Quelle: Eigene Darstellung)

Punkt	Aspekt	Transferbeispiel
1	Natürliche Umgebung	Ein Nutzer dokumentiert mit einem Notizbuch seine Eindrücke beim morgendlichen Kaffeekauf, wodurch reale Nutzungserfahrungen in vertrauter Umgebung erfasst werden
2	Emotionale und kontextuelle Einblicke	Eine Teilnehmerin beschreibt schriftlich ihre Frustration beim Bedienen eines Automaten in der Mittagspause, wodurch emotionale und kontextuelle Einflussfaktoren deutlich werden
3	Flexibilität	In einer Studie mit Jugendlichen aus bildungsbenachteiligten Milieus wurde die Methode flexibel angepasst, indem die Teilnehmenden ihre Eindrücke per Sprachnachricht festhielten
4	Partizipation der Nutzer	In einer internationalen Studie zeigten sich bei der Assoziation desselben Produkts durch US-amerikanische und japanische Testpersonen deutlich unterschiedliche Adjektive, was auf kulturspezifische Wahrnehmungsprägungen hinwies
5	Identifikation von impliziten Bedürfnissen	In einem Forschungsprojekt zu Smart-Home-Geräten zeigte sich durch Cultural Probes, dass Nutzer oft unbewusst Sicherheitsbedenken hegten, die sie in klassischen Interviews nicht geäußert hatten

Celikoglu et al. [463] den Cultural-Probes-Ansatz in einem forschungspraktischen Zugriff, der durch die Konvergenz eigenständig dokumentierter Daten und qualitativer Interviewauswertungen ein holistisches Verständnis der Zielkohorte generiert und dabei implizite Bedürfnislagen in den Blick nimmt, die im Kontext der DIN EN ISO 9241-11 [8] bedeutsam sind und in konventionellen Erhebungsansätzen vielfach unberücksichtigt bleiben. In dieser Hinsicht entfaltet die Methode insbesondere innerhalb schwer einsehbarer lebensweltlicher Kontexturen des Alltagsvollzugs der Nutzer in Bezug auf das UX Research und User Research praxeologische Relevanz (vgl. Abb. 8.4).

Merke

Sachverhaltlich geht hervor, dass die Cultural-Probes-Methode auf induktivem Weg kognitive Deutungsstrukturen, konative Handlungsdispositionen und affektive Resonanzmuster innerhalb habitualisierter Lebenskontexte aufdeckt, indem sie nutzerseitige Erfahrungsräume sozialhistorisch gerahmter Konventionen heuristisch kontextualisiert und so eine subjektorientierte Explikation nutzerzentrierter Entwicklungsprozesse im UX Research und User Research praxeologisch konsolidiert.

Abb. 8.4 Komponenten der Cultural-Probes-Methode. (Quelle: Eigene Darstellung)

8.5 Usability-Methode: Design Thinking

Im Hinblick auf die lernzieltaxonomisch maßgebliche interaktionistische Theoriebildung im UX Design lässt sich nachvollziehen, weshalb Design Thinking per se als nicht linearer und iterativer Prozess zu verstehen ist, der – wie Nasution und Nusa [464] hervorheben – darauf im Kern abzielt, nutzerseitige Sinnhorizonte und Konventionen sowohl teleologisch als auch im Sinne eines hermeneutischen Zirkelschlusses in ihrer Tiefendimension zu erschließen. Dies bedingt allerdings, bestehende Deutungsmuster kritisch zu hinterfragen, Problemstellungen neu zu konturieren sowie lösungsorientierte Ansätze hervorzubringen, die schließlich im Modus experimenteller Prototypisierung explorativ erprobt und sukzessive ausdifferenziert werden [465]. Insofern eignet sich auch dieser Ansatz dazu, komplexe Problemstellungen heuristisch zu strukturieren, um zielgruppengerecht nutzerbezogene Produkte, Dienstleistungen oder Systeme entlang emergenter Bedarfsdispositionen gestaltungsbezogen zu konzipieren [466], [467]. Als Ausgangspunkt lässt sich anmerken, dass

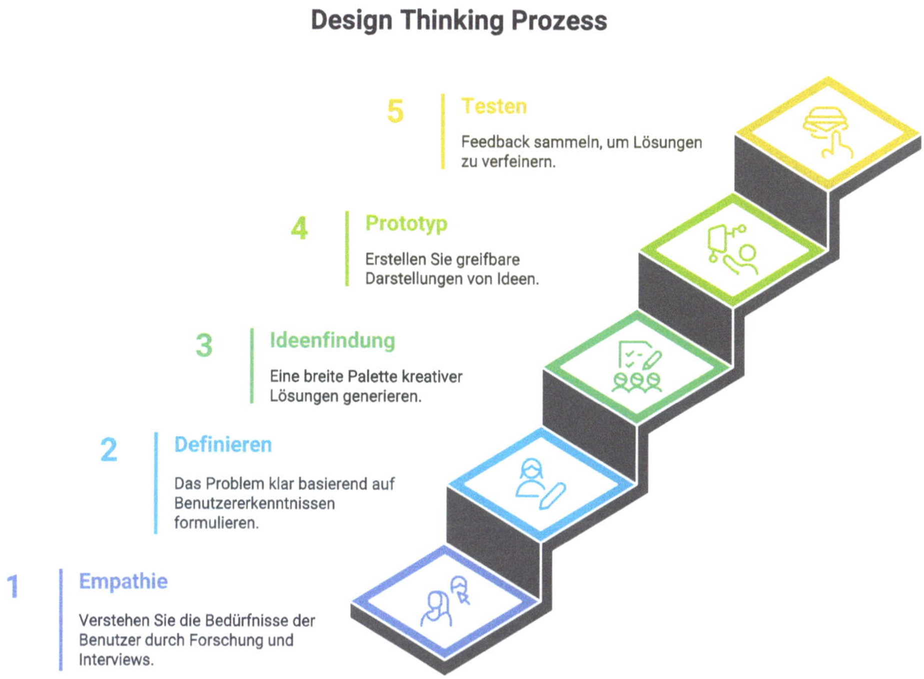

Abb. 8.5 Der Design-Thinking-Prozess in der Praxis. (Quelle: Eigene Darstellung)

sich der Prozess durch eine agile und adaptionsfähige Strukturierung kennzeichnet, indem er nicht an rigide Sequenzierungen gebunden ist, sondern situativ variiert und rekursiv modifiziert werden kann, wobei er sich gemäß Ding et al. [468] in fünf Phasen gliedert, die in der Praxis häufig parallel und daher nicht sequenziell ablaufen müssen (vgl. Abb. 8.5):

Hinweis

Die folgende Darstellung verdeutlicht, wie sich der Design-Thinking-Prozess aus interaktionistischer Perspektive als iteratives Rahmenmodell zur erschließenden Sinnrekonstruktion nutzerseitiger Erfahrungsdimensionen entfaltet.

1. **Empathize:**
   In diesem Szenario rückt die explorative bzw. ‚einfühlende' Erfassung nutzerseitiger Bedürfnislagen und Erfahrungshorizonte in den forschungsmethodologischen Fokus, indem mittels qualitativer Erhebungsverfahren – wie semistandardisierter Interviews, Beobachtungen oder aber auch Cultural Probes etc. – kontextsensitive Einblicke in die Lebenswirklichkeit, Problemkonstellationen und Motivationsstrukturen der Zielkohorte generiert werden, mit dem strategischen Ziel, empathische Anschlussfähigkeit, Reziprozität und ein plausibilisierbares Verständnis nutzerseitiger Deutungsmuster zu formieren [468], [469], [470].

► Transferbeispiel

In einem Forschungsprojekt zu Smart-Home-Geräten zeigte sich durch Cultural Probes, dass Nutzer oft unbewusst Sicherheitsbedenken hegten, die sie in klassischen Interviews nicht geäußert hatten. ◄

2. **Define:**
   Darauf aufbauend erfolgt auf Grundlage der in der o. g. Empathize-Phase generierten Erkenntnisse eine präzise Problemdefinition, indem die erhobenen Kontextinformationen verdichtet und das zentrale Handlungsfeld extrahiert werden, vor dessen Hintergrund die pointierte Formulierung des Erkenntnisinteresses als konstitutive Voraussetzung für die anschließende Entwicklung adressatengerechter Lösungsansätze zu betrachten ist [468], [469], [470].

► Transferbeispiel

In einem Forschungsprojekt zu Smart-Home-Geräten zeigte sich durch Cultural Probes, dass Nutzer oft unbewusst Sicherheitsbedenken hegten, die sie in klassischen Interviews nicht geäußert hatten. ◄

3. **Ideate:**
   In dieser dritten Phase werden kreative Ideen und insbesondere problemexplorative Lösungsansätze zunächst initiiert. Im Zuge dessen wird u. a. mittels Brainstormings, Mind-Mappings oder anderer kollaborativer Kreativitätstechniken ein umfangreiches Spektrum an Ideationen gesammelt, ohne diese jedoch zunächst intersubjektiv sowie festlegend zu evaluieren. Demzufolge ist es das wertschöpfende Gütekriterium, möglichst zahlreiche und vielfältige Lösungsmöglichkeiten im Sinne einer Durchlässigkeit organisational zu entfalten, die im nächsten Schritt weiterverfolgt werden können [468], [469], [470].

► Transferbeispiel

Ein interdisziplinäres UX-Team sammelt mithilfe von Brainstorming auf digitalen Whiteboards erste Ideen zur Verbesserung der Barrierefreiheit einer App – ohne diese sofort zu bewerten – und schafft damit die Grundlage für anschließende Prototypen. ◄

4. **Prototype:**
   Schließlich werden in dieser Phase die konzeptionell prägnantesten Ansätze in prototypische Artefakte deduziert und überführt, die, je nach Kontextur und Ressourcensituation im Sinne des Mensch-Organisation-Technik-Modells, in Gestalt von Skizzen, Mockups, physischen Modellen bzw. Artefakten oder aber gar digitalen Simulationen konkretisiert werden. In dieser Konfiguration zielt die Prototypisierung primär darauf ab, Ideationen in einer anschlussfähigen und evaluierbaren Gestalt zu verdichten, ohne jedoch bereits finale Lösungskonfigurationen zu elaborieren [468], [469], [470].

► Transferbeispiel

Ein UX-Team erstellt auf Basis erster Ideen mehrere klickbare Mockups, um unterschiedliche Navigationskonzepte einer neuen App-Version nutzerseitig vergleichbar und testbar zu machen – ohne sich bereits auf ein finales Design festzulegen. ◄

5. **Test**:
   Zu guter Letzt werden in der fünften Phase die entwickelten Prototypen im Umfeld realer Nutzererfahrungen erprobt, um durch Usability-Testungen, begleitende Interviews oder aber beobachtungsbasierte Verfahren Rückmeldungen zu erheben, die eine plausibilitätsbasierte Evaluation ex post hinsichtlich der Lösungskonfigurationen begünstigen und so den Entwicklungsprozess iterativ entlang empirischer Resonanzmuster weiterführen [468], [469], [470].

► Transferbeispiel

Ein Prototyp für eine Ticketbuchungsplattform wird mit potenziellen Nutzern getestet. Während sie reale Buchungsszenarien durchlaufen, beobachten Forschende ihre Interaktionen und führen kurze Interviews, um Verbesserungsbedarfe gezielt abzuleiten. ◄

In der deduktiven Ableitung lässt sich hinsichtlich der theoretischen Konsequenz feststellen, dass ein konstituierendes Merkmal des Design Thinking in dessen Iterativität und Adaptivität liegt, vor der Konstellation, dass die beschriebenen fünf Phasen weder strikt sequenziell noch linear verlaufen müssen, sondern in variabler Parallelität und emergenter Offenheit zu Tage treten können [467] (◘ Tab. 8.5). Es sollte daher für die Praxis in Betracht gezogen werden, dass es innerhalb des iterativen Prozessgeschehens erforderlich sein kann, etwa während der Testphase erneut in die Empathize-Phase zurückzukehren, um ergänzende Nutzerinformationen zu eruieren, oder aber im Modus der Ideengenerierung alternative Lösungsansätze zu konzipieren, sofern sich bestehende Prototypen als inadäquat herausstellen [464]. Folge-

◘ **Tab. 8.5** Design-Thinking-Phasen. (Quelle: Eigene Darstellung)

Phase	Beschreibung	Transferbeispiel
Empathize	Explorative Erfassung nutzerseitiger Bedürfnislagen und Erfahrungshorizonte durch qualitative Verfahren	Durch Cultural Probes wurde aufgedeckt, dass Nutzer bei Smart-Home-Geräten unbewusst Sicherheitsbedenken hegten
Define	Präzise Problemdefinition auf Basis der Empathize-Phase zur Entwicklung adressatengerechter Lösungen	Die Analyse der Probes-Daten führte zur klaren Definition von Sicherheitsbedenken als zentrales Problemfeld
Ideate	Generierung kreativer Ideen und Lösungsansätze mittels Brainstorming oder ähnlichen Techniken	Ein Team nutzt digitales Brainstorming, um viele Ideen zur App-Barrierefreiheit zu sammeln, ohne Bewertung
Prototype	Umsetzung der Ideen in prototypische Artefakte wie Skizzen, Mockups oder Simulationen	Mehrere klickbare Mockups werden erstellt, um unterschiedliche Navigationskonzepte testbar zu machen
Test	Erprobung der Prototypen mit realen Nutzern zur iterativen Weiterentwicklung basierend auf Feedback	Ein Ticketplattform-Prototyp wird mit Nutzern getestet, während ihre Nutzung beobachtet und interviewt wird

richtig lässt sich in dieser Hinsicht schließlich hervorheben, dass die obige nichtlineare Vorgehensweise eine adaptive sowie agile Reaktion auf emergente Erkenntnisse sowohl strategisch-prozessual als auch taktisch in Bezug auf den Ideations- und Inventionsprozess bedingt, da sie eine fortlaufende Justierung des Entwicklungsprozesses innerhalb iterativer Zyklen unterstützt [159], [187]. Darüber hinaus lassen die bisherigen Diskurse keinen Zweifel daran, dass Design Thinking weniger als rein methodologischer Problemlösungsansatz per se zu verstehen ist, sondern vielmehr als eine nutzerzentrierte Grundhaltung im organisationalen Umfeld des UX Research und User Research, die einerseits die kollaborative Interaktion bzw. partizipative Co-Creation in transdisziplinären Konstellationen forschungspraktisch rahmt, andererseits aber auch die organisationale Bereitschaft zur kreativen Risikoübernahme sowie zur experimentellen Exploration innerhalb gestalterischer Entwicklungsprozesse praxeologisch maßgeblich begünstigt [12], [13]. Nicht zuletzt ist es mit Bezug auf die o. g. Implikationen unerlässlich, demzufolge zu schlussfolgern, dass die Operationalisierungspraxis im organisationalen Kontext des UX Research und User Research eine ganz besondere Valenz entfaltet, indem sie explorative und ätiologische Einblicke sowohl in bedürfnisgeleitete Handlungsdispositionen als auch in nutzerspezifische Verhaltensstrukturen eröffnet [467]. Erst dadurch synthetisieren sich lösungsorientierte Entwicklungsansätze, die zumal kohortenspezifisch auf die Erfordernisse der Zielgruppe ausgerichtet sind [4], [12], [14], [19]. In Anbetracht des Dargelegten lässt sich ferner festhalten, dass Design Thinking aufgrund seines sowohl holistischen als auch strukturierenden Bezugsrahmens sachdienlich komplexe Problemkonstellationen in handhabbare Sequenzen überführt und dadurch einerseits zur heuristischen Komplexitätsreduktion, andererseits zur prozessorientierten Bearbeitung nutzerzentrierter Entwicklungszusammenhänge beiträgt (vgl. ◘ Abb. 8.6). Die Beachtung der obigen kausalen Prämissen und Implikationen, wie Gothelf [467] zweifelsfrei verdeutlicht, ist insbesondere in frühen Entwicklungsphasen, d. h., in denen Anforderungen in der Regel noch diffus bleiben und divergente Lösungsansätze explorativ geprüft werden müssen, von besonderer Relevanz.

Hinweis
Gerade im Anwendungskontext erweist sich die iterativ-agile Ausgestaltung des Design Thinking als entscheidender Erfolgsfaktor.

Unter den diesbezüglich dargelegten Voraussetzungen lässt sich in der theoretischen Konsequenz abschließend deduzieren, dass Design Thinking kerninhärent als ein iterativer und nutzerzentrierter Prozess unbedingt zu verstehen ist, der sich einerseits durch eine gewisse Flexibilität und andererseits durch adaptive Anpassungslogiken im Kontext des Mensch-Organisations-Technik-Ansatzes, d. h. organisational im Umfeld des UX Research und User Research eignet [12], [13], [14], [19], [51]. Letztendlich stellen die fünf eruierten Phasen „Empathize, Define, Ideate, Prototype und Test", so schlussfolgern Gothelf [467] sowie Steimle und Wallach [187], eine systematisierte Handreichung bereit, um komplexe Problemkonstellationen explorativ vollumfänglich, jedoch gleichzeitig heuristisch simplifiziert, zu durchdringen und

Abb. 8.6 Der Design-Thinking-Zyklus in der Praxis. (Quelle: Eigene Darstellung)

lösungsgerichtete Entwicklungspfade im Sinne einer durchlässigen Teilhabe zwecks Zielgruppengerechtigkeit zu eröffnen. Wegweisend tritt jedoch in der Regel in der Arbeitspraxis zutage, dass die hier diskursiv spezifizierte nichtlineare Vorgehensweise es erleichtert, den Prozess kontinuierlich sowie agil zu optimieren und auf neue Erkenntnisse zu reagieren [467]. Nicht zuletzt ist es hier unerlässlich zu erwähnen, dass Design Thinking im Kontext des User Research ein sowohl sach- als auch zweckdienliches Instrument darstellt, das einerseits die Nutzerbedürfnisse fokussiert und andererseits die kreative Interaktion innerhalb interdisziplinärer sowie transdisziplinärer Teamkonstellationen begünstigt [14].

Merke

Design Thinking entfaltet sich im Kontext des User Research als iterativer und nutzerzentrierter Entwicklungszugriff, der komplexe Problemstellungen entlang emergenter Bedarfskonstellationen heuristisch strukturiert, kreative Interaktion in interdisziplinären Teams forschungspraktisch begünstigt und eine dynamisch adaptierbare Generierung kohortenspezifischer Lösungspfade ermöglicht.

8.6 Usability-Methode: Eye Tracking

Wegweisend zeigt sich seit den 1990er-Jahren, als Eye Tracking zunehmend in der angewandten Forschung des User Research und im UX Research sich etabliert hat, dass Eye Tracking ein profundes informationstechnologisches Mittel darstellt, um die Blickrichtung, Augenbewegungen und Blickverweildauer von Nutzern präzise zu erfassen, um dadurch wertvolle Einsichten in die visuelle Aufmerksamkeitsökonomie zu evaluieren, sei es im Kontext der Betrachtung von Produktverpackungen, Webseiten oder anderen visuellen Stimuli [471], [472], [473]. Unter den obigen Voraussetzungen weisen Eye-Tracking-Verfahren sowohl in mobiler Ausgestaltung mittels spezieller Brillensysteme als auch in stationärer Konfiguration distinkte Anwendungslogiken und Nutzungsvorteile auf, die jeweils in Abhängigkeit vom Forschungskontext selektiv zu berücksichtigen sind [474].

Hinweis

Im Kontext nutzerzentrierter Forschung eröffnet Eye Tracking gezielte Einblicke in visuelle Wahrnehmungsprozesse.

1. **Mobiles Eye Tracking**:
   Praxeologisch zielt das sogenannte ‚Mobile Eye Tracking' mittels des Einsatzes spezialisierter Brillensysteme im Kern darauf ab, den Nutzern die Option zu eröffnen, sich innerhalb ihrer natürlichen Umgebungen ergonomisch unbeeinträchtigt zu bewegen. Strukturgebend erweist sich daher dieser Ansatz, wie Eghbal-Azar und Widlok [475] konstatieren, als prädestiniert für empirische Feldstudien, in denen das Nutzerverhalten innerhalb realer Kontexte wie z. B. Museen, Einkaufszentren, Supermärkten oder aber öffentlichen Räumen methodologisch exploriert wird. Im Kontext dessen bietet die mobile Eye-Tracking-Variante selbsterklärend insofern den Vorteil, dass die Nutzer in ihrer gewohnten Umgebung losgelöst agieren können, was die evidenzbezogene Gewinnung authentischer und alltagsnaher Daten signifikant begünstigt [476], [477].

► Transferbeispiel

Ein UX-Team beobachtet per mobiler Eye Tracking Brille, wie sich Kunden im Supermarkt bewegen und welche Produktbereiche sie visuell priorisieren, um Rückschlüsse auf die Regalgestaltung zu ziehen. ◄

2. **Stationäres Eye Tracking**:
   Es ist mit Blick auf das UX Research nicht überraschend, dass sich hinsichtlich des stationären Eye-Trackings der Nutzer in der Regel vor einem Bildschirm positioniert, an dem ein Eye-Tracking-Gerät und/oder eine Webcam appliziert ist [478]. Analog im Kontext dessen lässt sich nun verzeichnen, dass dieser Ansatz in der Regel in klassischen Forschungsszenarien wie etwa Usability-Laboren Anwendung findet und sich vor dem o. g. Hintergrund insbesondere für die Untersuchung von Webseiten, Softwareoberflächen oder digitalen Anwendungen zwecks HCI-Evaluation prädestiniert, wobei die stationäre Variante eine hohe Präzision sowie eine kontrollierte Testumgebung gewährleistet, wodurch die Vergleichbarkeit der erhobenen Daten konsistenter ausfällt [479], [480], [481].

► Transferbeispiel

Ein Unternehmen testet mit stationärem Eye Tracking, wie Nutzer eine neue Softwareoberfläche bedienen, um festzustellen, welche Menübereiche übersehen oder nur zögerlich wahrgenommen werden. ◄

Ausführlich eingegangen sei in diesem Zusammenhang auf die Tatsache, dass die mittels Eye Tracking erhobenen Daten in unterschiedlichen Visualisierungsformaten aufbereitet werden können, d. h., insbesondere die ‚Heatmap' als verbreitete Darstellungsform dient, indem sie Blickverweildauern sowie Blickhäufigkeiten der Nutzer innerhalb einer visuellen Oberfläche repräsentativ abbildet [482], [483]. Damit ist schließlich inbegriffen, dass besonders intensiv fokussierte Areale innerhalb der o. g. ‚Heatmap' in Rottönen visualisiert werden, während Zonen geringerer visueller Aufmerksamkeit typischerweise in Blau- oder Grüntönen softwarebasiert angezeigt werden [484], [485], [486], [487]. In Anbetracht dessen lässt sich erfassen, dass diese Visualisierungsformation auf einen Blick komplexitätsreduziert erkennen lässt, welche Artefakte die höchste Aufmerksamkeit auf sich ziehen und welche Segmente tendenziell peripher perzeptiv rezipiert oder aber gar übersehen werden [471].

Hinweis

Ein zentraler Vorteil visueller Auswertungen wie der Heatmap liegt in ihrer intuitiven Lesbarkeit, die auf einen Blick aufzeigt, wo Nutzer ihre visuelle Aufmerksamkeit tatsächlich fokussieren.

In der obigen Konfiguration erschließt sich in Bezug auf einen optimalen Einsatz, dass Eye Tracking aufgrund seines forschungspraxeologischen „Value Added" (Anm. Mehrwert), so hebt Burch [488] hervor, als heuristisches Verfahren innerhalb nutzerzentrierter Erhebungsdesigns im User Research sowie UX Research eine essenzprägende Relevanz entfaltet:

1. **Gütekategorische Daten**: Dieser Aspekt ist insofern von besonderer Bedeutung, als dass Eye Tracking im Gegensatz zu subjektiv basierten Befragungsverfahren objektiv erhobene Daten über das tatsächliche Nutzerverhalten bereitstellt, die nicht durch erinnerungsbedingte Lücken oder sozial erwünschte Antworttendenzen verfälscht sind [488].
2. **Tiefe Einblicke in die visuelle Aufmerksamkeit**: Mit Blick auf den Recall- und Recognition-Ansatz lässt sich des Weiteren feststellen, dass die Methode insbesondere Anschlusspunkte zur Identifikation visueller Aufmerksamkeitsmuster bereitstellt, welche Rückschlüsse auf die Usability sowie die Attraktivität visueller Inhalte zulassen [488].
3. **Echtzeitanalyse**: Eye Tracking bildet zudem eine solide Basis für die Echtzeiterfassung nutzerseitiger Verhaltensmuster, wodurch innerhalb iterativ strukturierter Designprozesse situativ fundierte Anpassungen begünstigt werden können [488].
4. **Konvergenz mit anderen Methoden**: Bezeichnend zeigt sich ferner, dass Eye Tracking mit anderen Usability-Verfahren wie etwa Think-Aloud-Protokollen oder qualitativen Interviewansätzen kombinierbar ist, um sowohl quantitative als auch qualitative Datenbestände innerhalb nutzerzentrierter Erhebungsdesigns kohärent zu integrieren [488].

5. **Anwendungsvielfalt**: Mittels der Eye -Tracking-Methode lassen sich divergente Anwendungskontexte erschließen, die von der nutzerzentrierten Webseitenoptimierung über die gestalterische Evaluation von Verpackungsdesigns bis hin zur explorativen Erfassung nutzerspezifischer Verhaltensdispositionen in realweltlichen Settings reichen [488].

In der Schlussbetrachtung lässt sich demzufolge darstellen, dass Eye Tracking im Kern eine nutzungsfokussierte Zugriffsmethode darstellt, welche die visuelle Aufmerksamkeitsdynamik von Nutzerinnen und Nutzern differenziert erfasst und analysiert, indem sie Blickrichtungen, Augenbewegungen sowie Blickverweildauern präzise dokumentiert und damit wertvolle Befunde begründet, die innerhalb produkt-, webseiten- oder werbeorientierter Optimierungsprozesse anwendungspraktisch nutzbar gemacht werden können. Auf dieser Grundlage lässt sich erkennen, welche Elemente die höchste visuelle Aufmerksamkeit auf sich ziehen und in welchen Bereichen Optimierungsbedarf besteht, wobei die Visualisierung der Daten in Form von Heatmaps eine intuitive Erschließung dieser Erkenntnisse unterstützt. Die dargelegten Sachverhalte verdeutlichen kausal, dass Eye Tracking ein sach- und zweckdienliches Instrument im User Research darstellt, das sowohl innerhalb feldspezifischer Erhebungskontexte als auch in kontrollierten Laborumgebungen im Berufsalltag des UX Researchers Anwendung findet, um nutzerzentrierte Lösungsansätze profund zu entwickeln.

Merke

Eye Tracking erschließt als nutzungsfokussiertes Erhebungsverfahren die visuelle Aufmerksamkeitsökonomie von Nutzerinnen und Nutzern präzise, indem es kognitive, konative und affektive Resonanzmuster in realweltlichen wie laborgebundenen Kontexturen dokumentiert und damit eine empirisch fundierte Grundlage für nutzerzentrierte Optimierungsprozesse innerhalb des UX Research bereitstellt.

8.7 Usability-Methode: Paper-Prototyping

Um eine präzise Einordnung und einen professionellen Umgang mit dem variablen Phänomen des **Paper-Prototyping** zu initiieren, sollte propädeutisch zunächst darauf verwiesen werden, dass es sich hierbei um eine niederschwellige, jedoch wirkungsvolle Methode handelt, um konzeptionelle Ideen in einer frühen Entwicklungsphase rasch zu dokumentieren, kommunikativ zugänglich zu machen und visuell zu konkretisieren [173], [202], [489]. Aus instruktionspsychologischer und -designerischer wie auch aus UX-designerischer Perspektive lässt sich festhalten, dass der Anwendungsbezug dieser Methode nicht nur allein der zügigen Entwicklung prototypischer Entwürfe dient, sondern vor allem strategisch der frühzeitigen Identifikation potenzieller Fehlerquellen sowie der heuristischen Unterstützung bei dem nutzerzentrierten Design von API-Strukturen (Application Programming Interface) [490], [491]. Obgleich gegenwärtig eine substitutive Vielzahl digitaler Instrumentarien für die Konzeption von Mockups und Clickdummys verfügbar ist, bewahrt das analoge Paper-Prototyping nach wie vor Vorzüge, welche es insbesondere innerhalb der initialen Designphase methodologisch als komplexitätsreduziertes und somit anschlussfähiges Verfahren auszeichnen [489], [492].

Die geeigneten Maßnahmen in diesem Bezug zu ergreifen, setzt voraus, dass Paper-Prototyping primär darauf abzielt, durch eine niederschwellige und zeiteffiziente Visualisierung von Produkt- oder Serviceideen erste Annäherungen an potenzielle Handlungsabläufe, Bedienlogiken und Nutzerführungen exemplarisch erfahrbar zu machen – und dies nicht allein im Sinne schneller Entwurfszyklen, sondern auch zur frühzeitigen Identifikation möglicher Schwachstellen sowie zur heuristischen Unterstützung nutzerzentrierter Interface-Gestaltung [493]. Überhaupt ist es ein nicht zu unterschätzendes Merkmal, dass die haptische und visuelle Veranschaulichung von Ideen dazu beiträgt, Design-Teams sowie Stakeholdern frühzeitig eine Grundlage für rückkoppelndes Feedback und die Identifikation potenzieller Problemlagen zu bieten, während zugleich die hodologische Notwendigkeit in den Blick genommen wird, nutzerseitige Orientierungsverläufe und Handlungsroutinen bereits in frühen Entwicklungsphasen plausibilitätsbasiert vorstrukturieren zu können [494], [495]. Das wiederum bedeutet innerhalb dieses Rahmens, dass Paper-Prototyping ein dialektisches Verständnis des gestalteten Prozesses begünstigt, insofern die mit der manuellen Ausarbeitung einhergehende Entschleunigung eine intensivere Auseinandersetzung mit strukturellen Details sowie der immanenten Logik des Designs nachhaltig forciert [496].

Weil die obige Beschreibung eine gewisse Vagheit bewahrt und das Konzept in seiner konkreten Fassung womöglich schwer greifbar bleibt, wird im Folgenden auf differenzierte Transferansätze verwiesen, welche exemplarisch die methodischen Varianten der Erstellung von Paper-Prototypen konturieren, die je nach Zielhorizont kombinatorisch variieren können [164], [172], [180], [195], [200]:

Hinweis

Paper-Prototyping stellt eine niederschwellige, aber effektive Methode dar, um Ideen frühzeitig sichtbar, überprüfbar und iterierbar zu machen.

1. **Skizzieren der Ideation**:
   Zunächst einmal liegt der instruktions- sowie ux-designerische Fokus auf der exemplarischen Anfertigung grober Skizzen, die unter diesen Voraussetzungen primär das visuelle Erscheinungsbild einer konzeptionellen Ideation antizipieren, um in diesem Zusammenhang exemplarisch die Anordnung von Interface-Elementen, die strukturelle Gliederung einer Benutzeroberfläche, die gestalterische Ausformung eines Verpackungsdesigns etc. inhaltlich verankern und simplifiziert veranschaulichen [164], [172], [180], [195], [200].
2. **Schemata der Funktionalität**:
   Angesichts der instruktionsdesignerischen und -psychologischen Sicht richtet sich Paper-Prototyping ebenfalls auf die funktionalen Kerndimensionen eines Produkts oder aber einer Dienstleistung, indem durch die Erstellung von Diagrammen etc. die ablauforientierten Relationen sowie die Interaktionslogiken zwischen unterschiedlichen Elementen präzise zutage treten [164], [172], [180], [195], [200].

3. **Interface-Funktionalität**:
   Gleichermaßen liegt nun aber auch auf der Hand, dass der Paper-Prototyping-Ansatz auf die schematische Skizzierung der Bedienoberfläche eines Produkts oder einer Anwendung abzielt, indem Buttons, Menüs, Navigationselemente sowie weitere interaktive Komponenten exemplarisch erfasst werden, um die nutzerseitige Führung innerhalb der Interaktionsstruktur visuell zwecks Eruierens der Zielgruppengerechtigkeit und Nutzerzentrierung zu antizipieren [164], [172], [180], [195], [200].

► Transferbeispiel

Ein UX-Designteam skizziert auf Papier erste Entwürfe einer App-Oberfläche, um grob zu veranschaulichen, wie Inhalte angeordnet sein könnten und wie die visuelle Struktur beim Nutzer wirken soll. ◄

Es ist obiger Darstellung daher leicht nachvollziehbar, dass die für das Paper-Prototyping erforderlichen Werkzeuge auf niedrigschwellige und allgemein zugängliche Materialien rekurrieren, welche die unmittelbare Umsetzung gestalterischer Konzeptionen ressourcenschonend unterstützen:

8

- Papier (in verschiedenen Formaten und Farben)
- Buntstifte oder Marker
- Kleber
- Scheren
- Buntes Papier
- Post-ist

An diesem Punkt wird nun ebenso ersichtlich, warum überhaupt die bereitgestellten Werkzeuge hinsichtlich der Prototyping-Methode eine zügige, zugleich aber auch adaptive Skizzierung, Modifikation und Präsentation gestalterischer Entwürfe innerhalb iterativer Entwicklungsprozesse funktional absichern. Chen und Yoon [173] betonen deshalb, dass ein zweckmäßiger Kernaspekt ebenfalls der Einsatz von Post-its darstellt, mit dem häufig interaktive Elemente wie z. B. Buttons oder Menüs abgebildet werden, zumal diese flexibel repositioniert oder aber variiert werden können. Die Einbeziehung des Paper-Prototyping bietet im Rahmen des UX Research demnach mehrere Vorteile, insofern sie innerhalb nutzerzentrierter Forschungs- und Gestaltungsprozesse eine niederschwellige, gleichzeitig aber auch adaptionsfähige und reflexive Visualisierungsform bereitstellt, wie im Folgenden präzisiert (vgl. ▫ Abb. 8.7):

Hinweis

Für die Umsetzung von Paper Prototyping werden einfache analoge Materialien verwendet, die eine rasche und flexible Ausarbeitung gestalterischer Ideen unterstützen.

1. **Schnelle Iteration**:
   Eine Implementierung des Paper-Prototyping offeriert der Anspruchsgruppe zunächst einmal die Option, ohne informationstechnologische Vorkenntnisse oder spezialisierte Softwarelösungen Ideationen komplexitätsreduziert zügig zu visualisieren und adaptiv zu modifizieren, sodass im Wesentlichen eine beschleunigte

Abb. 8.7 Papier-Prototyping – Vor- und Nachteile. (Quelle: Eigene Darstellung)

Iteration sowie die frühzeitige Identifikation potenzieller Problemfelder innerhalb der Gestaltungskonzeption zweckdienlich nachvollzogen werden können [164], [172], [180], [195], [200].

2. **Kosteneffizienz**:
   In Anbetracht dessen lässt sich ebenso verzeichnen, dass Paper-Prototyping im Vergleich zu digitalen Prototyping-Tools eine äußerst ressourcenschonende Alternative darstellt, da selbsterklärend lediglich basale Materialien erforderlich sind [164], [172], [180], [195], [200].
3. **Zugänglichkeit/Durchlässigkeit**:
   Darüber hinaus lässt sich ferner feststellen, dass der o. g. Ansatz allen Teammitgliedern unabhängig von technischen Vorkenntnissen organisational offensteht, wodurch eine kollaborative Interaktion sowie die Co-Creation-Integration vielfältiger Erfahrungs- und Deutungshorizonte forschungspraktisch signifikant begünstigt wird [164], [172], [180], [195], [200].
4. **Tiefes Verständnis**:
   Schließlich ergibt sich aus dem Dargelegten, dass der manuelle Prozess des Zeichnens und Gestaltens per se ein profundes dialektisches Verständnissowohl der strukturellen Designlogik als auch der nutzerseitigen Verhaltens- und Verhältnisänderungen induziert, was insbesondere in frühen Phasen des Designprozesses eine erhebliche Relevanz beansprucht [164], [172], [180], [195], [200].

5. **Frühzeitiges Feedback**:
   Auch erschließt sich hier, dass Paper-Prototypen in unkomplizierter Weise mit Nutzern oder Stakeholdern geteilt werden können, um frühzeitig Feedback zu aggregieren, wodurch das Risiko kostenintensiver Modifikationen in fortgeschritteneren Entwicklungsstadien signifikant reduziert wird [164], [172], [180], [195], [200].
6. **Flexibilität**:
   Zu guter Letzt lässt sich ferner verzeichnen, dass sich die o. g. Methode durch eine ausgeprägte Flexibilität auszeichnet und adaptiv auf divergente Kontexte sowie spezifische Anforderungsprofile übertragbar ist, sodass sie gleichermaßen für die Konzeption digitaler Interfaces wie auch für die Gestaltung physischer Produkte anschlussfähig bleibt [164], [172], [180], [195], [200].

Pointiert lässt sich an dieser Stelle demzufolge deuten, dass das Paper-Prototyping prinzipiell eine niederschwellige, jedoch auch gleichzeitig äußerst wirksame Methode darstellt, um Ideationen simplifiziert zu visualisieren, zu kommunizieren und exemplarisch zu erproben, indem mittels analoger Werkzeuge wie z. B. Papier, Buntstiften und Post-its nutzerseitige Bedürfnislagen präziser erschlossen und demzufolge potenzielle Fehlerquellen bereits in frühen Entwicklungsphasen antizipiert werden können. In instruktions- und ux-designerischer Perspektive strukturiert sich, dass die Methode die kollaborative Interaktion, auch die Co-Creation im Sinne einer Open-Innovation- oder User-Innovation-Formation, instruktionspsychologisch amplifiziert und zügige Iterationszyklen begünstigt, sodass sie sich insbesondere in initialen Designphasen als unverzichtbares heuristisches Instrumentarium herausbildet [1], [2], [3]. Durchaus lässt sich konstatieren, dass aus praxeologischer Sicht Paper-Prototyping eine bedeutsame Ergänzung zu digitalen Prototyping-Ansätzen darstellt und als integraler Bestandteil innerhalb nutzerzentrierter User-Research- und Design-Thinking-Prozesse zu verorten ist.

Merke

Paper-Prototyping stellt innerhalb nutzerzentrierter Entwicklungsprozesse eine niederschwellige, flexible und heuristisch anschlussfähige Visualisierungsmethode dar, die frühe Bedürfniserschließungen, iteratives Feedback sowie ein dialektisches Verständnis struktureller und funktionaler Designlogiken praxeologisch expliziert.

8.8 Usability-Methode: Design the Box

Die obigen Aspekte sind insofern auch von korrespondierender Bedeutung im Hinblick auf die Kreativmethode **Design in the Box**, als dass diese darauf abzielt, einen Verpackungsprototyp für eine Idee, eine Dienstleistung oder ein Produkt konzeptionell auszuarbeiten und dabei die kreative Auseinandersetzung mit den konstitutiven Merkmalen sowie den tragenden Eigenschaften des jeweiligen Gegenstandsbereichs stimuliert [497], [498].

Dementsprechend zeigt die praxeologische Integration der o. g. Methode, dass deren ursprüngliche Konzeption zwar auf physische Produkte abgezielt hat, sie jedoch ebenso in der Gegenwart auf digitale Artefakte übertragbar ist, insofern sie eine stringente Priorisierung informationsrelevanter Inhalte einfordert und dadurch eine prägnante Fokussierung auf die konstitutiven Dimensionen des jeweiligen Entwicklungsgegenstands sowohl inventiv als auch organisational befördert [205].

Es sollte allerdings indirekt berücksichtigt werden, dass das primäre Anliegen von Design the Box darin besteht, eine antizipative Vorstellung darüber zu konstruieren, wie ein Produkt oder eine Idee im Rahmen einer metaphorisch imaginierten Verkaufssituation repräsentiert werden könnte, indem durch die konzeptuelle Gestaltung einer symbolischen Verpackungsstruktur eine vertiefte Auseinandersetzung mit den konstitutiven Eigenschaften, Bestandteilen und Differenzierungsmerkmalen des zu entwickelnden Artefakts angeregt wird [499]. Mit Blick auf die dargebrachten Erklärungen wird ersichtlich, dass diese Methode insbesondere dazu geeignet ist, einen kohärenten Diskurs über die konstitutiven Aspekte eines Produkts anzustoßen und eine konsensuale Verdichtung der Produktvision innerhalb der beteiligten Stakeholder zu fördern [499].

In dieser Hinsicht liefert Klein [500] umfassende Erklärungen dahingehend, dass Design the Box als Methode insbesondere für interne Implementierungen innerhalb betriebsinterner Marketingstrukturen prädestiniert ist, ohne auf die direkte Partizipation endnutzerseitiger Stakeholder rekurrieren zu müssen. Jedoch ist zu beachten, dass die Methode gleichermaßen in Workshopformaten mit Stakeholdern oder interdisziplinär zusammengesetzten Teams Anwendung finden kann, um eine kohärente Produktvision zu konturieren, wobei insbesondere im digitalen Entwicklungsumfeld die durch die räumliche Begrenztheit der metaphorischen Verpackungsstruktur induzierte Priorisierung wesentlicher Informationsinhalte von forschungspraktischem Interesse ist. Gleichermaßen ist des Weiteren zu verzeichnen, dass die methodisch induzierte Informationsverdichtung insbesondere im Kontrast zu digitalen Plattformformaten wie etwa Landingpages vorteilhaft erscheint, da dort häufig erweiterte Darstellungsräume bestehen und dadurch die Gefahr steigt, dass zentrale Inhalte innerhalb der Rezeption an Prägnanz verlieren oder peripher verbleiben [205], [499], [500].

Vor dem dargelegten Hintergrund erschließt sich, dass die Konzeption einer metaphorischen Verpackungsbox in mehrere distinkte Prozessschritte untergliedert ist, wie u. g. dargestellt [205], [499], [500]:

Hinweis

Im Zentrum der Methode steht nicht zuletzt die Förderung einer konstruktiven Diskurs- und positiven Streitkultur, durch die divergierende Perspektiven auf zentrale Produktmerkmale sichtbar gemacht und kritisch-reflexiv zusammengeführt werden.

1. **Definition der Produktmerkmale**:
   Zunächst einmal wird im Team eine Identifikation der zentralen Indikatoren, d. h. Merkmalsausprägungen, Merkmalsträger etc. sowie der konstitutiven Eigenschaften des Produkts oder der Dienstleistung vorgenommen, um sowohl funk-

tionale Triebkräfte als auch emotionale und ästhetische Qualitäten in den analytischen Fokus zu rücken [205], [499], [500].

2. **Gestaltung der Verpackung**:
   Infolgedessen sollte darauf geachtet werden, dass die metaphorische Verpackungsgestaltung darauf in der Regel abzielt, die Kernbotschaften sowie die Alleinstellungsmerkmale des Produkts, d. h. im Hinblick auf das Leistungsversprechen, in einer klaren und prägnanten Form zu verdichten, indem durch die gezielte Auswahl von Farben, Typografien, Bildmotiven und Textbausteinen die produktimmanente Identität semantisch-visuell vermittelt wird [205], [499], [500].
3. **Priorisierung von Informationen**:
   Schließlich ist zu berücksichtigen, dass aufgrund der räumlichen Begrenzung der metaphorischen Verpackungsstruktur das Team gezwungen ist, eine gezielte Priorisierung vorzunehmen, indem es entscheidet, welche Informationen einerseits fokussiert kommuniziert werden sollen, andererseits wie eine akzentuierte Verdichtung auf die zentralen Merkmale und wesentlichen Charakteristika des Produkts de facto zielgruppengerecht sowie durchlässig überhaupt erreicht wird [205], [499], [500].
4. **Präsentation und Diskussion**:
   Zu guter Letzt bedingt das oben skizzierte Vorgehen, dass die finalisierte Verpackung innerhalb des Teams präsentiert und einer kritischen Auseinandersetzung unterzogen wird, wobei die identifizierten Produkteigenschaften, Bestandteile und Merkmale überprüft und gegebenenfalls modifikativ angepasst werden [205], [499], [500].

8

► **Transferbeispiel**

Ein UX-Team entwarf eine Verpackung für eine Lern-App, um zentrale Funktionen visuell zu verdichten. Die knappe Fläche half, den Fokus zu schärfen und die Produktvision im Team zu klären. ◄

An dieser Stelle sollte sowohl eruierend als auch in einem ersten Abriss spezifizierend aufgezeigt werden, inwieweit Design the Box mehrere forschungspraktische sowie marketingstrategische Vorteile konsolidiert, die diese Methode als heuristisch anschlussfähiges Instrumentarium innerhalb nutzerzentrierter User-Research-Prozesse und zielgerichteter Marketingkonzeptionen qualifizieren; auf die im Folgenden dargestellten Prämissen sei ergänzend verwiesen [205], [499], [500]:

1. **Förderung der Kreativität**:
   Konsenstheoretisch ist in der Forschungs- und Praxisgemeinschaft anerkannt, dass die obige Methode die kreative Auseinandersetzung mit dem Produkt stimuliert und den Teammitgliedern die Möglichkeit bietet, neue Perspektiven und Ideationen zu erschließen [205], [499], [500].
2. **Klare Fokussierung**:
   Evidenzbasiert ist ebenfalls etabliert, dass durch die räumliche Begrenzung der metaphorischen Verpackung eine Fokussierung auf die wesentlichen Aspekte des Produkts induziert wird, zumal die Priorisierung und strukturierende heuristische Simplifizierung, das heißt die kognitionspsychologisch prozessuale Komplexitätsreduktion relevanter Informationen, gezielt gefördert wird [205], [499], [500].

3. **Interne Diskussion und Konsensbildung**:
   Demzufolge ist dieses methodologische Erklärungsmodell ebenso innerhalb instruktionspsychologischer und ux-designerischer Ansätze anwendbar, da es strukturell darauf ausgerichtet ist, einen Diskurs über die Produktmerkmale und -eigenschaften zu initiieren, um die Entwicklung eines kohärenten Verständnisses der zugrunde liegenden Produktvision bei allen Beteiligten zu gewährleisten [205], [499], [500].
4. **Anwendbarkeit auf digitale Produkte**:
   Gleichwohl lässt sich konstatieren, dass die Design-the-Box-Methode, obgleich ursprünglich für physische Produkte konzipiert, ebenso auf digitale Produkte transferierbar ist, insoweit die Erstellung einer metaphorischen Verpackungsbox die sowohl ideative als auch problemexplorative Auseinandersetzung mit der Produktidentität sowie den zugrunde liegenden Kernbotschaften grundstrukturierend vertieft [205], [499], [500].
5. **Kosteneffizienz**:
   Eine weitere rahmende Prämisse ist sicherlich in Bezug auf die o. g. Methode, dass sich die Methode durch eine hohe Kosteneffizienz auszeichnet, da für ihre Durchführung lediglich basale Materialien wie Papier, Stifte und Klebemittel erforderlich sind [205], [499], [500].

Als Synthese der Ergebnisse zeigt sich, dass Design the Box eine kreative und wirkungsvolle Methodik darstellt, um die zentralen Merkmale und konstitutiven Eigenschaften eines Produkts oder einer Dienstleistung visuell zu konkretisieren und forschungspraktisch profund dialektisch zur Diskussion zu stellen.

Hinsichtlich des deduktiven Rückschlusses lässt sich des Weiteren in diesem Zusammenhang konstatieren, dass erst die Gestaltung einer metaphorischen Verpackungsbox eine intensive Auseinandersetzung mit den Kernbotschaften sowie den Alleinstellungsmerkmalen des Produkts sowohl im Team als auch unter Einbeziehung der Nutzer kohärent induziert, wodurch zugleich eine präzise Fokussierung einerseits und eine partizipative Ausrichtung andererseits auf die maßgeblichen Aspekte strukturell gefördert werden.

Grundsätzlich aber exploriert die Design-the-Box-Methode ein methodisches Zugriffsspektrum, das sich gleichermaßen sowohl auf physische als auch auf digitale Produkte anwenden lässt. Das wiederum impliziert innerhalb dieses Szenarios, dass sich insbesondere in internen Diskursen und konsensorientierten Abstimmungsprozessen, etwa in UX-Design- oder Marketingteams, eine erhebliche Relevanz herausbildet. Demnach stellt das Design-the-Box-Prinzip ein heuristisch anschlussfähiges Instrumentarium im Rahmen nutzerzentrierter User-Research- und Marketingprozesse dar, das die ideative sowie inventive Auseinandersetzung mit der Produktvision intensiviert und zugleich die priorisierende Strukturierung relevanter Informationen unterstützt.

Merke

Design the Box stellt eine heuristisch anschlussfähige Kreativmethode dar, die innerhalb nutzerzentrierter User-Research- und Marketingprozesse die ideative Verdichtung, die strukturierende Priorisierung sowie die partizipative Konkretisierung konstitutiver Produktmerkmale effektiv stimuliert.

8.8.1 Durchführung Schritt 1: Ideation und Konzeptentwicklung

In dieser Hinsicht wird nun in der ersten Phase der Design-the-Box-Methode die initiale Ideengenerierung und Konzeptentwicklung initiiert, indem die Teilnehmer in Teams eingeteilt werden und die Aufgabenstellung erhalten, sich zu überlegen, welche Inhalte die symbolische Verpackung tragen soll, und in einem ersten Schritt zentrale Begrifflichkeiten zur Charakterisierung des Produkts oder der Dienstleistung zu formulieren.

Das wiederum bedingt innerhalb dieses Phasenszenarios, dass die Teams angehalten sind, die grundlegenden Konstituenten des zu entwickelnden Produkts oder der Dienstleistung determinativ zu spezifizieren. Unter den u. g. Voraussetzungen sind die ermittelten Interdependenzen zwecks ideativer Wertschöpfungsgüte und -höhe gezielt in den explorativen Fokus zu rücken, wie Buley [501] sowie Gray et al. [499] ebenfalls plausibilisieren:

1. **Mögliche Projektnamen**:
   Zunächst empfiehlt sich eine initiale Brainstorming-Phase, in der die Teams potenzielle Namen oder Projektbezeichnungen problemexplorativ eruieren, d. h. mit Blick auf die Geschäftsidee, -möglichkeit, -modell und den zu erwartenden Geschäftserfolg, welche in der Essenz das Produkt oder die Dienstleistung prägnant beschreiben und zugleich eine konsistente Markenidentität semantisch explizieren [499], [501].
2. **Definition der Zielkunden**: Hierbei dienen die Prinzipien des „Segmenting, Targeting und Positioning“ als heuristische Strukturierungsansätze, wie der Verfasser [12] ebenfalls in einer Studie herausgearbeitet hat, um die optionale Definition der Zielgruppen spezifiziert zu determinieren und diese marktbezogen, adressatenspezifisch sowie positionierungslogisch präzise zu verorten [499], [501].
3. **Optional:** Es ist gegebenenfalls sinnvoll, zwecks Komplementarität die Definition von Zielkundengruppen sowie die exemplarische Ausarbeitung von Personas vorzunehmen, um ein vertieftes Verständnis der adressierten Nutzerkohorte zu generieren und dadurch die metaphorische Verpackungsstruktur gezielt an den spezifischen Bedürfnislagen sowie Präferenzprofilen der potenziellen Rezipienten auszurichten [499], [501].
4. **Produkt-/Servicefeatures**:
   Ebenfalls wird angeraten, die wesentlichen Merkmale und Funktionen des Produkts oder der Dienstleistung im Hinblick auf das zugrunde liegende Leistungsversprechen zu eruieren, da diese Features die Grundlage für die konzeptionelle Gestaltung der metaphorischen Verpackungsstruktur sowie die stringente Kommunikation der zentralen Kernbotschaften konstituieren [499], [501].

In der deduktiven Ableitung gilt es zu betonen, dass die Phase Ideation eine konstitutive Rolle hinsichtlich der Entwicklung einer kohärenten Vision des Produkts oder der Dienstleistung einnimmt, insofern sie sowohl die Co-Creation in Kollaboration innerhalb des Teams stimuliert als auch zugleich ein konsistentes Verständnis der wesentlichen Produktmerkmale sowie der adressierten Zielgruppen gewährleistet [13], [15], [499], [501].

Auch an dieser Stelle wird inhaltlich deutlich, dass durch die Definition von Namensgebungen, Zielkundensegmenten und funktionalen Charakteristika die strukturprägende Grundlage für die nachgelagerte Gestaltung der metaphorischen Verpackungsstruktur gelegt wird [499], [501].

► Transferbeispiel

Ein Team entwickelt für eine neue Fitness-App den Projektnamen „PulseUp", definiert sportaffine Zielgruppen und erarbeitet zentrale Features wie Echtzeit-Tracking und individuelle Trainingspläne. ◄

8.8.2 Durchführung Schritt 2: Gestaltung der Verpackung

Hier induziert sich der Übergang in die zweite Phase, innerhalb derer die metaphorische Verpackung des Produkts oder der Dienstleistung konzipiert wird, wobei die Teilnehmer die Aufgabenstellung erhalten, innerhalb von 30 min eine kartonbasierte Darstellung zu entwickeln und diese imaginativ in einem realweltlichen Verkaufskontext zu verorten (vgl. ◻ Abb. 8.8) [499], [501].

◻ **Abb. 8.8** Gestaltung der Verpackung/Produktverpackungsdesign. (Quelle: Eigene Darstellung)

Folglich sollten sich die Teams auf folgende Aspekte bzw. Interdependenzen konzentrieren [499], [501]:

1. **Produktname, Farbe, Form, Muster etc.**:
   Mit Blick auf die zu erwägende Copy-Strategie, gestützt unter anderem auf die etablierte Lasswell-Formel, sollten im ersten Schritt der Produktname sowie die visuelle Ausgestaltung (etwa hinsichtlich Farbe, Form, Muster etc.) spezifiziert werden, um auf Basis der instruktionspsychologischen Recall- und Recognition-Ansätze eine prägnante semantische En- und Decodierung der Produktidentität für die jeweilige Zielgruppe de facto zu gewährleisten [499], [501], [502], [503], [504].
2. **Visuelle Gestaltung der Verpackung:**
   Hierbei fokussiert sich die operationale Gestaltung auf die visuelle Ausarbeitung der Verpackungsstruktur, indem die verantwortlichen Teams zum einen einen Produktnamen selektieren, der die Identität bzw. das Involvement des Produkts semantisch verdichtet, und zum anderen ergänzend Farben, Formen sowie Muster definieren, welche – im Sinne der oben skizzierten Recall- und Recognition-Ansätze – die Aufmerksamkeit potenzieller Kunden ansprechen und die intendierte Markenbotschaft konsistent transportieren sowie verhaltens- und verhältnistransformierend dauerhaft im Gedächtnis verankern [499], [501], [505], [506], [507].
3. **Hauptmerkmale und Differenzierungsattribute, welche die Alleinstellung des Produkts innerhalb des Wettbewerbsumfelds konturieren und seine spezifische Positionierung am Markt substanziieren (u. a. USP, UAP, UCP etc.)**:
   In diesem Szenario richtet sich schließlich der gestalterische Fokus darauf, die einzigartigen Merkmale und konstitutiven Eigenschaften des Produkts herauszuarbeiten, welche dessen Differenzierung gegenüber konkurrierenden Angeboten akzentuieren, wobei diese Alleinstellungsmerkmale mittels gezielt eingesetzter Texte, Symbole oder Bildmotive semantisch vermittelt werden [499], [501], [505].
4. **Vorteile (für Kunden) und Hauptkundensegment**:
   Darauf aufbauend wird innerhalb der Teamstruktur eine präzise Definition des dem Produkt oder der Dienstleistung inhärenten Nutzen- bzw. Leistungsversprechens vorgenommen, wobei dieses innerhalb der metaphorischen Verpackungsgestaltung klar konturiert und adressatengerecht verdichtet wird, während zugleich das primäre Kundensegment fokussiert berücksichtigt wird, um die visuelle und semantische Ausrichtung explizit an den spezifischen Bedürfnislagen der intendierten Zielkohorte zu orientieren [499], [501].

In Anbetracht des Dargelegten lässt sich demnach explizieren, dass die Gestaltungsphase eine vertiefte ideative sowie kreative Auseinandersetzung mit der semantisch-visuellen Identitätsarchitektur des Produkts initiiert, wodurch produktimmanente Merkmalsdimensionen differenziert herausgearbeitet und adressatengerecht codiert werden. Betrachtet man nun die einzelnen obigen Facetten, so formt die durch temporale und räumliche Restriktionen determinierte Gestaltungssituation einen heuristischen Verdichtungsprozess, der die Teams veranlassen sollte, produktrelevante Merkmalsdimensionen fokussiert zu selektieren und deren kommunikative Vermittlung stringent auszurichten. Innerhalb dieses Rahmens lässt sich so konturieren, dass der metaphorischen Verpackungsstruktur im Kontext nutzerzentrierter Entwicklungslogiken eine funktionale Schlüsselfunktion zukommt, da sie im Rahmen des

UX Research nicht nur die visuelle Erstansprache im Sinne rezeptiver Aufmerksamkeit initialisiert, sondern zugleich eine evaluierbare Projektionsfläche für die Wahrnehmung, Interpretation und Bewertung zentraler Produktmerkmale durch potenzielle Nutzer bereitstellt.

► **Transferbeispiel**

In einem UX-Workshop gestalteten die Teams für eine Fitness-App in 30 min eine symbolische Verpackung mit Namen, Farben und Icons, die Gesundheit und Dynamik visuell auf den Kundennutzen verdichten. ◄

8.8.3 Durchführung Schritt 3: Präsentation und Feedback

Die bisherigen Ausführungen heben schließlich hervor, dass nun in der dritten Phase ein spezifizierter Präsentations- und Evaluationsprozess initiiert wird, innerhalb dessen die Teams ihre konzeptionell entwickelten Verpackungsboxen exponieren, um resonanzbasiertes Feedback der übrigen Teilnehmenden zu aggregieren und dieses im Bedarfsfall sowohl agil als auch modifikativ in die weitere Ausarbeitung zu integrieren [499], [501].

Demzufolge lassen sich zur resonanzbasierten Evaluierung der Verpackungsboxen exemplarisch folgende Fragestellungen generieren, anhand derer die konzeptionelle Kohärenz, die kommunikativen Wirkfaktoren sowie die nutzerbezogene Zielgenauigkeit überprüfbar werden [499], [501]:

1. *Was hat meine Aufmerksamkeit erregt?*
   Hierbei wird im Wesentlichen schließlich intendiert, die visuelle Prägnanz der gestalteten Verpackung explorativ zu erfassen, indem untersucht wird, welche Gestaltungselemente dominieren und perzeptiv die Aufmerksamkeit der Rezipierenden fokussieren [499], [501].
2. *Welche Elemente würden mich dazu bewegen, dieses Produkt zu kaufen?*
   Der o. g. fragestellenden Sichtweise zufolge repräsentiert sich an dieser Stelle die evaluative Ausrichtung auf jene gestalterischen und kommunikativen Elemente, deren Aussagekraft aus nutzerzentrierter Sicht potenzielle Kaufimpulse stimuliert und somit das persuasive Wirkgefüge der Verpackung konturiert [499], [501].
3. *Welche notwendigen Anpassungsmodifikationen sollte ich strategisch vornehmen, selbst wenn ich eine durchdachte Verpackung hätte??*
   Im Zuge dessen stellt sich diskursiv-dialektisch die Frage, inwiefern eine sowohl konstruktive als auch kritische Auseinandersetzung mit potenziellen Optimierungsansätzen initiiert wird, um die gestalterischen und funktionalen Komponenten der Verpackung hinsichtlich ihrer rezeptionsästhetischen Wirksamkeit weiter zu präzisieren [499], [501].

Mit Blick auf die obigen Darstellungen wird ebenfalls Jones [508] Position nachvollziehbar, insofern die Feedback-Phase innerhalb der Design-the-Box-Methode nicht lediglich als additive Ergänzung, sondern als integraler Reflexions- und Weiterentwicklungsimpuls verstanden werden muss, der strategisch wie auch operational durch kollektive Resonanzmuster produktimmanente Stärken identifiziert, gestalterische Schwächen expliziert und damit eine iterativ-prozessuale Verfeinerung initialisiert [499], [501]. Das begründet, warum in dieser Phase die kritische Auseinandersetzung mit gestalterischen Entscheidungen forschungspraktisch vertieft wird, um sicherzustellen, dass die Verpackung kohortenspezifische Zieladressierungen determinativ abbildet [499], [501].

► **Transferbeispiel**

Nach den Präsentationen diskutierten die Teams kritisch die Farbwahl, den Produktnamen und mögliche Verbesserungen zur Kaufmotivation. ◄

8.8.4 Fazit

An diesem Punkt sollte darüber hinaus kausal zur Kenntnis genommen werden, dass die Design-the-Box-Methode einen interaktiv-gestalterischen Zugriff darstellt, der einerseits die ideengenerierende Konzeption, andererseits auch die visuelle Ausarbeitung sowie iterative Überarbeitung symbolischer Verpackungsstrukturen innerhalb nutzerbezogener Entwicklungsprozesse signifikant stimuliert. Dabei greifen die einzelnen Prozessschritte von der konzeptionellen Entwicklung (ex ante) über die gestalterische Ausformulierung (interim) bis hin zur finalen Präsentation (ex post) mit resonanzbasierter Rückmeldung ineinander, wodurch erst eine vertiefte Auseinandersetzung mit den konstitutiven Produkteigenschaften sowie den adressierten Nutzergruppen zutage tritt. In der Schlussbetrachtung zeigt sich ferner, dass sich die obige Methode gleichermaßen, d. h. sowohl auf physische als auch auf digitale Produkte anwenden lässt und insbesondere hinsichtlich interner Diskurs- und Abstimmungsprozesse innerhalb des Teams an Relevanz gewinnt, zumal Design the Box als heuristisch anschlussfähiges Instrument im User Research und im Marketingkontext die kreative Interaktion per se intensiviert und eine strukturierende Informationsfokussierung anschlussfähig unterstützt.

8.9 Personas

Nielsen [509] argumentiert in diesem sachverhaltlichen Bezugsrahmen, dass Personas exemplarische, fiktiv modellierte Repräsentationen darstellen, die spezifizierte Merkmalskonfigurationen und Handlungsmotive innerhalb determinierter und hinsichtlich relevanter Variablen homogenisierter Zielgruppenkohorten typisierend verdichten und somit eine heuristische Grundlage für die nutzerzentrierte Konzeption und Evaluation von Produkten oder Dienstleistungen bereitstellen (vgl. ◘ Abb. 8.9). Vor diesem Hintergrund zeigt sich, dass Personas unternehmensseitig als theoriebasierte Bezugskonstrukte herangezogen werden, um nutzerzentrierte Gestaltungs- und Entwicklungsprozesse konzeptionell auszurichten, ohne in diesem Zusammenhang auf kontinuierlich-interaktive Rückkopplung mit realen Nutzergruppen angewiesen zu sein [509], [510]. Im Kontext dessen lassen sich entscheidungsleitende Orientierungen auf der Grundlage antizipierter sowie problemexplorativer Bedürfnislagen der adressierten Zielkohorten strukturell nachvollziehen [186], [509].

Es wird des Weiteren ersichtlich, dass Personas eine theoriebasierte Bezugsstruktur offerieren, anhand derer unternehmensseitige Gestaltungs- und Ent-

Abb. 8.9 Persona-Erstellung gemäß den Empfehlungen der Nielsen Norman Group (NNG) [543]. (Quelle: Eigene Darstellung)

wicklungsentscheidungen auf der Grundlage antizipierter Bedürfnislagen adressierter Nutzerkohorten getroffen werden können, ohne aber diesbezüglich in immanente, empirisch plausibilisierte Rückkopplungsschleifen iterativ mit realen Rezipientengruppen eintreten zu müssen, wie im Folgenden dargestellt [509], [511]:

Hinweis

Vor diesem Hintergrund lässt sich die methodische Relevanz von Personas als theoriebasierte, zugleich heuristisch nutzbare Referenzmodelle im UX Research herausstellen.

- **Demografische Daten**:
  In diesem Bezugsrahmen lassen sich demografische Parameter erfassen, welche als kategoriale Bezugsgrößen, z. B. Alter, Geschlecht, Bildungsstand, berufliche Einbindung, Einkommensniveau oder familialer Status, eine erste strukturbildende Grundlage zur Typisierung adressierter Nutzerkohorten bereitstellen [509], [511].

- **Psychografische Merkmale**:
  Mit Blick auf zu verzeichnende Interdependenzen lassen sich psychografische Merkmalsdimensionen identifizieren, die Werteorientierungen, d. h. verstanden als Konventionen, konative Einstellungsdispositionen, Interessenslagen, Lebensstilpräferenzen, Sozialmotivationsstrukturen sowie individuelle teleologische Zielsetzungen und wahrgenommene Herausforderungen integrativ abbilden, um auf dieser Basis eine präzisierte Differenzierung adressierter Nutzerprofile profund zu substanziieren [509], [511].
- **Verhaltensweisen**:
  In diesem Zusammenhang lassen sich verhaltensbezogene Indikatoren extrahieren, die habitualisierte Nutzungsmuster, präferenzielle Kaufentscheidungen, technologische Anschlussfähigkeit sowie mediale Rezeptionsdispositionen umfassen und damit nutzbare Evidenz für die Differenzierung adressierter Zielkohorten bereitstellen [509], [511].
- **Szenarien**:
  Im Lichte dieser Tatsachen bilden exemplarische Anwendungsszenarien eine semantisch verdichtete Darstellung typisierter Nutzungskontexte, in denen die fiktive Person das Produkt oder die Dienstleistung funktional relevant einsetzt, um situative Bedarfsdeckungen und kontextspezifische Handlungsmotive heuristisch zu veranschaulichen [509], [511].

Vor dem o. g. Hintergrund konstituiert sich die informationsseitige Explikation der Persona-Erstellung aus einer Vielzahl heterogener Datenquellen, welche sowohl evidenzbasiert erhobene Nutzerinformationen als auch sekundäranalytisch erschlossene Erkenntnisbestände umfassen können, darunter [203], [509], [511].

- **Umfragen** in der Zielgruppe
- **Interviews** mit potenziellen Kunden oder Bestandskunden
- **Trendreports** und Marktanalysen
- **Sinus-Milieus** oder andere soziografische Modelle
- **Statistische Daten** (z. B. vom Statistischen Bundesamt)
- **Andere Informationsquellen** wie netnografische Social-Media-Analysen oder Nutzerdaten

Demnach sollte die Persona als eine repräsentative Verdichtung typischer Zielgruppencharakteristika konzipiert sein, jedoch muss diesbezüglich ihre Validität auf realdatengestützten, konsistenten und plausibilitätsorientierten Merkmalsausprägungen fußen, um als tragfähige Entscheidungsgrundlage innerhalb nutzerzentrierter Gestaltungsprozesse zu fungieren [509], [512].

Instruktional stellt sich schließlich heraus, dass Personas, d. h. ungeachtet ihres empirischen Fundaments und ihrer konzeptuellen Ausdifferenzierung, keine Substitution für den direkten Kontakt mit realen Rezipientenkollektiven darstellen, sondern vielmehr als heuristisches Referenzmodell innerhalb nutzerzentrierter Entwicklungsprozesse zu verstehen sind, das eine theoretische Annäherung an Bedarfs- und Verhaltensdispositionen adressierter Nutzergruppen tiefendimensional sowie explorativ strukturiert [509], [513]. Im Rahmen dessen bleibt der unmittelbare Erstkontakt mit realen Nutzergruppen unabdingbar, um die innerhalb der Personas modellhaft getroffenen Annahmen empirisch zu plausibilisieren und gegebenenfalls in adaptiver Weise relevanzrückgekoppelt anzupassen [509], [514].

Daraus geht hervor, dass dieser Ansatz im UX Research als strukturierende Heuristik zur differenzierten Erfassung individueller Dispositionen herangezogen werden kann, etwa durch Bezug auf Modelle wie den CliftonStrengths Report, auch bekannt als ‚Gallup Strengths-Finder', der personalisierte Ausdifferenzierungen individueller Stärken und Talente nachvollziehbar macht [509], [515], [516].

Im Licht dieser Schlussfolgerungen lässt sich eine exemplarische Persona als mehrdimensionales Konstrukt denken, das unter anderem folgende konstituierende Elemente integriert [509], [515], [516]:

- **Name und Bild**:
  Dieser Aspekt bedingt die Integration einer namentlich individualisierten sowie visuell konkretisierten Personenfiktion, durch welche die exemplarische Nutzerrepräsentanz eine narrative Greifbarkeit und gestalterische Anschlussfähigkeit gewinnt [509], [515], [516].
- **Stärken und Talente**:
  Im Zuge dessen wird eine deskriptive Verdichtung jener herausgehobenen Fähigkeitsdispositionen vorgenommen, welche auf Grundlage des Clifton-Strengths-Modells die zentralen Stärken sowie talentbasierten Ausprägungen der jeweiligen exemplarischen Rezipientenkonzeption spezifizieren [509], [515], [516].
- **Ziele und Herausforderungen**:
  In diesem Bezugsrahmen werden intentionale Zielausrichtungen sowie wahrgenommene Barrieren der exemplarischen Nutzerfigur konturiert, um sozialmotivationspsychologisch relevante Bestrebungsmuster und hemmende Einflussgrößen innerhalb der adressierten Handlungskontexte evidenzbasiert herauszuarbeiten [509], [515], [516].
- **Typische Szenarien**:
  Zu guter Letzt lassen sich typische Handlungskonstellationen erschließen, in denen die exemplarische Nutzerfigur das jeweilige Produkt oder die intendierte Dienstleistung kontextbezogen in Anspruch nimmt [509], [515], [516].

Im Hinblick auf die kohärenzbasierte Validität personabezogener Modellierungen ist darauf zu achten, dass die zugeschriebenen Merkmalsdimensionen eine realistische und intern konsistente Konfiguration aufweisen, um die funktionale Plausibilität sowie die anwendungspraktische Anschlussfähigkeit innerhalb produktstrategischer Entwicklungsprozesse nicht zu kompromittieren [509], [515], [516].

Es tritt fachwissenschaftlich zutage, dass Personas ein nutzerzentriertes Heuristikmodell repräsentieren, welches dazu beiträgt, die rezeptionsseitige Erfahrungsstruktur innerhalb gestaltungsbezogener Entwicklungsprozesse konsequent zu internalisieren, wie sich exemplarisch an folgenden Nutzendimensionen konturieren lässt, um der DIN EN ISO 9241-11 [8], 9241-110 [23] und 9241-210 [35] zu entsprechen [51], [509], [515], [516]:

1. **Nutzerzentrierung**:
   Mit Blick auf die heuristische Implikationsebene lässt sich zunächst verzeichnen, dass durch den Einsatz von Personas die Nutzerzentrierung über verschiedene Projektphasen hinweg in methodischer wie konzeptioneller Hinsicht stabilisiert wird, insofern sie ein strukturierendes Bezugssystem zur kontinuierlichen Berücksichtigung adressatenspezifischer Bedürfnislagen und Erwartungshaltungen gemäß DIN EN ISO 9241-11 [8] bereitstellen [51], [509], [515], [516].

2. **Entscheidungsgrundlage**:
   In dieser Konfiguration konstituieren Personas sach- und zweckdienlich eine theoriebasierte Orientierungsstruktur, anhand derer gestaltungsbezogene sowie unternehmerische Entscheidungen kontextsensitiv plausibilisiert werden können, indem die adressierte Zielgruppe in modellhafter Verdichtung semantisch erschlossen, aber ebenfalls entscheidungsleitend konturiert wird [51], [509], [515], [516].
3. **Teamalignment**:
   Gemeint ist hier eine strukturierende Maßnahme zur teaminternen Synchronisation, insofern Personas ein kohärentes Zielgruppenverständnis generieren und dadurch die kollaborative Zusammenarbeit auf eine geteilte konzeptuelle Grundlage stellen. Mit Blick auf Co-Creation, User Innovation und Open Innovation ist diese Implikation von Wichtigkeit [12], [13], [51], [509], [515], [516].
4. **Effizienz**:
   In Anlehnung an die DIN EN ISO 9241-11 [8] lässt sich demzufolge argumentieren, dass die Verwendung von Personas eine richtungsweisende Konkretisierung nutzerseitiger Anforderungen generiert, wodurch innerhalb der Produktentwicklung zeitökonomische Ressourcenschonung und zielgerichtete Gestaltungsentscheidungen de facto begünstigt werden [51], [509], [515], [516].
5. **Iterative Validierung**:
   Unter diesem Vorzeichen lässt sich festhalten, dass Personas im Verlauf eines Projektes durch kontinuierlich aggregierte Nutzerdaten iterativ präzisiert und kontextbezogen adjustiert werden können. Infolgedessen werden deren Validität sowie anwendungsbezogene Tragfähigkeit sukzessive erhöht [51], [509], [515], [516].

► Transferbeispiel

In einem UX-Projekt für eine Gesundheits-App wurde eine Persona namens „Laura, 32, berufstätige Mutter" erstellt, um Bedürfnisse wie Zeitknappheit, Gesundheitsbewusstsein und einfache Bedienbarkeit systematisch in die Designentscheidungen einfließen zu lassen. ◄

Im Zusammenhang mit UX Research stellen Personas unter den o. g. Voraussetzungen dementsprechend theoriegeleitete, datenbasierte Konstruktionen exemplarischer Nutzerprofile dar, die innerhalb gestaltungsbezogener Entwicklungsprozesse als heuristische Bezugspunkte zur Orientierung und Entscheidungsstrukturierung herangezogen werden [509], [517]. Präzisiert zeigt sich ferner, dass Personas unternehmensseitig als theoretische Referenzfiguren dienen, um anwendungsbezogen nutzerorientierte Produkte und Dienstleistungen konzeptuell auszurichten, ohne auf permanente, d. h. unmittelbare Interaktion mit realen Rezipientengruppen angewiesen zu sein [509], [518]. Zwecks Zielgruppengerechtigkeit und transparenter Durchlässigkeit empfiehlt sich die Erstellung von Personas auf der Basis empirisch gesicherter Daten, wobei deren Merkmalskonsistenz und Plausibilitätskohärenz eine valide Entscheidungsgrundlage innerhalb nutzerzentrierter Gestaltungsprozesse gewährleisten sollen [509], [517]. Letztlich lässt sich mit Blick auf die obigen Gegebenheiten explizieren, dass Personas den unmittelbaren Kontakt zu realen Nutzergruppen zwar nicht substituieren, jedoch als heuristisch komplexitätsreduzierendes, somit anschlussfähiges Instrumentarium zum Einsatz kommen, um die nutzerseitige Orientierung im Entwicklungsprozess zu intensivieren und die Effizienz gestalterischer Entscheidungen kommunikations- sowie informationstechnologisch nachhaltig zu verdichten [509], [519].

Merke
Personas verdichten modellhaft typische Nutzermerkmale determinierter Zielkohorten und bilden eine theoriebasierte, heuristische Struktur zur nutzerzentrierten Konzeption, ohne reale Interaktion vollständig substituieren zu wollen.

8.9.1 Exkurs: Der CliftonStrengths-34-Bericht

Im Kern geht es bei den konzeptionellen Grundlagen der stärkenorientierten Persönlichkeitsdiagnostik darum, dass der CliftonStrengths-34-Bericht als diagnostisch sachdienliches Instrument beschrieben werden kann, das in den 1990er-Jahren von Don Clifton – weithin rezipiert als Begründer der Stärkenpsychologie – entwickelt wurde, um eine paradigmatische Verschiebung von defizitorientierten zu ressourcenbasierten Betrachtungsweisen individueller Leistungsdispositionen zu institutionalisieren [520]. Mit dieser Festlegung ist allerdings eine zentrale Prämisse angesprochen, nämlich dass die gezielte Aktivierung individueller Stärkenpotenziale als katalytischer Wirkfaktor für gesteigerte Selbstwirksamkeit, erhöhte Leistungskohärenz sowie subjektiv wahrgenommene Lebenszufriedenheit sowohl im professionellen als auch im privaten Handlungsfeld erschlossen wird [515], [516], [521]. In dieser konzeptionellen Konsequenz gewährleistet das CliftonStrengths-Instrument zudem eine erfassungsorientierte Differenzierung individueller Handlungsmuster, so konstatieren Clifton et al. [521], indem es mittels zeitlich konditionierter Reaktionsvorgaben die prävalenten, d. h. selbstkonzeptionell-konativen Verhaltensdispositionen eines Subjekts situativ-explorativ erhebt.

Diesbezüglich lässt sich schlussfolgern, dass die implementierte zeitliche Restriktion innerhalb des Erhebungsformats darauf abzielt, spontane Reaktionsmuster zu induzieren, um implizite Präferenzstrukturen und dispositionale Neigungen erfassbar zu machen, ohne dass diese durch kognitiv kontrollierte oder sozial konforme Antwortstrategien verzerrt werden [515], [516], [521].

In diesem Szenario lassen sich die gegebenen Antworten in vier thematische Hauptbereiche überführen, welche differenzierte Dimensionen personaldispositionaler Ausprägungen sowie habitualisierter Verhaltensmuster zutage treten lassen (vgl. Abb. 8.10 und 8.11) [515], [516], [521]:

Hinweis
Im Folgenden werden die o. g. differenzierten Stärkendimensionen systematisiert.

1. **Ausführung (Executing)**:
   In diesem Zusammenhang lassen sich Themen subsumieren, die auf die im Kern konkrete Operationalisierung intendierter Vorhaben sowie auf eine strukturierte organisationale Zielverfolgung ausgerichtet sind, wobei Personen mit ausgeprägten Dispositionen in diesem Bezugarahmen typischerweise durch Handlungsorientierung, organisatorisches Geschick und pragmatische Ausrichtung charakterisiert sind [515], [516], [521].
2. **Einflussnahme (Influencing)**:
   Vor diesem Hintergrund lassen sich infolgedessen Themenfelder benennen, die vor allem auf Einflussprozesse in sozialen Interaktionen und auf die argumentative Durchsetzung konzeptioneller Leitideen gerichtet sind. Das wiederum be-

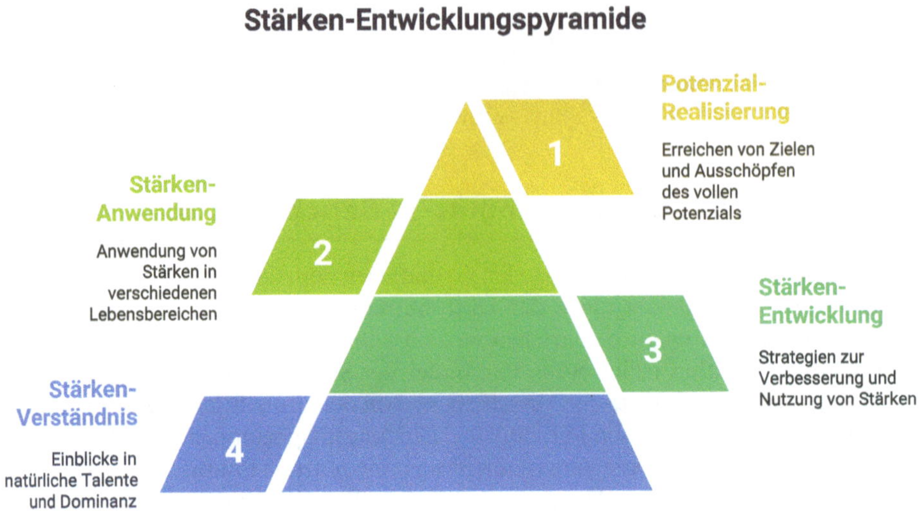

Abb. 8.10 Stärken-Entwicklungspyramide in Anlehnung an den Clifton et al. [521]. (Quelle: Eigene Darstellung)

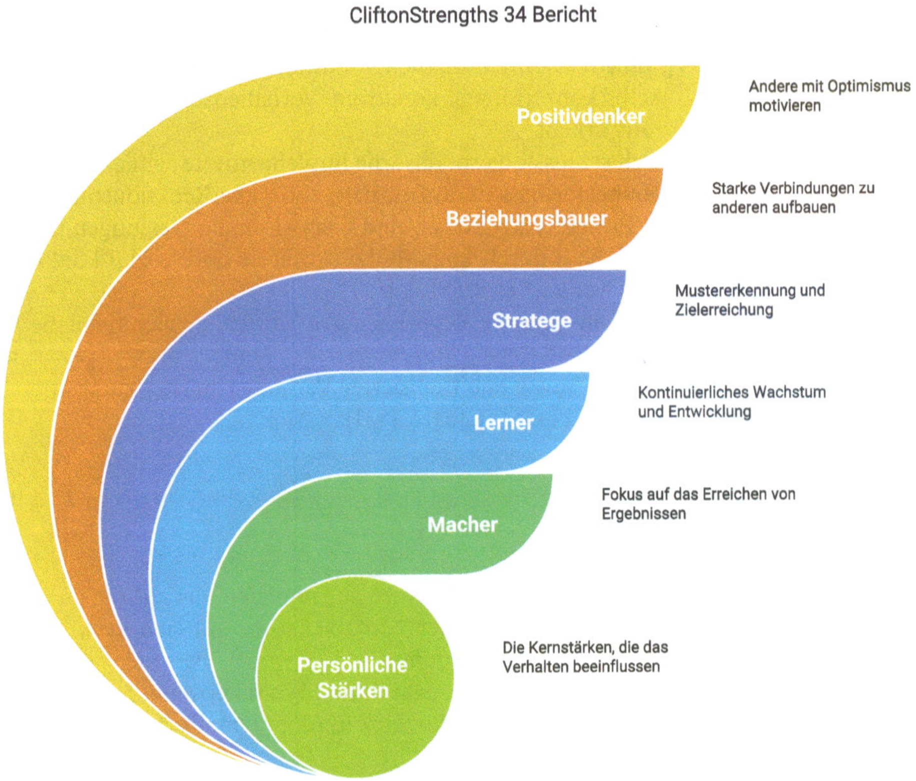

Abb. 8.11 Der CliftonStrengths-34-Bericht in Anlehnung an Clifton et al. [521]. (Quelle: Eigene Darstellung)

deutet, dass Personen mit entsprechenden Dispositionen hierbei typischerweise rhetorische Präsenz, soziale Anschlussfähigkeit, Innovations- und Zukunftsorientierung sowie strategisches Führungsverhalten aufweisen, wie der Verfasser [12], [49] in eigenen Explorationsstudien gezeigt hat [515], [516], [521].

3. **Beziehungsaufbau (Relationship Building)**:
   Im Hinblick auf die genannten Interdependenzen lassen sich ferner Merkmalsausprägungen identifizieren, die primär auf die Stabilisierung sozialer Kohäsion und die Ausbildung affektiver Resonanz innerhalb gruppendynamischer Konstellationen gerichtet sind. Es lässt sich in diesem Szenario feststellen, dass in diesem Kontext bei den adressierten Entitäten mit entsprechenden konativen Dispositionen typischerweise Empathie, kooperative Orientierung und interpersonelle Vertrauensfähigkeit zutage treten [515], [516], [521].
4. **Strategisches Denken (Strategic Thinking)**:
   Z Zu guter Letzt lassen sich ebenso die kontextuellen Dimensionen identifizieren, die sowohl auf die kognitive Informationsverarbeitung als auch auf die strategische Strukturierung im organisationalen Kontext ausgerichtet sind. In Anbetracht dessen zeichnen sich Personen, hier Mitarbeiter, mit entsprechenden Dispositionen in diesem Bereich typischerweise durch eine profunde analytische Urteilskraft, antizipative Weitsicht und insbesondere durch eine problemexplorativ lösungsorientierte Handlungslogik aus [515], [516], [521].

► **Transferbeispiel**

In einem Projektteam übernimmt eine Mitarbeiterin mit ausgeprägter Strategiefähigkeit die Planung komplexer Prozessoptimierungen, während ihr Kollege mit hoher Ausführungsorientierung die präzisierte Operationalisierung der Maßnahmen organisiert. ◄

Im Rahmen der zuvor dargelegten Explikationen konkretisiert sich, dass sich die vier thematischen Oberkategorien des CliftonStrengths-34-Berichts in insgesamt vierunddreißig verhaltensbezogene Talentausprägungen differenzieren, welche als sogenannte Verhaltensthemen ausgewiesen sind und distinkte Muster des Denkens, Fühlens und Handelns abbilden [515], [516], [521]. Diese Verhaltensthemen fungieren als Ausdruck individueller Dispositionskonfigurationen, die sich innerhalb personaler Interaktions- und Leistungssituationen manifestieren. Exemplarisch lassen sich folgende themenspezifische Ausprägungen kriterienkategorisch konturieren [515], [516], [521]:

1. **Achiever (Leistungsorientierung):**
   Gemeint wird mit Blick auf die hier explizierte Kategorie, dass sich zunächst das Verhaltensthema *Achiever* vor allem aber durch ein persistentes Streben nach sinn- und zweckstiftender Zielerreichung sowie durch eine hohe Handlungsaktivität konstituiert, die kohärent auf kontinuierliche Produktivität und Fortschrittsorientierung ausgerichtet ist [515], [516], [521].
2. **Communication (Kommunikative Anschlussfähigkeit):**
   Im Weiteren markiert die Gegebenheit Communication schließlich das Verhaltensthema, die, wie Hepp [60] konstatiert, „aneignungsformative" Fähigkeit, komplexe Sachverhalte strukturiert, präzise und adressatenspezifisch zugleich zu kommunizieren, wodurch Anschlussfähigkeit im sozialen Interaktionsraum und nachhaltige Beziehungsbildung begünstigt werden [515], [516], [521].

3. **Empathy (Affektive Resonanzfähigkeit):**
   Auch das hier gemeinte Verhaltensthema *Empathy* reflektiert ein durchaus hohes Maß an Sensitivität gegenüber den emotionalen Zuständen und perspektivischen Perzeptionsmustern Dritter, wodurch ebenso affektive Anschlussfähigkeit, soziale Responsivität sowie interaktive Resonanz innerhalb gruppendynamischer Konstellationen affirmativ ermöglicht werden [515], [516], [521].
4. **Strategic (Strategische Antizipation):**
   Demgemäß subsumiert im Lichte der o. g. Tatsachen das Verhaltensthema *Strategic* kognitive Dispositionen, die auf die analytische Durchdringung komplexer Strukturen, die Identifikation kontextueller Muster und die antizipative Generierung zielorientierter Handlungsoptionen ausgerichtet sind [515], [516], [521].

Im Ergebnis lässt sich demzufolge deduziert feststellen, dass der CliftonStrengths-34-Bericht zum einen eine strukturierte Erfassung individueller Stärkenprofile ermöglicht, deren verhaltensbezogene Ausprägungen zum anderen maßgebliche Orientierungsgrößen für personale Handlungsmuster und leistungsbezogene Performanceparameter bereitstellen und folglich gezielt in individuelle Entwicklungsprozesse integriert werden können [515], [516], [521].

In konzeptioneller Hinsicht eröffnet der CliftonStrengths-34-Bericht eine differenzierte Dispositionskartografie, die innerhalb nutzerzentrierter Entwicklungslogiken zur empirisch nachvollziehbaren Ausgestaltung charakterbezogener Zuschreibungen im Rahmen von Persona-Konstruktionen herangezogen werden kann [515], [516], [521]. Im spezifischen Fokus des thematischen Segmentes *Strategisches Denken* lassen sich Ausprägungsmuster verzeichnen, die durch analytische Urteilskraft, prospektive Antizipationsfähigkeit sowie durch problemexplorative Handlungslogik gekennzeichnet erscheinen.

Daraus deduziert sich, dass der CliftonStrengths-34-Bericht auf einem typologischen Klassifikationsansatz basiert, der individuelles Potenzial durch strukturierte Dispositionsprofile erschließt und damit eine funktionale Orientierung für die zielgerichtete Allokation persönlicher Ressourcen im Handlungs- und Entscheidungskontext bereitstellt [515], [516], [521].

Zur operativen Anwendung lassen sich die vier vorgenannten übergeordneten Themenbereiche – Ausführung, Einflussnahme, Beziehungsaufbau und Strategisches Denken – als strukturierende Referenzachsen heranziehen, anhand derer prägnante Verhaltensdispositionen herausgearbeitet und innerhalb empirischer Settings plausibilisiert werden können. In forschungspraktischer Hinsicht bieten sich diese Erkenntnisse insbesondere in den Anwendungsfeldern des User Research sowie der nutzerzentrierten Produktentwicklung an, um interaktionsbezogene Handlungspräferenzen und ressourcenbasierte Bedarfskonfigurationen adressatengerecht zu eruieren.

Vor diesem Hintergrund lässt sich der CliftonStrengths-34-Bericht insgesamt als kontextsensitives Instrumentarium positionieren, das sowohl zur Herausarbeitung individueller Entwicklungsoptionen als auch zur strukturierenden Ausrichtung nutzungsrelevanter Vorgehensweisen innerhalb angewandter Gestaltungsprozesse nutzbringend eingesetzt werden kann.

Merke
Der CliftonStrengths-34-Bericht erfasst individuelle Stärkenprofile strukturiert, um ressourcenbasierte Handlungsmuster sichtbar zu machen. Das wiederum begünstigt diese gezielt in Entwicklungs- und Designprozesse zu integrieren.

8.9.2 Exkurs: Myers-Briggs Type Indicator (MBTI)

In dieser analytischen Perspektive lässt sich darüber hinaus ebenso der Myers-Briggs Type Indicator (MBTI) als ein typologiebasierter Zugriffsmodus begreifen, der, wie Myers [522] konstatiert, im Wesentlichen auf den konzeptionellen Explikationen der frühen Differenzierungspsychologie fußt und gegenwärtig in zahlreichen Anwendungskontexten der Persönlichkeitsdiagnostik eine nach wie vor noch breite Rezeption erfährt [523], [524].

Hinweis
Primär ist der MBTI als heuristisches, nicht diagnostisches Instrument zu verstehen.

Im Lichte dieser Tatsachen lässt sich die methodische Genese dieses Instruments auf die psychologischen Typentheorien Carl Gustav Jungs zurückführen, der bereits 1921 postulierte, dass menschliche Wahrnehmungs- und Entscheidungsmodi durch vier fundamentale Dimensionen strukturiert seien [525].

Im Kern bilden die vier Modi – Sensing vs. Intuition, Thinking vs. Feeling, Extraversion vs. Introversion sowie Judging vs. Perceiving – das theoretische Konzept des MBTI und konstituieren in ihrer Kombination die Grundlage für sechzehn standardisierte Persönlichkeitstypen, insofern als die resultierenden Typenkonfigurationen, wie z. B. ISTJ, ENFP, INTP, ESFJ, jeweils distinkte Merkmalscluster aufweisen, die überhaupt erst Rückschlüsse auf kognitive Präferenzmuster, handlungsbezogene Neigungen und soziale Ausdrucksformen erlauben (vgl. Abb. 8.12 und 8.13) [525], [526].

Abb. 8.12 Wahnehmungspräferenzen im MBTI. (Quelle: Eigene Darstellung)

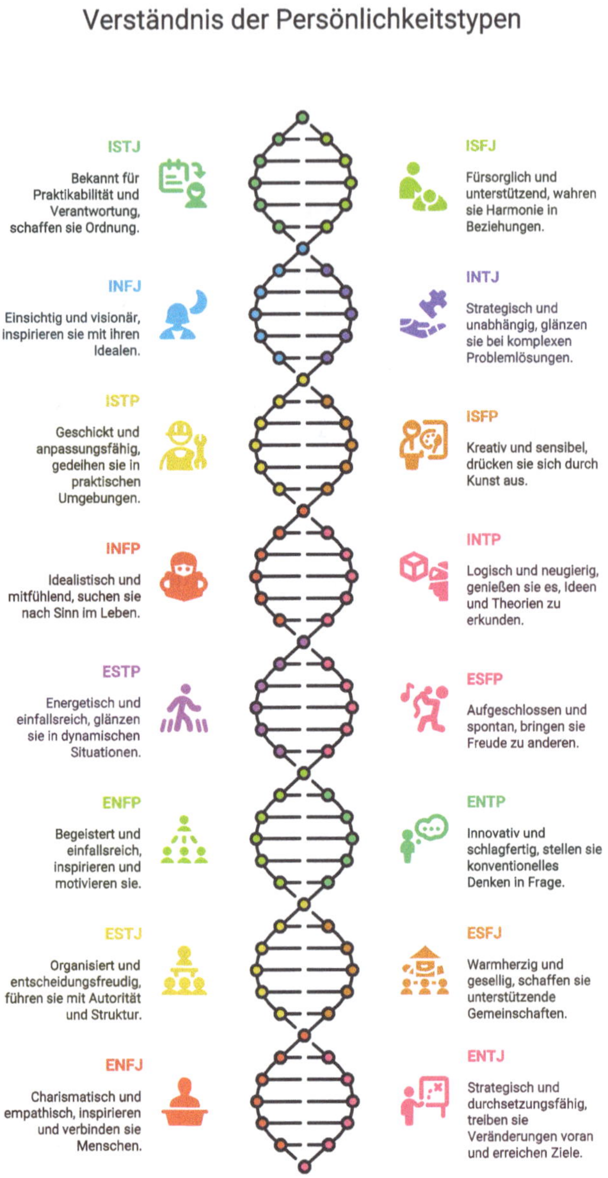

Abb. 8.13 Die 16 Persönlichkeitstypen in Bezug auf den MBTI. (Quelle: Eigene Darstellung)

So lassen sich beispielhaft Typen wie der *ISTJ (Inspektor)* – hier mit Fokus auf Verantwortungsbewusstsein und struktureller Verlässlichkeit – oder aber der *ENFP (Inspirator)* – mit hoher ideenbezogener Kreativität und Impulsivität – konkretisiert beschreiben [525], [526]. Es ist an dieser Stelle nachvollziehbar, warum in dieser Konfiguration der *INTP (Denker)* im Kontext dessen für systematisches Schlussfolgern und eine signifikante kognitive Autonomie steht, während der *ESFJ (Versorger)* einerseits eine signifikant-relationale, andererseits aber auch sozial eingebundene Orientierung aufweist [525], [526].

Vor diesem Hintergrund erschließt sich für das UX-Research und User Research der MBTI durchaus als heuristisch nutzbares Instrument innerhalb nutzerzentrierter Gestaltungs- und Forschungskontexte, da er es erlaubt, komplexitätsreduziert Präferenzlagen von Zielgruppen determinativ zu typologisieren bzw. zu kategorisieren und auf dieser Basis explizierbare Einsichten in bedürfnisorientierte Handlungsmuster mit Bezug auf die DIN EN ISO 9241-11 zu gewinnen [525], [526]. Exemplarisch kann etwa so eine Persona mit ENTP-Profil entwickelt werden, die explorativ-konzeptionelles Denkverhalten sowie strategische Antizipationsfähigkeit verzeichnet – eine Konfiguration, die sich im Übrigen in gestaltungsbezogenen Szenarien sehr gezielt berücksichtigen lässt [525], [526].

Im Kontext kollaborativer Arbeitsprozesse – etwa innerhalb interdisziplinärer Teams oder aber kundenintegrativ im Hinblick auf Open Innovation oder User Innovation – lässt sich der MBTI zudem nutzen, um dispositionsbedingte Unterschiede in Kommunikationsstilen und Entscheidungslogiken transparent zu machen [525], [526]. Ebenso kann dies etwa in der Konsortialforschung zur Förderung prozeduraler Klarheit und zur Antizipation potenzieller Konfliktlinien organisational beitragen [525], [526].

Gleichwohl ist aber auch auf die methodologischen Begrenzungen hinzuweisen: Empirische Studien verweisen auf eine unzureichende Test-Retest-Reliabilität und auf die diagnostische Fragwürdigkeit der dichotomen Struktur, welche graduelle Übergänge innerhalb personaler Dispositionen unzureichend abbildet [527], [528]. Vor diesem Hintergrund ist der MBTI eher als heuristisches Orientierungsinstrument denn als valides Diagnosetool im engeren Sinne zu verstehen.

► Transferbeispiel

Eine auf dem MBTI basierende Persona vom Typ ENFP kann in explorativen Designprozessen eingesetzt werden, um kreative, ideengetriebene Nutzungsszenarien exemplarisch zu modellieren. ◄

Es lässt sich demnach feststellen, dass der Myers-Briggs Type-Indicator ein strukturierendes Bezugssystem zur differenzierten Beschreibung individueller Dispositionsmuster im Rahmen nutzungsbezogener Forschung eröffnet. In strategischer Hinsicht und im Lichte der zuvor dargelegten Kausallogik liegt es demnach auf der Hand, weshalb der Einsatz des MBTI – insbesondere im Kontext des UX Research und User Research sowie bei der Modellierung typologischer Personas – teleologisch einen heuristischen Mehrwert organisational entfalten kann. Zugleich erfordert seine Anwendung jedoch eine methodisch profunde Einbettung, um die erkenntnistheoretische Tragweite angemessen einzuschätzen und potenziellen Fehlinterpretationen, insbesondere solchen auf Basis zirkulärer Schlussfiguren, auch im Hinblick auf forschungsethische Implikationen präventiv zu begegnen.

Merke

Der MBTI typisiert Präferenzmuster, nicht Persönlichkeiten – sein Nutzen liegt in der heuristischen Strukturierung, nicht in der diagnostischen Festlegung.

8.10 Usability-Methode: Empathy Map

Im Kontext nutzerbezogener Erkenntnisprozesse innerhalb des UX Research und User Research lässt sich des Weiteren die Empathy Map als ein in der beruflichen Praxis etabliertes methodisches Instrument fassen, das vor allem auf die rekonstruktive Erfassung alltagsweltlicher Wahrnehmungs-, Deutungs- und Handlungsmuster, d. h. teleologischer Sinnesbezüge von Nutzenden, abzielt [529]. In hermeneutischer Ausrichtung verfolgt dieses visuelle Verfahren die Auslegung impliziter Sinnzusammenhänge, um innerhalb bestehender Geschäftsmodellanlagen Annahmestrukturen zu explizieren oder aber etwa in Frage zu stellen und auf ihre kontextuelle Tragfähigkeit hin zu überprüfen [530]. Aus praxeologischer Sicht lässt sich festhalten, dass die Empathy Map durch die gezielte Kundenprofilierung Unternehmen dazu veranlasst, präzisere Antworten auf Fragestellungen im Zusammenhang mit der Value Proposition sowie mit der Anpassung und Weiterentwicklung angebotsspezifischer Lösungsansätze zu erarbeiten; darüber hinaus unterstützt sie die Identifikation bedürfnisbezogener, emotionaler und herausforderungsbezogener Merkmalslagen innerhalb der Zielgruppe, um diese in gestaltungsrelevante Entwicklungsprozesse einzubinden [531].

8

Hinweis

Die Empathy Map dient als heuristisches Verfahren zur strukturierten Erfassung nutzungsrelevanter Wahrnehmungs- und Handlungsmuster adressierter Nutzergruppen.

Konsenstheoretisch gilt im Kontext dessen als anerkannt, dass das primäre Ziel der Empathy Map in der explorativen Herausarbeitung eines vertieften Verständnisses für die kundenseitige Wahrnehmungslogik besteht, das durch die strukturierte Erfassung von Gedankeninhalten, emotionalen Regungen, sinnbezogenen Eindrücken sowie beobachtbaren Handlungsdispositionen innerhalb kontextuell differenzierter Bezugssituationen erschlossen wird [532].

Insofern richtet sich die Methode auf die Erfassung sowohl kognitiver als auch konativer und affektiver Bezugsdimensionen des Kunden, mit dem Ziel, ein umfassendes Bild seiner erfahrungsbasierten Wahrnehmungen und bedürfnisgeleiteten Erwartungshaltungen zu zeichnen, was insbesondere in initialen Phasen des gestaltungsorientierten Entwicklungsprozesses von Relevanz ist, um an realen Zielgruppenmerkmalen orientierte Lösungsansätze abzuleiten [533].

In dieser begrifflichen Resultierung verweist die Empathy Map auf eine üblicherweise sechsfeldrige Kategorisierung, innerhalb derer unterschiedliche Dimensionen kundenseitiger Wahrnehmung erfasst werden, darunter visuell und auditiv geprägte Sinneseindrücke, geäußerte Aussagen, gedankliche Inhalte, emotionale Reaktionen, beobachtbare Verhaltensweisen sowie wahrgenommene Barrieren und Bedürfnisse [533], [534]:

1. **Was sieht der Kunde?**
   Im Hinblick auf die erste und einleitende Kategorie steht die visuelle Perzeption des Kunden im Vordergrund, wobei die Beobachtung physischer Gegebenheiten wie u. a. Produkte, Werbemaßnahmen oder aber wettbewerbsorientiert konkurrierende Angebote etc. ebenso einbezogen wird wie die Rezeption sozialer und kultu-

reller Rahmenbedingungen, etwa in Form von normativen Erwartungen, marktbezogenen Trends oder milieuspezifischen Orientierungsmustern [533], [534].

2. **Was hört der Kunde?**
   In Bezug auf diese kategorische Prämisse richtet sich der Fokus auf die (psycho-) akustisch vermittelten Reize sowie auf kommunikative Einflussgrößen, durch welche die Erfahrungs- und Deutungsmuster des Kunden in bedeutsamer Weise mitgeprägt werden; hierzu zählen interpersonelle Austauschprozesse im familiären, freundschaftlichen oder kollegialen Umfeld ebenso wie massenmediale Inhalte, werbliche Botschaften und informelle Empfehlungen [533], [534].
3. **Was sagt und praktiziert der Kunde?**
   Diese Kategorie bedingt schließlich eine empirisch zugängliche Erfassung äußerlich beobachtbarer Verhaltensweisen des Kunden, zu denen sowohl sprachlich vermittelte Aussagen als auch handlungsbezogene Vollzüge und entscheidungsrelevante Reaktionsmuster zählen, wobei das Augenmerk auf den Ausdrucksformen liegt, mit denen der Kunde in sozialen Interaktionen agiert und kommuniziert [533], [534].
4. **Was denkt und fühlt der Kunde?**
   Kategorisch werden hierbei diejenigen kognitiven, konativen und affektiven Binnenprozesse des Kunden erfasst, die sich auf seine innere Gedankenführung und verhaltensorientierten Dispositionen sowie auf emotionale Zustände beziehen und deren inhaltliche Spannweite sich über motivationale Beweggründe, befürchtungsbezogene Unsicherheiten, antizipative Hoffnungen und innere Ambivalenzen erstreckt, wobei diese Dimension maßgeblich zur Erklärung verhaltensleitender Dispositionen beiträgt [533], [534].
5. **Was sind die größten Herausforderungen des Kunden?**
   In diesem kategorischen Kontext richtet sich im Zuge dessen die Aufmerksamkeit auf die Erfassung jener problembezogenen Konstellationen, mit denen der Kunde konfrontiert ist, wobei sowohl funktionale Einschränkungen im praktischen Vollzug als auch emotionale Belastungen und psychodynamisch bedingte Widerstände in die Betrachtung einbezogen werden, um ein differenziertes Verständnis seiner handlungsbezogenen Begrenzungen zu gewinnen [533], [534].
6. **Was sind die größten positiven Momente des Kunden?**
   Zu guter Letzt wird mit dieser sechsten kategorischen Explikation der Fokus auf jene Erfahrungen spezifiziert gelenkt, die aus Sicht des Kunden bzw. Rezipienten mit positiven Momenten assoziiert sind, d. h., diesbezüglich werden Erfolgswahrnehmungen, freudvolle Erlebnisse und als lohnend bewertete Handlungsergebnisse erfasst, um jene Anreizstrukturen sichtbar zu machen, die das individuelle Verhalten motivationsbezogen beeinflussen [533], [534].

Es erschließt sich hiermit für einen Anwendungsbezug, warum die Erstellung einer Empathy Map sowohl innerhalb eines projektbezogenen Teams als kollaborativer Diskussionsprozess als auch auf Basis qualitativ erhobener Einzeläußerungen von empirischen Repräsentanten der Zielgruppe zielführend sowie zweckdienlich erfolgen kann. Das bedeutet: In diesem Bezugsrahmen eröffnen beide Herangehensweisen unterschiedliche Erkenntniszugänge. Während die teaminterne Generierung einerseits vorrangig auf kollektiv geteilten Annahmen und heuristischen Erfahrungswerten basiert, zielt die aus Interviews gewonnene Variante andererseits auf die Einbeziehung nutzungsnaher Originalaussagen mit hoher inhaltlicher Authentizität, wie im Folgenden präzisiert [533], [534], [535], [536]:

- **Interne Erstellung**:
  Im Anschluss an die obigen Ausführungen lässt sich in dieser Hinsicht die intern-organisationale Konstruktion einer Empathy Map als ein kollaborativer Prozess beschreiben, innerhalb dessen bestehende Annahmestrukturen sowie implizit verfügbares Erfahrungswissen im Rahmen eines gemeinschaftlich strukturierten Denkraums zur vorläufigen konzeptuellen Verdichtung herangezogen werden. Dieser Zugriff erweist sich insbesondere in ideeninduzierten Arbeitsphasen des initialen Designstadiums als anschlussfähig, in denen hypothesengeleitete Annäherungen an nutzungsbezogene Problemstellungen generiert und ausgeleuchtet werden sollen [533], [534], [535], [536].
- **Erstellung auf Basis qualitativer Interviews**:
  Wiederum in dieser begrifflichen Resultierung transzendiert dieser methodische Zugriff die teaminterne Hypothesenbildung, indem er auf der Grundlage qualitativer Erhebungen, wie etwa in Form leitfadengestützter Einzelinterviews oder ethnografisch bzw. netnographischer angelegter Beobachtungen mit realen Nutzerinnen und Nutzern – eine empirisch rekonstruierbare Materialbasis erzeugt, die es gestattet, die Inhalte der Empathy Map an erfahrungsbezogenen Ausdrucksformen und bedürfnisrelevanten Deutungsmustern der Zielgruppe auszurichten [533], [534], [535], [536].

Unter den Voraussetzungen der obigen skizzierten Überlegungen lässt sich demzufolge feststellen, dass die Empathy Map als adaptive Heuristik verortet ist, deren Einsatzpotenzial in divergenten kontextuellen Anwendungsfeldern organisational zur Geltung kommt, beispielsweise sowohl im Rahmen physisch-materialisierter Produktentwicklungen als auch literal innerhalb digital vermittelter, dienstleistungsorientierter Interaktionsformationen [9], [537]. Vor diesem Hintergrund besteht ihre methodologische Anschlussfähigkeit dabei in der Möglichkeit, heterogene Nutzerrealitäten theorietriangulativ zu strukturieren und somit als konzeptuelle Ausgangsbasis für gestaltungsbezogene Entscheidungsprozesse zu fungieren [12], [538].

Schließlich impliziert dies, dass sich die Empathy Map in unterschiedlichen Phasen des gestaltungsbezogenen Designprozesses, das heißt von ideenbezogenen Ausgangsüberlegungen bis hin zur abschnittsbezogenen Bewertung entwickelter Konzepte, als anschlussfähig in explorativ ausgerichteten Forschungskontexten erweist, was durch eine Reihe empirischer Vorstudien des Verfassers [4], [12] methodisch nachvollziehbar dargelegt wurde [539]. Demzufolge lässt sich festhalten, dass die Empathy Map aufgrund ihrer vielfältigen methodologischen Anwendungsoptionen eine praxisrelevante Strukturierungsgrundlage im User Research darstellt, da sie zur differenzierten Erfassung nutzerbezogener Erfahrungsdimensionen im Hinblick auf die DIN EN ISO 9241 beiträgt, kollaborative Verständigungsprozesse im Team unterstützt und die Ausgangsbasis für gestaltungsorientierte Annäherungen an komplexe Problemstellungen bildet. Folgende Vorteile lassen sich daher eindeutig für einen sinnvollen Einsatz explizieren [4], [12], [540], [541]:

1. **Nutzerzentrierung**:
   Ein zentraler methodologischer Vorzug der Empathy Map liegt insofern in ihrer kapazitätsstiftenden Funktion, als sie fachwissenschaftlich und praxeologisch begründet, nämlich erfahrungsbasiert, Perzeptions-, Repräsentations- und

Deutungsmuster, Bedürfnis- und Bedarfslagen sowie lebensweltlich eingebettete Handlungskontexte der adressierten sowie determinierten Zielgruppe systematisch in den Fokus rückt und diese als epistemische Ausgangsparameter für die strategisch-organisationale Ausgestaltung nutzerzentrierter Gestaltungsprozesse fruchtbar macht [4], [12], [540], [541].

2. **Teamalignment**:
   Ein zentraler methodischer Vorzug der Empathy Map liegt insofern in ihrer kapazitätsstiftenden Funktion, erfahrungsbasierte Wahrnehmungs- und Deutungsmuster, Bedürfnislagen sowie lebensweltlich eingebettete Handlungskontexte der adressierten Zielgruppe systematisch in den Fokus zu rücken und diese als epistemische Ausgangsparameter für die Ausgestaltung nutzerzentrierter Gestaltungsprozesse fruchtbar zu machen [4], [12], [540], [541].
3. **Identifikation von Bedürfnissen und Herausforderungen**:
   Schließlich lässt sich ebenfalls verzeichnen, dass durch die strukturierte Erfassung gedanklicher Inhalte, emotionaler Regungen und handlungsbezogener Vollzüge des Kunden auch solche Bedürfnislagen und Problemlagen zugänglich gemacht werden können, die im Rahmen einer oberflächlichen Beobachtung unentdeckt bleiben würden, wodurch ein vertieftes Verständnis latenter Einflussgrößen auf das Nutzungserleben generiert werden kann [4], [12], [540], [541].
4. **Iterative Validierung**:
   Im Kontext fortschreitender Projektmodulationen erweist sich die Empathy Map als dynamisierbares Heuristikmodell, das methodisch anschlussfähig fortgeschrieben werden kann, um neu emergente Einsichten aus dem fortlaufenden Erhebungs- und Analyseverlauf adaptiv zu integrieren und dadurch sukzessive eine tiefenstrukturierte Präzisierung der adressatenspezifischen Profilbildung zu ermöglichen [4], [12], [540], [541].
5. **Visuelle Darstellung**:
   In anwendungslogischer Perspektive lässt sich konstatieren, dass die visuell strukturierte Artikulation der Empathy Map eine adressatensensible Rekonstruktion nutzerbezogener Erfahrungsdimensionen ermöglicht, wodurch innerhalb gestaltungsorientierter Entwicklungsprozesse nicht nur eine gemeinsame Bezugsbasis für teaminterne Verständigungsprozesse geschaffen, sondern zugleich eine konsensgenerierende Entscheidungsarchitektur begünstigt wird [4], [12], [540], [541].

► Transferbeispiel

Ein Projektteam erstellt auf Basis qualitativer Interviews eine Empathy Map, um nutzerseitige Belastungsfaktoren gezielt in die Gestaltung einer stressreduzierenden App zu integrieren. ◄

Vor dem diskutierten Hintergrund lässt sich nachvollziehen, weshalb die methodologische Einbindung der Empathy Map in nutzungsorientierte Entwicklungszusammenhänge einen organisational anschlussfähigen Zugang zur erlebnisfundierten Lebenswirklichkeit adressierter Nutzergruppen begünstigt, indem sie – in der Sentenz – visuelle, auditive, verbale, kognitive, konative, affektive und praxeologische Resonanzphänomene ebenso berücksichtigt wie als herausfordernd oder beglückend klassifizierte Interaktionserfahrungen (vgl. ◘ Abb. 8.14). Gleichermaßen

Abb. 8.14 Benefit und Anwendungsbezug der Empathy Map. (Quelle: Eigene Darstellung)

liegt mit Blick auf das User Research und UX Research auf der Hand, dass sich die Empathy Map sowohl für den internen Austausch im Projektteam als auch für die empirisch gestützte Validierung durch qualitative Einzelbefragungen mit Angehörigen der Zielgruppe, d. h. innerhalb der sogenannten Community of Practice, eignet, wodurch ein methodischer Zugriff geschaffen wird, der die Ausrichtung entwicklungsbezogener Entscheidungen an nutzungsrelevanten Bedarfslagen gemäß DIN EN ISO 9241-11 [8] konsequent in den Vordergrund rückt [12], [13], [15], [19], [49], [51].

Merke

Die Empathy Map dient der nutzungsbezogenen Strukturierung erfahrungsnaher Wahrnehmungsmuster zur gezielten Ausrichtung gestalterischer Entscheidungen an realweltlichen Bedarfslagen.

8.11 Usability-Methode: Usability-Test

Der dargelegten kausalen Verschränkung lässt sich nun entnehmen, dass Usability-Tests schließlich eine konstitutive Rolle in nutzungsbezogenen Untersuchungsdesigns zukommt, da sie auf der beobachtenden Analyse realweltlicher Handlungsvollzüge beruhen, in deren Verlauf ausgewählte Testpersonen aufgabenspezifisch mit Interaktionsszenarien konfrontiert werden, um das Nutzungsgeschehen in seiner situativen und prozessualen Dimension erfassbar zu machen [14].

Hinweis
Usability-Tests eröffnen einen praxisnahen Zugriff auf reale Nutzungsvorgänge und dienen der evidenzbasierten Optimierung digitaler Anwendungen.

In Anbetracht der forschungsmethodologischen Perspektive in der Konfiguration des User Research und UX Research ist des Weiteren ebenso zur Kenntnis zu nehmen, dass ein Usability-Test vorrangig auf die Identifikation von Nutzungshürden in Bezug auf die simplifizierte daseinsbestimmende Existenzbewältigung abzielt, die die Effektivität, Effizienz oder Zufriedenheit bei der Zielerreichung im Gebrauchskontext in Anlehnung an die DIN EN ISO 9241-11 [8] beeinträchtigen können; zugleich treten im Zuge dessen im Testverlauf mitunter auch solche Merkmale zutage, die sich positiv auf die wahrgenommene Gebrauchstauglichkeit auswirken [34], [287], [509]. Vor dem explizierten Hintergrund gewährleisten Usability-Tests in dieser Angelegenheit demzufolge die Ableitung bzw. Relevanzrückkopplung spezifischer Rückschlüsse auf nutzungsbezogene Defizite sowie potenzielle Optimierungsspielräume, deren systematische Re-Integration in gestalterische Iterationsprozesse eine induktive Relevanzrückkopplung generiert, die wiederum der intersubjektiven Nachvollziehbarkeit und methodisch validierten Plausibilisierung produktbezogener Weiterentwicklungen Vorschub leistet [6], [34], [287], [299], [509]. In der anwendungsbezogenen Ausgestaltung erfolgt die Implementation von Usability-Tests zumeist im Rahmen einer methodentriangulativen Verschränkung, bei der beobachtungsbasierte Verfahren in konvergenter Ergänzung mit begleitenden Interviewsequenzen zusammengeführt werden, um – im Sinne einer gestaltungsorientierten Triangulation nach Flick [78], [232] – ein mehrdimensional fundiertes Verständnis interaktiver Nutzungsvollzüge zu ermöglichen [284]. Ebenso finden ergänzend erweiterte Erhebungsformate methodentriangulativ wie z. B. bildschirmgestützte Aufzeichnungen, verbale Nutzerprotokolle oder audiovisuelle Mitschnitte Anwendung, um die differenzierte Rekonstruktion sowie die qualitative Validierung der generierten Testergebnisse methodisch abzusichern. Unter den o. g. Voraussetzungen konstatieren Queirós und Da Rocha [542], dass bereits nach drei Durchläufen qualitativer Testsitzungen aussagekräftige Resultate erhoben werden können, was die methodische Reichweite sowie den differenzialdiagnostischen Zugriff solcher Verfahren nachvollziehbar werden lässt, und zwar auch im Sinne instruktionspsychologischer Aussagekraft hinsichtlich der ‚Lernförderlichkeit' im Rahmen der Anforderungen der DIN EN ISO 9241-110 [23]. Auf der forschungsoperationalisierenden Ebene lässt sich in dieser Konstellation schließlich schlussfolgernd konsenstheoretisch veranschlagen, dass die Teilnehmerzahl bzw. die Anzahl empirischer Probanden im Kontext von Usability-Tests in Abhängigkeit von Untersuchungsintention und methodischem Studiendesign variiert, wobei im Rahmen qualitativer Erhebungsformate eine personelle Besetzung mit mindestens fünf Testpersonen als forschungslogisch begründete Untergrenze zur Sicherstellung methodologischer Gütekriterien – wie Intersubjektivität, Transparenz, Reichweite, Objektivität, Reliabilität und Validität – de facto ausgewiesen wird [14], [78], [232], [284]. Erfahrungsbasierte Heuristiken veranschlagen darüber hinaus eine Spannbreite von acht bis zehn Teilnehmenden als hinreichend, um ein diversifiziertes Spektrum nutzungsbezogener Problemstellungen in explorativer Weise erfassbar zu machen [6], [34], [287], [299], [509]. Analog dazu lässt sich für quantitativ ausgerichtete Untersuchungsformate wie etwa Eye-Tracking-Verfahren festhalten, dass zur Generierung statistisch belastbarer Aussagen in der Regel deutlich umfangreichere Stichprobenumfänge erforderlich sind, diesbezüglich ein Orientierungsrahmen von etwa zwanzig bis dreißig Teilnehmenden als methodisch zweckmäßig erachtet wird [69], [241], [286], [303], [306]. Als forschungsmethodologischer Ausgangspunkt erweist sich nun die von der Nielsen Norman Group [543] etablierte Vorgehensdoktrin als erfahrungsbasierte und praxisbewährte Strukturierungsgrundlage, der zufolge im Rahmen der Konzeption und Durchführung von Usability-Tests ein sequenziell gegliedertes Verfahren zu implementieren ist, um im Kern valide, somit forschungsethisch betrachtet einwandfreie Rückschlüsse auf die Gebrauchstauglichkeit digitaler Anwendungen unter realitätsnahen Nutzungsvoraussetzungen zielgerichtet ableiten zu können. In methodisch-systematischer Hinsicht lässt sich dieses Verfahren demnach in die folgenden aufeinander aufbauenden Einzelschritte differenzieren, wie im Weiteren dargelegt [34], [328], [509]:

1. **Ziele der Untersuchung definieren**:
   Im initialen Planungshorizont ist zunächst propädeutisch sicherzustellen, dass die Untersuchungszielsetzungen in konzeptionell präzisierter und operationalisierbarer Weise definiert sind. Dies kann vorzugsweise unter Rückgriff auf strukturierende Kriterien wie das SMART-Raster geschehen, das durch die Dimensionen „Spezifizität, Messbarkeit, Erreichbarkeit, Relevanz und zeitliche Begrenzung“, so hebt Schönsleben [544] hervor, eine durchaus methodologische Orientierung bietet. Darunter fallen ebenfalls Zielkonfigurationen wie u. a. die explorative Identifikation gebrauchstauglichkeitsbezogener Barrieren, die systematische Erfassung nutzerseitiger Zufriedenheitsindikatoren sowie die evaluative Optimierung intuitiver Steuerungsmodalitäten innerhalb digitaler Nutzungsszenarien [34], [328], [509], [544].
2. **Format der Untersuchung definieren**:
   In einem weiteren methodischen Planungsschritt ist zu spezifizieren, ob das Testdesign in synchron moderierter oder asynchron unmoderierter Ausgestaltung, im kontrollierten Laborumfeld oder unter feldrealen Bedingungen, in physischer Präsenz oder in räumlich verteilter Form konzipiert wird. Jedes dieser Formate impliziert spezifische methodenlogische Implikationen sowie einsatzspezifische Restriktionen, die im Spannungsverhältnis zwischen Untersuchungszielsetzung, organisatorischer Umsetzbarkeit und zur Verfügung stehenden Ressourcen analytisch zu reflektieren und im Hinblick auf ihre forschungspraktische Tragfähigkeit abzuwägen sind [34], [328], [509], [544].
3. **Anzahl der Teilnehmer festlegen**:
   In methodenlogischer Perspektive resultiert daraus eine differenzierende Konzeption der erforderlichen Stichprobenumfänge, insofern standardisierte Erhebungsformate sowie visuelle Messverfahren – wie etwa Eye Tracking – typischerweise eine signifikant größere Zahl an Versuchspersonen implizieren, wohingegen qualitative Untersuchungstypen zumeist mit geringeren Fallzahlen auskommen, ohne dabei ihre analytische Tiefenschärfe einzubüßen [34], [328], [509], [544].
4. **Repräsentative Teilnehmer rekrutieren**:
   Im Rahmen nutzungsorientierter Forschungsvorhaben erweist sich die Gewährleistung einer validen Zielgruppenrepräsentanz als methodisch bedeutsame Prämisse, insofern die Rekrutierung der Versuchspersonen entlang soziodemografischer, erfahrungsbasierter und verhaltensbezogener Merkmalscluster erfolgen muss, die eine hinreichende strukturelle Nähe zu den intendierten

Nutzungsszenarien und lebensweltlichen Dispositionen der adressierten Nutzerkohorten aufweisen [34], [328], [509], [544].

5. **Aufgaben und Fragen für die Teilnehmer formulieren**:
Vor dem skizzierten methodologischen Hintergrund ergibt sich in konsequenter Fortführung die Erfordernis einer präzise konturierten Aufgaben- und Frageformatgestaltung, die sowohl handlungsleitende Instruktionsimpulse – etwa in Form operationalisierter Aufforderungen wie ‚Lokalisieren Sie das Kontaktformular auf der Webseite' oder ‚Reservieren Sie einen Flug von Hamburg nach Rom' – als auch explorativ angelegte, offen formulierte Fragestellungen umfasst, mittels derer erfahrungsbasierte Dimensionen des Nutzungserlebens differenziert erschlossen werden können [34], [328], [509], [544].
6. **Kennzahlen festlegen**:
Zur Sicherstellung einer methodisch belastbaren Ergebnisinterpretation ist es erforderlich, in evaluativer Hinsicht adäquate Bezugsgrößen zu determinieren, die als empirisch erfassbare Referenzwerte der differenzierten Beurteilung des Nutzungsgeschehens dienen; exemplarisch zu nennen sind hierbei kennzahlenbasierte Indikatoren wie die Rate erfolgreich abgeschlossener Aufgaben, die Frequenz interaktiver Fehlhandlungen oder die durchschnittlich benötigte Zeitspanne zur vollständigen Aufgabenbewältigung [34], [328], [509], [544].
7. **Testplan erstellen**:
Im Lichte forschungsmethodologischer Absicherung der Operationalisierung empfiehlt sich in dieser Konstellation die Konzeption eines dezidierten Testplans, der sämtliche konstitutiven Elemente des Untersuchungsdesigns in strukturierter Form antizipiert. Dazu zählen unter anderem die präzise Zieldefinition, eine Charakterisierung der Untersuchungsgegenstände, die schematische Ablaufstruktur, die Beschreibung der verwendeten Aufgaben- und Frageformate, die Spezifikation relevanter Beobachtungsdimensionen, die gewählten Erhebungsverfahren, die zugrunde liegende Auswertungslogik sowie organisatorische Angaben zur Durchführung, etwa hinsichtlich [34], [328], [509], [544]:
   - der Benennung des zu testenden Produkts oder spezifischer Features,
   - der Zielsetzung des Tests,
   - der terminlichen und örtlichen Rahmung,
   - der soziodemografischen und erfahrungsbezogenen Merkmale der Teilnehmenden,
   - der durchzuführenden Aufgabenformate,
   - der zugrunde gelegten Kennzahlen sowie
   - der Beschreibung des eingesetzten Testsettings.
8. **Vorläufige Testuntersuchung durchführen**:
Abschließend erweist es sich aus methodologischer Perspektive als zweckmäßig, der eigentlichen Untersuchung eine vorgelagerte Testdurchführung voranzustellen – einen sogenannten Vortest –, der entweder im Rahmen eines internen Durchlaufs mit dem verantwortlichen Testteam oder unter Einbezug einer kleineren Stichprobe realer Versuchspersonen implementiert wird. Ziel dieser vorgängigen Evaluationssequenz ist es, die funktionale Belastbarkeit der formulierten Aufgabenstellungen, die semantische Verständlichkeit der eingesetzten Frageformate sowie die situative Angemessenheit des gewählten Erhebungssettings unter annähernd realitätskonformen Bedingungen zu überprüfen und gegebenenfalls adaptive Justierungen am Untersuchungsdesign vorzunehmen [34], [328], [509], [544].

► Transferbeispiel

Im Rahmen der Entwicklung einer städtischen ÖPNV-App identifizierte ein Usability-Test Schwierigkeiten bei der Ticketbuchung, woraufhin das Interface nutzerfreundlich überarbeitet wurde. ◄

Auf der forschungsmethodologischen Grundlage der vorangegangenen Ausführungen lässt sich demnach konstatieren, dass Usability-Tests im Rahmen nutzungsbezogener Untersuchungsdesigns eine triangulativ explizierte und erkenntnisperspektivisch anschlussfähige Zugangsform darstellen, insofern sie einen unmittelbaren Zugriff auf empirisch beobachtbare Interaktionsvollzüge eröffnen und dadurch überhaupt erst die frühzeitige Detektion nutzungsbezogener Disparitäten sowie deren iterative Rückführung in gestalterische Modifikationsprozesse unter realitätsadäquaten Anwendungskonstellationen substanziell befördern [287], [298], [306]. In konsekutiver Hinsicht erlauben derartige Erhebungsformate zudem die explizite Erfassung des subjektiven Nutzungserlebens, etwa im Hinblick auf wahrgenommene Zufriedenheit, Interaktionseffizienz und Gebrauchstauglichkeit, wodurch nutzungsrelevante Qualitätsdimensionen in ihrer differenzierten Struktur transparent gemacht und für die qualitative Ausformung der User Experience methodisch fruchtbar gemacht werden können [287], [316]. In Anbetracht aktueller empirischer Befunde lässt sich auf konzeptueller Ebene zudem fachwissenschaftlich konstatieren, dass sich der Usability-Test im Kontext des User Research und UX Research als methodenkonform verankertes Erkenntnisverfahren durchaus international etabliert hat, das im Übrigen der Evaluation ex ante (konzeptionell), interim (prozessual) sowie ex post (ergebnisorientiert) digitaler Anwendungen anhand der normativen Leitkriterien Effektivität, Effizienz und Zufriedenheit gemäß DIN EN ISO 9241-11 [8] dient [14]. Derartige Untersuchungsdesigns ermöglichen es, nutzungserschwerende Interaktionsdisruptionen differenziert zu rekonstruieren und substanzielle Rückschlüsse auf die Gebrauchstauglichkeit und gestalterische Anschlussfähigkeit digitaler Interfaces zu generieren [316], [545]. In der Endbewertung des Sachverhalts lässt sich des Weiteren feststellen, dass durch die strukturierte Beobachtung nutzungsbezogener Handlungsvollzüge sowie durch die kombinierte Erhebung qualitativer und quantitativer Datenquellen erkenntnisleitende Einsichten generiert werden können, die in nachfolgenden Entwicklungszyklen als Grundlage für zielgerichtete produktbezogene Modifikationen herangezogen werden [287], [306], [319]. Es kann ebenfalls festgestellt werden, dass die von der Nielsen Norman Group [543] empfohlene mehrschrittige Verfahrensweise – bestehend aus der präzisen Zieldefinition, der methodisch kontrollierten Auswahl nutzungsrelevanter Teilnehmender, der strukturierenden Aufgabenformulierung sowie der vorgängigen Bestimmung bewertungsleitender Kennzahlen – nicht nur der konzeptuellen Klarheit dient, sondern insbesondere dazu beiträgt, die empirische Rückbindung gestalterischer Entscheidungen an reale Nutzungssituationen nachvollziehbar und belastbar zu sichern.

Merke

Usability-Tests erschließen durch die strukturierte Beobachtung realer Nutzungsvorgänge differenzierte Rückschlüsse auf Gebrauchstauglichkeit und leiten gestalterische Modifikationen forschungsmethodologisch nachvollziehbar ein.

8.12 Usability-Methode: Journey Map

Im Kontext der obigen Darstellung beschreibt die Customer Journey jene strukturell aufeinanderfolgenden Kontaktpunkte, auch als Touchpoints bezeichnet, an denen Nutzer im Verlauf eines durchgängigen Informations-, Entscheidungs- und Verwendungsgeschehens mit einem Produkt, einer Dienstleistung oder einem Unternehmen in Kontakt treten (vgl. Abb. 8.15) [546], [547], [548], [549]. In dieser kohärenten Abfolge hinsichtlich nutzungsbezogener Einflussfaktoren und erfahrungsrelevanter Reziprozitäten werden innerhalb des Gesamterlebens diese so sichtbar gemacht [550], [551]. Bezogen auf diesen Sachverhalt lässt sich an dieser Stelle feststellen, dass die Customer Journey auf die rekonstruktive Erfassung nutzungsbezogener Erfahrungen und interaktiver Kontaktverläufe abzielt, um potenzielle Schwächen innerhalb kundenseitiger Wahrnehmungs- und Entscheidungsmuster offenzulegen und daraus Rückschlüsse für gestaltungsrelevante Optimierungsansätze

Abb. 8.15 Kontextfaktoren der Customer Journey. (Quelle: Eigene Darstellung)

im Sinne einer qualitätsorientierten Weiterentwicklung der Customer Experience zu ziehen [546], [547], [548].

Auch Bardley et al. [550] heben hervor, dass die digitale Customer Journey insbesondere in digitalisierten Handelskontexten explorativ erschlossen wird, da unternehmerische Akteure bestrebt sind, ein differenziertes Verständnis der sich wandelnden Erfahrungs- und Handlungsdispositionen digital affiner Nutzer zu generieren [552]. Vor diesem Hintergrund dient schließlich die Customer Journey Map als visuell strukturiertes Verfahren zur Darstellung der schrittweisen Sequenz kundenseitiger Kontaktpunkte, d. h. sogenannter Touchpoints, um erfahrungsbezogene Muster im Verlauf des Interaktionsprozesses nachvollziehbar zu machen [548], [553].

Zu identischen Ergebnissen kommt der Verfasser [4], [5], [9], [12] ebenfalls mit seinen Explorationsstudien, in deren Rahmen sich die Customer Journey als erkenntnisleitendes Verfahren erwiesen hat, das insbesondere im Kontext nutzungsbezogener Untersuchungsformate in UX Research, User Research und Marktforschung sowie in gestaltungsorientierten Entwicklungsprozessen Anwendung findet, da es erlaubt, erfahrungsbezogene Interaktionen an jedem berührungsrelevanten Kontaktpunkt differenziert zu rekonstruieren und daraus gestaltungswirksame Schlussfolgerungen zur gezielten Anpassung nutzerbezogener Kontaktverläufe abzuleiten [549].

Unter diesen Voraussetzungen lässt sich die Customer Journey, in Abhängigkeit vom angestrebten Erkenntnisinteresse und der erforderlichen Differenzierungstiefe, in mehreren verlaufsbezogenen Abschnitten gliedern [549], [551]. Ein vielfach rezipiertes Modell sieht hierbei die Unterscheidung in fünf Hauptphasen vor [546], [547], [548], [549]:

Hinweis

Die Customer Journey ermöglicht es, nutzungsrelevante Kontaktpunkte systematisch zu erfassen und daraus gezielt Optimierungspotenziale für ein konsistentes Nutzererleben abzuleiten.

1. **Awareness (Bewusstsein)**:
   Zunächst lässt sich in dieser initialen Phase feststellen, dass der Kunde erstmals aufmerksam auf ein Unternehmen oder ein spezifisches Produkt wird, was im Kontext digitaler Handelsumgebungen exemplarisch durch eine gezielte Produktsuche über eine Suchmaschine, den Klick auf ein visuell ausgespieltes Online-Banner oder durch die Rezeption einer werblichen Einblendung auf videobasierten Plattformen wie YouTube erfolgen kann; vor diesem Hintergrund ist es für Unternehmen entscheidungsrelevant, die informationsbezogenen Gewohnheiten sowie die suchlogischen Orientierungen potenzieller Käufer differenziert zu rekonstruieren, um deren wahrnehmungsseitige Kontaktaufnahme entlang nutzungsnaher Erwartungshaltungen gestaltungsrelevant zu durchdenken [546], [547], [548], [549].
2. **Consideration (Erwägung)**:
   Infolgedessen tritt in dieser Phase zutage, dass der Kunde auf Grundlage kognitiver Abwägungsprozesse prüft, ob ein Produkt für den individuellen Gebrauch in Betracht gezogen werden soll, wobei sowohl externe Informationsquellen als auch intersubjektiv wirksame Entscheidungseinflüsse wie nutzergenerierte Bewertungen, persönliche Empfehlungen aus dem sozialen Umfeld sowie unternehmensseitige Darstellungsformen eine wirkmächtige Rolle einnehmen; für Unter-

nehmen ergibt sich daraus die Anforderung, inhaltlich überzeugende und vertrauensfördernde Informationen bereitzustellen, um eine belastbare Orientierungsgrundlage für die kundenseitige Entscheidungsbildung zu schaffen [546], [547], [548], [549].

3. **Purchase (Kauf)**:
   Insofern korrespondiert diese Phase mit jenen interaktionsbezogenen Kontaktpunkten, an denen die konkrete Kaufhandlung initiiert und vollzogen wird, was im digitalen Kontext unter anderem die Nutzung eines Kaufbuttons, die Anwendung eines virtuellen Warenkorbs, die Auswahl geeigneter Bezahlverfahren sowie gegebenenfalls die Einrichtung eines nutzerbezogenen Kontozugangs umfasst; aus unternehmensbezogener Sicht kommt diesem Abschnitt insofern besondere Bedeutung zu, als sich hier das entscheidungsbezogene Verhalten der Nutzer in direkter Weise auf die Conversion-Rate auswirkt und zugleich die erfahrungsseitige Qualität der Transaktion maßgeblich zur Ausbildung nutzungsbezogener Zufriedenheit beiträgt [546], [547], [548], [549].
4. **Retention (Bindung)**:
   Unter diesen Voraussetzungen schließt sich nach der vollzogenen Kaufhandlung die sogenannte Retention-Phase an, in der unternehmerische Bestrebungen darauf ausgerichtet sind, eine längerfristige Bindung der Kundschaft aufzubauen, was durch den Einsatz strukturiert angelegter Kundenbindungsmaßnahmen, durch dialogische Kommunikationsformate oder durch die gezielte Integration des Kunden in unternehmensinterne Wertschöpfungszusammenhänge erfolgen kann; exemplarisch lässt sich in diesem Kontext die Einbindung von Nutzern in kollaborative Gestaltungsprozesse benennen, wie sie im Rahmen von Co-Creation, User Innovation oder auch im Kontext offener Entwicklungsarchitekturen im Sinne von Open Innovation praktiziert werden [12], [13], [546], [547], [548], [549].
5. **Advocacy (Empfehlung)**:
   Zu guter Letzt tritt in der abschließenden Phase der Customer Journey ein Übergang ein, in dem die Kundschaft in aktiver Weise zur kommunikativen Weiterverbreitung positiver Nutzungserfahrungen beiträgt und auf diese Weise in eine vermittelnde Rolle übergeht, die sich durch verbale Weiterempfehlungen im sozialen Nahfeld, durch öffentlich zugängliche Bewertungen oder durch das Teilen unternehmensbezogener Inhalte in sozialen Netzwerken vollziehen kann; für Unternehmen ergibt sich daraus das strategische Erfordernis, diese Ausdrucksformen affirmativer Kundenbindung gezielt zu stabilisieren, etwa durch die Verstärkung positiver Erfahrungsmomente oder durch die Anerkennung loyalen Engagements im Rahmen geeigneter Rückkopplungsformate [546], [547], [548], [549].

► Transferbeispiel

Bei der Analyse der Customer Journey einer Online-Bibliothek zeigte sich, dass viele Nutzer während der Consideration-Phase aufgrund unklarer Buchbeschreibungen absprangen – die Optimierung dieser Touchpoints führte zu einer signifikanten Erhöhung der Conversion-Rate. ◄

Das o. g. dargelegte Prinzip verweist auf die methodologische Notwendigkeit, die Anzahl abschnittsbezogener Unterteilungen innerhalb einer Customer Journey in

Abhängigkeit vom jeweiligen Granularitätsbedürfnis sowie vom projektspezifischen Scope der Untersuchung abzugrenzen sowie zu bestimmen, wobei unter Scope die thematische Reichweite, die funktionale Tiefe sowie der kontextuelle Zuschnitt des jeweiligen Untersuchungsrahmens verstanden wird, auf dessen Grundlage die analytische Strukturierung der Mapping-Prozesse erfolgt [546], [547], [548], [549]:

- **Granularitätsbedürfnis**:
  Dementsprechend lässt sich methodologisch determinieren, dass für die Erstellung einer grob strukturierten Übersicht über die verlaufsbezogenen Phasen des Kundenverhaltens eine reduzierte Anzahl an Sequenzschritten hinreichend ist, wohingegen bei der vertieften Untersuchung der Übergänge zwischen spezifischen Kontaktpunkten eine fein granularisierte Segmentierung erforderlich wird, da eine pauschale Fünf-Schritte-Einteilung die dynamischen Übergangsverhältnisse nur unzureichend abzubilden vermag [546], [547], [548], [549], [554].
- **Scope der Untersuchung**:
  In dieser Hinsicht ist zu berücksichtigen, dass sich bei der Untersuchung isolierter Segmente der Customer Journey – etwa im Rahmen der Betrachtung eines Sales Funnel oder eines servicebezogenen Ablaufs im After Sales Bereich – die erforderliche Granularität an der funktionalen Tiefe des jeweiligen Ausschnitts orientieren sollte, da eine übermäßig detaillierte Ausformung unter solchen Voraussetzungen zu einer methodisch nicht notwendigen Steigerung struktureller Komplexität führen kann [546], [547], [548], [549], [554], [555].

Von besonderer Bedeutung erscheint der praxeologische Aspekt, dass die Customer Journey keineswegs mit dem eigentlichen Erwerbsakt abgeschlossen ist, sondern sich vielmehr in eine fortlaufende Interaktionssequenz überführt, in der sämtliche unternehmensseitigen Maßnahmen nach dem Kauf eines Produkts oder einer Dienstleistung als integrale Bestandteile des fortgesetzten Kundenprozesses zu betrachten sind, was im heuristischen Sinn dem handlungsleitenden Leitsatz entspricht [556], [557], [558]:

Nach dem Kauf ist vor dem Kauf. Gleichermaßen ist nachvollziehbar, dass eine positiv erlebte Nachkauf-Erfahrung nicht nur zur Stabilisierung der affektiven Kundenbindung beiträgt, sondern auch die Wahrscheinlichkeit einer erneuten Inanspruchnahme des unternehmensseitigen Angebots signifikant erhöht, wodurch der Customer Lifecycle in eine kontinuierliche Anschlussdynamik überführt wird [556], [557], [558].

Auf der obigen Basis lässt sich ein alternativer heuristischer Zugriff auf die Darstellung der Customer Journey skizzieren, der sich an der Struktur der Heldenreise orientiert, wie sie in den kulturwissenschaftlichen Arbeiten des Mythologen Joseph Campbell [559] ausgearbeitet wurde und sich als narrative Grundfigur insbesondere in westlich geprägten Erzählformaten – exemplarisch etwa in Filmwerken wie Star Wars oder Der Herr der Ringe – wiederfindet [560]. Darauf schließlich aufbauend lässt sich das Modell der Heldenreise auf die Customer Journey übertragen, indem die erfahrungsbezogenen Sequenzen des Kundenprozesses als narrative Struktur konzipiert werden, innerhalb derer Herausforderungen, Widerstände und situativ bewältigte Übergänge als lernwirksame Stationen erscheinen, die in ihrer Abfolge einem transformierenden Verlauf folgen, welcher den Kunden retrospektiv in seiner Handlungsfähigkeit bestärkt und in seinem Entscheidungserleben validiert [556], [557], [558], [560].

In der Schlussbetrachtung zeigt sich im Kontext dessen, dass die Konzeption der Customer Journey als narrativ strukturierte Heldenreise über konventionelle, ausschließlich auf sequenzielle Verkaufsprozesse ausgerichtete Modelle hinausreicht und vielmehr einen integrativen Zugriff darstellt, der die gesamthafte Betrachtung der Customer Lifetime Value in ihrer erfahrungsbezogenen, interaktionslogischen und beziehungsdynamischen Ausgestaltung methodologisch erschließbar macht [560]. In diesem Bezugsrahmen wird deutlich, dass sich durch die Anwendung der Customer Journey Map im Kontext eines narrativen bzw. transmedialen Strukturmodells, wie der Verfasser [4], [5], [9], [11], [12] in zahlreichen Explorationsstudien aufzeigt, ein vertiefter Zugang zur erfahrungsbezogenen Realität des Kunden erschließen lässt, indem nicht nur funktionale Interaktionspunkte, sondern auch emotionale und psychologische Einflussgrößen der Nutzererfahrung differenziert berücksichtigt werden [560]. Gleichzeitig ist jedoch ebenso zu explizieren, dass sich durch die gesteigerte Komplexität dieses Ansatzes auch der konzeptionelle und organisatorische Aufwand für die kontinuierliche Erstellung, Aktualisierung und analytische Pflege der Customer Journey Map substanziell erhöht, weshalb eine Evaluation ex ante (konzeptionell), interim (prozessual) sowie ex post (ergebnisorientiert) stringent wichtig ist [19], [51].

Im Hinblick auf den theoretischen Sachzusammenhang lässt sich konstatieren, dass die Customer Journey Map ein erkenntnisleitendes Instrument darstellt, welches die strukturierte Erfassung erfahrungsbezogener Interaktionen entlang des gesamten Kauf- und Nutzungsverlaufs eines Kunden erlaubt; durch die sequenzielle Analyse der jeweiligen Berührungspunkte sowie der ihnen zugeordneten Handlungs-, Wahrnehmungs- und Entscheidungsmuster lassen sich unternehmensseitig gezielte Rückschlüsse auf bestehende Optimierungspotenziale ziehen, die zur qualitativen Ausdifferenzierung der Customer Experience beitragen können [560], [561]. Daraus geht schließlich hervor, dass sowohl die Granularität als auch der thematische Scope der Customer Journey in enger Abhängigkeit zu den erkenntnisleitenden Zielsetzungen und forschungspraktischen Rahmenbedingungen der jeweiligen Untersuchung stehen und folglich hinsichtlich ihres Differenzierungsgrads sowie ihrer konzeptionellen Reichweite präzise an das zugrunde liegende Untersuchungsdesign adaptiert werden sollten [556], [557], [558].

In konsequenter Weiterentwicklung heben Bardley et al. [550] hervor, dass die Konzeption der Customer Journey entlang des narrativen bzw. transmedialen Modells der Heldenreise einen holistisch ausgelegten Bezugsrahmen bereitstellt, der es gestattet, die konativ-affektiven, sozialmotivationalen und psychologisch geprägten Dimensionen kundenbezogener Interaktion abgrenzend und bestimmend zu erfassen [560]. Im Zuge dessen trägt dies wiederum sowohl sachdienlich als auch maßgeblich zur nachhaltigen Ausschöpfung des Customer Lifetime Value bei und trägt demzufolge signifikant zur konsistenten Ausbildung tragfähiger Kundenbindungen über den initialen Kaufprozess hinaus bei.

Die bisherigen Ausführungen lassen erkennen, dass die Customer Journey Map in diesem Zusammenhang als heuristisch anschlussfähiges Instrument innerhalb nutzungsbezogener Forschungskontexte und marktorientierter Kommunikationsstrategien gilt, da sie durch ihre nutzerzentrierte Struktur die interaktionsbezogene Qualität im Gestaltungsvorgang erhöht und auf diese Weise einen tragenden Beitrag zur nachhaltigen Wettbewerbsfähigkeit unternehmerischer Wertschöpfungsprozesse leistet, insbesondere im Lichte organisationaler Anschlussfähigkeit, inhaltlicher Innovationsfähigkeit sowie zukunftsgerichteter Entwicklungsfähigkeit.

Merke

Die Customer Journey Map macht erfahrungsbezogene Kontaktverläufe sichtbar, strukturiert nutzungsrelevante Einflussgrößen und bildet damit eine erkenntnisleitende Grundlage zur qualitätsorientierten Ausgestaltung interaktiver Nutzererfahrungen.

8.13 Die Schritte des Customer Lifetime Value

Konzeptionell sollte ebenfalls berücksichtigt werden, dass die metaphorische Übertragung der Customer Journey auf das strukturale Modell der Heldenreise einen narrativ geprägten Bezugsrahmen bereitstellt, innerhalb dessen sich kundenseitige Erfahrungsdimensionen, Interaktionsverläufe und entscheidungsrelevante Übergänge als sequenziell gegliederte Stationen rekonstruieren lassen, wodurch sich eine verdichtete Einsicht in die erlebnisbezogene Prozessualität der Nutzerreise gewinnen lässt [559], [562], [563], [564].

Hinsichtlich der praktischen Implementation hat sich gezeigt, dass das aus der mythologischen Strukturlehre Joseph Campbells [559] abgeleitete Modell der Heldenreise eine narrativ-transmedial sach- wie zweckdienliche Heuristik bereitstellt, welche die Customer Journey in zwölf sequenziell strukturierte Phasen untergliedert, die im Kontext dessen den erfahrungsbezogenen Übergang des Kunden von der initialen Kontaktaufnahme über konfrontative und bewältigungsorientierte Handlungsetappen bis hin zur affektiv verankerten Markenbindung abbilden und damit eine vertiefte Erschließung jener konativ-affektiven Dynamiken gestatten, die im Verlauf markenerlebnisbezogener Interaktion zu verhaltens- und beziehungsbezogenen Modifikationen führen [556], [557], [558], [559], [562], [563], [564].

Aufgrund der obigen Ausführungen ergibt sich nun, dass jede einzelne Phase durch präzise Statusmerkmale sowie diagnostisch orientierte Fragestellungen konturiert ist, mittels derer sich für unternehmerische Akteure gezielte Zugangsmöglichkeiten eröffnen, um latente Bedürfnislagen, erfahrungsbasierte Irritationen und kontextuell wirksame Herausforderungen aufseiten des Kunden differenziert zu erfassen und gestaltungsbezogen in adressierbare Interventionsansätze zu überführen [556], [557], [558], [559], [562], [563], [564]:

(1) **Die gewohnte Welt (Pre-Sales) Status:**
In diesem Szenario liegt eine Ausgangslage vor, in der weder eine produktbezogene Bekanntheit noch eine markenspezifische Vertrautheit aufseiten des potenziellen Kunden gegeben ist, sodass sämtliche nachfolgenden Interaktionsimpulse innerhalb der Customer Journey unter dem Primat initialer Aufmerksamkeitsgenerierung und primärer Relevanzstiftung stehen [556], [557], [558], [559], [562], [563], [564].

- **Fragen an den Prozessschritt**
  - Wie können wir dem potenziellen Kunden helfen, uns zu finden?
  - Wie erkennen wir den potenziellen Kunden?

- An welchen Orten/Kanälen können wir die potenziellen Kunden antreffen? (Identifikation möglicher Kontaktpunkte)
- Sind wir an den identifizierten Kanälen vertreten?

(2) **Aufruf zum Abenteuer (Pre-Sales) Status:**
In diesem Rahmen lässt sich konstatieren, dass der Kunde ein zunächst latent wahrgenommenes Bedürfnis entwickelt, für dessen Befriedigung das unternehmensseitige Leistungsangebot in Frage kommt, wobei durch eine erste mediale, interaktive oder soziale Berührung mit der Marke sowie durch die kognitive Aufnahme markenbezogener Signale ein initialer Eindruck hinsichtlich Produktcharakter, Leistungsversprechen und Markenpositionierung entsteht, der die Grundlage für nachfolgende Wahrnehmungs-, Bewertungs- und Entscheidungsprozesse innerhalb der Customer Journey bildet [556], [557], [558], [559], [562], [563], [564].

- **Fragen an den Prozessschritt**
- Wissen wir, welchen ersten Eindruck wir erzeugen?
- Nutzen wir die richtige Sprache und Kommunikationsmittel, um unsere Kunden auf bestmögliche Weise anzusprechen?

(3) **Weigerung (Pre-Sales) Status:**
Hier tritt ein Zustand initialer Zurückhaltung zutage, in dem sich beim Kunden entweder eine latente Skepsis gegenüber dem unternehmensseitigen Angebot evidenziert oder ein fehlendes aktives Interesse besteht, wodurch eine affektive wie auch kognitiv basierte Distanz zum Produkt, zur Marke oder zur damit assoziierten Leistungszuschreibung aufrechterhalten bleibt [556], [557], [558], [559], [562], [563], [564].

- **Fragen an den Prozessschritt**
- Warum würde ein potenzieller Kunde unsere Marke oder Produkte nicht mögen und seine Customer Journey abbrechen?
- An welchem Punkt macht der Kunde ‚dicht' oder hat keine Lust mehr?

(4) **Mentor (Sales) Status:**
In analoger Konsequenz deutet sich hier nun ein Übergang in eine rezeptive Wahrnehmungshaltung an, in der der Kunde eine prinzipielle Offenheit für unternehmensbezogene Botschaften erkennen lässt und bereit ist, sich mit den kommunizierten Inhalten kognitiv auseinanderzusetzen, ohne dass bereits eine abschließende Handlungsintention ausgebildet wäre [556], [557], [558], [559], [562], [563], [564].

- **Fragen an den Prozessschritt**
- Wie können wir den potenziellen Kunden ‚an die Hand nehmen'?
- Welche Informationen werden von welcher Zielgruppe benötigt?
- Wie kontaktieren wir den Kunden und wie sprechen wir mit ihm?
- Welcher Aufwand muss dafür betrieben werden?

(5) **Erste Schwelle (Sales) Status:**
Gleichermaßen wird in diesem Bezugsrahmen deutlich, dass der Kunde in eine initiale Auseinandersetzung mit dem produktbezogenen Handlungsraum eintritt, innerhalb derer eine vertiefte Beschäftigung mit den funktionalen, ästhetischen und symbolischen Attributen des Angebots stattfindet, sodass er gewissermaßen in die semantisch-kommunikative Sphäre des Produkts eintaucht und erste subjektiv bedeutungshaltige Bezugslinien zwischen individuellem Bedarf und unternehmensseitiger Leistung konstituiert [556], [557], [558], [559], [562], [563], [564].

- **Fragen an den Prozessschritt**
  - Wie bereiten wir den ersten Kontakt zwischen Kunde und Produkt vor?
  - Welches Feedback braucht der Kunde?
  - Welche Aspekte überzeugen den Kunden?

(6) **Verbündete und Feinde (Sales) Status:**
Schließlich tritt in dieser Übergangsphase zutage, dass der Kunde in eine unmittelbare Interaktionsbeziehung mit dem Produkt eintritt, wobei sich seine zuvor kognitiv und affektiv vorstrukturierten Erwartungen nunmehr in konkreten Handlungsvollzügen mit der realen Beschaffenheit, Funktionalität und Gebrauchstauglichkeit des Angebots konfrontiert sehen, was die Grundlage für erfahrungsbasierte Urteilsmuster sowie erste dispositionswirksame Einstellungstendenzen gegenüber der Produktqualität und Markenintegrität bildet [556], [557], [558], [559], [562], [563], [564].

Des Weiteren lässt sich in diesem Reflexionsstadium erkennen, dass der Kunde nicht nur mit den inhaltlichen und gestalterischen Merkmalen der Marke in Berührung kommt, sondern zugleich deren normative Denkweise, kommunikativen Stil und wertebezogene Ausrichtung in seine subjektive Bewertungsmatrix integriert, wobei er im Rahmen eines gedanklich durchgespielten Szenarios – ‚Mein Leben mit dem Produkt' (und mit einem konkurrierenden Produkt) – hypothetische Alltagssituationen konstruiert, diese miteinander kontrastiert und in evaluativer Absicht kognitive sowie affektive Abwägungen vornimmt, um zu einer konsistenzgeleiteten Entscheidung zu gelangen [556], [557], [558], [559], [562], [563], [564].

- **Fragen an den Prozessschritt**
  - Was brauchen wir, um dem Kunden einen umfangreichen und positiven Eindruck von unserem Produkt und unserer Marke zu geben?
  - Was könnte den Kunden von einer Entscheidung für uns abhalten?
  - Wie bleiben wir mit dem Kunden in Kontakt?
  - Wie gehen wir mit seinen Gegnern/Verbündeten an diesem Punkt um?
  - Wer oder was beeinflusst die Entscheidungsfindung des Kunden am meisten?

(7) **Aufbruch in die tiefste Höhle (Sales) Status:**
Innerhalb dieses Rahmens kulminiert die kognitive Auseinandersetzung des Kunden in einer handlungsbezogenen Entscheidungssituation, die sich zugespitzt formuliert in der evaluativen Selbstansprache ‚Kaufen oder nicht kau-

fen, das ist hier die Frage‘ verdichtet und dabei nicht nur rationale Nutzenkalküle, sondern auch affektive Valenzen, individuelle Passungserwartungen und kontextuelle Einflussgrößen in die finale Kaufintention einbezieht [556], [557], [558], [559], [562], [563], [564].

- **Fragen an den Prozessschritt**
  - Welche Impulse müssen wir dem Kunden geben, damit er sich für uns entscheidet?
  - Was machen wir mit dem Kunden, wenn er sich gegen uns entscheidet?
  - Können wir die entstandenen Informationen sammeln, auswerten und nutzen?

(8) **Entscheidende Prüfung (Sales) Status:**
Vor dem obigen Hintergrund tritt schließlich in dieser Phase der Customer Journey jene Übergangsbewegung hervor, in der sich die vollzogene Kaufentscheidung in eine antizipative Erwartungshaltung überführt, indem der Kunde sich für unser Produkt entschieden hat und nun dessen Auslieferung erwartet, d. h. hinsichtlich eines Stadiums, das gleichermaßen durch vorfreudige Spannung wie durch potenzielle Unsicherheiten hinsichtlich des Leistungsversprechens und des Gebrauchswerts geprägt ist [556], [557], [558], [559], [562], [563], [564].

- **Fragen an den Prozessschritt**
  - Wie finden Kunden unseren momentanen Lieferprozess und wie können wir diesen verbessern?
  - Welche Dienstleistungen und Angebote bieten wir den Kunden, während sie auf die Lieferung warten?

(9) **Belohnung (Sales) Status:**
Infolgedessen tritt in diesem Abschnitt jenes Geschehen hervor, in dem das Produkt beim Kunden eintrifft, sei es im privaten Raum oder am Arbeitsplatz, und durch das erstmalige Auspacken ein unmittelbarer Kontakt entsteht, der erste wahrnehmungsbezogene Eindrücke in Bezug auf Materialität, Gebrauchstauglichkeit sowie emotionale Resonanz vermittelt [556], [557], [558], [559], [562], [563], [564].

- **Fragen an den Prozessschritt**
  - Welchen ersten Eindruck vermitteln wir beim Auspacken des Produkts? (Beispiel: Unboxing-Videos von Apple-Produkten auf YouTube)

(10) **Heimweg (After-Sales) Status:**
Auf dem obigen Sachverhalt aufbauend tritt in diesem Abschnitt jene erfahrungsbezogene Ambivalenz zutage, in der sich entweder ein affektiv positiv gefärbter Rückblick auf die Kaufentscheidung einstellt oder aber erste Zweifel an deren Passung artikulieren, wobei letztere mitunter in kritischen Rückmeldungen münden, auf die unternehmensseitig in angemessener Weise eingegangen werden muss [556], [557], [558], [559], [562], [563], [564].

- **Fragen an den Prozessschritt**
  - Geben wir positives Feedback und bieten Unterstützung und Service an?
  - Was bringt den Kunden dazu, mit unserem Produkt glücklich oder unzufrieden zu sein?
  - Wie helfen wir dem Kunden bei der Vorbereitung auf die Vorstellung des neuen Produkts im Kollegen-, Familien- oder Freundeskreis?

(11) **Rückkehr mit dem Elixier (After-Sales) Status:**
Unter diesen Voraussetzungen treten jene alltäglichen Gebrauchskonstellationen zutage, in denen das Produkt im funktionalen Einsatz steht, sei es als lösungsorientiertes Hilfsmittel zur Bewältigung konkreter Herausforderungen oder als integraler Bestandteil gewohnheitsbasierter Handlungsabläufe, wobei sich zugleich eine soziale Anschlussdimension eröffnet, insofern der Kunde das Produkt in privaten oder kollegialen Kreisen vorstellt und damit eine erste Form nutzerseitiger Anschlusskommunikation initiiert [556], [557], [558], [559], [562], [563], [564].

- **Fragen an den Prozessschritt**
  - Wie sammeln und bewerten wir Feedback?
  - Wie unterstützen wir den Kunden bei der Integration des Produkts? (Beispiel: Partnerschaften, Newsletter)

(12) **Meister zweier Welten (After-Sales) Status:**
Zu guter Letzt tritt jenes Stadium hervor, in dem sich das Produkt in den alltäglichen Handlungsvollzug des Kunden integriert hat, wodurch es nicht nur funktional eingebunden, sondern zugleich habitualisiert und markenbezogen internalisiert erscheint, sodass der durch Erfahrung und Vertrautheit geprägte Status quo die Ausgangslage für eine erneute Kundenreise konstituiert [556], [557], [558], [559], [562], [563], [564].

- **Fragen an den Prozessschritt**
  - Welche Maßnahmen setzen wir überhaupt um, damit der Kunde bei uns und unseren Produkten langfristig bleibt?
  - Wissen wir, warum der Kunde bei unserer Marke oder unseren Produkten bleibt?
  - Wie bleiben wir für unsere Kunden relevant, indem wir sie an uns erinnern?

► Transferbeispiel

Ein Softwareanbieter analysiert mithilfe der Heldenreise-Struktur die Customer Journey seiner Nutzer, um kritische Abbruchpunkte während der Produkterkundung gezielt zu identifizieren und zu optimieren. ◄

Es lässt sich folglich feststellen, dass die o. g. Konzeption der Customer Journey entlang der narrativen Struktur der Heldenreise einen methodologischen Orientierungsrahmen bereitstellt, der es gestattet, verfahrensspezifische Zugänge des User Research gezielt problembezogen einzubetten und zugleich die affektiv geprägten Interaktionsmuster sowie die psychologisch determinierten Erwartungsdispositionen der Nutzer in ihrem verlaufsbezogenen Erfahrungszusammenhang zu rekonstruieren; auf dieser Grundlage wird die nachhaltige Ausschöpfung des Customer Lifetime Value gefördert, indem qualitative Erkenntnisse aus der Nutzererfahrung in die strategische Ausgestaltung langfristiger Kundenbindungen rückgeführt werden. Dementsprechend lässt sich festhalten, dass dieser Ansatz einen methodologischen Zugriff bereithält, der es erlaubt, den Customer Lifetime Value gezielt auszuschöpfen, indem er die affektiv-kognitiven Bezugslinien nutzerseitiger Interaktion aufgreift und in eine tragfähige Struktur überführt, die der sukzessiven Herausbildung langfristiger Kundenbindungen förderlich ist [19], [51], [564].

Folgerichtig ergibt sich daraus, dass sowohl die Granularität als auch der thematische Scope der Customer Journey in enger Orientierung an den spezifischen Untersuchungszielen angepasst werden sollten, wobei das Modell der Heldenreise einen narrativen Bezugsrahmen bereitstellt, der über traditionell sequenzielle Sales Funnel hinausgeht und die gesamte Kundenreise von der ersten Kontaktaufnahme bis zur langfristigen Markenbindung unter Einbezug emotionaler, motivationaler und interaktionsbezogener Einflussgrößen erschließbar macht [19], [51], [556], [560].

Allerdings ist in methodologischer Hinsicht zu berücksichtigen, dass sich durch die vertiefende Ausgestaltung der Customer Journey Map zwar ein erhöhter konzeptioneller und organisatorischer Aufwand im Hinblick auf Erstellung, Pflege und fortlaufende Justierung ergibt, dieser jedoch zugleich eine differenziertere Annäherung an die erfahrungsbezogenen, bedürfnisgeleiteten und interaktionsspezifischen Konstellationen des Kundenverhaltens gestattet, wodurch ein inhaltlich vertiefter Zugang zur nutzungsseitigen Erfahrungswirklichkeit erschlossen werden kann [51].

Nichtsdestotrotz erweist sich die Customer Journey in narrativ transmedialer Auslegung entlang der Struktur der Heldenreise als erkenntnisleitendes Instrument innerhalb nutzungsbezogener Forschungskontexte des UX Research und User Research, das durch die konsequente Ausrichtung auf erfahrungsbezogene Relevanzmuster nutzerseitiger Wahrnehmung nicht nur die vertiefte Auseinandersetzung mit affektiv konnotierten Kontaktverläufen unterstützt, sondern darüber hinaus zur Stärkung der wettbewerbsrelevanten Anschlussfähigkeit unternehmerischer Gestaltungsentscheidungen beiträgt (vgl. ◘ Abb. 8.16).

Merke

Die Customer Journey als Heldenreise strukturiert erlebnisbezogene Interaktionen entlang narrativ transmedialer Stationen und unterstützt dadurch eine tiefgreifende, konativ-affektiv gerahmte Rekonstruktion nutzerseitiger Entscheidungsdynamiken innerhalb strategisch ausgerichteter UX-Research- und User Research-Zugänge.

Abb. 8.16 Strategien zur Verbesserung der CLV. (Quelle: Eigene Darstellung)

8.14 Zielgerichtete Leitfragen zur methodischen Strukturierung

In dieser theoretischen Konsequenz mit Blick auf das UX Research und User Research lässt sich folglich verzeichnen, dass die Vorbereitung sowie Durchführung nutzungsbezogener Verfahren, wie eben der Usability-Methode, grundsätzlich einer präzisen Planung und methodologisch stringent konzeptkontrollierten (ex ante) Strukturierung bedarf, um überhaupt empirisch belastbare und gestaltungsrelevante Erkenntnisse aus dem erfahrungsseitigen Nutzungsgeschehen zu extrahieren [287], [443], [554], [565], [565], [566], [567], [568]. Daraus wiederum resultiert, dass die nachfolgend aufgeführten Fragestellungen als heuristischer Orientierungsrahmen heranzuziehen sind, um im Zuge des methodischen Vorgehens sicherzustellen, dass sämtliche relevanzbezogenen Einflussgrößen erfasst, kontextuelle Bedingungsgefüge angemessen berücksichtigt und forschungspraktische Abläufe in ihrer zielgerichteten Stringenz strukturiert werden [569]:

(1) **Welche erkenntnisleitenden Fragestellungen konstituieren den methodologischen Kern der Untersuchung?**
   - Welche forschungsleitenden Problemstellungen sollen differenziert beantwortet werden?

- In welcher Weise lassen sich die übergeordneten Zielsetzungen der Untersuchung spezifizieren – etwa im Sinne der differenzierten Erhebung gebrauchstauglichkeitsbezogener Schwachstellen, der validierten Bewertung nutzerseitiger Zufriedenheit oder der gestaltungsbezogenen Optimierung intuitiver Interaktionsverläufe?
- Welche hypothesengeleiteten Annahmen stehen zur Überprüfung an?
- Welche Erkenntniselemente sind erforderlich, um gestaltungsrelevante Entscheidungen kontextgerecht und evidenzbasiert abzuleiten?

(2) **Welche methodischen Instrumentarien und technischen Applikationen kommen im Rahmen der Untersuchung zur Anwendung – und in welcher Weise sind deren Funktionalitäten forschungsbezogen einschlägig?**
- Welche spezifischen Soft- oder Hardwarelösungen werden für die Erhebung, Verarbeitung und Auswertung der Daten eingesetzt (z. B. visuell orientierte Erhebungsverfahren wie Eye Tracking, prototypenbasierte Simulationsumgebungen oder onlinebasierte Befragungsformate)?
- In welchem Verhältnis stehen die eingesetzten Instrumente zur adressierten Zielgruppe sowie zu den erkenntnisleitenden Zielstellungen der Untersuchung?
- Verfügen sämtliche involvierten Akteure über die erforderlichen konzeptuellen und praktischen Kompetenzen zur sachgerechten Handhabung der eingesetzten Instrumente?
- Ist eine gezielte Schulungsmaßnahme erforderlich, um den methodenkonformen Umgang mit den Tools sowohl auf Seiten des Forschungsteams als auch auf Seiten der teilnehmenden Personen sicherzustellen?

(3) **In welcher methodischen Konfiguration wird die Untersuchung durchgeführt – und wie gestaltet sich das forschungspraktische Setting in Bezug auf Format, Erhebungsmodalität und Kombinationslogik?**
- Ist die Untersuchung in einem moderierten oder unmoderierten Modus angelegt, und welche Implikationen ergeben sich daraus für die Interaktionsstruktur während der Datenerhebung?
- Findet die Durchführung in einer kontrollierten Laborumgebung, unter feldnahen Realbedingungen oder im Rahmen einer räumlich verteilten Remote-Konstellation statt?
- Welcher methodologische Zugriff liegt der Datenerhebung zugrunde – qualitativ (z. B. in Form von Leitfadeninterviews oder strukturierter Beobachtung) oder quantitativ (z. B. auf Basis standardisierter Metriken, Kennzahlen oder Skalierungen)?
- Welche methodischen Verfahren werden in welcher Weise miteinander kombiniert, um eine multiperspektivische und datenplurale Erfassung der Nutzungsrealität zu gewährleisten (z. B. Triangulation von Eye Tracking und Lautes-Denken-Verfahren)?

(4) **Welche dokumentationsbezogenen Vorlagen, Erhebungsraster oder formativen Templates kommen überhaupt zum Einsatz – und wie sind diese an das Untersuchungsvorhaben angepasst?**
- Existieren standardisierte Berichtsmuster oder gestaltungsleitende Templates für die strukturierte Aufbereitung und Präsentation der Ergebnisse (z. B. dokumentenbasierte Auswertungsformate, visuelle Darstellungsraster oder modulare Präsentationsvorlagen)?

- Werden im Rahmen der Erhebung vorstrukturierte Instrumente wie standardisierte Fragebögen, semistrukturierte Interviewleitfäden oder Aufgabenraster verwendet, und wie ist deren inhaltliche Ausgestaltung konzipiert?
- Sind die eingesetzten Formatvorgaben, Dokumentationsvorlagen und Erhebungsinstrumente hinreichend auf die kontextspezifischen Zielsetzungen, Zielgruppenmerkmale und forschungspraktischen Rahmenbedingungen des Vorhabens abgestimmt?

(5) **Wie ist das Untersuchungsszenario hinsichtlich räumlicher, technischer und organisatorischer Rahmenbedingungen vorbereitet – und entspricht es den forschungspraktischen Anforderungen sowie den Bedürfnissen der Teilnehmenden?**
- Verfügt die Untersuchungseinrichtung – sei es Laborumgebung, feldbezogene Konfiguration oder remotebasierter Zugriff – über eine angemessene räumlich-funktionale Ausstattung für Forschende und Teilnehmende?
- Sind alle erforderlichen Materialien, Geräte und technischen Komponenten (z. B. Kameras, audiovisuelle Aufnahmegeräte, Testprototypen) einsatzbereit, betriebsfähig und entsprechend kalibriert?
- Ist die physische und psychologische Umgebung für die Teilnehmenden so gestaltet, dass ein störungsfreier, komfortabler und konzentrationsfördernder Untersuchungsablauf gewährleistet ist?
- Liegen Vorsorge- und Interventionsmechanismen für technische Störungen, unvorhergesehene Ereignisse oder abrupte Unterbrechungen vor?

(6) **Welche inhaltlichen, datenbezogenen und szenarienspezifischen Anforderungen bestehen zur Bearbeitung des Use Case, d. h. der forschungsleitenden Fragestellungen bzw. praxisbezogenen Anwendungsfälle?**
- Untersuchungsfragen zuverlässig zu beantworten?
- Welche konkreten Anwendungsfälle, Nutzungsszenarien oder Problemstellungen stehen im Fokus der Untersuchung – und wie sind diese strukturiert?
- Sind die den Teilnehmenden gestellten Aufgaben und Fragen in begrifflicher, semantischer und instruktiver Hinsicht klar, eindeutig und forschungszielkonform formuliert?
- Welche Hilfsmittel, Ressourcen oder begleitenden Materialien (z. B. schriftliche Instruktionen, interaktive Prototypen, Navigationshilfen) sind bereitzustellen, um eine zielführende Bearbeitung sicherzustellen?

(7) **Welche zeitlichen Rahmenbedingungen im Kontext der terminlichen Abfolgen und prozessualen Abhängigkeiten strukturieren den Verlauf der spezifizierten Untersuchung?**
- Welche zeitlichen Rahmenbedingungen und terminlich festgelegten Etappen gliedern überhaupt den Verlauf der Untersuchung in planungssicherer Art und Weise?
- Zu welchen spezifiziert datierten Zeitpunkten erfolgen Datenerhebung und in dem Kontext die explorative Ergebnisaufbereitung?
- In welchem Maße bestehen prozessuale Abhängigkeiten, Interdependenzen oder logische Verknüpfungen zwischen den einzelnen Forschungsphasen?
- Sind alle beteiligten Akteure über die zeitliche Struktur informiert, und ist deren Verfügbarkeit im vorgesehenen Zeitraum gewährleistet?

(8) **Welche verbindlichen Fristsetzungen, umgangssprachlich Deadlines, terminlichen Verpflichtungen und zeitlichen Pufferzonen sind im Untersuchungsverlauf ferner zu berücksichtigen?**
- Welche der o. g. Deadlines sind für Zwischenberichte, Präsentationen oder sonstige projektrelevante Deliverables überhaupt gesetzt, und wie verbindlich sind diese im organisationalen Konstrukt?
- Inwiefern wurden die Fristen realistisch im Hinblick auf personelle Ressourcen, Aufwandskalkulationen und Abstimmungen im Team festgelegt?
- Sind zeitliche Puffer vorgesehen, um unvorhersehbare Verzögerungen oder organisatorische Komplikationen flexibel aufzufangen?

(9) **In welchem Umfang sind zeitliche Pufferungen zur Kompensation potenzieller Störungen und/oder Verzögerungen im avisierten Untersuchungsverlauf einzuplanen?**
- In welchem Umfang wurden des Weiteren bereits propädeutisch zeitliche Puffer für einzelne Untersuchungsphasen eingeplant, um u. a. etwaige Planabweichungen adäquat prozessual zu kompensieren?
- Welche potenziellen Störfaktoren und Dilemmata könnten de facto zu zeitlichen Verschiebungen führen, wie z. B. informationstechnologische Ausfälle, Rekrutierungshürden oder logistische Engpässe?
- Welche Strategien sind bereits implementiert, um trotz zeitlicher Unwägbarkeiten eine methodologisch konsistente Operationalisierung des Forschungsprozesses zu gewährleisten?

► Transferbeispiel

Zur Vorbereitung eines Usability-Tests einer Banking-App diente ein strukturierter Fragenkatalog der methodischen Absicherung und frühzeitigen Störfaktoridentifikation. ◄

Aus der obigen erweiterten explorativen Explikation ergibt sich demnach sachverhaltlich, dass die (semi-)strukturierte Beantwortung der dargestellten Leitfragen eine durchaus methodologisch tragfähige Voraussetzung darstellt, um den gesamten Forschungsprozess effizient auszurichten, potenzielle Störfaktoren frühzeitig zu antizipieren und den Ressourceneinsatz prozessorientiert abzustimmen, um so die Validität der Untersuchungsergebnisse nachhaltig und durchlässig abzusichern [78], [232], [565], [569]. Überdies trägt diese Vorgehensweise im Übrigen zur internen Verständigungssicherung bei, indem sie u. a. ein gemeinsames Orientierungsraster für alle involvierten Akteure schafft und somit die inhaltliche Kohärenz sowie die prozedurale Transparenz innerhalb des Forschungsteams forschungsethisch gewährleistet [14], [120]. Auf der Basis konsensueller Erfahrungen im Hinblick auf forschungspraktische Erprobungskontexte lässt sich ferner feststellen, dass die Vorbereitung und Durchführung von Usability-Methoden eine strukturell klar konturierte Herangehensweise verlangt, um de facto valide und verwertbare Erkenntnisse überhaupt zu generieren [554], [569].

In diesem Zusammenhang erweisen sich die zuvor ausgeführten Leitfragen als heuristischer Orientierungsrahmen, der dazu beiträgt, alle relevanten Untersuchungsparameter kohärent zu erfassen, methodische Unschärfen frühzeitig zu vermeiden und den Forschungsverlauf inhaltlich konsistent sowie prozessorientiert zielführend auszurichten [14], [120], [284], [565]. Als determinierender Forschungsschwerpunkt im Umfeld des UX Research und User Research lassen sich im o. g. Zusammenhang grundsätzlich jene Fragestellungen benennen, deren Beantwortung eine differenzierte Strukturierung des Forschungsprozesses gestattet, indem potenzielle Herausforderungen antizipativ identifiziert, ressourcenbezogene Effizienzpotenziale ausgeschöpft und die inhaltliche Validität der Untersuchungsergebnisse gesichert wird, wodurch zugleich eine methodenkonforme Rückbindung nutzerzentrierter Erkenntnisse in gestaltungsbezogene Entscheidungsprozesse ermöglicht wird [569].

Abschließend zeigt sich, dass die methodenbewusste Planung und strukturierte Durchführung nutzungsbezogener Untersuchungsverfahren innerhalb des UX Research und User Research einen unverzichtbaren Beitrag zur Effizienzsteigerung, Wirksamkeitssicherung und Erkenntnisvalidierung leistet, indem sie auf eine konsistente Rückbindung empirisch gewonnener Einsichten an gestaltungsrelevante Entwicklungsentscheidungen zielt und auf diese Weise die Nutzungsqualität digitaler Produkte in kontextualisierter Weise optimierbar macht [16], [554], [569].

Nur auf diese Weise lässt sich jene induktive Relevanzrückkopplung sicherstellen, die für eine problemorientierte Exploration gemäß den Anforderungen u. a. der DIN EN ISO 9241-11 [8] erforderlich ist.

Merke

Methodologische Stringenz im UX Research und User Research beginnt mit den richtigen Fragen – denn nur sie strukturieren die Erkenntnislogik, sichern die Kontextadäquatheit und schaffen so die Voraussetzung für valide, nutzungsrelevante Rückschlüsse.

8.15 Prüfungsfragen – ▶ Kap. 8

Frage-Nr	Frage	Antwortoptionen
1	Welche Funktion erfüllt eine kontinuierliche Protokollführung im User Research primär?	☐ a) Zur Erstellung von Marktanalysen ☐ b) Zur Rückverfolgung von Entscheidungsprozessen ☐ c) Zur Erhebung quantitativer Daten ☐ d) Zur Probandenrekrutierung
2	Wie kann durch Dokumentation die Effizienz in Forschungsprojekten verbessert werden?	☐ a) Durch Vermeidung redundanter Erhebungen ☐ b) Durch höhere Interviewfrequenz ☐ c) Durch Einsatz von KI ☐ d) Durch erweiterte Stichproben
3	Warum ist eine konsistente Dokumentation bei langfristigen Projekten besonders wichtig?	☐ a) Um neue Teammitglieder schnell einzuarbeiten ☐ b) Um Hypothesen zu überprüfen ☐ c) Um neue Methoden zu entwickeln ☐ d) Um Datenschutz zu sichern

Frage-Nr	Frage	Antwortoptionen
4	Welchen Nutzen bieten dokumentierte Informationen im Teamkontext?	□ a) Als kreative Inspirationsquelle □ b) Als Grundlage für Diskussionen und Entscheidungen □ c) Als UX-Design-Elemente □ d) Als Datenerhebungstools
5	Wozu dienen Protokolle bei der Zusammenarbeit mit externen Partnern?	□ a) Um Unsicherheiten und Rückfragen zu vermeiden □ b) Um Budgetkalkulationen zu vereinfachen □ c) Um Marketingkampagnen zu steuern □ d) Um Benutzeroberflächen zu entwerfen
6	Inwiefern unterstützen Protokolle Präsentationsprozesse?	□ a) Sie ersetzen die Ergebnisse □ b) Sie ermöglichen direkte Nutzerbefragungen □ c) Sie strukturieren die Ergebnisdarstellung □ d) Sie beschleunigen Interviews
7	Was ermöglicht eine frühzeitige Protokollierung im Forschungsprozess?	□ a) Klare Zieldefinition und Methodenzuordnung □ b) Erhebung von Nutzerfeedback □ c) Entwicklung eines Codesystems □ d) Einsatz statistischer Methoden
8	Welche Dokumentationsanforderung gilt für Interviewbögen?	□ a) Sie müssen medienwirksam sein □ b) Sie müssen nutzungsadäquat und strukturiert sein □ c) Sie müssen unterhaltsam sein □ d) Sie müssen psychologisch ausgewertet sein
9	Was ist bei Audio- und Video-Interviews zu beachten?	□ a) Gute Internetverbindung ist optional □ b) Sie sind ausschließlich anonymisiert erlaubt □ c) Technische Stabilität und Sicherung müssen gewährleistet sein □ d) Nur schriftlich erlaubt
10	Warum sollte die Dauer eines Interviews begrenzt werden?	□ a) Um Gesprächspartner zu verwirren □ b) Um die Interviewdauer zu maximieren □ c) Um Redundanzen und Ermüdung zu vermeiden □ d) Um hohe Kosten zu erzeugen

Frage-Nr.	Frage	Antwortoptionen
11	Was ist das primäre Ziel der Cultural-Probes-Methode im User Research?	□ a) Standardisierte Vergleichbarkeit der Nutzerreaktionen □ b) Kontrolle der Nutzerinteraktion in Laborumgebungen □ c) Erfassung alltagsnaher Sinnkonstruktionen und affektiver Muster □ d) Durchführung quantitativer Tests

Frage-Nr.	Frage	Antwortoptionen
12	Welche Hilfsmittel werden typischerweise bei Cultural Probes eingesetzt?	□ a) Maus-Tracking-Software □ b) Wegwerfkameras, Diktiergeräte und Notizbücher □ c) Bildschirmaufnahmeprogramme □ d) Fragebögen zur Datenerhebung
13	Was ist ein zentrales Merkmal der Design-Thinking-Methode?	□ a) Lineare Umsetzung und feste Phasenabfolge □ b) Starres Regelwerk für die Entwicklung □ c) Iterativer, nutzerzentrierter Prozess □ d) Nur im Laborumfeld anwendbar
14	In welcher Phase des Design Thinking werden erste Ideationen entwickelt?	□ a) Empathize □ b) Prototype □ c) Ideate □ d) Test
15	Was wird durch Eye Tracking im UX Research hauptsächlich erfasst?	□ a) Emotionale Zustände der Nutzer □ b) Blickrichtung, Augenbewegungen, Verweildauer □ c) Sprachliche Reaktionen der Nutzer □ d) Netzwerkaktivitäten während der Nutzung
16	Welche Darstellungsform wird typischerweise für Eye-Tracking-Daten verwendet?	□ a) Mindmap □ b) Histogramm □ c) Heatmap □ d) Netzplan
17	Was ist ein Vorteil des mobilen Eye Tracking?	□ a) Kontrollierte Umgebung □ b) Hohe Präzision der Bildschirmmessung □ c) Erhebung in realen Nutzungskontexten □ d) Automatische Datenauswertung
18	Wie unterstützt die Phase „Empathize" im Design Thinking den Entwicklungsprozess?	□ a) Durch Definition von Zielmärkten □ b) Durch rechtliche Absicherung □ c) Durch nutzerzentrierte Bedürfnisanalyse □ d) Durch Gestaltung von Werbekampagnen
19	Was beschreibt die Flexibilität der Cultural-Probes-Methode?	□ a) Nur in digitalen Kontexten anwendbar □ b) Anpassbar an verschiedene Zielgruppen und Kontexte □ c) Ausschließlich im Labor nutzbar □ d) Beschränkt auf quantitative Studien
20	Warum wird die Phase „Prototype" im Design Thinking eingesetzt?	□ a) Zur Implementierung von Werbung □ b) Zur Erhebung quantitativer Daten □ c) Zur Visualisierung und Testung von Ideen □ d) Zur Definition der Zielgruppe

Kritische Begutachtung von Anwendungen

Inhaltsverzeichnis

G. Vindigni, *UX Research und User Research*, https://doi.org/10.1007/978-3-662-72235-0_9

„It is not enough that we build products that function, that are understandable and usable, we also need to build products that bring joy and excitement, pleasure and fun, and, yes, beauty to people's lives." (D. Norman, zitiert nach: Bhooshan, „Quotes – Don Norman on UX", 2017 [https://www.bhooshan.com/2017/10/27/quotes-don-norman-ux/])

Don Norman https://www.bhooshan.com/2017/10/27/quotes-don-norman-ux/ (zitiert nach Bhooshan, 2017), Mitbegründer der Nielsen Norman Group

In Anbetracht der in diesem Lehrwerk dargelegten methodologischen Grundlegung lässt sich zunächst festhalten, dass UX Research und User Research primär unternehmerisch eingesetzt werden, um einerseits bestehende Produkte oder Dienstleistungen differenziert an den erfahrungsseitigen Bedürfnissen und wahrnehmungsbezogenen Anforderungen der Nutzer auszurichten und andererseits produktbezogene Neuentwicklungen gezielt entlang dieser Bedarfslagen zu konzipieren. Diesbezüglich bedingt die empirische Erschließung sowohl der subjektiven Dispositionen der adressierten Zielgruppe als auch der kontextuell situierten Nutzungspraxis eine gestaltungswirksame Rückbindung an entwicklungsspezifische Entscheidungsprozesse, indem erfahrungsbezogene Relevanzmuster und nutzungsseitige Anforderungsprofile inhaltlich verdichtet zugänglich gemacht werden.

Vor diesem Hintergrund lässt sich verzeichnen, dass zur Gewinnung inhaltsgesättigter Erkenntnisse über nutzerseitige Verhaltens- und Dispositionsmuster entweder unternehmensinterne Akteure aus dem Forschungs- und Entwicklungsbereich (abgekürzt FuE) in das methodische Vorgehen eingebunden oder gezielte Kooperationen mit externen Research-Agenturen initiiert werden, um eine praxisorientierte Rückbindung empirisch rekonstruierter Nutzungserfahrungen an gestaltungsrelevante Entwicklungsprozesse zu gewährleisten.

Darauf kausal aufbauend lässt sich die nachfolgende Lerneinheit dahingehend strukturieren, dass sie ausgewählte Problemlagen und herausforderungsspezifische Konstellationen im Kontext des User Research expliziert, die sowohl auftraggebende Instanzen als auch forschungspraktisch agierende Akteure gleichermaßen in den methodischen Vollzug einbeziehen sollten, um die Aussagekraft nutzungsbezogener Erkenntnisse zu stabilisieren und potenzielle Störfaktoren innerhalb des Forschungsprozesses im Vorfeld zu minimieren.

▪ Lernziele

Konkretisiert bedeutet das, dass Sie nach der Bearbeitung dieses Kapitels lernzieltaxonomisch differenziert und kompetenzorientiert dazu befähigt sind:

- wissenschaftlich unzulässige Fehlschlussformen terminologisch zu identifizieren und deren potenzielle Auswirkung auf die Validität empirischer Ergebnisse im Kontext nutzungsbezogener Untersuchungsformate analytisch zu erfassen sowie
- methodologische und empirische Begrenzungen nutzerforschender Zugänge zu rekonstruieren, insbesondere im Hinblick auf deren Generalisierbarkeit, Übertragbarkeit und kontextuelle Anschlussfähigkeit.

! Merke

UX Research und User Research dienen der erkenntnisbasierten Rückbindung erfahrungsbezogener Nutzerbedarfe an entwicklungsspezifische Entscheidungen – entweder durch interne FuE-Kompetenz oder externe Forschungspartnerschaft – und erfordern methodenbewusste Prävention fehlschlussinduzierter Verzerrungen.

9.1 Propädeutisches

9.1.1 Wissenschaftliche Fehlschlüsse

Im Hinblick auf die forschungsmethodologische sowie -ethische Kausalkette lässt sich des Weiteren nachvollziehen, dass methodologisch inadäquate Fehlschussbildungen im Kontext nutzungsbezogener Forschungsvorhaben sowohl die empirische Belastbarkeit als auch die inhaltliche Aussagekraft nutzerseitig generierter Daten erheblich beeinträchtigen können [71], [570]. In diesem Zusammenhang ist jedoch anzumerken, dass insbesondere die Validität, d. h. die Gültigkeit der Messergebnisse im Hinblick auf das erhobene Erkenntnisinteresse, sowie die Reliabilität, verstanden als formale Zuverlässigkeit und Reproduzierbarkeit der erhobenen Befunde, in substanzieller Weise, erkenntnistheoretisch betrachtet, tangiert sein können [14], [77], [78], [228], [571]. Das wiederum bedingt, dass auf u. g. mögliche Fehlschlussbildungsformationen stringent geachtet wird (vgl. ◻ Abb. 9.1):

1. **Selektionsbias (Auswahlverzerrung):**
   Unter diesen forschungsmethodologischen Voraussetzungen lässt sich ein selektionsbezogener Verzerrungseffekt (Selektionsbias) konstatieren, der auftritt, wenn die in die Untersuchung einbezogene Stichprobe nicht in hinreichender Weise die strukturgebenden Merkmalslagen der intendierten Zielpopulation abbildet, sodass etwa durch selbstselektive Teilnahmeverfahren jene Personen überrepräsentiert sind, die ein spezifisches Interesse, eine erhöhte Technikaffinität oder überdurchschnittliche Nutzungskompetenz aufweisen [572]. In der Folge wird jedoch die interne Validität der Untersuchung durch eine eingeschränkte externe Generalisierbarkeit der Ergebnisse unterminiert, was eine methodenkritische Relativierung der erzielten Aussagen definitiv erforderlich macht [573].
2. **Confirmation Bias (Bestätigungsfehler)**:
   Zugleich können Bestätigungsfehler, sogenannte Confirmation Bias, eine methodologisch gravierende Verzerrung induzieren, insofern sie dazu führen, dass Forschende selektiv jene Informationen wahrnehmen, gewichten und interpretieren, welche ihren vorab bestehenden Hypothesen, Annahmen oder Erwartungshaltungen entsprechen, während konträre oder inkonsistente Daten ausgeblendet, relativiert oder als randständig abgewertet werden [574]. In der Konsequenz bedeutet dies, dass hieraus ein eingeschränktes Erkenntnisspektrum resultiert, das sowohl die inhaltliche Validität der Untersuchungsergebnisse als auch deren erkenntnisgenerierende Tragfähigkeit in Frage stellt [575].
3. **Hawthorne-Effekt**:
   Hinsichtlich des Hawthorne-Effekts lässt sich an dieser Stelle verzeichnen, dass die bewusste Wahrnehmung einer Untersuchungssituation durch die Teilnehmenden eine verhaltensmodifizierende Wirkung entfalten kann, indem sie zu einer Anpassung des Nutzerverhaltens an vermeintlich erwartete oder sozial erwünschte Reaktionen führt, was wiederum die empirische Erfassung authentischer, kontextuell eingebetteter Nutzungsmuster erschwert und die Validität der erhobenen Daten in methodologischer Hinsicht signifikant beeinträchtigt [576], [577].

Abb. 9.1 Auswirkungen methodischer Fehler auf das UX Research und User Research. (Quelle: Eigene Darstellung)

4. **Overgeneralization (Übergeneralisierung)**:
   Bezogen auf die Übergeneralisierung lässt sich demzufolge wissenschafts- sowie erkenntnistheoretisch konstatieren, dass dieser Fehlschluss dann auftritt, wenn Ergebnisse aus einer kontextspezifischen Untersuchung ohne hinreichende empi-

rische oder methodologische Absicherung auf eine umfassendere Zielpopulation übertragen werden, wodurch nicht nur die Generalisierbarkeit der Befunde in Frage steht, sondern zugleich die Aussagekraft und Geltungsreichweite der Schlussfolgerungen hinsichtlich ihrer Validität und Übertragbarkeit methodisch entwertet wird [578], [579].

5. **Kausalfehlschlüsse**:
   Nicht zuletzt ist es im Kontext methodisch kontrollierter Forschungsdesigns unerlässlich, darauf zu achten, dass die Feststellung einer Korrelation zwischen zwei Variablen nicht vorschnell als Hinweis auf eine kausale Beziehung fehlinterpretiert wird, da eine solche Kausalannahme ohne hinreichende theoretische Fundierung und kontrollierte Einflussgrößen nicht nur methodisch unzulässig, sondern auch empirisch irreführend ist [580]. Exemplarisch zeigt sich dies an Untersuchungen, in denen eine hohe Nutzungsfrequenz eines determinierten Aspekts mit erhöhter Zufriedenheit einhergeht, ohne dass aber geklärt wäre, ob das Feature selbst ursächlich ist oder ob nicht vielmehr Drittvariablen, wie etwa individuelle Vorerfahrungen, Nutzungskontexte oder affektive Dispositionen, beide Phänomene gleichermaßen beeinflussen [580].

► Transferbeispiel

Ein Start-up entwickelt eine neue Fitness-App und testet diese mit 15 freiwilligen empirischen Probanden. Die Auswertung zeigt im Zuge dessen eine sehr hohe Zufriedenheit und intuitive Bedienbarkeit. Basierend auf diesen Ergebnissen empfiehlt das Team, die App breit auszurollen. ◄

Hinweis

In dieser Angelegenheit wird daran erinnert, dass im Rahmen qualitativ ausgerichteter Forschungsdesigns – wie sie im UX Research vielfach zur Anwendung gelangen – an die Stelle der klassisch quantitativen Gütekriterien Validität und Reliabilität jene methodologisch äquivalenten Bezugspunkte treten, die unter den Termini Intersubjektivität, Transparenz und Reichweite gefasst werden und eine nachprüfbare, nachvollziehbare sowie kontextuell anschlussfähige Absicherung qualitativer Forschungsergebnisse gewährleisten sollen [581], [582].

Diese beziehen sich, wie in ► Abschn. 4.3 bereits ausführlich eingegangen, auf:

- zum einen auf die Nachvollziehbarkeit und argumentative Rückführbarkeit der Ergebnisse (Intersubjektivität),
- zum anderen auf die offengelegte Dokumentation und Reflexion des methodischen Vorgehens (Transparenz), sowie
- schließlich auf die inhaltliche und kontextuelle Übertragbarkeit der Erkenntnisse (Reichweite).

Vor diesem Hintergrund ist bei der Bewertung potenzieller Fehlschlussbildungen stets mitzudenken, welche forschungslogischen Maßstäbe im jeweiligen methodischen Setting anzulegen sind [581], [582].

Merke

Methodische Verzerrungen wie Selektionsbias, Confirmation Bias oder Kausalfehlschlüsse unterminieren die Validität und Generalisierbarkeit von UX-Research-Ergebnissen – sauberes Design schützt vor Fehlschlüssen.

9.1.2 Grenzen des UX Research und User Research

In dieser theoretischen Konsequenz lässt sich grundsätzlich verzeichnen, dass trotz der erkenntnisleitenden Bedeutung nutzerforschender Zugänge im Rahmen des UX Research und User Research gleichwohl begrenzende Parameter bestehen, welche die Interpretation, Übertragbarkeit und praktische Anwendbarkeit der erhobenen Ergebnisse einschränken können und daher im Zuge der methodologisch kontrollierten Auswertung zwingend mitgedacht werden müssen [14].

Hinweis
Ergebnisse aus UX-Tests sind stets im Kontext ihrer Erhebung zu interpretieren. In diesem Kontext muss jeweils ebenfalls das Perzeptions-, Repräsentations- und Rezeptionsverständnis der User berücksichtigt werden.

Bezogen auf die dargestellten Tatsachen erweist sich die Kontextabhängigkeit nutzerforschender Ergebnisse als erkenntnistheoretisch relevante Begrenzung, insofern sich die im Kontext des UX Research und User Research generierten Befunde zumeist auf spezifische Untersuchungsszenarien beziehen und daher nicht ohne differenzierte Kontextualisierung und methodisch gestützte Übertragbarkeitsprüfung auf andere Anwendungszusammenhänge oder Zielgruppen extrapolieren lassen [14]. Exemplarisch tritt dies in der potenziellen Diskrepanz zwischen laborinduziertem Verhalten einerseits und alltagsweltlich situierten Nutzungshandlungen andererseits zutage [14].

In diesem weiteren Kontext zeigt sich ferner, dass empirisch angelegte Formate innerhalb des UX Research und User Research nicht selten auf kleinvolumigen Stichproben beruhen, die in ihrer Zusammensetzung nur eingeschränkt repräsentativ für die adressierte Zielgruppe sind, wodurch die Generalisierbarkeit der daraus abgeleiteten Erkenntnisse begrenzt bleibt und kontextübergreifende Gültigkeitsannahmen methodologisch differenziert zu prüfen sind [14].

Mit dieser Festlegung ist des Weiteren eine methodologisch einschlägige Problematik angesprochen, insofern UX Research und User Research nicht selten auf subjektiv strukturierte Bewertungsvorgänge und qualitativ ausgerichtete Datenzugänge zurückgreifen, deren begrenzte Quantifizierbarkeit sowohl die Objektivierbarkeit der Ergebnisse als auch deren interstudielle Vergleichbarkeit und theoriebasierte Anschlussfähigkeit beeinträchtigen kann, wodurch sich Einschränkungen, auch unter forschungsethischen Gesichtspunkten wie z. B. gemäß TRREE [120] hinsichtlich der Replizierbarkeit und resultierenden Ergebnisvalidierung, ergeben [14].

► Transferbeispiel

Ein neues Intranet wird mit technikaffinen IT-Mitarbeitenden getestet. Die positiven Ergebnisse werden verallgemeinert – ohne die Bedürfnisse weniger digital affiner Abteilungen zu prüfen. ◄

Ebenso muss jedoch beachtet werden, dass sich ein erheblicher Teil nutzungsbezogener Erhebungsformate auf momentane Momentaufnahmen des Nutzerverhaltens konzentriert, wodurch langfristige Verlaufsdimensionen, habituelle Adaptionsprozesse und allmählich verlagerte Nutzungsmuster ausgeblendet bleiben, was in methodologischer Hinsicht zu einer Einschränkung der zeitlichen Aussagekraft sowie der diachronen Nachvollziehbarkeit empirisch gewonnener Befunde führen kann [14].

Auch im Hinblick auf die o. g. forschsethischen Implikationen in Anlehnung an die TRREE [120] lässt sich feststellen, dass sich UX Research und User Research an klar konturierte ethische Prämissen binden müssen, wobei insbesondere der Umgang mit personenbezogenen Daten, die Transparenz des Erhebungszwecks sowie die informierte Einwilligung der Teilnehmenden gemäß datenschutzrechtlichen Vorgaben als normativ verpflichtende Parameter gelten [14]. Des Weiteren sei hiermit ebenfalls angemerkt, dass in methodologischer Konsequenz dies nicht selten die Tiefe, Offenheit und Nachvollziehbarkeit der Datenerhebung limitiert, da sowohl Erhebungsdesign als auch Verwertungskontext strengen ethisch-rechtlichen Rahmenbedingungen unterliegen [14].

Merke

UX- und User Research liefern kontextgebundene Momentaufnahmen, deren Aussagekraft, Übertragbarkeit und Replizierbarkeit methodisch wie ethisch stets kritisch reflektiert und begrenzt gedacht werden müssen.

9.1.3 Fazit

Betrachtet man die obigen Kontextfaktoren, ergibt sich deduktiv, dass die kritische Evaluierung forschungspraktischer Anwendungen, methodischer Maßnahmen und eingesetzter Instrumentarien im Kontext des UX Research und User Research eine erkenntnisleitende Voraussetzung darstellt, um die Validität, Reichweite und Aussagekraft empirisch generierter Ergebnisse nachhaltig abzusichern. Zugleich aber erfordert dies ebenso eine methodologisch kontrollierte Vermeidung wissenschaftlich inadäquater Fehlschlussbildungen wie Selektionsbias, Confirmation Bias oder Kausalfehlschlüssen sowie eine reflexive Berücksichtigung kontextabhängiger, subjektivitätsbezogener und generalisierungskritischer Begrenzungen nutzungsorientierter Forschung.

Gerade die methodologisch kontrollierte Auseinandersetzung mit potenziellen Problemlagen und forschungspraktischen Herausforderungskonstellationen erlaubt es, die Effektivität und forschungslogische Belastbarkeit von UX Research und User Research zu stärken, indem sowohl auftraggebende Instanzen als auch durchführende Akteure befähigt werden, empirische Verzerrungseinflüsse frühzeitig zu identifizieren, methodische Qualitätsstandards aufrechtzuerhalten und nutzungsbezogene Entwicklungslösungen in kohärenter Rückbindung an die tatsächlichen Bedarfslagen und erfahrungsseitigen Anforderungen der adressierten Zielgruppe auszurichten.

Dementsprechend gilt es, strukturformend zu berücksichtigen, dass die methodologisch differenzierte Reflexion forschungspraktischer Verfahren und resultierender Befunde einen konstitutiven Bestandteil erkenntnisgeleiteten UX Research darstellt, insofern sie nicht nur der Sicherung wissenschaftlicher Redlichkeit dient, sondern zugleich eine inhaltlich tragfähige Rückbindung empirischer Einsichten an gestaltungsbezogene Entscheidungserfordernisse sowohl sicherstellt als auch unter Berücksichtigung u. a. der TRREE [120] leistet.

9.2 Kritikpunkt: Budget

Es wäre aber sicherlich verkürzend, die in diesem Lehrbuch vorgenommene Exploration nicht ebenfalls auf jene ressourcenbezogene Dimension auszudehnen, innerhalb derer sich UX Research und User Research als aufwandsspezifisch anspruchsvolles Verfahren erweisen, das sowohl personalbezogene als auch sachgebundene Investitionen voraussetzt [107], [384]. Schließlich bedarf es in methodologisch evaluierten Anwendungskontexten nicht nur der Einbindung entsprechend befähigter sowie qualifizierter Fachkräfte per se, sondern auch des Einsatzes forschungsspezifischer Tools, Erhebungsinstrumente und analytischer Applikationen – eine Konstellation, die insbesondere für kleinere und mittlere Entwicklerstudios eine nicht zu vernachlässigende finanzielle bzw. organisational-ökonomische Belastung darstellen kann, welche in Relation zum potenziellen Erkenntnisgewinn stringent abzuwägen ist [583].

Hinweis

Begrenzte Ressourcen können die methodische Tiefe und Aussagekraft von UX-Studien erheblich einschränken.

Im Lichte des Mensch-Organisation-Technik-Modells, wie der Verfasser [4], [5], [12] in diversen Explorationsstudien aufgezeigt hat, wird hierdurch deutlich, dass UX Research und User Research nicht als isolierte Maßnahme zu verstehen sind, sondern stets in die strukturellen, technischen und personellen Rahmenbedingungen eingebettet bleiben, innerhalb derer sich Forschung, Entwicklung und Nutzungssituation wechselseitig bedingen.

Es wäre aber sicherlich verkürzt dargestellt, die in diesem Lehrbuch vorgenommene Exploration nicht ebenfalls um eine kritische Einordnung der budgetbezogenen Implikationen zu erweitern, zumal sich unter Verweis auf einschlägige Praxisberichte erkennen lässt, dass nach Einschätzung von Natalia Sander [583], [584] für die methodisch kontrollierte Planung, Durchführung und Auswertung eines UX Research Vorhabens – in Abhängigkeit vom zugrunde gelegten Untersuchungsdesign sowie vom empirischen Umfang – im Durchschnitt ein personeller Aufwand von etwa vierzig Arbeitsstunden kalkuliert wird, was in der Summe einem finanziellen ressourceneinsatz von etwa dreitausendzweihundert bis fünftausendsechshundert Euro entspricht, unter spezifischen Voraussetzungen jedoch auch signifikant darüber hinausreichen kann. Vor diesem Hintergrund verdeutlicht das Mensch-Organisation-Technik-Modell die o. g. exemplarische Schätzung die budgetäre Herausforderung, die sich insbesondere für kleinere und mittlere Entwicklerstudios in der konsequenten Umsetzung nutzungsbezogener Forschungsvorhaben ergibt [12], [13], [15].

Im Kontext dessen ergibt sich schließlich, dass sich die genannte Aufwandsschätzung auf sämtliche forschungspraktischen Teilbereiche bezieht, also auf die konzeptionelle Vorstrukturierung und operative Vorbereitung der Untersuchung, die zielgruppenspezifische Rekrutierung geeigneter Teilnehmerinnen und Teilnehmer, die empirische Durchführung der Erhebungsformate sowie auf die strukturierte Analyse, inhaltliche Auswertung und nachvollziehbare Dokumentation der generierten Ergebnisse [51], [584].

Gleichermaßen liegt auf der Hand, dass für kleinere und mittlere Entwicklerstudios, insbesondere im Bereich der Spieleentwicklung, derartige finanzielle Aufwendungen häufig nicht tragbar sind, sodass gemäß den Ausführungen von Drachen et al. [384] vielfach auf kostengünstige oder kostenfreie Tools zur Datenerhebung zurückgegriffen wird, um den methodischen Forschungsprozess dennoch in ressourcenbezogener Weise umsetzen zu können.

In Anbetracht der finanziellen Restriktionen, die insbesondere in kleineren und mittleren Entwicklerstudios vorherrschen, beläuft sich das für Analysen verfügbare Budget in zahlreichen Fällen auf einen nahezu vernachlässigbaren Betrag, wodurch die Realisierung umfassender UX- und User-Research-Studien erheblich limitiert wird [12], [384], [584].

In diesem Zusammenhang lässt sich anhand der Ausführungen von Drachen et al. [384] verdeutlichen, dass die typischen Forschungsschritte im Kontext der FuE-Prozesse in der Videospielentwicklung in klar strukturierte Phasen gegliedert sind, die jeweils spezifische methodische Anforderungen und analytische Zielsetzungen adressieren, wie der Verfasser [12] in einer sehr umfangreichen Studie hat bestätigen können:

1. **Konzeptions- und Designphase**:
   In diesem Szenario tritt hervor, dass der Fokus in der initialen Entwicklungsphase auf der Identifikation zentraler Leistungsindikatoren (Key Performance Indicators, KPIs) liegt, die nicht nur als Entscheidungsgrundlage für Investoren und Kreditgeber herangezogen werden, sondern zugleich als strukturgebendes Raster fungieren, um die Entwicklungsziele zu spezifizieren und die erfolgskritischen Parameter des Projekts präzise zu determinieren [12], [19], [51], [384].
2. **Vorproduktion und Produktion**:
   Die folgende intendierte Zielsetzung fokussiert im Wesentlichen darauf, dass sich der analytische Zugriff in der Phase von Vorproduktion und Produktion präzisiert, indem der Datenbedarf differenziert spezifiziert und die erforderlichen Tracking-Mechanismen implementiert werden [12], [19], [51], [384]. In diesem Entwicklungsstadium entsteht das Spiel zunächst in Form eines prototypischen Minimalprodukts, das schrittweise durch iterative Entwicklungszyklen erweitert wird, wobei idealerweise bereits erhobene Nutzerdaten als empirische Referenzgrundlage herangezogen werden [12], [19], [51], [384].
3. **Beta-Phase**:
   In diesem Fall stehen die Beta-Phase sowie der Soft-Launch im Mittelpunkt des Markteinführungsprozesses, indem das Spiel entweder für eine selektierte Nutzergruppe oder umfassend für eine breite Anwenderschaft zugänglich gemacht wird, wobei die in dieser Phase generierten Rückmeldungen und Nutzerdaten eine zentrale Grundlage für die finalisierende Optimierung des Spiels vor dem offiziellen Launch bilden. In methodologischer Hinsicht lässt sich ferner dieser Abschnitt als äquivalent zur Erprobungsphase nutzungsbezogener Usability-Methoden betrachten, die insbesondere in der Alpha- und Beta-Testung eine differenzierte Erfassung nutzerseitiger Interaktionserfahrungen vorsieht [12], [19], [51], [384] (◘ Abb. 9.2).

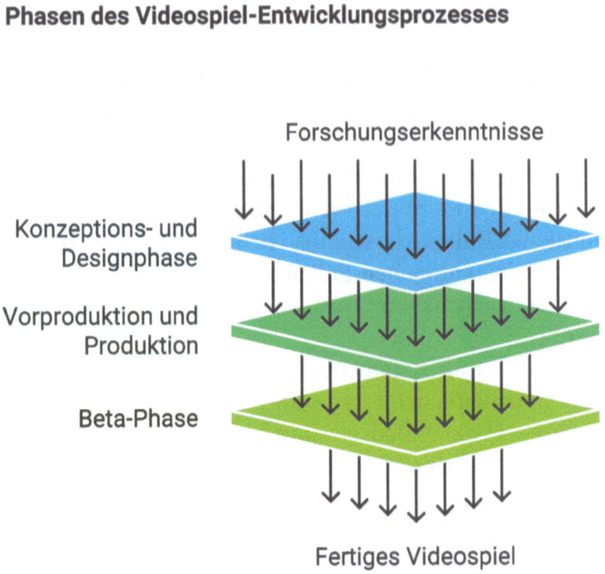

Abb. 9.2 Forschungs- und Entwicklungsprozesse in der Videospielentwicklung. (Quelle: Eigene Darstellung)

Folgende u. g. Implikationen sollten demnach berücksichtigt werden [12], [19], [51], [384]:

- **Zeitrahmen**: Hinsichtlich der Entwicklung lässt sich feststellen, dass die Beta-Phase zeitlich variabel ausfallen kann, indem sie abhängig von der Komplexität des Produkts sowie der angestrebten Testtiefe einen Zeitraum von mehreren Tagen bis hin zu mehreren Monaten umfassen kann [12], [19], [51], [384].
- **Ziele**:
  - **Optimierung:** Das Spiel muss gemäß DIN EN ISO 9241-11 [8], 9241-110 [23] und 9241-210 [35] in Bezug auf seine Gebrauchstauglichkeit, dialogische Interaktionsgestaltung und benutzerzentrierte Entwicklung evaluiert werden, wobei der Fokus auf der Validierung der Nutzererfahrung und der Identifikation potenzieller Optimierungspotenziale anhand von authentischem Feedback liegt [12], [19], [51], [384].
  - **Identifikation** und **Lösung:** Das o. g. bedingt wiederum, dass die methodisch kontrollierte Identifikation und differenzierte Analyse kritischer Problemfelder nicht nur eine präzise Erfassung nutzungsbezogener Schwachstellen erfordert, sondern zugleich gezielte Interventionsstrategien zur lösungsorientierten Adressierung dieser Problemkonstellationen umfasst [12], [19], [51], [384].
  - **Erfassung:** Aber auch die Erfassung des ersten und zugleich langfristig orientierten Eindrucks der Zielgruppe erweist sich als maßgeblich, um potenzielle Wahrnehmungsmuster und Akzeptanzbarrieren differenziert zu rekonstruieren [12], [19], [51], [384].

► Transferbeispiel

Ein kleines Game Developer Studio möchte eine umfassende UX-Studie durchführen, scheitert jedoch am Budget und nutzt stattdessen ein kostenfreies Online-Tool – zulasten der methodischen Tiefe und Aussagekraft der Ergebnisse. ◄

Kritisch verbleibt ungeachtet der deduzierten Durchdringung dieser Thematik die Tatsache, dass finanzielle Restriktionen insbesondere für kleinere und mittlere Entwicklerstudios eine durchaus sehr signifikante Einschränkung organisational darstellen, wodurch, wie der Verfasser [12] aufgezeigt hat, umfassende und methodisch explizierte UX-Studien, wie beispielsweise in der Games-Wirtschaft, oftmals eben gerade nicht realisiert werden können, sodass stattdessen kostengünstigere Alternativen herangezogen werden, die jedoch hinsichtlich ihrer inhaltlichen Aussagekraft und methodischen Belastbarkeit nicht zwingend mit professionellen Forschungsansätzen korrespondieren [12], [19], [49], [51]. In diesem Fall besteht die Gefahr, dass potenzielle Problemfelder unzureichend identifiziert werden, was nicht nur die Nutzerzufriedenheit mindert, sondern auch die qualitative Gesamtausgestaltung des Endprodukts negativ beeinflussen kann [12], [19], [49], [51].

Dabei ergibt sich die Notwendigkeit, innerhalb budgetärer Restriktionen adaptive Lösungsansätze zu entwickeln, die es kleineren und mittleren Entwicklerstudios gestatten, trotz limitierter finanzieller Ressourcen gezielte Forschungsschritte zu initiieren und dabei auf kosteneffiziente Methoden, pragmatische Erhebungsinstrumente und alternative Datengenerierungsverfahren zurückzugreifen [12], [19], [49], [51], [384]:

1. **Nutzung von Open-Source-Tools**:
   Unterstützend lässt sich darauf verweisen, dass im Kontext begrenzter Budgetressourcen eine Vielzahl kostenneutraler oder kostenreduzierter Tools zur Datenerhebung und -auswertung zur Verfügung steht, zu denen etwa Google Analytics, Hotjar oder Maze zählen [12], [19], [49], [51], [384].
2. **Crowdsourcing von Feedback**:
   Des Weiteren lässt sich herausstellen, dass durch die strategische Integration der Community-of-Practice oder frühzeitiger Anwendergruppen (sogenannte Early Adopter) wertvolles Feedback generiert werden kann, ohne dass hierbei signifikante Kosten für die gezielte Rekrutierung zusätzlicher Teilnehmerinnen und Teilnehmer entstehen [12], [19], [49], [51], [384].
3. **Iterative Testing-Phasen**:
   Es empfiehlt sich, anstelle ressourcenintensiver Gesamterhebungen kleinere, iterative Testverfahren in unterschiedlichen Entwicklungsphasen einzusetzen, um durch kontinuierliches Feedback gezielt auf nutzungsseitige Problemstellungen einzugehen und das Spiel sukzessive zu optimieren [12], [19], [49], [51], [384].
4. **Kooperationen mit Forschungseinrichtungen**:
   Begünstigend wirkt in diesem Zusammenhang die Option, Kooperationen mit Universitäten, Hochschulen für angewandte Wissenschaften oder Forschungseinrichtungen einzugehen, in deren Rahmen Studierende oder wissenschaftliche Mitarbeitende nutzungsbezogene Untersuchungen im Kontext von Projekten, Seminaren oder Abschlussarbeiten durchführen können [12], [19], [49], [51], [384].

In Anbetracht der zuvor skizzierten Rahmenbedingungen erweist sich der Kritikpunkt Budget als eine der maßgeblichen Herausforderungen im Bereich des UX Research und User Research, insbesondere für kleinere und mittlere Entwicklerstudios, da die finanziellen Aufwendungen für die konzeptionelle Planung, operative Durchführung und methodisch kontrollierte Auswertung nutzungsbezogener Untersuchungsformate nicht selten das verfügbare Budget überschreiten, wodurch diese

Akteure vielfach auf kostengünstige, jedoch hinsichtlich Validität und Aussagekraft limitierte Alternativen ausweichen müssen [12], [19], [49], [51], [384].

Allerdings lässt sich unter den aufgezeigten Rahmenbedingungen vermerken, dass zur Überwindung budgetärer Einschränkungen eine strategisch orientierte Kombination aus Open-Source-Tools, Crowdsourcing-Verfahren, iterativ angelegten Testphasen sowie gezielten Kooperationen mit akademischen Forschungseinrichtungen dazu beitragen kann, die methodische Qualität nutzungsbezogener Untersuchungsformate zu stabilisieren und die gestaltungsrelevante Rückbindung empirisch generierter Einsichten an den Entwicklungsprozess nutzerzentrierter Produkte zu intensivieren [12], [19], [49], [51], [384].

Vor dem o. g. Hintergrund stellt die kritische Auseinandersetzung mit dem Budget eine methodologisch unverzichtbare Maßnahme dar, um die forschungspraxeologisch Effizienz nutzungsbezogener Untersuchungsformate signifikant zu steigern und zugleich die strategische Wettbewerbsfähigkeit insbesondere kleinerer und mittlerer Entwicklerstudios im Hinblick auf die konsequente Implementierung nutzerzentrierter Entwicklungsprozesse zu konsolidieren [12], [19], [49], [51], [384].

Merke

Budgetbedingte Restriktionen können die methodische Konsistenz und Aussagekraft von UX Research, wie in der Games-Wirtschaft, erheblich beeinträchtigen, weshalb die strategische Implementierung kosteneffizienter Alternativen von zentraler Bedeutung ist.

9.3 Kritikpunkt: Verfälschung wissenschaftlicher Forschung

Systematisch betrachtet vereint UX Research und User Research, wie exemplarisch in der Regel in der Games-Wirtschaft umgesetzt, sowohl quantitative als auch qualitative Methoden, um einerseits datenbasierte, statistisch auswertbare Befunde zu generieren und andererseits subjektive Wahrnehmungen sowie nutzerseitige

Erfahrungsdimensionen differenziert zu rekonstruieren, wodurch ein ganzheitliches Verständnis der Nutzerbedürfnisse und Interaktionsmuster erschließbar wird [12], [19], [51], [383], [384], [385].

In diesem theoretischen Kontext werden nun für die Praxis des UX Research methodische Zugänge fokussiert, die durch den Einsatz von Verfahren wie Empathy Maps, qualitativen Interviews oder Adjektivassoziationen vertiefte Einsichten in die subjektiven Wahrnehmungsdispositionen der Nutzerinnen und Nutzer generieren sollen [12], [19], [51], [383], [384], [385].

Es zeigt sich jedoch im anwendungsorientierten Umfeld, dass die qualitative Forschung spezifische Herausforderungen impliziert, die das Risiko methodisch induzierter Verzerrungen in sich bergen, insofern sowohl die subjektiven Wahrnehmungsdispositionen der Teilnehmenden als auch die interpretativen Deutungsmuster der Forschenden potenzielle Verfälschungseffekte erzeugen können [14], [45], [68], [78], [228], [565].

Unter diesen Umständen werden im Folgenden die zentralen Problempunkte und methodischen Fallstricke qualitativer Forschung erörtert, deren Berücksichtigung maßgeblich zur Sicherung der wissenschaftlichen Integrität und Aussagekraft nutzungsbezogener Untersuchungen im UX Research beiträgt [14], [120], [284], [384], [386], [565]:

Hinweis
Hinsichtlich der Herausforderungen gilt es, zwischen Herausforderungen auf der Seite der empirischen Probanden (hier exemplarisch expliziert Gamer) und der UX Researcher zu differenzieren.

1. **Unzureichende Artikulation subjektiver Eindrücke**:
   Insbesondere die Tatsache, dass Teilnehmer, hier exemplarisch Gamer, Schwierigkeiten haben können, ihre subjektiv empfundenen Eindrücke adäquat zu verbalisieren, führt mitunter dazu, dass relevante Erfahrungsaspekte unzureichend erfasst oder missverständlich interpretiert werden, was die inhaltliche Aussagekraft qualitativer Erhebungen beeinträchtigen kann [14], [120], [284], [384], [386], [565].
2. **Fehlverständnis von Fragestellungen oder Arbeitsanweisungen**:
   Sobald empirische Probanden die gestellten Fragen oder instruktionalen Aufgabenstellungen missverstehen, besteht die Gefahr, dass deren Antworten nicht nur inhaltlich verzerrt, sondern auch methodologisch unbrauchbar sind, was die Validität der erhobenen Daten signifikant beeinträchtigen und die Ableitung belastbarer Schlussfolgerungen erschweren kann [14], [120], [284], [384], [386], [565].
3. **Unter- oder Überspielen von Eindrücken**:
   Ebenfalls können empirische Probanden dazu tendieren, ihre wahrgenommenen Erlebnisse entweder zu relativieren oder übermäßig hervorzuheben, was nicht selten auf soziale Erwünschtheit, kontextuelle Anpassungsmechanismen oder affektiv konnotierte Verhaltensdispositionen zurückzuführen ist und somit eine signifikante Verzerrung der erhobenen Daten zur Folge haben kann, wodurch die tatsächliche Nutzungsrealität nur unzureichend abgebildet wird [14], [120], [284], [384], [386], [565].
4. **Beeinflussung durch externe Faktoren**:
   Zusätzlich ist zu berücksichtigen, dass externe Einflussfaktoren wie die Anwesenheit beobachtender Instanzen, die räumliche Beschaffenheit des Untersuchungsumfelds oder vorausgegangene Nutzungserfahrungen die subjektiven Aussagen und Bewertungen der Teilnehmenden bzw. empirischen Probanden in erheblichem Maße prägen können, wodurch die inhaltliche Authentizität der generierten Daten und somit deren erkenntnisleitende Aussagekraft methodisch kritisch hinterfragt werden muss [14], [120], [284], [384], [386], [565].

Nicht zuletzt erweist es sich jedoch als unerlässlich, so hebt Devi [585] hervor, neben den potenziellen Verzerrungen auf Seiten der empirischen Probanden auch die forschungspraktischen Fallstricke zu thematisieren, die durch methodologische Fehlschlüsse seitens der Forschenden entstehen können, da diese nicht nur die inhaltliche Validität der erhobenen Daten beeinträchtigen, sondern zugleich die gesamte Interpretationslogik und Erkenntnistragweite der Untersuchung in Frage stellen. Im Folgenden werden daher einige der gängigsten Trugschlussformen, sogenannte Fallacies expliziert [586], [587], [588]:

Hinweis
Nicht nur empirische Probanden können verzerren – auch Forschende müssen methodische Fehlerquellen reflektieren und dokumentieren, um valide, belastbare Ergebnisse sicherzustellen.

1. **Confirmation Bias (Bestätigungsfehler)**:
   In diesem Zusammenhang kann festgestellt werden, dass ein methodologisch gravierender Trugschluss darin besteht, selektiv jene Daten zu fokussieren, die, so präzisiert Nickerson [589], einerseits bestehende Hypothesen oder Annahmen der Forschenden stützen, während andererseits konträre oder inkonsistente Befunde entweder relativiert, marginalisiert oder vollständig ausgeblendet werden, wodurch nicht nur die inhaltliche Validität der Untersuchungsergebnisse verzerrt, sondern zugleich potenziell relevante Erkenntnisdimensionen verkannt werden [586], [587], [588].
2. **Selection Bias (Auswahlverzerrung)**:
   Mit dieser fehlschlüssigen Festlegung, so argumentierren Herán et al. [590], wird in der Regel eine methodologisch bedeutsame Verzerrung adressiert, die darin besteht, dass die in die Untersuchung einbezogene Stichprobe nicht in hinreichender Weise die Merkmalsstruktur der intendierten Zielpopulation abbildet, wodurch insbesondere bei selbstselektiver Teilnehmerrekrutierung jene Personen überrepräsentiert sein können, deren spezifische Interessenlagen, Affinitäten oder Vorerfahrungen nicht repräsentativ für die Gesamtzielgruppe sind, was wiederum die externe Validität der Ergebnisse verzerren und deren Generalisierbarkeit methodenkritisch infrage stellen kann [586], [587], [588].
3. **Correlation vs. Causation (Korrelation vs. Kausalität)**:
   In der UX-Research-Praxis tritt häufig auch der hier thematisierte methodologische Fehlschluss auf, dahingehend, dass eine festgestellte Korrelation zwischen zwei Variablen fälschlicherweise als kausaler Zusammenhang interpretiert wird, indem beispielsweise aus der erhöhten Nutzung eines spezifischen Features und der gleichzeitig steigenden Nutzerzufriedenheit voreilig der Schluss gezogen wird, dass, so spezifiziert Haack [591], das Feature ursächlich für die Zufriedenheit sei, ohne dabei potenzielle Drittvariablen oder kontextuelle Einflussfaktoren zu berücksichtigen, die beide Variablen gleichermaßen beeinflussen könnten [586], [587], [588].
4. **Hawthorne-Effekt**:
   Ebenso tritt in der UX-Research-Praxis zutage, dass sich der sogenannte Beobachtungseffekt dahingehend präzisiert, dass Teilnehmer ihr Verhalten modifizieren, sobald ihnen bewusst wird, dass sie beobachtet werden, was nicht nur zu einer Verzerrung der erhobenen Daten führen kann, sondern zugleich die „Authentizität der gewonnenen Erkenntnisse", so schlussfolgern McCarney et al. [592], in Frage stellt [586], [587], [588].
5. **Overgeneralization (Übergeneralisierung)**:
   Des Weiteren lässt sich in Anlehnung an Shaikh et al. [593] konstatieren, dass jener obige Trugschluss dann zutage tritt, sobald Untersuchungsergebnisse aus einer spezifischen Erhebung ohne hinreichende methodische Absicherung auf eine umfassendere Zielpopulation übertragen werden, was insbesondere dann zu inadäquaten Schlussfolgerungen führen kann, wenn die zugrunde liegende Stichprobe nicht repräsentativ strukturiert oder die Studie in einem kontextuell spezifischen Rahmen verortet ist [586], [587], [588].

Allerdings haben sich infolge der o. g. Herausforderungen konsenstheoretisch Empfehlungen etabliert, die in Summe darauf abzielen, durch methodisch kontrollierte Maßnahmen die wissenschaftliche Integrität von UX Research und User Research zu stabilisieren und potenzielle Verfälschungen systematisch zu minimieren, wie im Folgenden systematisiert dargestellt:

1. **Diversifizierung der Methoden**:
   Im Zuge der dargelegten Ansätze hinsichtlich der methodischen Kombination qualitativer und quantitativer Verfahren bedingen eine integrative Forschungsstrategie, so betont Flick [78], [232], [565], die im Kern darauf abzielt, durch die „triangulative Verknüpfung" beider Ansätze sowohl die empirische Tiefenschärfe qualitativer Interviews als auch die statistische Aussagekraft quantitativer Erhebungen inhaltlich zu verdichten.
2. **Repräsentative Stichproben**:
   Mit dem Schlagwort Repräsentativität wird schließlich präzisiert, dass die Auswahl der Teilnehmer bzw. empirischen Probanden nicht nur randomisiert, sondern ebenso unter Berücksichtigung relevanter demografischer, sozioökonomischer und nutzungsbezogener Segmentierungsmerkmale erfolgen sollte, d. h. wie der Verfasser [51] empfiehlt, unter Berücksichtigung der Kontextfaktoren Segmenting, Positioning und Targeting, um eine valide Abbildung der intendierten Zielpopulation zu gewährleisten [586], [587], [588].
3. **Klarheit in Fragestellungen und Anweisungen**:
   Auch die konzeptionelle Gestaltung der Fragestellungen und Arbeitsanweisungen bedarf kohärent einer präzisen Formulierung, um Missverständnisse zu vermeiden, wobei gezielte Pretests dazu beitragen können, potenzielle Unklarheiten im Vorfeld der eigentlichen Erhebung zu identifizieren und methodisch einzugrenzen [586], [587], [588].
4. **Schulung der Forscher**:
   Gemäß TRREE [120] bedarf es einer umfassenden Schulung von Forschenden im Hinblick auf die kritische Analyse von Daten sowie die methodologisch fundierte Identifikation potenzieller Fallacies, um Verzerrungen vorzubeugen und die wissenschaftliche Validität der Forschungsergebnisse sicherzustellen [14].
5. **Transparenz und Dokumentation**:
   Darüber hinaus ist eine umfassende und nachvollziehbare Dokumentation der angewandten Methoden, ebenso gemäß der TRREE [120], erhobenen Daten und gezogenen Schlussfolgerungen unerlässlich, um die wissenschaftliche Transparenz und Reproduzierbarkeit der Untersuchungsergebnisse sicherzustellen [586], [587], [588].

► Transferbeispiel

Ein UX-Team ignoriert widersprüchliches Feedback, stützt sich nur auf bestätigende Rückmeldungen – und entwickelt so ein Feature, das später kaum genutzt wird. ◄

In Anbetracht der dargelegten Explikationen bezüglich des obigen Sachverhalts lässt sich nach Ansicht des Verfassers schlussfolgern, dass die potenzielle Verfälschung wissenschaftlicher Forschung, wie hier im Kontext des UX Research und User Research transferiert, sowohl auf Probandenseite als auch auf forschungsorganisatorischen Ebenen durchaus auftreten kann [14]. Im forschungsethischen Kontext dessen können insbesondere die Subjektivität qualitativer Erhebungsverfahren, methodische Fehlinterpretationen sowie kognitive Trugschlüsse die Validität und Reliabilität der generierten Daten signifikant beeinträchtigen [14], [120]. Allerdings geht kausal aus den hier erschlossenen Implikationen schließlich ebenfalls hervor, dass die notwendige wissenschaftliche Integrität von UX Research und User Research durch eine methodologisch kontrollierte Auseinandersetzung mit potenziellen Verfälschungen sowie durch die Implementierung präventiver Maßnahmen zur Minimierung methodologischer Verzerrungen nachhaltig gestärkt werden kann, so empfiehlt die TRREE [120], was nicht nur zur Erhöhung der Erkenntnisqualität beiträgt, sondern zugleich die Entwicklung nutzerzentrierter Lösungen auf der Grundlage empirisch validierter Befunde unterstützt [120]. Demzufolge lässt sich verzeichnen, dass die konsequente Transparenz sowie die methodologische Reflexion innerhalb des Forschungsprozesses als unverzichtbare Parameter gelten, um die Qualität und inhaltliche Aussagekraft nutzungsbezogener Untersuchungsformate im Bereich des UX Research sowie User Research deduziert abzusichern.

Merke
Verzerrungen und methodische Trugschlüsse gefährden valide Ergebnisse – nur systematische Reflexion, Diversifikation und Transparenz sichern die wissenschaftliche Integrität.

9.3.1 Fallacy: Survivorship Bias

Brown et al. [594] erwähnen ferner, dass im diskursiven Rahmen methodologischer Diskussionen innerhalb nutzerzentrierter Forschungsansätze der sogenannte Survivorship Bias als kognitiv bedingter Fehlschluss zu fassen ist, welcher sich aus einer selektiven Betrachtung „überlebender Entitäten" ergibt und dadurch eine systematische Verzerrung empirischer Befundlagen induzieren kann. Dieser Trugschluss, so deuten Elton et al. [595], tritt vorrangig dann zutage, wenn lediglich jene Fälle Berücksichtigung finden, die eine definitorisch kontingente Selektionslogik überstanden haben, während ausgeblendete oder nicht überlieferte Instanzen aus dem analytischen Zugriff exkludiert bleiben.

Hinweis
Der Survivorship Bias verzerrt Ergebnisse, indem er nur „überlebende" Fälle berücksichtigt – fehlende oder abgebrochene Daten müssen daher zwingend in die Analyse einbezogen werden.

Die daraus resultierende empirische Engführung führt nach Ansicht von Elton et al. [595] nicht selten zu inadäquaten Schlussfolgerungen, da innerhalb der Datensynthese systematische Ausfälle oder nicht dokumentierte Kontexteffekte nicht einbezogen werden. Forschungsmethodisch stellt sich in diesem Zusammenhang stets die Frage: *Welche Daten fehlen und welcher Selektion sind die vorliegenden Daten unterworfen?* Diese erkenntnistheoretische Rückfrage erweist sich nach Ansicht des Verfassers insbesondere in UX- und User-Research-Szenarien als konstitutiv, da nicht selten jene Nutzergruppen, die durch Inaktivität, Abbruch oder Desinteresse keine Daten generieren, aus dem Analyseprozess entfallen und somit mögliche negative Nutzungserfahrungen methodologisch ausgeblendet werden [586], [587], [588]:

Ein paradigmatisches Beispiel hierfür stellt das bekannte Analyseverfahren zur Bestimmung optimaler Panzerungszonen alliierter Flugzeuge im Zweiten Weltkrieg dar [596]. Die Datenerhebung, so berichten Mangel und Samaniego [597], konzentrierte sich ausschließlich auf zurückgekehrte Flugzeuge und die in deren Rümpfen und Tragflächen dokumentierten Einschusslöcher. Die nicht zurückgekehrten Maschinen – und damit die potenziell kritischeren Einschusszonen – wurden nicht berücksichtigt [596], [597]. Die daraus gezogene, korrektive Schlussfolgerung bestand folglich darin, jene Stellen zu schützen, an denen keine Treffer an zurückgekehrten Flugzeugen beobachtet wurden – da Treffer dort offenbar zu deren Verlust geführt hatten [596], [597].

Hinsichtlich des UX-Research- und User-Research-Fachbereichs, aber ebenfalls in anderen Fachbereichen, lassen sich demzufolge drei virulente Anwendungsdomänen des Survivorship Bias, d. h. gängige methodische Denkfehler, herausstellen, wie Ioannidis [598] in, „Why Most Published Research Findings Are False" an dieser Stelle präzisiert, die zur Kenntnis genommen werden sollten:

1. **Organisationale Erfolgsmuster:**
   Wird ausschließlich auf erfolgreiche Unternehmen Bezug genommen, ohne die Vielzahl gescheiterter Projekte systematisch zu erfassen, werden jene Faktoren überschätzt, die retrospektiv als Erfolgsdeterminanten erscheinen, obwohl sie auch in Misserfolgsfällen vorlagen [598], [599], [600], [601], [602], [603].
2. **Produktentwicklung:**
   Die exklusive Berücksichtigung positiver Nutzerfeedbacks verstellt den Blick auf Abwanderungsgründe oder unzufriedene Nutzersegmente, die potenziell relevante Hinweise auf Nutzungshürden oder funktionale Defizite liefern könnten [598], [599], [600], [601], [602], [603].
3. **Investitionsentscheidungen:**
   Eine retrospektive Fokussierung auf rentable Portfolios kann Risikodimensionen verschleiern, wenn Fehlinvestitionen oder stillgelegte Strategien analytisch ausgespart bleiben [598], [599], [600], [601], [602], [603].

Um methodischen Verzerrungseffekten dieser Art präventiv entgegenzuwirken, empfiehlt sich [598], [599], [600], [601], [602], [603]:

- Die konsequente Berücksichtigung ausgeschlossener oder fehlender Fälle, etwa durch ergänzende Interviews mit Inaktiven oder durch systematische Erhebung von Abbruchgründen.
- Eine kritische Methodenreflexion, die auf das Erkennen inhärenter Selektionsmechanismen innerhalb der Datensätze abzielt.
- Die Diversifikation empirischer Zugänge, um sowohl qualitative als auch quantitative Einsichten in unterschiedliche Nutzergruppen, einschließlich der Non-Responder, zu gewinnen.
- Die lückenlose Dokumentation des Forschungsprozesses, inklusive ausgeschlossener Daten, Rücklaufquoten und methodischer Limitationen.

Im Sinne wissenschaftlicher Integrität und methodologischer Kohärenz ist es unabdingbar, den Survivorship Bias nicht als marginales Randphänomen zu vernachlässigen, sondern ihn als erkenntniswirksame Störgröße systematisch in forschungspraktische Überlegungen zu integrieren. Erst durch diese Form der methodenkritischen Sensibilisierung lässt sich eine empirisch belastbare, nutzerzentrierte Analysepraxis im Kontext von UX Research und User Research realisieren.

Merke
Der Survivorship Bias blendet scheiternde Fälle aus. Nur durch ganzheitliche Datenbetrachtung entstehen valide Erkenntnisse.

9.3.2 Fallacy: Falsche Kausalität

Devi [585] und Ioannidis [598] erwähnen, dass im Rahmen nutzerzentrierter Forschungsprozesse die methodologische Problemstellung inadäquater Kausalzuschreibungen eine erhebliche wissenschaftspraktische Signifikanz gewinnt.

Hinweis
Achten Sie darauf: Korrelation bedeutet nicht automatisch Kausalität, nur saubere Methoden belegen echte Ursache-Wirkung-Zusammenhänge.

Unter der Bezeichnung *False Causality* – auch als *Post hoc ergo propter hoc* klassifiziert – wird demzufolge nun ein logischer Fehlschluss subsumiert, der sich im Wesentlichen daraus konstituiert, so Wang et al. [604], dass zwischen zwei simultan auftretenden oder korrelierenden Ereignissen irrtümlich eine kausale Beziehung postuliert wird, ohne dass aber hierfür empirisch belastbare Ursache-Wirkungs-Nachweise vorliegen. Ketokovi [605] stellt fest, dass dieser Fehlschluss regelmäßig auf einer insuffizienten Differenzierung zwischen Korrelation und Kausalität basiert, indem zufällige, drittvariableninduzierte oder rein zeitlich parallele Konstellationen fälschlich als deterministische Ursache-Wirkungs-Beziehungen interpretiert werden.

9

Die heuristische Fehlzuschreibung kausaler Zusammenhänge auf der Grundlage bloßer Kovarianz ist daher ein sehr verbreitetes Phänomen in empirischen Kontexten, da sich Korrelationen häufig unmittelbar visuell oder statistisch erschließen lassen, während die Validierung tatsächlicher Kausalzusammenhänge anspruchsvolle methodologische Designs, präzise Hypothesenbildung sowie deduktive und induktive Validierungsprozesse erfordert [598].

Ein klassisches Demonstrationsbeispiel bildet die vielfach zitierte Koinzidenz zwischen dem Rückgang der Piratenpopulation seit dem 18. Jahrhundert und dem Anstieg der globalen Durchschnittstemperaturen innerhalb desselben historischen Zeitfensters. Die irrtümliche Implikation einer kausalen Abhängigkeit zwischen diesen Phänomenen entbehrt jeglicher empirischen Substanz. Vielmehr sind diese Ereignislinien durch jeweils autonome sozioökonomische, politische und ökologische Einflussfaktoren determiniert. Während die globale Temperaturentwicklung primär auf industrielle Emissionen und infrastrukturelle Modernisierung rückführbar ist, resultiert die Reduktion maritimer Piraterie vorrangig aus völkerrechtlichen, militärischen und wirtschaftlichen Transformationen.

Vor dem Hintergrund methodologischer Strenge, so betont ebenfalls Tengblad [606], gilt der erkenntnistheoretische Grundsatz: *Korrelation impliziert keine Kausalität*. Die bloße simultane Variation zweier Variablen liefert weder ausreichende Evidenz für eine kausale Abhängigkeit noch für eine kausale Richtung [598]. Vielmehr sind weiterführende Analysen erforderlich, um de facto alternative Erklärungsvariablen, Scheinkorrelationen oder moderierende Interaktionen systematisch zu prüfen [596], [598], [606].

Innerhalb nutzerzentrierter Entwicklungsprozesse ergeben sich nach Ansicht des Verfassers daher spezifische Fehlinterpretationen kausaler Zusammenhänge, die Entscheidungsprozesse und Evaluationslogiken verzerren können. Exemplarisch lassen sich folgende Fallkonstellationen rekonstruieren [14]:

1. **Produktentwicklung:**
   Wird die gesteigerte Nutzung eines spezifischen Features mit erhöhter Nutzerzufriedenheit in kausale Relation gesetzt, ohne konkurrierende Einflussgrößen wie allgemeine Usability, Produkterwartungen oder Nutzerkompetenzstrukturen zu kontrollieren, entsteht ein unvalidierter Kausalzusammenhang.
2. **Marketingstrategien:**
   Beobachtete Umsatzsteigerungen während bestimmter saisonaler Kampagnen werden oftmals zum einen exklusiv den eingesetzten Marketinginstrumenten zugeschrieben, andererseits während zyklische Nachfrageschwankungen, Kaufkraftsaisonalitäten oder externe sozioökonomische Dynamiken kontextuell und somit defizitär unberücksichtigt bleiben.
3. **Nutzerverhalten:**
   Zu guter Letzt wird die Koinzidenz zwischen hoher Nutzungsintensität einer Applikation und erhöhtem Einkommensniveau der Userkohorten fälschlich dahingehend interpretiert, dass die App zur Steigerung ökonomischer Prosperität beitrage. De facto ist es jedoch so sachverhaltlich, dass die ‚Wahrheit' die Zielgruppenstruktur der Applikation einen drittvariableninduzierten Selektionsmechanismus per se repräsentiert.

Zur methodenkritischen Absicherung gegen fehlerhafte Kausalzuschreibungen lassen sich folgende wissenschaftspraktische Interventionslogiken im Sinne einer Handreichung sach- und zweckdienlich benennen:

- **Kritische Hypothesenprüfung:**
  Nehmen Sie eine permanente Rückführung der Befundlagen auf die Fragestellung vor: *Welche alternativen Einflussgrößen könnten das beobachtete Ergebnis gleichfalls determinieren?*
- **Kontrollierte experimentelle Designs:**
  Des Weiteren gewährleisten randomisierte Kontrollgruppendesigns (RCTs) durch die Eliminierung systematischer Störvariablen eine methodisch valide Prüfung kausaler Relationen.
- **Multivariate Analysemodelle:**
  Auch der Einsatz multipler Regressionsmodelle, Strukturgleichungsmodelle und Varianzanalysen erlaubt Ihnen die simultane Berücksichtigung konkurrierender Prädiktoren und Konfundierungen.
- **Längsschnittdesigns:**
  Außerdem gewährleisten zeitreihenbasierte Untersuchungsansätze die Identifikation von Wirkungsverläufen und zeitlich kausalen Sequenzen, wodurch retrospektive Verzerrungen reduziert werden können.
- **Transparente Forschungsdokumentation:**
  ZU guter Letzt sichert die vollständige Offenlegung von Datenquellen, Ausschlusskriterien, methodischen Limitationen und potenziellen Drittvariablen als Grundlage der Reproduzierbarkeit Sie durchaus forschungsethisch gemäß TRREE [120] ab.

In forschungsstrategischer, -operativer sowie -ethischer Hinsicht lässt sich feststellen, dass die Annahme inadäquater Kausalität einen der häufigsten methodologischen Fallstricke innerhalb nutzerzentrierter Forschungs- und Entwicklungsprozesse konstituiert [14], [120], [598]. Nur durch konsequente forschungsmethodologische Strenge, kritische Hypothesenprüfung sowie multiperspektivische Validierungslogiken kann nach Ansicht des Verfassers der epistemische Status kausaler Befunde tragfähig begründet werden. Wissenschaftliche Redlichkeit und methodologische Transparenz bleiben somit elementare Voraussetzungen für die Generierung empirisch valider Aussagen, die reale Bedarfsstrukturen und Nutzungskontexte der adressierten Nutzerkohorten konsistent widerspiegeln.

Merke
Korrelation ist keine Kausalität – nur sorgfältige Analyse zeigt wahre Zusammenhänge.

9.3.3 Fallacy: Simpson-Paradoxon

Im kontext nutzerzentrierter Forschungs- und Evaluationsprozesse lässt sich, so substanziiert Henze [607], das Simpson-Paradoxon als ein erkenntnistheoretisch relevantes Phänomen rekonstruieren, das sich aus der inadäquaten Aggregation heterogener Datenstrukturen konstituiert. Insofern beschreibt dieses Paradoxon die Konstellation, dass sich innerhalb separierter Untergruppen konsistente Trends rekonstruieren lassen, welche jedoch im aggregierten Gesamtdatensatz entweder verschwinden, sich invers abbilden oder, wie unter „Probleme bei der Interpretation geschlechtersegregierten Daten" diskutiert, zu methodisch inkonsistenten Schlussfolgerungen führen [608].

Hinweis
Das Simpson-Paradoxon zeigt, dass aggregierte Daten irreführend sein können, wenn wichtige Unterschiede zwischen Untergruppen nicht berücksichtigt werden.

Burri und Maercker [609] konstatieren im Kontext dessen, dass die epistemische Problematik dieses Aggregationsparadoxons regelmäßig aus unkontrollierten Heterogenitäten innerhalb der Gruppenkomposition resultiert, wobei sich konfundierende Drittvariablen in der Gesamtbetrachtung systematisch ausmitteln und dadurch „kausalanalytische Fehlschlüsse" induzieren. Daraus geht kausal hervor, dass die methodologische Fehlinterpretation aggregierter Datenstrukturen folglich zu inadäquaten empirischen Befunden und dysfunktionalen Entscheidungsprozessen führen kann, sofern untergruppenspezifische Strukturunterschiede unberücksichtigt bleiben [610].

Ein paradigmatisches Fallbeispiel des Simpson-Paradoxons, so verweist Wang [611], dokumentiert sich in der Analyse der Zulassungsstatistiken an der University of California, Berkeley, in den 1970er-Jahren. Folglich zeigten die initial aggregierten Daten eine signifikant niedrigere Zulassungsquote für weibliche Bewerber im Vergleich zu ihren männlichen Mitbewerbern, was zu Vorwürfen institutioneller Diskriminierung Anlass gab [608]. Erst die disaggregierte Betrachtung, so präzisiert Reith [608] innerhalb der einzelnen Fachbereiche offenbarte, dass weibliche Bewerber in der Mehrzahl der Disziplinen gleiche oder sogar höhere Zulassungswahrscheinlichkeiten aufwiesen. Reith [608] hebt im Kontext dessen hervor, dass die scheinbare Benachteiligung demnach nicht aus systematischer Diskriminierung, sondern aus einer disproportionalen Bewerberverteilung auf besonders kompetitive Fachbereiche mit generell niedrigeren Annahmequoten resultierte.

Vor dem Hintergrund empirisch-methodischer Validität erweist sich die Aggregation heterogener Subgruppen als erkenntnistheoretisch problematisch, sofern keine Kontrolle stratifizierender Kovariablen erfolgt [608], [609], [610]. Das Simpson-Paradoxon demonstriert damit die epistemische Notwendigkeit, stets auch subgruppenbezogene Variationen systematisch zu rekonstruieren, um scheinkausale Befunde und aggregationsinduzierte Verzerrungen konsequent auszuschließen [608], [609], [610].

Innerhalb nutzerzentrierter Evaluationsdesigns ergeben sich verschiedene Anwendungsfelder, in denen das Simpson-Paradoxon methodologisch relevante Verzerrungen durchaus generieren kann [608], [609], [610]:

1. **Produktnutzung:**
   Eine aggregierte Analyse könnte einen Anstieg der globalen Nutzerzufriedenheit suggerieren, obwohl sich innerhalb distinkter Nutzersegmente (z. B. nach Alterskohorten, Erfahrungslevel oder regionalen Märkten) eine gegenteilige Entwicklung dokumentiert [608], [609], [610].
2. **Marketingstrategien:**
   Der Erfolg einer Kampagne mag im aggregierten Datensatz positiv erscheinen, obwohl sich bei disaggregierter Betrachtung differenzierte Wirksamkeitsprofile innerhalb spezifischer Zielgruppensegmente identifizieren lassen [608], [609], [610].
3. **Nutzerverhalten:**
   Eine übergeordnete Erhöhung der durchschnittlichen Nutzungsintensität kann maskieren, dass einzelne Teilgruppen rückläufige Interaktionsfrequenzen aufweisen und demnach divergente Nutzungsdynamiken existieren [608], [609], [610].

In Bezug auf die methodisch validen Kontrolle aggregationsinduzierter Fehlinterpretationen lassen sich folgende empirisch-pragmatische Vorgehensweisen in dieser Causa nun spezifizieren [608], [609], [610]:

- **Subgruppenbasierte Differenzierung:**
  Einerseits bildet die konsequente Aufgliederung der Daten nach relevanten soziodemografischen, psychografischen und nutzungsbezogenen Variablen eine sachdienliche Voraussetzung zur Identifikation subgruppenspezifischer Wirkstrukturen [608], [609], [610].
- **Stratifizierte Analyseverfahren:**
  Andererseits gewährleistet der Einsatz stratifizierter Auswertungsmodelle die Evaluation von Heterogenität innerhalb relevanter Variablenebenen und reduziert so aggregative Verzerrungseffekte [608], [609], [610].
- **Kritische Hypothesenprüfung:**
  Des Weiteren ist iterativ die Fragestellung zu stellen, inwiefern sich Subgruppeninteraktionen auf das Gesamtergebnis auswirken und welche Kovariablen die aggregierten Resultate dominieren [608], [609], [610].

- **Lückenlose Forschungsdokumentation:**
  Zu guter Letzt bildet eine transparente Darstellung der Datenstrukturen, Subgruppenklassifikationen und methodischen Entscheidungsprozesse die Grundlage für wissenschaftliche Nachvollziehbarkeit und Replizierbarkeit [608], [609], [610].

Nach Henze [607] sowie Strick [610] konstituiert das Simpson-Paradoxon innerhalb nutzerzentrierter Forschungs- und Evaluationsprozesse eine methodisch daher hochrelevante Fallkonstellation, die aggregationsbasierte Verzerrungen induziert und epistemisch inadäquate Schlussfolgerungen generiert. Es lässt sich demzufolge feststellen, dass nur durch die stratifizierten Subgruppenanalysen, kontrollierte Segmentierungen sowie kritische Prüfungen heterogener Struktureffekte valide Aussagen zu Nutzungsmustern, Zielgruppendynamiken und Nutzererfahrungen rekonstruiert werden können [608], [609], [610]. Wissenschaftliche Redlichkeit, methodologische Präzision sowie empirische Sorgfalt, so empfiehlt Wang [611], bleiben somit unverzichtbare Prämissen für die Generierung tragfähiger Erkenntnisse, die reale Bedürfnislagen und Interaktionsstrukturen der adressierten Nutzerkohorten konsistent abbilden.

Merke
Stringent Subgruppen prüfen, da aggregierte Daten falsche Trends vortäuschen können.

9.3.4 Fallacy: Sampling Bias

Kramer-Schadt et al. [612] konstatieren, dass innerhalb empirischer Untersuchungsdesigns der Sampling Bias als methodologische Fehlkonstellation zum Tragen kommt, die aus einer inadäquaten Repräsentation der Zielpopulation innerhalb der erhobenen Stichprobe resultiert. Im Zuge dessen generiert dieser Rekrutierungsfehler kognitive Verzerrungen, da die erfassten Datenstrukturen keine konsistente Abbildung der intendierten Grundgesamtheit gewährleisten und infolgedessen empirisch unzulässige Generalisierungen initiiert werden [613].

Quin [614] weist in seinem Fachwerk problemexplorativ in diesem Zusammenhang darauf hin, dass der Sampling Bias sich insbesondere aus drei dominanten Entstehungskomponenten rekonstruieren lässt:

a) einerseits aus selbstselektiven Teilnahmeprozessen, bei denen die Probanden durch intrinsische Motivlagen und dispositionale Merkmalsprofile bereits eine verzerrte Subpopulation abbilden;
b) andererseits aus forschungspraktischen Vorauswahlmechanismen, die eine unbewusste Bevorzugung bestimmter Zielgruppensegmente determinieren;
c) schließlich aus systematischen Selektionsbarrieren innerhalb der Rekrutierungsstrategie, wodurch distinkte Teilgruppen von vornherein ausgeschlossen werden.

Ein paradigmatischer Beleg, so hebt Philippou [615] hervor, für den Sampling Bias dokumentiert sich innerhalb der Wahlprognosen der US-Präsidentschaftswahlen von 1948. Auf der Basis telefonischer Umfragen prognostizierte im Kontext dessen die Chicago Tribune irrtümlich den Wahlsieg von Thomas E. Dewey [615]. In Anbetracht dessen hat die methodologische Verzerrung aus der sozialstrukturellen Exklusion einkommensschwacher Wählergruppen resultiert, die aufgrund des damaligen ökonomischen Status von Telefonanschlüssen in der Stichprobe systematisch unterrepräsentiert waren [615]. Diese nicht erfassten Wählerkohorten unterstützten jedoch in signifikanter Weise den späteren Wahlsieger Harry S. Truman [615].

Hinweis

Sampling Bias entsteht, wenn die Stichprobe nicht die Zielgruppe abbildet und dadurch falsche Schlüsse über Nutzer gezogen werden.

Vor dem Hintergrund erkenntnistheoretischer Validität stellt sich die repräsentative Zusammensetzung der Stichprobe demzufolge als konstitutive Voraussetzung für die empirische Aussagekraft von Nutzerstudien dar [616]. Es lässt sich deduzieren, dass der Sampling Bias illustriert, dass selbst präzise erhobene Daten inadäquate Schlussfolgerungen generieren können, sofern die Zusammensetzung der Erhebungseinheiten nicht den relevanten Merkmalsstrukturen der Zielpopulation entspricht, wie ebenso die TRREE [120] im Hinblick auf forschungsethische Implikationen hinweist [614], [616], [617].

Innerhalb nutzerzentrierter Evaluationsformate lassen sich in diesem Bezugsrahmen polyvalente Anwendungsfelder identifizieren, in denen der Sampling Bias methodisch inadäquate Resultate induzieren kann [614]:

1. **Produktentwicklung:**
   Werden Usability-Studien ausschließlich mit technikaffinen empirischen Probanden durchgeführt, verbleiben nutzerseitige Barrieren und Interaktionsprobleme weniger technikaffiner Zielgruppensegmente in der Regel methodisch unsichtbar [614].
2. **Marketingstrategien:**
   Des Weiteren sollten Zufriedenheitsanalysen in Anlehnung an die DIN EN ISO 9241-11 [8] nur innerhalb jugendlicher Zielgruppen implementiert werden, resultiert eine verzerrte Evaluation der Kampagnenwirksamkeit bei anderen demografischen Kohorten [614].
3. **Nutzerverhalten:**
   Werden Nutzungsmuster vorrangig innerhalb urbaner Populationen erhoben, so expliziert Müller [407] in seiner Elenktik, bleiben länderspezifische Interaktionsprofile methodologisch, unter anderem aufgrund en-, in- und akkulturativer Kontextfaktoren, unterrepräsentiert [614].

Zur methodisch validen Absicherung repräsentativer Stichproben lassen sich gemäß Qin [614] nun folgende Interventionslogiken spezifizieren:

- **Repräsentative Stichprobenstruktur:**
  Eine kontrollierte Selektion von Probanden, die determinierte soziodemografische, psychografische und nutzungsverhaltensbezogene Merkmale systematisch abbildet, konstituiert eine solide Ausgangsbasis valider Generalisierungen [614].
- **Diversifizierte Rekrutierungskanäle:**
  Auch die Kombination bzw. Konvergenz polyvalenter Erhebungsverfahren, hier methodentriangulativ im Sinne einer Verständlichkeitsforschung, wie Flick [78], [232] konstatiert (z. B. Online-Surveys, Telefoninterviews, Präsenzbefragungen), erhöht die Wahrscheinlichkeit einer heterogenen und damit repräsentativeren Stichprobenstruktur [614].

- **Kritische Forschungsreflexion:**
  Ebenso sollten kohärent die methodischen Fragestellungen evaluiert werden, d. h. ex ante, interim und ex post, welche Subgruppen potenziell unterrepräsentiert verbleiben und welche populationsstrukturellen Verzerrungen hieraus resultieren [614].
- **Lückenlose Dokumentation:**
  In der deduktiven Ableitung erschließt sich ferner, dass die vollständige Offenlegung der Rekrutierungslogik, der Stichprobenzusammensetzung sowie potenzieller Exklusionsmechanismen die Grundlage für die wissenschaftliche Nachvollziehbarkeit und methodische Replizierbarkeit bildet [614].

Der Sampling Bias konstituiert demnach innerhalb nutzerzentrierter Forschung eine methodologische Fehlerquelle, die durch inadäquate Stichprobenrepräsentationen empirisch unzulässige Schlussfolgerungen induzieren kann. Wissenschaftlich valide Aussagen über Nutzerpräferenzen, Interaktionsmuster und Gebrauchserfahrungen lassen sich nur unter der Prämisse methodisch kontrollierter Rekrutierungsverfahren rekonstruieren. Wissenschaftliche Redlichkeit, kritische Stichprobenreflexion sowie methodische Transparenz bilden demnach die epistemischen Grundvoraussetzungen zur Generierung empirisch tragfähiger Erkenntnisse innerhalb nutzerzentrierter Entwicklungs- und Evaluationsprozesse.

Merke
Nur eine wirklich repräsentative Stichprobe erlaubt verlässliche Aussagen über alle Nutzer.

9.3.5 Fallacy: Zusammengefasste Informationen

Im Zusammenhang quantitativer Untersuchungsdesigns dokumentiert sich die Fallacy zusammengefasster Informationen, wie Garner [600] präzisiert, als erkenntnistheoretischer Trugschluss, der aus der irrtümlichen Annahme resultiert, dass aggregierte Kennwerte wie Mittelwerte, Varianzen oder Korrelationskoeffizienten bereits hinreichende Auskunft über die innere Struktur der Datenbasis vermitteln. Im Zuge dessen vernachlässigt diese Fehlannahme, dass die funktionale Komplexität empirischer Daten sich erst in der Analyse der Verteilungen, Streuungen sowie spezifischer Subgruppenrelationen erschließt [600], [604].

Die Fallacy aggregierter Metriken konstituiert sich schließlich, wenn innerhalb analytischer Betrachtungen die Form der Datenverteilung, potenzielle Ausreißer sowie interne Substrukturierungen unberücksichtigt bleiben [605]. Obwohl Mittelwerte, Varianzen und Korrelationsmaße in der initialen Datenexploration Orientierung bieten können, verbleiben sie erkenntnistheoretisch unzureichend, sofern sie isoliert zur Ableitung kausaler oder generalisierender Aussagen herangezogen werden [600], [604], [614].

Einen instruktiven Beleg für diese Limitation hat Francis Anscombe [618] in den 1970er-Jahren mit dem nach ihm benannten Anscombe-Quartett geliefert. Vor diesem Hintergrund sind vier Datensätze in ihren aggregierten Metriken, d. h. arithmetischen Mittelwerten, Standardabweichungen, Korrelationskoeffizienten und linearen Regressionsparametern, formal identisch, differieren jedoch signifikant hinsichtlich ihrer sachverhaltlichen Verteilungsmuster [618]:

- **Datensatz I:** Meint die lineare Beziehung mit homogener Streuung [618].
- **Datensatz II:** Hebt die nichtlineare Kurvenstruktur mit deutlicher Abweichung vom linearen Modell hervor [618].
- **Datensatz III:** Bezieht sich auf die lineare Grundstruktur mit ausgeprägtem Einzel-Ausreißer [618].
- **Datensatz IV:** Schließlich tritt die Dominanz eines Extremwertes bei weitgehender Unstrukturiertheit der übrigen Wertepaare zu Tage [618].

Anscombe [618] hat im Zuge dessen hiermit expliziert, dass aggregierte Kennzahlen ohne komplementäre Visualisierung und strukturbezogene Analyse essenzielle Informationen systematisch ausblenden.

Hinweis

Aggregierte Durchschnittswerte können wichtige Unterschiede verdecken und führen ohne Detailanalyse oft zu falschen Schlüssen.

Die erkenntnislogische Relevanz der obigen Fallacy-Formation konkretisiert sich innerhalb nutzerzentrierter Forschungskontexte durchaus in mehrfacher Hinsicht:

1. **Nutzerzufriedenheit:**
   Durchschnittswerte, so betont Karlsson [619], überdecken sogenannte „bifurkative Cluster“. Eine kleinere Nutzerkohorte kann demzufolge erhebliche Unzufriedenheit artikulieren, deren systematische Ursachen innerhalb der aggregierten Metrik unentdeckt bleiben [619].
2. **Nutzungsverhalten:**
   Karlsson [619] expliziert, dass die durchschnittlichen Nutzungsdauern möglicherweise eine breite Akzeptanz suggerieren, obgleich in Wirklichkeit die Mehrheit der Nutzer die Anwendung nur sporadisch nutzt und die Werte primär durch wenige Intensivnutzer verzerrt werden.
3. **Feedback-Analysen:**
   Des Weiteren können aggregierte Bewertungen hohe Durchschnittswerte generieren, obwohl die Streuung zwischen extrem positiven und negativen Rückmeldungen auf segmentale Zielgruppenproblematiken verweist [619].

Hinsichtlich des praxeologischen Bezugsrahmens lassen sich zur methodischen Absicherung erkenntnistheoretisch valider Schlussfolgerungen folgende konsenstheoretisch etablierte Interventionsstrategien systematisieren [598], [620], [621]:

- **Datenvisualisierung:**
  Durch Streudiagramme, Boxplots, Histogramme und andere Visualisierungsformate werden strukturelle Besonderheiten, Ausreißer und Subgruppenheterogenitäten komplexitätsreduziert sichtbar [598], [620], [621].
- **Subgruppenanalysen:**
  Ebenfalls erschließt die Aufgliederung der Daten nach relevanten demografischen, psychografischen oder nutzungsverhaltensbezogenen Kriterien divergente Trendverläufe [598], [620], [621].

- **Kritische Forschungsreflexion:**
  Stringent ist ferner iterativ zu evaluieren, welche latenten Datenstrukturen aggregierte Metriken systematisch verschleiern.
- **Dokumentation und Transparenz:**
  Zu guter Letzt sichert eine vollständige Offenlegung der verwendeten Datenstrukturen, Visualisierungen und Subgruppenanalysen, so hebt die TRREE [120] mit Blick auf forschungsethische Kodizes ebenfalls hervor, die Nachvollziehbarkeit und Replizierbarkeit der Untersuchung [598], [620], [621].

Es lässt sich feststellen, dass die Fallacy zusammengefasster Informationen innerhalb der nutzerzentrierten Forschung eine erkenntnistheoretisch hochrelevante Verzerrungsquelle zum Vorschein bringt [598], [600], [618], [620], [621]. Wissenschaftlich tragfähige Aussagen zur Nutzerzufriedenheit, zur Interaktionsqualität und zu Adaptionsbarrieren erfordern daher stets die differenzierte Berücksichtigung unterliegender Datenstrukturen jenseits aggregierter Kennwerte [14]. Insofern bilden auch gemäß der TRREE [120] wissenschaftliche Integrität, analytische Sorgfalt und methodologische Präzision die epistemischen Leitgrößen zur Generierung valider empirischer Evidenz innerhalb nutzerzentrierter Entwicklungs- und Evaluationsprozesse.

Merke
Nur detaillierte Analysen zeigen, was hinter Durchschnittswerten wirklich steckt.

9.4 Der Fundamental Attribution Error

Innerhalb nutzerzentrierter Forschungsprozesse kommt der hier thematisch aufgegriffene Fundamental Attribution Error als erkenntnislogische Verzerrung zutage, die in der kognitiven Tendenz gründet, beobachtetes Verhalten primär personaldispositionell zu erklären, während situative, kontextuelle oder systemische Einflussparameter in der Ursachenzuschreibung systematisch marginalisiert werden [622], [623]. Ross [623] hat dieses Phänomen in den vergangenen Jahren erkenntnistheoretisch in zahlreichen Studien und Fachwerken präzisiert und empirisch klassifiziert.

Der Fundamental Attribution Error konkretisiert sich demnach als systematische Verzerrung, innerhalb derer Verhaltensweisen von Untersuchungsteilnehmenden vornehmlich auf stabile Persönlichkeitseigenschaften, motivationale Konstitutionen oder dispositionelle Charakteristika zurückgeführt werden. Kontextuelle Einflussgrößen – etwa situative Belastungen, soziale Normierungsprozesse, experimentelle Settings oder externe Anreizstrukturen – verbleiben demgegenüber häufig unberücksichtigt, wodurch die Kausalattribuierung einseitig personalisiert wird [623], [624].

Hinweis
Der Fundamental Attribution Error führt dazu, dass Verhalten oft vorschnell persönlichen Eigenschaften zugeschrieben wird, während situative Einflüsse unbeachtet bleiben.

Ein klassischer UX- und User-Research-Anwendungsfall illustriert sich innerhalb von Experimenten [625]: So wird etwa die Bereitschaft von empirischen Probanden, an Studien teilzunehmen, oftmals vorschnell als Ausdruck besonderer Kooperationsbereitschaft, intrinsischer Motivation oder affektiver Offenheit interpretiert [624], [625]. Tatsächlich können extrinsische Einflussgrößen – etwa monetäre Anreize, soziale Erwünschtheit, institutioneller Druck oder situative Zeitfenster, so hebt die TRREE [120] hervor – maßgeblich das Teilnahmeverhalten determinieren [623], [624], [625].

In Anbetracht dessen sollte die erkenntnistheoretische Relevanz des Fundamental Attribution Error in Bezug auf UX Reserach und User Research wie folgt zur Kenntnis genommen werden:

1. **Partizipationsbereitschaft:**
   Es lässt sich zunächst feststellen, dass Teilnahmeraten häufig defizitär und rein personaldispositionell gedeutet werden, ohne jedoch die Wirkung externer Anreize oder institutioneller Erwartungshaltungen zu berücksichtigen, u. a. im Rahmen von Open- und User-Innovation- sowie Konsortialforschungsansätzen [12], [623], [624], [625].
2. **Feedbackgenerierung:**
   In dieser Konfiguration erscheinen des Weiteren Bewertungen und Rückmeldungen als reine Ausdrucksformen individueller Präferenzen, während situative Frustrationsquellen, Systemrestriktionen oder zeitökonomische Rahmenbedingungen unberücksichtigt bleiben [623], [624], [625].
3. **Verhaltensbeobachtungen:**
   Ebenso zeigt sich, dass das Nutzerverhalten innerhalb experimenteller Settings oftmals als alltagsrepräsentativ interpretiert wird, ohne den künstlichen Laborcharakter und die Reaktivität gegenüber Beobachtungssituationen adäquat in die Analyse zu integrieren [623], [624], [625].

Unter den genannten Umständen gewinnt der Fundamental Attribution Error auch bei der Generierung von Personas im UX Research und User Research an besonderer Bedeutung. Werden Verhaltensmuster innerhalb kontrollierter Forschungssituationen primär dispositionell interpretiert, ohne deren Kontextgebundenheit angemessen zu reflektieren, resultieren daraus möglicherweise verzerrte, realitätsferne Modellierungen adressierter Nutzerkohorten [14]. Dadurch kann sich ein Diskursraum öffnen, der auf vermeintlichen Nutzerpräferenzen gründet, tatsächlich aber kontingente Laborartefakte abbildet, wie Ross [623] präzisiert.

Zur methodischen Absicherung valider Ursachenzuschreibungen lassen sich schließlich folgende Interventionsstrategien herausarbeiten [598], [623], [624], [625]:

- **Kontextualisierung:**
  Es sollte stringent die Einbeziehung externer Einflussgrößen wie sozialer, technischer und organisatorischer Rahmenbedingungen erwogen werden [598], [623], [624], [625].
- **Kritische Reflexion:**
  Kohärent ist des Weiteren zu hinterfragen, in welchem Maße beobachtetes Verhalten kontingenten Kontextbedingungen überhaupt unterliegt [598], [623], [624], [625].
- **Methodentriangulation:**
  Ebenso sollte die Konvergenz hinsichtlich verschiedener Erhebungsdesigns – wie Laborbeobachtungen, Feldstudien und qualitativen Interviews – methodentrian-

gulativ erwogen werden, z. B. mittels der gestaltungsorientierten Triangulation, wie Flick [232] betont, um die kontextuelle Validität signifikant zu erhöhen.

- **Dokumentation und Transparenz:**
  Auch die vollständige Offenlegung der Kontextbedingungen, der Versuchsanordnung sowie potenzieller externer Einflussgrößen wird gemäß der TRREE [120] forschungsethisch bedingt erwartet.

Es lässt sich konstatieren, dass der Fundamental Attribution Error innerhalb nutzerzentrierter Forschung, wie hinsichtlich des UX Research und User Research, eine hochgradig relevante Ursachenzuschreibungsproblematik konstituiert, welche personalisierte Erklärungsmuster privilegiert und situative Rahmenbedingungen systematisch vernachlässigt. Fachwissenschaftlich ist demzufolge zur Kenntnis zu nehmen, dass valide Interpretationen nutzerseitiger Interaktionen eine fortlaufende Kontextreflexion bedingen und u. a. gemäß TRREE [120] und Ioannidis [598] methodische Diversifizierung sowie epistemische Transparenz erfordern, um innerhalb empirisch-nutzerzentrierter Forschungslogiken zweck- und sachdienlich tragfähige Erkenntnisse zu generieren.

Merke

Vertauschen Sie nie persönliche Ursachen mit situativen Einflüssen, um Nutzerverhalten richtig zu verstehen.

9

9.5 Qualitative Interviews

Mayring [284] weist darauf hin, dass qualitative Interviews sich innerhalb nutzerzentrierter Forschung als erkenntnisgenerierende Erhebungsinstrumente erweisen, welche darauf ausgerichtet sind, individuelle Wahrnehmungen, Bedürfnislagen sowie interaktionsbezogene Erfahrungsdimensionen adressierter Nutzerkohorten in ihrer subjektiven Ausdifferenzierung zu erschließen. In Abgrenzung, so schlussfolgert Flick [78], [232], [565] zu quantitativ-metrischen Erhebungsdesigns, eröffnen qualitative Interviews den Zugang zu handlungslogischen Begründungszusammenhängen, welche durch numerische Skalierungen oftmals nicht in gleicher Tiefe erfasst werden können und somit einen Beitrag im Sinne einer „Verständlichkeitsforschung“ verzeichnen. Indes sind diese Verfahren gleichzeitig mit erkenntnistheoretischen, methodologischen und forschungspraktischen Limitationen belegt, deren Berücksichtigung innerhalb der Planung, Durchführung und Dateninterpretation forschungslogisch unumgänglich erscheint, wie im Folgenden dargestellt [71], [78], [228], [232], [284], [565]:

1. **Begrenzter induktiver Wissenszuwachs**
   Es zeigt sich, dass qualitative Interviews häufig explorativ-konstruktiv angelegt sind und weniger die empirische Validierung bestehender Hypothesen intendieren, sondern die heuristische Generierung neuer Erkenntnisdimensionen [232], [565]. Eine unzureichende Strukturierung der Interviewführung oder Defizite innerhalb der systematischen Auswertung können gemäß Mayring [284] indes dazu führen, dass die generierten Daten zwar anekdotisch illustrativ verbleiben, jedoch keine nachhaltigen Generalisierungspotenziale generieren, so ebenfalls Döring [228].

2. **Subjektive Interpretationsverzerrungen**
   Sowohl auf der Ebene der empirischen Untersuchungsteilnehmenden als auch der Interviewführenden per se besteht stets eine latente Gefahr selektiver Verzerrung, d. h. aufgrund des selbstkonzeptionellen Perzeptions-, Repräsentations- und Rezeptionsverständnisses. Teilnehmer können Bewertungen über- oder unterbetonen; Interviewer können durch eigene Erwartungshaltungen, theoretische Vorannahmen oder selektive Codierungspraktiken unbewusst konfirmatorische Interpretationen generieren [71], [78], [228], [232], [284], [565].
3. **Einzelfallfokussierung und eingeschränkte Generalisierbarkeit**
   Aufgrund der häufig geringen Stichprobenumfänge und der individuellen Subjektzentrierung, so konstatiert Flick [78], [232], [565], bleibt die Übertragbarkeit, hier die gütekategorische Reichweite im Kontext von Intersubjektivität und Transparenz, der Befunde, auch auf breitere Nutzerkollektive, methodisch limitiert, sofern keine repräsentative Fallauswahl oder aber methodische Triangulation vorgenommen wird.
4. **Ambiguität von Fragestellung und Antwortinterpretation**
   Aber auch unpräzise, mehrdeutige oder suggestive Formulierungen innerhalb der Interviewführung können schließlich dazu führen, dass Antworten defizitär, d. h. entweder missverständlich oder forschungsirrelevant, ausfallen und die Erkenntnisqualität so sehr erheblich kompromittieren [71], [78], [228], [232], [284], [565].

Hinweis
Qualitative Interviews liefern tiefere Einsichten in Nutzererfahrungen, erfordern aber sorgfältige Planung und Reflexion, um Verzerrungen zu vermeiden.

Zwecks einer erkenntnistheoretischen Absicherung im Rahmen der Operationalisierung qualitativer Interviews empfiehlt sich u. a. in Anlehnung an Mayring [284], Flick [78], [232], [565] und Döring [228] die folgende sequenzielle Implementierung:

- **Integration komplementärer empirischer Designs:**
  Zunächst sollte zur Kenntnis genommen werden, dass die Kombination qualitativer Interviews mit quantitativen Verfahren – etwa durch standardisierte Folgebefragungen oder experimentelle Validierung – die empirische Robustheit der Befunde und reduziert subjektive Interpretationsspielräume signifikant begünstigt [71], [78], [228], [232], [284], [565].
- **Projekt- und problemzentrierte Interviewvorbereitung:**
  Das bedingt ferner, dass eine präzise Analyse der projektspezifischen Ausgangslage, aktueller Herausforderungen sowie intendierter [71], [78], [228], [232], [284], [565]. Aus den deduzierten Determinanten, Indikatoren und Prämissen eröffnet sich die Grundlage zur Formulierung forschungsadäquater Leitfragen, die wiederum die empirische Untersuchungslogik systematisch steuern [71], [78], [228], [232], [284], [565].
- **Präzisionsoptimierung der Fragestellungen:**
  Ebenfalls sollten die linguistische Klarheit, logische Stringenz und konzeptionelle Zielorientierung der Fragen durch Pretests (ex ante konzeptionell) validiert und auf Verständlichkeit sowie inhaltliche Relevanz überprüft werden [71], [78], [228], [232], [284], [565].

- **Erkenntnislogische Reflexion der Interpretation:**
  Forscher sind des Weiteren gemäß TRREE [120] gehalten, eigene Erwartungshaltungen kontinuierlich zu reflektieren und dokumentierend offenzulegen, um kognitive Verzerrungen innerhalb der Auswertungsprozesse transparent zu halten [71], [78], [228], [232], [284], [565].
- **Repräsentative Stichprobenbildung:**
  Eine methodisch begründete Auswahl heterogener Teilnehmender unter Berücksichtigung relevanter demografischer und verhaltensbezogener Variablen erhöht die Generalisierbarkeit der gewonnenen Erkenntnisse [71], [78], [228], [232], [284], [565] (▫ Abb. 9.3).

Deutlich ist, dass qualitative Interviews innerhalb nutzerzentrierter Forschungslogiken erkenntnistheoretisch wertvolle Instrumente darstellen, um handlungslogisch differenzierte Erfahrungsdimensionen adressierter Nutzergruppen strukturiert, d. h. sowohl plausibilisierbar als auch relevanzrückkoppelnd, zu erschließen [284]. Ihre methodische Tragfähigkeit bleibt indes an stringente Planung, kritische Reflexion und kontextadäquate Absicherung stringent gekoppelt. Demzufolge bedingt die wissenschaftliche Validität in diesem Bezugsrahmen sowohl methodologische

▫ **Abb. 9.3** Typen qualitativer Interviews. (Quelle: Eigene Darstellung)

Strenge – unter anderem aus dem propädeutisch gebildeten Rigor als deduktivem Fundament hervorgehend – als auch erkenntnistheoretische Sorgfalt, um die interaktionsbasierten Bedürfnislagen adressierter Nutzerkohorten konsistent zu erfassen.

Merke
Qualitative Interviews eröffnen tiefes Verständnis, erfordern aber strikte Planung und kritische Reflexion.

9.6 Prüfungsfragen – ▶ Kap. 9

Frage-Nr.	Frage	Antwortoptionen
1	Welche Zielsetzung verfolgt UX Research vorrangig?	☐ a) Verbesserung der Nutzererfahrung durch Anpassung an Bedürfnisse ☐ b) Steigerung der Produktionsgeschwindigkeit ☐ c) Erhöhung des Lagerbestands ☐ d) Reduzierung der Marketingkosten
2	Was versteht man unter dem Selektionsbias?	☐ a) Verzerrung durch nicht repräsentative Stichprobe ☐ b) Fehlerhafte Messinstrumente ☐ c) Zufällige Datenverluste ☐ d) Künstliche Manipulation der Variablen
3	Wodurch kann ein Confirmation Bias entstehen?	☐ a) Selektives Bestätigen eigener Annahmen ☐ b) Überprüfung aller Alternativerklärungen ☐ c) Strikte Randomisierung ☐ d) Unvoreingenommene Erhebung
4	Was beschreibt der Hawthorne-Effekt?	☐ a) Veränderung des Nutzerverhaltens durch Beobachtung ☐ b) Übermäßige Vereinfachung komplexer Daten ☐ c) Fehlschluss durch Übertragung ☐ d) Verzerrung durch technologische Einschränkungen
5	Was ist eine Overgeneralization?	☐ a) Unkritische Übertragung auf breitere Population ☐ b) Fokussierung auf Einzelfälle ☐ c) Hohe interne Validität ☐ d) Detaillierte Subgruppenanalyse
6	Warum ist Korrelation nicht gleich Kausalität?	☐ a) Korrelation zeigt nur statistischen Zusammenhang ☐ b) Korrelation beweist direkte Ursache--Wirkung ☐ c) Korrelation eliminiert Störvariablen ☐ d) Korrelation sichert interne Validität
7	Welche Bedeutung hat Intersubjektivität bei qualitativen Interviews?	☐ a) Nachvollziehbarkeit der Ergebnisse ☐ b) Maximale Generalisierbarkeit ☐ c) Geringe Kosten ☐ d) Schnelle Durchführung

Frage-Nr.	Frage	Antwortoptionen
8	Was meint der Survivorship Bias?	☐ a) Verzerrung durch Fokussierung auf Überlebende ☐ b) Vollständige Berücksichtigung aller Fälle ☐ c) Verzerrung durch Kontrollgruppe ☐ d) Einfluss von Drittvariablen
9	Welche Rolle spielt Transparenz im Forschungsprozess?	☐ a) Nachvollziehbarkeit und Replizierbarkeit ☐ b) Schutz vertraulicher Daten ☐ c) Vermeidung von Stichprobenfehlern ☐ d) Reduzierung der Kosten
10	Warum sind Subgruppenanalysen wichtig?	☐ a) Erkennung heterogener Wirkstrukturen ☐ b) Vereinfachung der Datenanalyse ☐ c) Eliminierung von Ausreißern ☐ d) Sicherstellung niedriger Kosten
11	Was zeigt das Anscombe-Quartett?	☐ a) Unterschiedliche Strukturen trotz identischer Kennwerte ☐ b) Einfluss hoher Varianz ☐ c) Gültigkeit aggregierter Mittelwerte ☐ d) Ausschluss von Extremwerten
12	Was ist der Fundamental Attribution Error?	☐ a) Primäre Zuschreibung auf Dispositionen ☐ b) Kontextuelle Ursachen im Vordergrund ☐ c) Vollständige Neutralität ☐ d) Starke Kontrolle durch Experimentaldesign
13	Wozu dienen qualitative Interviews?	☐ a) Erfassung subjektiver Wahrnehmungen ☐ b) Quantitative Hypothesenprüfung ☐ c) Reduktion methodischer Kosten ☐ d) Statistische Validierung
14	Warum sollte methodische Triangulation eingesetzt werden?	☐ a) Erhöhung der Validität durch Mehrmethodenansatz ☐ b) Minimierung des Sample-Bias ☐ c) Reduzierung von Kosten ☐ d) Vereinfachung der Fragestellung
15	Welche Gefahr birgt die Nutzung rein technikaffiner Probanden?	☐ a) Unsichtbarkeit von Barrieren weniger technikaffiner Gruppen ☐ b) Steigerung der Generalisierbarkeit ☐ c) Erhöhung der Repräsentativität ☐ d) Verbesserung der Validität
16	Was beschreibt das Simpson-Paradoxon?	☐ a) Umkehrung von Trends bei Aggregation ☐ b) Einfluss externer Variablen ☐ c) Verstärkung sozialer Erwünschtheit ☐ d) Reduktion durch Randomisierung
17	Warum ist eine lückenlose Dokumentation wichtig?	☐ a) Sicherung der Nachvollziehbarkeit ☐ b) Minimierung von Kosten ☐ c) Beschleunigung der Auswertung ☐ d) Erhöhung der Teilnahmebereitschaft

Frage-Nr.	Frage	Antwortoptionen
18	Warum ist Kontextreflexion wichtig?	☐ a) Vermeidung einseitiger Attribution ☐ b) Kostenreduktion ☐ c) Beschleunigung der Interviews ☐ d) Minimierung von Datenvolumen
19	Was ist ein typisches Ziel von UX Research?	☐ a) Anpassung an Nutzerbedürfnisse ☐ b) Steigerung der Werbeausgaben ☐ c) Maximierung des Umsatzes allein ☐ d) Reduktion der Nutzeranzahl
20	Warum sollten auch non-Responder berücksichtigt werden?	☐ a) Vermeidung von Survivorship Bias ☐ b) Erhöhung der Kosten ☐ c) Reduzierung der Datenmenge ☐ d) Vereinfachung der Analyse

Weitere Evaluierungsmethoden in Abriss

Inhaltsverzeichnis

G. Vindigni, *UX Research und User Research*, https://doi.org/10.1007/978-3-662-72235-0_10

„Heuristic evaluation involves having a small set of evaluators examine the interface and judge its compliance with recognized usability principles (the „heuristics").“ (J. Nielsen, „Heuristic Evaluation“, in Usability Inspection Methods, J. Nielsen & R. L. Mack (Hrsg.), Wiley, 1994, S. 25–64)

*Jakob Nielsen (Jakob Nielsen, Nielsen, J. (1994). Heuristic Evaluation. In J. Nielsen & R. L. Mack (Hrsg.), Usability Inspection Methods (S. 25–64). John Wiley & Sons. See also: Nielsen, J. (2023, 28. Juni). The Theory Behind Heuristic Evaluations. Nielsen Norman Group. Abgerufen am 10. März 2026 von https://www.nngroup.com/articles/how-to-conduct-a-heuristic-evaluation/theory-heuristic-evaluations/ *1957, führender Usability-Forscher und Mitbegründer der Nielsen Norman Group)*

Die Vielzahl an Feedback, das in der Regel aus den durchgeführten Usability-Aufgaben gewonnen wird, welche Vertreter sowohl der Zielgruppe(n) als auch themenspezifische Experten durchlaufen, muss schließlich im Kontext der für ein Projekt relevanten Kennzahlen sowie der darüber hinaus übergeordneten Ziele der Forschungsarbeit systematisch, leitlinienkonform und methodologisch konsistent evaluiert und demzufolge zielgerichtet aufgearbeitet werden. Während vor diesem Hintergrund in den vorangegangenen Lerneinheiten bzw. Kapiteln bereits Evaluierungsmethoden im Zusammenhang mit Usability-Methoden lernzieltaxonomisch eruiert und reflektiert wurden, werden in diesem Kapitel nun weitere ausgewählte Evaluierungsmethoden angerissen, um diese in einen anwendungsbezogenen Bezugsrahmen einzuordnen. Nach Ansicht des Verfassers sind diese Methoden von substanziellem Mehrwert, um die gesammelten Daten in erkenntnisgenerierende, aussagekräftige Befunde zu transformieren und forschungslogisch profunde Entscheidungen zu treffen.

10

▪ Lernziele

Nach der Bearbeitung dieses Kapitels werden Sie in der Lage sein:

1. Zum einen sind Sie befähigt, den Keevil Usability Index in seinen Grundzügen erklären zu können.
   Anmerkung: In diesem Bezugsrahmen konstituiert sich der Keevil Usability Index (KUI) als quantitatives Bewertungsinstrument, das darauf ausgerichtet ist, die Benutzerfreundlichkeit eines Produkts oder einer Dienstleistung systematisch zu erfassen. Demzufolge kombiniert der KUI verschiedene Usability-Metriken – wie Effizienz, Effektivität und Zufriedenheit – in einem eklektizistischen Gesamtwert, der es ermöglicht, die Usability divergenter Systeme oder Designs methodologisch konsistent und vergleichend zu bewerten [626].
2. Zum anderen sind Sie imstande, den Analytic Hierarchy Process (AHP) in seinen Grundzügen einordnen und bestimmen zu können.
   Anmerkung: Saaty und Kearns [627] haben mit ihrer erkenntnistheoretischen Sichtweise den Analytic Hierarchy Process (AHP) als strukturierte Methodologie zur Entscheidungsfindung etabliert, die es ermöglicht, komplexe Problemexplorationen heuristisch komplexitätsreduziert in eine hierarchische Struktur zu überführen und alternative Lösungen anhand deduktiv definierter Kriterien und Subkriterien evaluativ zu bewerten. In Anbetracht dessen wird der AHP häufig in der Produktentwicklung sowie im Usability-Engineering eingesetzt, um Prioritäten zu setzen und die beste Lösung aus einer Vielzahl konkurrierender Alternativen methodologisch zu selektieren [627].

Merke

Methodologisch konsistente Evaluierung transformiert Feedback in erkenntnisgenerierende Befunde und bildet dementsprechend die Grundlage für valide, projektbezogene Entscheidungsprozesse im Kontext des UX Research und User Research.

10.1 Kontextuelle Einordnung und Grundlagen

Wie der obigen einleitenden Anmerkung zu entnehmen ist, konstituiert sich der Keevil Usability Index (KUI) seit den 1980er-Jahren als ein sehr bewährtes, methodologisch konsistentes Instrumentarium zur systematischen Evaluation der Benutzerfreundlichkeit [626]. In diesem Bezugsrahmen basiert der KUI durchaus auch auf der Prämisse, dass Usability grundsätzlich durch drei Hauptdimensionen – Effizienz, Effektivität und Zufriedenheit – charakterisiert wird, wie sie u. a. in der DIN EN ISO 9241-11 [8] implementiert vorliegt. Vor diesem Hintergrund lassen sich ferner konzeptionelle Anschlussstellen im Hinblick auf den bekannten Uses-and-Gratifications-Ansatz rekonstruieren, insofern nämlich hier das nutzerseitig antizipierte Bedürfnisbefriedigungspotenzial sowie die funktionale Gratifikation innerhalb interaktiver Systeme im analytischen Fokus stehen [628]. Insoweit sei an dieser Stelle nochmals kausal auf die zentralen Bewertungsdimensionen hingewiesen, die im Zuge der methodologischen Evaluation leitlinienkonform zu berücksichtigen sind [8], [626]:

Hinweis

Nachfolgend werden ausgewählte Evaluierungsmethoden exemplarisch skizziert und anwendungsbezogen kontextualisiert.

- **Effizienz:** Misst die Geschwindigkeit sowie den erforderlichen Aufwand, mit dem Benutzer intendierte Aufgaben erfolgreich absolvieren können [8], [626].
- **Effektivität:** Meint, dass kerndimensional die Präzision und Vollständigkeit evaluiert wird, mit der Benutzer ihre Zielzustände de facto realisieren [8], [626].
- **Zufriedenheit:** Bedingt und erfasst schließlich die subjektive Nutzerzufriedenheit als Indikator für die antizipierte Bedürfnisbefriedigung sowie die wahrgenommene Systemqualität [8], [626].

Unter diesen Voraussetzungen wird durchaus verständlich, warum Keevil [626] mit Nachschärfung akzentuiert, dass der KUI diese Dimensionen in einem eklektizistisch aggregierten Gesamtwert synthetisiert, wodurch im Übrigen die Usability divergenter Systeme oder aber z. B. UX-Designs methodologisch vergleichend sowie evaluativ eingeordnet werden kann. In diesem Bezugsrahmen kann letztendlich festgestellt werden, so betont Akgül [629], dass sich der KUI insbesondere innerhalb iterativer UX-Designprozesse als praxisadäquater Referenzindikator erweist, da er kerndimensional klare, evidenzbasierte Anhaltspunkte zur Optimierung systemischer Gestaltungsparameter offeriert.

Auf der anderen Seite konstituiert sich der von Saaty und Kearns [627] entwickelte Analytic Hierarchy Process (AHP) als methodologisch strukturierte Entscheidungsarchitektur, die es im Wesentlichen ermöglicht, komplexe Problemexplorationen heuristisch komplexitätsreduziert in eine hierarchische Struktur zu überführen, bestehend aus Zielen, Kriterien, Subkriterien sowie evaluativ zu gewichtenden Alternativen, wie im Folgenden präzisiert:

- **Schritt 1 – Problemstrukturierung:** Das Problem wird in eine hierarchische Struktur zerlegt, die die Ziele, Kriterien und Alternativen klar definiert [627].
- **Schritt 2 – Paarweiser Vergleich:** Die Kriterien und Alternativen werden paarweise verglichen, um ihre relative Wichtigkeit zu bestimmen [627].
- **Schritt 3 – Gewichtung und Bewertung:** Die Ergebnisse der paarweisen Vergleiche werden verwendet, um Gewichtungen zu berechnen und die Alternativen zu bewerten [627].
- **Schritt 4 – Konsistenzprüfung:** Die Konsistenz der Bewertungen wird überprüft, um sicherzustellen, dass die Ergebnisse zuverlässig sind [627].

Im Zuge dessen findet der AHP praxeologisch insbesondere in der Produktentwicklung sowie im Usability-Engineering bis dato Anwendung, um einerseits Prioritäten nutzerzentriert und evaluativ sachdienlich zu gewichten und andererseits die adäquateste Lösung aus einer Vielzahl konkurrierender Alternativen methodologisch konsistent zu selektieren [627]. Saaty und Kearns [627] heben ferner, bezogen auf ihre Erfahrung und Entwicklung des Modells, hervor, dass der AHP in diesem Kontext als sowohl systematische als auch transparente Entscheidungsarchitektur in der praktischen Arbeitswirklichkeit zu Tage tritt, die qualitative wie quantitative Bewertungsdimensionen konvergent und integrativ berücksichtigt [629].

▶ Transferbeispiel

Ein Startup nutzt den KUI, um verschiedene Prototyp-Designs zu vergleichen und priorisiert anschließend mit dem AHP die funktional überzeugendste Lösung für den Markteintritt. ◀

Mit dieser Festlegung ist bereits eine nutzerzentrierte Entwicklungslogik adressiert, innerhalb derer sich die operationalisierende Implementierung evaluativer Methoden als methodologisch vielschichtiger Prozess entfaltet, der einerseits eine präzise Planung und andererseits eine systematisch konsistente Durchführung bedingt, wie im Folgenden unter Verweis auf Saaty und Kearns [627] sowie Akgül [629] dezidiert dargestellt:

1. **Definition evaluativer Zielsetzungen und Kriterien:**
   Zunächst gilt es, die intendierten Bewertungsziele sowie die relevanten Kriterien deduktiv zu definieren, um ex post, interim sowie ex post sicherzustellen, dass die Evaluation kohärent auf die projektspezifischen Anforderungsstrukturen zugeschnitten ist, d. h., konzeptionell, prozessual sowie ergebnisorientiert stimmig ist [3], [12], [51], [627], [629].
2. **Systematische Durchführung der Bewertung:**
   In praxeologischer Perspektive erfolgt die Evaluation unter Berücksichtigung der zuvor gebildeten Determinanten, Indikatoren und Prämissen. Induktiv bzw. methodentriangulativ inkludiert dies unter anderem Usability-Tests, das Einholen qualitativ differenzierter Feedbacks sowie den methodischen Einsatz von Instrumentarien wie z. B. KUI oder AHP [3], [12], [51], [627], [629].
3. **Analytische Rekonstruktion und Interpretation der Ergebnisse:**
   Darüber hinaus sind die generierten Datensätze erkenntnislogisch zu analysieren und zu interpretieren, um inhaltlich belastbare Schlussfolgerungen zu extrahieren [3], [12], [51], [627], [629]. Damit geht einher, dass dies etwa die Berechnung von Usability-Scores, die Priorisierung potenzieller Optimierungsansätze oder aber die Selektion adäquater Lösungskonzepte umfasst [3], [12], [51], [627], [629].

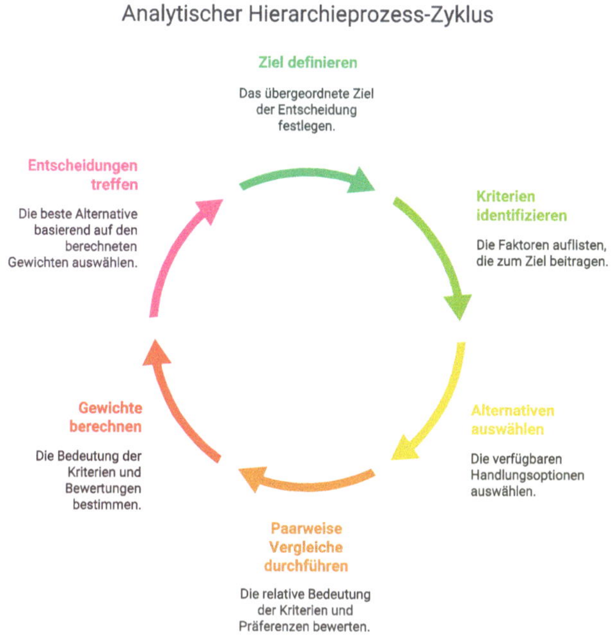

Abb. 10.1 Analytischer Hierarchieprozess-Zyklus auf Grundlage des AHP-Ansatzes. (Quelle: Eigene Darstellung)

4. **Transformation in gestalterisch-operative Maßnahmen:**
   Abschließend erfolgt die Überführung der extrahierten Erkenntnisse in konkrete, praxisorientierte Implementationsschritte, d. h. die sogenannte Relevanzrückkopplung als induktives Ergebnis [3], [12], [51], [627], [629]. Dies kann z. B. eine UX-Designrevision, die Optimierung systemischer Prozesslogiken oder aber die Integration neuer funktionaler Elemente im Sinne einer erforderlichen Anpassungsmodifikation aufgrund politisch-rechtlicher Erfordernisse wie etwa dem BFSG umfassen – stets mit dem Ziel, die Usability sowie die Nutzerzufriedenheit nachhaltig zu steigern (Abb. 10.1).

► Transferbeispiel

Exemplarisch lässt sich die praktische Operationalisierung des o. g. AHP anhand einer Auswahlentscheidung zwischen drei hochschulischen Content-Management-Systemen rekonstruieren. Unter explikativer Berücksichtigung der Kriterien Benutzerfreundlichkeit (z. B. 50 %), technische Erweiterbarkeit (30 %) sowie Support- und Wartungsaufwand (20 %) werden zunächst die Bewertungsdimensionen deduktiv, d. h. mit Blick auf die Determinanten, Indikatoren und Prämissen, gebildet und methodologisch infolgedessen stringent hierarchisiert. Anschließend bedingt die sukzessive Evaluation der jeweiligen Systeme auf Basis standardisierter Nutzenfunktionen im Kern ein nuanciertes, jedoch auch zugleich erkenntnislogisch tragfähiges Präferenzgefüge. In der finalen Entscheidungsebene bietet es sich anwendungsbezogen an, sodann jenes System zu priorisieren, das den höchsten aggregierten Nutzenwert aufweist. Dies unterstreicht übrigens nicht nur die methodologische Kohärenz, sondern auch die erkenntnislogische Nachvollziehbarkeit im Sinne einer relevanzrückgekoppelten Plausibilitätsprüfung innerhalb komplexer hochschulischer Digitalisierungsentscheidungen. ◄

Abb. 10.2 Stärken und Schwächen des AHP-Ansatzes. (Quelle: Eigene Darstellung)

Es ist in diesem Rahmen nach Ansicht des Verfassers richtungsweisend, nunmehr folgende methodologische Stärken des AHP dezidiert hervorzuheben:

10

Zunächst sollte zur Kenntnis genommen werden, dass der AHP eine strukturierte Zerlegung komplexer Entscheidungssachverhalte in hierarchisch-sequenzielle Bewertungsmodelle erleichtert, wodurch vor allem eine nachvollziehbare sowie konsistente Priorisierung divergenter Handlungsoptionen gewährleistet wird. Andererseits eröffnet die Logik der paarweisen Vergleichsbildung in Bezug auf das AHP-Modell die quantitative Transformation subjektiver Einschätzungen, was eine methodologisch stimmige Gewichtung konkurrierender Kriterien im Hinblick auf die qualitativen Gütekriterien (Transparenz, Intersubjektivität, Reichweite; vgl. ▶ Abschn. 4.3) induziert. Darüber hinaus legt der AHP-Ansatz die Grundlage für die transdisziplinäre Anschlussfähigkeit hinsichtlich einer vielseitigen Einsatzbreite, so etwa innerhalb nutzerzentrierter Entwicklungsprozesse, im UX Research, User Research und im Usability-Engineering.

Demgegenüber bestehen allerdings auch unabdingbare Limitationen, die erkenntnistheoretisch nach Ansicht des Verfassers unvermeidlich zu reflektieren sind:

So bergen subjektive Vergleichsurteile potenzielle Verzerrungsrisiken, wie bereits in ▶ Kap. 9 ausführlich diskutiert, insbesondere bei fehlender Konsistenz oder aber unzureichender Reflexion der Bewertungslogik. Zugleich steigt im Zuge der forschungsmethodologischen Operationalisierung der rechnerische und kognitive Aufwand exponentiell mit zunehmender Komplexität der Kriterien- und Alternativenmatrix, was im weiteren Verlauf die praxeologische Umsetzbarkeit durchaus limitieren kann. Deshalb ist im weiteren Verlauf jener AHP-Operationalisierung die Validität der Entscheidungsarchitektur maßgeblich an die empirische Qualität der zugrunde liegenden Einschätzungen sowie an die konzeptuelle Stringenz der Kriteriendefinition gebunden (Abb. 10.2).

Merke
KUI und AHP erleichtern eine methodologisch konsistente, evidenzbasierte und nutzerzentrierte Evaluation sowie eine Priorisierung systemischer Gestaltungsentscheidungen.

10.2 Der Keevil Usability Index in der Praxis des UX Research und User Research

Im Kontext der methodologischen Etablierung des Keevil Usability Index (KUI), welcher – wie bereits zuvor dargelegt – auf die konzeptionellen Arbeiten von Keevil [626] in den späten 1990er-Jahren zurückzuführen ist, lag die strategische Zielsetzung vor allem in der Entwicklung eines strukturierten sowie expertenbasierten Instrumentariums, hier zwecks explorativer und systematischer Begutachtung der Gebrauchstauglichkeit webbasierter Anwendungen [626].

In diesem Bezugsrahmen eröffnet der KUI mit insgesamt 203 dichotom angelegten Items – zu beantworten mit „Ja“, „Nein“ oder „Nicht zutreffend“ – eine taxonomische Klassifikation spezifischer Usability-Merkmale, welche über funktionale Bewertungsdimensionen methodologisch konsistent systematisiert werden [626].

Unter diesen Voraussetzungen lassen sich für das UX Research und User Research Handlungsempfehlungen ableiten (vgl. ◘ Abb. 10.1):

Hinweis
Im Folgenden wird die praxisorientierte Anwendbarkeit des KUI exemplarisch verdichtet erläutert.

a) **Festlegung der Bewertungsziele und Systemgrenzen:**
Zunächst erfolgt die deduktive Rigorbildung, d. h. aufgrund des Bildens der Determinanten, Indikatoren und Prämissen hinsichtlich der intendierten Bewertungsziele sowie der Systemgrenzen [626]. Im Lichte dieser Tatsachen inkludiert diese Phase die explikative Bestimmung der relevanten Zielgruppen, der zentralen Interaktionsaufgaben sowie der Nutzungskontexte, um die Untersuchung konsequent an den spezifischen Anforderungen des UX Research und User Research auszurichten [626].

b) **Konzeption aufgabenspezifischer Usability-Szenarien:**
Hieraus ergibt sich folglich, dass auf Basis der zuvor abgegrenzten und bestimmten Parameter schließlich nutzerzentrierte Testszenarien entwickelt werden, die es im Wesentlichen ermöglichen, zentrale Interaktionsaufgaben im System authentisch zu durchlaufen [626]. Im Übrigen sind diese Szenarien so gestaltet, dass sie die Kernaspekte der Gebrauchstauglichkeit, d. h. in Analogie zu zentralen Prinzipien des UX Research, präzisiert abbilden [626].

c) **Rekrutierung repräsentativer Nutzerkohorten:**
Im Folgenden erfolgt die methodisch gesteuerte Selektion empirischer Probanden, mit dem Ziel, die intendierte Zielgruppenstruktur – unter Berücksichtigung demografischer, psychografischer sowie verhaltensbasierter Segmentierungskriterien – möglichst konsistent abzubilden [626]. Darauf aufbauend konstituiert dieses Vorgehen zugleich eine zentrale Voraussetzung für die

empirische Validität und die erkenntnistheoretische Belastbarkeit innerhalb nutzerzentrierter Forschungslogiken im UX Research und User Research.

d) **Durchführung der Usability-Tests:**
Unter kontrollierten Testbedingungen bearbeiten die Nutzer die zuvor konzipierten Aufgaben. Ihre Interaktionsprozesse werden im Kontext dessen detailliert beobachtet, schriftlich protokolliert sowie audiovisuell dokumentiert, um retrospektiv belastbare Handlungslogiken rekonstruieren zu können, was ebenfalls ein zentrales Anliegen des UX Research und User Research ist [626].

e) **Datenerhebung:**
Neben quantitativen Kennzahlen wie z. B. Zeitbedarf, Fehlerraten etc. werden ebenso qualitative Indikatoren, u. a. wahrgenommene kognitive Belastung, insbesondere unter Berücksichtigung des System-1-, System-2- und System-3-Ansatzes und subjektive Zufriedenheit, vollständig erfasst [3], [4], [626]. Demzufolge begünstigt die holistische Formation der Datenerhebung ein Bewertungsprofil im Sinne einer integrativen UX- und User-Research-Logik [626].

f) **Analytische Konsolidierung:**
Ebenso werden die erhobenen Daten nach Keevil [626] in einen aggregierten Gesamtwert überführt. Hieraus lässt sich dem Grunde nach ableiten, inwiefern der KUI als gewichtet-synthetische Metrik überhaupt fungiert, die die o. g. Dimensionen Effektivität, Effizienz, Zufriedenheit sowie Fehlertoleranz methodologisch integrativ im Wesentlichen reflektiert – in unmittelbarer Anschlussfähigkeit an praxisorientierte UX-Evaluationen gemäß DIN EN ISO 9241-11 [8] sowie 9241-110 [23].

g) **Interpretative Ergebnissynthese:**
Zu guter Letzt werden die obigen generierten Befunde analytisch sowie nutzerzentriert interpretiert [626]. Im Zuge dessen werden in einem zusammenführenden Ergebnisbericht potenzielle Optimierungsnotwendigkeiten sowie konkrete Handlungsempfehlungen ausgewiesen, um die systemische Gebrauchstauglichkeit, eben gemäß den o. g. Prinzipien von UX Research und User Research, nachhaltig zu steigern [626] (◘ Abb. 10.3).

► Transferbeispiel

So könnte der KUI beispielsweise zur vergleichenden Bewertung zweier Webshop-Prototypen genutzt werden, um gezielt Differenzen in der Informationsfindung und Interaktionslogik analytisch sichtbar zu machen. ◄

Anwendungsorientiert sollten Sie daher die obige Erhebung entlang folgender Kategoriensysteme stringent operationalisieren:

1. **Informationsfindung**: Prüfen Sie zunächst die Zugänglichkeit relevanter Inhalte über navigationslogische Strukturierungen sowie funktionale Suchmechanismen.
2. **Informationsverständlichkeit**: Erfassen Sie ferner die kognitive Komplexitätsreduktion durch sprachlich-semantische Klarheit, Begriffskohärenz sowie die Vermeidung unnötiger Fachtermini.
3. **Nutzerunterstützung**: Bewerten Sie unbedingt die Supportstrukturen wie Hilfeseiten, FAQ-Module oder interaktive Anleitungen.

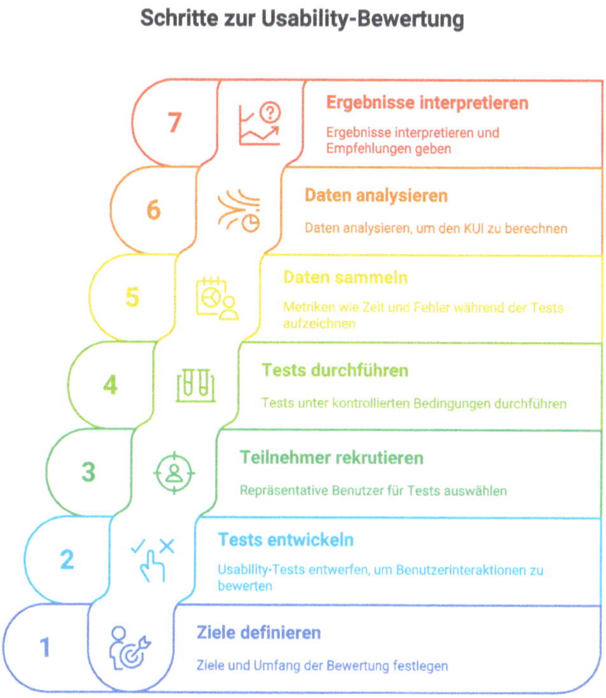

Abb. 10.3 Schritte zur Usability-Bewertung gemäß KUI-Ansatz [626]. (Quelle: Eigene Darstellung)

4. **Technische Vollständigkeit**: Identifizieren Sie funktionale Defizite, z. B. Inkonsistenzen oder nicht implementierte Features.
5. **Informationspräsentation**: Analysieren Sie explorativ das visuelle Interface hinsichtlich typografischer Stimmigkeit, farblicher Konsistenz und gestalterischer Kohärenz.

Die obige Erhebung wird in der Regel tabellarisch über eine Excel-basierte Auswertungsstruktur abgebildet, welche die aggregierten Antwortmuster automatisiert in einen numerischen Score transformiert. In dieser Konfiguration basiert die Berechnung des Usability-Werts auf folgender Formel (Abb. 10.4):

$$Usability - Score = Anzahl\,der\,„Ja\text{“} - Antworten$$

$$Anzahl\,der\,„Ja\text{“} - Antworten + Anzahl\,der\,„Nein\text{“} - Antworten \times 100$$

Demzufolge dient der Prozentwert sowohl der intraindividuellen Vergleichbarkeit verschiedener Systemversionen als auch der interindividuellen Bewertung mehrerer Systeme.

Obgleich der KUI eine strukturierte und methodologisch konsistente Bewertungsarchitektur abbildet, sind inhärente Limitationen nicht zu vernachlässigen.

Es lässt sich allerdings verzeichnen, dass das dichotome Antwortformat die Differenzierungsfähigkeit durchaus signifikant reduziert, da es auf eine rein binäre Ja-Nein-Polarität limitiert ist, wodurch graduelle Usability-Nuancen unzureichend erfasst

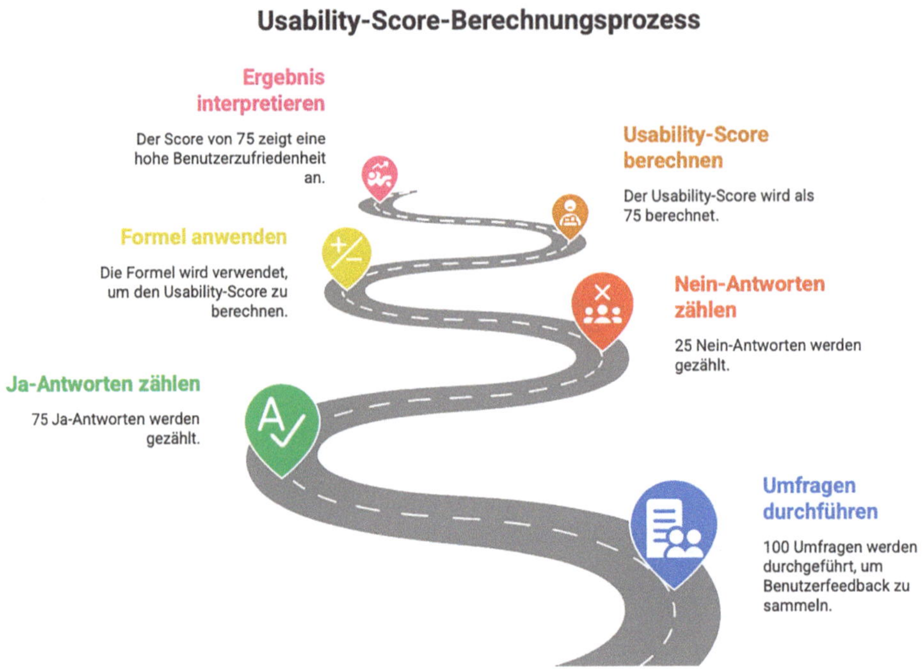

Abb. 10.4 Schematische Darstellung des Berechnungsprozesses eines Usability-Scores anhand von 100 Befragungen

werden. Zudem handelt es sich um ein strikt expertenzentriertes Verfahren, das nutzungsrealitätsnahe Handlungslogiken endanwenderseitig nur eingeschränkt reflektiert. Kritisch zu bewerten ist darüber hinaus, dass hohe Werte in peripheren Kategorien potenziell gravierende Schwächen in zentralen Funktionsbereichen überlagern können, was letztlich zu einem Gesamturteil führt, das die tatsächliche Gebrauchstauglichkeit verzerrt und somit forschungsethisch sowie methodologisch betrachtet defizitär abbildet. Nach Ansicht des Verfassers liegt nun die besondere praxeologische Stärke des KUI vorzugsweise in frühen Forschungs- und Entwicklungsphasen, da er zweckdienlich als Indikator maßgeblich zur Sicherung sowohl gestalterischer Kohärenz als auch funktionaler Basistauglichkeit beiträgt. Darüber hinaus kann der KUI auch im Rahmen eines Benchmarkings zur vergleichenden Evaluation divergenter Systemvarianten oder konkurrierender Produkte methodologisch sach- und zweckdienlich herangezogen werden. Allerdings sollte der KUI keinesfalls isoliert Anwendung finden, sondern vielmehr in gestaltungstriangulativer Konvergenz – in Anlehnung an Flick [232], [565] – durch partizipative Verfahren wie Usability-Tests oder Feldstudien ergänzt werden. Erst durch diese methodologische Verzahnung lässt sich überhaupt erst ein belastbares sowie differenziertes Usability-Profil rekonstruieren.

Merke

Der KUI dient als strukturiertes Bewertungsinstrument, um Usability systematisch, nutzerzentriert und erkenntnislogisch konsistent zu evaluieren.

10.3 Prüfungsfragen – ▶ Kap. 10

Frage-Nr.	Frage	Antwortoptionen
1	Welche Hauptdimensionen berücksichtigt der Keevil Usability Index?	☐ a) Effizienz ☐ b) Effektivität ☐ c) Zufriedenheit ☐ d) Kostenoptimierung
2	Welche Art von Fragen verwendet der KUI?	☐ a) Dichotome Ja-/Nein-Fragen ☐ b) Offene Fragen ☐ c) Skalierte Ratings von 1–10 ☐ d) Multiple-Choice-Fragen
3	Was misst die Effektivität im KUI?	☐ a) Genauigkeit und Vollständigkeit der Zielerreichung ☐ b) Geschwindigkeit der Bearbeitung ☐ c) Zufriedenheit mit dem Design ☐ d) Farbliche Konsistenz
4	Welche Kritikpunkte gelten für den KUI?	☐ a) Reduzierung auf binäre Antworten ☐ b) Nur Expertenfokus ☐ c) Hohe Differenzierungsfähigkeit ☐ d) Maskierung zentraler Mängel
5	Wofür eignet sich der KUI besonders?	☐ a) Frühe Entwicklungsphasen ☐ b) Vergleich paralleler Systeme ☐ c) Breite Nutzerstudien ohne Experten ☐ d) Isolierte Alleinbewertung ohne Triangulation
6	Was ist ein zentraler Vorteil des AHP?	☐ a) Strukturierte Zerlegung komplexer Entscheidungen ☐ b) Maximale Objektivität ohne subjektive Elemente ☐ c) Schnelle intuitive Entscheidungen ☐ d) Minimierung der Kosten
7	Was beschreibt der paarweise Vergleich im AHP?	☐ a) Gegenüberstellung von zwei Kriterien oder Alternativen ☐ b) Vergleich mit Benchmarkwerten ☐ c) Nur qualitative Befragungen ☐ d) Keine quantitative Bewertung
8	Was versteht man unter dem geometrischen Mittel im AHP?	☐ a) Wurzel des Produkts der Vergleichswerte ☐ b) Arithmetischer Mittelwert ☐ c) Median aller Bewertungen ☐ d) Durchschnittlicher Nutzenwert
9	Warum wird der AHP oft in der Produktentwicklung verwendet?	☐ a) Gewichtung und Priorisierung von Alternativen ☐ b) Vereinfachung der Benutzeroberfläche ☐ c) Erhöhung der Designkomplexität ☐ d) Reduktion der Kosten
10	Was überprüft die Konsistenzprüfung im AHP?	☐ a) Logische Stimmigkeit der Bewertungen ☐ b) Korrekte Farbwahl im Design ☐ c) Layoutkonsistenz ☐ d) Durchschnittliche Klickzahlen

Frage-Nr.	Frage	Antwortoptionen
11	Welche Limitation hat der AHP?	□ a) Subjektive Verzerrungen möglich □ b) Geringer Rechenaufwand □ c) Maximale Genauigkeit bei großen Datenmengen □ d) Vollständige Automatisierung
12	Was sollte vor der Bewertung im AHP erfolgen?	□ a) Definition von Zielen und Kriterien □ b) Sammlung aller Nutzerfeedbacks □ c) Erstellung eines Prototyps □ d) Durchführung eines A/B-Tests
13	Wie können unterschiedliche Maßeinheiten im AHP standardisiert werden?	□ a) Über Nutzenfunktionen □ b) Durch Skalierung auf 0–100 □ c) Über Korrelationen □ d) Mithilfe von Farben
14	Wie viele Bewertungsschritte hat der AHP typischerweise?	□ a) Definition, Vergleich, Berechnung, Normalisierung, Gesamtnutzen □ b) Nur ein Schritt: intuitive Entscheidung □ c) Zwei Schritte: Gewichtung und Entscheidung □ d) Zehn iterative Schritte ohne Struktur
15	Wann eignet sich der AHP nicht?	□ a) Bei sehr vielen Alternativen und Kriterien □ b) Für einfache Ja/Nein-Entscheidungen □ c) Bei fehlender Bewertungsgrundlage □ d) Für explorative Interviews
16	Welche Skala verwendet der AHP für Vergleiche?	□ a) 1 bis 9 Skala □ b) 1 bis 5 Skala □ c) Farbskala □ d) Prozentwerte
17	Was ist ein Nachteil binärer Antwortformate wie beim KUI?	□ a) Keine feine Differenzierung möglich □ b) Hohe Interpretationsfreiheit □ c) Schnellere Auswertung □ d) Erhöhte Datenkomplexität
18	Warum wird der KUI als Benchmarking-Instrument eingesetzt?	□ a) Vergleichbarkeit unterschiedlicher Systeme □ b) Kontrolle von Produktionskosten □ c) Bewertung rein ästhetischer Aspekte □ d) Marketingoptimierung
19	Welche Rolle spielt Zufriedenheit im KUI?	□ a) Subjektives Erleben des Systems □ b) Objektive Messgröße □ c) Reine Zeitmessung □ d) Farbliche Abstimmung
20	Welche Empfehlung gilt für die Nutzung des KUI?	□ a) Kombination mit partizipativen Verfahren □ b) Isolierte Nutzung für Endgültigkeit □ c) Nur für Feldstudien geeignet □ d) Ausschließlich für visuelle Designs

Resümee

G. Vindigni, *UX Research und User Research*, https://doi.org/10.1007/978-3-662-72235-0_11

„Ultimately, we are deluding ourselves if we think that the products that we design are the ‘things’ that we sell, rather than the individual, social and cultural experience that they engender, and the value and impact that they have. Design that ignores this is not worthy of the name.“ (B. Buxton, „Personal Mantra“, billbuxton.com, Abruf 10.03.2026)
Bill Buxton (geb. 1949) ist ein kanadischer HCI-Pionier, Designer und ehemaliger Principal Researcher bei Microsoft. https://www.billbuxton.com/ Primärfundstelle: Startseite / persönlicher Webauftritt von Buxton, als „personal mantra“ deklariert. Buxton, B. (o. J.). Bill Buxton – Home page [Persönliche Website]. Abgerufen am 10. März 2026, von https://www.billbuxton.com/

Mit den im vorliegenden Werk erörterten methodologischen, epistemologischen und forschungspraktischen Ausführungen zu UX Research und User Research wurde ein umfassender Zugriff auf jene methodischen und inhaltlichen Konstellationen bereitgestellt, welche die nutzerzentrierte Entwicklung interaktiver Systeme konzeptionell prägen. Ausgehend von den unterschiedlichen Erhebungsverfahren, Erhebungslogiken und Evaluationsmodellen konnte gezeigt werden, wie innerhalb nutzerorientierter Forschungssettings sowohl qualitative als auch quantitative Verfahren in korrespondierender Ausrichtung triangulativ integriert werden, um ein belastbares Verständnis nutzerspezifischer Bedürfnislagen, Handlungsdispositionen und Kontextfaktoren zu generieren.

Im Zuge dessen wurde deutlich, dass UX Research und User Research keineswegs als statische Methodensysteme zu fassen sind, sondern vielmehr als dynamisch adaptierbare Forschungszugänge, die innerhalb iterativer Entwicklungsprozesse sowohl theoriebasiert als auch anwendungsbezogen kontinuierliche Rekursivität zwischen Datenerhebung, Analyse und gestalterischer Implementierung erfordern. Die interaktive Verschränkung von explorativer Bedürfnisrekonstruktion, empirisch gestützter Nutzerevaluation sowie theoriegeleiteter Interventionsentwicklung bildet hierbei das methodische Kerngefüge nutzerzentrierter Entwicklungslogik.

Es wurde ferner aufgezeigt, dass die konsequente Integration von UX Research und User Research nicht nur funktionale Gebrauchstauglichkeit generiert, sondern zugleich komplexe interaktionspsychologische, sozialkommunikative und kontextsensitive Einflussgrößen berücksichtigt, welche innerhalb des Mensch-Technik-Interaktionssystems wirksam werden. Diese Forschungslogik trägt dazu bei, nutzerseitige Zielsetzungen, affektive Resonanzmuster und habitualisierte Handlungsvollzüge präzise zu erfassen und gestalterisch plausibilisiert in Entwicklungskonfigurationen zu überführen.

Das Werk schließt damit an die gegenwärtigen disziplinübergreifenden Diskurse an, die UX Research und User Research als theoriebasierte, empirisch gestützte und heuristisch anschlussfähige Bezugsgrößen innerhalb moderner Gestaltungs-, Evaluations- und Entwicklungsprozesse positionieren und in ihrer methodologischen Ausgestaltung ein hohes Maß an adaptiver Differenzierungskompetenz einfordern (◘ Abb. 11.1).

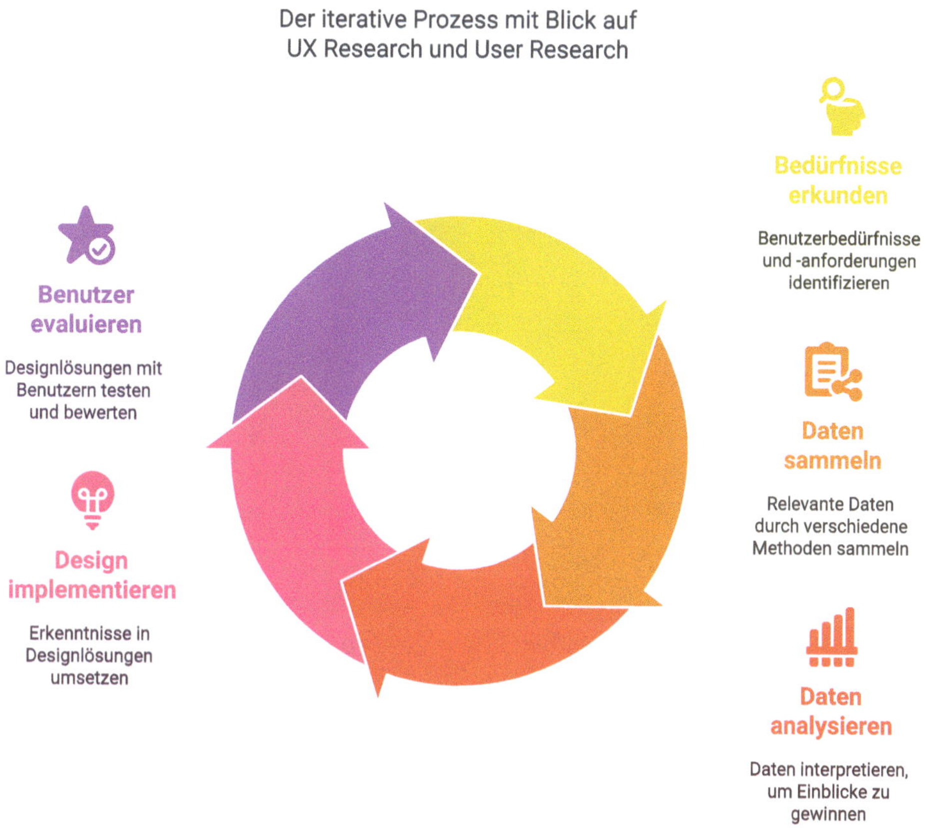

Abb. 11.1 Der iterative Prozess mit Blick auf UX Research und User Research. (Quelle: Eigene Darstellung)

Lösungen zu den Prüfungsfragen

Inhaltsverzeichnis

G. Vindigni, *UX Research und User Research*, https://doi.org/10.1007/978-3-662-72235-0_12

12.1 Lösungen zu den Prüfungsfragen ▶ Kap. 1

Frage-Nr.	Richtige Antworten	Anmerkung
1	a, b	Zentrale Merkmale des Usability Engineerings umfassen sowohl methodische als auch ethische Aspekte
2	a, c, e	Die DIN EN ISO 9241-11 definiert diese drei Kriterien als Kernmerkmale der Usability
3	b, d	Forschungsethik und differenzierte Kontextualisierung sind elementare Bestandteile
4	a, c	Diese Aussagen fassen zentrale Zielsetzungen des Buchs zusammen
5	a, b, d	Diese Aspekte sind für den UX-Prozess besonders relevant

12.2 Lösungen zu den Prüfungsfragen ▶ Kap. 2

Frage Nr.	Richtige Antworten	Anmerkung
1	b	Nur b trifft die ISO-Definition
2	a, b, d	Nutzungskontext schließt Benutzer, Aufgaben, Umgebung ein
3	a, b, d	Effektivität, Effizienz und Zufriedenheit sind die Kriterien
4	a, b, d	User Centered Design betont Nutzerintegration und Interdisziplinarität
5	a, d	Effizienz ist Ressourceneinsatz bezogen auf Zielerreichung
6	a, b, d	Joy of Use ist hedonisch und emotional
7	a, b, d	Nielsen nennt Learnability, Efficiency, Errors etc.
8	a, b, d	Diese sind in DIN 9241-110 als Interaktionsprinzipien definiert
9	a, b, c	Usability Engineering umfasst Planung, Evaluation und Analyse
10	a, c	UX bezieht sich auch auf Erwartungen und Emotionen

Frage-Nr.	Richtige Antworten	Anmerkung
11	a	Definition laut Rosson & Carroll
12	c	VR ist kein typisches Medium für Dokumentation
13	a	Nutzer meiden Dokumentation trotz Relevanz
14	a, b, c	Effektive Dokumentation erfordert differenzierte Berücksichtigung

Frage-Nr.	Richtige Antworten	Anmerkung
15	b, d	Walk-Up-and-Use-Systeme unterstützen spontane Nutzung
16	b	ITS reagieren adaptiv auf Nutzerverhalten
17	a	Modellwechsel hin zur synchronen Entwicklung
18	b	Tooltips sollen effizient informieren
19	a	Soziale Medien bieten Vorteile, bergen aber Qualitätsrisiken
20	b	Vertrautheit mit physischen Medien als Vorteil

Frage-Nr	Richtige Antwort	Anmerkung
21	c	Nutzeranalyse ist in der Predesign-Phase zentral
22	b	Vergleich bestehender Produkte dient der Identifikation bewährter Lösungen
23	a	Zieldefinition umfasst Usability-Kriterien wie Effizienz und Erlernbarkeit
24	d	Partizipatives Design fördert nutzerzentrierte Entwicklung
25	a	Koordination sichert Konsistenz des Interface-Designs
26	c	Heuristiken bilden Basis für Richtlinienanalysen
27	b	Frühe Prototypen helfen bei kostengünstiger Fehlererkennung
28	d	Empirisches Testen identifiziert reale Usability-Probleme
29	a	Iteratives Design integriert kontinuierlich Feedback
30	b	Postdesignphase optimiert das System nach Nutzerfeedback

12.3 Lösungen zu den Prüfungsfragen ▶ Kap. 3

Frage-Nr	Richtige Antwort(en)	Anmerkung
1	a	Prototyping dient der frühzeitigen Rückmeldung aus Nutzersicht
2	c	Low-Fidelity-Prototypen eignen sich gut für frühe, schnelle Tests
3	b, c	High-Fidelity-Prototypen zeichnen sich durch hohe Interaktivität und Aufwand aus
4	b	Fidelity beschreibt die Annäherung an das reale Endsystem
5	b	In frühen Phasen eingesetzt, um Ideen zu visualisieren
6	a, b, c	Die drei zentralen Funktionen umfassen Kreativität, Kommunikation und Evaluation

Frage-Nr	Richtige Antwort(en)	Anmerkung
7	b	Die Repräsentationsdimension beschreibt die Darstellungsform, z. B. Papier oder digital.
8	b	Vertikales Prototyping bedeutet tiefe Ausarbeitung einzelner Funktionen
9	b	Horizontales Prototyping visualisiert viele Oberflächen ohne echte Funktionen
10	b	Ziel ist die Kombination aus Breite (Interface) und Tiefe (einzelne Aufgaben)

Frage-Nr.	Richtige Antwort	Anmerkung
11	c	Visionäre Prototypen fördern Diskussionen, können aber zu früh zu stark detailliert werden
12	b	Experimentelle Prototypen dienen der Prüfung technischer Machbarkeit
13	c	Evolutionäres Prototyping erlaubt die Weiterentwicklung während der Nutzung
14	c	Spezifische Prototypen dienen der Evaluation klar abgegrenzter Aspekte
15	b	Rapid Prototyping zielt auf schnelle, iterative Evaluationen
16	c	Papier-Prototypen sind in frühen Phasen zur Navigation besonders geeignet
17	c	Role-Prototypen demonstrieren den funktionalen Nutzen eines Systems
18	c	Storyboards eignen sich zur Darstellung kontextueller Nutzungsszenarien
19	c	Bei Wizard-of-Oz-Prototypen agieren Menschen als verdeckte Systemkomponente
20	b	Das Modell unterscheidet zwischen Funktion (Role), Nutzererfahrung (Look and Feel) und technischer Umsetzung (Implementation)

12

12.4 Lösungen zu den Prüfungsfragen ▶ Kap. 4

Frage-Nr.	Richtige Antwort(en)	Anmerkung
1	c	Explorativ-analytische Methoden basieren auf Experteneinschätzungen
2	a	Der Evaluationszweck ist der erste Faktor in der pentadischen Entscheidungsmatrix

Frage-Nr.	Richtige Antwort(en)	Anmerkung
3	b	Qualitative Evaluation zielt auf narrative Ergebnisbeschreibung
4	d	Summative Evaluation erfolgt zur Bewertung finaler Systemversionen
5	a	Die empirische Evaluation erfolgt typischerweise durch Beobachtung und Befragung
6	c	Quantitative Evaluation verwendet numerische Daten
7	d	Formative Evaluation findet begleitend zum Entwicklungsprozess statt
8	b	Die Interaktivitätsdimension bezieht sich auf Mensch-System-Interaktion
9	a	Konsistenz im System-Image unterstützt kongruente Nutzer-Modelle
10	c	Triangulation kombiniert quantitative und qualitative Methoden

Frage-Nr	Richtige Antwort	Anmerkung
11	b, d	Explorativ-analytische Methoden sind unabhängig von Nutzerpartizipation und besonders in frühen Phasen hilfreich
12	c	Prototyping ist keine der vier zentralen Interrogationen im Cognitive Walkthrough
13	a, c	Heuristische Evaluation fördert klare Sprache und Konsistenz – nicht Komplexität oder Fehlerignoranz
14	b, d	Das GOMS-Modell dient der Analyse von Operatoren und der Modellierung kognitiver Abläufe
15	a, c	Sie ist kostengünstig und früh einsetzbar, aber nicht zwingend valider als andere Methoden
16	b	Hick's Gesetz beschreibt den Zusammenhang zwischen Anzahl der Optionen und Entscheidungszeit
17	b	KLM analysiert physische Interaktionen wie Tastenanschläge und Mausbewegungen
18	b, d	Cognitive Walkthrough basiert auf hypothetischen Nutzeraktionen und überprüft Handlungsschritte
19	b, d	Es braucht keinen fertigen Prototyp, aber ein ausgereiftes Design und definierte Handlungspfade.
20	b, d	Modellbasierte Verfahren dienen der strukturierten Analyse und zeitlichen Prädiktion von Interaktionen

Frage-Nr.	Richtige Antwort	Anmerkung
Frage 21	b	Objektivität bedeutet Unabhängigkeit von der durchführenden Person
Frage 22	b	Die vier zentralen Gütekriterien sind Objektivität, Reliabilität, Validität und Relevanz
Frage 23	c	Transparenz ist in der qualitativen Forschung ein Grundpfeiler der Nachvollziehbarkeit
Frage 24	c	Die Reichweite reflektiert die potenzielle Übertragbarkeit auf andere Kontexte
Frage 25	a	Die CIT erhebt kritische Vorfälle retrospektiv
Frage 26	c	Intersubjektivität verlangt das Offenlegen verschiedener Deutungsansätze
Frage 27	a	Qualitative Forschung generiert Hypothesen, quantitative prüft sie
Frage 28	b	Feldstudien liefern realitätsnahe Daten, sind aber schwer zu strukturieren
Frage 29	a	Unabhängige Variablen werden experimentell manipuliert
Frage 30	b	Ziel ist es, kausale Effekte systematisch nachzuweisen

Frage-Nr.	Richtige Antwort	Anmerkung
31	c	Das Think-Aloud-Protokoll wird zur gleichzeitigen Verbalisierung innerer Vorgänge genutzt
32	b	Explorative Tests dienen der Ideenvalidierung in frühen Phasen
33	d	Eye Tracking erfasst Blickverläufe und visuelle Aufmerksamkeit
34	d	Vergleichstests sind phasenübergreifend einsetzbar
35	c	Diese Phase dient der Bewertung von Systemstärken und -schwächen
36	c	Eye Tracking verfolgt visuelle Aufmerksamkeit durch Blickverläufe
37	d	Die Opacity Map hebt ignorierte Bereiche durch Abdunkelung hervor
38	b	In dieser Phase werden Aufgaben, Zielgrößen und Teilnehmer definiert
39	c	Unmoderierte Tests erlauben keine direkte Problemintervention
40	b	Die Analyse erfolgt nach der Durchführung des Tests

12.5 Lösungen zu den Prüfungsfragen ▶ Kap. 5

Frage-Nr.	Richtige Antwort	Anmerkung
1	c	Die Ex-ante-Phase dient der Konzeptvalidierung vor Beginn der Entwicklung
2	b	In der Interim-Phase erfolgt die Kontrolle während des Prozesses
3	c	DIN EN ISO 9241-11 regelt die Gebrauchstauglichkeit von Systemen
4	b	Psychografische Analysen identifizieren Verhaltensmuster und Intentionen
5	b	Beobachtung ist zentral, um reale Spielinteraktionen zu erfassen
6	c	Die Drill-Down-Analyse erlaubt detaillierte Differenzierung in Datensätzen
7	d	User Research identifiziert Anforderungen und optimiert Design iterativ
8	c	DIN EN ISO 62366-1 ist auf medizintechnische Interfaces spezialisiert
9	c	Optimierte Komponenten werden rekombiniert und funktional validiert
10	c	User Research zielt auf Nutzererfahrung, Marktforschung auf Marktstrukturen

Frage-Nr	Richtige Antwort	Anmerkung
11	a, b, d	Game Analytics nutzt ML, Data Mining und algorithmische Programmierung
12	b, c	GA identifiziert Nutzungsmuster und leitet daraus Entscheidungen ab
13	a, b	Play Testing evaluiert Spielfluss und -mechanik im Nutzungskontext
14	a, b, d	Kernphasen des GA-Prozesses laut Prozessmodell
15	b, c, d	Statistik und ML dienen der Modellgenerierung
16	a, c	Ziel ist die verständliche Vermittlung komplexer Daten
17	a, c	Erhebung und Qualitätssicherung der Telemetriedaten
18	b, d	User Testing überprüft Interface und UX ex ante
19	a, c, d	ML ermöglicht Verhaltenserkennung und Anpassung
20	a, c	Letzter Schritt: Umsetzung der Analyseergebnisse im Game Design

12.6 Lösungen zu den Prüfungsfragen ▶ Kap. 6

Frage-Nr.	Richtige Antwort	Anmerkung
1	b	Die Entwicklung verlief von technikorientierten zu nutzerzentrierten Paradigmen
2	a	DIN EN ISO 9241-11 fokussiert auf Usability-Definitionen
3	a, b, d	Diese Prinzipien gehören zur DIN EN ISO 9241-110
4	b	UX bezieht sich auf subjektive Nutzererfahrungen
5	a, b, c	Diese drei Aspekte sind laut Richter et al. zentral
6	b	Typografie verbessert die visuelle Wahrnehmung
7	a	Hierarchische Struktur hilft bei der kognitiven Verarbeitung
8	b	Erschwinglichkeit bezieht sich auf ökonomische Zugänglichkeit
9	a, b	Aufgabenangemessenheit und Fehlertoleranz gehören zur Norm
10	a	Das Beispiel erfüllt Effektivität und Effizienz

Frage-Nr.	Richtige Antwort	Anmerkung
11	b	LEGO® konzentrierte sich wieder auf das Kerngeschäft mit modularen Spielsteinen
12	b, d	Rezentrierung und Rekonstruktion der Unternehmensidentität waren zentrale Ziele
13	b	Der Verlust zentraler Patente und fehlende Akzeptanz neuer Designs führten zur Krise
14	c	LEGO® setzte auf empirisch fundierte Feldstudien
15	b, c, d	Untersucht wurden Spielbedürfnisse, Präferenzen und familiäre Kontexte
16	c	Hybride Module vereinten Lernen und Spielen im japanischen Markt
17	b	Kooperative Spielsets entstanden als Reaktion auf empirische Erkenntnisse
18	b	Die Implementierung von User Research stärkte LEGO® langfristig
19	b	Daten wurden dort erhoben, wo LEGO® seine Hauptzielgruppen hat
20	b	User Research wird als strukturgebende Entscheidungsinstanz verstanden

12.7 Lösungen zu den Prüfungsfragen ▶ Kap. 7

Frage-Nr.	Richtige Antwort	Anmerkung
1	b	Quantitative Forschung zielt auf Hypothesenprüfung mittels numerischer Daten
2	c	Qualitative Forschung nutzt z. B. Tiefeninterviews zur Bedeutungsanalyse
3	b	Theorien werden durch empirische Daten überprüft (Relevanzrückkopplung)
4	b	UI-Gestaltung ist nicht primär Aufgabe eines User Researchers
5	b	User Researchers wenden empirische Erkenntnisse strategisch an
6	c	Qualitative Forschung fokussiert tiefgehende Fallstudien mit kleinen Stichproben
7	c	Quantitative Forschung beginnt mit theoriebasierter Hypothesenbildung
8	b	Sekundärforschung wertet vorhandene Informationen aus
9	c	Ziel ist ein umfassendes Verständnis der Nutzerbedürfnisse
10	c	Auswertung erfolgt unter Berücksichtigung des Nutzungskontextes

Frage-Nr.	Richtige Antwort	Anmerkung
11	b	Ziel ist die Reduktion von Unsicherheiten beim Einsatz von externen FuE-Dienstleistungen
12	c	Ein zentrales Problem ist laut DIN der potenzielle Abfluss von strategisch relevantem Wissen
13	b	Unterschiedliche Angebotsformate und fehlende Standards erschweren den Vergleich
14	c	Fehlende Problemlösungskompetenz kann das Vertrauen in externe Partner beeinträchtigen
15	c	Normen schaffen Transparenz, Vergleichbarkeit und erleichtern die Kooperation
16	b	Anbieter profitieren durch ein klareres Leistungsprofil und Markttransparenz
17	b	Die DS-GVO schützt personenbezogene Daten vor unrechtmäßiger Verarbeitung
18	c	DS-GVO bezieht sich auf alle Informationen, die Personen identifizieren können

Frage-Nr.	Richtige Antwort	Anmerkung
19	b	Zentrale Prinzipien sind u. a. Zweckbindung, Rechtmäßigkeit und Nachvollziehbarkeit
20	b	Gesetzlich geregelte Erlaubnisse erlauben Verarbeitung auch ohne Einwilligung, etwa in Forschung

12.8 Lösungen zu den Prüfungsfragen ▶ Kap. 8

Frage-Nr.	Richtige Antwort	Anmerkung
1	a	Dokumentation ermöglicht Rückverfolgbarkeit
2	b	Protokolle verhindern doppelte Arbeit
3	c	Protokolle helfen bei Übergabe an neue Teammitglieder
4	a	Protokolle fördern gezielte Diskussionen im Team
5	d	Konsistente Protokolle sind essenziell bei Übergaben an externe Partner
6	b	Strukturierte Protokolle helfen in Präsentationen
7	c	Frühzeitige Planung verbessert die Abstimmung
8	e	Interviewformate müssen technisch gesichert sein
9	a	Datenschutz ist bei Interviews zentral
10	b	Transparente Rahmeninfos verbessern Interviewqualität

Frage-Nr.	Richtige Antwort	Anmerkung
11	c	Cultural Probes dienen der Erfassung alltagsnaher und subjektiver Nutzungserfahrungen
12	b	Typische Werkzeuge bei Cultural Probes sind Wegwerfkameras, Diktiergeräte und Notizbücher
13	c	Design Thinking ist iterativ und stellt den Nutzer in den Mittelpunkt
14	c	In der Ideate-Phase werden kreative Ideen entwickelt
15	b	Eye Tracking misst visuelle Parameter wie Blickrichtung und Verweildauer
16	c	Heatmaps visualisieren Blickverläufe in Eye-Tracking-Analysen
17	c	Mobile Eye Tracking ermöglicht Messungen in natürlichen Umgebungen
18	c	Die Empathize-Phase dient der Analyse von Nutzerbedürfnissen

Frage-Nr.	Richtige Antwort	Anmerkung
19	b	Cultural Probes lassen sich flexibel an verschiedene Zielgruppen anpassen
20	c	Prototypen dienen der Veranschaulichung und Evaluierung von Ideen

12.9 Lösungen zu den Prüfungsfragen ▶ Kap. 9

Frage-Nr.	Richtige Antwort	Anmerkung
1	a	UX Research fokussiert die Anpassung an Bedürfnisse und Wahrnehmungen der Nutzer
2	a	Selektionsbias beschreibt die Verzerrung durch eine nicht repräsentative Stichprobe
3	a	Confirmation Bias entsteht durch selektives Bestätigen bestehender Annahmen
4	a	Hawthorne-Effekt bedeutet Verhaltensänderung durch Beobachtung
5	a	Overgeneralization meint unkritische Übertragung auf breitere Populationen
6	a	Korrelation zeigt lediglich einen statistischen Zusammenhang, keine Kausalität
7	a	Intersubjektivität sichert die Nachvollziehbarkeit und argumentative Rückführbarkeit
8	a	Survivorship Bias verzerrt Ergebnisse durch Fokussierung auf überlebende Fälle
9	a	Transparenz gewährleistet Nachvollziehbarkeit und Replizierbarkeit der Ergebnisse
10	a	Subgruppenanalysen identifizieren unterschiedliche Wirkstrukturen in den Daten
11	a	Anscombe-Quartett zeigt gleiche Kennwerte, aber unterschiedliche Datenstrukturen
12	a	Fundamental Attribution Error betont dispositionelle statt situativer Ursachen
13	a	Qualitative Interviews erfassen subjektive Wahrnehmungen und Erfahrungen
14	a	Triangulation erhöht Validität durch Kombination verschiedener Methoden
15	a	Technikaffine Samples vernachlässigen Barrieren weniger technikaffiner Nutzer
16	a	Simpson-Paradoxon beschreibt das Umkehren von Trends bei Aggregation

Frage-Nr.	Richtige Antwort	Anmerkung
17	a	Lückenlose Dokumentation sichert die wissenschaftliche Nachvollziehbarkeit
18	a	Kontextreflexion verhindert einseitige und verkürzte Attributionen
19	a	UX Research und User Research zielt auf Anpassung an Nutzerbedürfnisse ab
20	a	Berücksichtigung von non-Respondern reduziert Survivorship Bias

12.10 Lösungen zu den Prüfungsfragen ▶ Kap. 10

Frage-Nr.	Richtige Antwort	Anmerkung
1	a, b, c	Der KUI berücksichtigt Effizienz, Effektivität und Zufriedenheit
2	a	KUI nutzt dichotome Ja-/Nein-Fragen
3	a	Effektivität misst Genauigkeit und Vollständigkeit der Zielerreichung
4	a, b, d	Kritikpunkte: binäre Antworten, Expertenfokus, Maskierung zentraler Mängel
5	a, b	KUI eignet sich für frühe Entwicklungsphasen und den Vergleich paralleler Systeme
6	a	AHP erlaubt strukturierte Zerlegung komplexer Entscheidungen
7	a	Paarweise Vergleiche stellen Kriterien oder Alternativen gegenüber
8	a	Geometrisches Mittel: Wurzel des Produkts der Vergleichswerte
9	a	AHP wird zur Gewichtung und Priorisierung genutzt
10	a	Die Konsistenzprüfung sichert logische Stimmigkeit der Bewertungen
11	a	Limitation: subjektive Verzerrungen möglich
12	a	Vor Bewertung: Definition von Zielen und Kriterien
13	a	Standardisierung über Nutzenfunktionen
14	a	AHP umfasst fünf Hauptschritte: Definition, Vergleich, Berechnung, Normalisierung, Gesamtnutzen
15	a, b, c	Nicht geeignet bei vielen Kriterien, einfachen Ja/Nein-Entscheidungen oder fehlender Bewertungsgrundlage

Frage-Nr.	Richtige Antwort	Anmerkung
16	a	AHP verwendet eine Skala von 1 bis 9
17	a	Nachteil: keine feine Differenzierung möglich
18	a	KUI dient als Benchmarking-Instrument für Vergleichbarkeit
19	a	Zufriedenheit ist das subjektive Erleben des Systems
20	a	Empfohlen: Kombination mit partizipativen Verfahren

Serviceteil

G. Vindigni, *UX Research und User Research*, DOI https://doi.org/10.1007/978-3-662-72235-0

Glossar

Begriff	Definition
Abduktion/abduktiv	Abduktion bezeichnet in der erkenntnistheoretischen Logik eine Prämisse, bei der von einem speziellen Phänomenauf eine allgemeine Regel, häufig mit falsifizierten Dimensionen gemäß Karl R. Popper geschlossen wird.
adaptiv	Bezieht sich auf die Fähigkeit eines Systems oder Organismus, sich an wechselnde Umgebungsbedingungen anzupassen. Anpassungsfähigkeit an sich verändernde Rahmenbedingungen.
Adaptivität	Fähigkeit eines Systems sich an veränderte Nutzungs- oder Umweltbedingungen dynamisch anzupassen.
Affektiv	Bezieht sich auf Vorgänge oder Merkmale, die im Zusammenhang mit Gefühlen oder Stimmungen stehen.
Affektive Resonanz	Wechselseitige emotionale Abstimmung zwischen Nutzern und Systemen innerhalb von Interaktionsprozessen.
Affirmation	Ausdruck der Zustimmung oder Bestätigung, insbesondere im Hinblick auf Überzeugungen oder Handlungsweisen.
Agentic Experience	Bezeichnet die Nutzererfahrung im Umgang mit autonomen, KI-basierten Systemen (sogenannten Software-Agenten), die eigenständig handeln, lernen und Entscheidungen treffen können. Im UX Design umfasst Agentic Experience insbesondere das Erleben von Kontrolle, Transparenz, Vertrauenswürdigkeit und Interaktionsverständnis im Zusammenspiel zwischen Mensch und KI-generierten Agenten innerhalb des HCI-Kontexts (Human-AI Interaction).
Akkulturation	Form des Kulturwandels, die durch den Austausch zwischen unterschiedlichen kulturellen Kontexten entsteht.
Amplifikation	Allgemeiner Ausdruck für eine Steigerung oder Erweiterung. In kommunikativen Zusammenhängen bedeutet dies die Anreicherung einer Botschaft durch zusätzliche Informationen oder stilistische Mittel zur Verstärkung ihrer Wirkung. In der Elektronik versteht man darunter die Anhebung von Signalpegeln.
Analogie	Stilmittel, in welchem ähnliche Strukturen in einen Kontext gestellt werden und welches häufig dazu verwendet wird, sich schon bekannte Informationen aus einem vergleichbaren Sachzusammenhang oder zur Veranschaulichung eines anderen Zusammenhanges zunutze zu machen.
Analytic Hirarchy Process	Ein methodologisch strukturiertes Entscheidungsverfahren, das komplexe Problemstellungen hierarchisch zerlegt und durch paarweise Vergleiche eine konsistente Gewichtung und Priorisierung alternativer Handlungsoptionen erleichtert.
Aneignungsformation	Umfasst die sozialen und kulturellen Rahmenbedingungen, die die Art und Weise strukturieren, wie Menschen Medien nutzen und interpretieren. Dazu gehören diskursive Muster, institutionell verankerte Konventionen sowie interindividuelle Aushandlungsprozesse.

Begriff	Definition
Anthropotechnik	Wissenschaft von der optimalen Anpassung technischer Systeme an menschliche Fähigkeiten und Bedürfnisse.
Antizipative Weitsicht	Kognitive Fähigkeit, zukünftige Entwicklungen vorauszusehen und planerisch zu berücksichtigen.
Application Programming Interface	Ein standardisiertes Programmierschnittstellenkonzept, das es ermöglicht, verschiedene Softwarekomponenten oder externe Dienste in ein System zu integrieren. Im UX-Kontext häufig relevant bei der Gestaltung modularer oder serviceorientierter Architekturen mit nutzerzentrierter Funktionserweiterung.
Arbeitsgedächtnis	Begrenzte kognitive Ressource zur kurzfristigen Speicherung und Verarbeitung von Informationen während der Interaktion.
Ätiologie	Bezeichnung für die Erforschung von Ursachen, insbesondere in der Medizin im Hinblick auf Krankheitsursachen, aber auch in erweitertem Sinn für Ursachen anderer Prozesse.
Aufgabenmodellierung	Systematische Zerlegung komplexer Aufgaben in Teilaktivitäten zur nutzerzentrierten Analyse.
Ausführungsdisposition	Kognitive und motorische Bereitschaft zur zielgerichteten Durchführung von Handlungen.
Authentizität	Übereinstimmung zwischen wahrgenommener Systemfunktionalität und Nutzererwartungen.
Barrierefreie-Informationstechnik-Verordnung 2.0	Deutsche, rechtlich verbindliche Umsetzung von Barrierefreiheit.
Barrierefreiheitsstärkungsgesetz	Deutsches Gesetz zur Umsetzung der europäischen Richtlinie (EAA) zur Barrierefreiheit bestimmter Produkte und Dienstleistungen. Das BFSG verpflichtet Unternehmen ab Juni 2025 zur Gestaltung barrierefreier digitaler Angebote (z. B. Websites, E-Commerce, Software). Es regelt Anforderungen an Zugänglichkeit, Wahrnehmbarkeit, Nutzbarkeit und technische Kompatibilität.
Bedürfnislage	Subjektive Ausgangskonstellation individueller Zielvorstellungen und Präferenzen innerhalb der Nutzungskontexte.
Beziehungsaufbau	Prozess der Herstellung vertrauensvoller und kooperationsorientierter sozialer Interaktion.
Bias	Kognitive Verzerrung, die Urteile und Entscheidungen systematisch beeinflusst.
Bifurkative Cluster	Bezeichnen eine zweigeteilte, dichotome Gruppierungsstruktur in Daten, bei der sich Beobachtungen klar in zwei deutlich separierbare Untergruppen aufteilen, oft mit unterschiedlichen Verhaltens- oder Merkmalsprofilen.
Business-to-Busines	Bezeichnet Geschäftsbeziehungen zwischen zwei oder mehr Unternehmen.
Business-to-Consumer	Bezieht sich auf Geschäftsbeziehungen zwischen einem Unternehmen und Endkundinnen und Endkunden.
Causa	Verweist auf das Prinzip oder Moment, das ein Ereignis oder einen Zustand hervorruft, häufig in der Philosophie und den Wissenschaften verwendet.

Begriff	Definition
Cognitive Load	Kognitive Beanspruchung, die durch gleichzeitige Anforderungen an das Arbeitsgedächtnis entsteht.
Cognitive Walkthrough	Evaluationsmethode, bei der die schrittweise Durchführung von Nutzeraufgaben simuliert wird.
Co-Creation	Kooperative Entwicklung von Produkten unter aktiver Beteiligung der Nutzer.
Community of Practice	Eine Praxisgemeinschaft von Menschen, die informell verbunden sind und ähnliche Aufgaben haben; Versuch, die Anatomie der Verbindung zwischen individuellen Lernprozessen und der Entwicklung der einbettenden sozialen Gemeinschaft zu zeigen.
Compliance	Konformität von Nutzungsprozessen mit rechtlichen und normativen Anforderungen.
Computational Thinking	Analytische Denkweise, um Probleme systematisch und algorithmisch zu lösen.
Conceptual Design	Abstrakte Modellierung von Systemfunktionen und Nutzerinteraktionen vor Implementierung.
Consistency	Wiedererkennbarkeit und Gleichförmigkeit von Systemstrukturen und -elementen.
Context of Use	Situativer Nutzungskontext, der technische, soziale und organisatorische Rahmenbedingungen beschreibt.
Copy-Strategie	Die Tatktik, die die Hauptbotschaften und die Tonalität von Werbetexten hinsichtlich des produktbezogenen Leistungsversprechens festlegt.
Critical Incident Technique	Empirische Erhebungsmethode zur Identifikation kritischer Nutzungssituationen.
Cyber-physisch	Bezeichnet Systeme, die computergestützte Algorithmen mit physischen Komponenten kombinieren bzw. konvergieren.
Decision Support	Unterstützung von Nutzern bei komplexen Entscheidungsprozessen durch systemgestützte Informationen.
Deduktion	Vorgehensweise des logischen Schließens, bei der aus allgemeinen Aussagen konkrete Folgerungen gewonnen werden.
Deduktive Validierung	Überprüfung theoretisch abgeleiteter Annahmen anhand empirischer Beobachtungen.
deduziert	Eine logische Schlussfolgerung vom Allgemeinen (z. B. Theorie) auf das Besondere (z. B. Einzelfall). In deduktiven Forschungsdesigns werden Hypothesen vor der Datenerhebung abgeleitet.
Demographie	Wissenschaftliche Untersuchung von Bevölkerungen, mit Schwerpunkt auf Größe, Zusammensetzung und räumlicher Verteilung.
Designdenken	Iterativer Gestaltungsansatz, der nutzerzentrierte Problemlösungen fokussiert.
Design for All	Gestaltungsansatz zur Berücksichtigung heterogener Nutzergruppen unter dem Aspekt der Inklusion.

Begriff	Definition
Designheuristik	Erfahrungsbasierte Gestaltungsregel zur Optimierung der Usability.
Design Interaction System	Systematischer Rahmen zur Gestaltung interaktiver Systeme. Umfasst die Konzeption, Modellierung und Gestaltung von Schnittstellen, Interaktionen und Nutzungsszenarien unter Einbeziehung technischer, kognitiver, konativer und affektiver Faktoren.
Design Space	Theoretischer Möglichkeitsraum potenzieller Gestaltungslösungen.
Determinanten	Einflussgrößen bzw. Kontextfaktoren, die den Ablauf eines Prozesses oder die Funktionsweise eines Systems prägen.
Determination	Wissenschaftlicher Prozess der Bestimmung und Abgrenzung von Sachverhalten. Dazu gehört die präzise Festlegung von Kategorien und Begriffen, um eine eindeutige Zuordnung und Erklärung zu gewährleisten. Etymologisch stammt der Begriff vom lateinischen *determinatio* („Festsetzung, Abgrenzung"). In erkenntnistheoretischen Zusammenhängen ist er eng mit dem Konzept des Determinismus verknüpft, das auf Prämissenbildung und deduktiver Konsequenz basiert. Determination bildet außerdem die Basis für die Konstruktion von Determinanten, die wiederum als Voraussetzung für Indikatoren- und Kriterienbildung dienen.
Diagnostische Plausibilität	Nachvollziehbare und konsistente Begründung von Bewertungsergebnissen.
Dialektik	Ein erkenntnistheoretisches Prinzip, das auf dem Spannungsverhältnis und der wechselseitigen Vermittlung gegensätzlicher Positionen beruht. In der Forschung dient Dialektik der kritischen Auseinandersetzung mit Widersprüchen, um neue Erkenntnisse zu generieren, (gr. sich unterreden): Kunst der Unterredung, der diskursiven Beweisführung; die moderne Dialektik (u. a. nach Hegel) setzt These und Antithese voraus, um über die Synthese zu einer neuen These fortzuschreiten (Dreischritt-Ansatz hinsichtlich des Idealismus.
Dialektisch	Kennzeichnet eine Form des Denkens oder Argumentierens, die Gegensätze hervorhebt und deren Vermittlung als Quelle neuer Einsichten versteht.
Dialogführung	Steuerung der Interaktionsabfolge zwischen Nutzer und System.
Digitale Interaktion	Wechselwirkung zwischen Nutzer und digitalem System.
DIN EN ISO 9241	Internationale Normenreihe zur ergonomischen GestaltunginteraktiverSysteme. Die DIN EN ISO 9241 ist ein internationaler Standard, der Richtlinien für die Gebrauchstauglichkeit und Ergonomie interaktiver Systeme im Kontext der Mensch-Computer-Interaktion (HCI) festlegt.
DIN EN ISO 9241-11	Definition der Gebrauchstauglichkeit (‚Usability‘) gemäß DIN EN ISO 9241-11: „Effektivität, Effizienz und Zufriedenstellung."

Begriff	Definition
DIN EN ISO 9241-110	Interaktionsprinzipien: Die DIN EN ISO 9241-110 bewertet, wie gut eine Anwendung die sieben Gestaltungsanforderungen der gleichnamigen Norm erfüllt: „Aufgabenangemessenheit, Selbstbeschreibungsfähigkeit, Steuerbarkeit, Erwartungskonformität, Fehlertoleranz, Individualisierbarkeit und Lernförderlichkeit." Dieses Verfahren wird primär zur Bewertung von Bildschirmarbeitsplätzen verwendet.
DIN EN ISO 9241-210	Prozess zur Gestaltung menschzentrierter und gebrauchstauglicher interaktiver Systeme: Menschzentrierte Gestaltung ist ein Entwicklungsansatz für interaktive Systeme, der die Benutzbarkeit und Zweckmäßigkeit der Systeme verbessert. Er fokussiert sich auf die Bedürfnisse und Anforderungen der Nutzer und nutzt Erkenntnisse aus der Arbeitswissenschaft und Ergonomie. Dieser Ansatz steigert die Effektivität und Effizienz der Systeme, erhöht deren Zugänglichkeit und Nachhaltigkeit und fördert das menschliche Wohlbefinden und die Nutzerzufriedenheit. Zudem werden mögliche negative Auswirkungen auf Gesundheit, Sicherheit und Leistung der Nutzer verringert.
Diskurs	Im linguistischen und semiotischen Sinne ein spezifischer Kontext, zu dem ebenfalls eine Vielzahl von Texten und Medienprodukten zählen – also Sprache als operationale Praxis. Des Weiteren werden hierunter regulierte Optionen des erörternden Sprechens und Kommunizierens über etwas gemeint, die ein bestimmtes Wissen als daseinsbestimmende Repräsentation konstituieren.
Dispositive Handlungsmuster	Stabile, situationsübergreifende Verhaltenspräferenzen von Nutzern.
Disposition	Überdauernde psychische Bereitschaft zu bestimmten Verhaltensmustern.
Disruption	Ein Prozess, bei dem ein bestehendes Geschäftsmodell oder eine Branche durch eine innovative Technologie oder ein neues Geschäftsmodell radikal verändert bzw. verdrängt wird. (lat. stören): Im Innovationsmanagement eher unterbrechende Verdrängung einer bestehenden Technologie bzw. Dienstleistungsart, durch die Einführung und Nachhaltigkeitmachung einer neuen. Disruptionsprozesse mittels normativer Innovationen führen programmatisch zu einem gesellschaftlichen Paradigmenwechsel und Strukturprozesswandel.
Dynamische Adaptivität	Fortlaufende Anpassung der Systemfunktionalität an Nutzerverhalten und Kontextbedingungen.
Dyadische Interaktion	Zweipersonale Interaktionsform innerhalb sozialer Nutzungssituationen.
Effizienz	Relation von Aufwand und Zielerreichung innerhalb nutzerzentrierter Handlungsabläufe.
Eigenkonsistenz	Innere Widerspruchsfreiheit von Modellen, Theorien oder Personas.
Eklektizismus	Vorgehensweise (systemtheoretisch), bei der Bestandteile unterschiedlicher Theorien, Stile oder Disziplinen ausgewählt und zu einem neuen Ganzen verbunden werden.

Begriff	Definition
Elenktik	Philosophisch-rhetorische Methode, die darauf abzielt, durch gezieltes Fragen und Widerlegen Überzeugungen zu prüfen und gegebenenfalls zu verändern.
Emergenz	Fachbegriff für die Herausbildung qualitativ neuer Muster oder Eigenschaften in komplexen Systemen, die nicht unmittelbar aus den einzelnen Komponenten ableitbar sind. In sozialen Kontexten wird er genutzt, um unerwartete Resultate gemeinschaftlicher Dynamiken zu erfassen.
Emotional Value Added	Bezieht sich auf die emotionalen Vorteile bzw. Mehrwerte, die ein Produkt oder eine Dienstleistung für einen Kunden bietet.
Empathie	Kognitive und emotionale Fähigkeit zur Perspektivenübernahme im sozialen Kontext.
Empirische Fundierung	Absicherung theoretischer Aussagen durch systematische Datenerhebung.
Empirische Validierung	Überprüfung einer Theorie oder Methode durch systematische Datenerhebung.
Endnutzerorientierung	Ausrichtung der Systemgestaltung an den Bedürfnissen und Erwartungen der tatsächlichen Nutzer.
Enkulturation	Der Erwerb kultureller Kenntnisse, Regeln und Wertvorstellungen, der es ermöglicht, sich in einer bestimmten Gesellschaft zurechtzufinden.
Entität	Allgemeiner Begriff für etwas, das als eigenständige Einheit verstanden wird, sei es konkret oder abstrakt. Der lateinische Ursprung verweist auf das „Seiende" im Sinne eines bestimmten Daseins.
Entscheidungsheuristik	Vereinfachte kognitive Strategie zur Bewältigung komplexer Wahlprobleme.
Entitätsbasiertes Modellieren	Abbildung komplexer Sachverhalte über klar definierte Systemeinheiten (Entitäten).
Episteme	Griechischer Begriff für gesichertes, systematisches Wissen. In der Wissenschaftstheorie (u. a. bei Foucault) verwendet zur Beschreibung historisch geprägter Wissensordnungen oder Erkenntnissysteme.
Erwartungskonsistenz	Übereinstimmung zwischen Nutzererwartungen und tatsächlichem Systemverhalten.
European Accessibility Act	EU-Richtlinie 2019/882 zur Harmonisierung von Barrierefreiheitsanforderungen in Mitgliedsstaaten. Ziel ist die EU-weite Sicherstellung barrierefreier digitaler Produkte und Dienstleistungen, besonders in Bereichen wie E-Books, Bankdienstleistungen, Webseiten oder Self-Service-Terminals. Der EAA ist Grundlage für nationale Umsetzungen wie das deutsche BFSG.
Evaluationsdesign	Planung empirischer Prüfverfahren zur Bewertung nutzerzentrierter Systeme.

Begriff	Definition
Evaluationsverfahren	Systematisches Verfahren zur Bewertung von Konzepten oder Produkten.
Ex ante	Bezeichnung für eine Betrachtung, Maßnahme oder Analyse vor einem Ereignis oder einer Datenerhebung. In der Forschung etwa die Planung und Hypothesenformulierung vor Durchführung der Studie; (lat.): „von vorne“ oder „vorher“, oft im Kontext von Vorhersagen oder Schätzungen. In zeitlicher Perspektive mit Blick auf die Evaluation, die Bewertung des Zustandes vor Operationalisierung einer Sache.
Ex post	Gegenteil von ex ante: Bezieht sich auf eine Analyse oder Bewertung nachträglich, also nach dem Abschluss eines Ereignisses oder Forschungsprozesses; (lat.): „nachher“ oder „rückwirkend“; oft im Kontext von Analysen oder Bewertungen. Im Nachhinein. In zeitlicher Perspektive mit Blick auf die Evaluation, die Bewertung des Zustandes nach Operationalisierung einer Sache.
Explikation	Detaillierte Erklärung oder Detailanalyse, besonders in der Literatur-, Medien- und Informationswissenschaft; (lat.): das Entfalten einer Erklärung und Deutung nach Determination, mit apologetischer (verteidigender) Dimension.
Explizit	Klartextlich oder eindeutig ausgedrückt, ohne Raum für Missverständnisse oder Interpretation.
Exploration	Untersuchungsform zur ersten Orientierung oder Hypothesenbildung.
explorativ	Offene, hypothesengenerierende Herangehensweise zur Untersuchung eines Phänomens. Ziel ist das ‚suchende‘ Erkennen neuer Muster, Strukturen oder Fragestellungen – insbesondere im qualitativen Forschungsdesign und UX Design.
Exploratives Denken	Denkstil, der durch Neugier, Offenheit und Hypothesengenerierung gekennzeichnet ist.
Exploratives Vorgehen	Untersuchungsstrategie zur offenen Erkundung bislang unbekannter Phänomene.
Externe Validität	Übertragbarkeit empirischer Befunde auf unterschiedliche Kontexte oder Populationen.
Exploratives Denken	Denkstil, der durch Neugier, Offenheit und Hypothesengenerierung gekennzeichnet ist.
Factors, Criteria, Metrics	Ein strukturiertes Evaluationsmodell zur nutzerzentrierten Qualitätssicherung. Factors: Einflussgrößen (z. B. Usability, Learnability) Criteria: Bewertungskriterien (z. B. Fehlerrate) Metrics: Operationalisierte Messgrößen (z. B. Klicks bis Zielerreichung) Dient der systematischen Ableitung bewertbarer Indikatoren für UX-Qualität.
Falsifikation	Eine wissenschaftliche Methode, bei der Hypothesen durch Versuche widerlegt werden.
Feedbackmechanismus	Systematische Rückmeldung zur Nutzerinteraktion.

Begriff	Definition
Feldstudie	Datenerhebung in natürlichen Anwendungskontexten.
Flow	Psychologischer Zustand völliger Vertiefung in eine Tätigkeit, bei dem Konzentration und Handeln mühelos ineinander übergehen.
Flow-Erleben	Zustand vollständiger Vertiefung und Konzentration bei einer Tätigkeit.
Formation	Allgemeiner Begriff für die organisierte Gestalt oder Ausprägung von Prozessen und Gruppen. In den Kultur- und Sozialwissenschaften verweist er insbesondere auf diskursive Formationen, also auf Gefüge von Aussagen und Bedeutungen, die zusammen einen bestimmten Wirklichkeitsausschnitt strukturieren.
Formatives Assessment	Laufende Evaluation zur Prozessverbesserung während eines Projekts.
Funktionale Ästhetik	Verbindung von Nutzungszweck und gestalterischer Form.
Goal Question Metric	Ein etabliertes Framework zur softwarebezogenen Qualitätsmessung und Usability-Evaluation. Goal: Formulierung eines Zieles (z. B. Verbesserung der Navigation) Question: Ableitung spezifischer Fragestellungen Metric: Zuordnung konkreter Metriken zur Messung der Fragen Besonders geeignet für zielgerichtete Evaluationen in Entwicklungsprojekten.
Goals, Operators, Methods, Selection Rules	Ein kognitionspsychologisches Modell aus der HCI-Forschung zur Analyse und Vorhersage menschlicher Interaktionshandlungen mit Systemen. Goals: Nutzerziele Operators: elementare Handlungen Methods: Strategien zur Zielerreichung Selection Rules: Entscheidungsregeln zur Auswahl Dient der kognitiven Modellierung von Bedienabläufen und der Usability-Vorhersage.
Hermeneutischer Zirkelschluss	Methode des Verstehens, bei der einzelne Textstellen im Licht des Gesamtzusammenhangs gedeutet werden, während zugleich das Ganze durch die Auslegung seiner Teile an Klarheit gewinnt.
Heuristik	Ein kognitives Verfahren, das komplexe Entscheidungs- und Analyseprozesse durch vereinfachte Schlussfolgerungen handhabbar macht. Dazu zählen auch spezifische Formen wie die Rekognitionsheuristik, bei der Entscheidungen aus dem Wiedererkennen von Optionen abgeleitet werden, um mit begrenztem Wissen handlungsfähig zu bleiben.
Heuristische Evaluation	Usability-Methode, bei der Experten auf Basis von Faustregeln Systeme beurteilen.
Hodologie (in UX und Gaming)	Im Kontext von Videospielen bezieht sich die Hodologie auf die Pfade, die Spieler bzw. User innerhalb einer Spiel- oder App-Umgebung physisch und entscheidungstechnisch nehmen. Es kann auch metaphorisch verwendet werden, um die Wege zu beschreiben, die visuelle und motorische Signale im Gehirn eines Spielers bzw. Users nehmen, um auf visuelle Reize im Spiel bzw. in der App mittels der Hand-Auge-Koordination zu reagieren.

Begriff	Definition
Hodologie	Wissenschaftliche Auseinandersetzung mit Wegen, Verbindungen und Routen, sei es im physischen Raum oder in übertragenem Sinn. In der Psychologie beschreibt sie insbesondere die Bahnen neuronaler Prozesse im Gehirn.
Holismus	Bezeichnet eine Denkweise, nach der Systeme oder Phänomene nur durch Betrachtung des Ganzen vollständig verstanden werden können, da neue Eigenschaften im Zusammenspiel der Teile entstehen.
Human-Centered Design	Gestaltungsansatz mit Fokus auf Nutzerbedürfnisse und Kontextbedingungen.
Human-Computer Interaction	Bezieht sich auf die Untersuchung und Gestaltung der Interaktion zwischen Menschen und Computer.
Hybridität	Der Zustand oder die Eigenschaft, aus zwei oder mehr unterschiedlichen Elementen zusammengesetzt zu sein, oft in Bezug auf Kulturen, Organismen oder Methodologien.
Ideation	Der Prozess der Generierung, Entwicklung und Evaluierung von neuen Ideen. (gr.): Gedanke, Erscheinung, Bild. Die Ideation ist der erste Schritt innerhalb eines Innovationsprozesses. Im Wesentlichen geht es darum, ein Urbild jeglicher kognitiven Dinge als das wahrhaft Seiende und Bestätigende, das sich im „Ding und seiner Erscheinung nur unvollkommen verkörpert“, in Form zu bringen (vgl. Aristoteles). Eine Idee meint im Sinne Aristoteles’ daher die „Entelechie“, d. h. die ununterbrochene Wirksamkeit, präzisiert als die Form, die sich im Stoff per se verwirklicht. Nach der Ideation erfolgt im Innovationsprozess die Invention.
Immersion	Zustand des vollständigen Aufgehens in einer virtuellen oder medial vermittelten Realität, der durch sensorische Reize wie Bilder, Klänge oder Berührungen hervorgerufen wird und die Wahrnehmung der Alltagsumwelt in den Hintergrund treten lässt.
Implikation	Logischer Zusammenhang, bei dem aus einer Aussage oder einer Menge von Aussagen bestimmte Schlüsse folgen. Im weiteren Sinn meint der Begriff auch die indirekten oder nicht ausdrücklich genannten Folgen eines Handelns oder Sprechens.
Induktion	Logische Methode, die von konkreten Beispielen oder empirischen Daten ausgeht, um allgemeine Aussagen oder Theorien zu entwickeln.
Inkulturation	Prozess der Eingliederung von Glaubensinhalten oder kulturellen Praktiken in eine bestimmte Gesellschaft, wobei diese an deren Werte, Symbole und Alltagsformen angepasst werden.
Instruktionsdesign	Systematische Planung und Entwicklung von Lernsituationen.
Instruktionspsychologie	Wissenschaftliche Disziplin, die sich mit der Analyse und Entwicklung von Methoden zur Optimierung der Wissens- und Kompetenzvermittlung in Bildungskontexten beschäftigt.

Begriff	Definition
Intelligent Tutoring Systems	Lernsysteme, die auf KI-Algorithmen basieren und personalisierte, adaptiv gesteuerte Lerninteraktionen ermöglichen. In der UX-Analyse relevant im Bereich adaptive Interfaces und lernzielorientierter Nutzerführung.
Interaktionsdesign	Gestaltung der Schnittstelle zwischen Mensch und System.
Interaktionslogik	Regelhafte Struktur digitaler oder analoger Handlungsketten.
Interaktive Systeme	Systeme, die wechselseitig mit dem Nutzer kommunizieren.
Interdependenz	Beschreibt das Verhältnis gegenseitiger Abhängigkeit, bei dem Veränderungen in einem Teil eines Systems unmittelbare Auswirkungen auf andere Teile haben.
Interdisziplinär	Kennzeichnet Ansätze oder Projekte, die Wissen, Methoden und Perspektiven aus verschiedenen Fachgebieten zusammenführen, um komplexe Fragestellungen zu bearbeiten.
Interim	Ein temporärer Zwischenstand innerhalb eines Forschungs- oder Entwicklungsprozesses. Im UX-Kontext häufig verwendet für Zwischenmessungen oder Zwischenversionen von Prototypen (z. B. interim findings). In zeitlicher Perspektive mit Blick auf die Evaluation, die Bewertung des Zustandes während der Operationalisierung einer Sache.
Intrinsisch	Inhärent oder von innen kommend, oft in Bezug auf Motivation oder Interessen.
Invention	Der Prozess der Erfindung oder Erzeugung eines neuen Produkts, Verfahrens oder Konzepts. (lat. invenire): ausprobierend, experimentierend, improvisierend. Ursprünglich aus der Musikwissenschaft kommend, hat der Begriff Einzug in die Management Studies gehalten. Tendenziell als Forschung und Entwicklung zu bezeichnen, jedoch mit einem sehr hohen Anteil an Design Thinking, Improvisation und zerstörendem Denken (Disruption), um gänzlich Neues, d. h. ein neues Werk zu schaffen (Konstitution).
iterativ	Bezieht sich auf Prozesse, die in wiederholten Zyklen ausgeführt werden, wobei jeder Zyklus auf den Ergebnissen des vorherigen aufbaut. In der Softwaretechnik bezeichnet eine Iteration („wiederholen") einen einzelnen Entwicklungszyklus, der je nach Vorgehensmodell Planung, Analyse, Entwurf, Implementierung, Test und Wartung einschließt.
Iterative Validierung	Wiederholte Überprüfung und Anpassung von Hypothesen und Modellen auf Basis neu gewonnener Daten.
Iteratives Vorgehen	Wiederholende Prozessstruktur mit schrittweiser Verbesserung.
Kausalattribution	Zuschreibung von Ursachen für bestimmte Verhaltensweisen oder Ergebnisse.
Keevil Usability Index	Ein expertenbasiertes Evaluationsinstrument, das die Gebrauchstauglichkeit interaktiver Systeme mittels dichotomer Items systematisch erfasst und in einem aggregierten Gesamtwert methodologisch konsistent abbildet.

Begriff	Definition
Keystroke-Level Model	Ein Modell aus der HCI-Forschung zur Vorhersage der Interaktionszeit für einfache Nutzeraufgaben basierend auf Elementaraktionen (z. B. Tastendruck, Mausbewegung, Klick). Das Modell kalkuliert die Dauer von Benutzeraktionen auf der Grundlage standardisierter Zeitschätzungen. Im Kontext von Barrierefreiheit kann KLM verwendet werden, um Aufwandsvergleiche zwischen barrierefreien und nicht-barrierefreien Interfaces vorzunehmen.
Kognitive Belastung	Beanspruchung mentaler Ressourcen während der Informationsverarbeitung.
Kognition	Gesamtheit der mentalen Prozesse des Wahrnehmens, Erkennens, Erinnerns, Urteilens und Denkens.
Kognitionspsychologie	Teildisziplin der Psychologie zur Untersuchung mentaler Prozesse.
Kohärenz	Die logische und konsistente Verbindung von Ideen, Argumenten oder Teilen eines Textes.
Kollaboration	(lat. collaborare): Zusammenarbeit; genauer: hilfsweises Korrektiv zwecks Ergänzung.
Kommunikationsmetrik	Normative Messgrößen, die zur Bewertung der Effektivität und Effizienz von Kommunikationsmaßnahmen verwendet werden.
Kommunikations- und Informationstechnologien	Ein Überbegriff für alle Technologien, die zur Kommunikation und Informationsverarbeitung genutzt werden.
Konativ	Bezeichnet die Dimension des menschlichen Handelns, die auf Willensbildung, Entscheidungen und zielgerichtetes Verhalten ausgerichtet ist.
Konative Disposition	Willens- und handlungsbezogene Dispositionsmerkmale von Personen.
Konsortialforschung	Forschungsform, die durch Zusammenarbeit mehrerer Institutionen gekennzeichnet ist.
Konstituente	Wesentlicher Bestandteil oder Komponente von etwas.
Konstitution	Allgemeiner Begriff für die Struktur oder Zusammensetzung eines Gegenstands oder Organismus; im juristischen Kontext bezeichnet er die grundlegende Verfassung eines Staates oder einer Institution.
Konstruktvalidität	Grad, in dem ein Messinstrument das angestrebte theoretische Konstrukt valide misst.
Kontextsensitivität	Fähigkeit, situative Rahmenbedingungen adäquat in Analyse und Bewertung einzubeziehen.
Kontextspezifität	Berücksichtigung der spezifischen Bedingungen des jeweiligen Anwendungsrahmens.
Kontextualisierung	Einbettung von Informationen oder Handlungen in ihren situativen Rahmen.
Kontrollierte Studie	Experimentelles Untersuchungsdesign mit gezielter Steuerung von Störvariablen.

Begriff	Definition
Konvergenz	Zusammenlaufen unterschiedlicher Disziplinen, Perspektiven oder Prozesse; der Prozess, bei dem unterschiedliche Elemente oder Tendenzen zusammenlaufen oder ähnlicher werden. (lat. convergere): zusammenlaufend, sich annähern, zusammenlaufen, zusammenführen. Meist das Zusammenführen einzelner systemischer Elemente zu einem neuen Element.
Konzeptionelle Kohärenz	Logische Konsistenz eines Konzeptes innerhalb theoretischer Rahmenbedingungen.
Konzeptuelle Validierung	Überprüfung theoretischer Modelle anhand empirischer Daten.
Kooperationstypologie	Systematische Kategorisierung kollaborativer Verhaltensmuster.
Korrelation	Statistisches Maß für den Zusammenhang zweier Variablen.
Künstliche Intelligenz	Bezieht sich auf Maschinen oder Software, die menschenähnliche Intelligenzleistungen erbringen können.
Kybernetik	Interdisziplinäre Wissenschaft, die sich mit Steuerungs- und Regelungsprozessen sowie mit Kommunikationsstrukturen in technischen, biologischen und sozialen Systemen beschäftigt.
Kriteriumsvalidität	Ausmaß der Übereinstimmung eines Messverfahrens mit einem relevanten Außenkriterium.
Längsschnittstudie	Langfristig angelegte empirische Untersuchung zur Erfassung von Entwicklungen über Zeiträume.
Latente Variable	Nicht direkt beobachtbare Konstrukte, die aus beobachtbaren Indikatoren abgeleitet werden.
Lernzieltaxonomie	Gemeint wird eine hierarchische Systematik zur Klassifikation von Lernzielen, die kognitive, konative, affektive und psychomotorische Dimensionen kohärent abbildet und der präzisen Planung sowie Evaluation (ex ante, interim und ex post) von Lehr- und Lernprozessen dient.
Ludologie	Forschungsansatz zur Analyse von Spielen als eigenständigem Medium, mit Fokus auf deren formale Elemente, Funktionsweisen und gesellschaftliche Bedeutung.
Medienliteralität	Die Fähigkeit, Medien zu verstehen, zu analysieren, zu bewerten und zu erstellen.
Mensch-Organisation-Technik-Modell	Ein Modell zur Bewertung von Informationssystemen, das auf der Übereinstimmung zwischen Mensch, Organisation und Technologie (Human, Organization, Technology-fit) basiert (MOT-Modell; engl. HOT-fit Approach)
Mentale Modellierung	Innere Abbildung von Systemstrukturen zur Steuerung von Handlungen.
Methodisch	Methodisch beschreibt das Wie der Durchführung – z. B. Durchführung eines Interviews, Erhebung, Auswertung.
Methodologie	Die wissenschaftstheoretische Reflexion über Methoden, ihre Logik, Anwendbarkeit und Geltungsansprüche. Methodologie fragt nach dem Warum und Wie wissenschaftlicher Erkenntnisgewinnung.

Begriff	Definition
Methodologie vs. Methodik	Methodologie: Theorie der wissenschaftlichen Methoden, erkenntnistheoretisch fundiert (meta-reflexiv). Methodik: Systematik und Technik der Anwendung konkreter Methoden innerhalb eines Forschungsprozesses (praktisch-operativ).
Metrik	Die Lehre von Versmaß und Rhythmus in der Dichtung, oder das System der organisierten Maßeinheiten in der Wissenschaft; eine standardisierte bzw. normative Messung oder Bewertung von bestimmten Eigenschaften oder Leistungen.
Modellkohärenz	Stimmigkeit und innere Konsistenz eines theoretischen Modells.
Mustererkennung	Fähigkeit, wiederkehrende Muster in komplexen Daten zu erkennen.
Multimodale Interaktion	Interaktion, die mehrere Wahrnehmungskanäle gleichzeitig einbezieht.
Multivariate Analyse	Statistisches Verfahren zur gleichzeitigen Analyse mehrerer Variablen.
Netnographie	Eine Online-Forschungsmethode, die sich aus der Ethnographie entwickelt hat und darauf abzielt, die Kultur und das Verhalten von Menschen in virtuellen Umgebungen, insbesondere in Online-Communities und sozialen Netzwerken, zu studieren.
normativ	Bezeichnet Vorgaben oder Maßstäbe, die festlegen, wie Handlungen, Zustände oder Prozesse idealerweise gestaltet sein sollen.
Nutzerzentrierung	Ausrichtung der Entwicklung auf die Bedürfnisse und Erwartungen der Nutzer.
Objektivierungsverfahren	Verfahren zur Minimierung subjektiver Verzerrungen in Erhebungen.
Objektive Validität	Grad der Übereinstimmung von Messwerten mit den tatsächlichen Merkmalen des Untersuchungsgegenstands.
Okular	Optische Linse oder Linsensystem zur visuellen Beobachtung, z. B. bei Mikroskopen. Im übertragenen Sinn auch als Metapher für eine beobachtungsbasierte Erkenntnisperspektive einsetzbar.
Open Innovation	Einbezug externer Akteure in Innovations- und Entwicklungsprozesse.
Operationalisierung	Präzisierung theoretischer Konstrukte in messbare Indikatoren.
Organisationspsychologie	Psychologisches Fachgebiet zur Analyse von Verhalten und Erleben in Organisationen.
Paradigma	Wissenschaftliches Leitmodell zur Beschreibung bestimmter Forschungsansätze.
Paradigmatische Orientierung	Ausrichtung an übergeordneten theoretischen Leitkonzepten.
Paradigma	Wissenschaftliches Leitmodell und Beispiel zur Beschreibung u. a. bestimmter Forschungsansätze.

Begriff	Definition
Paradigmenwechsel	Ein grundlegender Wandel in den grundlegenden Konzepten und experimentellen Praktiken einer wissenschaftlichen Disziplin.
Parametrisierung	Festlegung von Modellparametern innerhalb eines analytischen Modells.
Partizipation	Bezieht sich auf Prozesse oder Ansätze, die die aktive Beteiligung sämtlicher Beteiligten fördern.
Per se	Von sich aus; intrinsisch oder von Natur aus so.
Perzeption	Die Prozesse, durch die Menschen Informationen aus ihrer Umwelt wahrnehmend aufnehmen und verarbeiten.
Perzeptionsverständnis	Begriff für theoretische oder praktische Konzepte, die beschreiben, wie Wahrnehmung abläuft und wie sie interpretiert wird.
Persona-Konzeption	Konzeptionelle Modellierung fiktiver Nutzercharakteristika zur Entwicklung nutzerzentrierter Produkte.
Personalisierung	Anpassung von Inhalten, Produkten oder Prozessen an individuelle Nutzerpräferenzen.
Polysemie	Die Fähigkeit eines Wortes oder Zeichens, mehrere Bedeutungen zu haben, d. h. im Sinne einer Mehrdeutigkeit.
Polyvalenz	Bezeichnet die Mehrdeutigkeit und Interpretationsoffenheit von kulturellen und medialen Inhalten. In der Spieleforschung und im UX-Design meint der Begriff, dass Nutzerinnen und Nutzer demselben Element – etwa einer Spielmechanik oder App-Funktion – je nach Erfahrung unterschiedliche Bedeutungen zuschreiben können.
Post hoc ergo propter hoc	Kausaler Fehlschluss, bei dem fälschlich angenommen wird, dass ein zeitlich nachfolgendes Ereignis durch ein vorhergehendes verursacht wurde („danach, also deswegen"), ohne alternative Ursachen oder kontextuelle Einflussfaktoren zu berücksichtigen.
Prädiktive Validität	Grad, mit dem ein Verfahren zukünftige Ergebnisse korrekt vorhersagt.
Prämisse	Logische Schlussfolgerung aufgrund des propädeutisch-deduktiv gebildeten Rigors (häufig konsenstheoretische oder konstruktivistische Logik).
Primärforschung	Erhebung originärer Daten zu spezifischen Forschungsfragen.
Probandenrekrutierung	Prozess der Auswahl und Gewinnung von Studienteilnehmern.
Probandenstudie	Empirische Untersuchung unter Teilnahme von Probanden zur Erhebung verhaltensrelevanter Daten.
Probandenvalidität	Gültigkeit von Aussagen, die sich auf Versuchspersonen beziehen.
Problemexploration	Systematische Untersuchung von Problemstellungen zur Bedarfserhebung.
Produktentwicklung	Entwicklung neuer oder verbesserter Produkte auf Grundlage nutzerzentrierter Anforderungen.
Produktlebenszyklus	Gesamtheit aller Phasen von der Markteinführung bis zur Herausnahme eines Produkts.

Begriff	Definition
Produktstrategie	Langfristige Ausrichtung und Zieldefinitionen für Produkte innerhalb eines Unternehmens.
Prozessoptimierung	Verbesserung von Abläufen zur Effizienzsteigerung und Fehlervermeidung.
Prototyping	Erstellung von Vorabmodellen zur Visualisierung und Erprobung von Produktideen.
Qualitative Inhaltsanalyse	Systematische Auswertung qualitativer Textdaten nach definierten Regeln.
Qualitative Methodologie	Methodischer Ansatz zur Erhebung nicht-standardisierter, interpretativer Daten.
Reaktionszeitmessung	Messung der Reaktionsgeschwindigkeit auf spezifische Stimuli.
Recall	Die Fähigkeit, zuvor gelernte Informationen aus dem Gedächtnis abzurufen.
Recognition	Die Fähigkeit, zuvor gesehene oder gelernte Informationen wiederzuerkennen.
Redundanzeffekt	Die Auswirkungen der Wiederholung oder Überschneidung von Informationen auf das Verständnis und das Gedächtnis.
Repräsentation	Die Darstellung oder Abbildung eines Objekts, einer Person oder eines Konzepts in einer bestimmten Form etc., welche das Wirklichkeitsverständnis konstituiert.
Repräsentationsverständnis	Begriff für das theoretische oder praktische Verständnis davon, wie unterschiedliche Formen von Darstellung Bedeutungen erzeugen und vermittelt werden.
Repräsentativität	Grad, in dem eine Stichprobe die Eigenschaften der Grundgesamtheit angemessen widerspiegelt.
Resonanzfähigkeit	Fähigkeit, emotional und sozial auf Interaktionspartner einzugehen.
Response Bias	Verzerrung von Befragungsergebnissen aufgrund von Antworttendenzen der Probanden.
Retrospektive Validität	Gültigkeit von Erinnerungen oder Selbstauskünften im Rückblick auf vergangene Ereignisse.
Rezeption	Der Prozess des Empfangens und Verstehens von Informationen oder Eindrücken; meist im soziologischen bzw. traditionsgeschichtlichen Sinne.
Rezeptionsverständnis	Bezeichnet das Wissen oder die Perspektive darüber, wie Menschen Medieninhalte wahrnehmen, aufnehmen und ihnen Bedeutung zuschreiben.
Reziprozität	Grundgedanke des Austauschs, nach dem Leistungen oder Gefälligkeiten erwidert werden. In den Sozialwissenschaften wird er genutzt, um Muster wechselseitiger Erwartungen und Verpflichtungen zu beschreiben.
Rücklaufquote	Anteil der auswertbaren Rückmeldungen an der Gesamtzahl der kontaktierten Personen.

Begriff	Definition
Sampling Bias	Stichprobenverzerrung, wenn die Stichprobe nicht die Zielpopulation adäquat abbildet.
Scalierbarkeit	Fähigkeit eines Systems oder Modells, auch bei wachsender Datenmenge stabil zu bleiben.
Selbstselektionseffekt	Verzerrung durch freiwillige Teilnahme, wobei bestimmte Gruppen über- oder unterrepräsentiert sind.
Selbstwirksamkeitserwartung	Überzeugung, Herausforderungen erfolgreich bewältigen zu können.
Semantische Strukturierung	Strukturierung von Informationen anhand semantischer Relationen.
Sensitivität	Fähigkeit eines Tests, tatsächlich vorhandene Effekte oder Unterschiede korrekt zu erkennen.
Sensitivitätsanalyse	Verfahren zur Untersuchung der Stabilität von Ergebnissen bei Variation von Parametern.
Signifikanzniveau	Wahrscheinlichkeit, mit der ein statistisch signifikanter Befund irrtümlich angenommen wird; typischerweise auf 5% festgelegt.
Sinus-Milieus	Sozialwissenschaftliches Modell zur Segmentierung von Bevölkerungsgruppen anhand von Lebenswelten.
Situativer Handlungskontext	Rahmenbedingungen, unter denen eine Handlung konkret ausgeführt wird.
Situative Kontextualisierung	Berücksichtigung situativer Bedingungen und Kontextvariablen innerhalb empirischer Untersuchungen.
Skalenniveau	Messniveau, das angibt, welche mathematischen Operationen mit den erhobenen Daten zulässig sind (Nominal-, Ordinal-, Intervall-, Ratioskala).
Sozialpsychologische Einflussgröße	Einflussfaktor, der aus sozialen Interaktionen und Gruppenprozessen resultiert und das Verhalten von Untersuchungsteilnehmern beeinflussen kann.
Stimuluskonfiguration	Anordnung und Darbietung von Reizen in experimentellen Designs zur gezielten Aktivierung bestimmter Verhaltensweisen.
Störvariable	Variable, die unbeabsichtigt das Ergebnis einer Untersuchung beeinflussen und somit die interne Validität gefährden kann.
Strategisches Denken	Kognitive Disposition zur Antizipation von Handlungsoptionen auf Basis kontextueller Analysen und Mustererkennung
Stratifizierte Stichprobe	Stichprobenverfahren, bei dem die Grundgesamtheit vorab in homogene Schichten unterteilt und daraus proportional Teilnehmer gezogen werden.
Subjektive Präferenzstruktur	Individuelles Muster von Vorlieben und Bewertungen, das die Auswahl und Bewertung von Handlungsoptionen beeinflusst.
System-1- und System-2-Theorie	Eine Theorie aus der Psychologie, die zwei verschiedene Modi des Denkens unterscheidet: System 1 (der Autopilot) ist schnell, intuitiv und emotional, während System 2 langsam, reflektierend und logisch ist.

Begriff	Definition
Systematische Nutzerforschung	Theorie- und datenbasierter Prozess zur Erhebung und Auswertung nutzerzentrierter Informationen
Systematische Verzerrung	Fehlerhafte Verzerrung von Ergebnissen aufgrund systematischer Einflüsse, die nicht Teil der Hypothesenprüfung sind.
Task Load	Kognitive Belastung, die während der Bearbeitung von Aufgaben entsteht.
Teleologie	Philosophischer Ansatz, der Vorgänge und Handlungen unter dem Gesichtspunkt ihrer Zwecke oder Zielorientierung betrachtet.
teleologisch	Philosophisch-theoretischer Begriff zur Beschreibung zielgerichteter, auch didaktischer Prozesse mit Sinn- und Zweckstiftung. In der Forschung kritisiert, wenn z. B. Entwicklungen als zwangsläufig einem Ziel entgegengeführt gedacht werden, ohne empirische Absicherung. Dieser Ansatz besagt, die besagt, dass Dinge oder Ereignisse auf ein bestimmtes Ziel, einen Wert, auf Sinne oder einen bestimmten Zweck hin ausgerichtet sind. (gr. τέλος, τελέως): Ziel-, (End-)Zweck-, Wertgerichtetheit. Basiert auf der Logik, dass Lebewesen daseinsbestimmende und naturgegebene Ziele verfolgen bzw. Zwecke beabsichtigen, mit Bezug auf die Existenzbewältigung.
Teleologische Zielsetzung	Handlungsorientierung, die auf die Verwirklichung finaler Zwecke und Zielstellungen gerichtet ist.
Themenzentrierte Interaktion	Interaktionsform, die Themen, Personen und Gruppenprozesse balanciert berücksichtigt.
Theorie-Praxis-Transfer	Vorgang, bei dem abstraktes Wissen und theoretische Modelle in praktisches Handeln umgesetzt werden, um in realen Kontexten nutzbar zu werden.
Theorietriangulation	Forschungsstrategie, die verschiedene theoretische Perspektiven kombiniert, um ein Untersuchungsobjekt differenzierter zu beleuchten.
Transdisziplinär	Kennzeichnet Forschungs- und Arbeitsweisen, die über die Zusammenarbeit verschiedener Disziplinen hinausgehen und durch deren Integration neue theoretische oder praktische Ansätze hervorbringen.
Transliteralität	Ein Begriff aus der Medienwissenschaft, der die Fähigkeit beschreibt, sich zwischen verschiedenen Medienformen und -praktiken zu bewegen und sie zu integrieren.
Transmedia	Bezieht sich auf Geschichten oder Inhalte, die über verschiedene Medienformen und Plattformen hinweg erzählt oder präsentiert werden.
Transparenz im Forschungsprozess	Nachvollziehbare und dokumentierte Darstellung von Methoden, Daten und Analysen.
Usability	Ausmaß, in dem ein System durch bestimmte Nutzer in einem definierten Kontext effizient, effektiv und zufriedenstellend genutzt werden kann

Begriff	Definition
Usability Engineering	Systematischer Prozess zur Entwicklung gebrauchstauglicher interaktiver Systeme. Umfasst Analyse, Spezifikation, Evaluation und Optimierung der Usability u. a. nach DIN EN ISO 9241-210.
User Innovation	Ein Prozess, bei dem Nutzer*innen selbst neue Produkte oder Dienstleistungen entwickeln oder bestehende verbessern.
User Research	Empirische Erhebung nutzerbezogener Erfahrungen, Einstellungen und Anforderungen.
Uses- & Gratifications-Ansatz	Meint ein medienpsychologisches Paradigma, das untersucht, wie und warum Nutzer, sogenannte Rezipienten, Medien gezielt zur Bedürfnisbefriedigung und funktionalen Gratifikation auswählen und rezipieren.
UX Design	Gestaltungsprozess, der darauf abzielt, Produkte oder Services so zu entwickeln, dass Nutzerfreundlichkeit, Zugänglichkeit und positive Erlebnisse maximiert werden.
UX Research	Methodologischer Ansatz zur Erforschung der kognitiven, affektiven und konativen Erlebensdimensionen von Nutzern interaktiver-Systeme.
Valenz	Bezeichnet im erkenntnistheoretischen Kontext die Bedeutungs- oder Wirksamkeitskraft eines Begriffs, Merkmals oder Ausdrucks – etwa im Hinblick auf seine konnotative oder funktionale Tragweite.
Validität	Grad, zu dem ein Instrument das misst, was es zu messen vorgibt.
Verhaltensdisposition	Relativ stabile Tendenz einer Person, sich in bestimmten Situationen auf bestimmte Weise zu verhalten.
Verifikation	Empirische Überprüfung theoretischer Annahmen durch systematische Datenerhebung.
Visuelle Informationsverarbeitung	Kognitive Verarbeitung von visuellen Reizen zur Erkennung, Interpretation und Reaktion.
Web Content Accessibility Guidelines	Internationale technische Standards, auf denen die BITV basiert.
Wertschöpfungsgüte	Qualitative Dimension der Wertschöpfung. Bezieht sich auf den inhaltlichen, funktionalen und erlebensbezogenen Mehrwert eines Produkts oder Services aus Sicht der Nutzerinnen und Nutzer sowie anderer Anspruchsgruppen.
Wertschöpfungshöhe	Grad der produktiven Leistung eines Prozesses oder Produkts innerhalb einer wirtschaftlichen Kette – gemessen am Anteil eigenständig geschaffener Werte am Gesamtoutput.
Zielgruppenmodellierung	Differenzierende Typisierung von Nutzergruppen anhand relevanter Merkmalsausprägungen.
Zufallsstichprobe	Stichprobenauswahl, bei der jede Einheit der Grundgesamtheit dieselbe Auswahlwahrscheinlichkeit besitzt.

Literatur

1. Der Rat für deutsche Rechtschreibung, „Geschlechtergerechte Schreibung: Erläuterungen, Begründung und Kriterien". Zugegriffen: 19. Juni 2025. [Online]. Verfügbar unter: https://www.rechtschreibrat.com/geschlechtergerechte-schreibung-erlaeuterungen-begruendung-und--kriterien-vom-15-12-2023/#:~:text=Der%20Rat%20für%20deutsche%20Rechtschreibung,geschlechtergerechter%20Sprache%20begegnet%20werden%20soll.
2. Goodreads, „A quote by Steve Jobs". [Online]. Verfügbar unter: https://www.goodreads.com/quotes/457177-design-is-not-just-what-it-looks-like-and-feels
3. G. Vindigni, „Enhancing Human-Computer Interaction in Socially Inclusive Contexts: Flow Heuristics and AI Systems in Compliance with DIN EN ISO 9241 Standards", *Eur. J. Contemp. Educ. E-Learn.*, Bd. 2, Nr. 4, S. 115–139, Juli 2024, https://doi.org/10.59324/ejceel.2024.2(4).10.
4. G. Vindigni, „Optimierung der HCI in sozial inklusiven Kontexten: Flow-Heuristiken und KI-Systeme gemäß DIN EN ISO 9241", *J. Soc. Manag.*, Bd. 22, Nr. 2, S. 111–123, 2024.
5. G. Vindigni, „Overcoming Barriers to Inclusive and Equitable Education: A Systematic Review Towards Achieving Sustainable Development Goal 4 (SDG 4)", *Eur. J. Arts Humanit. Soc. Sci.*, Bd. 1, Nr. 5, S. 3–47, Sep. 2024, https://doi.org/10.59324/ejahss.2024.1(5).01.
6. T. Geis und G. Tesch, *Basiswissen Usability und User Experience: Aus- und Weiterbildung zum UXQB® Certified Professional for Usability and User Experience (CPUX) – Foundation Level (CPUX-F)*, 2., Überarbeitete und Aktualisierte Auflage. Heidelberg: dpunkt.verlag GmbH, 2023.
7. G. Vindigni, „Integrating Theory and Practice in Creative Disciplines: A Longitudinal Study of (Re-)Adaptive Learning Models and Competence Development Within a Community of Practice.", *Int. J. Adv. Res.*, Bd. 12, Nr. 06, S. 1395–1407, Juni 2024, https://doi.org/10.21474/IJAR01/19003.
8. Deutsches Institut für Normung (DIN), *DIN EN ISO 9241-11:2018-11, Ergonomie der Mensch-System-Interaktion - Teil 11: Gebrauchstauglichkeit: Begriffe und Konzepte (ISO 9241-11:2018)*; Deutsche Fassung EN ISO 9241-11:2018, Berlin: Beuth Verlag GmbH, 2018. https://doi.org/10.31030/2757945.
9. G. Vindigni, „Adaptive and Re-adaptive Pedagogies in Higher Education: A Comparative, Longitudinal Study of Their Impact on Professional Competence Development across Diverse Curricula", *Eur. J. Theor. Appl. Sci.*, Bd. 1, Nr. 4, S. 718–743, Juli 2023, https://doi.org/10.59324/ejtas.2023.1(4).66.
10. G. Vindigni, „An Interdisciplinary Study on Generative AI: Exploring Its Efficacy in Mental Health Interventions within the Gaming Ecosystem", *J. Biomed. Eng. Med. Imaging*, Bd. 10, Nr. 4, Juli 2023, https://doi.org/10.14738/bjhmr.104.15114.
11. G. Vindigni, „Exploring Digital Therapeutics: Game-Based and eHealth Interventions in Mental Health Care: Potential, Challenges, and Policy Implications", *J. Biomed. Eng. Med. Imaging*, Bd. 10, Nr. 3, Juni 2023, https://doi.org/10.14738/bjhmr.103.14804.
12. G. Vindigni, *Organisation and management of information processes in the German games industry: the significance of customer review and recommender systems for the innovation process in the German games industry*. Nübel: Giovanni Vindigni (Doktorarbeit), Amazon KDP, 2020.
13. G. Vindigni, *Integrativer Innovationstransfer in der Games- und Kreativwirtschaft*, 1. Auflage. Nübel: Giovanni Vindigni, Amazon KDP, 2021.
14. G. Vindigni, *Research ethics: Grundsätze, Leitlinien sowie Kodizes im Umfeld der Sozial-, Benutzer- sowie Organisationsforschung*, 1. Auflage. Nübel: Giovanni Vindigni, Amazon KDP, 2022.
15. G. Vindigni, *Integrativer Wissenstransfer in der Games- und Kreativwirtschaft*, 1. Auflage. Nübel: Giovanni Vindigni, Amazon KDP, 2021.
16. E. L.-C. Law und P. Van Schaik, „Modelling user experience – An agenda for research and practice", *Interact. Comput.*, Bd. 22, Nr. 5, S. 313–322, Sep. 2010, https://doi.org/10.1016/j.intcom.2010.04.006.
17. A. Rapp, L. Curti, und A. Boldi, „The human side of human-chatbot interaction: A systematic literature review of ten years of research on text-based chatbots", *Int. J. Hum.-Comput. Stud.*, Bd. 151, S. 102630, Juli 2021, https://doi.org/10.1016/j.ijhcs.2021.102630.
18. S. Kujala, V. Roto, K. Väänänen-Vainio-Mattila, E. Karapanos, und A. Sinnelä, „UX Curve: A method for evaluating long-term user experience", *Interact. Comput.*, Bd. 23, Nr. 5, S. 473–483, Sep. 2011, https://doi.org/10.1016/j.intcom.2011.06.005.

19. G. Vindigni, *Grundwissen Game Studies und Ludologie: Theorie und Praxis*, 1. Auflage. in UTB, no. 6388. Stuttgart: UTB, 2025. https://doi.org/10.36198/9783838563886.
20. C. Stephanidis und G. Salvendy, *Handbook of Human-Computer Interaction: foundations and advances*. S.l.: CRC PRESS, 2024.
21. M. M. Soares, *Design, User Experience, and Usability: 11th International Conference, DUXU 2022, Held As Part of the 24th HCI International Conference, HCII 2022, Virtual Event, June 26 - July 1, 2022, Proceedings, Part I*, 1st ed. in Lecture Notes in Computer Science Series, no. v. 13321. Cham: Springer International Publishing AG, 2022.
22. J. Yablonski, *Laws of UX: using psychology to design better products & services*, Second edition. Sebastopol, CA: O'Reilly Media, Inc, 2024.
23. Deutsches Institut für Normung (DIN), *DIN EN ISO 9241-110:2020-10, Ergonomie der Mensch-System-Interaktion – Teil 110: Grundsätze der Dialoggestaltung (ISO 9241-110:2020)*; Deutsche Fassung EN ISO 9241-110:2020, Berlin: Beuth Verlag GmbH, 2020a. https://doi.org/10.31030/3147467.
24. A. Endmann, H. Fischer, und M. Krokel, Hrsg., *Mensch und Computer 2015 - Usability Professionals Workshop*. Berlin: De Gruyter, 2015.
25. G. Vindigni, „Complexity and Ethos in eSports: A Multidimensional Analysis of Teleological Objectives and Social Motivations", *TWIST*, Bd. 19, Nr. 1, S. 82–97, 2024, https://doi.org/10.5281/zenodo.1004965271.
26. S. Alfidella, „Pengukuran Usability i-Caring Berbasis ISO 9241-11 dengan Menggunakan Partial Least Square (PL S)", Bd. 2, Nr. 1, S. 1747–1758, [Online]. Verfügbar unter: http://repository.telkomuniversity.ac.id/home/catalog/id/100720/slug/pengukuran-usability-i-caring-berbasis-iso-9241-11-dengan-menggunakan-partial-least-square-pls-.html
27. M. Kurosu, *Human-Computer Interaction: 17th International Conference, HCI International 2015, Los Angeles, CA, USA, August 2–7, 2015. Proceedings, Part I.* in Lecture Notes in Computer Science Ser, no. v. 9169. Cham: Springer International Publishing AG, 2015.
28. P. Weichbroth, „Usability of Mobile Applications: A Systematic Literature Study", *IEEE Access*, Bd. 8, S. 55563–55577, 2020, https://doi.org/10.1109/ACCESS.2020.2981892.
29. G. Vindigni, „Internet-Based Lifelong Learning: Implications for Language Teaching and Semiotic Structure Principles in Media Sociology and Religion Sociology", *Arch. Bus. Res.*, Bd. 11, Nr. 4, S. 162–170, Apr. 2023, https://doi.org/10.14738/abr.114.14575.
30. R. Heimgärtner, *INTERCULTURAL USER INTERFACE DESIGN*. S.l.: SPRINGER NATURE, 2020.
31. S. Vajna, Hrsg., *Integrated design engineering: interdisciplinary and holistic product development*. Cham: Springer, 2020.
32. T. C. M. Falcão, „Human-Centered Design and User Experience", in *Human-Centered Design and User Experience. AHFE Conference, 2023*,
33. M. Helander, Hrsg., *Handbook of human-computer interaction*. Amsterdam New York: North-Holland, 1988.
34. J. Nielsen, *Usability engineering*. Cambridge, Mass: AP Professional, 1993.
35. Deutsches Institut für Normung (DIN), *DIN EN ISO 9241-210:2020-03, Ergonomie der Mensch-System-Interaktion – Teil 210: Menschzentrierte Gestaltung interaktiver Systeme (ISO 9241-210:2019)*; Deutsche Fassung EN ISO 9241-210:2019, Berlin: Beuth Verlag GmbH, 2020b. https://doi.org/10.31030/3104744.
36. C. Ackermann, M. Beggiato, S. Schubert, und J. F. Krems, „An experimental study to investigate design and assessment criteria: What is important for communication between pedestrians and automated vehicles?", *Appl. Ergon.*, Bd. 75, S. 272–282, Feb. 2019, https://doi.org/10.1016/j.apergo.2018.11.002.
37. F. Bader, E. M. Schön, und J. Thomaschewski, „Heuristics Considering UX and Quality Criteria for Heuristics", *Int. J. Interact. Multimed. Artif. Intell.*, Bd. 4, Nr. 6, S. 48, 2017, https://doi.org/10.9781/ijimai.2017.05.001.
38. A. Marcus und W. Wang, Hrsg., *Design, User Experience, and Usability: Users, Contexts and Case Studies: 7th International Conference, DUXU 2018, Held as Part of HCI International 2018, Las Vegas, NV, USA, July 15–20, 2018, Proceedings, Part III*, Bd. 10920. in Lecture Notes in Computer Science, vol. 10920. Cham: Springer International Publishing, 2018. https://doi.org/10.1007/978-3-319-91806-8.

39. T. Kopp, M. Baumgartner, und S. Kinkel, „Success factors for introducing industrial human-robot interaction in practice: an empirically driven framework“, *Int. J. Adv. Manuf. Technol.*, Bd. 112, Nr. 3–4, S. 685–704, Jan. 2021, https://doi.org/10.1007/s00170-020-06398-0.
40. M. Hassenzahl, M. Burmester, und F. Koller, „User Experience Is All There Is: Twenty Years of Designing Positive Experiences and Meaningful Technology“, *-Com*, Bd. 20, Nr. 3, S. 197–213, Dez. 2021, https://doi.org/10.1515/icom-2021-0034.
41. D. S. Platt, *The joy of UX: User Experience and interactive design for developers*. Boston: Addison-Wesley, 2016.
42. B. Solis, *X: the experience when business meets design*. Hoboken, New Jersey: John Wiley & Sons, 2015. https://doi.org/10.1002/9781119172529.
43. M. Lewis und M. Sturdee, „The Joy of Sketch: A Hands-on Introductory Course on Sketching in HCI and UX within Research, Practice, and Education“, in *Extended Abstracts of the 2023 CHI Conference on Human Factors in Computing Systems*, Hamburg Germany: ACM, Apr. 2023, S. 1–4. https://doi.org/10.1145/3544549.3574187.
44. M. Hatscher, „Joy of use – Determinanten der Freude bei der Software-Nutzung“, in *Mensch & Computer 2001*, Stuttgart: B. G. Teubner, 2001, S. 445–446.
45. H. R. Hartson, *The UX book: Agile UX design for a quality user experience*, Second edition. Cambridge, MA: Morgan Kaufmann, an imprint of Elsevier, 2019.
46. G. Vindigni, „Between Access Rights and Copyright: The European Accessibility Act as a Regulatory Framework for AI-Generated Content“, *Eur. J. Manag. Econ. Bus.*, Bd. 2, Nr. 1, S. 31–56, Jan. 2025, https://doi.org/10.59324/ejmeb.2025.2(1).03.
47. G. Vindigni, „Decoding Cultural Affinity in Video Games: An Examination of Narrative Expression, Visual Aesthetics, and Interactive Design in the Digital Era“, *Adv. Soc. Sci. Res. J.*, Bd. 10, Nr. 6, Juni 2023, https://doi.org/10.14738/assrj.106.14911.
48. G. Vindigni, „Entrepreneurship: The Value-Added of Co-Creation through Web 3.0“, *Adv. Image Video Process.*, Bd. 11, Nr. 3, S. 21–42, Mai 2023, https://doi.org/10.14738/aivp.113.14612.
49. G. Vindigni, „Eclectic-Procedural Innovation Management Approach with Regard to Community Management Within the German-Language Gaming Industry“, *Trans. Mach. Learn. Artif. Intell.*, Bd. 11, Nr. 2, S. 93–131, Mai 2023, https://doi.org/10.14738/tecs.112.14607.
50. T. Cole und M. Gillies, „Emotional Exploration and the Eudaimonic Gameplay Experience: A Grounded Theory“, in *CHI Conference on Human Factors in Computing Systems*, New Orleans LA USA: ACM, Apr. 2022, S. 1–16. https://doi.org/10.1145/3491102.3502002.
51. G. Vindigni, „Digital transformation as a challenge for social sustainability: Participation, fairness, and inclusion in child and youth services in the age of AI-based systems“, *European Journal of Innovative Studies and Sustainability*, Bd. 2, Nr. 1, S. 1–53, Dezember 2025. https://doi.org/10.59324/ejiss.2026.2(1).0
52. N. Bischof, „A Systems Approach toward the Functional Connections of Attachment and Fear“, *Child Dev.*, Bd. 46, Nr. 4, S. 801, Dez. 1975, https://doi.org/10.2307/1128384.
53. H. Gubler, M. Paffrath, und N. Bischof, „Untersuchungen zur Systemanalyse der sozialen Motivation III: Eine Ästimationsstudie zur Sicherheits- und Erregungsregulation während der Adoleszenz.“, 1994, https://doi.org/10.5282/UBM/EPUB.2853.
54. Venkatesh, Morris, Davis, und Davis, „User Acceptance of Information Technology: Toward a Unified View“, *MIS Q.*, Bd. 27, Nr. 3, S. 425, 2003, https://doi.org/10.2307/30036540.
55. C. Back *u. a.*, „The 2020 skyrmionics roadmap“, *J. Phys. Appl. Phys.*, Bd. 53, Nr. 36, S. 363001, Sep. 2020, https://doi.org/10.1088/1361-6463/ab8418.
56. Y. Liang *u. a.*, „Novel Concept of Separator Design: Efficient Ions Transport Modulator Enabled by Dual-Interface Engineering Toward Ultra-Stable Zn Metal Anodes“, *Adv. Funct. Mater.*, Bd. 32, Nr. 25, S. 2112936, Juni 2022, https://doi.org/10.1002/adfm.202112936.
57. H. Femmer und A. Lucke, „Über den Nutzen des Natural Language Processing in der computationellen Analyse literarischer Texte des ›Naturalismus‹ und der ›literarischen Moderne‹“, in *Literaturwissenschaft und Informatik*, A. Lucke und H. Johannes, Hrsg., transcript Verlag, 2024, S. 47–92. https://doi.org/10.1515/9783839470039-003.
58. D. J. Mayhew, *The usability engineering lifecycle: a practitioner's handbook for user interface design*. in The Morgan Kaufmann series in interactive technologies. San Francisco, Calif: Morgan Kaufmann Publishers, 1999.
59. E. Wallmüller, *Software Quality Engineering: ein Leitfaden für bessere Software-Qualität*, 3. Auflage. in Hanser eLibrary. München: Hanser Verlag, 2011. https://doi.org/10.3139/9783446430198.

60. A. Hepp, *Cultural Studies und Medienanalyse: Eine Einführung*, 3., Überarbeitete und Erweiterte Auflage. in SpringerLink Bücher. Wiesbaden: VS Verlag für Sozialwissenschaften, 2010. https://doi.org/10.1007/978-3-531-92190-7.
61. A. Oess, „Was ist Qualität?", in *Total Quality Management*, Wiesbaden: Gabler Verlag, 1993, S. 31–35. https://doi.org/10.1007/978-3-322-82930-6_2.
62. E. Van Kemenade, M. Pupius, und T. W. Hardjono, „More Value to Defining Quality", *Qual. High. Educ.*, Bd. 14, Nr. 2, S. 175–185, Juli 2008, https://doi.org/10.1080/13538320802278461.
63. L. Harvey und D. Green, „Qualität definieren. Fünf unterschiedliche Ansätze", in *Qualität und Qualitätssicherung im Bildungsbereich; Schule, Sozialpädagogik, Hochschule.*, Bd. Zeitschrift für Pädagogik, Beiheft, Nr. 41, Beltz: Weinheim, 2000, S. 17–39. https://doi.org/10.25656/01:8483.
64. V. Rotondi, L. Stanca, und M. Tomasuolo, „Connecting alone: Smartphone use, quality of social interactions and well-being", *J. Econ. Psychol.*, Bd. 63, S. 17–26, Dez. 2017, https://doi.org/10.1016/j.joep.2017.09.001.
65. D. A. Garvin, „What Does ‚Product Quality' Really Mean?", *MIT Sloan Manag. Rev.*, Bd. 26, Nr. 1, S. 25–43, 1984, [Online]. Verfügbar unter: https://sloanreview.mit.edu/article/what-does--product-quality-really-mean/
66. Deutsches Institut für Normung (DIN), *DIN EN ISO 9000:2015-11, Qualitätsmanagementsysteme – Grundlagen und Begriffe (ISO 9000:2015); Deutsche und Englische Fassung EN_ISO_9000:2015*, Berlin: Beuth Verlag GmbH, 2015. https://doi.org/10.31030/2325650.
67. S. Wagner *u. a.*, „Softwarequalitätsmodelle – Praxisempfehlungen und Forschungsagenda", *Inform.-Spektrum*, Bd. 33, Nr. 1, S. 37–44, Feb. 2010, https://doi.org/10.1007/s00287-009-0339-4.
68. U. Froschauer und M. Lueger, *Das qualitative Interview: zur Praxis interpretativer Analyse sozialer Systeme*, 3., Aktualisierte Auflage. in UTB Soziologie, Wirtschaftswissenschaften, no. 2418. Wien: facultas, 2025.
69. M. Bühner, *Einführung in die Test- und Fragebogenkonstruktion*, 3., Aktualisierte und Erweiterte Auflage. in Pearson Studium - Psychologie. München Boston San Francisco Harlow, England Don Mills, Ontario Sydney Mexico City Madrid Amsterdam: Pearson Studium, ein Imprint von Pearson Education, 2011.
70. M. Göhner und M. Krell, „Qualitative Inhaltsanalyse in naturwissenschaftsdidaktischer Forschung unter Berücksichtigung von Gütekriterien: Ein Review", *Z. Für Didakt. Naturwissenschaften*, Bd. 26, Nr. 1, S. 207–225, Dez. 2020, https://doi.org/10.1007/s40573-020-00111-0.
71. J. Bortz und N. Döring, *Forschungsmethoden und Evaluation*. in Springer-Lehrbuch. Berlin, Heidelberg: Springer Berlin Heidelberg, 2006. https://doi.org/10.1007/978-3-540-33306-7.
72. M. Zettl, S. Taubner, J. Hutsebaut, und J. Volkert, „Psychometrische Evaluation der deutschen Version des Semistrukturierten Interviews zur Erfassung der DSM-5 Persönlichkeitsfunktionen (STiP-5.1)", *PPmP - Psychother. · Psychosom. · Med. Psychol.*, Bd. 69, Nr. 12, S. 499–504, Dez. 2019, https://doi.org/10.1055/a-1010-6887.
73. T. Betz und F. Eßer, „Kinder als Akteure – Forschungsbezogene Implikationen des erfolgreichen Agency-Konzepts", *Diskurs Kindh.- Jugendforsch.*, Bd. 11, Nr. 3, S. 301–314, Aug. 2016, https://doi.org/10.3224/diskurs.v11i3.4.
74. J. Franz, „Didaktisches Handeln in Organisationen Allgemeiner Erwachsenenbildung. Erste Ergebnisse", *Mag. Erwachsenenbildungat*, Nr. 20, 2013, https://doi.org/10.25656/01:8411.
75. D. Otto, N. Schröder, D. Diekmann, und P. Sander, „Offen gemacht: Der Stand der internationalen evidenzbasierten Forschung zu Open Educational Resources (OER)", *Z. Für Erzieh.*, Bd. 24, Nr. 5, S. 1061–1085, Okt. 2021, https://doi.org/10.1007/s11618-021-01043-2.
76. M. Bennett, P. James, und L. Klinkers, Hrsg., *Sustainable Measures: Evaluation and Reporting of Environmental and Social Performance*, 1. Aufl. Routledge, 2017. https://doi.org/10.4324/9781351283007.
77. K. Fiedler, „Empfehlungen der DGPs-Kommission ‚Qualität der psychologischen Forschung'", *Psychol. Rundsch.*, Bd. 67, Nr. 1, S. 59–74, Jan. 2016, https://doi.org/10.1026/0033-3042/a000316.
78. U. Flick, „Zur Qualität qualitativer Forschung — Diskurse und Ansätze", in *Qualitative Datenanalyse: computergestützt*, U. Kuckartz, H. Grunenberg, und T. Dresing, Hrsg., Wiesbaden: VS Verlag für Sozialwissenschaften, 2007, S. 188–209. https://doi.org/10.1007/978-3-531-90665-2_12.
79. M. Bobbert und G. Scherzinger, „Evaluation von Ethikkommissionen für die medizinische Forschung am Menschen. Kriterien für die ethische Qualität des Begutachtungsprozesses", in *Gute Begutachtung?*, M. Bobbert und G. Scherzinger, Hrsg., Wiesbaden: Springer Fachmedien Wiesbaden, 2019, S. 101–146. https://doi.org/10.1007/978-3-658-24758-4_7.

80. D. Böning, „Schluss mit der ‚Tonnenideologie' in der medizinischen Forschung! Qualität, nicht Quantität ist wichtig“, *Dtsch. Z. Für Sportmed.*, Bd. 2018, Nr. 04, S. 85–86, Apr. 2018, https://doi.org/10.5960/dzsm.2018.326.
81. S. E. Madnick, R. Y. Wang, Y. W. Lee, und H. Zhu, „Overview and Framework for Data and Information Quality Research“, *J. Data Inf. Qual.*, Bd. 1, Nr. 1, S. 1–22, Juni 2009, https://doi.org/10.1145/1515693.1516680.
82. S. J. Tracy, „Qualitative Quality: Eight "Big-Tent" Criteria for Excellent Qualitative Research“, *Qual. Inq.*, Bd. 16, Nr. 10, S. 837–851, Dez. 2010, https://doi.org/10.1177/1077800410383121.
83. B. W. Boehm, J. R. Brown, und M. Lipow, „QUANTITATIVE EVALUATION OF SOFTWAREQUALITY“, *Int. Conf. Softw. Eng.*, S. 592–605, https://doi.org/10.5555/800253.807736.
84. A. Hussain und E. O. C. Mkpojiogu, „An Application of the ISO/IEC 25010 Standard in the Quality-in-Use Assessment of an Online Health Awareness System“, *J. Teknol.*, Bd. 77, Nr. 5, Nov. 2015, https://doi.org/10.11113/jt.v77.6107.
85. A. Idri, L. Sardi, und J. L. Fernández-Alemán, „Quality Evaluation of Gamified Blood Donation Apps using ISO/IEC 25010 Standard“:, in *Proceedings of the 11th International Joint Conference on Biomedical Engineering Systems and Technologies*, Funchal, Madeira, Portugal: SCITEPRESS – Science and Technology Publications, 2018, S. 607–614. https://doi.org/10.5220/0006724806070614.
86. M. L. M. H. Cruz, M. E. C. G. M. E. Segovia, Mtra. D. C. M. Alvarez, Mtro. J. R. C. Chan, M. E. A. J. A. G. Gonzalez, und M. A. C. Francisco Javier Barrera Lao, „Analysis of the Quality in Use and Greenability with the ISO/IEC 25010 Standard“, in *2020 15th Iberian Conference on Information Systems and Technologies (CISTI)*, Sevilla, Spain: IEEE, Juni 2020, S. 1–7. https://doi.org/10.23919/CISTI49556.2020.9141017.
87. D. Wang, D. He, P. Wang, und C.-H. Chu, „Anonymous Two-Factor Authentication in Distributed Systems: Certain Goals Are Beyond Attainment“, *IEEE Trans. Dependable Secure Comput.*, Bd. 12, Nr. 4, S. 428–442, Juli 2015, https://doi.org/10.1109/TDSC.2014.2355850.
88. A. Fahad *u. a.*, „A Survey of Clustering Algorithms for Big Data: Taxonomy and Empirical Analysis“, *IEEE Trans. Emerg. Top. Comput.*, Bd. 2, Nr. 3, S. 267–279, Sep. 2014, https://doi.org/10.1109/TETC.2014.2330519.
89. K. Frühauf, J. Ludewig, und H. Sandmayr, *Software-Projektmanagement und -Qualitätssicherung*. Wiesbaden: Vieweg+Teubner Verlag, 1988. https://doi.org/10.1007/978-3-322-94671-3.
90. Deutsches Institut für Normung (DIN), *ISO/IEC 25010. Software-Engineering - Qualitätskriterien und Bewertung von Softwareprodukten (SQuaRE) – Qualitätsmodell und Leitlinien*, Berlin: Beuth Verlag GmbH, 2023. [Online]. Verfügbar unter: https://www.dinmedia.de/de/norm/iso-iec-25010/375132129
91. Y. Argotti, Y. Kenfaoui, C. Baron, A. Abran, und P. Esteban, „An Operational Quality Model of Embedded Software Aligned with ISO 25000“, *ACM Trans. Embed. Comput. Syst.*, Bd. 24, Nr. 1, S. 1–41, Jan. 2025, https://doi.org/10.1145/3691642.
92. B. Naqvi, D. Kedziora, L. Zhang, und S. Oyedeji, „Quality of Low-Code/No-Code Development Platforms Through the Lens of ISO 25010:2023“, *Computer*, Bd. 58, Nr. 3, S. 30–40, März 2025, https://doi.org/10.1109/MC.2024.3493192.
93. B. Penzenstadler, A. Raturi, D. Richardson, und B. Tomlinson, „Safety, Security, Now Sustainability: The Nonfunctional Requirement for the 21st Century“, *IEEE Softw.*, Bd. 31, Nr. 3, S. 40–47, Mai 2014, https://doi.org/10.1109/MS.2014.22.
94. A. Mishra und Z. Otaiwi, „DevOps and software quality: A systematic mapping“, *Comput. Sci. Rev.*, Bd. 38, S. 100308, Nov. 2020, https://doi.org/10.1016/j.cosrev.2020.100308.
95. P. Berander und P. Jönsson, „A goal question metric based approach for efficient measurement framework definition“, in *Proceedings of the 2006 ACM/IEEE international symposium on Empirical software engineering*, Rio de Janeiro Brazil: ACM, Sep. 2006, S. 316–325. https://doi.org/10.1145/1159733.1159781.
96. F. Yahya, R. J. Walters, und G. B. Wills, „Using Goal-Question-Metric (GQM) Approach to Assess Security in Cloud Storage“, in *Enterprise Security*, Bd. 10131, V. Chang, M. Ramachandran, R. J. Walters, und G. Wills, Hrsg., in Lecture Notes in Computer Science, vol. 10131. , Cham: Springer International Publishing, 2017, S. 223–240. https://doi.org/10.1007/978-3-319--54380-2_10.

97. V. R. Basili und D. M. Weiss, „A Methodology for Collecting Valid Software Engineering Data", *IEEE Trans. Softw. Eng.*, Bd. SE-10, Nr. 6, S. 728–738, Nov. 1984, https://doi.org/10.1109/TSE.1984.5010301.
98. E. Timoshchuk, „Assessing the quality of the requirements specification by applying GQM approach and using NLP tools", *Proc. Inst. Syst. Program. RAS*, Bd. 32, Nr. 2, S. 15–28, 2020, https://doi.org/10.15514/ISPRAS-2020-32(2)-2.
99. A. P. O. S. Vermeeren, E. L.-C. Law, V. Roto, M. Obrist, J. Hoonhout, und K. Väänänen-Vainio-Mattila, „User experience evaluation methods: current state and development needs", in *Proceedings of the 6th Nordic Conference on Human-Computer Interaction: Extending Boundaries*, Reykjavik Iceland: ACM, Okt. 2010, S. 521–530. https://doi.org/10.1145/1868914.1868973.
100. P. T. Palomino, A. M. Toda, L. Rodrigues, W. Oliveira, L. Nacke, und S. Isotani, „An ontology for modelling user' profiles and activities in gamified education", *Res. Pract. Technol. Enhanc. Learn.*, Bd. 18, S. 018, Nov. 2022, https://doi.org/10.58459/rptel.2023.18018.
101. W. Dzida, „Mary Beth Rosson and John M. Carroll: Usability Engineering: Scenario-based Development of Human-Computer Interaction", *-Com*, Bd. 1, Nr. 2, S. 46–47, Feb. 2002, https://doi.org/10.1524/icom.2002.1.2.046.
102. Sears, A., & Jacko, J. A. (Eds.), *The human-computer interaction handbook: Fundamentals, evolving technologies, and emerging applications* (2rd ed.), Boca Raton: CRC Press, 2007. https://doi.org/10.1201/9781410606723
103. M. B. Rosson und J. M. Carroll, *Usability engineering: scenario-based development of human-computer interaction*, 1st ed. in Morgan Kaufmann series in interactive technologies. San Francisco: Academic Press, 2002.
104. J. A. Kulik und J. D. Fletcher, „Effectiveness of Intelligent Tutoring Systems: A Meta-Analytic Review", *Rev. Educ. Res.*, Bd. 86, Nr. 1, S. 42–78, März 2016, https://doi.org/10.3102/0034654315581420.
105. A. C. Graesser, X. Hu, und R. Sottilare, „Intelligent Tutoring Systems", in *International Handbook of the Learning Sciences*, 1. Aufl., F. Fischer, C. E. Hmelo-Silver, S. R. Goldman, und P. Reimann, Hrsg., New York, NY: Routledge, 2018.: Routledge, 2018, S. 246–255. https://doi.org/10.4324/9781315617572-24.
106. I. Ajzen, „The theory of planned behavior: Frequently asked questions", *Hum. Behav. Emerg. Technol.*, Bd. 2, Nr. 4, S. 314–324, Okt. 2020, https://doi.org/10.1002/hbe2.195.
107. B. Nunnally und D. Farkas, *UX research: practical techniques for designing better products*, First edition. Beijing: O'Reilly, 2016.
108. A. Garcia, „Gaming Literacies: Spatiality, Materiality, and Analog Learning in a Digital Age", *Read. Res. Q.*, Bd. 55, Nr. 1, S. 9–27, Jan. 2020, https://doi.org/10.1002/rrq.260.
109. E. R. Gee und E. Aguilera, „Bridging the Analog-Digital divide: critical literacies and procedural design in young people's game-making practices", *Pedagog. Int. J.*, Bd. 16, Nr. 2, S. 173–186, Apr. 2021, https://doi.org/10.1080/1554480X.2021.1914057.
110. K. Konrad, *Selbstgesteuertes Lernen neu denken: Mit neuen Konzepten von der Lehrersteuerung zum Schülerhandeln.* Beltz Juventa, 2024. https://doi.org/10.3262/978-3-7799-7903-6.
111. M. Fan, X. Yang, T. Yu, Q. V. Liao, und J. Zhao, „Human-AI Collaboration for UX Evaluation: Effects of Explanation and Synchronization", *Proc. ACM Hum.-Comput. Interact.*, Bd. 6, Nr. CSCW1, S. 1–32, März 2022, https://doi.org/10.1145/3512943.
112. E. Kuang, M. Li, M. Fan, und K. Shinohara, „Enhancing UX Evaluation Through Collaboration with Conversational AI Assistants: Effects of Proactive Dialogue and Timing", in *Proceedings of the CHI Conference on Human Factors in Computing Systems*, Honolulu HI USA: ACM, Mai 2024, S. 1–16. https://doi.org/10.1145/3613904.3642168.
113. L. Cameron und D. Larsen-Freeman, „Complex Systems and Applied Linguistics", *Int. J. Appl. Linguist.*, Bd. 17, Nr. 2, S. 226–240, Juli 2007, https://doi.org/10.1111/j.1473-4192.2007.00148.x.
114. G. Rovelo, D. Degraen, D. Vanacken, K. Luyten, und K. Coninx, „Gestu-Wan - An Intelligible Mid-Air Gesture Guidance System for Walk-up-and-Use Displays", in *Human-Computer Interaction – INTERACT 2015*, Bd. 9297, J. Abascal, S. Barbosa, M. Fetter, T. Gross, P. Palanque, und M. Winckler, Hrsg., in Lecture Notes in Computer Science, vol. 9297. , Cham: Springer International Publishing, 2015, S. 368–386. https://doi.org/10.1007/978-3-319-22668-2_28.
115. K. Wang *u. a.*, „Simulating Dynamic Quantum Phase Transitions in Photonic Quantum Walks", *Phys. Rev. Lett.*, Bd. 122, Nr. 2, S. 020501, Jan. 2019, https://doi.org/10.1103/PhysRevLett.122.020501.

116. M. Postel, O. Özsahin, und Y. Altintas, „High speed tooltip FRF predictions of arbitrary toolholder combinations based on operational spindle identification“, *Int. J. Mach. Tools Manuf.*, Bd. 129, S. 48–60, Juni 2018, https://doi.org/10.1016/j.ijmachtools.2018.03.004.
117. H. Hoch und A. Roeske, „Co-Creation von Apps für den Lokaljournalismus: Eine Blaupause für die nutzenden-zentrierte Entwicklung zur Förderung des gesellschaftlichen Zusammenhalts“, *Medien. Z. Für Theor. Prax. Medien.*, S. 453–484, März 2023, https://doi.org/10.21240/mpaed/jb19/2023.03.17.X.
118. J. Neumann und L. Stark, „Ist-Stands-Analyse im BMBF-Verbundprojekt MyEduLife: Anforderungsanalyse bei Weiterbildungsanbietern zur Nutzung einer blockchain-basierten Anwendung für die Ausstellung von Fortbildungsnachweisen“, *Open Res. Prog. – Rep. Cent. Open Digit. Innov. Particip.*, Bd. 1, Nr. 1, Apr. 2023, https://doi.org/10.58926/orp.2023.1.5.
119. H. Giang Nguyen *u. a.*, „Ganzheitliche und auf maschinellen Lernverfahren basierende Qualitätsüberwachung: Wie datenbasierte Ansätze die Prozesssicherheit in der Kontaktverarbeitungsbranche revolutionieren könnten“, *Z. Für Wirtsch. Fabr.*, Bd. 118, Nr. 4, S. 198–203, März 2023, https://doi.org/10.1515/zwf-2023-1045.
120. TRREE, *Training and Resources in Research Ethics Evaluation*, 2025. Zugegriffen: 13. Mai 2025. [Online]. Verfügbar unter: https://elearning.trree.org
121. A. Seffah, J. Gulliksen, und M. C. Desmarais, Hrsg., *Human-Centered Software Engineering — Integrating Usability in the Software Development Lifecycle*, Bd. 8. in Human-Computer Interaction Series, vol. 8. Dordrecht: Springer Netherlands, 2005. https://doi.org/10.1007/1-4020-4113-6.
122. H. W. Alomari, V. Ramasamy, J. D. Kiper, und G. Potvin, „A User Interface (UI) and User eXperience (UX) evaluation framework for cyberlearning environments in computer science and software engineering education“, *Heliyon*, Bd. 6, Nr. 5, S. e03917, Mai 2020, https://doi.org/10.1016/j.heliyon.2020.e03917.
123. J. Nguyen und M. Dupuis, „Closing the Feedback Loop Between UX Design, Software Development, Security Engineering, and Operations“, in *Proceedings of the 20th Annual SIG Conference on Information Technology Education*, Tacoma WA USA: ACM, Sep. 2019, S. 93–98. https://doi.org/10.1145/3349266.3351420.
124. L. A. Liikkanen, „UX Strategy as a Kick-starter for Design Transformation in an Engineering Company“, in *Proceedings of the 2016 CHI Conference Extended Abstracts on Human Factors in Computing Systems*, San Jose California USA: ACM, Mai 2016, S. 816–822. https://doi.org/10.1145/2851581.2851590.
125. A. Sears, J. A. Jacko, und J. A. Jacko, Hrsg., „REQUIREMENTS SPECIFICATIONS WITHIN THE USABILITY ENGINEERING LIFECYCLE“, in *The Human-Computer Interaction Handbook*, 0 Aufl., CRC Press, 2007, S. 943–952. https://doi.org/10.1201/9781410615862-61.
126. J. Pacheco, S. Garbatov, und M. Goulao, „Improving Collaboration Efficiency Between UX/UI Designers and Developers in a Low-Code Platform“, in *2021 ACM/IEEE International Conference on Model Driven Engineering Languages and Systems Companion (MODELS-C)*, Fukuoka, Japan: IEEE, Okt. 2021, S. 138–147. https://doi.org/10.1109/MODELS-C53483.2021.00025.
127. M. Stoeva, „Model and prototype of interactive assistant for compliant interface development – MayUI tool“, in *2021 International Conference Automatics and Informatics (ICAI)*, Varna, Bulgaria: IEEE, Sep. 2021, S. 295–300. https://doi.org/10.1109/ICAI52893.2021.9639601.
128. T. D. Krismanda und N. Setiyawati, „PERANCANGAN USER INTERFACE DAN USER EXPERIENCE FITUR DIGITAL BANKING JAGO LAST WISH MENGGUNAKAN DESIGN THINKING“, *J. Pendidik. Teknol. Inf. JUKANTI*, Bd. 5, Nr. 2, S. 126–135, Nov. 2022, https://doi.org/10.37792/jukanti.v5i2.561.
129. R. Djamaluddin, Y. Priyadi, und E. Darwiyanto, „User-Centered Design to Improve Personal Development In Comic Application“, in *2022 IEEE 12th Annual Computing and Communication Workshop and Conference (CCWC)*, Las Vegas, NV, USA: IEEE, Jan. 2022, S. 0966–0973. https://doi.org/10.1109/CCWC54503.2022.9720864.
130. E.-M. Schön, J. Thomaschewski, und M. J. Escalona, „Agile Requirements Engineering: A systematic literature review“, *Comput. Stand. Interfaces*, Bd. 49, S. 79–91, Jan. 2017, https://doi.org/10.1016/j.csi.2016.08.011.

131. A. Altaboli und Y. Lin, „Investigating Effects of Screen Layout Elements on Interface and Screen Design Aesthetics“, *Adv. Hum.-Comput. Interact.*, Bd. 2011, S. 1–10, 2011, https://doi.org/10.1155/2011/659758.
132. C. Hillmann, „UX and Experience Design: From Screen to 3D Space“, in *UX for XR*, Berkeley, CA: Apress, 2021, S. 117–155. https://doi.org/10.1007/978-1-4842-7020-2_4.
133. T. Neate, M. Evans, und M. Jones, „Designing Visual Complexity for Dual-screen Media“, in *Proceedings of the 2016 CHI Conference on Human Factors in Computing Systems*, San Jose California USA: ACM, Mai 2016, S. 475–486. https://doi.org/10.1145/2858036.2858112.
134. T. Neate, M. Evans, und M. Jones, „Designing Visual Complexity for Dual-screen Media“, in *Proceedings of the 2016 CHI Conference on Human Factors in Computing Systems*, San Jose California USA: ACM, Mai 2016, S. 475–486. https://doi.org/10.1145/2858036.2858112.
135. G. Goel, P. Tanwar, und S. Sharma, „UI-UX Design Using User Centred Design (UCD) Method“, in *2022 International Conference on Computer Communication and Informatics (ICCCI)*, Coimbatore, India: IEEE, Jan. 2022, S. 1–8. https://doi.org/10.1109/ICCCI54379.2022.9740997.
136. M. Čejka *u. a.*, „UX and Machine Learning – Preprocessing of Audiovisual Data Using Computer Vision to Recognize UI Elements“, *Agris -Line Pap. Econ. Inform.*, Bd. 15, Nr. 3, S. 35–44, Sep. 2023, https://doi.org/10.7160/aol.2023.150304.
137. L. Rivero und T. Conte, „A Systematic Mapping Study on Research Contributions on UX Evaluation Technologies“, in *Proceedings of the XVI Brazilian Symposium on Human Factors in Computing Systems*, Joinville Brazil: ACM, Okt. 2017, S. 1–10. https://doi.org/10.1145/3160504.3160512.
138. J. Hussain *u. a.*, „A Multimodal Deep Log-Based User Experience (UX) Platform for UX Evaluation“, *Sensors*, Bd. 18, Nr. 5, S. 1622, Mai 2018, https://doi.org/10.3390/s18051622.
139. J. Lindblom und B. Alenljung, „The ANEMONE: Theoretical Foundations for UX Evaluation of Action and Intention Recognition in Human-Robot Interaction“, *Sensors*, Bd. 20, Nr. 15, S. 4284, Juli 2020, https://doi.org/10.3390/s20154284.
140. W. T. Nakamura *u. a.*, „Are UX Evaluation Methods Providing the Same Big Picture?“, *Sensors*, Bd. 21, Nr. 10, S. 3480, Mai 2021, https://doi.org/10.3390/s21103480.
141. L. Lohoff, M. Schäfer, und T. Hess, „Von Exploration zu Exploitation: Digitale Innovationen aus digitalen Innovationseinheiten reintegrieren“, *Wirtsch. Manag.*, Bd. 16, Nr. 5–6, S. 242–249, Dez. 2024, https://doi.org/10.1365/s35764-024-00542-1.
142. A. J. P. Sibarani, „Usability and user satisfaction rate evaluation on e-learning application from student's perspective using Nielsen usability method“, *J. INFOTEL*, Bd. 13, Nr. 3, S. 120–127, Aug. 2021, https://doi.org/10.20895/infotel.v13i3.673.
143. C. J. Hottman, S. J. Redding, und D. E. Weinstein, „Quantifying the Sources of Firm Heterogeneity *“, *Q. J. Econ.*, Bd. 131, Nr. 3, S. 1291–1364, Aug. 2016, https://doi.org/10.1093/qje/qjw012.
144. Nia Budi Puspitasari, Yussy Aulia, und Zainal Fanani Rosyada, „Usability evaluation of online transportation using Nielsen model“, *World J. Adv. Eng. Technol. Sci.*, Bd. 10, Nr. 2, S. 001–009, Nov. 2023, https://doi.org/10.30574/wjaets.2023.10.2.0283.
145. S. Amershi *u. a.*, „Guidelines for Human-AI Interaction“, in *Proceedings of the 2019 CHI Conference on Human Factors in Computing Systems*, Glasgow Scotland Uk: ACM, Mai 2019, S. 1–13. https://doi.org/10.1145/3290605.3300233.
146. H. Rangeswan, A. Areeff, S. Manivannan, B. Rajkumar, und J. Wickramarathne, „A Critical Evaluation of Popular UX Frameworks Relevant to E-Health Apps“, *Int. J. Comput. Sci. Inf. Technol. Control Eng.*, Bd. 10, Nr. 1/2/3, S. 25–34, Juli 2023, https://doi.org/10.5121/ijcsitce.2023.10302.
147. D. Quiñones, C. Rusu, und V. Rusu, „A methodology to develop usability/user experience heuristics“, *Comput. Stand. Interfaces*, Bd. 59, S. 109–129, Aug. 2018, https://doi.org/10.1016/j.csi.2018.03.002.
148. T. Simon, S. Pagel, und H. F. O. Von Korflesch, „Influencing factors for acceptance of digital tools in the humanities“, in *Proceedings of Mensch und Computer 2020*, Magdeburg Germany: ACM, Sep. 2020, S. 17–27. https://doi.org/10.1145/3404983.3405524.
149. Fachhochschule Dresden *u. a.*, „User Experience Forschung Remote: Untersuchung von Gelingensbedingungen der Digitalisierung in der beruflichen Bildung“, in *Gemeinschaften in Neuen Medien. Digitale Partizipation in hybriden Realitäten und Gemeinschaften.*, Technische Universität Dresden, 2021, S. 146–150. https://doi.org/10.25368/2022.36.

150. J. Anke, C. Wölfel, und F. Schmitt, „INSPIRe – Entwicklung eines Gamifiaction-Ansatzes zur Attraktivitätssteigerung der Infrastruktur durch spielerische Maßnahmen im Radverkehr : Nationaler Radverkehrsplan 2020, Förderkennziffer VB1912“, Technische Universität Dresden, Forschungsstelle für Vergleichende Ordensgeschichte (FOVOG – Dresden), 2023. https://doi.org/10.25368/2022.67.
151. R. Seidler-de Alwis, „Markt- und Wettbewerbsanalyse in Zeiten von Big Data und Digitalisierung“, in *Praxishandbuch Informationsmarketing*, F. Schade und U. Georgy, Hrsg., De Gruyter, 2018, S. 59–70. https://doi.org/10.1515/9783110539011-005.
152. M. Eurich, Konjunkturschlaglicht: Investitions- und Konsumgüternachfrage bei steigenden Zinsen, *Wirtschaftsdienst*, Bd. 103, Nr. 8, S. 579–580, Aug. 2023, https://doi.org/10.2478/wd-2023-0160.
153. J. Koch und F. Riedmüller, *Marktforschung: Grundlagen, Instrumente und Fallbeispiele aus der Praxis*, 9., Vollständig überarbeitete Auflage. in De Gruyter Studium. Erscheinungsort nicht ermittelbar: De Gruyter Oldenbourg, 2025.
154. A. L. Kelly und L. Bach Larsen, Hrsg., *Agents of change: enzymes in milk and dairy products*. in Food engineering series. Cham: Springer, 2021.
155. A. Seffah, J. Gulliksen, und M. C. Desmarais, *Human-centered software engineering: integrating usability in the software development lifecycle*. Dordrecht: Springer, 2011.
156. N. Mandran, *Traceable human experiment design research: theoretical model and practical guide*. in Advances in information systems set. Hoboken, NJ: Wiley, 2018.
157. E. Nkonya, A. Mirzabaev, und J. Von Braun, Hrsg., *Economics of Land Degradation and Improvement--A Global Assessment for Sustainable Development*. Cham: Springer Open, 2016.
158. M. Putnings, H. Neuroth, und J. Neumann, Hrsg., *Praxishandbuch Forschungsdatenmanagement*. in De Gruyter Praxishandbuch. Berlin: De Gruyter Saur, 2022.
159. T. Brown und J. Wyatt, „Design Thinking for Social Innovation“, *Dev. Outreach*, Bd. 12, Nr. 1, S. 29–43, Juli 2010, https://doi.org/10.1596/1020-797X_12_1_29.
160. R. Bond, M. Mulvenna, J. Wallace, und M. Black, „Proceedings of the 32nd International BCS Human Computer Interaction Conference (HCI 2018) – Index“, gehalten auf der Proceedings of the 32nd International BCS Human Computer Interaction Conference (HCI 2018), Juli 2018. https://doi.org/10.14236/ewic/HCI2018.0.
161. A. Butz, A. Krüger, und S. T. Völkel, *Mensch-Maschine-Interaktion*, 3. Auflage. in De Gruyter Studium. Berlin Boston: De Gruyter Oldenbourg, 2022. https://doi.org/10.1515/9783110753325.
162. L. Schmidt, C. Schlick, und J. Grosche, Hrsg., *Ergonomie und Mensch-Maschine-Systeme*. Berlin, Heidelberg: Springer Berlin Heidelberg, 2008. https://doi.org/10.1007/978-3-540-78331-2.
163. J. A. Jacko und A. Sears, „The Human-computer interaction handbook: fundamentals, evolving technologies, and emerging applications“, *Choice Rev. Online*, Bd. 50, Nr. 06, S. 50-3307-50–3307, Feb. 2013, https://doi.org/10.5860/CHOICE.50-3307.
164. M. Beaudouin-Lafon und W. E. Mackay, „Prototyping Tools and Techniques“, in *The Human–Computer Interaction Handbook*, 3. Aufl., J. A. Jacko, Hrsg., CRC Press, 2012, S. 1081–1104. https://doi.org/10.1201/b11963-ch-47.
165. K. H. Frith, „User Experience Design: The Critical First Step for App Development“, *Nurs. Educ. Perspect.*, Bd. 40, Nr. 1, S. 65–66, Jan. 2019, https://doi.org/10.1097/01.NEP.0000000000000451.
166. C. Massoth *u. a.*, „High-fidelity is not superior to low-fidelity simulation but leads to overconfidence in medical students“, *BMC Med. Educ.*, Bd. 19, Nr. 1, S. 29, Dez. 2019, https://doi.org/10.1186/s12909-019-1464-7.
167. M. Stoeva, „Model and prototype of interactive assistant for compliant interface development – MayUI tool“, in *2021 International Conference Automatics and Informatics (ICAI)*, Varna, Bulgaria: IEEE, Sep. 2021, S. 295–300. https://doi.org/10.1109/ICAI52893.2021.9639601.
168. K. McElroy, *Prototyping for designers: developing the best digital and physical products*, First edition. Sebastopol, CA: O'Reilly Media, Inc, 2017.
169. A. Marcus, *Design, User Experience, and Usability: 7th International Conference, DUXU 2018, Held As Part of HCI International 2018, Las Vegas, NV, USA, July 15–20, 2018, Proceedings, Part I*. in Lecture Notes in Computer Science Ser, no. v. 10918. Cham: Springer International Publishing AG, 2018.
170. C. Hillmann, „Practical Approaches: UX and XR in the Real World“, in *UX for XR*, Berkeley, CA: Apress, 2021, S. 201–239. https://doi.org/10.1007/978-1-4842-7020-2_6.

171. S. Fitriah Ishak *u. a.*, „Formative Evaluation of an Educational Mobile Application: an Interactive MyQiraat Application", *Int. J. Eng. Technol.*, Bd. 7, Nr. 4.15, S. 75, Okt. 2018, https://doi.org/10.14419/ijet.v7i4.15.21375.
172. J. Chen und D. Yoon, „Exploring the Diminishing Allure of Paper and Low-Fidelity Prototyping Among Designers in the Software Industry: Impacts of Hybrid Work, Digital Tools, and Corporate Culture", in *Proceedings of the CHI Conference on Human Factors in Computing Systems*, Honolulu HI USA: ACM, Mai 2024, S. 1–14. https://doi.org/10.1145/3613904.3642774.
173. M. Lee, J. Lee, B. U. Song und I. Lee, „A novel low-fidelity-guided design of experiments for multi-fidelity surrogate modeling", in *Advanced Engineering Informatics*, Bd. 69, Part D, Amsterdam Netherlands: Elsevier, Jan. 2026. https://doi.org/10.1016/j.aei.2025.104076.
174. J. R. Lewis, „The System Usability Scale: Past, Present, and Future", *Int. J. Human–Computer Interact.*, Bd. 34, Nr. 7, S. 577–590, Juli 2018, https://doi.org/10.1080/10447318.2018.1455307.
175. R. Daniel, G. Cesar, und G. Alejandra, „Gestalt Prototyping Framework applied to design a Mobile-Commerce interface", in *2021 Fifth World Conference on Smart Trends in Systems Security and Sustainability (WorldS4)*, London, United Kingdom: IEEE, Juli 2021, S. 312–315. https://doi.org/10.1109/WorldS451998.2021.9514011.
176. T. Basak, V. Unver, J. Moss, P. Watts, und V. Gaioso, „Beginning and advanced students' perceptions of the use of low- and high-fidelity mannequins in nursing simulation", *Nurse Educ. Today*, Bd. 36, S. 37–43, Jan. 2016, https://doi.org/10.1016/j.nedt.2015.07.020.
177. M. Rackwitz, T. Hustedt, und G. Hammerschmid, „Digital transformation: From hierarchy to network-based collaboration? The case of the German "Online Access Act"", *Mod. Staat – Z. Für Public Policy Recht Manag.*, Bd. 14, Nr. 1–2021, S. 101–120, Juni 2021, https://doi.org/10.3224/dms.v14i1.05.
178. H. Krcmar, *Informationsmanagement*. Berlin, Heidelberg: Springer Berlin Heidelberg, 2015. https://doi.org/10.1007/978-3-662-45863-1.
179. J. Schäuffele und T. Zurawka, *Automotive Software Engineering: Grundlagen, Prozesse, Methoden und Werkzeuge*, 7. Auflage 2024. in ATZ/MTZ-Fachbuch. Wiesbaden: Springer Fachmedien Wiesbaden, 2024. https://doi.org/10.1007/978-3-658-43543-1.
180. A. Ghosh, *Mastering UX Design with Effective Prototyping*, 1st ed. Los Angeles: BPB Publications, 2023.
181. T. Rackow *u. a.*, „Sensitivity of deep ocean biases to horizontal resolution in prototype CMIP6 simulations with AWI-CM1.0", *Geosci. Model Dev.*, Bd. 12, Nr. 7, S. 2635–2656, Juli 2019, https://doi.org/10.5194/gmd-12-2635-2019.
182. F. Rebelo, P. Noriega, E. Duarte, und M. Soares, „Using Virtual Reality to Assess User Experience", *Hum. Factors J. Hum. Factors Ergon. Soc.*, Bd. 54, Nr. 6, S. 964–982, Dez. 2012, https://doi.org/10.1177/0018720812465006.
183. M. Richter und M. Flückiger, *Usability und UX kompakt: Produkte für Menschen*, 4. Aufl. 2016. in IT kompakt. Berlin Heidelberg: Springer Vieweg, 2016. https://doi.org/10.1007/978-3-662--49828-6.
184. B. Coleman, *Designing UX: Because Modern Design Is Never Static*, 1st ed. Victoria: SitePoint Pty, Limited, 2017.
185. H. R. Hartson, *The UX book: Agile UX design for a quality user experience*, Second edition. Cambridge, MA: Morgan Kaufmann, an imprint of Elsevier, 2019.
186. K. Goodwin, *Designing for the digital age: how to create human-centered products and services*. Indianapolis, IN: Wiley Pub, 2011.
187. T. Steimle und D. Wallach, *Collaborative UX Design: Lean UX und Design Thinking: Teambasierte Entwicklung menschzentrierter Produkte*. Heidelberg: dpunkt.verlag, 2018.
188. D. Brown, *Agile user experience design: a practitioner's guide to making it work*, 1st ed. Waltham, MA: Morgan Kaufmann, 2013.
189. P. Gregory, *Agile Processes in Software Engineering and Extreme Programming: 22nd International Conference on Agile Software Development, XP 2021, Virtual Event, June 14–18, 2021, Proceedings*. in Lecture Notes in Business Information Processing Ser, no. v. 419. Cham: Springer International Publishing AG, 2021.
190. V. Distler, C. Lallemand, und V. Koenig, „How Acceptable Is This? How User Experience Factors Can Broaden our Understanding of The Acceptance of Privacy Trade-offs", *Comput. Hum. Behav.*, Bd. 106, S. 106227, Mai 2020, https://doi.org/10.1016/j.chb.2019.106227.

191. S. Kieffer, „ECOVAL: Ecological Validity of Cues and Representative Design in User Experience Evaluations“, *AIS Trans. Hum.-Comput. Interact.*, Bd. 9, Nr. 2, S. 149–172, Juni 2017, https://doi.org/10.17705/1thci.00093.
192. J. Yu und F. Luo, „A Systematic Approach for Cybersecurity Design of In-Vehicle Network Systems with Trade-Off Considerations“, *Secur. Commun. Netw.*, Bd. 2020, S. 1–14, Aug. 2020, https://doi.org/10.1155/2020/7169720.
193. A. Sauppé und B. Mutlu, „Design patterns for exploring and prototyping human-robot interactions“, in *Proceedings of the SIGCHI Conference on Human Factors in Computing Systems*, Toronto Ontario Canada: ACM, Apr. 2014, S. 1439–1448. https://doi.org/10.1145/2556288.2557057.
194. R. Plösch, *Contracts, scenarios, and prototypes: an integrated approach to high quality software*. Berlin: Springer, 2004.
195. R. Budde, *Approaches to Prototyping: Proceedings of the Working Conference on Prototyping, October 25 - 28, 1983, Namur, Belgium*. Berlin, Heidelberg: Springer Berlin / Heidelberg, 1984.
196. A. Marcus und W. Wang, Hrsg., *Design, User Experience, and Usability: Designing Pleasurable Experiences: 6th International Conference, DUXU 2017, Held as Part of HCI International 2017, Vancouver, BC, Canada, July 9–14, 2017, Proceedings, Part II*, Bd. 10289. in Lecture Notes in Computer Science, vol. 10289. Cham: Springer International Publishing, 2017. https://doi.org/10.1007/978-3-319-58637-3.
197. M. Herrnberger *u. a.*, „Roboter – Interaktive, transparente und adaptive Lebensbegleiter (R-ITUAL) - Förderkennzeichen 16SV8585“, in *Roboter für Assistenzfunktionen : Konzeptstudien für die Interaktion in der Praxis*, KIT Scientific Publishing, 2024, S. 501–555. https://doi.org/10.58895/ksp/1000151552-11.
198. M. Ludwig, S. Barlovits, A. Caldeira, und A. Moura, Hrsg., *Research On STEM Education in the Digital Age. Proceedings of the ROSEDA Conference*, 1. Aufl. WTM-Verlag Münster, 2023. https://doi.org/10.37626/GA9783959872522.0.
199. V. M. Hernández-Guzmán, R. Silva-Ortigoza, und J. A. Orrante-Sakanassi, *Automatic control with experiments*, Second edition. in Advanced textbooks in control and signal processing. Cham: Springer, 2024.
200. M. Bordegoni, *Prototyping User EXperience in EXtended Reality*, 1st ed. in SpringerBriefs in Applied Sciences and Technology Series. Cham: Springer, 2023.
201. Nacheva, R., „Prototyping approach in user interface development“, in *Proceedings of the 2nd Conference on Innovative Teaching Methods (ITM 2017)*, Sofia, Bulgaria: Faculty of Mathematics and Informatics, Sofia University, 2017, S. o. S.
202. C. Snyder, *Paper prototyping: the fast and easy way to design and refine user interfaces*. in The Morgan Kaufmann series in interactive technologies. San Francisco: Morgan Kaufmann Pub, 2003.
203. E. Canziba, *Hands-on UX design for developers: design, prototype, and implement compelling user experiences from scratch*. Birmingham, UK: Packt Publishing, 2018.
204. B. Coleman, *Designing UX: Because Modern Design Is Never Static*, 1st ed. Victoria: SitePoint Pty, Limited, 2017.
205. R. Unger und C. Chandler, *A project guide to UX design: for user experience designers in the field or in the making*. in Voices that matter. Berkeley, CA: New Riders, 2023.
206. S. Kaur, *Ultimate UI/UX Design for Professionals: Create Impactful, User-Centric Designs with Research and Collaboration Techniques for Seamless Responsive Web Interfaces (English Edition)*, 1st ed. Delhi: Orange Education PVT Ltd, 2024.
207. Q. Yang, J. Zimmerman, A. Steinfeld, und A. Tomasic, „Planning Adaptive Mobile Experiences When Wireframing“, in *Proceedings of the 2016 ACM Conference on Designing Interactive Systems*, Brisbane QLD Australia: ACM, Juni 2016, S. 565–576. https://doi.org/10.1145/2901790.2901858.
208. J. S. Gothelf und J. Gothelf, *Lean UX: Applying Lean Principles to Improve User Experience*. Sebastopol: O'Reilly Media, 2013.
209. J. Pacheco, S. Garbatov, und M. Goulao, „Improving Collaboration Efficiency Between UX/UI Designers and Developers in a Low-Code Platform“, in *2021 ACM/IEEE International Conference on Model Driven Engineering Languages and Systems Companion (MODELS-C)*, Fukuoka, Japan: IEEE, Okt. 2021, S. 138–147. https://doi.org/10.1109/MODELS-C53483.2021.00025.

210. A. Dahlström, *Storytelling in design: defining, designing, and selling multidevice products*, First edition. Beijing [China] ; Sebastopol, CA: O'Reilly Media, Inc, 2019.
211. K. Oyibo und J. Vassileva, „Relationship between Perceived UX Design Attributes and Persuasive Features: A Case Study of Fitness App", *Information*, Bd. 12, Nr. 9, S. 365, Sep. 2021, https://doi.org/10.3390/info12090365.
212. Z. Agha, Z. Zhang, O. Obajemu, L. Shirley, und P. J. Wisniewski, „A Case Study on User Experience Bootcamps with Teens to Co-Design Real-Time Online Safety Interventions", in *CHI Conference on Human Factors in Computing Systems Extended Abstracts*, New Orleans LA USA: ACM, Apr. 2022, S. 1–8. https://doi.org/10.1145/3491101.3503563.
213. A. Sears und J. A. Jacko, Hrsg., *Human-computer interaction: Development process*. in Human factors and ergonomics. Boca Raton: CRC Press, 2009. https://doi.org/10.1201/9781420088892.
214. N. Dahlbäck, A. Jönsson, und L. Ahrenberg, „Wizard of Oz studies: why and how", in *Proceedings of the 1st international conference on Intelligent user interfaces – IUI '93*, Orlando, Florida, United States: ACM Press, 1993, S. 193–200. https://doi.org/10.1145/169891.169968.
215. L. F. Baum, *The wonderful wizard of Oz*. United States: CreateSpace, 2013.
216. C. R. Becker, *Effective UX Design Strategies*, 1st ed. Delhi: BPB Publications, 2025.
217. D. Benyon, *Designing user experience: a guide to HCI, UX and interaction design*, Fourth edition. Harlow New York Toronto: Pearson, 2019.
218. S. Brewer, *Pocket Mentor for Video Game UX UI*. in The Pocket Mentors for Games Careers. S.l.: CRC PRESS, 2025. https://doi.org/10.1201/9781003367116.
219. A. Gebhardt, *Rapid Prototyping*, 1. ed. in Hanser eLibrary. München: Hanser Verlag, 2003. https://doi.org/10.3139/9783446402690.
220. A. K. Kamrani und E. A. Nasr, *Engineering design and rapid prototyping*. New York: Springer, 2010.
221. E. Schwartz, *Axure RP 6 prototyping essentials: creating highly compelling, interactive prototypes with axure that will impress and excite decision makers*, 1st ed. in Community Experience Distilled. Birmingham: Packt Publishing, 2012.
222. R. A. Tambunan, „UI/UX Design Web-Based Livestock Sale Using Design Thinking to Rapid Prototyping", *Int. J. Multidiscip. Res. Anal.*, Bd. 06, Nr. 03, März 2023, https://doi.org/10.47191/ijmra/v6-i3-03.
223. S. Suleri, N. Kipi, L. C. Tran, und M. Jarke, „UI Design Pattern-driven Rapid Prototyping for Agile Development of Mobile Applications", in *Proceedings of the 21st International Conference on Human-Computer Interaction with Mobile Devices and Services*, Taipei Taiwan: ACM, Okt. 2019, S. 1–6. https://doi.org/10.1145/3338286.3344399.
224. K. Merritt und S. Zhao, „An Innovative Reflection Based on Critically Applying UX Design Principles", *J. Open Innov. Technol. Mark. Complex.*, Bd. 7, Nr. 2, S. 129, Juni 2021, https://doi.org/10.3390/joitmc7020129.
225. S. Houde und C. Hill, „What do Prototypes Prototype?", in *Handbook of Human-Computer Interaction*, Elsevier, 1997, S. 367–381. https://doi.org/10.1016/B978-044481862-1.50082-0.
226. D. A. Norman, *The design of everyday things*, Rev. and Expanded edition. Cambridge (Mass.): MIT Press, 2013.
227. E. Tenner, „The Design of Everyday Things by Donald Norman (review)", *Technol. Cult.*, Bd. 56, Nr. 3, S. 785–787, Juli 2015, https://doi.org/10.1353/tech.2015.0104.
228. N. Döring, *Forschungsmethoden und Evaluation in den Sozial- und Humanwissenschaften*, 6., Vollständig überarbeitete, Aktualisierte und Erweiterte Auflage. in Springer-Lehrbuch. Berlin: Springer, 2023.
229. J. Karat und C. M. Karat, „The evolution of user-centered focus in the human-computer interaction field", *IBM Syst. J.*, Bd. 42, Nr. 4, S. 532–541, 2003, https://doi.org/10.1147/sj.424.0532.
230. T. D. Cook, M. Scriven, C. L. S. Coryn, und S. D. H. Evergreen, „Contemporary Thinking About Causation in Evaluation: A Dialogue With Tom Cook and Michael Scriven", *Am. J. Eval.*, Bd. 31, Nr. 1, S. 105–117, März 2010, https://doi.org/10.1177/1098214009354918.
231. T. Tullis und B. Albert, *Measuring the user experience: collecting, analyzing, and presenting usability metrics*, 2nd ed. Waltham, MA: Morgan Kauffmann/Elsevier, 2013.
232. U. Flick, *Doing triangulation and mixed methods*, 1st edition. in The Sage qualitative research kit. Thousand Oaks, CA: SAGE Publications, 2017.
233. F. Sarodnick und H. Brau, *Methoden der Usability Evaluation*, 2. Aufl. s.l.: Verlag Hans Huber, 2011.

234. E. R. House und K. R. Howe, Hrsg., *Values in evaluation and social research.* Thousand Oaks, Calif: Sage, 1999.
235. M. Scriven, *Evaluation thesaurus*, 4th ed. Newbury Park (Calif.) London New Delhi: Sage publ, 1991.
236. D. L. Stufflebeam, *Evaluation theory, models, and applications*, Second edition. in Research methods for the social sciences, no. 50. San Francisco: Jossey-Bass & Pfeiffer Imprints, Wiley, 2014.
237. J. A. Pershing, Hrsg., *Handbook of human performance technology: principles, practices, and potential*, 3rd ed. San Francisco, Calif: Pfeiffer, 2006.
238. M. Chaudhary, *UX MASTERY: the art & science of user experience design*. S.l.: CLEVER FOX PUBLISHING, 2024.
239. K. Baxter, *Understanding your users: a practical guide to user research methods*, Second edition. Waltham, MA: Morgan Kaufmann, 2015.
240. R. A. Prasetyo, D. I. Inan, R. Juita, M. Sanglise, und L. Y. Baisa, „Design and Evaluation of UI/UX of Siwi Village in West Papua Province Using Cognitive Walkthrough", *Explore J. Sist. Inf. Dan Telematika*, Bd. 15, Nr. 1, S. 119, Juni 2024, https://doi.org/10.36448/jsit.v15i1.3647.
241. M. Whaiduzzaman *u. a.*, „Concept to Reality: An Integrated Approach to Testing Software User Interfaces", *Appl. Sci.*, Bd. 13, Nr. 21, S. 11997, Nov. 2023, https://doi.org/10.3390/app132111997.
242. S. Amershi *u. a.*, „Guidelines for Human-AI Interaction", in *Proceedings of the 2019 CHI Conference on Human Factors in Computing Systems*, Glasgow Scotland Uk: ACM, Mai 2019, S. 1–13. https://doi.org/10.1145/3290605.3300233.
243. M. Schrepp, A. Hinderks, und J. Thomaschewski, „Construction of a Benchmark for the User Experience Questionnaire (UEQ)", *Int. J. Interact. Multimed. Artif. Intell.*, Bd. 4, Nr. 4, S. 40, 2017, https://doi.org/10.9781/ijimai.2017.445.
244. A. Sudaryanto, A. R. Oskash Ivaldy, A. K. Nurindiyani, und M. Safrodin, „Pengujian UI / UX Game Genshin Impact Menggunakan Cognitive Walkthrough", *J. Teknol. Dan Sist. Inf. Bisnis*, Bd. 7, Nr. 2, S. 277–283, Apr. 2025, https://doi.org/10.47233/jteksis.v7i2.1925.
245. G. Salvendy, Hrsg., *Handbook of Human Factors and Ergonomics*, 1. Aufl. Wiley, 2012. https://doi.org/10.1002/9781118131350.
246. D. Stone, *User Interface Design and Evaluation*. in Interactive Technologies Series. San Diego: Elsevier Science & Technology, 2005.
247. G. Punziano und A. Delli Paoli, Hrsg., *Handbook of research on advanced research methodologies for a digital society*. in Advances in knowledge acquisition, transfer, and management (AKATM) book series. Hershey, PA: IGI Global, 2022.
248. P. G. Polson, C. Lewis, J. Rieman, und C. Wharton, „Cognitive walkthroughs: a method for theory-based evaluation of user interfaces", *Int. J. Man-Mach. Stud.*, Bd. 36, Nr. 5, S. 741–773, Mai 1992, https://doi.org/10.1016/0020-7373(92)90039-N.
249. C. Jooste, J. A. Van Biljon, und J. Mentz, „Usability Evaluation for Business Intelligence Applications: A User Support Perspective", *South Afr. Comput. J.*, Bd. 53, Aug. 2014, https://doi.org/10.18489/sacj.v53i0.198.
250. I. S. MacKenzie, „Fitts' Law as a Research and Design Tool in Human-Computer Interaction", *Human–Computer Interact.*, Bd. 7, Nr. 1, S. 91–139, März 1992, https://doi.org/10.1207/s15327051hci0701_3.
251. R. W. Soukoreff und I. S. MacKenzie, „Towards a standard for pointing device evaluation, perspectives on 27 years of Fitts' law research in HCI", *Int. J. Hum.-Comput. Stud.*, Bd. 61, Nr. 6, S. 751–789, Dez. 2004, https://doi.org/10.1016/j.ijhcs.2004.09.001.
252. J. O. Wobbrock, E. Cutrell, S. Harada, und I. S. MacKenzie, „An error model for pointing based on Fitts' law", in *Proceedings of the SIGCHI Conference on Human Factors in Computing Systems*, Florence Italy: ACM, Apr. 2008, S. 1613–1622. https://doi.org/10.1145/1357054.1357306.
253. S. K. Card, T. P. Moran, und A. Newell, „The keystroke-level model for user performance time with interactive systems", *Commun. ACM*, Bd. 23, Nr. 7, S. 396–410, Juli 1980, https://doi.org/10.1145/358886.358895.
254. C. Schlick, R. Bruder, und H. Luczak, *Arbeitswissenschaft*. Berlin, Heidelberg: Springer Berlin Heidelberg, 2018. https://doi.org/10.1007/978-3-662-56037-2.
255. J. Wandmacher, *Software-Ergonomie*. in Mensch Computer Kommunikation, no. 2. Berlin; New York: W. de Gruyter, 1993.
256. A. B. Tucker, Hrsg., *Computer science handbook*, 2. ed. Boca Raton, Fla: Chapman & Hall/CRC [u.a.], 2004.

257. S. K. Card, T. P. Moran, und A. Newell, *The Psychology of Human-Computer Interaction*, 1. Aufl. CRC Press, 2018. https://doi.org/10.1201/9780203736166.
258. B. John, „Why GOMS?“, *Interactions*, Bd. 2, Nr. 4, S. 80–89, Okt. 1995, https://doi.org/10.1145/225362.225374.
259. L. K. Baumeister, B. E. John, und M. D. Byrne, „A comparison of tools for building GOMS models“, in *Proceedings of the SIGCHI conference on Human Factors in Computing Systems*, The Hague The Netherlands: ACM, Apr. 2000, S. 502–509. https://doi.org/10.1145/332040.332485.
260. P. M. Fitts, „The information capacity of the human motor system in controlling the amplitude of movement.“, *J. Exp. Psychol.*, Bd. 47, Nr. 6, S. 381–391, 1954, https://doi.org/10.1037/h0055392.
261. T. Ellenbürger, M. Krüger, C. H. Shea, und S. Panzer, „Sind motorische Handlungen auf eine präzise Wahrnehmung angewiesen?“, *Z. Für Sportpsychol.*, Bd. 19, Nr. 4, S. 135–144, Okt. 2012, https://doi.org/10.1026/1612-5010/a000079.
262. A. Kiesel *u. a.*, Hrsg., *Lehrbuch Allgemeine Psychologie*, 4., Vollständig überarbeitete und Erweiterte Auflage. Bern: Hogrefe, 2018.
263. S. Seow, „Information Theoretic Models of HCI: A Comparison of the Hick-Hyman Law and Fitts' Law“, *Hum.-Comput. Interact.*, Bd. 20, Nr. 3, S. 315–352, Sep. 2005, https://doi.org/10.1207/s15327051hci2003_3.
264. T. Wu *u. a.*, „Hick–Hyman Law is Mediated by the Cognitive Control Network in the Brain“, *Cereb. Cortex*, Bd. 28, Nr. 7, S. 2267–2282, Juli 2018, https://doi.org/10.1093/cercor/bhx127.
265. J. M. Carroll, *HCI models, theories, and frameworks: towards a multidisciplinary science.* in The Morgan Kaufmann series in interactive technologies. Amsterdam Paris: Morgan Kaufmann Pub, 2003.
266. G. Vindigni, „Gender Bias and Cultural Misrepresentation in AI: A Critical Inquiry into Cross-Cultural Communication and Algorithmic Design“, *Eur. J. Appl. Sci. Eng. Technol.*, Bd. 3, Nr. 3, S. 51–72, Apr. 2025, https://doi.org/10.59324/ejaset.2025.3(3).06.
267. R. Sleimen-Malkoun, J.-J. Temprado, und E. Berton, „Age-related dedifferentiation of cognitive and motor slowing: insight from the comparison of Hick–Hyman and Fitts' laws“, *Front. Aging Neurosci.*, Bd. 5, 2013, https://doi.org/10.3389/fnagi.2013.00062.
268. A. Reina, T. Bose, V. Trianni, und J. A. R. Marshall, „Psychophysical Laws and the Superorganism“, *Sci. Rep.*, Bd. 8, Nr. 1, S. 4387, März 2018, https://doi.org/10.1038/s41598-018-22616-y.
269. O. Decker, „Sozialpsychologie und Sozialtheorie. Band 1: Zugänge“, in Lehrbuch. , Wiesbaden [Heidelberg]: Springer VS, 2018.
270. G. Reinmann, „Was macht Design-Based Research zu Forschung?: Die Debatte um Standards und die vernachlässigte Rolle des Designs“, *EDeR Educ. Des. Res.*, Bd. 6, Nr. 2, Okt. 2022, https://doi.org/10.15460/eder.6.2.1909.
271. K. R. Popper, *Alles Leben ist Problemlösen: über Erkenntnis, Geschichte und Politik*, Ungekürzte Taschenbuchausgabe, 21. Auflage. in Serie Piper, no. 2300. München: Piper, 2023.
272. S. Gattei, *Karl Popper's philosophy of science: rationality without foundations*. New York: Routledge, 2010.
273. „Kuhn vs. Popper: the struggle for the soul of science“, *Choice Rev. Online*, Bd. 42, Nr. 11, S. 42-6411-42–6411, Juli 2005, https://doi.org/10.5860/CHOICE.42-6411.
274. R. G. Swinburne und P. A. Schilpp, „The Philosophy of Karl Popper.“, *Philos. Q.*, Bd. 25, Nr. 101, S. 365, Okt. 1975, https://doi.org/10.2307/2218986.
275. L. C. Grabbe und T. Held, Hrsg., *Designforschung und Designwissenschaft: Methoden und Theorien gestalterischer Episteme*, 1st ed. 2024. in Designforschung – Designwissenschaft - Designtheorie. Wiesbaden: Springer Fachmedien Wiesbaden, 2024. https://doi.org/10.1007/978-3-658-45253-7.
276. G. Schweppenhäuser, *Design, Philosophie und Medien: Perspektiven einer kritischen Entwurfs- und Gestaltungstheorie*. in Würzburger Beiträge zur Designforschung. Wiesbaden: Springer VS, 2019.
277. C. S. Burckhardt, K. L. Anderson, B. Archenholtz, und O. Hägg, „[No title found]“, *Health Qual. Life Outcomes*, Bd. 1, Nr. 1, S. 59, 2003, https://doi.org/10.1186/1477-7525-1-59.
278. D. D. Gremler, „The Critical Incident Technique in Service Research“, *J. Serv. Res.*, Bd. 7, Nr. 1, S. 65–89, Aug. 2004, https://doi.org/10.1177/1094670504266138.

279. L. D. Butterfield, W. A. Borgen, N. E. Amundson, und A.-S. T. Maglio, „Fifty years of the critical incident technique: 1954-2004 and beyond“, *Qual. Res.*, Bd. 5, Nr. 4, S. 475–497, Nov. 2005, https://doi.org/10.1177/1468794105056924.
280. J. K. Kemppainen, „The critical incident technique and nursing care quality research“, *J. Adv. Nurs.*, Bd. 32, Nr. 5, S. 1264–1271, Nov. 2000, https://doi.org/10.1046/j.1365-2648.2000.01597.x.
281. B.-E. Andersson und S.-G. Nilsson, „Studies in the reliability and validity of the critical incident technique.“, *J. Appl. Psychol.*, Bd. 48, Nr. 6, S. 398–403, Dez. 1964, https://doi.org/10.1037/h0042025.
282. C. Urquhart *u. a.*, „Critical incident technique and explicitation interviewing in studies of information behavior“, *Libr. Inf. Sci. Res.*, Bd. 25, Nr. 1, S. 63–88, März 2003, https://doi.org/10.1016/S0740-8188(02)00166-4.
283. I. J. Norman, S. J. Redfern, D. A. Tomalin, und S. Oliver, „Developing Flanagan's critical incident technique to elicit indicators of high and low quality nursing care from patients and their nurses“, *J. Adv. Nurs.*, Bd. 17, Nr. 5, S. 590–600, Mai 1992, https://doi.org/10.1111/j.1365-2648.1992.tb02837.x.
284. P. Mayring, *Qualitative Inhaltsanalyse: Grundlagen und Techniken*, 13., Überarbeitete Auflage. Weinheim Basel: Beltz, 2022.
285. R. F. Viergever, „The Critical Incident Technique: Method or Methodology?“, *Qual. Health Res.*, Bd. 29, Nr. 7, S. 1065–1079, Juni 2019, https://doi.org/10.1177/1049732318813112.
286. J. R. Bergstrom und A. Schall, *Eye Tracking in User Experience Design*. Elsevier, 2014. https://doi.org/10.1016/C2012-0-06867-6.
287. J. Rubin und D. Chisnell, *Handbook of usability testing: how to plan, design, and conduct effective tests*, 2nd ed. Indianapolis, Ind: Wiley Pub, 2008.
288. S. Riihiaho, „The Pluralistic Usability Walk-Through Method“, *Ergon. Des. Q. Hum. Factors Appl.*, Bd. 10, Nr. 3, S. 23–27, Juli 2002, https://doi.org/10.1177/106480460201000306.
289. K. L. Norman und J. Kirakowski, *The Wiley handbook of human computer interaction*. Hoboken (N.J.): Wiley-Blackwell, 2018.
290. K. Hornbæk, „Current practice in measuring usability: Challenges to usability studies and research“, *Int. J. Hum.-Comput. Stud.*, Bd. 64, Nr. 2, S. 79–102, Feb. 2006, https://doi.org/10.1016/j.ijhcs.2005.06.002.
291. R. M. Baron und D. A. Kenny, „The moderator–mediator variable distinction in social psychological research: Conceptual, strategic, and statistical considerations.“, *J. Pers. Soc. Psychol.*, Bd. 51, Nr. 6, S. 1173–1182, 1986, https://doi.org/10.1037/0022-3514.51.6.1173.
292. Venkatesh, Morris, Davis, und Davis, „User Acceptance of Information Technology: Toward a Unified View“, *MIS Q.*, Bd. 27, Nr. 3, S. 425, 2003, https://doi.org/10.2307/30036540.
293. A. D. Wu und B. D. Zumbo, „Understanding and Using Mediators and Moderators“, *Soc. Indic. Res.*, Bd. 87, Nr. 3, S. 367–392, Juli 2008, https://doi.org/10.1007/s11205-007-9143-1.
294. G. Baptista und T. Oliveira, „Understanding mobile banking: The unified theory of acceptance and use of technology combined with cultural moderators“, *Comput. Hum. Behav.*, Bd. 50, S. 418–430, Sep. 2015, https://doi.org/10.1016/j.chb.2015.04.024.
295. D. Reinhardt, „IntuiBeat: Formative and Summative Evaluation of Intuitive UseIntuiBeat: Formative und summative Evaluation intuitiver Benutzung“, Universität Würzburg, 2020. https://doi.org/10.25972/OPUS-21759.
296. J. C. K. Tham, T. W. Howard, und G. Verhulsdonck, *UX writing: designing user-centered content*. New York, NY: Routledge, 2024.
297. I. T. Berg, „Participation to the People! Locating the Popular in Rimini Protokoll's Home Visit Europe“, *Nord. Theatre Stud.*, Bd. 29, Nr. 2, S. 162–183, März 2018, https://doi.org/10.7146/nts.v29i2.104610.
298. J. S. Dumas und J. Redish, *A practical guide to usability testing*, Rev. ed. Exeter: Intellect, 1999.
299. K. Yitmen, *Business analysis software testing usability: a quick guide book for better project management and faster IT carrer*. S.l.: Keytorc, 2016.
300. H.-D. Böcker, W. Glatthaar, und T. Strothotte, Hrsg., *Mensch-Computer-Kommunikation: Benutzergerechte Systeme auf dem Weg in die Praxis*. in Springer eBook Collection Computer Science and Engineering. Berlin, Heidelberg: Springer Berlin Heidelberg, 1993. https://doi.org/10.1007/978-3-642-78272-5.

301. B. Endres-Niggemeyer, *Interaktion und Kommunikation Mit Dem Computer: Jahrestagung der Gesellschaft Für Linguistische Datenverarbeitung (GLDV). Ulm, 8. -10. März 1989 Proceedings*. in Informatik-Fachberichte Ser, no. v. 238. Berlin, Heidelberg: Springer Berlin / Heidelberg, 1990.
302. I. D. Bleecker und R. Okoroji, *Remote usability testing: actionable insights in user behavior across geographies and time zones*, 1st ed. Birmingham, UK: Packt Publishing, 2018.
303. C. K. Madathil und J. S. Greenstein, „An investigation of the efficacy of collaborative virtual reality systems for moderated remote usability testing", *Appl. Ergon.*, Bd. 65, S. 501–514, Nov. 2017, https://doi.org/10.1016/j.apergo.2017.02.011.
304. C. J. Diamantidis *u. a.*, „Remote Usability Testing and Satisfaction with a Mobile Health Medication Inquiry System in CKD", *Clin. J. Am. Soc. Nephrol.*, Bd. 10, Nr. 8, S. 1364–1370, Aug. 2015, https://doi.org/10.2215/CJN.12591214.
305. R. Leung, „Using AI–ML to Augment the Capabilities of Social Media for Telehealth and Remote Patient Monitoring", *Healthcare*, Bd. 11, Nr. 12, S. 1704, Juni 2023, https://doi.org/10.3390/healthcare11121704.
306. O. Alhadreti, „A Comparison of Synchronous and Asynchronous Remote Usability Testing Methods", *Int. J. Human–Computer Interact.*, Bd. 38, Nr. 3, S. 289–297, Feb. 2022, https://doi.org/10.1080/10447318.2021.1938391.
307. W. Lin, T. Yu, X. Chang, W. Wu, und Y. Zhang, „Calculating cooling extents of green parks using remote sensing: Method and test", *Landsc. Urban Plan.*, Bd. 134, S. 66–75, Feb. 2015, https://doi.org/10.1016/j.landurbplan.2014.10.012.
308. J. Schnepp und B. Shiver, „Improving deaf accessibility in remote usability testing", in *The proceedings of the 13th international ACM SIGACCESS conference on Computers and accessibility*, Dundee Scotland, UK: ACM, Okt. 2011, S. 255–256. https://doi.org/10.1145/2049536.2049594.
309. A. Relawati, G. M. Zamroni, und Y. Primanda, „Unmoderated Remote Usability Testing: An Approach during Covid-19 Pandemic", *Int. J. Adv. Comput. Sci. Appl.*, Bd. 13, Nr. 1, 2022, https://doi.org/10.14569/IJACSA.2022.0130135.
310. C. F. Camerer, G. Loewenstein, und M. Rabin, *Advances in Behavioral Economics*. Princeton University Press, 2011. https://doi.org/10.2307/j.ctvcm4j8j.
311. J. Hendrickson, *UNLEASHING THE POWER OF UX ANALYTICS: proven techniques and strategies for uncovering user insights to deliver delightful user experience*, 1st edition. Birmingham, UK: Packt Publishing Ltd, 2023.
312. T. Greever, *UX-Design überzeugend vermitteln: Erfolgreich mit Kunden und Stakeholdern kommunizieren und die bestmögliche User Experience erzielen*, 1. Auflage. Heidelberg: O'Reilly, 2021.
313. H. Bubb, K. Bengler, R. E. Grünen, und M. Vollrath, *Automobilergonomie*. Wiesbaden: Springer Fachmedien Wiesbaden, 2015. https://doi.org/10.1007/978-3-8348-2297-0.
314. A. Blackler, *Intuitive Interaction: Research and Application*. Milton, UNITED KINGDOM: CRC Press LLC, 2019.
315. O. Bertelsen, M. Brynskov, P. Dalsgaard, O. S. Iversen, M. G. Petersen, und M. Wetterstrand, „Proceedings of the Sixth Danish Human-Computer Interaction Research Symposium.", *DAIMI Rep. Ser.*, Bd. 35, Nr. 580, Nov. 2006, https://doi.org/10.7146/dpb.v35i580.7139.
316. M. Hertzum, *Usability Testing: A Practitioner's Guide to Evaluating the User Experience*. in Synthesis Lectures on Human-Centered Informatics. Cham: Springer International Publishing, 2020. https://doi.org/10.1007/978-3-031-02227-2.
317. M. Van Den Haak, M. De Jong, und P. Jan Schellens, „Retrospective vs. concurrent think-aloud protocols: Testing the usability of an online library catalogue", *Behav. Inf. Technol.*, Bd. 22, Nr. 5, S. 339–351, Sep. 2003, https://doi.org/10.1080/0044929031000.
318. N. B. Ali, K. Petersen, und C. Wohlin, „A systematic literature review on the industrial use of software process simulation", *J. Syst. Softw.*, Bd. 97, S. 65–85, Nov. 2014, https://doi.org/10.1016/j.jss.2014.06.059.
319. N. Eger, L. J. Ball, R. Stevens, und J. Dodd, „Cueing Retrospective Verbal Reports in Usability Testing Through Eye-Movement Replay", gehalten auf der Proceedings of HCI 2007 The 21st British HCI Group Annual Conference University of Lancaster, UK, 2007. https://doi.org/10.14236/ewic/HCI2007.13.
320. M. Horsley, M. Eliot, B. A. Knight, und R. Reilly, Hrsg., *Current Trends in Eye Tracking Research*. Cham: Springer International Publishing, 2014. https://doi.org/10.1007/978-3-319--02868-2.

321. K. Conklin, A. Pellicer-Sánchez, und G. Carrol, *Eye-Tracking: A Guide for Applied Linguistics Research*, 1. Aufl. Cambridge University Press, 2018. https://doi.org/10.1017/9781108233279.
322. L. Billeci *u. a.*, „An integrated EEG and eye-tracking approach for the study of responding and initiating joint attention in Autism Spectrum Disorders", *Sci. Rep.*, Bd. 7, Nr. 1, S. 13560, Okt. 2017, https://doi.org/10.1038/s41598-017-13053-4.
323. A. T. Duchowski, *Eye Tracking Methodology: Theory and Practice*, 3. London: Springer London, 2017. https://doi.org/10.1007/978-1-4471-3750-4.
324. K. Krafka *u. a.*, „Eye Tracking for Everyone", in *2016 IEEE Conference on Computer Vision and Pattern Recognition (CVPR)*, Las Vegas, NV, USA: IEEE, Juni 2016, S. 2176–2184. https://doi.org/10.1109/CVPR.2016.239.
325. L. Chamberlain, „Eye Tracking Methodology; Theory and Practice", *Qualitative Market Research: An International Journal*, Bd. 10, Nr. 2, S. 217–220, Apr. 2007. https://doi.org/10.1108/13522750710740862.
326. A. Poole und L. J. Ball, „Eye Tracking in HCI and Usability Research", in *Encyclopedia of Human Computer Interaction*, C. Ghaoui, Hrsg., IGI Global, 2006, S. 211–219. https://doi.org/10.4018/978-1-59140-562-7.ch034.
327. J. R. Bergstrom und A. J. Schall, Hrsg., *Eye tracking in user experience design*. Amsterdam; Boston: Elsevier, 2014.
328. J. Nielsen, *Eyetracking web usability*. Berkeley, Calif: New Riders, 2010.
329. Q.-X. Qu, L. Zhang, W.-Y. Chao, und V. Duffy, „User Experience Design Based on Eye-Tracking Technology: A Case Study on Smartphone APPs", in *Advances in Applied Digital Human Modeling and Simulation*, Bd. 481, V. G. Duffy, Hrsg., in Advances in Intelligent Systems and Computing, vol. 481, Cham: Springer International Publishing, 2017, S. 303–315. https://doi.org/10.1007/978-3-319-41627-4_27.
330. R. Valenti und T. Gevers, „Accurate eye center location and tracking using isophote curvature", in *2008 IEEE Conference on Computer Vision and Pattern Recognition*, Anchorage, AK, USA: IEEE, Juni 2008, S. 1–8. https://doi.org/10.1109/CVPR.2008.4587529.
331. D. J. Graham und R. W. Jeffery, „Location, Location, Location: Eye-Tracking Evidence that Consumers Preferentially View Prominently Positioned Nutrition Information", *J. Am. Diet. Assoc.*, Bd. 111, Nr. 11, S. 1704–1711, Nov. 2011, https://doi.org/10.1016/j.jada.2011.08.005.
332. M. Resnick und W. Albert, „The Impact of Advertising Location and User Task on the Emergence of Banner Ad Blindness: An Eye-Tracking Study", *Int. J. Hum.-Comput. Interact.*, Bd. 30, Nr. 3, S. 206–219, März 2014, https://doi.org/10.1080/10447318.2013.847762.
333. K. Ooms, L. Dupont, L. Lapon, und S. Popelka, „Accuracy and precision of fixation locations recorded with the low-cost Eye Tribe tracker in different experimental set-ups", *J. Eye Mov. Res.*, Bd. 8, Nr. 1, Dez. 2015, https://doi.org/10.16910/jemr.8.1.5.
334. W. Fuhl, T. Santini, D. Geisler, T. Kübler, W. Rosenstiel, und E. Kasneci, „Eyes wide open? eyelid location and eye aperture estimation for pervasive eye tracking in real-world scenarios", in *Proceedings of the 2016 ACM International Joint Conference on Pervasive and Ubiquitous Computing: Adjunct*, Heidelberg Germany: ACM, Sep. 2016, S. 1656–1665. https://doi.org/10.1145/2968219.2968334.
335. A. Poole und L. J. Ball, „Eye Tracking in HCI and Usability Research":, in *Encyclopedia of Human Computer Interaction*, C. Ghaoui, Hrsg., IGI Global, 2006, S. 211–219. https://doi.org/10.4018/978-1-59140-562-7.ch034.
336. K. Schlegelmilch und A. E. Wertz, „The Effects of Calibration Target, Screen Location, and Movement Type on Infant Eye-Tracking Data Quality", *Infancy*, Bd. 24, Nr. 4, S. 636–662, Juli 2019, https://doi.org/10.1111/infa.12294.
337. C. Kantelhardt *u. a.*, „Veränderung des Blickmusters in Abhängigkeit des Stadiums der Brustrekonstruktion mittels DIEP Lappenplastik – erste Daten einer Eye-Tracking-Analyse", *Handchir. · Mikrochir. · Plast. Chir.*, Bd. 54, Nr. 04, S. 356–362, Aug. 2022, https://doi.org/10.1055/a-1794-5951.
338. R. Mühlhoff, „Digitale Entmündigung und User Experience Design. Wie digitale Geräte uns nudgen, tracken und zur Unwissenheit erziehen", *Leviathan*, Bd. 46, Nr. 4, S. 551–574, 2018, https://doi.org/10.5771/0340-0425-2018-4-551.
339. B. Körner, „Human-Robot-Interaction – Evaluation, Konzeption und Umsetzung einer Anwendung für den NAO-Roboter der Firma Aldebaran Robotics zur Förderung autistischer Kinder", Technische Hochschule Wildau, 2015. https://doi.org/10.15771/Ba_2015_1.

340. E. Reutskaja, R. Nagel, C. F. Camerer, und A. Rangel, „Search Dynamics in Consumer Choice under Time Pressure: An Eye-Tracking Study“, *Am. Econ. Rev.*, Bd. 101, Nr. 2, S. 900–926, Apr. 2011, https://doi.org/10.1257/aer.101.2.900.
341. G. Drusch, J. M. Christian Bastien, und S. Paris, „Analysing Eye-Tracking Data: From Scanpaths and Heatmaps to the Dynamic Visualisation of Areas of Interest“, gehalten auf der International Conference on Applied Human Factors and Ergonomics (AHFE), 2020. https://doi.org/10.54941/ahfe100394.
342. G. Rakoczi und M. Pohl, „Visualisation and Analysis of Multiuser Gaze Data: Eye Tracking Usability Studies in the Special Context of E-learning“, in *2012 IEEE 12th International Conference on Advanced Learning Technologies*, Rome, Italy: IEEE, Juli 2012, S. 738–739. https://doi.org/10.1109/ICALT.2012.15.
343. T. Metsalu und J. Vilo, „ClustVis: a web tool for visualizing clustering of multivariate data using Principal Component Analysis and heatmap“, *Nucleic Acids Res.*, Bd. 43, Nr. W1, S. W566–W570, Juli 2015, https://doi.org/10.1093/nar/gkv468.
344. Z. Gu, R. Eils, und M. Schlesner, „Complex heatmaps reveal patterns and correlations in multidimensional genomic data“, *Bioinformatics*, Bd. 32, Nr. 18, S. 2847–2849, Sep. 2016, https://doi.org/10.1093/bioinformatics/btw313.
345. V. Georges, F. Courtemanche, S. Senecal, T. Baccino, M. Fredette, und P.-M. Leger, „UX Heatmaps: Mapping User Experience on Visual Interfaces“, in *Proceedings of the 2016 CHI Conference on Human Factors in Computing Systems*, San Jose California USA: ACM, Mai 2016, S. 4850–4860. https://doi.org/10.1145/2858036.2858271.
346. C. Yuksel und J. Keyser, „Deep Opacity Maps“, *Comput. Graph. Forum*, Bd. 27, Nr. 2, S. 675–680, Apr. 2008, https://doi.org/10.1111/j.1467-8659.2008.01165.x.
347. M. Anthimopoulos, S. Christodoulidis, L. Ebner, A. Christe, und S. Mougiakakou, „Lung Pattern Classification for Interstitial Lung Diseases Using a Deep Convolutional Neural Network“, *IEEE Trans. Med. Imaging*, Bd. 35, Nr. 5, S. 1207–1216, Mai 2016, https://doi.org/10.1109/TMI.2016.2535865.
348. L. Shi, U. Stickler, und M. E. Lloyd, „The interplay between attention, experience and skills in online language teaching“, *Lang. Learn. High. Educ.*, Bd. 7, Nr. 1, S. 205–238, Mai 2017, https://doi.org/10.1515/cercles-2017-0007.
349. S. Popelka und V. Voženílek, „Specifying of requirements for spatio-temporal data in map by eye-tracking and space-time-cube“, gehalten auf der 2012 International Conference on Graphic and Image Processing, Z. Zhu, Hrsg., Singapore, Singapore, März 2013, S. 87684N. https://doi.org/10.1117/12.2011438.
350. T. Rocha, D. Carvalho, M. Bessa, S. Reis, und L. Magalhães, „Usability evaluation of navigation tasks by people with intellectual disabilities: a Google and SAPO comparative study regarding different interaction modalities“, *Univers. Access Inf. Soc.*, Bd. 16, Nr. 3, S. 581–592, Aug. 2017, https://doi.org/10.1007/s10209-016-0489-5.
351. N. B. Christiansen, „LEGO®“, LEGO® entdecken. [Online]. Verfügbar unter: https://www.lego.com/
352. N. Jaegermann und P. S. Klein, „Enhancing mothers' interactions with toddlers who have sensory-processing disorders“, *Infant Ment. Health J.*, Bd. 31, Nr. 3, S. 291–311, Mai 2010, https://doi.org/10.1002/imhj.20257.
353. A. Niels, *Attributionen in der Mensch-Computer-Interaktion: Einfluss Auf Die Bewertung und Gestaltung Interaktiver Produkte*. Wiesbaden: Vieweg, 2019.
354. S. Weichert, G. Quint, und T. Bartel, *Quick Guide UX Management: So verankern Sie Usability und User Experience im Unternehmen*, 1. Aufl. 2018. in Quick Guide. Wiesbaden: Springer Fachmedien Wiesbaden, 2018. https://doi.org/10.1007/978-3-658-22595-7.
355. T. Wiedenhöfer, *Community Usability Engineering: Prozesse und Werkzeuge Zur in-Situ Feedbackunterstützung*. Wiesbaden: Springer Fachmedien Wiesbaden GmbH, 2015.
356. C. Czarnecki, A. Lübbe, V. G. Meister, C. Müller, M. Steglich, und M. Walther, Hrsg., *Angewandte Forschung in der Wirtschaftsinformatik 2023: Tagungsband zur 36. AKWI-Jahrestagung vom 11.09.2023 bis 13.09.2023 ausgerichtet von der Technischen Hochschule Wildau*. Technische Hochschule Wildau, 2023. https://doi.org/10.15771/1794.
357. R. Owen, J. R. Bessant, und M. Heintz, Hrsg., *Responsible innovation: managing the responsible emergence of science and innovation in society*. Chichester, West Sussex, United Kingdom: Wiley, 2013. https://doi.org/10.1002/9781118551424.

358. J. Kalra und N. Lightner, „Accelerating Open Access Science in Human Factors Engineering and Human-Centered Computing", gehalten auf der 13th International Conference on Applied Human Factors and Ergonomics (AHFE 2022), New York: AHFE International, 2022. https://doi.org/10.54941/ahfe1002090.
359. M. Hastenteufel und S. Renaud, *Software als Medizinprodukt: Entwicklung und Zulassung von Software in der Medizintechnik*. in Springer eBooks Computer Science and Engineering. Wiesbaden: Springer Vieweg, 2019. https://doi.org/10.1007/978-3-658-26488-8.
360. G. Meixner und C. Müller, Hrsg., *Automotive User Interfaces: Creating Interactive Experiences in the Car*. in Human–Computer Interaction Series. Cham: Springer, 2017. https://doi.org/10.1007/978-3-319-49448-7.
361. A. Riener, M. Jeon, und I. Alvarez, Hrsg., *User experience design in the era of automated driving*. in Studies in computational intelligence series, no. volume 980. Cham: Springer Nature Switzerland AG, 2022.
362. K. Harrington, D. R. Large, G. Burnett, und O. Georgiou, „Exploring the Use of Mid-Air Ultrasonic Feedback to Enhance Automotive User Interfaces", in *Proceedings of the 10th International Conference on Automotive User Interfaces and Interactive Vehicular Applications*, Toronto ON Canada: ACM, Sep. 2018, S. 11–20. https://doi.org/10.1145/3239060.3239089.
363. S. J. Breitschaft, S. Clarke, und C.-C. Carbon, „A Theoretical Framework of Haptic Processing in Automotive User Interfaces and Its Implications on Design and Engineering", *Front. Psychol.*, Bd. 10, S. 1470, Juli 2019, https://doi.org/10.3389/fpsyg.2019.01470.
364. K. M. P. Escanillan-Galera und C. M. Vilela-Malabanan, „Evaluating on User Experience and User Interface (UX/UI) of EnerTrApp a Mobile Web Energy Monitoring System", *Procedia Comput. Sci.*, Bd. 161, S. 1225–1232, 2019, https://doi.org/10.1016/j.procs.2019.11.236.
365. M. Aguirre-Munizaga, V. Vergara-Lozano, K. Lagos-Ortiz, und A. El Salous, „Evaluation of User Interface (UI) and User Experience (UX) for Web Services of a Weather Data Monitoring Platform", in *Technologies and Innovation*, Bd. 1658, R. Valencia-García, M. Bucaram-Leverone, J. Del Cioppo-Morstadt, N. Vera-Lucio, und E. Jácome-Murillo, Hrsg., in Communications in Computer and Information Science, vol. 1658. , Cham: Springer International Publishing, 2022, S. 235–246. https://doi.org/10.1007/978-3-031-19961-5_17.
366. D. T. Lima *u. a.*, „UX-Tracking: Web and Multimodal Tool for User Experience Evaluation", in *Anais Estendidos do XXVIII Simpósio Brasileiro de Sistemas Multimídia e Web (WebMedia 2022)*, Brasil: Sociedade Brasileira de Computação – SBC, Nov. 2022, S. 107–110. https://doi.org/10.5753/webmedia_estendido.2022.226527.
367. O. Gast, *User Experience Im E-Commerce: Messung Von Emotionen Bei der Nutzung Interaktiver Anwendungen*. in Business – Innovation – High Tech Ser. Wiesbaden: Gabler, 2018.
368. J. R. Saura, D. Ribeiro-Soriano, und D. Palacios-Marqués, „From user-generated data to data-driven innovation: A research agenda to understand user privacy in digital markets", *Int. J. Inf. Manag.*, Bd. 60, S. 102331, Okt. 2021, https://doi.org/10.1016/j.ijinfomgt.2021.102331.
369. R. M. Schumacher, Hrsg., *The handbook of global user research*. Burlington, MA: Morgan Kaufmann, 2010.
370. S. Marsh, *User research: a practical guide to designing better products and services*, 2nd ed. London New York, NY New Delhi: Kogan Page, 2022.
371. P. Hague und P. Hague, *Market research in practice: an introduction to gaining greater market insight*, Fourth edition. London Philadelphia New Delhi: Kogan Page, 2022.
372. H. Kreis, R. Wildner, und A. Kuß, *Marktforschung: Datenerhebung und Datenanalyse*, 8., Überarbeitete Auflage. Wiesbaden: Springer Fachmedien Wiesbaden, 2024. https://doi.org/10.1007/978-3-658-44456-3.
373. A. Magerhans, *Marktforschung: Eine praxisorientierte Einführung*. in SpringerLink Bücher. Wiesbaden: Springer Gabler, 2016. https://doi.org/10.1007/978-3-658-00891-8.
374. M. Makhija, „Comparing the resource-based and market-based views of the firm: empirical evidence from Czech privatization", *Strateg. Manag. J.*, Bd. 24, Nr. 5, S. 433–451, Mai 2003, https://doi.org/10.1002/smj.304.
375. H. Hölzner und H. Koller, *Die Fähigkeit des Fortschritts im Strategischen Management: Eine organisations- und wissenschaftstheoretisch fundierte Erweiterung des Konzepts dynamischer Fähigkeiten*. in SpringerLink Bücher. Wiesbaden: Gabler, 2009. https://doi.org/10.1007/978-3-8349-8416-6.

376. L. W. Weiss, „The Structure-Conduct-Performance Paradigm and Antitrust“, *Univ. Pa. Law Rev.*, Bd. 127, Nr. 4, S. 1104, Apr. 1979, https://doi.org/10.2307/3311794.
377. P. M. Ralston, J. Blackhurst, D. E. Cantor, und M. R. Crum, „A Structure–Conduct–Performance Perspective of How Strategic Supply Chain Integration Affects Firm Performance“, *J. Supply Chain Manag.*, Bd. 51, Nr. 2, S. 47–64, Apr. 2015, https://doi.org/10.1111/jscm.12064.
378. M. E. Porter, „The Contributions of Industrial Organization to Strategic Management“, *Acad. Manage. Rev.*, Bd. 6, Nr. 4, S. 609, Okt. 1981, https://doi.org/10.2307/257639.
379. B. Wernerfelt, „A resource-based view of the firm“, *Strateg. Manag. J.*, Bd. 5, Nr. 2, S. 171–180, Apr. 1984, https://doi.org/10.1002/smj.4250050207.
380. R. L. Priem und J. E. Butler, „Is the Resource-Based “View” a Useful Perspective for Strategic Management Research?“, *Acad. Manage. Rev.*, Bd. 26, Nr. 1, S. 22–40, Jan. 2001, https://doi.org/10.5465/amr.2001.4011928.
381. J. Barney, M. Wright, und D. J. Ketchen, „The resource-based view of the firm: Ten years after 1991“, *J. Manag.*, Bd. 27, Nr. 6, S. 625–641, Dez. 2001, https://doi.org/10.1177/014920630102700601.
382. A. de Booij, „UX Research“, Okt. 2018, [Online]. Verfügbar unter: https://www.handelsblatt.com/adv/datensicherheit/ux-research-verhalten-und-gefuehle-klaffen-beim-datenschutz-stark--auseinander/23125344.html
383. S. Bromley, *How to be a games user researcher: run better playtests, reveal usability and UX issues, and make games better*. Place of publication not identified: Independently published, 2021.
384. A. Drachen, P. Mirza-Babaei, und L. E. Nacke, Hrsg., *Games user research*, First edition. Oxford, UK ; New York: Oxford University Press, 2018.
385. M. A. Garcia-Ruiz, Hrsg., *Games user research: a case study approach*. in An A K Peters book. Boca Raton London New York: CRC Press, 2016.
386. P. Mirza-babaei, S. Long, und E. Foley, „Understanding the Contribution of Biometrics to Games User Research“, gehalten auf der Proceedings of DiGRA 2011 Conference: Think Design Play, Jan. 2011. https://doi.org/10.26503/dl.v2011i1.520.
387. P. Mirza-Babaei, L. Nacke, und A. Drachen, „Games User Research Methods“, in *Proceedings of the 2018 Annual Symposium on Computer-Human Interaction in Play Companion Extended Abstracts*, Melbourne VIC Australia: ACM, Okt. 2018, S. 1–4. https://doi.org/10.1145/3270316.3271548.
388. R. H. Miller, *UX for enterprise ChatGPT solutions: a practical guide to designing enterprise-grade LLMs*. Place of publication not identified: Packt Publishing, 2024.
389. R. Bernhaupt, Hrsg., *Game User Experience Evaluation*. in Human–Computer Interaction Series. Cham: Springer, 2015. https://doi.org/10.1007/978-3-319-15985-0.
390. M. S. El-Nasr, *Game analytics: maximizing the value of player data*. New York: Springer, 2013.
391. Z. S. Hippe, J. L. Kulikowski, und T. Mroczek, *Human – Computer Systems Interaction: Backgrounds and Applications 2: Part 1*. in Advances in Intelligent and Soft Computing, no. 98. Berlin, Heidelberg: Springer-Verlag GmbH Berlin Heidelberg, 2012. https://doi.org/10.1007/978-3-642--23187-2.
392. C. on H.-S. D. S. for C. Technology, *Human-System Integration in the System Development Process: A New Look*. Washington: National Academies Press, 2007.
393. H. A. Handley und A. Tolk, Hrsg., *A framework of human system engineering: applications and case studies*. Hoboken, New Jersey: Wiley-IEEE Press, 2021.
394. F. Berkes, „Rethinking Community-Based Conservation“, *Conserv. Biol.*, Bd. 18, Nr. 3, S. 621–630, Juni 2004, https://doi.org/10.1111/j.1523-1739.2004.00077.x.
395. J. R. Anderson, A. T. Corbett, K. R. Koedinger, und Ray. Pelletier, „Cognitive Tutors: Lessons Learned“, *J. Learn. Sci.*, Bd. 4, Nr. 2, S. 167–207, Apr. 1995, https://doi.org/10.1207/s15327809jls0402_2.
396. A. Schulte, D. Donath, und F. Honecker, „Human-System Interaction Analysis for Military Pilot Activity and Mental Workload Determination“, in *2015 IEEE International Conference on Systems, Man, and Cybernetics*, Kowloon: IEEE, Okt. 2015, S. 1375–1380. https://doi.org/10.1109/SMC.2015.244.
397. R. Parasuraman, T. B. Sheridan, und C. D. Wickens, „A model for types and levels of human interaction with automation“, *IEEE Trans. Syst. Man Cybern. - Part Syst. Hum.*, Bd. 30, Nr. 3, S. 286–297, Mai 2000, https://doi.org/10.1109/3468.844354.

398. R. Pausch, T. Crea, und M. Conway, „A Literature Survey for Virtual Environments: Military Flight Simulator Visual Systems and Simulator Sickness", *Presence Teleoperators Virtual Environ.*, Bd. 1, Nr. 3, S. 344–363, Jan. 1992, https://doi.org/10.1162/pres.1992.1.3.344.
399. J. R. Jambeck *u. a.*, „Plastic waste inputs from land into the ocean", *Science*, Bd. 347, Nr. 6223, S. 768–771, Feb. 2015, https://doi.org/10.1126/science.1260352.
400. E. A. Alluisi und B. B. Morgan, „Engineering Psychology and Human Performance", *Annu. Rev. Psychol.*, Bd. 27, Nr. 1, S. 305–330, Jan. 1976, https://doi.org/10.1146/annurev.ps.27.020176.001513.
401. J. L. Szalma, „Individual differences in human–technology interaction: incorporating variation in human characteristics into human factors and ergonomics research and design", *Theor. Issues Ergon. Sci.*, Bd. 10, Nr. 5, S. 381–397, Sep. 2009, https://doi.org/10.1080/14639220902893613.
402. C. Sandom, Hrsg., *Human factors for engineers*. Stevenage: IET, 2004. https://doi.org/10.1049/PBNS032E.
403. F. Tosi, *Design for ergonomics*. Cham: Springer, 2020.
404. P. McCauley-Bush, *Ergonomics*, 0 Aufl. CRC Press, 2011. https://doi.org/10.1201/b11552.
405. T. P. Moran, A. Newell, und S. K. Card, *The Psychology of Human-Computer Interaction*. Boca Raton: Chapman and Hall/CRC, 2017.
406. M. Richter und M. Flückiger, *Usability und UX kompakt: Produkte für Menschen*, 4. Aufl. 2016. in IT kompakt. Berlin Heidelberg: Springer Vieweg, 2016. https://doi.org/10.1007/978-3-662--49828-6.
407. K. W. Müller, *Das Gewissen in Kultur und Religion: Scham- und Schuldorientierung als empirisches Phänomen des Über-Ich, Ich-Ideal; Lehrbuch Elenktik; ein Projekt der Forschungsstiftung Kultur und Religion Biebertal/Gießen*, 1. Aufl. Nürnberg: VTR, 2010.
408. H. R. Hartson und P. S. Pyla, *The UX Book*, 1st edition. Erscheinungsort nicht ermittelbar: Elsevier Science, 2012.
409. M. Kuniavsky, *Observing the user experience: a practitioner's guide to user research*, 2nd ed. Waltham, MA: Morgan Kaufmann, 2012.
410. N. Stephenson, *In the beginning ... was the command line*, Repr. in Sociology/Business. New York, N.Y: Perennial, 2003.
411. H. Sampath, A. Merrick, und A. Macvean, „Accessibility of Command Line Interfaces", in *Proceedings of the 2021 CHI Conference on Human Factors in Computing Systems*, Yokohama Japan: ACM, Mai 2021, S. 1–10. https://doi.org/10.1145/3411764.3445544.
412. C. Gallo, *The presentation secrets of Steve Jobs: how to be insanely great in front of any audience*. New York: McGraw-Hill, 2017.
413. A. White, *Advertising design and typography*. New York, New York: Allworth Press, 2015.
414. L. Zou, „Incorporating History into Innovation: A Case Study of LEGO", gehalten auf der 2022 7th International Conference on Financial Innovation and Economic Development (ICFIED 2022), Zhuhai, China, 2022. https://doi.org/10.2991/aebmr.k.220307.259.
415. D. J. Campbell, J. D. Miller, S. J. Bannon, und L. M. Obermaier, „An Exploration of the Nanoworld with LEGO Bricks", *J. Chem. Educ.*, Bd. 88, Nr. 5, S. 602–606, Mai 2011, https://doi.org/10.1021/ed100673k.
416. C. Bartneck und E. Moltchanova, „LEGO products have become more complex", *PLOS ONE*, Bd. 13, Nr. 1, S. e0190651, Jan. 2018, https://doi.org/10.1371/journal.pone.0190651.
417. M. J. P. Wolf, *LEGO studies: examining the building blocks of a transmedial phenomenon*. New York Abingdon: Routledge, Taylor & Francis group, 2014.
418. T. Walsh, *Timeless toys: classic toys and the playmakers who created them*. Kansas City, Mo.: Andrews McMeel Pub., 2005.
419. M. Dahlén, F. Lange, und T. Smith, *Marketing communications: a brand narrative approach*. Chichester: Wiley, 2010.
420. N. J. Foss, *Innovating organization and management: new sources of competitive advantage*. Cambridge: Cambridge University Press, 2012. https://doi.org/10.1017/CBO9780511820434.
421. I. M. Sebastian, J. W. Ross, C. Beath, M. Mocker, K. G. Moloney, und N. O. Fonstad, „How Big Old Companies Navigate Digital Transformation", in *Strategic Information Management*, 5. Aufl., R. D. Galliers, D. E. Leidner, und B. Simeonova, Hrsg., Routledge, 2020, S. 133–150. https://doi.org/10.4324/9780429286797-6.

422. F. Frandsen und W. Johansen, „The Dancing CEO. New Perspectives on the Leader: Performer, Chief Happiness Officer or Seducer?“, in *Advances in Public Relations and Communication Management*, A. T. Verčič, R. Tench, und S. Einwiller, Hrsg., Emerald Publishing Limited, 2020, S. 155–168. https://doi.org/10.1108/S2398-391420200000005011.
423. N. J. Foss und N. Stieglitz, „Business Model Innovation: The Role of Leadership“, *SSRN Electron. J.*, 2014, https://doi.org/10.2139/ssrn.2393441.
424. R. V. Kozinets, *Netnography: redefined*, 2. ed. Los Angeles, Calif.: Sage, 2015.
425. M. Kurosu, *Human-Computer Interaction. Theories, Methods, and Human Issues: 20th International Conference, HCI International 2018, Las Vegas, NV, USA, July 15–20, 2018, Proceedings, Part I.* in Lecture Notes in Computer Science Ser, no. v. 10901. Cham: Springer International Publishing AG, 2018.
426. E. Savarit, *Practical User Research: Everything You Need to Know to Integrate User Research to Your Product Development.* Berkeley, CA: Apress L. P, 2020.
427. C. Winterhalter, „DIN e. V.“, DIN e. V. [Online]. Verfügbar unter: https://www.din.de/de
428. Fachbeirat der Koordinierungsstelle Dienstleistungen (KDL)/ und DIN-Normenausschuss Dienstleistungen (NADL, Hrsg., „Deutsche Normungsroadmap – Dienstleistungen – Version 1.1“, Aug. 2016.
429. K. Wagner, „Bundesministerium für Wirtschaft und Energie (BMWi)“, Bundesministerium für Wirtschaft und Energie (BMWi). [Online]. Verfügbar unter: https://www.bmwk.de/Navigation/DE/Home/home.html
430. R. Liebich, R. Gasch, K. Knothe, und H. Mertens, „Federns Zusammenarbeit mit dem Deutschen Institut für Normung – DIN“, in *Klaus Federn*, R. Liebich, K. Knothe, R. Gasch, und H. Mertens, Hrsg., Berlin, Heidelberg: Springer Berlin Heidelberg, 2011, S. 50–56. https://doi.org/10.1007/978-3-642-17269-4_6.
431. A. M. Gressner und O. A. Gressner, „Deutsches Institut für Normung e.V. (DIN)“, in *Lexikon der Medizinischen Laboratoriumsdiagnostik*, A. M. Gressner und T. Arndt, Hrsg., Berlin, Heidelberg: Springer Berlin Heidelberg, 2017, S. 1–1. https://doi.org/10.1007/978-3-662-49054-9_869-1.
432. A. Mangelsdorf und P. Weiler, Hrsg., *Normen und Standards für die digitale Transformation: Werkzeuge, Praxisbeispiele und Entscheidungshilfen für innovative Unternehmen, Normungsorganisationen und politische Entscheidungsträger*. Berlin; Boston: De Gruyter Oldenbourg, 2019.
433. K. G. Krieg, W. Heller, und G. Hunecke, *Leitfaden der DIN — Normen*. Wiesbaden: Vieweg+Teubner Verlag, 1983. https://doi.org/10.1007/978-3-322-82994-8.
434. Deutsches Institut für Normung (DIN) *u. a.*, Hrsg., *Einführung in die DIN-Normen*. Wiesbaden: Vieweg+Teubner Verlag, 2001. https://doi.org/10.1007/978-3-322-92719-4.
435. L. Feiler und N. Forgó, *EU-DSGVO: EU-Datenschutz-Grundverordnung: Kurzkommentar*. Wien: Verlag Österreich, 2017.
436. D. Hüsson und M. Behr, „Interaktionsresonanz in der Personzentrierten Spielpsychotherapie – Eine Ratingskala“, *PERSON*, Bd. 21, Nr. 1, S. 42–49, Mai 2017, https://doi.org/10.24989/person.v21i1.2465.
437. M. Bergmann, Hrsg., *Methoden transdisziplinärer Forschung: ein Überblick mit Anwendungsbeispielen*, 1. Aufl. Frankfurt: Campus Verl, 2010.
438. R. Voss, *Wissenschaftliches Arbeiten: leicht verständlich!*, 9. überarbeitete und Erweiterte Auflage. in UTB, no. 8447. München: UVK Verlag, 2024. https://doi.org/10.36198/9783838588322.
439. J. Wettlaufer, „Methoden der Digital History/Digitalen Geschichtswissenschaft“, in *Handbuch Methoden der Geschichtswissenschaft*, S. Haas, Hrsg., Wiesbaden: Springer Fachmedien Wiesbaden, 2023, S. 1–19. https://doi.org/10.1007/978-3-658-27798-7_21-1.
440. C. Wilson, *Interview techniques for UX practitioners: a user-centered design method*. Waltham, MA: Morgan Kaufmann, 2014.
441. K. Schlebbe, P. Bressel, E. Greifeneder, und F. Voß, „Nutzer*innenzentriert und interaktiv: **Methoden zur Evaluierung von FID-Portalen am Beispiel des FID Darstellende Kunst**“, *Bibliotheksdienst*, Bd. 57, Nr. 9, S. 512–524, Sep. 2023, https://doi.org/10.1515/bd-2023-0070.
442. A. Endmann, H. Fischer, und M. Krökel, Hrsg., *Mensch und Computer 2015: usability professionals*. Berlin ; Boston: De Gruyter Oldenbourg, 2015.
443. J. Funke, Hrsg., *Handbuch der allgemeinen Psychologie - Kognition*. in Handbuch der Psychologie / hrsg. von J. Bengel, no. 5. Göttingen: Hogrefe, 2006.

444. E. Scherfer, T. Boßmann, und R. D. Herbert, *Forschung verstehen: ein Grundkurs in evidenzbasierter Praxis*, 2., Überarbeitete und Erweiterte Auflage. in Pflaum Physiotherapie. München Bad Kissingen Berlin Düsseldorf Heidelberg: Pflaum, 2011.
445. J. Badura *u. a.*, *Künstlerische Forschung. Ein Handbuch*. in Hors série, no. v. 15. Zürich-Berlin: Diaphanes, 2015.
446. K. Bromberg, W. Hoff, und I. Miethe, Hrsg., *Forschungstraditionen der sozialen Arbeit: Materialien, Zugänge, Methoden*. in Rekonstruktive Forschung in der sozialen Arbeit, no. Band 10. Opladen Berlin Toronto: Verlag Barbara Budrich, 2012.
447. D. Lanzerath, Hrsg., *Forschungsethik und klinische Forschung: zur Debatte um die EU-Verordnung zu klinischen Studien*. in Medizin-Ethik, no. Band 28. Berlin Münster: LIT, 2016.
448. H. Kotthoff, „Gender-Sternchen, Binnen-I oder generisches Maskulinum, … (Akademische) Textstile der Personenreferenz als Registrierungen?", *Linguist. Online*, Bd. 103, Nr. 3, S. 105–127, Okt. 2020, https://doi.org/10.13092/lo.103.7181.
449. C. Rohrdantz *u. a.*, „Visuelle Textanalyse: Interaktive Exploration von semantischen Inhalten", *Inform.-Spektrum*, Bd. 33, Nr. 6, S. 601–611, Dez. 2010, https://doi.org/10.1007/s00287-010--0483-x.
450. K. Lee, *Kognitive Aspekte des Übersetzungsprozesses: Eye-Tracking im interkulturellen Vergleich*. Frank & Timme, 2022. https://doi.org/10.26530/20.500.12657/59201.
451. A. Blackler (Hrsg.), *Intuitive Interaction: Research and Application*, Boca Raton, FL, USA: CRC Press LLC, 2018. https://doi.org/10.1201/b22191.
452. C. Blomberg, *Pädagogik und Glück: Rekonstruktion einer vergessenen Beziehung*, 1. Auflage. Stuttgart: W. Kohlhammer Verlag, 2022. https://doi.org/10.17433/978-3-17-038817-8.
453. N. Remus und L. Rademacher, Hrsg., *Handbuch NGO-Kommunikation*. Wiesbaden: Springer Fachmedien Wiesbaden, 2018. https://doi.org/10.1007/978-3-531-18808-9.
454. K. Taron, T. Pfeiffer, und J. Thomaschewski, „UX – Schnell und effektiv mittels 5-Sekunden-Test", 2016, *Gesellschaft für Informatik e. V. und die German UPA e. V.* https://doi.org/10.18420/MUC2016-UP-0080.
455. M. Stickdorn, A. Lawrence, M. Hormess, und J. Schneider, Hrsg., *This is service design methods: a companion to this is service design doing*, First edition, Second release. Sebastopol, CA: O'Reilly, 2018.
456. B. Hanington und B. Martin, *Universal methods of design: 125 ways to research complex problems, develop innovative ideas, and design effective solutions*, Expanded and Revised edition. Beverly, MA: Rockport, 2019.
457. S. Goschnick, Hrsg., *Innovative Methods, User-Friendly Tools, Coding, and Design Approaches in People-Oriented Programming:* in Advances in Computer and Electrical Engineering. IGI Global, 2018. https://doi.org/10.4018/978-1-5225-5969-6.
458. R. Throne, Hrsg., *Social Justice Research Methods for Doctoral Research:* in Advances in Information Quality and Management. IGI Global, 2021. https://doi.org/10.4018/978-1-7998-8479-8.
459. J. Černevičiūtė und L. Liebutė, „CULTURAL PROBES METHOD IN DESIGN RESEARCH: CREATIVITY IN SKETCHES", *Creat. Stud.*, Bd. 15, Nr. 1, S. 169–181, Feb. 2022, https://doi.org/10.3846/cs.2022.15473.
460. A. E. Krueger, K. Pollmann, N. Fronemann, und B. Foucault, „Guided User Research Methods for Experience Design—A New Approach to Focus Groups and Cultural Probes", *Multimodal Technol. Interact.*, Bd. 4, Nr. 3, S. 43, Juli 2020, https://doi.org/10.3390/mti4030043.
461. K. Boehner, J. Vertesi, P. Sengers, und P. Dourish, „How HCI interprets the probes", in *Proceedings of the SIGCHI Conference on Human Factors in Computing Systems*, San Jose California USA: ACM, Apr. 2007, S. 1077–1086. https://doi.org/10.1145/1240624.1240789.
462. L. Hassling, S. Nordfeldt, H. Eriksson, und T. Timpka, „Use of cultural probes for representation of chronic disease experience: Exploration of an innovative method for design of supportive technologies", *Technol. Health Care*, Bd. 13, Nr. 2, S. 87–95, Apr. 2005, https://doi.org/10.3233/THC-2005-13202.
463. O. M. Celikoglu, S. T. Ogut, und K. Krippendorff, „How Do User Stories Inspire Design? A Study of Cultural Probes", *Des. Issues*, Bd. 33, Nr. 2, S. 84–98, Apr. 2017, https://doi.org/10.1162/DESI_a_00441.
464. W. S. L. Nasution und P. Nusa, „UI/UX Design Web-Based Learning Application Using Design Thinking Method", *ARRUS J. Eng. Technol.*, Bd. 1, Nr. 1, S. 18–27, Aug. 2021, https://doi.org/10.35877/jetech532.

465. D. Knemeyer, „Design thinking and UX: two sides of the same coin“, *Interactions*, Bd. 22, Nr. 5, S. 66–68, Aug. 2015, https://doi.org/10.1145/2802679.
466. D. U. Patton, „Social work thinking for UX and AI design“, *Interactions*, Bd. 27, Nr. 2, S. 86–89, Feb. 2020, https://doi.org/10.1145/3380535.
467. J. Gothelf, *Lean vs. agile vs. design thinking: what you need to know to build high-performing digital product teams*. Place of publication not identified: Sense & Respond Press, 2017.
468. W. Ding, X. Lin, und M. Zarro, *Information Architecture and UX Design: The Integration of Information Spaces*, 3rd ed. 2025. in Synthesis Lectures on Information Concepts, Retrieval, and Services. Cham: Springer Nature Switzerland, 2025. https://doi.org/10.1007/978-3-031-72138-0.
469. C. R. Becker, *Effective UX Design Strategies*, 1st ed. Delhi: BPB Publications, 2025.
470. K. Kumar und M. Kurni, Hrsg., *Design thinking: a forefront insight*, First edition. Boca Raton, FL: CRC Press, 2023.
471. A. T. Duchowski, *Eye Tracking Methodology: Theory and Practice*. London: Springer London, 2003. https://doi.org/10.1007/978-1-4471-3750-4.
472. K. Krafka *u. a.*, „Eye Tracking for Everyone“, in *2016 IEEE Conference on Computer Vision and Pattern Recognition (CVPR)*, Las Vegas, NV, USA: IEEE, Juni 2016, S. 2176–2184. https://doi.org/10.1109/CVPR.2016.239.
473. R. J. K. Jacob und K. S. Karn, „Eye Tracking in Human-Computer Interaction and Usability Research“, in *The Mind's Eye*, Elsevier, 2003, S. 573–605. https://doi.org/10.1016/B978-044451020--4/50031-1.
474. V. Clay, P. König, und S. U. König, „Eye tracking in virtual reality“, *J. Eye Mov. Res.*, Bd. 12, Nr. 1, Apr. 2019, https://doi.org/10.16910/jemr.12.1.3.
475. K. Eghbal-Azar und T. Widlok, „Potentials and Limitations of Mobile Eye Tracking in Visitor Studies: Evidence From Field Research at Two Museum Exhibitions in Germany“, *Soc. Sci. Comput. Rev.*, Bd. 31, Nr. 1, S. 103–118, Feb. 2013, https://doi.org/10.1177/0894439312453565.
476. A. Leube, K. Rifai, und S. Wahl, „Sampling rate influences saccade detection in mobile eye tracking of a reading task“, *J. Eye Mov. Res.*, Bd. 10, Nr. 3, Juni 2017, https://doi.org/10.16910/jemr.10.3.3.
477. K. Pérez-Edgar, L. A. MacNeill, und X. Fu, „Navigating Through the Experienced Environment: Insights From Mobile Eye Tracking“, *Curr. Dir. Psychol. Sci.*, Bd. 29, Nr. 3, S. 286–292, Juni 2020, https://doi.org/10.1177/0963721420915880.
478. K. Pentus, K. Ploom, T. Mehine, M. Koiv, A. Tempel, und A. Kuusik, „Mobile and stationary eye tracking comparison – package design and in-store results“, *J. Consum. Mark.*, Bd. 37, Nr. 3, S. 259–269, Feb. 2020, https://doi.org/10.1108/JCM-04-2019-3190.
479. A. Leube, K. Rifai, und S. Wahl, „Sampling rate influences saccade detection in mobile eye tracking of a reading task“, *J. Eye Mov. Res.*, Bd. 10, Nr. 3, Juni 2017, https://doi.org/10.16910/jemr.10.3.3.
480. S. Dowiasch, P. Wolf, und F. Bremmer, „Quantitative comparison of a mobile and a stationary video-based eye-tracker“, *Behav. Res. Methods*, Bd. 52, Nr. 2, S. 667–680, Apr. 2020, https://doi.org/10.3758/s13428-019-01267-5.
481. Y. Zhang, X. Zheng, W. Hong, und X. Mou, „A comparison study of stationary and mobile eye tracking on EXITs design in a wayfinding system“, in *2015 Asia-Pacific Signal and Information Processing Association Annual Summit and Conference (APSIPA)*, Hong Kong: IEEE, Dez. 2015, S. 649–653. https://doi.org/10.1109/APSIPA.2015.7415350.
482. X. Luan, B. Zhang, D. Liu, X. Liu, X. Tong, und K. Li, „A Lightweight Heatmap-based Eye Tracking System“, in *2021 International Conference on Computer Communications and Networks (ICCCN)*, Athens, Greece: IEEE, Juli 2021, S. 1–9. https://doi.org/10.1109/ICCCN52240.2021.9522300.
483. K. Koonsanit, T. Tsunajima, und N. Nishiuchi, „Evaluation of Strong and Weak Signifiers in a Web Interface Using Eye-Tracking Heatmaps and Machine Learning“, in *Computer Information Systems and Industrial Management*, Bd. 12883, K. Saeed und J. Dvorský, Hrsg., in Lecture Notes in Computer Science, vol. 12883. , Cham: Springer International Publishing, 2021, S. 203–213. https://doi.org/10.1007/978-3-030-84340-3_16.
484. Y. Rahman, S. M. Asish, N. P. Fisher, E. C. Bruce, A. K. Kulshreshth, und C. W. Borst, „Exploring Eye Gaze Visualization Techniques for Identifying Distracted Students in Educational VR“, in *2020 IEEE Conference on Virtual Reality and 3D User Interfaces (VR)*, Atlanta, GA, USA: IEEE, März 2020, S. 868–877. https://doi.org/10.1109/VR46266.2020.00009.

485. A. Bojko, *Eye tracking the user experience: a practical guide to research*. Brooklyn, New York: Rosenfeld Media, 2013.
486. J. Nielsen, *Eyetracking web usability*. Berkeley, Calif: New Riders, 2010.
487. M. Burch, L. Chuang, B. Fisher, A. Schmidt, und D. Weiskopf, Hrsg., *Eye Tracking and Visualization Foundations, Techniques, and Applications. ETVIS 2015*, Softcover reprint of the original 1st edition 2017. Cham: Springer International Publishing Springer, 2018.
488. M. Burch, *Eye tracking and visual analytics*. in River Publishers series in information science and technology. Alsbjergvej: River Publishers, 2021. https://doi.org/10.1201/9781003338161.
489. B. Coleman, *Designing UX: Because Modern Design Is Never Static*, 1st ed. Victoria: SitePoint Pty, Limited, 2017.
490. D. Miller, „The Best Practice of Teach Computer Science Students to Use Paper Prototyping", *Int. J. Technol. Innov. Manag. IJTIM*, Bd. 1, Nr. 2, S. 42–63, Dez. 2021, https://doi.org/10.54489/ijtim.v1i2.17.
491. A. Ghosh, *Mastering UX Design with Effective Prototyping*, 1st ed. Los Angeles: BPB Publications, 2023.
492. J. Sauer, H. Franke, und B. Ruettinger, „Designing interactive consumer products: Utility of paper prototypes and effectiveness of enhanced control labelling", *Appl. Ergon.*, Bd. 39, Nr. 1, S. 71–85, Jan. 2008, https://doi.org/10.1016/j.apergo.2007.03.001.
493. Å. Cajander, M. Larusdottir, und J. L. Geiser, „UX professionals' learning and usage of UX methods in agile", *Inf. Softw. Technol.*, Bd. 151, S. 107005, Nov. 2022, https://doi.org/10.1016/j.infsof.2022.107005.
494. G. Goel, P. Tanwar, und S. Sharma, „UI-UX Design Using User Centred Design (UCD) Method", in *2022 International Conference on Computer Communication and Informatics (ICCCI)*, Coimbatore, India: IEEE, Jan. 2022, S. 1–8. https://doi.org/10.1109/ICCCI54379.2022.9740997.
495. L. Schölkopf *u. a.*, „Haptic feedback is more important than VR experience for the user experience assessment of in-car human machine interfaces", *Procedia CIRP*, Bd. 100, S. 601–606, 2021, https://doi.org/10.1016/j.procir.2021.05.130.
496. T. Merčun, „Evaluation of information visualization techniques: analysing user experience with reaction cards", in *Proceedings of the Fifth Workshop on Beyond Time and Errors: Novel Evaluation Methods for Visualization*, Paris France: ACM, Nov. 2014, S. 103–109. https://doi.org/10.1145/2669557.2669565.
497. T. Brown und J. Wyatt, „Design Thinking for Social Innovation", *Dev. Outreach*, Bd. 12, Nr. 1, S. 29–43, Juli 2010, https://doi.org/10.1596/1020-797X_12_1_29.
498. S. Jalil, T. Myers, I. Atkinson, und M. Soden, „Complementing a Clinical Trial With Human-Computer Interaction: Patients' User Experience With Telehealth", *JMIR Hum. Factors*, Bd. 6, Nr. 2, S. e9481, Juni 2019, https://doi.org/10.2196/humanfactors.9481.
499. D. Gray, D. und S. Brown, *Gamestorming 2.0: An updated playbook for innovators, rule breakers, and changemakers*, Sebastopol, CA, USA: O'REILLY MEDIA, Aug. 2025.
500. L. Klein, *Build better products: a modern approach to building successful user-centered products*. Brooklyn, NY: Rosenfeld Media, 2016.
501. L. Buley, *The user experience team of one: a research and design survival guide*. New York: Rosenfeld Media, 2013.
502. M. Jäckel, *Medienwirkungen: ein Studienbuch zur Einführung*, 3., Überarbeitete und Erweiterte Auflage. in Studienbücher zur Kommunikations- und Medienwissenschaft. Wiesbaden: VS Verlag für Sozialwissenschaften, 2005.
503. D. Mcquail, *Communication Models for the Study of Mass Communications*, 2. Aufl. Routledge, 2015. https://doi.org/10.4324/9781315846378.
504. J. Falkheimer und M. Heide, Hrsg., *Research handbook on strategic communication*. Cheltenham, UK Northampton, MA: Edward Elgar Publishing, 2022. https://doi.org/10.4337/9781800379893.
505. P. Runia, *Markenmanagement: Lehrbuch der Professionellen Markenführung*. in De Gruyter Studium Ser. Berlin/München/Boston: Walter de Gruyter GmbH, 2022.
506. R. P. Bagozzi und A. J. Silk, „Recall, Recognition, and the Measurement of Memory for Print Advertisements", *Mark. Sci.*, Bd. 2, Nr. 2, S. 95–134, Mai 1983, https://doi.org/10.1287/mksc.2.2.95.
507. J. A. Davis, *Measuring marketing: the 100+ essential metrics every marketer needs*, Third edition. Boston Berlin: Walter de Gruyter, 2018. https://doi.org/10.1515/9781501507304.

508. J. C. Jones, *Design methods*, 2. ed., with New prefaces and Additional texts. New York, NY Weinheim: Wiley, 1992.
509. L. Nielsen, *Personas: user focused design*, Second edition. in Human-Computer Interaction Series. London: Springer, 2019.
510. J. S. Pruitt, *The persona lifecycle: keeping people in mind throughout product design*. in The Morgan Kaufmann series in interactive technologies. Amsterdam: Elsevier, 2006.
511. *Data-driven personas*. in Synthesis lectures on human-centered informatics, no. #48. San Rafael, California: Morgan & Claypool Publishers, 2021.
512. W. C. Tomlin, *UX optimization: combining behavioral UX and usability testing data to optimize websites*. New York, NY Apress, 2018.
513. L. Klein, *UX for lean startups: faster, smarter user experience research and design*, First edition, Fifth release. in The Lean series. Beijing Boston Farnham Sebastopol Tokyo: O'Reilly, 2016.
514. M. Zarour und M. Alharbi, „User experience framework that combines aspects, dimensions, and measurement methods", *Cogent Eng.*, Bd. 4, Nr. 1, S. 1421006, Jan. 2017, https://doi.org/10.1080/23311916.2017.1421006.
515. D. O. Clifton, A. L. Winseman, und C. Liesveld, *Living your strengths*. Washington, D.C.: Gallup Press, 2016.
516. Gallup, Hrsg., *CliftonStrengths for students: your strengths journey begins here*. Washington, D.C.: Gallup Press, 2017.
517. L. Nielsen und K. Storgaard Hansen, „Personas is applicable: a study on the use of personas in Denmark", in *Proceedings of the SIGCHI Conference on Human Factors in Computing Systems*, TorontoOntarioCanada:ACM,Apr.2014,S.1665–1674.https://doi.org/10.1145/2556288.2557080.
518. S. Magistretti, C. T. A. Pham, und C. Dell'Era, „Enlightening the dynamic capabilities of design thinking in fostering digital transformation", *Ind. Mark. Manag.*, Bd. 97, S. 59–70, Aug. 2021, https://doi.org/10.1016/j.indmarman.2021.06.014.
519. K.-Y. Lin, C.-F. Chien, und R. Kerh, „UNISON framework of data-driven innovation for extracting user experience of product design of wearable devices", *Comput. Ind. Eng.*, Bd. 99, S. 487–502, Sep. 2016, https://doi.org/10.1016/j.cie.2016.05.023.
520. J. Clifton und J. K. Harter, *It's the manager: Gallup finds that the quality of managers and team leaders is the single biggest factor in your organization's long-term success*. New York, NY: Gallup Press, 2019.
521. D. O. Clifton, E. Anderson, und L. A. Schreiner, *StrengthsQuest: discover and develop your strengths in academics, career, and beyond.*, Second edition. New York: Gallup Press, 2006.
522. I. B. Myers, *The Myers-Briggs Type Indicator: Manual (1962)*. Palo Alto: Consulting Psychologists Press, 1962. https://doi.org/10.1037/14404-000.
523. M. Emre, *The personality brokers: the strange history of Myers-Briggs and the birth of personality testing*, First edition. New York: Doubleday, a division of Penguin Random House LLC, 2018.
524. A. Felix, *INFJ Personality Guide: Highly Sensitive Person – Understand Yourself as the Rarest Myers-Briggs Personality Type*, [Independently Published, 2020]: Admit Hub Ref Service PR, 2020.
525. F. Carter und J. Goldbrunner, „Individuation: A Study of the Depth Psychology of Carl Gustav Jung": *Psychosom. Med.*, Bd. 27, Nr. 3, S. 295–296, Mai 1965, https://doi.org/10.1097/00006842-196505000-00014.
526. A. Maercker und E. Heim, „A new approach to culturally sensitive PTSD research in Zurich: Inspired by contributions from Carl Gustav Jung", 2016, https://doi.org/10.5167/UZH-150551.
527. D. J. Pittenger, „Cautionary comments regarding the Myers-Briggs Type Indicator.", *Consult. Psychol. J. Pract. Res.*, Bd. 57, Nr. 3, S. 210–221, 2005, https://doi.org/10.1037/1065-9293.57.3.210.
528. J. Moutafi, A. Furnham, und J. Crump, „Demographic and personality predictors of intelligence: a study using the Neo Personality Inventory and the Myers–Briggs Type Indicator", *Eur. J. Personal.*, Bd. 17, Nr. 1, S. 79–94, Jan. 2003, https://doi.org/10.1002/per.471.
529. P. Cairns, I. Pinker, A. Ward, E. Watson, und A. Laidlaw, „Empathy maps in communication skills training", *Clin. Teach.*, Bd. 18, Nr. 2, S. 142–146, Apr. 2021, https://doi.org/10.1111/tct.13270.
530. B. Ferreira, W. Silva, E. Oliveira, und T. Conte, „Designing Personas with Empathy Map", gehalten auf der The 27th International Conference on Software Engineering and Knowledge Engineering, Juli 2015, S. 501–505. https://doi.org/10.18293/SEKE2015-152.

531. B. Ferreira, T. Conte, und S. Diniz Junqueira Barbosa, „Eliciting Requirements Using Personas and Empathy Map to Enhance the User Experience“, in *2015 29th Brazilian Symposium on Software Engineering*, Belo Horizonte: IEEE, Sep. 2015, S. 80–89. https://doi.org/10.1109/SBES.2015.14.
532. D. L. González-Bañales und L. E. S. Ortíz, „Empathy Map as a Tool to Analyze Human-Computer Interaction in the Elderly“, in *Proceedings of the 8th Latin American Conference on Human-Computer Interaction*, Antigua Guatemala Guatemala: ACM, Nov. 2017, S. 1–3. https://doi.org/10.1145/3151470.3156642.
533. C. Campese, C. A. L. Vanegas, und J. M. H. D. Costa, „Benefits of the empathy map method and the satisfaction of a company with its application in the development of concepts for a white glue tube“, *Prod. Manag. Dev.*, Bd. 16, Nr. 2, S. 104–113, 2018, https://doi.org/10.4322/pmd.2018.008.
534. R. Curedale, *Mapping methods for design and strategy*. Topanga, CA: Design Community College, 2013.
535. J. M. Peixoto und E. P. Moura, „Health Empathy Map: Creation of an Instrument for Empathy Development“, *Rev. Bras. Educ. Médica*, Bd. 44, Nr. 1, S. e029, 2020, https://doi.org/10.1590/1981-5271v44.1-20190151.ing.
536. P. Sinansari, S. H. Salsabila, S. Hanoum, A. Lopatka, und W. Wlodarski, „Identify Customer Element Through Empathy Map and User Persona“, *Procedia Comput. Sci.*, Bd. 225, S. 4148–4156, 2023, https://doi.org/10.1016/j.procs.2023.10.411.
537. A. Roshdy *u. a.*, „Machine Empathy: Digitizing Human Emotions“, in *2021 International Symposium on Electrical, Electronics and Information Engineering*, Seoul Republic of Korea: ACM, Feb. 2021, S. 307–311. https://doi.org/10.1145/3459104.3459154.
538. H. Herfandi, Y. Yuliadi, M. T. A. Zaen, F. Hamdani, und A. M. Safira, „Penerapan Metode Design Thinking Dalam Pengembangan UI dan UX“, *Build. Inform. Technol. Sci. BITS*, Bd. 4, Nr. 1, Juni 2022, https://doi.org/10.47065/bits.v4i1.1716.
539. M. Higuera und J. A. Macías, „Automatic Generation of Empathy Maps“, in *XXIII International Conference on Human Computer Interaction*, Lleida Spain: ACM, Sep. 2023, S. 1–8. https://doi.org/10.1145/3612783.3612802.
540. B. Corsetti, R. HerváS Ballesteros, und L. Moreno, „Knowing Users with Mild Intellectual Impairments in UX Design Processes“, in *XXIII International Conference on Human Computer Interaction*, Lleida Spain: ACM, Sep. 2023, S. 1–8. https://doi.org/10.1145/3612783.3612792.
541. E. L.-C. Law, P. Van Schaik, und V. Roto, „Attitudes towards user experience (UX) measurement“, *Int. J. Hum.-Comput. Stud.*, Bd. 72, Nr. 6, S. 526–541, Juni 2014, https://doi.org/10.1016/j.ijhcs.2013.09.006.
542. A. Queirós, *Usability, Accessibility and Ambient Assisted Living*. in Human-Computer Interaction Ser. Cham: Springer, 2019.
543. „Nielsen Norman Group“, Research-based, practitioner-focused. Your source for UX guidance and training. [Online]. Verfügbar unter: https://www.nngroup.com
544. P. Schönsleben und P. Schönsleben, *Integral logistics management: planning & control of comprehensive supply chains*, 2. ed. in The St. Lucie Press series on resource management. Boca Raton, FL: St. Lucie Press, 2004.
545. M. Herczeg, *Software-Ergonomie: Theorien, Modelle und Kriterien für gebrauchstaugliche interaktive Computersysteme*, 4., erw. aktual. Aufl. in De Gruyter Studium. München Wien: De Gruyter Oldenbourg, 2018. https://doi.org/10.1515/9783110446869.
546. A.-Y. Kang, H. Kim, und S. Ryu, „A Study on UX Design Attributes for Enhancement of Coffee House User Experience: Focusing on the Customer Journey Map based analysis“, *Korea Inst. Des. Res. Soc.*, Bd. 6, Nr. 2, S. 271–281, Juni 2021, https://doi.org/10.46248/kidrs.2021.2.271.
547. J. Alvarez, P.-M. Léger, M. Fredette, S.-L. Chen, B. Maunier, und S. Senecal, „An Enriched Customer Journey Map: How to Construct and Visualize a Global Portrait of Both Lived and Perceived Users’ Experiences?“, *Designs*, Bd. 4, Nr. 3, S. 29, Aug. 2020, https://doi.org/10.3390/designs4030029.
548. A. Schall, *The persona and journey map playbook: designing human-centered artifacts to inspire and drive change*. Berkeley, CA: Apress, 2024.
549. J. Angrave, *The journey mapping playbook: a practical guide to preparing, facilitating and unlocking the value of customer journey mapping*. in De Gruyter Business Playbooks. Berlin Boston: De Gruyter, 2020. https://doi.org/10.1515/9783110641332.

550. C. Bradley, L. Oliveira, S. Birrell, und R. Cain, „A new perspective on personas and customer journey maps: Proposing systemic UX", *Int. J. Hum.-Comput. Stud.*, Bd. 148, S. 102583, Apr. 2021, https://doi.org/10.1016/j.ijhcs.2021.102583.
551. J. Kalbach, *Mapping experiences: a guide to creating value through journeys, blueprints, and diagrams*. Beijing; Boston: O'Reilly, 2016.
552. V. Roto, J. Bragge, Y. Lu, und D. Pacauskas, „Mapping experience research across disciplines: who, where, when", *Qual. User Exp.*, Bd. 6, Nr. 1, S. 7, Dez. 2021, https://doi.org/10.1007/s41233-021-00047-4.
553. S. Yücetürk, M. Obaid, und A. E. Yantaç, „Probing Human-Soundscape Interaction Using Observational User Experience Methods", in *Proceedings of the 9th Nordic Conference on Human-Computer Interaction*, Gothenburg Sweden: ACM, Okt. 2016, S. 1–4. https://doi.org/10.1145/2971485.2971495.
554. E. Goodman, M. Kuniavsky, und A. Moed, *Observing the user experience: a practitioner's guide to user research*, 2nd ed. Amsterdam Boston: Morgan Kaufmann, 2012.
555. A. Osterwalder, *Value proposition design: how to create products and services customers want*. in Strategyzer series. Hoboken: John Wiley & Sons, 2014.
556. J. Patton, R. McCrerey, und P. Economy, *User story mapping*, First edition. Place of publication not identified: Ascent Audio, 2021.
557. D. Lichaw, *The user's journey: storymapping products that people love*. Brooklyn, New York: Rosenfeld Media, 2016.
558. J. Levy, *UX strategy: how to devise innovative digital products that people want*, First edition. Sebastopol, CA: O'Reilly, 2015.
559. J. Campbell, *The Hero's Journey: Joseph Campbell on His Life and Work*. Place of publication not identified: New World Library, 2014.
560. A. Dahlström, *Storytelling im UX-Design: mit Heldenreise, Storyboards und dem roten Faden zu erfolgreichen Produkten*, 1. Auflage. Heidelberg: O'Reilly, 2021.
561. T. Greever, *UX-Design überzeugend vermitteln: Erfolgreich mit Kunden und Stakeholdern kommunizieren und die bestmögliche User Experience erzielen*, 1. Auflage. Heidelberg: O'Reilly, 2021.
562. S. Sonnenburg und M. Runco, „Pathways to the Hero's Journey: A Tribute to Joseph Campbell and the 30th Anniversary of His Death", *J. Genius Eminence*, Bd. 2, Nr. Volume 2, Issue 2: Winter 2017, S. 1–8, Dez. 2017, https://doi.org/10.18536/jge.2017.02.2.2.01.
563. S. Nicholson, „The Problem of Woman as Hero in the Work of Joseph Campbell", *Fem. Theol.*, Bd. 19, Nr. 2, S. 182–193, Jan. 2011, https://doi.org/10.1177/0966735010384331.
564. C. Vogler, „Joseph Campbell Goes to the Movies: The Influence of the Hero's Journey in Film Narrative", *J. Genius Eminence*, Bd. 2, Nr. Volume 2, Issue 2: Winter 2017, S. 9–22, Dez. 2017, https://doi.org/10.18536/jge.2017.02.2.2.02.
565. U. Flick, *Qualitative Sozialforschung: eine Einführung*, 11. Auflage, Originalausgabe. in Rororo Rowohlts Enzyklopädie, no. 55694. Reinbek bei Hamburg: rowohlts enzyklopädie im Rowohlt Taschenbuch Verlag, 2025.
566. S. Krug, *Don't make me think, revisited: a common sense approach to Web [and mobile] usability*, Third edition. Berkley: New Riders, 2014.
567. J. Nielsen, *Mobile usability*. Berkeley, CA: New Riders, 2013.
568. D. Saffer, *Designing for interaction: creating innovative applications and devices*, 2nd ed. in Voices that matter. Berkeley, Calif: New Riders, 2010.
569. K. Gordon und C. Rohrer, „A Guide to Using User-Experience Research Methods", Nielsen Norman Group. [Online]. Verfügbar unter: https://www.nngroup.com/articles/guide-ux-research-methods/
570. W. R. Shadish, T. D. Cook, und D. T. Campbell, *Experimental and quasi-experimental designs for generalized causal inference*, Nachdr. Belmont, CA: Wadsworth Cengage Learning, 20.
571. F. N. Kerlinger und H. B. Lee, *Foundations of behavioural research*, Fourth ed. Belmont (Calif.): Wadworth, 2000.
572. J. J. Heckman, „Sample Selection Bias as a Specification Error", *Econometrica*, Bd. 47, Nr. 1, S. 153, Jan. 1979, https://doi.org/10.2307/1912352.
573. J. Bethlehem, „Selection Bias in Web Surveys", *Int. Stat. Rev.*, Bd. 78, Nr. 2, S. 161–188, Aug. 2010, https://doi.org/10.1111/j.1751-5823.2010.00112.x.

574. R. S. Nickerson, „Confirmation Bias: A Ubiquitous Phenomenon in Many Guises“, *Rev. Gen. Psychol.*, Bd. 2, Nr. 2, S. 175–220, Juni 1998, https://doi.org/10.1037/1089-2680.2.2.175.
575. J. Klayman, „Varieties of Confirmation Bias“, in *Psychology of Learning and Motivation*, Bd. 32, Elsevier, 1995, S. 385–418. https://doi.org/10.1016/S0079-7421(08)60315-1.
576. J. G. Adair, „The Hawthorne effect: A reconsideration of the methodological artifact.“, *J. Appl. Psychol.*, Bd. 69, Nr. 2, S. 334–345, Mai 1984, https://doi.org/10.1037/0021-9010.69.2.334.
577. J. McCambridge, „From question-behaviour effects in trials to the social psychology of research participation“, *Psychol. Health*, Bd. 30, Nr. 1, S. 72–84, Jan. 2015, https://doi.org/10.1080/08870446.2014.953527.
578. L. J. Cronbach, „Beyond the two disciplines of scientific psychology.“, *Am. Psychol.*, Bd. 30, Nr. 2, S. 116–127, Feb. 1975, https://doi.org/10.1037/h0076829.
579. J. Henrich, S. J. Heine, und A. Norenzayan, „The weirdest people in the world?“, *Behav. Brain Sci.*, Bd. 33, Nr. 2–3, S. 61–83, Juni 2010, https://doi.org/10.1017/S0140525X0999152X.
580. J. Pearl, *Causality: models, reasoning, and inference*, Second edition, Reprinted with corrections. Cambridge New York, NY Port Melbourne New Delhi Singapore: Cambridge University Press, 2022.
581. B. Martin, *Universal methods of design: 100 ways to research complex problems, develop innovative ideas, and design effective solutions*. Beverly, MA: Rockport Publishers, 2012.
582. J. Lazar, J. H. Feng, und H. Hochheiser, *Research Methods in Human-Computer Interaction*. Elsevier, 2017.
583. C. Bowles, *Undercover user experience: learn how to do great UX work with tiny budgets, no time, and limited support*. in Voices that matter. Berkeley, Calif: New Riders, 2011.
584. N. Sander, „Warum UX & User Research auch ein Budget braucht“, Liechtenecker UX Design Studio. [Online]. Verfügbar unter: https://liechtenecker.at/blog/warum-ux-user-research-auch--ein-budget-braucht
585. P. S. Devi, *Research methodology: a handbook for beginners*. Chennai, India: Notion Press, 2017.
586. M. J. Holosko und B. A. Thyer, *Pocket glossary for commonly used research terms*. Thousand Oaks: SAGE Publications, Inc, 2011.
587. S. Laher, A. Fynn, und S. Kramer, Hrsg., *Transforming Research Methods in the Social Sciences: Case Studies from South Africa*. Wits University Press, 2019. https://doi.org/10.18772/22019032750.
588. J. N. Druckman, Hrsg., *Cambridge handbook of experimental political science*, 2. ed. Cambridge: Cambridge Univ. Press, 2012.
589. R. S. Nickerson, „Confirmation Bias: A Ubiquitous Phenomenon in Many Guises“, *Rev. Gen. Psychol.*, Bd. 2, Nr. 2, S. 175–220, Juni 1998, https://doi.org/10.1037/1089-2680.2.2.175.
590. M. A. Hernán, S. Hernández-Díaz, und J. M. Robins, „A Structural Approach to Selection Bias“: *Epidemiology*, Bd. 15, Nr. 5, S. 615–625, Sep. 2004, https://doi.org/10.1097/01.ede.0000135174.63482.43.
591. S. Haack, *Evidence Matters: Science, Proof, and Truth in the Law*, 1. Aufl. Cambridge University Press, 2014. https://doi.org/10.1017/CBO9781139626866.
592. R. McCarney, J. Warner, S. Iliffe, R. Van Haselen, M. Griffin, und P. Fisher, „The Hawthorne Effect: a randomised, controlled trial“, *BMC Med. Res. Methodol.*, Bd. 7, Nr. 1, S. 30, Dez. 2007, https://doi.org/10.1186/1471-2288-7-30.
593. S. Shaikh, L. Changan, M. Rasheed, und S. Rizwan, „Wide Research on Software Defect Model With Overgeneralization Problems“, in *2019 2nd International Conference on Computing, Mathematics and Engineering Technologies (iCoMET)*, Sukkur, Pakistan: IEEE, Jan. 2019, S. 1–6. https://doi.org/10.1109/ICOMET.2019.8673510.
594. S. J. Brown, W. Goetzmann, R. G. Ibbotson, und S. A. Ross, „Survivorship Bias in Performance Studies“, *Rev. Financ. Stud.*, Bd. 5, Nr. 4, S. 553–580, Okt. 1992, https://doi.org/10.1093/rfs/5.4.553.
595. E. J. Elton, M. J. Gruber, S. J. Brown, und W. N. Goetzmann, Hrsg., *Modern portfolio theory and investment analysis*, 7. ed. Hoboken, NJ: Wiley, 2007.
596. A. Wald, *A Method of Estimating Plane Vulnerability Based on Damage of Survivors.* New York: Statistical Research Group, Columbia University, 1980.
597. M. Mangel und F. J. Samaniego, „Abraham Wald's Work on Aircraft Survivability“, *J. Am. Stat. Assoc.*, Bd. 79, Nr. 386, S. 259–267, Juni 1984, https://doi.org/10.1080/01621459.1984.10478038.
598. J. P. A. Ioannidis, „Why Most Published Research Findings Are False“, *PLoS Med.*, Bd. 2, Nr. 8, S. e124, Aug. 2005, https://doi.org/10.1371/journal.pmed.0020124.

599. D. A. Redelmeier und S. M. Singh, „Survival in Academy Award–Winning Actors and Actresses“, *Ann. Intern. Med.*, Bd. 134, Nr. 10, S. 955–962, Mai 2001, https://doi.org/10.7326/0003-4819-134-10-200105150-00009.
600. M. Gardner, *Fads and fallacies in the name of science*. New York: Dover Publications, 1986.
601. M.-P. Sylvestre, E. Huszti, und J. A. Hanley, „Do Oscar Winners Live Longer than Less Successful Peers? A Reanalysis of the Evidence“, *Ann. Intern. Med.*, Bd. 145, Nr. 5, S. 361–363, Sep. 2006, https://doi.org/10.7326/0003-4819-145-5-200609050-00009.
602. E. J. Elton, M. J. Gruber, und C. R. Blake, „Survivor Bias and Mutual Fund Performance“, *Rev. Financ. Stud.*, Bd. 9, Nr. 4, S. 1097–1120, Okt. 1996, https://doi.org/10.1093/rfs/9.4.1097.
603. W. A. Wallis, „The Statistical Research Group, 1942-1945: Rejoinder“, *J. Am. Stat. Assoc.*, Bd. 75, Nr. 370, S. 334, Juni 1980, https://doi.org/10.2307/2287454.
604. L. L. Wang, A. S. Watts, R. A. Anderson, und T. D. Little, *Common Fallacies in Quantitative Research Methodology*. Oxford University Press, 2013. https://doi.org/10.1093/oxfordhb/9780199934898.013.0031.
605. M. Ketokivi, „Avoiding bias and fallacy in survey research: A behavioral multilevel approach“, *J. Oper. Manag.*, Bd. 65, Nr. 4, S. 380–402, Juni 2019, https://doi.org/10.1002/joom.1011.
606. S. Tengblad, *The Work of ManagersTowards a Practice Theory of Management*. Oxford University Press, 2012. https://doi.org/10.1093/acprof:oso/9780199639724.001.0001.
607. N. Henze, „Das Simpson-Paradoxon“, 2021, *Karlsruher Institut für Technologie (KIT)*. https://doi.org/10.5445/IR/1000132557.
608. F. Reith, „Probleme bei der Interpretation von geschlechtersegregierten Daten am Beispiel von Simpsons Paradoxon“, in *Gleichstellung messbar machen*, A. Wroblewski, U. Kelle, und F. Reith, Hrsg., Wiesbaden: Springer Fachmedien Wiesbaden, 2017, S. 103–125. https://doi.org/10.1007/978-3-658-13237-8_6.
609. A. Burri und A. Maercker, „Differences in prevalence rates of PTSD in various European countries explained by war exposure, other trauma and cultural value orientation“, *BMC Res. Notes*, Bd. 7, Nr. 1, S. 407, Dez. 2014, https://doi.org/10.1186/1756-0500-7-407.
610. H. K. Strick, „Das Simpson-Paradoxon“, in *Stochastische Paradoxien*, in essentials. Wiesbaden: Springer Fachmedien Wiesbaden, 2020, S. 35–38. https://doi.org/10.1007/978-3-658-29583-7_8.
611. X. Wang, „Expanded analysis of Simpson's Paradox: A Case Study“, *Highlights Bus. Econ. Manag.*, Bd. 45, S. 67–71, Dez. 2024, https://doi.org/10.54097/bh219e62.
612. S. Kramer-Schadt *u. a.*, „The importance of correcting for sampling bias in MaxEnt species distribution models“, *Divers. Distrib.*, Bd. 19, Nr. 11, S. 1366–1379, Nov. 2013, https://doi.org/10.1111/ddi.12096.
613. M. M. Syfert, M. J. Smith, und D. A. Coomes, „The Effects of Sampling Bias and Model Complexity on the Predictive Performance of MaxEnt Species Distribution Models“, *PLoS ONE*, Bd. 8, Nr. 2, S. e55158, Feb. 2013, https://doi.org/10.1371/journal.pone.0055158.
614. J. Qin, *Biased Sampling, Over-identified Parameter Problems and Beyond*. in ICSA Book Series in Statistics. Singapore: Springer Singapore, 2017. https://doi.org/10.1007/978-981-10-4856-2.
615. A. N. Philippou, „Why Do Polls Fail? The Case of Four US Presidential Elections, Brexit, and Two India General Elections“, 2021, *arXiv*. https://doi.org/10.48550/ARXIV.2107.14166.
616. M. Nielsen, D. Haun, J. Kärtner, und C. H. Legare, „The persistent sampling bias in developmental psychology: A call to action“, *J. Exp. Child Psychol.*, Bd. 162, S. 31–38, Okt. 2017, https://doi.org/10.1016/j.jecp.2017.04.017.
617. A. C. Hughes *u. a.*, „Sampling biases shape our view of the natural world“, *Ecography*, Bd. 44, Nr. 9, S. 1259–1269, Sep. 2021, https://doi.org/10.1111/ecog.05926.
618. F. J. Anscombe, „Graphs in Statistical Analysis“, *Am. Stat.*, Bd. 27, Nr. 1, S. 17–21, Feb. 1973, https://doi.org/10.1080/00031305.1973.10478966.
619. C. Karlsson, Hrsg., *Handbook of research on cluster theory*, Nachdr. in Elgar original reference, no. 1. Cheltenham: Elgar, 2010.
620. S. K. Campbell, *Flaws and fallacies in statistical thinking*. Englewood Cliffs, N.J: Prentice-Hall, 1974.
621. E. B. Montgomery, *Reproducibility in Biomedical Research: Epistemological and Statistical Problems*. San Diego: Elsevier Science & Technology, 2019.
622. S. Maruna und R. E. Mann, „A fundamental attribution error? Rethinking cognitive distortions†“, *Leg. Criminol. Psychol.*, Bd. 11, Nr. 2, S. 155–177, Sep. 2006, https://doi.org/10.1348/135532506X114608.

623. L. Ross, „From the Fundamental Attribution Error to the Truly Fundamental Attribution Error and Beyond: My Research Journey“, *Perspect. Psychol. Sci.*, Bd. 13, Nr. 6, S. 750–769, Nov. 2018, https://doi.org/10.1177/1745691618769855.
624. E. Cowley, „Views From Consumers Next in Line: The Fundamental Attribution Error in a Service Setting“, *J. Acad. Mark. Sci.*, Bd. 33, Nr. 2, S. 139–152, Apr. 2005, https://doi.org/10.1177/0092070304268627.
625. L. M. Alexander *u. a.*, „An open resource for transdiagnostic research in pediatric mental health and learning disorders“, *Sci. Data*, Bd. 4, Nr. 1, S. 170181, Dez. 2017, https://doi.org/10.1038/sdata.2017.181.
626. B. Keevil, „Measuring the usability index of your Web site“, in *Proceedings of the 16th annual international conference on Computer documentation*, Quebec Quebec Canada: ACM, Sep. 1998, S. 271–277. https://doi.org/10.1145/296336.296394.
627. T. L. Saaty und K. P. Kearns, „The Analytic Hierarchy Process“, in *Analytical Planning*, Elsevier, 1985, S. 19–62. https://doi.org/10.1016/b978-0-08-032599-6.50008-8.
628. A. Whiting und D. Williams, „Why people use social media: a uses and gratifications approach“, *Qual. Mark. Res. Int. J.*, Bd. 16, Nr. 4, S. 362–369, Aug. 2013, https://doi.org/10.1108/qmr-06--2013-0041.
629. Y. Akgül, Hrsg., *App and Website Accessibility Developments and Compliance Strategies*. in Advances in Web Technologies and Engineering. IGI Global, 2022. https://doi.org/10.4018/978-1--7998-7848-3.

Stichwortverzeichnis

A

B

C

D

E

F

G

H

I

K

L

M

N

O

P

Q

R

S

T

U

V

W

Z

MIX

Papier | Fördert gute Waldnutzung

FSC® C083411

Zeitfracht Medien GmbH
Ferdinand-Jühlke-Straße 7
99095 Erfurt, Deutschland
produktsicherheit@kolibri360.de